KB185258

머리글
(Preface)

사회에서 필자와 소통할 수 있길 소망합니다

본 교재는 공조냉동기계산업기사 자격증 공부를 하는 분들께 도움이 되고자 집필하게 되었습니다. 저 또한 젊은 시절, 여러 자격증 책을 접하며 도움을 받았는데, 당시 아쉬웠던 부분을 기억하며 그 부분을 이 책에 반영하고자 하였습니다.

예전 책의 구성은 핵심요약과 기출문제가 분리된 구성이어서 개인적으로 핵심요약을 봐도 어떤 방식의 문제가 출제될지 알 수 없었고 접근 방식을 알 수 없어서 공부가 너무 지루하고 끝이 없이 느껴졌습니다. 결국 뒤쪽의 기출문제를 다 외우고 나서야 핵심요약에 눈이 가기 시작하고 쉽게 이해 및 접근할 수 있었습니다. 따라서 본 교재는 핵심요약 중간중간 관련된 기출문제를 넣음으로써 어떤 식으로 공부를 해야 할지 도움을 드리고자 노력하였습니다.

필자는 학창 시절 공부를 안 하던 학생이었으나 우연히 관련 학과 진학을 통해 냉동과 전기분야에 관심이 생겼으며, 관련 대회 입상 및 전공 후 취업을 바탕으로 한 경험으로 현재는 블로그나 유튜브를 통해 이론만 아니라 실무기술 부분도 많이 공유를 하고 있습니다. 누구나 노력하면 할 수 있다는 것을 체험하였으나 새롭게 사회에 나온 젊은 세대들이 이론이나 실무적인 부분을 배우기가 어렵다는 것 또한 몸소 느껴, 그러한 부분에 도움이 되고자 집필을 마음먹었습니다.

본 교재를 통해 기본적인 이론을 얻을 수 있길 바라며, 교재 영상강의를 통해 자격증을 공부하시는 분들이나 사회 초년생 분들에게 조금이나마 도움이 되길 바랍니다. 또한 실무에 어려움을 겪으시는 분들은 필자의 실무 영상을 보고 업무를 처리하는데 많은 도움이 되고, 사회에서도 필자와 소통할 수 있길 소망합니다.

끝으로 교재 집필을 하는데 선뜻 먼저 손을 내밀어 주신 출판사 대표님과 관련 직원분들께 진심으로 감사드리며, 교정하는데 많은 도움을 준 사랑하는 아내와 하나님께 영광을 바칩니다.

저자 **안 광 연**

시험정보
(Guide)

개요

최근 공조냉동기술은 단독 또는 다른 기술과 병합하여 다양한 분야에서 활용되고 있고, 취급하는 공조냉동기계의 종류, 규모 및 피냉각물의 종류도 매우 다양하다. 이에 따라 산업현장에서 요구되는 공조냉동기계, 설비의 기본적인 설계 및 운용을 담당할 전문인력을 배출하기 위하여 자격이 제정되었다.

수행직무

냉동고압가스제조시설, 냉동기제조시설, 냉동기계와 공기조화설비를 운용하는 사업체에서 고압가스 및 냉동기의 제조공정을 관리하며, 위해(危害)예방을 위한 안전관리 규정을 시행하거나 또는 공기조화냉동설비를 설치 · 시공하고 관리유지 및 보수, 점검 등의 업무를 수행한다.

시행처&실시기관명

한국산업인력공단

실시기관 홈페이지

http : //q-net.or.kr

시험과목

- **필기** : ① 공기조화 ② 냉동공학 ③ 배관일반 ④ 전기제어공학
- **실기** : 공조냉동기계 실무

수수료

- **필기** : 19,400원
- **실기** : 54,600원

출제경향

공조냉동기계 설비의 동관작업 및 실무에 필요한 설비의 이해 능력을 평가

출제기준(필기)

- **직무분야**: 기계
- **중직무분야**: 기계장비설비 · 설치
- **자격종목**: 공조냉동기계산업기사
- **적용기간**: 2022.1.1. ~ 2024.12.31.
- **직무내용**: 냉동고압가스제조시설, 냉동기제조시설, 냉동기계와 공기조화설비를 운용하는 사업체에 서 고압가스 및 냉동기의 제조공정을 관리하며, 위해(危害)예방을 위한 안전관리규정 을 시행하거나 또는 공기조화냉동설비를 설치 · 시공하고 관리유지 및 보수, 점검 등의 업무를 수행한다.
- **필기검정방법**: 객관식
- **문제수**: 60
- **시험시간**: 1시간 30분

필기과목명	문제수	주요항목	세부항목	세세항목
공기조화 설비	20	1. 공기조화의 이론	1. 공기조화의 기초	1. 공기조화의 개요
				2. 보건공조 및 산업공조
				3. 환경 및 설계조건
			2. 공기의 성질	1. 공기의 성질
				2. 습공기 선도 및 상태변화
		2. 공기조화 계획	1. 공기조화 방식	1. 공기조화방식의 개요
				2. 공기조화방식
				3. 열원방식
			2. 공기조화 부하	1. 부하의 개요
				2. 난방부하
				3. 냉방부하
			3.클린룸	1. 클린룸 방식
				2. 클린룸 구성
				3. 클린룸 장치
		3. 공조기기 및 덕트	1. 공조기기	1. 공기조화기 장치
				2. 송풍기 및 공기정화장치
				3. 공기냉각 및 가열코일
				4. 가습·감습장치
				5. 열교환기
			2. 열원기기	1. 온열원기기
				2. 냉열원기기
			3. 덕트 및 부속설비	1. 덕트
				2. 급·환기설비
		4. 공조프로세스 분석	부하적정성 분석	공조기 및 냉동기 선정
		5. 공조설비운영 관리	1. 전열교환기 점검	전열교환기 종류별 특징 및 점검

필기과목명	문제수	주요항목	세부항목	세세항목
		5. 공조설비 운영 관리	2. 공조기 관리	공조기 구성 요소별 관리방법
			3. 펌프 관리	1. 펌프 종류별 특징 및 점검
				2. 펌프 특성
				3. 고장원인과 대책수립(추가)
				4. 펌프 운전시 유의사항(추가)
			4. 공조기 필터점검	1. 필터 종류별 특성
				2. 실내공기질 기초
		6. 보일러설비 운영	1. 보일러 관리	보일러 종류 및 특성
			2. 부속장치 점검	부속장치 종류와 기능
			3. 보일러 점검	보일러 점검항목 확인
			4. 보일러 고장시 조치	보일러 고장원인 파악 및 조치
냉동냉장 설비	20	1. 냉동이론	1. 냉동의 기초 및 원리	1. 단위 및 용어
				2. 냉동의 원리
				3. 냉매
				4. 신냉매 및 천연냉매
				5. 브라인 및 냉동유
			2. 냉매선도와 냉동사이클	1. 모리엘선도와 상 변화
				2. 냉동사이클
			3. 기초열역학	1. 기체상태변화
				2. 열역학법칙
				3. 열역학의 일반관계식
		2. 냉동장치의 구조	1. 냉동장치 구성 기기	1. 압축기

필기과목명	문제수	주요항목	세부항목	세세항목
				2. 응축기
				3. 증발기
		2. 냉동장치의 구조	1. 냉동장치 구성 기기	4. 팽창밸브
				5. 장치 부속기기
				6. 제어기기
		3. 냉동장치의 응용과 안전 관리	1. 냉동장치의 응용	1. 제빙 및 동결장치
				2. 열펌프 및 축열장치
				3. 흡수식 냉동장치
				4. 기타 냉동의 응용
		4. 냉동냉장 부하계산	1. 냉동냉장부하 계산	냉동냉장부하
		5. 냉동설비 설치	1. 냉동설비 설치	냉동·냉각설비의 개요
			2. 냉방설비 설치	냉방설비 방식 및 설치
		6. 냉동설비 운영	1. 냉동기 관리	냉동기 유지보수
			2. 냉동기부속장치 점검	냉동기·부속장치 유지보수
			3. 냉각탑 점검	1. 냉각탑 종류 및 특성
				2. 수질관리
공조냉동 설치·운영	20	1. 배관재료 및 공작	1. 배관재료	1. 관의 종류와 용도
				2. 관이음 부속 및 재료 등
				3. 관지지장치
				4. 보온·보냉 재료 및 기타 배관용 재료
			2. 배관공작	1. 배관용 공구 및 시공
				2. 관 이음방법
		2. 배관관련 설비	1. 급수설비	1. 급수설비의 개요
				2. 급수설비 배관
			2. 급탕설비	1. 급탕설비의 개요

필기과목명	문제수	주요항목	세부항목	세세항목
				2. 급탕설비 배관
			3. 배수통기설비	1. 배수통기설비의 개요
				2. 배수통기설비 배관
			4. 난방설비	1. 난방설비의 개요
				2. 난방설비 배관
			5. 공기조화설비	1. 공기조화설비의 개요
				2. 공기조화설비 배관
			6. 가스설비	1. 가스설비의 개요
				2. 가스설비 배관
			7. 냉동 및 냉각설비	1. 냉동설비의 배관 및 개요
				2. 냉각설비의 배관 및 개요
			8. 압축공기 설비	1. 압축공기설비 및 유틸리티 개요
		3. 설비적산	1. 냉동설비 적산	냉동설비 자재 및 노무비 산출
			2. 공조냉난방설비 적산	공조냉난방설비 자재 및 노무비 산출
			3. 급수급탕오배수 설비 적산	급수급탕오배수설비 자재 및 노무비 산출
			4. 기타설비 적산	기타설비 자재 및 노무비 산출
		4. 공조급배수 설비 설계도면 작성	공조,냉난방,급배수 설비 설계도면 작성	공조·급배수설비 설계도면 작성
		5. 공조설비 점검 관리	방음/방진 점검	방음/방진 종류별 점검
		6. 유지보수 공사 안전관리	1. 관련법규 파악	1. 고압가스안전관리법(냉동)
				2. 기계설비법
			2. 안전작업	산업안전보건법

필기과목명	문제수	주요항목	세부항목	세세항목
		7. 교류회로	1. 교류회로의 기초	1. 정현파 교류
				2. 주기와 주파수
				3. 위상과 위상차
				4. 실효치와 평균치
			2. 3상 교류회로	1. 3상 교류의 성질 및 접속
				2. 3상 교류전력(유효전력, 무효전력, 피상전력) 및 역률
		8. 전기기기	1. 직류기	1. 직류전동기의 종류
				2. 직류전동기의 출력, 토크, 속도
				3. 직류전동기의 속도제어법
			2. 변압기	1. 변압기의 구조와 원리
				2. 변압기의 특성 및 변압기의 접속
				3. 변압기 보수와 취급
			3. 유도기	1. 유도전동기의 종류 및 용도
				2. 유도전동기의 특성 및 속도제어
				3. 유도전동기의 역운전
				4. 유도전동기의 설치와 보수
			4. 동기기	1. 구조와 원리
				2. 특성 및 용도
				3. 손실, 효율, 정격 등
				4. 동기전동기의 설치와 보수
			5. 정류기	1. 정류기의 종류
				2. 정류회로의 구성 및 파형

필기과목명	문제수	주요항목	세부항목	세세항목
		9. 전기계측	1. 전류, 전압, 저항의 측정	1. 전류계, 전압계, 절연저항계, 멀티메타 사용법 및 전류, 전압, 저항 측정
			2. 전력 및 전력량의 측정	1. 전력계 사용법 및 전력측정
			3. 절연저항 측정	1. 절연저항의 정의 및 절연저항계 사용법
				2. 전기회로 및 전기기기의 절연저항 측정
		10. 시퀀스 제어	1. 제어요소의 작동과 표현	1. 시퀀스제어계의 기본구성
				2. 시퀀스제어의 제어요소 및 특징
			2. 논리회로	1. 불대수
				2. 논리회로
			3. 유접점회로 및 무접점회로	1. 유접점회로 및 무접점회로의 개념
				2. 자기유지회로
				3. 선형우선회로
				4. 순차작동회로
				5. 정역제어회로
				6. 한시회로 등
		11. 제어기기 및 회로	1. 제어의 개념	1. 제어의 정의 및 필요성
				2. 자동제어의 분류
			2. 조절기용기기	1. 조절기용기기의 종류 및 특징
			3. 조작용기기	1. 조작용기기의 종류 및 특징
			4. 검출용기기	1. 검출용기기.의 종류 및 특성

목차
(Contents)

핵심요약

기출문제

2013

2014

2015

2016

2017

2018

2019

2020

PART 1

:기초 열역학

01 SECTION

기초 열역학

저자직강 무료강의 | https://cafe.naver.com/misoref

I. 단위와 차원

1) 단위

단위계는 기본단위와 유도단위가 있으며, 중력단위(공학단위)와 절대단위로 구분된다.

(1) 기본단위

물리량을 측정할 때 가장 기본이 되는 단위

✓ 질량, 길이, 시간 등

(2) 유도단위

기본단위나 다른 유도단위를 서로 곱하거나 나누어 얻어지는 단위

✓ 면적, 속도, 밀도, 에너지 등

유도단위의 예

속도의 단위인 m/s는 기본단위의 길이 m과 기본단위인 시간 s를 이용한 것이다.

	기본단위	유도단위
중력단위	Kg, m, s	Kgfm, Kgf/㎡ 등
절대단위	Kgm, m, s	N, Nm, N/㎡ 등

※절대단위에서 N = Kgm · m/s^2이므로 유도단위

(3) 힘의 단위

① 1N(Newton) : 질량이 1kg인 물체가 $1m/s^2$의 가속도로 움직이는 힘

② 1kgf(f = force) : 질량이 1kg인 물체를 지구의 중력가속도로 끌어당기는 힘

✓ 중력가속도 : $9.8m/s^2$

2) 단위계

(1) CGS단위계

길이, 질량, 시간의 기본 단위를 [cm], [gr], [sec]로 하는 단위계

(2) MKS단위계

길이, 질량, 시간의 기본 단위를 [m], [kg], [sec]로 하는 단위계

국제단위(SI단위)의 기본단위

1.질량 : kg

2.길이 : m

3.시간 : sec

4.전류 : A

5.열역학적 온도 : K

6.물리량 : mol

7.광도 : cd

국제단위(SI단위)의 보조단위

1.평면각 : rad(라디안)

2.입체각 : sterad(스테라디안)

국제단위(SI단위)의 유도단위

1.힘의 단위(Newton : N)

1)$1N = 1kg \cdot 1m/s^2 = 1kg \cdot m/s^2 = 10^5 Dyne$

2)$1dyne = 1g \cdot 1cm/s^2 = 1g \cdot cm/s^2$

2.일의 단위(Joule : J)

1)$1J = 1N \cdot 1m = 1N \cdot m = 1kg \cdot m^2/s^2 = 10^7 Dyne \cdot cm = 10^7 egr$

2)$1erg = 1Dyne \cdot 1cm = 1dyne \cdot cm = 1g \cdot cm^2/s^2$

3.동력의 단위(Watt : W)

$1W = 1J/sec = 1N \cdot m/sec = 1kg \cdot m^2/s^3$

4.중력단위와 SI단위 관계

힘 = kgf(중력단위), 힘 = N(SI단위), $1kgf = 1 \times 9.8kg \cdot m/s^2 = 9.8N$

3) 차원

① F, L, T : kgf, m, s

② M, L, T : kgm, m, s

③ kgm · m/s² = MLT^{-2}

④ kgf · s²/m = $FL^{-1}T^2$

II. 온도(Temperature)

1) 온도

(1) 섭씨온도(Centigrade Temperature/℃ : 도씨)

표준대기압(1[atm]) 하에서 물의 빙점을 0℃, 비등점을 100℃로 하여 그 사이를 100등분하여 한 눈금을 1℃로 한 온도

(2) 화씨온도(Fahrenheit Temperature/°F : 화씨)

표준대기압(1[atm]) 하에서 물의 빙점을 32°F, 비등점을 212°F로 하여 그 사이를 180등분하여 한 눈금을 1°F로 한 온도

✓ **빙점** : 어는점

✓ **비등점** : 끓는점

섭씨와 화씨의 관계식(°C → °F, °F → °C)

$$°C = \frac{5}{9} \times (°F - 32)$$

$$°F = \frac{9}{5} \times °C + 32$$

(3) 절대온도(Absolute Temperature/K : 켈빈)

이론적으로 물체가 도달할 수 있는 최저온도이며 분자운동이 0이되는 온도를 0K로 기준한 온도. 켈빈(Kelvin) 온도라고도 한다.

(4) 랭킨온도(Rankine Temperature/R : 랭킨)

화씨의 절대온도

°C→K, °F→R

섭씨 절대온도(K)

0[℃]=273.16[K], 0[K]=-273.16[℃]

화씨 절대온도(°R)

°R=460+°F, °F=°R-460

(5) 건구온도(DB : Dry bulb temperature)

일반적인 온도계로 측정한 공기온도

(6) 습구온도(WB : Wet bulb temperature)

온도계의 감온부를 젖은 천으로 감싸고 측정한 온도

(7) 노점온도(DT : Dew point temperature)

공기중의 수증기가 포화하여 이슬이 맺힐 때의 온도

III. 열량, 비열

1) 열량

열의 많고 적음을 나타내는 양

(1) 1[cal]

표준대기압 하에서 순수한 물 1[g]을 14.5[℃]에서 15.5[℃] 높이는데 필요한 열량

✓ 한국·일본의 단위

(2) 1[BTU]

표준대기압 하에서 순수한 물 1[lb]를 1[°F]높이는데 필요한 열량

✓ 미국·영국의 단위

(3) 1[CHU]

표준대기압 하에서 순수한 물 1[lb]를 1[℃]높이는데 필요한 열량

> **Tip**
>
> • Kcal(Kilogram Calorie) • BTU(British Thermal Unit) • CHU(Centigrade heat Unit)

2) 열량의 단위환산

① 1[Kcal]=3.968[BTU]=2.205[CHU]=4.186[KJ]

② 1[BTU]=0.252[Kcal]=5/9[CHU]

③ 1[CHU]=0.4536[Kcal]=9/5[BTU]

3) 비열

어떤 물질 1[kg](단위 중량당)의 온도를 1[℃] 올리거나 내리는데 필요한 열량을 그 물질의 비열이라고 하며 단위는 [Kcal/kg · ℃] 또는 [BTU/lb · ˚F]로 나타낸다.

(1) 정압 비열(Specific Heat at Constant Pressure - C_p)

기체를 압력이 일정한 상태에서 1[℃] 높이는데 필요한 열량

(2) 정적 비열(Specific Heat Under Constant Volume - C_v)

기체를 체적이 일정한 상태에서 1[℃] 높이는데 필요한 열량

(3) 비열비(k)

정압비열과 정적비열과의 비

$K = \frac{C_p}{C_v}$ 기체인 경우 $C_p > C_v$이므로, $k > 1$이 된다.

✓ 비열비가 클수록 가스압축 후 토출 온도가 높다.

> **물질의 비열값[Kcal/kg · ℃]**
>
> • 물 : 1 • 공기 : 0.24 • 얼음 : 0.5 • 수증기 : 0.46(0.441)

IV. 현열(감열), 잠열 물질의 상태변화

1) 현열(감열 : Sensible Heat)

물질의 상태는 변화없이 온도 변화에만 사용되는 열

✓ 예 0℃ 얼음이 -10℃ 얼음으로 변화할 때 열, 10℃ 물이 30℃ 물로 변화할 때 열

(1) 현열식

$Q=G \cdot C \cdot \Delta t$ 또는 $Q=m \cdot C \cdot \Delta t$

✓ **Q** : 열량(Kcal/h), **G** : 중량(Kg), **m** : 질량(Kg), **C** : 비열(Kcal/kg · ℃), **Δt** : 온도차(℃)

2) 잠열(Latent Heat)

물질의 온도는 변화없이 상태 변화에만 사용되는 열

✓ 예 0℃ 물이 0℃ 얼음으로 변화할 때 열, 100℃ 물이 100℃ 수증기로 변화할 때 열

(1) 잠열식

$Q=G \cdot r$

✓ **G** : 중량(Kg), **r** : 잠열(Kcal/kg)

물질의 잠열값

- 0℃ 얼음의 융해잠열(0℃ 물의 응고잠열) : 79.68[kcal/kg]
- 100℃ 물의 증발잠열(100℃ 수증기의 응축잠열) : 539[kcal/kg]

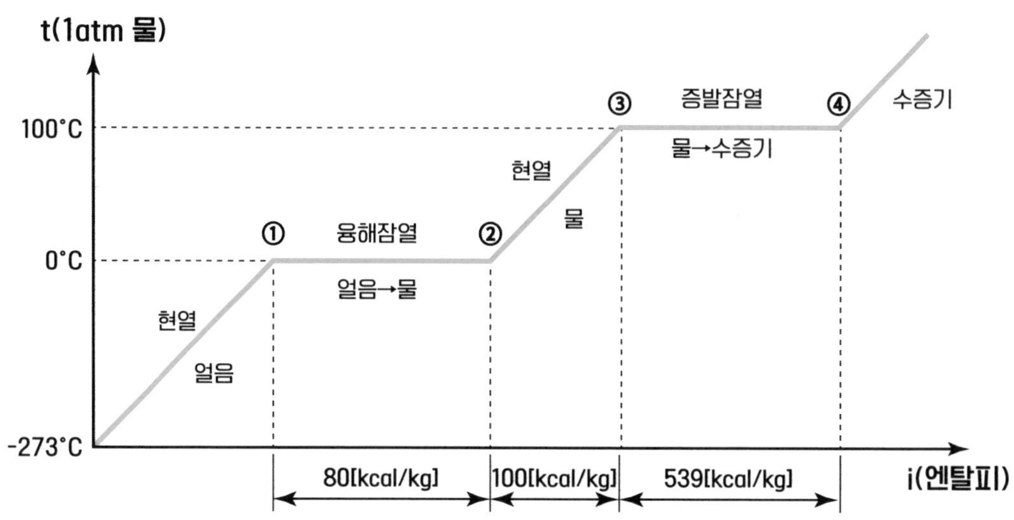

① 0℃ 얼음의 융해점, ② 0℃ 물의 응고점, ③ 100℃ 물의 비등점, ④ 100℃ 수증기의 응축점

3) 물질의 상태변화

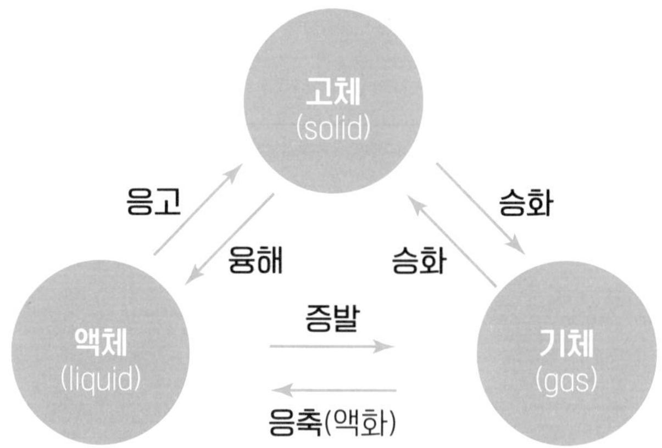

연습문제

물질의 온도 변화없이 상태변화에만 사용되는 열은?

① 현열 ② 잠열

③ 감열 ④ 비열

해 잠열 : 물질의 온도는 변화없이 상태 변화에만 사용되는 열

답 ②

-10℃의 얼음 10kg을 100℃의 증기로 변화하는데 필요한 전열량은?
(단, 얼음이 비열은 0.5kcal/kg·℃이고 융해잠열은 80kcal/kg, 물의 증발잠열은 539kcal/kg이다.)

① 1850kcal ② 3660kcal

③ 7240kcal ④ 9120kcal

해 현열식 G·C·Δt, 잠열식 G·r

(1) -10℃ 얼음 10kg이 0℃ 얼음으로 변하는데 필요한 현열량 : $10 \times 0.5 \times (0-(-10)) = 50$[kcal]

(2) 0℃ 얼음 10kg이 0℃ 물로 변하는데 필요한 잠열 : $10 \times 80 = 800$[kcal]

(3) 0℃ 물 10kg이 100℃로 변하는데 필요한 현열 : $10 \times 1 \times (100-0) = 1000$[kcal]

(4) 100℃ 물 10kg이 100℃ 증기로 변하는 필요한 잠열 : $10 \times 539 = 5390$[kcal]

전열량 $= 50 + 800 + 1000 + 5390 = 7240$[kcal]

답 ③

하루에 10ton의 얼음을 만드는 제빙장치의 냉동부하는?
(단, 물의 온도는 20℃, 생산되는 얼음의 온도는 -5℃이며, 이 때 제빙장치의 효율은 0.8이다.)

① 36280kcal/h ② 46200kcal/h

③ 53385kcal/h ④ 73200kcal/h

해 현열식 G·C·Δt, 잠열식 G·r

(1) 20℃의 물 10톤이 0℃로 변하는데 필요한 현열 : $10 \times 10^3 \times 1 \times (20-0) = 200{,}000$[kcal/day]

(2) 0℃의 물 10톤이 0℃ 얼음으로 변하는데 필요한 잠열 : $10 \times 10^3 \times 80 = 800{,}000$[kcal/day]

(3) 0℃의 얼음 10톤이 -5℃로 변하는데 필요한 현열 : $10 \times 10^3 \times 0.5 \times (0-(-5)) = 25{,}000$[kcal/day]

4. $Q_T = \dfrac{200000 + 800000 + 25000}{24 \times 0.8}$ = 약 53,385[kcal/h]

답 ③

? 어떤 냉동기로 1시간당 얼음 1ton을 제조하는데 37kW의 동력을 필요로 한다. 이 때 사용하는 물의 온도는 10℃ 이며 얼음은 -10℃ 이었다. 이 냉동기의 성적계수는?
(단, 융해열은 335kJ/kg 이고, 물의 비열은 4.19kJ/kg · K, 얼음의 비열은 2.09kJ/kg · K 이다.)

① 2.0　② 3.0
③ 4.0　④ 5.0

解 현열식 G · C · Δt, 잠열식 G · r
(1) 10℃ 물 1000kg이 0℃ 얼음으로 변하는데 필요한 현열 : 1000 × 4.19 × (10 - 0) = 41,900[kJ]
(2) 0℃ 물 1000kg이 0℃ 얼음으로 변하는데 필요한 잠열 : 1000 × 335 = 335,000[kJ]
(3) 0℃ 얼음 1000kg이 - 10℃ 얼음으로 변하는데 필요한 현열 : 1000 × 2.09 × (0 - (- 10)) = 20900[kJ]
냉동능력(Qe) = 41900 + 335000 + 20900 = 397,800[kJ]

$$COP = \frac{Q_e}{Aw} = \frac{397800}{37 \times 3600} = 2.98 \quad \therefore 약 3$$

*1[KW] = 1[kJ/s]

답 ②

? 유량 100L/min 물을 15℃에서 10℃로 냉각하는 수냉각기가 있다. 이 냉동장치의 냉동효과가 125kJ/kg일 경우에 냉매 순환량은 얼마인가?
(단, 물의 비열은 4.18kJ/kg · k이다.)

① 16.7kg/h　② 1000kg/h
③ 450kg/h　④ 960kg/h

解 $냉매\ 순환량(G) = \frac{냉동능력(Qe)}{냉동효과(qe)}$

냉동능력(Q) = G · C · Δt = 100 × 60 × 4.18 × (15 - 10) = 125,400[kJ/h]

냉매 순환량 = $\frac{125400}{125}$ = 1003.2[kg/h]이므로 약 1,000[kg/h]

답 ②

V. 압력(Pressure)

단위면적당 수직 방향으로 작용하는 힘

$P = \frac{F}{A}$ [kg/㎠]

✓ **P** : 압력, **F** : 힘[kg], **A** : 면적[㎠]

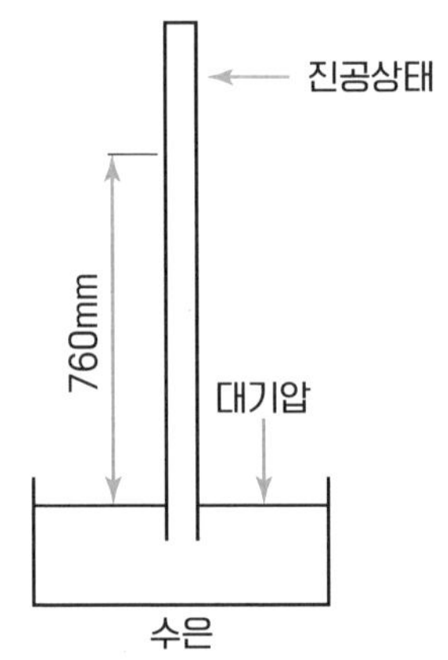

1) 대기압(Atmospheric Pressure)

지구 공기의 무게에 의해 생기는 압력

2) 표준대기압(Standard Atmospheric Pressure)

1[atm]표준 중력 가속도 하의 0[℃]에서 수은주의 높이가 760[mm]인 압력

(1) 단위

1[atm]=760[mmHg]=1.0332[kg/㎠]=1.01325[bar]=10.33[mAq]=101325[N/㎡]

=101325[Pa]=14.7[lb/in²](PSI)

3) 게이지압력(Gauge Pressure)

표준대기압을 0으로 하여 측정한 압력

4) 진공도(Vacuum)

대기압 보다 낮은 압력

(1) 단위

- CmHg(v)
- inHg(v)

(2) 환산식

CmHg(v)→kg/㎠a : $P = 1.0332[kg/cm^2] \times (1 - \frac{h}{76})$

CmHg(v)→lb/in²a : $P = 14.7[lb/in^2] \times (1 - \frac{h}{76})$

inHg(v)→kg/㎠a : $P = 1.0332[kg/cm^2] \times (1 - \frac{h}{76})$

inHg(v)→lb/in²a : $P = 14.7[lb/in^2] \times (1 - \frac{h}{76})$

✓ 1 : 대기압, 76 : cmHg, 30 : inHg

5) 절대압력(Absolute Pressure)

진공을 기준(0)으로 측정한 압력

(1) 단위

① [kg/㎠abs]

② [lb/in²abs]

③ 절대압력 = 대기압 + 게이지 압력 = 대기압 - 진공압

연습문제

주위압력이 750mmHg인 냉동기의 저압 gauge가 100mmHgv를 나타내었다. 절대압력은 약 몇 kgf/㎠인가?

① 0.5
② 0.73
③ 0.88
④ 0.96

해 대기압 750mmHg = $1.033 \times \frac{750}{760}$ = 1.0194[kg/㎠]

진공압 100mmHgv = $1.033 \times \frac{100}{760}$ = 0.1359[kg/㎠]

절대압력 = 대기압-진공압 = 1.0194 - 0.1359 = 0.88[kg/㎠a]

※참고 : 표준대기압 1[atm] = 1.033[kgf/㎠] = 760[mmHg]

답 ③

진공압력 300mmHg를 절대압력으로 환산하면 약 얼마인가?(단, 대기압은 101.3kPa이다.)

① 48.7kPa
② 55.4kPa
③ 61.3kPa
④ 70.6kPa

해 공식1) $[kPa] \times \frac{[mmHg]}{760}$ = [mmHg]→[kPa]

$101.3 \times \frac{300}{760}$ = 40[kPa]

공식2) 절대압력 = 대기압-진공압력

101.3-40 = 61.3[kPa]

답 ③

진공을 기준으로 측정한 압력은?

① 절대압력
② 진공도
③ 대기압
④ 게이지 압력

해 절대압력 : 진공을 기준(0)으로 측정한 압력

답 ①

VI. 일(Work)[kgf·m]

어떤 물체에 힘(kgf)을 가하여 움직이게 했을 때 그 물체가 움직인 거리(m)의 곱

W=F·m

✓ **F**: 힘, **m**: 거리

(1) 일의 열당량(A)

단위량의 일을 열량 단위로 환산한 값

$\frac{1}{427}$ [kcal/kgf·m]

(2) 열의 일당량(J)

단위량의 열량을 일로 환산한 값

427[kgf·m/kcal]

 열의 일당량은?

① 860kg·m/kcal
② 1/860kg·m/kcal
③ 427kg·m/kcal
④ 1/427kg·m/kcal

일의 열당량: 1/427kcal/kg·m(열당량-열에 대한 값을 표시)
열의 일당량: 427kg·m/kcal(일당량-일에 대한 값을 표시)

 ③

VII. 동력(Power) [W]

단위시간당 일의 양(일률)

(1) 단위

- 1PS=75[kgf·m/s]=632[kcal]
- 1HP=76[kgf·m/s]=641[kcal]
- 1KW=102[kgf·m/s]=860[kcal]

연습문제

1[KW]는 몇 [kcal]인가?

① 860 ② 102
③ 75 ④ 632

해 1KW = 102[kgf · m/s] = 860[kcal]

답 ①

VIII. 이상기체와 실제기체

1) 이상기체(완전가스 - Ideal Gas)

실제 존재하지 않는 이론적인 기체이며, 입자의 크기가 없고 서로 상호작용을 하지 않는다.

(1) 상태방정식

이상기체의 상태를 나타내는 압력, 부피, 온도와의 관계를 나타내는 방정식

① 기체 n[mol]일 때

$$PV = nRT = \frac{W}{M}RT$$

② 기체 G[kg]일 때

$$PV = GRT$$

✓ **P** : 압력(atm), **V** : 부피(L), **n** : 몰수(mol)(물질의 질량을 재는단위), **R** : 기체상수(atm · L/mol · K), **T** : 절대온도(K), **W** : 질량(g), **M** : 분자량(g/mol), **G** : 질량(kg)

단위별 일반기체상수

- 0.082[atm · L/mol · K]
- 8.314[J/mol · K]
- 1.987[cal/mol · K]
- 848[kgf · m/kmol · K]

(2) 보일(Boyle)의 법칙(등온법칙)

온도가 일정한 상태에서 기체의 부피는 압력에 반비례한다.

$P_1V_1 = P_2V_2$

✓ **P** : 압력(kgf/㎠), **V** : 부피(㎥)

(3) 샤를(Charle)의 법칙(등압법칙)

압력이 일정한 상태에서 기체의 부피는 온도에 비례한다.

$$\frac{V_1}{T_1} = \frac{V_2}{T_2}$$

✓ **T** : 절대온도(K), **V** : 부피(㎥)

(4) 보일-샤를의 법칙

기체의 압력과 부피는 온도에 비례한다.

$$\frac{P_1V_1}{T_1} = \frac{P_2V_2}{T_2}$$

✓ **P** : 압력(kgf/㎠), **V** : 부피(㎥), **T** : 절대온도(K)

2) 실제기체(Real Gas)

실제로 존재하는 기체이며 이상기체 법칙에서 벗어나는 기체

(1) 반데르발스(Van der Waals)의 방정식

$$(P + \frac{a}{V^2})(V - b) = RT$$

$$(P + a\left(\frac{n}{V}\right)^2)(V - nb) = nRT$$

✓ ***a*** : 기체 분자간의 인력, ***b*** : 기체 1mol이 차지하는 부피

(2) 실제 기체의 이상기체 근사 조건

압력이 낮고 온도가 높을 수록

연습문제

실제기체가 이상기체의 상태식을 근사적으로 만족하는 경우는?

① 압력이 높고 온도가 낮을수록
② 압력이 높고 온도가 높을수록
③ 압력이 낮고 온도가 높을수록
④ 압력이 낮고 온도가 낮을수록

해 실제 기체의 이상기체 근사 조건 : 압력이 낮고 온도가 높을 수록

답 ③

이상기체의 압력이 0.5 MPa, 온도가 150℃, 비체적이 0.4 m^3/kg 일 때, 가스상수(J/kg · K)는 얼마인가?

① 11.3
② 47.28
③ 113
④ 472.8

해 공식1) PV = GRT

P : 압력(atm)
V : 부피(m^3/kg)
R : 기체상수(J/kg · K)
T : 절대온도(K)
G : 질량(kg)

$0.5 \times 10^6 \times 0.4 = 1 \times R \times (150 + 273) \rightarrow R = \dfrac{0.5 \times 10^6 \times 0.4}{1 \times (150 + 273)} = 472.8[J/kg \cdot K]$

답 ④

IX. 기체의 상태변화

① **정압(등압)변화** : 압력이 일정한 상태로 변화
② **정온(등온)변화** : 온도가 일정한 상태에서의 변화
③ **정적(등적)변화** : 체적이 일정한 상태로 변화
④ **단열(등엔트로피)변화** : 계에 열출입이 전혀 없는 상태변화
⑤ **폴리트로픽(n)변화** : 가스의 실질적인 상태변화

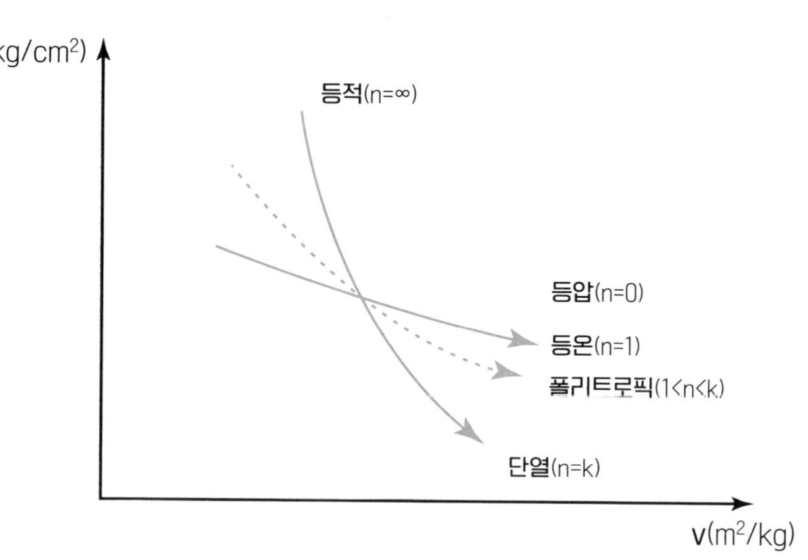

연습문제

기체의 변화 중 등압과정에서 폴리트로픽의 변화는?

① 1 ② ∞

③ 0 ④ -1

해 기체의 상태변화 : 등압과정에서의 폴리트로픽 변화=0

답 ③

X. 엔탈피의 정의

어떤 물질 1[kg]이 가지고 있는 열량의 총합

엔탈피=내부에너지+외부에너지=u+Aw=u+APv

✓ **u** : 내부에너지[kcal/kg], **A** : 일의 열당량[kcal/kg·m], **P** : 압력[kg/㎠], **v** : 비체적[㎥/kg], **Aw** : 일량[w]

연습문제

내부에너지에 대한 설명 중 잘못된 것은?

① 계(係)의 총 에너지에서 기계적 에너지를 뺀 나머지를 내부에너지라 한다.

② 내부에너지 변화가 없다면 가열량은 일로 변환된다.

③ 온도의 변화가 없으면 내부에너지의 변화도 없다.

④ 내부에너지는 물체가 갖고 있는 열에너지이다.

해 열량(Q) = 내부에너지(u) + 유동에너지(일)(W) = u + W(W = A · P · V)

A : 일의 열당량
P : 압력
V : 체적

내부 에너지 = Q-APV 이므로 내부에너지의 변화는 온도 외에도 압력이나 체적에 의해서도 변화한다.

답 ③

액체나 기체가 갖는 모든 에너지를 열량의 단위로 나타낸 것을 무엇이라고 하는가?

① 엔탈피
② 외부에너지
③ 엔트로피
④ 내부에너지

해 엔탈피 - 어떤 물질 1[kg]이 가지고 있는 열량의 총합

답 ①

밀폐계에서 10kg의 공기가 팽창 중 400kJ의 열을 받아서 150kJ의 내부에너지가 증가하였다. 이 과정에서 계가 한 일(kJ)은?

① 550
② 250
③ 40
④ 15

해 공식1) 엔탈피 = 내부에너지 + 외부에너지

전체열량 400[kJ] 중 내부에너지가 150[kJ]이므로 일(외부에너지) = 400 - 150 = 250[kJ]

답 ②

XI. 열역학 법칙

(1) 열역학 제0법칙(열평형의 법칙)

온도가 다른 두 물체를 접촉시키면 열이 이동되어 두 물질의 온도가 같아져 열 평형을 이루게 된다.

(2) 열역학 제1법칙(에너지 보존의 법칙)

일과 열의 전환관계에서는 각각의 에너지 총량의 변화는 없다. 즉, 일과 열은 서로 일정한 전환 관계가 성립된다.

(3) 열역학 제2법칙(열이동, 열흐름의 법칙)

① 열은 고온에서 저온으로 이동한다.

② 일은 100% 열로 교환이 가능하나 열은 일로 100% 교환이 불가능하다.

클라우시우스 표현

주변에 아무런 영향을 남기지 않고 열을 저온에서 고온으로 이동시키는 것은 불가능

(4) 열역학 제3법칙(절대0도의 법칙)

자연계에서는 어떠한 방법으로도 절대온도 0도 이하의 온도를 얻을 수 없다.

연습문제

열역학 제2법칙을 바르게 설명한 것은?

① 열은 에너지의 하나로써 일을 열로 변화하거나 또는 열을 일로 변환시킬 수 있다.

② 온도계의 원리를 제공한다.

③ 절대 0도에서의 엔트로피 값을 제공한다.

④ 열은 스스로 고온물체로부터 저온물체로 이동되나 그 과정은 비가역이다.

해 ① 열역학 제 1법칙 설명(에너지 보존의 법칙)
② 열역학 제 0법칙 설명(열 평형의 법칙)
③ 열역학 제 3법칙 설명(절대 0도에 관한 법칙)

답 ④

어떤 변화가 가역인지 비가역인지 알려면 열역학 몇 법칙을 적용하면 되는가?

① 제 0 법칙　　② 제 1 법칙

③ 제 2 법칙　　④ 제 3 법칙

해 열역학 제 2 법칙-클라우시우스 표현
가역 사이클 : 엔트로피는 항상 일정
비가역 사이클 : 엔트로피는 항상 증가

답 ③

PART 2

:냉동공학

냉동공학

저자직강 무료강의 | https://cafe.naver.com/misoref

I. 냉동의 정의와 용어

1) 냉동(Refrigeration)의 정의

물체나 기체 등에서 열을 빼앗아 주위보다 낮은 온도로 만드는 일

2) 냉동 용어

(1) 냉각(Cooling)

주위 온도보다 높은 온도의 물체로부터 열을 흡수하여 그 물체가 필요로 하는 온도까지 낮게 유지하는 것이다.

(2) 냉장(Storage)

저온도의 물체를 동결하지 않을 정도로 그 물체가 필요로 하는 온도까지 낮추어 저장하는 상태이다.

(3) 동결(냉동 : Freezing)

물체를 동결온도 이하로 낮추어 유지하는 상태로, 좁은 의미로 냉동을 의미한다.

(4) 제빙(Ice Manufacture)

얼음 생산을 목적으로 물을 얼리는 것

II. 냉동의 방법

1) 자연적인 방법

(1) 고체(얼음)의 융해잠열을 이용하는 방법

0℃ 얼음 1kg이 융해될 때 79.68kcal의 열을 흡수

(2) 고체(드라이 아이스)의 승화잠열을 이용하는 방법

비등점이 -78.5℃인 드라이아이스는 승화하면서 137kcal의 열을 흡수

(3) 액체의 증발잠열을 이용하는 방법

100℃의 물 1kg이 증발 할 때 539kcal의 열을 흡수

(4) 기한제(얼음+식염)를 이용하는 방법

2가지 종류의 물질을 혼합하면 단독으로 사용할 때보다 더 낮은 융해 온도를 얻을 수 있다.

연습문제

2가지 종류의 물질을 혼합하면 단독으로 사용할 때 보다 더 낮은 융해온도를 얻을 수 있는 혼합제를 무엇이라고 하는가?

① 부취제　　② 기한제
③ 브라인　　④ 에멀션

기한제 : 두 종류 이상의 물질을 혼합한 냉각제

②

2) 기계적인방법

(1) 증기압축식 냉동기(4대요소 : 압축→응축→팽창→증발)

냉매가스를 압축하여 냉매액의 증발잠열을 이용하는 방법

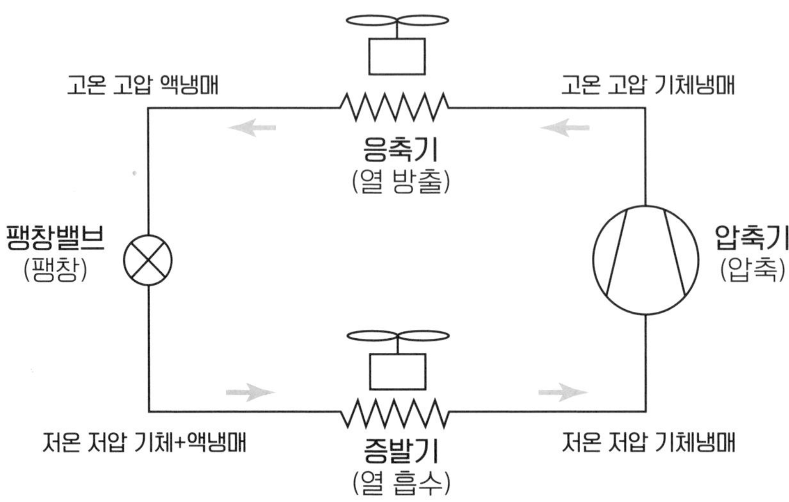

(2) 흡수식 냉동기(4대요소 : 재생기→응축기→증발기→흡수기)

① 특징

ㄱ. 기계적인 일을 사용하지 않고 고온의 열을 이용

ㄴ. 저온에서 용해되고 고온에서는 분리되는 냉매와 흡수제를 이용

냉매	흡수제
암모니아(NH_3)	물(H_2O)
물(H_2O)	리튬브로마이드(LiBr), 황산
염화에틸(C_2H_5Cl)	사염화에탄($Cl_2HC \cdot CHCl_2$)
메탄올(CH_3OH)	취화리튬, 메탄올 용액

ㄷ. 증발기는 냉매의 증발을 위하여 6~7mmHg 정도의 진공을 유지

ㄹ. 흡수기-용액펌프-열교환기-발생기(재생기)-응축기-증발기

ㅁ. 2중효용 흡수식 냉동기 : 2개의 열교환기+2개의 재생기 사용(흡수기-고온재생기-저온재생기-응축기-증발기)

ㅂ. 흡수기와 재생기가 압축기 역할을 한다.

② 장점

ㄱ. 압축기가 없으므로 소음 및 진동이 없다.

ㄴ. 증기를 열원으로 할 경우 전력소비가 적다.

ㄷ. 자동제어가 용이하여 연료비가 적게들어 운전비가 절감된다.

ㄹ. 과부하시 사고의 우려가 없다.

ㅁ. 온도가 저하되도 냉동능력의 감소가 적다.

③ 단점

ㄱ. 성적계수가 낮고 설치면적이 크다.

ㄴ. 설비비가 크다.

ㄷ. 예냉시간이 길다.

ㄹ. 6℃ 이하의 냉수를 얻기가 곤란하다.

ㅁ. 대용량은 공냉식화가 어렵다.

④ 흡수제의 구비조건

ㄱ. 냉매와 비점 차이가 클 것

ㄴ. 냉매와 용해도가 클 것

ㄷ. 열전도율이 클 것

ㄹ. 용액의 증기압이 낮을 것

ㅁ. 점도가 낮을 것

ㅂ. 농도가 변함에 따라 증기압의 변화가 적을 것

ㅅ. 재생에 많은 열을 필요로 하지 않을 것

⑤ 구성기기 설명

ㄱ. **흡수기**: 증발기에서 증발한 냉매를 흡수제와 희석시켜 희석용액으로 만들어 용액펌프로 열교환기를 거쳐 발생기로 보낸다.

ㄴ. **열교환기**: 흡수기에서 발생기로 이동하는 묽은용액과 발생기에서 흡수기로 돌아오는 고온의 농축 흡수액을 열교환시켜 효율을 향상시킨다.

ㄷ. **발생기(재생기)**: 희석용액을 열원(버너)으로 가열하여 냉매와 흡수제를 분리시켜 열교환기를 거쳐 흡수기로 보낸다.

ㄹ. **응축기**: 발생기에서 흡수제와 분리된 냉매증기를 냉각수와 열교환시켜 응축액화시킨다.

ㅁ. **증발기**: 응축기에서 응축된 냉매는 증발기에서 냉수관에 살포되고 냉수로부터 열을 흡수하여 증발한다. 이때 냉수의 온도는 낮아진다.

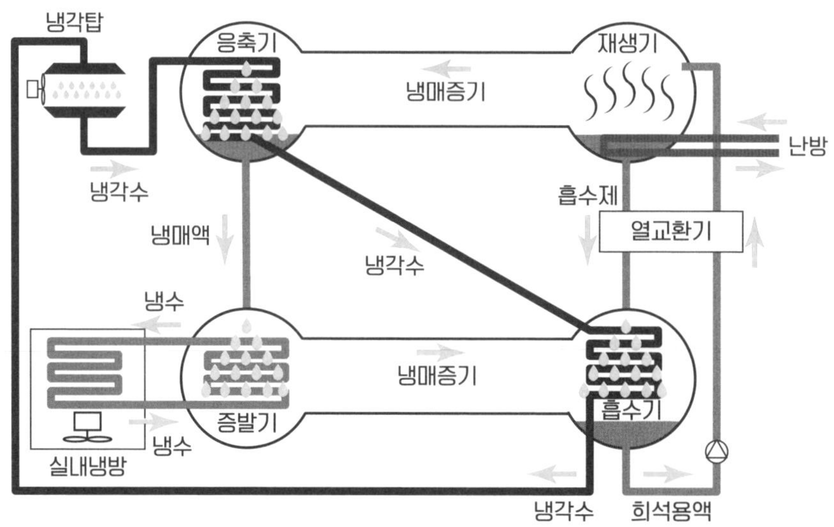

흡수식냉동기 구성도

(3) 증기분사식 냉동기

압축기나 버너 대신 이젝터를 사용한다. 이젝터를 통해 증기를 분사하면 부압이 형성되고 이때 증발기내의 물 또는 식염수가 증발하며 그 증발잠열로 인해 냉매가 냉각된다.

(4) 공기압축식 냉동기

공기를 압축 후 팽창시키면 온도가 내려가는 것을 이용하며 냉동효과에 비해 많은 동력이 필요해 열효율이 나쁘다.

✓ 항공기에 이용된다.

(5) 전자 냉동법(열전 냉동법)

두 종류의 금속을 접합시켜 직류 전류를 흘리면 한쪽 접합면은 열을 흡수하고 다른 접합면은 열을 방출하는데 이를 펠티어 효과(Peltier Effect)라고 한다. 반대로 두 금속에 온도를 다르게 하면 직류 전류가 생성되는데 이를 열전효과 또는 제백 효과(Seebeck Effect)라고 한다.

(6) 열펌프(Heat Pump)

① 냉동기에서 열을 방출하는 응축기를 이용하여 난방을 하는 장치

② 4방밸브(4-Way Valve)를 이용하여 냉방과 난방을 바꾼다.

✓ 성적계수 : 3.0 이상

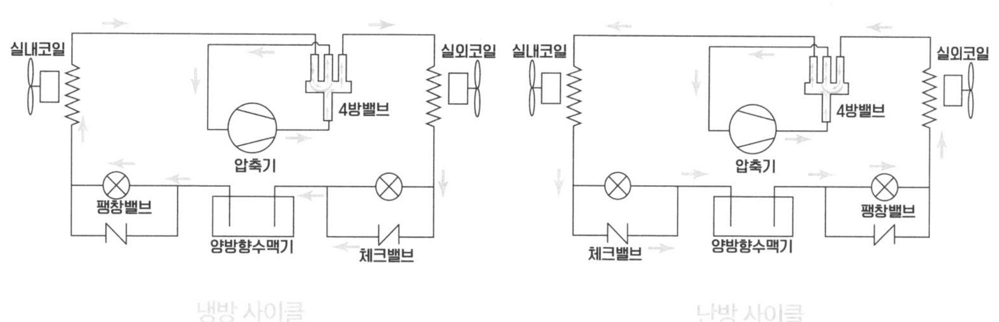

냉방 사이클　　　　난방 사이클

연습문제

흡수식 냉동기에서 냉매와 흡수용액을 분리하는 기기는?

① 발생기　　② 흡수기
③ 증발기　　④ 응축기

발생기(재생기) : 희석용액을 열원(버너)으로 가열하여 냉매와 흡수제를 분리시켜 열교환기를 거쳐 흡수기로 보낸다.

①

흡수식 냉동기에 대한 설명 중 옳은 것은?

① H_20 + LiBr계에서는 응축 측에서 비체적이 커지므로 대용량은 공랭식화가 곤란하다.
② 압축기는 없으나, 발생기 등에서 사용되는 전력량은 압축식 냉동기보다 많다.
③ H_20 + LiBr계나 $H_20 + NH_3$계에서는 흡수제가 H_2O이다.
④ 공기조화용으로 많이 사용되나, H_20 + LiBr계는 0℃ 이하의 저온을 얻을 수 있다.

② 흡수식 냉동기에는 압축기가 없어 압축식 냉동기 보다 전력량이 적다.
③ H_20 + LiBr계에서는 흡수제가 LiBr이다.
④ 흡수식 냉동기는 저온을 얻기 곤란하다.

①

흡수식 냉동기에서 흡수기의 설치 위치는 어디인가?

① 발생기와 팽창밸브 사이　　② 응축기와 증발기 사이
③ 팽창밸브와 증발기 사이　　④ 증발기와 발생기 사이

증발기→흡수기→발생기→응축기→증발기

④

흡수식 냉동기에 사용되는 냉매와 흡수제의 연결이 잘못된 것은?

① 물(냉매)-황산(흡수제)
② 암모니아(냉매)-물(흡수제)
③ 물(냉매)-가성소다(흡수제)
④ 염화에틸(냉매)-취화리튬(흡수제)

해

냉매	흡수제
암모니아	물
물	리튬브로마이드, 황산
염화에틸	사염화에탄
메탄올	취화리튬, 메탄올 용액

답 ④

부압작용에 의하여 진공을 만들어 냉동작용을 하는 것은?

① 증기분사 냉동기
② 왕복동 냉동기
③ 스크류 냉동기
④ 공기압축 냉동기

답 ①

III. 냉매(Refrigerant)

냉동 사이클을 순환하면서 현열 또는 잠열 형태로 열을 흡수 및 방출하면서 피냉각물로부터 열을 제거하는 유체

1) 냉매의 구분

(1) 1차 냉매(직접냉매)

냉동사이클을 순환하며 잠열 상태로 피냉각물을 직접 냉각시킨다.

(2) 2차 냉매(간접냉매)

브라인이라고도 하며 현열 상태로 열을 운반하는 유체

2) 냉매의 구비조건

(1) 물리적 조건

① 증발압력은 높고, 응축압력은 낮을 것

※대기압하에서의 증발온도

✓ R11 : 23.7℃ 〉 R12 : -29.8℃ 〉 NH3 : -33.3℃ 〉 R22 : -40.8℃ 〉 R13 : -81.5℃

② 임계온도가 높고 상온에서 쉽게 액화할 것

※임계온도

✓ R11 : 198℃ 〉 NH3 : 132.4℃ 〉 R12 : 112℃ 〉 R22 : 96.14℃ 〉 R13 : 28.85℃

③ 응고온도가 낮을 것

※응고온도

✓ R11 : -111℃ 〉 NH3 : -77.7℃ 〉 R12 : -158.2℃ 〉 R22 : -160℃ 〉 R13 : -181℃

④ 증발 잠열이 클 것

※증발잠열

✓ NH_3 : 313.5℃ 〉 R22 : 55.77℃ 〉 R11 : 43.51℃ 〉 R12 : 39.47℃

⑤ 액체의 비열은 작고 증기의 비열은 높을 것

※냉매액 비열(kcal/kg℃)

✓ NH_3 : 1.156 〉 R22 : 0.335 〉 R12 : 0.232 〉 R11 : 0.208

⑥ 증기의 비열비가 작을 것

※비열비

✓ NH_3 : 1.313 〉 R22 : 1.184 〉 R12 : 1.136

⑦ 점도와 표면장력이 작고 전열이 양호할 것

※전열이 양호한 순서

✓ NH_3 〉 H_2O 〉 Freon 〉 Air

⑧ 전기 절연내력이 클 것

✓ R12 : 2.4 〉R22 : 1.3 〉NH_3 : 0.83

⑨ 가스의 비체적이 작을 것

⑩ 누설 시 발견이 용이할 것

⑪ 수분이 섞여도 장치에 영향이 없을 것

⑫ 윤활유와 혼합되어도 냉동작용에 영향을 주지 않을 것

⑬ 가스 비중이 적을 것

⑭ 터보 냉동기의 경우 냉매 가스의 비중이 클 것

(2) 화학적 조건

① 화학적으로 안정되고 변질되지 않을 것

② 금속을 부식 시키지 않아야 하며 패킹재료 같은 부품을 침식시키지 않아야 한다.

패킹 재료

- 암모니아 : 천연고무 및 석면 사용
- 프레온 : 특수고무, 합성고무 사용

③ 인화성 및 폭발성이 없을 것

④ 오존층 파괴 및 지구온난화 효과에 영향이 없을 것

(3) 생물학적 조건

① 독성 및 자극성이 없을 것

② 인체에 무해하고 누설 시 냉장품에 손상이 없을 것

③ 악취가 없을 것

(4) 경제적 조건

① 가격이 저렴하고 구입이 용이할 것

② 소요동력이 적게 들 것

3) 냉매의 표기방법

냉매를 표기할 때에는 화학명을 그대로 쓰면 복잡하므로 국제표준화기구(ISO)에서 정하는 방법에 따라 번호를 부여하고 Refrigerants(냉매)의 앞글자를 따서 R+숫자의 형태로 표기한다.

4) 냉매 접두어

① R : 냉매

② CFC(Chloro-Fluoro-Carbon) : 염화불화탄소 염소(Cl), 불소(F), 탄소(C)만으로 구성된 냉매

✓ ODP : 0.6~1

> **ODP(Ozon Depletion Potential)**
>
> 오존층 파괴지수

③ HCFC(Hydro-Chloro-Fluoro-Carbon) : 수소화염화불화탄소
수소(H), 염소(Cl), 불소(F), 탄소(C)만으로 구성된 냉매

✓ ODP : 0.02~0.05

④ HFC(Hydro-Fluoro-Carbon) : 수소화불화탄소
수소(H), 불소(F), 탄소(C)만으로 구성된 냉매

5) 숫자 부여방법

R-XYZ

✓ **X** : 탄소(C) 원자 수 - 1

✓ **Y** : 수소(H) 원자 수 + 1

✓ **Z** : 불소(F) 원자 수

6) 냉매의 종류

(1) 메탄계

100단위 숫자 X가 0이 되므로 냉매 번호는 두 자리가 된다.

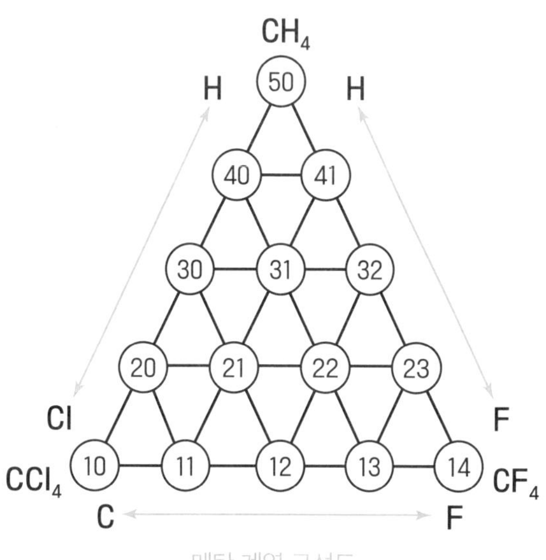

메탄 계열 구성도

(2) 에탄계

100단위 숫자 X는 항상 1이 된다. 수소원자 대신 할로겐 원소로 치환하면 화학적 구성 성분은 같으나 구조가 달라 물성치가 다른 이성체(isomer)가 존재하므로 안정도에 따라 냉매번호 오른쪽에 a, b등을 붙인다.

(3) 프로판계

100단위 숫자 X는 항상 2가 된다.

(4) 비공비혼합 냉매

100단위 숫자 X는 항상 4가 된다.

비공비혼합

2개 이상의 냉매가 혼합되어 각각 개별적인 성격을 띠며 증발 및 응축 과정에서 조성비가 변한다.

(5) 공비혼합 냉매

100단위 숫자 X는 항상 5가 된다.

공비혼합

서로 다른 2개의 냉매를 혼합하였는데도 증발 또는 응축과정에서 기체와 액체의 성분비가 변하지 않는다(단일냉매와 유사한 특성을 지님).

(6) 유기화합물 냉매

100단위 숫자 X는 항상 6이 된다.

(7) 무기화합물 냉매

100단위 숫자 X는 항상 7이 된다.

(8) 불포화 유기화합물 냉매

1000번대로 시작하며 100단위 이하는 할로카본 냉매의 표기법을 따른다.

PART 1 기초 열역학
PART 2 냉동공학
PART 3 공기조화
PART 4 배관일반
PART 5 전기제어공학

7) 메탄, 에탄계 냉매의 화학적 명칭 및 화학식(부록)

(1) 메탄계

① R10 : 사염화탄소(CCl_4)

② R11 : 트리클로로플루오로메탄(CCl_3F)

③ R12 : 디클로로디플루오로메탄(CCl_2F_2)

④ R13 : 클로로트리플루오로메탄($CClF_3$)

⑤ R14 : 카본테트라플로라이드(CF_4)

⑥ R20 : 클로로포름($CHCl_3$)

⑦ R21 : 디클로로플루오로메탄($CHCl_2F$)

⑧ R22 : 클로로디플루오로메탄($CHClF_2$)

⑨ R23 : 트리플루오로메탄(CHF_3)

⑩ R30 : 메틸렌클로라이드(CH_2Cl_2)

⑪ R31 : 클로로플루오로메탄(CH_2ClF)

⑫ R32 : 메틸렌플로라이드(CH_2F_2)

⑬ R40 : 메틸클로라이드(CH_3Cl)

⑭ R41 : 메틸플로라이드(CH_3F)

⑮ R50 : 메탄(CH_4)

(2) 에탄계

① R110 : 헥사클로로에탄(CCl_3CCl_3)

② R111 : 펜타클로로플루오로에탄(CCl_3CCl_2F)

③ R112 : 테트라클로로디플루오로에탄(CCl_2FCCl_2F)

④ R112a : 테트라클로로디플루오로에탄(CCl_3CClF_2)

⑤ R113 : 트리클로로트리플루오로에탄(CCl_2FCClF_2)

⑥ R113a : 트리클로로트리플루오로에탄(CCl_3CF_3)

⑦ R114 : 디클로로테트라플루오로에탄($CClF_2CClF_2$)

⑧ R114a : 디클로로테트라플루오로에탄(CCl_2FCF_3)

⑨ R115 : 클로로펜타플루오로에탄($CClF_2CF_3$)

⑩ R116 : 헥사플루오로에탄(CF_3CF_3)

⑪ R120 : 펜타클로로에탄($CHCl_2CCl_3$)

⑫ R123 : 디클로로트리플루오로에탄($CHCl_2CF_3$)

⑬ R123a : 디클로로트리플루오로에탄($CHClFCClF_2$)

⑭ R124 : 클로로테트라플루오로에탄($CHClFCF_3$)

⑮ R124a : 클로로테트라플루오로에탄(CHF_2CClF_2)

⑯ R125 : 펜타플루오로에탄(CHF_2CF_3)

⑰ R133a : 클로로트리플루오로에탄(CH_2ClCF_3)

⑱ R134a : 테트라플루오로에탄(CH_2FCF_3)

⑲ R140a : 트리클로로에탄(CH_3CCl_3)

⑳ R141b : 디클로로플루오로에탄(CCl_2FCH_3)

㉑ R142b : 클로로디플루오로에탄($CClF_2CH_3$)

㉒ R143a : 트리플루오로에탄(CF_3CH_3)

㉓ R150a : 디클로로에탄($CHCl_2CH_3$)

㉔ R152a : 디플루오로에탄(CHF_2CH_3)

㉕ R160 : 에틸클로라이드(CH_3CH_2Cl)

㉖ R170 : 에탄(CH_3CH_3)

8) 비공비, 공비혼합 냉매의 조성(질량%)(부록)

(1) 비공비 혼합냉매

① R401A : R22/152a/124(53/13/34)

② R401B : R22/152a/124(61/11/28)

③ R401C : R22/152a/124(33/15/52)

④ R402A : R125/290/22(60/2/38)

⑤ R402B : R125/290/22(38/2/60)

⑥ R403A : R290/22/218(5/75/20)

⑦ R403B : R290/22/218(5/56/39)

⑧ R404A : R125/143a/134a(44/52/4)

⑨ R405A : R22/152a/142b/C318(45/7/5.5/42.5)

⑩ R406A : R22/600a/142b(55/4/41)

⑪ R407A : R32/125/134a(20/40/40)

⑫ R407B : R32/125/134a(10/70/20)

⑬ R407C : R32/125/134a(23/25/52)

⑭ R407D : R32/125/134a(15/15/70)

⑮ R408A : R125/143a/22(7/46/47)

⑯ R409A : R22/124/142b(60/25/15)

⑰ R409B : R22/124/142b(60/25/15)

⑱ R410A : R32/125(50/50)

⑲ R410B : R32/125(45/55)

⑳ R411A : R1270/22/152a(1.5/87.5/11)

㉑ R411B : R1270/22/152a(3/94/3)

㉒ R412A : R22/218/142b(70/5/25)

(2) 공비 혼합냉매

① R500 : R12/152a(73.8/26.2)

② R501 : R22/12(75/25)

③ R502 : R22/115(48.8/51.2)

④ R503 : R23/13(40.1/59.9)

⑤ R504 : R32/115(48.2/51.8)

⑥ R505 : R12/31(78/22)

⑦ R506 : R31/114(55.1/44.9)

⑧ R507A : R125/143a(50/50)

⑨ R508A : R23/116(39/61)

⑩ R508B : R23/116(46/54)

⑪ R509A : R22/218(44/56)

9) 냉매의 특성

(1) 암모니아(NH_3 : R717)

① 가연성, 폭발성, 독성, 악취가 있다.

② **대기압하에서 비등점** : -33.3℃

③ **응고점** : -77.7℃

④ 비열비가 1.313로 토출온도가 높으므로 워터쟈켓을 설치하여 실린더를 수냉각시킨다.

⑤ 동 및 동합금을 부식시키므로 강관을 사용한다.

⑥ 수분이 냉매에 1% 용해 될 때마다 증발온도가 0.5℃씩 증가

⑦ **기준냉동사이클**(증발온도 : -15℃, 응축온도 : 30℃)에서 냉동효과가 가장 좋다.

✓ 냉매 순환량이 적다.

⑧ 절연내력이 적고, 절연물을 침식시키므로 밀폐형 압축기에는 사용불가

⑨ 윤활유와 용해되지 않는다.

⑩ 유탁액(에멀젼)현상이 생긴다.

✓ 암모니아 냉동기에 수분이 함유되어 암모니아와 용해하면 수산화암모늄(NH_3OH)이 생성되어 윤활유를 미립자로 분리시켜 우유빛으로 변색시키는 현상이 일어나며 윤활유 기능이 저하된다.

워터 쟈켓(Water Jacket)

비열비가 커서 토출온도가 높으므로 냉각수를 이용하여 실린더 상부의 열을 식힌다.

(2) 프레온(Freon)

① 독성 및 악취가 없다.

② 불연성이다.

③ 800℃ 이상의 고온에 접촉되면 맹독성 가스인 포스겐을 발생시킨다.

④ 마그네슘 및 마그네슘을 2% 이상 함유하고 있는 Al합금을 부식시킨다.

⑤ 전열이 불량하여 Fin을 부착한다.

⑥ 무색, 무취로 누설 시 발견이 어렵다.

⑦ 전기적 절연내력이 크므로 밀폐형 압축기 사용이 가능.

⑧ 수분과는 용해되지 않는다.

(3) 프레온 냉동장치에서의 현상

① **오일포밍**(Oil Foaming) : 압축기가 정지하는 동안 기체냉매는 응축되어 액상태로 오일과 섞여 있다가 재기동시 크랭크케이스내 압력이 급격히 낮아지면서 오일과 냉매가 급격히 분리되어 유면이 약동하면서 거품이 일어나는 현상으로 방지 대책으로는 압축기 정지 시 오일 히터를 가동하는 것이다.

② **오일 햄머링**(Oil Hammering) : 오일포밍현상이 일어나면 냉매는 다량의 오일과 함께 실린더로 유입되는데 오일은 비압축성이므로 실린더 헤드에서 충격음이 발생한다. 장시간 반복되면 압축기 기관이 파손된다.

③ **동부착현상**(Copper Flating) : 프레온 냉동장치에 수분이 침투되어 냉매와 작용하여 산이 생성되어 동을 침식 시키는 현상

10) 냉매의 누설검사

(1) 암모니아(NH_3)

① 악취에 의한 냄새

② 붉은 리트머스 시험지가 청색으로 변한다.

③ 페놀프탈레인지가 적색으로 변한다.

④ 유황초(황산, 염산)에서 백색 연기가 발생한다.

⑤ **네슬러시약**

ㄱ. 소량누설시 : 황색

ㄴ. 대량누설시 : 자색

(2) 프레온(Freon)

① 비눗물 검사

② **헬라이드토치 사용**

ㄱ. 정상 : 청색

ㄴ. 소량 : 녹색

ㄷ. 다량 : 적색

ㄹ. 과대량 : 불이 꺼짐

③ 할로겐 전자누설탐지기 사용

11) 브라인(Brine)

(1) 구비조건

① 비열이 클 것

② 전열이 양호 할 것

③ 점도가 낮을 것

④ 비중이 낮을 것

⑤ 공정점이 낮을 것

⑥ 응고점이 낮을 것

⑦ 부식성이 없을 것

⑧ 가격이 저렴하고 구입이 용이 할 것

⑨ 누설 시 제품에 손상이 없을 것

⑩ pH값이 적당할 것(7.5~8.2)

(2) 종류

① 무기질 브라인

ㄱ. **염화나트륨**(NaCl)

- 식품냉동에 사용
- 값이 저렴하다.
- 부식력이 가장 높다.
- **공정점**: -21.2℃

ㄴ. **염화마그네슘**($MgCl_2$)

- 염화칼슘보다 부식성이 높다.
- **공정점**: -33.6℃

ㄷ. **염화칼슘**($CaCl_2$)

- 공업용, 제빙용으로 사용
- 식품에 접촉되면 떫은 맛이 난다.
- **공정점**: -55℃

부식력

NaCl 〉 $MgCl_2$ 〉 $CaCl_2$

② 유기질 브라인

ㄱ. 에틸알콜(C_2H_5OH) : 인화점이 낮아 위험하며 물보다 가볍고(비중0.8) 식품의 초저온 동결에 사용 가능하다.

✓ 인화점 : 19℃

ㄴ. 에틸렌 글리콜($C_2H_6O_2$) : 물 보다 비중(1.1)이 크며 점성이 크고 무색의 액체

✓ 인화점 : 116℃

ㄷ. 프로필렌 글리콜($C_3H_6O_2$) : 물 보다 약간 무겁고 점성이 크고 무색의 액체. 부식성과 독성이 없어 식품 동결에 사용된다.

✓ 인화점 : 107℃

(3) 브라인의 금속 부식방지법

① 공기와 접촉하지 않도록 한다.

② pH를 7.5 ~ 8.2 정도로 유지

③ 방식아연을 부착한 철판 사용

④ 방청약품 사용

ㄱ. 염화칼슘($CaCl_2$) : 브라인 1[L]당 중크롬산소다 1.6[g]을 용해, 중크롬산소다 100[g]당 가성소다 27[g]을 첨가

ㄴ. 염화나트륨(NaCl) : 브라인 1[L]당 중크롬산소다 3.2[g]을 용해, 중크롬산소다 100[g]당 가성소다 27[g]을 첨가

연습문제

냉매의 구비조건으로 틀린 것은?

① 임계온도는 높고, 응고점은 낮아야 한다.

② 증발 잠열과 기체의 비열은 작아야 한다.

③ 장치를 침식하지 않으며 절연 내력이 커야한다.

④ 점도와 표면장력은 작아야 한다.

해 증발 잠열은 크고 비열은 작아야 한다.

답 ②

헬라이드 토치는 프레온계 냉매의 누설검지기이다. 누설 시 식별방법은?

① 불꽃의 크기
② 연료의 소비량
③ 불꽃의 온도
④ 불꽃의 색깔

해 헬라이드 토치 : 불꽃의 색으로 누설 식별
정상 - 청색, 소량 - 녹색, 다량 - 적색, 과대량 - 불이 꺼짐

답 ④

암모니아 냉매의 특성이 아닌 것은?

① 수분을 함유한 암모니아는 구리와 그 합금을 부식시킨다.

② 대규모 냉동장치에 널리 사용되고 있다.

③ 물과 윤활유에 잘 용해된다.

④ 독성이 강하고, 강한 자극성을 가지고 있다.

해 ③ 물에는 잘 용해되고 윤활유와는 잘 용해되지 않는다.

답 ③

브라인의 구비조건으로 틀린 것은?

① 비열이 크고 동결온도가 낮을 것
② 불연성이며 불활성일 것
③ 열전도율이 클 것
④ 점성이 클 것

해 브라인은 점성이 작아야 한다.

답 ④

무기질 브라인 중에 동결점이 제일 낮은 것은?

① $CaCl_2$ ② $MgCl_2$

③ NaCl ④ H_2O

① $CaCl_2$(염화칼슘) : -55[℃]

② $MgCl_2$(염화마그네슘) : -33.6[℃]

③ NaCl(염화나트륨) : -21.2[℃]

①

다음 중 무기질 브라인이 아닌 것은?

① 염화나트륨 ② 염화마그네슘

③ 염화칼슘 ④ 에틸렌글리콜

에틸렌글리콜은 유기질 브라인이다.

④

브라인 냉각장치에서 브라인의 부식방지 처리법이 아닌 것은?

① 공기와 접촉시키는 순환방식 채택

② 브라인의 pH를 7.5~8.2 정도로 유지

③ $CaCl_2$ 방청제 첨가

④ NaCl 방청제 첨가

브라인은 공기와 접촉하지 않도록 한다.

①

냉매에 대한 설명으로 틀린 것은?

① 응고점이 낮을 것

② 증발열과 열전도율이 클 것

③ R-500은 R-12와 R-152를 합한 공비 혼합냉매라 한다.

④ R-21은 화학식으로 $CHCl_2F$이고, $CClF_2-CClF_2$는 R-113이다.

R-21 : $CHCl_2F$

R-113 : $C_2Cl_3F_3$

④

IV. 냉매선도(모리엘선도, P-i선도, P-h선도)

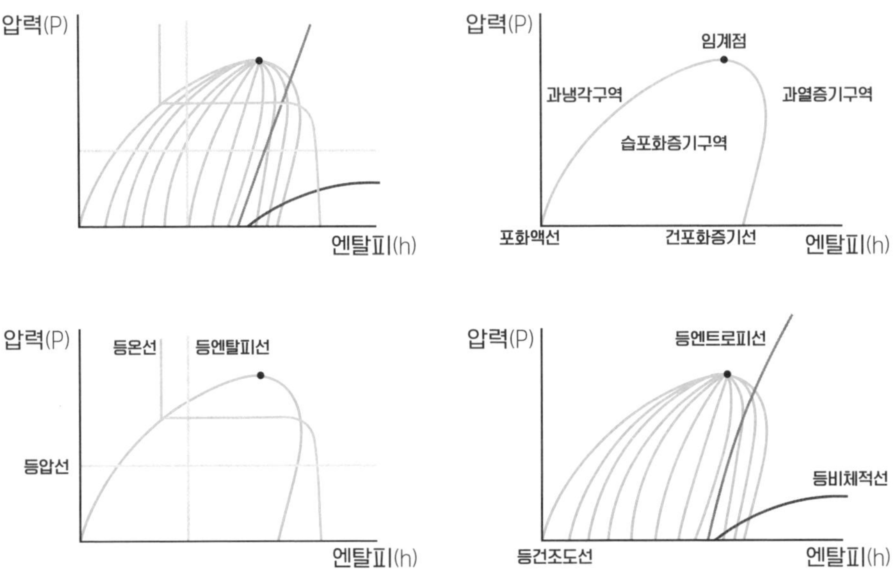

(1) 냉매선도 구성

① **포화액선**: 과냉각구역과 습포화증기구역을 구분하는 선으로 냉매가 100% 액체가 되는 시점의 점들을 이은 선

② **건포화증기선**: 과열증기구역과 습포화증기구역을 구분하는 선으로 냉매가 100% 기체가 되는 시점의 점들을 이은 선

③ **임계점**: 액체와 기체가 구분될 수 있는 최대의 온도 또는 압력으로 임계점을 초과하면 액체와 기체가 공존하므로 잠열을 이용할 수 없게 된다.

④ **과냉각구역**: 100%액이 된 냉매가 현열로써 과냉각 된 상태의 구역

⑤ **습포화증기구역**: 냉동사이클에서 응축기와 증발기에서 잠열을 이용하는 구간으로 방향에 따라 액체에서 기체로, 기체에서 액체로 변하는 구역이다.

⑥ **과열증기구역**: 100%기체가 된 냉매가 현열로써 과열된 상태의 구역

⑦ **등압선**(P : kg/): 압력이 일정한 선으로 응축압력과 증발압력의 절대압력을 알 수 있고 압축비를 계산할 수 있다. 모든 구역에서 동일하다.

⑧ **등온선**(T : ℃): 온도가 일정한 선으로 과냉각구역에서는 등엔탈피선과 평행하며, 습포화증기구역에서는 등압선과 평행하다 또한 과열증기구간에서는 우측 아래로 하향한다.

⑨ **등엔탈피선**(h : kcal/kg) : 냉매의 엔탈피를 알 수 있으며 냉동효과, 응축부하, 소요동력, 성적계수등을 구할 수 있다.

⑩ **등비체적선**(v : m³/kg) : 냉매의 체적을 알 수 있으며 습포화증기구역과 과열증기구간에만 존재하며 우측으로 비스듬히 올라간다.

⑪ **등건조도선**(x) : 습포화증기구역을 10등분한 선이며 냉매의 건조한 정도를 알 수 있다.

✓ 포화액 : 0

✓ 건포화증기 : 1

⑫ **등엔트로피선**(S : kcal/kg · K) : 엔트로피가 일정한 선으로 압축과정이 이론상 단열압축이므로 압축과정은 등엔트로피선을 따라간다.

(2) 카르노 및 역카르노 사이클

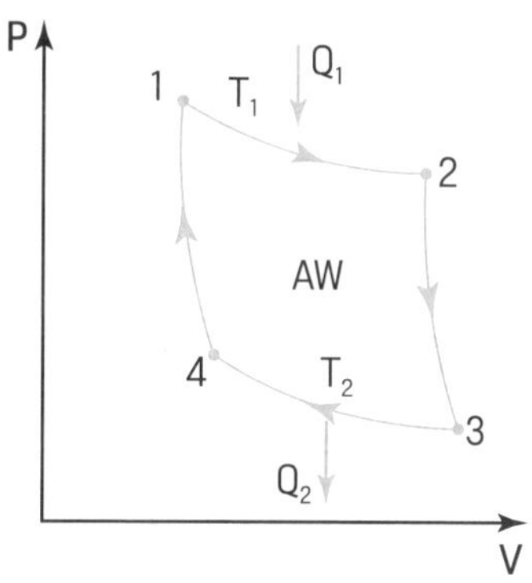

1→2 : 등온팽창 2→3 : 단열팽창
3→4 : 등온압축 4→1 : 단열압축

① **카르노 사이클**

이상적인 열기관 사이클이며 등온선과 단열선 두 개로 이루어져 있다.

카르노 사이클의 열효율

$$\eta = \frac{AW}{Q_1} = \frac{Q_1 - Q_2}{Q_1} = \frac{T_1 - T_2}{T_1}$$

② **역카르노 사이클**

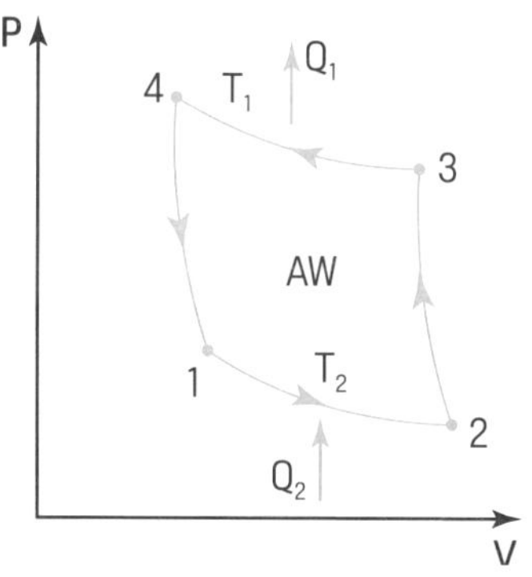

1→2 : 등온팽창 2→3 : 단열압축
3→4 : 등온압축 4→1 : 단열팽창

이상적인 냉동 사이클이며 등온선과 단열선 두 개로 이루어져 있다 카르노 사이클을 역으로 행한다.

역카르노 사이클의 열효율

$$\eta = \frac{Q_2}{AW} = \frac{Q_2}{Q_1 - Q_2} = \frac{T_2}{T_1 - T_2}$$

(3) 냉동톤 및 제빙톤

① 1**냉동톤**(1RT) : 0℃의 물 1ton을 24시간 동안 0℃의 얼음으로 만드는데 제거해야 할 열량

$$1RT = \frac{79.68 \times 1000}{24} = 3{,}320kcal/h$$

② 1USRT(미국 냉동톤) : 32 ˚F 의 물 2,000lb를 24시간 동안 32 ˚F 의 얼음으로 만드는데 필요한 열량

$1USRT = \frac{144 \times 2000}{24} = 12{,}000BTU/h = 3{,}024kcal/h$

③ 1**제빙톤** : 25℃의 원수 1ton을 24시간 동안 -9℃의 얼음으로 만드는데 제거해야 할 열량 (외부열손실 20%고려)

1제빙톤 = 1.65RT

결빙시간(h) = $\frac{0.56t^2}{-(t_b)}$

✓ t : 얼음두께(cm), t_b : 브라인 온도(℃), **0.56** : 결빙계수(0.53 ~ 0.6)

(4) 기준냉동 사이클

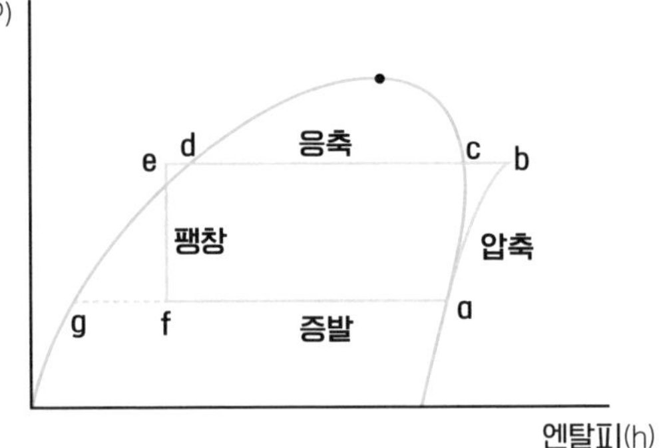

성능비교를 위하여 일정한 온도조건으로 제안된 사이클

① **응축온도**(c - d) : 30℃

② **증발온도**(f - a) : -15℃

③ **팽창밸브 직전온도**(e) : 25℃

④ **과냉각도**(d - e) : 5℃

⑤ **압축기 흡입가스**(a) : -15℃(건포화증기)

✓ f - g : 플래쉬 가스

(5) 냉동사이클의 상태변화

구분	압력	온도	엔탈피	엔트로피	비체적
압축과정(a - b)	상승	상승	증가	일정	감소
응축과정(b - e)	일정	저하	감소	감소	감소
팽창과정(e - f)	감소	저하	일정	증가	증가
증발과정(f - a)	일정	일정	증가	증가	증가

(6) 냉동사이클 계산

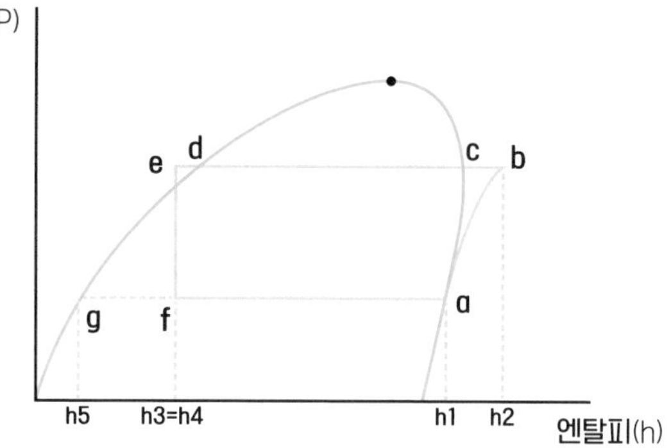

① **압축비**

$$\frac{P_H}{P_L} = \frac{\text{고압측절대압력}}{\text{저압측절대압력}}$$

② **냉동효과**(q_e[kcal/kg])

: $q_e = h_1 - h_4$

냉매 1kg이 증발기에서 흡수하는 열량

③ **압축열량**(Aw[kcal/kg]) : $Aw = h_2 - h_1$

압축기가 저압의 냉매증기 1kg을 압축하여 고압으로 상승시키는 일의 열당량

④ **응축열량**(q_c[kcal/kg]) : $q_c = h_2 - h_3 = Aw + q_e$

냉매 1kg이 증발기에서 흡수한 열과 압축기에서 발생된 열을 응축기를 통해 방출하는 열량

⑤ **성적계수**(COP : ε) : 냉동기의 효율 지표로써 단위는 없으며 사용한 전기에너지에 비해 어느정도의 효율이 있는지 알 수 있다.

ㄱ. 이론 성적계수 : $\varepsilon = \frac{q_e}{Aw} = \frac{Q_e}{AW} = \frac{Q_e}{Q_c - Q_e} = \frac{T_e}{T_c - T_e}$

ㄴ. 실제 성적계수 : $\varepsilon_0 = \varepsilon \times \eta_C \times \eta_m$

ㄷ. 열펌프 성적계수 : $COP_H = \frac{q_C}{Aw} = \frac{Q_C}{AW} = \frac{Q_C}{Q_c - Q_e} = \frac{T_c}{T_c - T_e}$

ㄹ. 흡수식 냉동기 성적계수 : $\frac{\text{증발기열량}}{\text{재생기열량}}$

✓ Q_e : 냉동열량[kcal/h], Q_c : 응축열량[kcal/h], T_e : 저온측 절대온도[K], T_c = 고온측 절대온도[K], η_c : 압축효율, η_m : 기계효율

⑥ **냉매순환량**(kg/h) : 단위 시간동안 증발기에서 순환하는 냉매량

$$G = \frac{Q_e}{q_e} = \frac{V_a}{v} \times \eta_v$$

✓ Q : 냉동능력[kcal/h], q_e : 냉동효과[kcal/kg], V_a : 이론 피스톤 압출량[m³/h], v = 흡입가스 비체적[m³/kg], η_v : 체적효율

⑦ 냉동능력(Q_e[kcal/h])

$$Q_e = G \times q_e = \frac{V_a}{v} \times \eta_v \times q_e$$

✓ $RT = \frac{Q_e}{3320} = \frac{V_a}{3320 \cdot v} \times \eta_v \times q_e$

⑧ 이론적 피스톤 토출량(V_a[㎥/h])

ㄱ. 왕복동 압축기

$$V_a = \frac{\pi D^2}{4} \cdot L \cdot N \cdot Z \cdot 60$$

✓ ***D*** : 피스톤 지름(m), ***L*** : 피스톤 행정길이(m), ***Z*** : 피스톤 기통수, ***N*** : 분당 회전수(rpm)

ㄴ. 회전식 압축기

$$V_a = \frac{\pi(D^2 - d^2)}{4} \cdot t \cdot N \cdot 60$$

✓ ***D*** : 실린더 안지름(m), ***d*** : 피스톤 바깥지름(m), ***t*** : 피스톤 두께(m), ***N*** : 분당 회전수(rpm)

ㄷ. 스크류 압축기

$$V_a = K \cdot D^3 \cdot \frac{L}{D} \cdot N \times 60$$

✓ ***K*** : 기어 형태에 따른 계수, ***L*** : 로우터의 행정(m), ***D*** : 로우터의 지름(m), ***N*** : 분당 회전수(rpm)

⑨ 건조도(x)

$$X = \frac{h4 - h5}{h1 - h5} = \frac{\text{플레쉬가스}}{\text{증발잠열}}$$

⑩ 엔트로피(S)

엔트로피 증가(ΔS) = $G \cdot C \cdot \ell n\left(\frac{T_2}{T_1}\right)$

(7) 2단 압축 냉동사이클

압축비가 6 이상이거나 증발온도 -35℃ 이하의 온도를 얻고자 할 때 사용

✓ 중간냉각기 : 저단측 토출온도를 낮추기 위해 사용

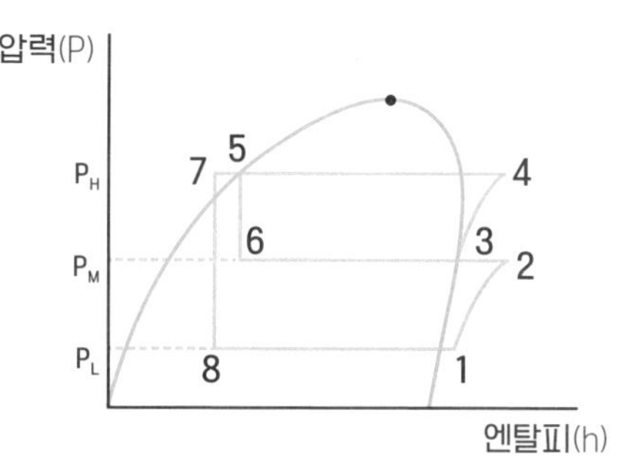

2단압축 1단팽창

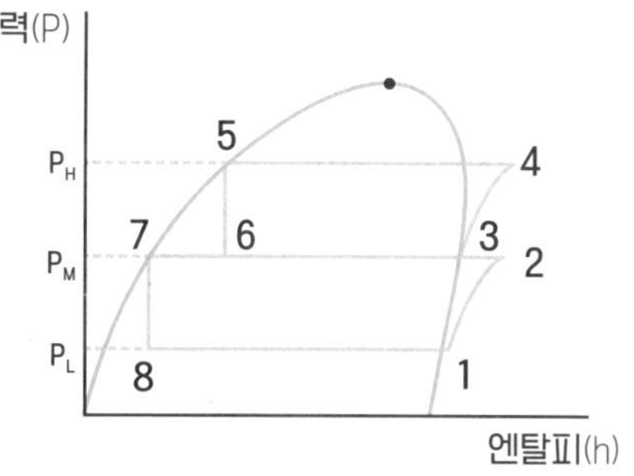

2단압축 2단팽창

① 계산식

ㄱ. 중간압력

$\sqrt{고압측절대압력 \times 저압측절대압력}$

ㄴ. 저단압축기로 흡입되는 냉매 가스량(G_L)[kg/h]

$$G_L = \frac{Q_e}{h1 - h8}$$

ㄷ. 저단압축기에서의 피스톤 토출량(V_L)[m³/h]

$$V_L = G_L \cdot v_1$$

ㄹ. 고단압축기로 흡입되는 냉매 가스량(G_H)[kg/h]

$$G_H = G_L \frac{h2 - h7}{h3 - h6}$$

ㅁ. 고단압축기에서의 피스톤 토출량(V_H)[m³/h]

$$V_H = G_H \cdot v_3$$

ㅂ. 응축기에서의 방출 열량(Q_C)[kcal/h]

$$Q_C = G_L(h4 - h5)$$

ㅅ. 증발기의 냉동능력(Q_e)[kcal/h]

$$Q_e = G_L \cdot (h1 - h8)$$

ㅇ. 중간냉각기에서의 냉각열량(Q_{ic})[kcal/h]

$$Q_{ic} = G_L \cdot \{(h2 - h3) + (h6 - h7)\}$$

ㅈ. 저단압축기의 소요동력(P_L)[kcal/h]

$$P_L = G_L \cdot (h2 - h1)$$

ㅊ. **고단압축기의 소요동력(P_H)[kcal/h]**

$$P_H = G_H \cdot (h4 - h3)$$

ㅋ. **성적계수(COP)**

$$COP = \frac{(h1 - h8)(h3 - h6)}{(h2 - h1)(h3 - h6) + (h2 - h7)(h4 - h3)}$$

(8) 2원 냉동 사이클(캐스케이드 방식)

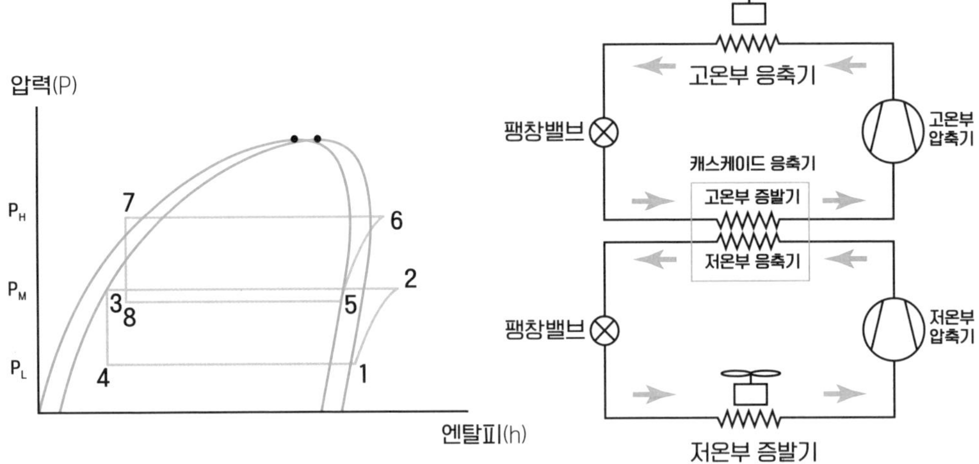

① **용도**: -70℃ 이하의 초저온을 얻기 위해 사용

② **사용냉매**

ㄱ. **저온측**: R13, R14, 에틸렌, 메탄, 프로판 등 비등점이 낮은 냉매

ㄴ. **고온측**: R12, R22등 비등점이 높고 응축압력이 낮은 냉매

③ **팽창탱크**: 저온부에 설치하며 저온부 고압이 설계압력 이상으로 높아지면 팽창탱크에 고압 냉매를 일부 보내 고압을 낮춘다.

④ **캐스케이드 응축기**: 열교환기로 한쪽은 고온부 저압냉매가 흐르고 한쪽은 저온부 고압 냉매가 흘러 열교환 한다.

⑤ 계산식

ㄱ. 저온측에 필요한 냉매순환량(G_L)[kg/h]

$$G_L \frac{Q_e}{h1 - h4}$$

ㄴ. 고온측에 필요한 냉매순환량(G_H)[kg/h]

$$G_H = G_L \frac{h2 - h3}{h5 - h8}$$

ㄷ. 저온측 소요동력(P_L)[kcal/h]

$$P_L = G_L(h2 - h1)$$

ㄹ. 고온측 소요동력(P_H)[kcal/h]

$$P_H = G_H(h6 - h5)$$

ㅁ. 고단압축기에서의 피스톤 토출량(V_H)[㎥/h]

$$V_H = G_H \cdot v_5$$

연습문제

몰리에르선도 상에서 압력이 증대함에 따라 포화액선과 건포화증기선이 만나는 일치점을 무엇이라 하는가?

① 한계점 ② 임계점

③ 상사점 ④ 비등점

해 몰리에르선도에서의 임계점 : 포화액선과 건포화증기선이 만나는 점

답 ②

p-h(압력-엔탈피) 선도에서 포화증기선상의 건조도는 얼마인가?

① 2 ② 1

③ 0.5 ④ 0

해 포화증기선상의 건조도=1(100%), 포화액선상의 건조도=0(0%)

답 ②

? 다음 중 몰리엘(P－h) 선도에 나타나 있지 않은 것은?

① 엔트로피　　② 온도

③ 비체적　　④ 비열

해 냉매선도의 구성 : 압력, 엔탈피, 온도, 비체적, 건조도, 엔트로피

답 ④

? 냉동사이클 중 P－h 선도(압력－엔탈피 선도)로 구할 수 없는 것은?

① 냉동능력　　② 성적계수

③ 냉매순환량　　④ 마찰계수

해 냉매선도로 마찰계수는 계산 할 수 없다.

답 ④

? 몰리에르 선도에서 건도(x)에 관한 설명으로 옳은 것은?

① 몰리에르 선도의 포화액선상 건도는 1 이다.

② 액체 70%, 증기 30%인 냉매의 건도는 0.7 이다.

③ 건도는 습포화증기 구역 내에서만 존재한다.

④ 건도는 과열증기 중 증기에 대한 포화액체의 양을 말한다.

해 ① 몰리에르 선도의 포화액선상 건도는 0이다.
② 액체 70%, 증기 30%인 냉매의 건도는 0.3 이다.
④ 건도는 습포화증기 중 증기에 대한 포화기체의 양을 말한다.

답 ③

? 몰리에르 선도에 대한 설명으로 틀린 것은?

① 과열구역에서 등엔탈피선으로 등온선과 거의 직교한다.

② 습증기 구역에서 등온선과 등압선은 평행하다.

③ 포화 액체와 포화 증기의 상태가 동일한 점을 임계점이라고 한다.

④ 등비체적선은 과열 증기구역에서도 존재한다.

해 과열구역에서 등온선은 곡선 형태이므로 수직형태인 등엔탈피선과 직교하지 않는다.

답 ①

팽창밸브 직후 냉매의 건도가 0.2이다. 이 냉매의 증발열이 1884 kJ/kg 이라 할 때, 냉동효과(kJ/kg)는 얼마인가?

① 376.8 ② 1324.6

③ 1507.2 ④ 1804.3

해 공식1)

$$건조도(x) = \frac{플래쉬가스}{증발잠열}$$

$$0.2 = \frac{플래쉬가스}{1884} \rightarrow 플래쉬\ 가스 = 1884 \times 0.2 = 376.8[kJ/kg]$$

공식2) 냉동효과(q) = 증발잠열-플레쉬 가스 = 1884-376.8 = 1507.2[kJ/kg]

답 ③

프레온냉동기의 냉동능력이 18900kcal/h이고, 성적계수가 4, 압축일량이 45kcal/kg일 때 냉매순환량은 얼마인가?

① 96 kg/h ② 105 kg/h

③ 108 kg/h ④ 116 kg/h

해 냉동효과(q_e) = 성적계수(ε) · 압축일량(AW) = 4 × 45 = 180[kcal/kg]

$$냉매순환량(G) = \frac{냉동능력(Q)}{냉동효과(q_e)} = \frac{18900}{180} = 105[kg/h]$$

답 ②

1단 압축 1단 팽창 냉동장치에서 흡입증기가 어느 상태일 때 성적계수가 제일 큰가?

① 습증기 ② 과열증기

③ 과냉각액 ④ 건포화증기

해 과열도가 높으면 냉동효과가 상승하므로 성적계수가 제일 크다(과열도가 높으면 토출온도의 상승 원인이 되기도 한다).

답 ②

표준냉동사이클에서 냉매 액이 팽창밸브를 지날 때 냉매의 온도, 압력, 엔탈피의 상태변화를 올바르게 나타낸 것은?

① 온도 : 일정, 압력 : 감소, 엔탈피 : 일정 ② 온도 : 일정, 압력 : 감소, 엔탈피 : 감소

③ 온도 : 감소, 압력 : 일정, 엔탈피 : 일정 ④ 온도 : 감소, 압력 : 감소, 엔탈피 : 일정

해 온도 : 감소, 압력 : 감소, 엔탈피 : 일정

답 ④

아래와 같이 운전되어 지고 있는 냉동사이클의 성적 계수는?

① 2.1

② 3.3

③ 4.9

④ 5.9

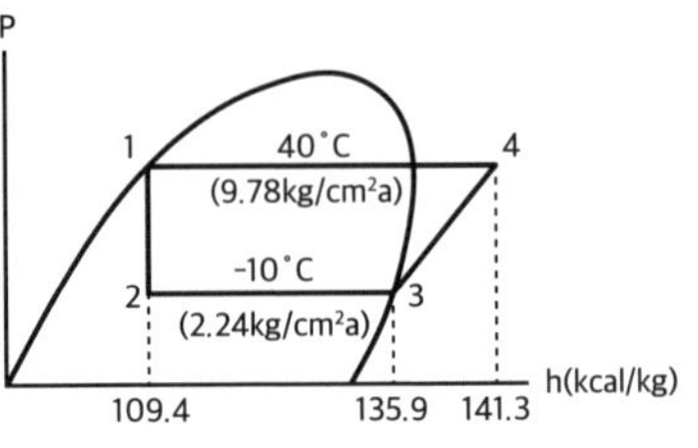

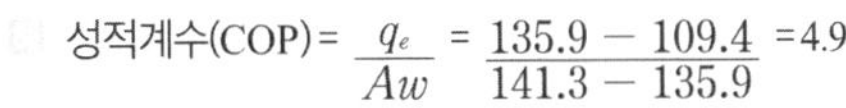

해 성적계수(COP) = $\frac{q_e}{Aw} = \frac{135.9 - 109.4}{141.3 - 135.9}$ = 4.9

답 ③

열펌프 장치의 응축온도 35℃, 증발온도가 −5℃일때, 성적계수는?

① 3.5

② 4.8

③ 5.5

④ 7.7

해 공식1) $COP_H = \frac{q_c}{Aw} = \frac{Q_c}{AW} = \frac{Q_c}{Q_c - Q_e} = \frac{T_c}{T_c - T_e}$

$= \frac{273 + 35}{(273 + 35) - (273 + (-5))}$ = 7.7

답 ④

2원냉동 사이클에서 중간열교환기인 캐스케이드 열교환기의 구성은 무엇으로 이루어져 있는가?

① 저온측 냉동기의 응축기와 고온측 냉동기의 증발기

② 저온측 냉동기의 증발기와 고온측 냉동기의 응축기

③ 저온측 냉동기의 응축기와 고온측 냉동기의 응축기

④ 저온측 냉동기의 증발기와 고온측 냉동기의 증발기

해 2원냉동은 저온측 냉동기의 응축압력을 효과적으로 낮추기 위해 또 하나의 냉동기 사이클의 증발기로 응축압력을 낮춘다.

답 ①

압축기 직경이 100mm, 행정이 850mm, 회전수 2,000rpm, 기통 수 4일 때 피스톤 배출량은?

① 3204m³/h

② 3316m³/h

③ 3458m³/h

④ 3567m³/h

해 압축기 토출량(V_a) = $\frac{\pi}{4}$ × 직경² × 행정 × 회전수 × 60분 × 기통수

$V_a = \frac{\pi D^2}{4} \cdot L \cdot N \cdot Z \cdot 60 = \frac{\pi}{4} \times 0.1^2 \times 0.85 \times 2000 \times 60 \times 4 = 3{,}204[m^3/h]$

답 ①

냉동효과가 1088 kJ/kg인 냉동사이클에서 1냉동톤당 압축기 흡입증기의 체적(m^3/h)은?
(단, 압축기 입구의 비체적은 0.5087 m^3/kg 이고, 1냉동톤은 3.9kW 이다.)

① 15.5　　② 6.5

③ 0.258　　④ 0.002

공식1) 냉매순환량(kg/h) : $G = \frac{Q_e}{q_e} = \frac{V}{v} \times \eta v$

Q_e : 냉동능력[KW/h]

q_e : 냉동효과[kJ/kg]

V : 이론 피스톤 압출량[㎥/h]

v : 흡입가스 비체적[㎥/kg]

η_v : 체적효율

$$\frac{Q_e}{q_e} = \frac{V}{v} \rightarrow V = \frac{Q_e}{q_e} \times v = \frac{3.9 \times 3600}{1088} \times 0.5087 = 6.5[m^3/h]$$

*1[KW] = 1[kJ/s], 1[h] = 3600[s]

②

다음과 같은 조건에서 작동하는 냉동장치의 냉매순환량(kg/h)은?(단, 1RT는 3.9 kW 이다.)

(1) 냉동능력 : 5RT
(2) 증발기입구 냉매 엔탈피 : 240KJ/kg
(3) 증발기출구 냉매 엔탈피 : 400KJ/kg

① 325.2　　② 438.8

③ 512.8　　④ 617.3

공식1) 냉매순환량(kg/h) : $G = \frac{Q_e}{q_e}$

$Q_e = 3.9 \times 5 \times 3600 = 70,200[kJ/h]$

*3.9[KW] = 3.9[kJ/s]

$q_e = 400 - 240 = 160[kJ/kg] = \frac{Q_e}{q_e} = \frac{70200}{160} = 438.8[kg/h]$

②

다음 설명 중 옳은 것은?

① 냉동능력을 크게 하려면 압축비를 높게 운전하여야 한다.

② 팽창밸브 통과 전후의 냉매 엔탈피는 변하지 않는다.

③ 암모니아 압축기용 냉동유는 암모니아보다 가볍다.

④ 암모니아는 수분이 있어도 아연을 침식시키지 않는다.

팽창밸브를 통과하는 냉매의 압력은 감소하지만 엔탈피의 변화는 없다.

②

어떤 냉동장치의 계기압력이 저압은 60mmHg, 고압은 673kPa이였다면, 이 때의 압축비는 얼마인가?

① 5.8 ② 6.0

③ 7.4 ④ 8.3

해설 공식1) 절대압력 = 게이지 압력 + 대기압

$P_H = 673 + 101 = 774[kPa](a)$

공식2) mmHg(g)→kPa(a) : $P = 101[kPa] \times (1 - \frac{mmHg}{760[mmHg]})$

$P_L = 101 \times (1 - \frac{60}{760}) = 93[kPa](a)$

공식3) 압축비(Pr) = $\frac{P_H}{P_L}$

압축비(Pr) = $\frac{774}{93} = 8.3$

답 ④

V. 압축기

증발기에서 증발한 저온 저압의 기체냉매를 압축하여 응축액화를 쉽게 할 수 있도록 고온 고압의 기체 냉매로 만들며 냉동사이클에서 냉매를 순환시키는 역할을 한다. 압축기에서 압축된 냉매는 압력이 상승하므로 냉매의 응축점이 상승하여 외기로도 응축액화가 가능해진다.

1) 압축방식에 의한 분류

2) 밀폐구조에 의한 분류

(1) 개방형

압축기 몸체와 모터가 분리되어 있는 방식

① **직결 구동식** : 압축기의 축단(크랭크 축)에 커플링을 장착하여 모터와 같은 별도의 구동 장치와 연결하여 구동하는 방식

② **벨브 구동식** : 압축기의 축단에 V벨트를 장착하여 모터와 같은 별도의 구동장치와 연결하여 구동하는 방식

> **개방형의 장·단점**
> - 장점 : ① 회전수 조절 용이, ② 분해조립 가능
> - 단점 : ① 설치면적이 크다, ② 비용이 비싸다, ③ 누설의 우려가 있다, ④ 소음이 크다.

(2) 밀폐형

모터가 내장되어 있는 방식

① **반밀폐형** : 볼트로 조립되어 있어 분해 및 조립이 가능하다.

② **완전밀폐형** : 압축기 하우징이 용접되어 있어 분해 및 조립이 불가능하다.

> **밀폐형의 장·단점**
> - 장점 : ① 과부하 운전이 가능, ② 소음이 적다, ③ 누설의 염려가 없다, ④ 저렴하다.
> - 단점 : ① 수리가 어렵다, ② 냉매 및 오일의 교환이 어렵다.

3) 왕복동 압축기(Riciprocating Compressor)

실린더 내에 피스톤이 왕복운동을 하며 압축하는 방식

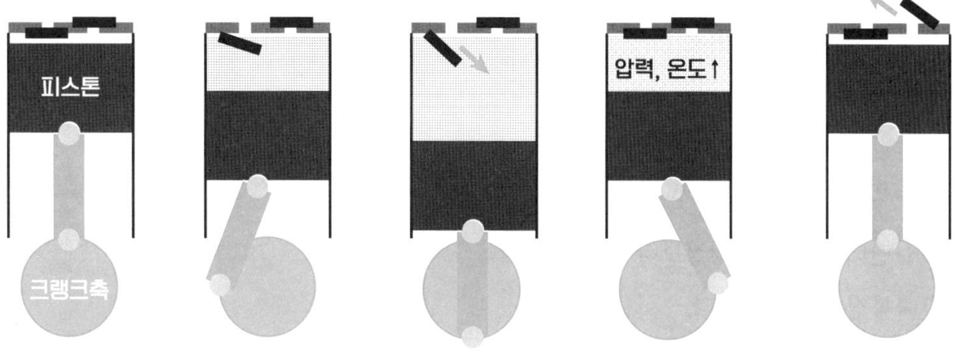

(1) 입형 압축기

① 암모니아 및 프레온에 주로 사용

② 기통수는 1~4기통(주로 2기통이 많이 사용됨)

③ 톱클리어런스(Top Clearance)가 약 1mm 정도로 체적 효율이 좋다.

④ 안전두를 설치하여 액압축으로 인한 파손을 방지한다.

안전두(Safety Head)

- 밸브판의 토출밸브 시트를 스프링이 누르고 있다가 고압에 열린다.
- 압축기 내로 이물질이나 액냉매가 들어가 압축기가 파손되는 것을 방지(작동압력=정상 토출압력 +3kg/㎠)

상부간극(톱클리어런스 – Top Clearance)

냉매가 토출 될 때 피스톤과 밸브판 사이의 간극

(2) 횡형 압축기

① 주로 암모니아에 사용된다.

② 안전두가 없고 톱클리어런스는 3mm 정도로 체적효율이 나쁘다.

③ 중량 및 설치면적이 크고 진동이 심하다.

④ 냉매가스의 누설방지를 위해 축봉장치를 설치한다.

(3) 고속 다기통 압축기

① 실린더 수가 많으며 실린더의 수는 짝수이다.

✓ 4~16기통

② 용량제어가 가능하다.

③ 고속이다.

✓ 암모니아 : 900~1,000rpm

✓ 프레온 : 1,750~3,500rpm

④ 실린더의 직경이 행정보다 크거나 같다.

⑤ 축봉장치가 사용된다.

⑥ 체적효율이 나쁘다.

⑦ 진동이 적다.

(4) 상부간극(Top Clearance)이 클 경우

① 냉매순환량 감소(냉동능력 감소)

② 체적효율 감소

③ 소요동력 증대

④ 토출가스온도 상승

⑤ 윤활유 탄화 및 열화

⑥ 실린더 과열 및 마모

(5) 압축비가 클 경우 냉동기에 미치는 영향

① 압축기 토출온도 상승

② 압축기 과열

③ 윤활유 탄화

④ 각종 효율 감소

⑤ 냉동능력 감소

⑥ 압축기 소요동력 증가

4) 회전식(로터리)압축기(Rotary Compressor)

로터가 실린더 내를 회전하면서 압축하는 방식

(1) 특징

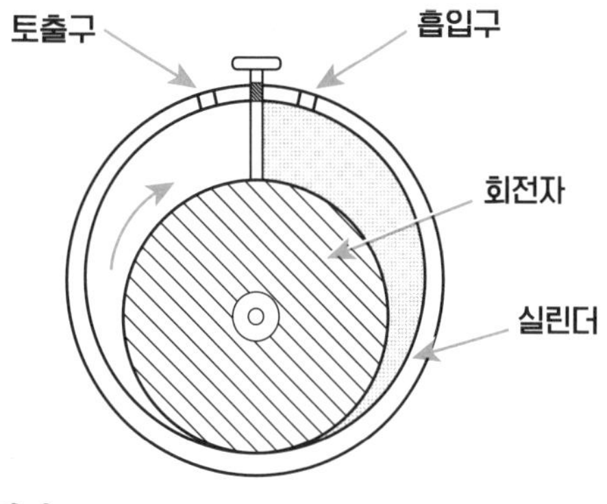

① 구조가 간단하다.

② 압축이 연속적이다.

③ 고진공을 얻을 수 있다.

④ 진동과 소음이 적다.

⑤ 대형에 부적합하다.

⑥ 토출온도가 낮다.

⑦ 흡입밸브가 없고 토출측에는 체크밸브가 설치된다.

5) 스크롤 압축기(Scroll Compressor)

회전스크롤이 돌아갈 때 고정스크롤과 맞물리면서 압축하는 방식

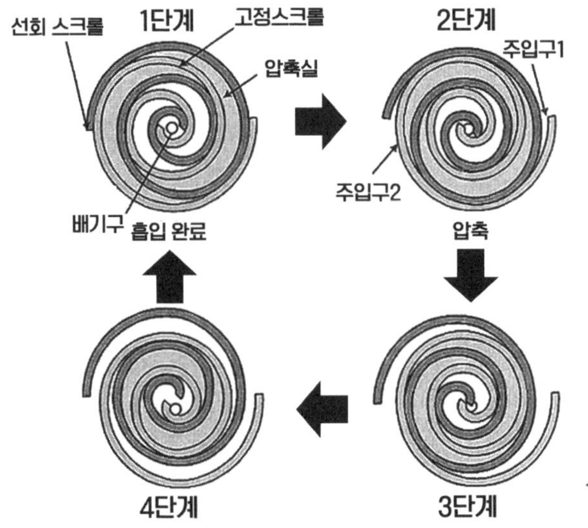

(1) 특징

① 진동, 소음이 적다.

② 부품수가 적다.

③ 압축이 연속적이다.

④ 흡입밸브나 토출밸브가 없어 압축 효율이 좋다.

6) 스크류 압축기(Screw Compressor)

수로터와 암로터 2개의 로터가 맞물리면서 압축하는 방식

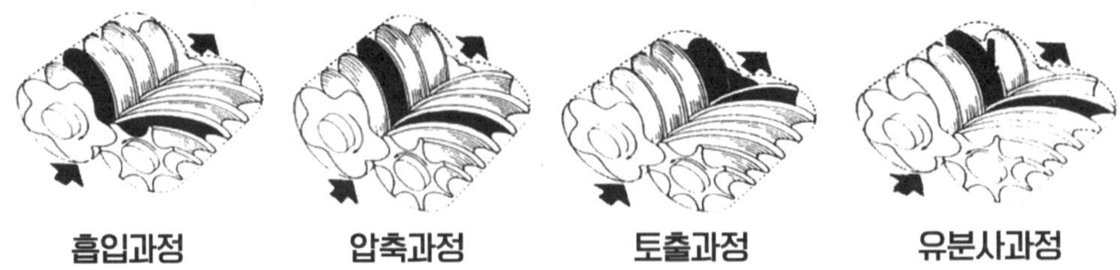

(1) 특징

① 진동이 적다.

② 10~100% 무단계 용량제어가 가능하다.

③ 연속운전이 가능하다.

④ 수명이 길다.

⑤ 체적효율이 높다.

⑥ 흡입 및 토출 밸브가 없다.

⑦ 설치면적이 좁고 대용량에 적합하다.

⑧ 고장시 고도의 기술이 필요하다.

⑨ 액압축의 우려가 적다.

⑩ 소음이 크다.

⑪ 윤활유 소비량이 많다.

⑫ 동력소모가 크다.

7) 원심식 압축기(Centrifugal Compressor)

터보 압축기라고 불리며 고속회전하는 임펠러의 원심력을 이용하여 압축하는 방식

(1) 특징

① 취급이 용이하다.

② 마찰부가 적어 고장 및 손상이 적다.

③ 회전운동이므로 진동이 적다.

④ 10~100%까지 용량제어가 가능하다.

⑤ 용량에 비해 소형이다.

⑥ 부하감소시 서징현상(맥동현상)이 일어난다.

⑦ 직접 팽창식으로는 부적합하다.

서징(맥동)현상

부하감소시 저압과 고압차가 증가하면 고압측 냉매가 저압측으로 역류하면서 진동과 소음이 발생하는 현상

8) 압축기 계산

(1) 소요동력

① 이론동력

$$L_{th} = \frac{G \times AW}{860}[Kw]$$

✓ G : 냉매순환량[kg/h], AW : 압축일의 열당량[kcal/kg]

② 지시동력

$$L_a = \frac{L_{th}}{\eta_c} = \frac{G \times AW}{860 \times \eta_c}[Kw]$$

✓ η_C : 압축효율

③ 축동력

$$L = \frac{L_a}{\eta_m} = \frac{G \times AW}{860 \times \eta_c \times \eta_m}[Kw]$$

✓ η_m : 기계효율

(2) 체적효율

$$\eta_v = \frac{\text{실제피스톤압출량}}{\text{이론적피스톤압출량}}$$

(3) 압축효율

$$\eta_c = \frac{\text{이론가스압축일}}{\text{실제가스압축일}}$$

(4) 기계효율

$$\eta_m = \frac{\text{실제가스압축일}}{\text{축동력}} = \frac{\text{도시마력}}{\text{축마력}}$$

9) 용량제어 방법

(1) 왕복동 압축기

① 회전수 조절법

② 바이패스법

③ 언로더 장치

④ 클리어런스 증대법

⑤ 흡입밸브 조정

⑥ 타임드 밸브 제어에 의한 방법

⑦ 냉각수량 조절(수냉식)

(2) 원심식(터보) 압축기

① 회전수 조절법

② 흡입 베인의 각도 조절

③ 바이패스법

④ 흡입, 토출 댐퍼조절

⑤ 냉각수량 조절

(3) 스크류 압축기

① 슬라이드 밸브에 의한 바이패스법

(4) 흡수식 냉동기

① 발생기 공급 용액량 조절법

② 응축수량 조절법

③ 발생기의 공급 증기 및 온수량 조절

10) 윤활장치

(1) 윤활의 목적

① **윤활작용**: 냉동장치의 기계적 마찰로 인한 마모방지

② **기밀작용**: 유막을 형성하여 누설 및 공기침입을 방지

③ **냉각작용**: 기계열을 냉각시켜 기계효율을 증대시킨다.

④ **방청작용**: 부식을 방지한다.

⑤ **세척작용**: 기관을 순환하며 불순물을 흡수한다.

⑥ **가스킷 및 패킹재료 보호**

(2) 윤활의 방식

① **비말 급유식**: 크랭크축 회전시 오일을 비산시켜 윤활하는 방식으로 소형에 주로 쓰인다.

② **강제 급유식**: 오일펌프를 이용하여 강제로 급유하는 방식

(3) 윤활유의 구비조건

① 응고점이 낮을 것

② 유동점이 낮을 것

③ 인화점이 높을 것

④ 왁스 성분이 적고 저온에서도 왁스 성분이 분리되지 않을 것

⑤ 금속이나 패킹 등을 부식시키지 말 것

⑥ 항유화성이 있을 것

⑦ 절연내력이 클 것

⑧ 불순물이 적을 것

⑨ 점도가 적당할 것

⑩ 냉매로 인한 화학적 변화가 없을 것

⑪ 오일 포밍시 소포성이 클 것

11) 펌프다운

저압측의 냉매를 고압측(응축기, 수액기)에 회수하여 모으는 작업

(1) 펌프다운의 목적

① 기동시 액 해머 방지 및 경부하 기동을 목적

② 프레온 냉동장치에서 오일포밍 방지목적

③ 냉동장치의 저압측 수리 목적

④ 냉동장치 이설 목적

연습문제

원심 압축기의 용량 조정법에 대한 설명으로 틀린 것은?

① 회전수의 변화　② 안내익의 경사도 변화
③ 냉매의 유량 조절　④ 흡입구의 댐퍼 조정

해 원심 압축기의 용량 조정법
① 회전수 조절법, ② 흡입 베인의 각도 조절, ③ 바이패스법, ④ 흡입, 토출 댐퍼조절, ⑤ 냉각수량 조절

답 ③

압축기의 용량제어 방법 중 왕복동 압축기와 관계가 없는 것은?

① 바이패스법　② 회전수 가감법
③ 흡입 베인 조절법　④ 클리어런스 증가법

해 흡입 베인 조절법 : 원심식 압축기 용량 제어 방법

답 ③

왕복동식과 비교하여 스크롤 압축기의 특징으로 틀린 것은?

① 흡입밸브나 토출밸브가 있어 압축효율이 낮다.
② 토크 변동이 적다.
③ 압축실 사이의 작동가스의 누설이 적다.
④ 부품수가 적고 고효율 저소음, 저진동, 고신뢰성을 기대할 수 있다.

해 스크롤 압축기는 구조상 밸브가 없다.

답 ①

냉동장치에서 펌프다운의 목적으로 가장 거리가 먼 것은?

① 냉동장치의 저압 측을 수리하기 위하여
② 기동 시 액 해머 방지 및 경부하 기동을 위하여
③ 프레온 냉동장치에서 오일포밍(oil foaming)을 방지하기 위하여
④ 저장고 내 급격한 온도저하를 위하여

해 펌프다운 : 저압측 수리 등을 위해 냉매를 수액기로 모으는 것
펌프다운의 이점 : 압축기의 액햄머, 오일포밍 현상을 방지하며 경부하 기동이 가능하다.

답 ④

냉동용 스크류 압축기에 대한 설명으로 틀린 것은?

① 왕복동식에 비해 체적효율과 단열효율이 높다.

② 스크류 압축기의 로터와 축은 일체식으로 되어 있고, 구동은 수 로터에 의해 이루어진다.

③ 스크류 압축기의 로터 구성은 다양하나 일반적으로 사용되고 있는 것은 수 로터 4개, 암 로터 4개인 것이다.

④ 흡입, 압축, 토출과정인 3행정으로 이루어진다.

스크류압축기는 수로터와 암로터 두개의 로터에 의해 압축 된다.

③

냉동기 윤활유의 구비조건으로 틀린 것은?

① 저온에서 응고하지 않고 왁스를 석출하지 않을 것

② 인화점이 낮고 고온에서 열화하지 않을 것

③ 냉매에 의하여 윤활유가 용해되지 않을 것

④ 전기 절연도가 클 것

윤활유는 인화점이 높아야 한다.

②

VI. 응축기(Condenser)

압축기에서 압축 된 고온 고압의 냉매를 응축잠열을 이용하여 증발기에서 피냉각물로부터 흡수한 열과 압축기에서 발생 된 열을 공기나 물과 열교환하여 외부로 방열하는 역할을 한다.

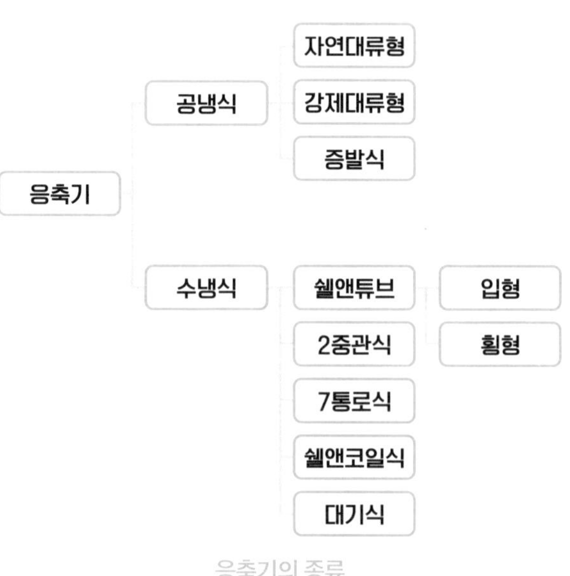

응축기의 종류

(1) 각 응축기의 장단점

	장점	단점
입형 쉘 앤 튜브 (Vertical Shell & Tube)	① 청소가 용이하다. ② 과부하에 잘 견딘다. ③ 설치면적이 작다. ④ 옥외설치가 가능하다.	① 냉각수 소비량이 많다. ② 냉각관이 부식되기 쉽다. ③ 냉매의 과냉각이 어렵다.
횡형 쉘 앤 튜브 (Horizental Shell & Tube)	① 전열이 양호하다. ② 냉각수 소비량이 적다. ③ 소형화가 가능하다. ④ 수액기를 겸할 수 있다.	① 과부하에 약하다. ② 냉각관이 부식되기 쉽다. ③ 청소가 어렵다.
7통로식 응축기 (Seven Pass Shell & Tube Condenser)	① 열통과율이 가장 좋다. ② 조립사용이 가능하다. ③ 벽면설치가 가능하다(설치면적이 작다).	① 1대의 대용량 제작이 어렵다. ② 구조가 복잡하다. ③ 냉각관 청소가 어렵다.
2중 관식 응축기 (Double-Pipe Condenser)	① 고압에 강하다. ② 과냉각이 양호하다. ③ 냉각수 소비량이 적다.	① 냉각관 청소가 어렵다. ② 대형에는 적합하지 않다. ③ 냉각관의 부식 발견이 어렵다.
쉘&코일식 응축기(지수식) (Shell & Coil Condenser)	① 소형화가 가능하다. ② 냉각수 소비량이 적다. ③ 가격이 저렴하다	① 냉각관 청소 및 교환이 어렵다.
증발식 응축기(에바콘) (Evaporative Condenser)	① 냉각수 소비량이 가장 적다. ② 옥외설치가 가능하다. ③ 냉각탑이 필요없고 공냉식으로 사용 가능하다	① 전열이 불량하다. ② 압력강하가 크다. ③ 펌프, 팬의 동력이 필요하다. ④ 청소 및 보수가 어렵다. ⑤ 구조가 복잡하고 비싸다
대기식 응축기 (Atmospheric Condenser)	① 냉각관 청소가 용이하다. ② 수질이 나쁜곳에서도 사용가능 ③ 대용량 제작 가능	① 관이 길면 압력강하가 심하다. ② 냉각관의 부식이 크다. ③ 횡형에 비해 냉각수 소비가 심하다. ④ 설치장소가 커야한다.
공냉식 응축기 (Air cooled Condenser)	① 냉각수, 배수설비 불필요 ② 옥외설치가 가능하다	① 응축온도가 높다. ② 용량에 비해 형상이 크다.

열통과율이 높은 순서

7통로식>횡형 쉘&튜브식 = 2중관식>입형 쉘&튜브식>증발식>공냉식

(2) 각 응축기의 특징

① 입형 쉘 앤 튜브

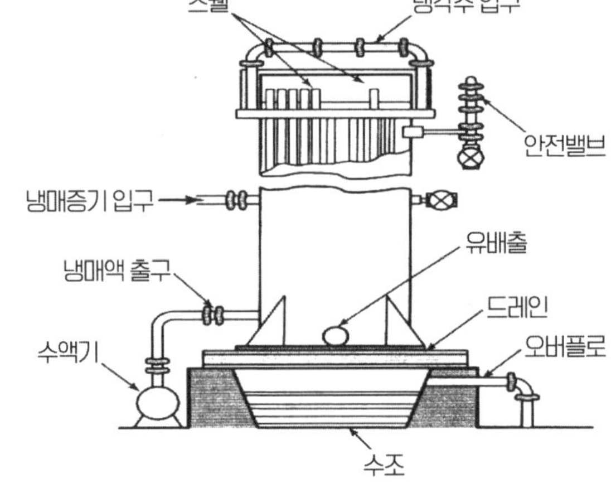

ㄱ. 쉘 내에 여러 개의 냉각관을 수직으로 세워 상하 경판에 용접한 구조

ㄴ. 쉘 내 냉매, 튜브 내에는 냉각수가 흐른다.

ㄷ. 냉각수가 흐르는 수실 내에는 스웰이 부착되어 냉각수가 관벽을 따라 흐른다.

ㄹ. 주로 대형의 암모니아 냉동장치에 사용한다.

ㅁ. 열통과율 750[kcal/m²h℃], 냉각수량 20[ℓ/min · RT]로 수량이 풍부하고 수질이 좋은 곳에 사용한다.

② 횡형 쉘 앤 튜브

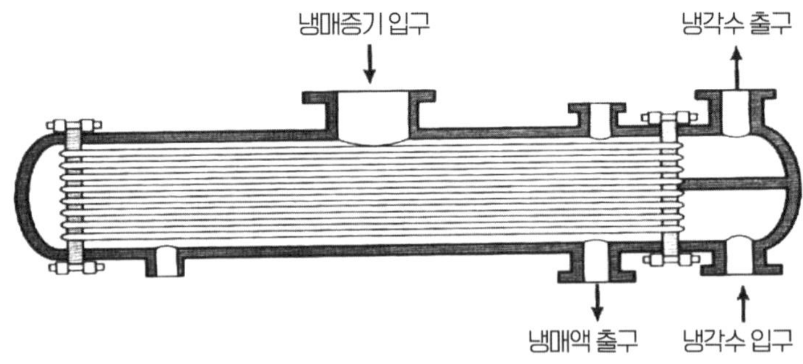

ㄱ. 쉘 내에는 냉매, 튜브 내에는 냉각수가 대향류로 흐른다.

ㄴ. 입출구에 각각의 수실이 있으며 판으로 막혀있다.

ㄷ. 콘덴싱 유니트 조립에 적합하다.

ㄹ. 열통과율 900[kcal/m²h℃], 냉각수량 12[ℓ/min · RT]로 쿨링타워와 함께 사용 가능하다.

ㅁ. 프레온 또는 암모니아에 관계없이 소형, 대형에 사용이 가능하다.

ㅂ. 수액기 역할을 겸할 수 있다.

③ 2중 관식 응축기

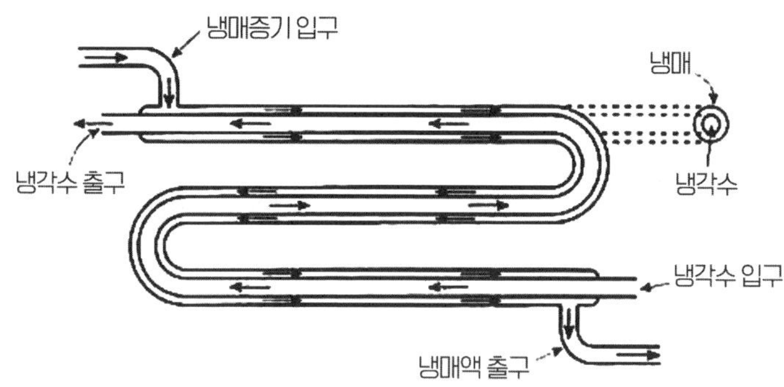

ㄱ. 내관과 외관의 2중관으로 제작되어 중소형이나 패키지 에어컨에 주로 사용한다.

ㄴ. 내측관에 냉각수, 외측관에 냉매가 대향류로 흘러 과냉각이 양호하다.

ㄷ. 열통과율 900[kcal/m²h℃], 냉각수량 10~12[ℓ/min · RT]로 냉각수가 적게든다.

④ 7통로식 응축기

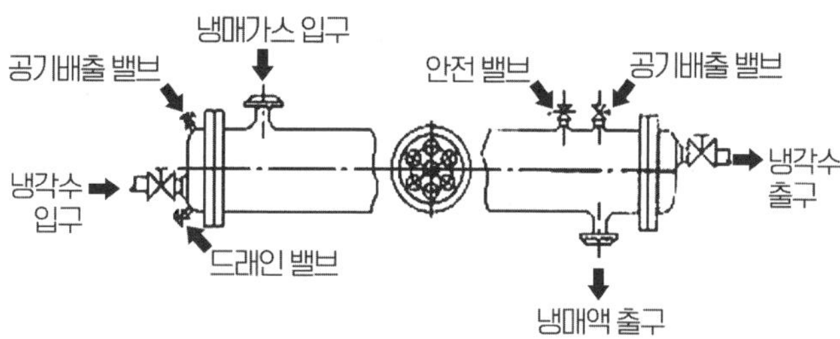

ㄱ. 1개의 쉘 내에 7개의 튜브가 내장되어 있다.

ㄴ. 쉘 내의 냉매 튜브 내에 냉각수가 흐른다.

ㄷ. 암모니아 장치에 주로 사용한다.

ㄹ. 열통과율 1000[kcal/m²h℃]로 전열이 양호하며 냉각수량은 10~12[ℓ/min · RT] 정도이다.

⑤ 쉘&코일식 응축기(지수식)

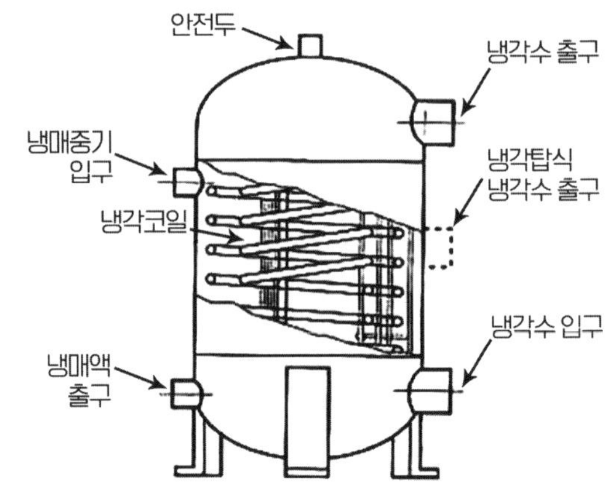

ㄱ. 원통 내에 나선모양의 코일이 감겨져 있는 구조이다.

ㄴ. 쉘 내의 냉매 코일 내에 냉각수가 흐른다.

ㄷ. 소형의 프레온 냉동장치에 사용한다.

ㄹ. 열통과율 500~900[kcal/m²h℃], 냉각수량 12[ℓ/min · RT]이다.

⑥ 대기식 응축기

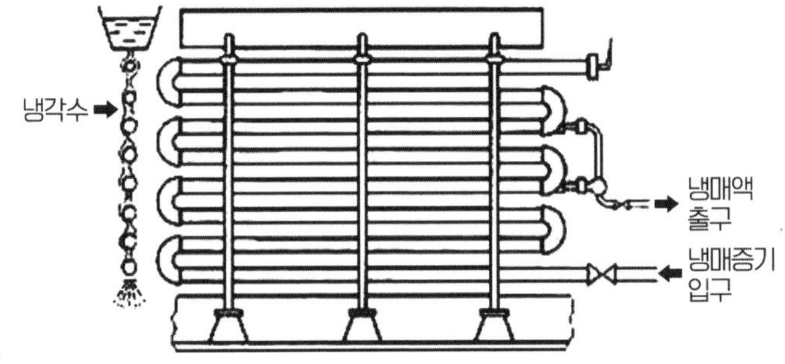

ㄱ. 물의 현열과 증발잠열에 의해 냉각된다.

ㄴ. 하부에 가스가 있고 응축된 냉매액은 냉각관 중간에서 수액기로 보내진다.

ㄷ. 상부의 스프레이 노즐에 의해 냉각수가 고르게 살포된다.

ㄹ. 겨울철에는 공냉식으로 사용이 가능하다.

ㅁ. 암모니아용 중대형에 주로 사용된다.

ㅂ. 열통과율 600[kcal/m²h℃], 냉각수량 15[ℓ/min · RT]이다.

⑦ 증발식 응축기

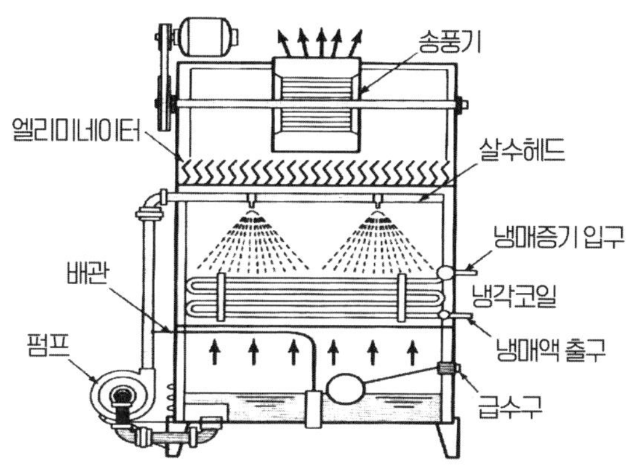

ㄱ. 냉각수 소비량이 적다.

ㄴ. 외기의 습구온도 영향을 많이 받는다.

ㄷ. 냉매의 압력강하가 크다.

ㄹ. 겨울철에는 공냉식으로 사용이 가능하다.

ㅁ. 주로 암모니아나 중형의 프레온 냉동장치에 사용된다.

ㅂ. 부속설비가 많이 든다.

ㅅ. 열통과율 200~280[kcal/㎡h℃], 순환수량 8[ℓ/min · RT]이다.

⑧ 공냉식 응축기

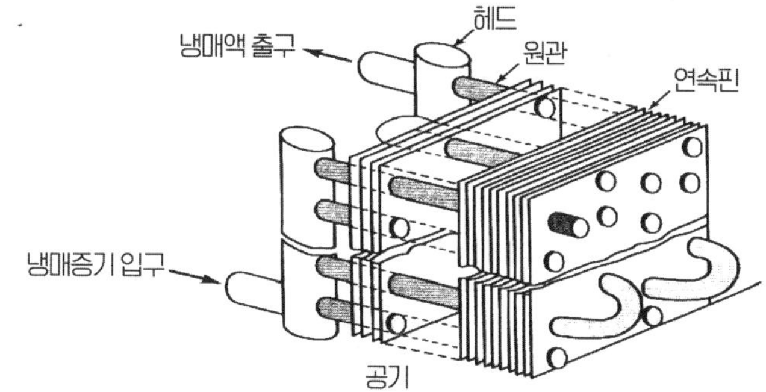

ㄱ. 주로 소형 프레온에 많이 사용된다.

ㄴ. 관 내에 냉매가 흐르고 공기와 열교환 시켜 냉매를 응축시킨다.

ㄷ. 냉각수가 필요없다.

ㄹ. 응축온도가 수냉식에 비해 높고, 응축기 형상이 크다.

ㅁ. 통풍이 잘되는곳에 설치되어야 한다.

ㅂ. 설치 및 수리가 간단하다.

ㅅ. 열통과율 20~25[kcal/㎡h℃], 풍속은 2~3[m/s]이다.

(3) 응축부하(Q_c) 계산

① 응축 열량

$Q_c = h2 - h3 = (h2 - h1) + (h1 - h4)$

② 수냉식 응축기 방열량

$Q_c = w \cdot C \cdot \Delta t = w \cdot C \cdot dT_m = K \cdot F \cdot \Delta t$

✓ **w** : 냉각수량(kg/h), **C** : 비열(kcal/kg · ℃), **Δt** : 온도차(℃), **k** : 열관류율(kcal/㎡ · h · ℃), **F** : 면적(㎡),

dT_m : 산술평균온도차 또는 대수평균온도차(℃)

③ 산술평균온도차

$$산술평균온도차 = 응축온도 - \frac{T_{w1} + T_{w2}}{2}$$

④ 대수평균온도차(LMTD)

$$대수평균온도차 = \frac{\Delta T_1 - \Delta T_2}{ln\frac{\Delta T_1}{\Delta T_2}} = \frac{\Delta T_1 - \Delta T_2}{2.3log\frac{\Delta T_1}{\Delta T_2}}$$

✓ ΔT_1 = 응축온도 - T_{w1}, ΔT_2 = 응축온도 - T_{w2}

(4) 응축기에서의 이상현상

① 응축압력의 상승원인

ㄱ. 수냉식 : ❶ 냉각수량 부족 ❷ 냉각수온 상승 ❸ 냉각관 스케일 부착

ㄴ. 공냉식 : ❶ 외기온도 상승 ❷ 송풍량 부족 ❸ 핀 오염

ㄷ. 공통사항 : ❶ 불응축가스 유입 ❷ 냉매 과충전

② 응축압력 상승시 영향

ㄱ. 압축비 증가(소요동력증대)

ㄴ. 압축기 토출온도 상승

ㄷ. 오일 탄화

ㄹ. 압축기 과열

ㅁ. 윤활 불량

ㅂ. 냉동능력 감소

(5) 불응축 가스

응축액화가 되지 않는 가스

① 발생원인

ㄱ. 냉동기 신설 또는 수리시 진공 불충분

ㄴ. 냉매 또는 오일보충(또는 교환)시 공기 침투

ㄷ. 진공 운전시 누설부위로 공기 침투

ㄹ. 오일탄화 또는 열화시 생성된 증기

ㅁ. 모터코일 소손에 의해 생성된 증기

② 시스템에 미치는 영향

ㄱ. 응축압력 상승

ㄴ. 압축비 증가

ㄷ. 압축기 소요동력 증대

③ 불응축가스 체류구간

ㄱ. 응축기 상부

ㄴ. 수액기 상부

연습문제

다음 응축기에 대한 설명 중 옳은 것은?

① 증발식 응축기는 주로 물의 증발에 의하여 냉각되는 것이다.

② 횡형응축기의 관내 유속은 5m/sec가 표준이다.

③ 공냉식 응축기는 공기의 잠열로 냉각된다.

④ 입형암모니아 응축기는 운전 중에 냉각관의 소제를 할 수 없으므로 불편하다.

해 ② 횡형응축기의 관내 유속은 1~2m/sec가 표준이다.
③ 공냉식 응축기는 공기의 현열로 냉각된다.
④ 입형암모니아 응축기는 운전 중에 냉각관의 소제(청소)가 가능하다.

답 ①

나선모양의 관으로 냉매증기를 통과시키고 이 나선관을 원형 또는 구형의 수조에 넣어 냉매를 응축시키는 방법을 이용한 응축기는?

① 대기식 응축기(atmosphric condenser)
② 지수식 응축기(submerged coil condenser)
③ 증발식 응축기(evaporative condenser)
④ 공랭식 응축기(air cooled condenser)

해 지수식 응축기 : 나선관을 원형 또는 구형의 수조에 넣어 냉매를 응축시키는 방식

답 ②

PART 1 기초 열역학
PART 2 냉동공학
PART 3 공기조화
PART 4 배관일반
PART 5 전기제어공학

? 다음 중 증발식 응축기의 구성요소로서 가장 거리가 먼 것은?

① 송풍기 ② 응축용 핀-코일

③ 물분무 펌프 및 분배장치 ④ 엘리미네이터, 수공급장치

해 응축용 핀-코일은 프레온 냉동장치에서 공냉식 응축기에 사용 된다.

답 ②

? 냉매가 암모니아일 경우는 주로 소형, 프레온일 경우에는 대용량까지 광범위하게 사용되는 응축기로 전열이 양호하고, 설치면적이 적어도 되나 냉각관이 부식되기 쉬운 응축기는?

① 이중관식 응축기 ② 입형 셸 엔드 튜브식 응축기

③ 횡형 셸 엔드 튜브식 응축기 ④ 7통로식 횡형 셸 앤드식 응축기

해 횡형 쉘 앤 튜브식 응축기 : 소형에서 대형까지 사용되며, 전열이 양호하고 설치면적이 작으나 냉각관이 부식되기 쉽다.

답 ③

? 냉동장치 내의 불응축 가스가 혼입되었을 때 냉동장치의 운전에 미치는 영향으로 가장 거리가 먼 것은?

① 열교환 작용을 방해하므로 응축압력이 낮게 된다.

② 냉동능력이 감소한다.

③ 소비전력이 증가한다.

④ 실린더가 과열되고 윤활유가 열화 및 탄화된다.

해 ① 열교환 작용을 방해하므로 응축압력이 높아 진다.

답 ①

? 수냉식 응축기를 사용하는 냉동장치에서 응축압력이 표준압력보다 높게 되는 원인으로 가장 거리가 먼 것은?

① 공기 또는 불응축 가스의 혼입 ② 응축수 입구온도의 저하

③ 냉각수량의 부족 ④ 응축기의 냉각관에 스케일이 부착

해 ②번의 경우 고압이 낮은 원인에 속한다.

답 ②

냉동장치 내 불응축 가스에 관한 설명으로 옳은 것은?

① 불응축 가스가 많아지면 응축압력이 높아지고 냉동능력은 감소한다.

② 불응축 가스는 응축기에 잔류하므로 압축기의 토출가스 온도에는 영향이 없다.

③ 장치에 윤활유를 보충할 때에 공기가 흡입되어도 윤활유에 용해되므로 불응축 가스는 생기지 않는다.

④ 불응축 가스가 장치 내에 침입해도 냉매와 혼합되므로 응축압력은 불변한다.

불응축가스 : 응축되지 않는 가스로 응축기 내에 잔류하여 응축압력을 상승시키고 그로 인해 압축비, 압축기 소요동력 등이 상승해 냉동능력이 감소된다.

①

증발식 응축기의 특징에 관한 설명으로 틀린 것은?

① 물의 소비량이 비교적 적다.
② 냉각수의 사용량이 매우 크다.
③ 송풍기의 동력이 필요하다.
④ 순환펌프의 동력이 필요하다.

증발식 응축기는 냉각수 사용량이 가장 적다.

②

다음 조건을 갖는 수냉식 응축기의 전열 면적은 약 얼마인가?
(단, 응축기 입구의 냉매가스의 엔탈피는 450kcal/kg, 응축기 출구의 냉매액의 엔탈피는 150kcal/kg, 냉매 순환량은 100kg/h, 응축온도는 40℃, 냉각수 평균온도는 33℃, 응축기의 열관류율은 800kcal/m²h℃이다.)

① $3.86m^2$
② $4.56m^2$
③ $5.36m^2$
④ $6.76m^2$

$Q = G \cdot C \cdot \Delta t = G \cdot (h2 - h1)$

응축부하(Q) = 100 × (450 − 150) = 30,000[kcal/h]

$Q = K \cdot A \cdot \Delta t$

전열면적(A) = $\dfrac{30000}{800 \times (40-33)} = 5.36\ m^2$

③

냉장고를 보냉하고자 한다. 냉장고 온도는 -5℃, 냉장고 외부의 온도가 30℃일 때 냉장고 벽 1m²당 10kcal/h의 열손실을 유지하려면 열 통과율을 약 얼마로 하여야 하는가?

① 0.34kcal/m²h℃
② 0.4kcal/m²h℃
③ 0.286kcal/m²h℃
④ 0.5kcal/m²h℃

$Q = K \cdot A \cdot \Delta t$, $10 = K \times 1 \times (30-(-5))$ 이므로 $K = \dfrac{10}{35 \times 1} = 0.286$[kcal/m²h ℃]

③

VII. 냉각탑(Cooling Tower)

(1) 사용 목적

수냉식 응축기에서 냉매를 응축시켜 온도가 높아진 냉각수를 다시 식혀 재사용하기 위함

(2) 원리

온도가 상승한 냉각수를 외기와 접촉시키면 물의 일부가 증발하고 이때의 증발잠열에 의해 수온이 내려가는 원리

(3) 특징

① 냉각수를 절약할 수 있다.

② 냉각수의 온도는 외기의 습구온도에 영향을 받는다.

③ 냉각탑 출구 수온은 외기의 습구온도보다 높다.

④ 냉각매체가 공기이므로 옥외에 설치된다.

⑤ 냉각수 오염도는 대기오염 성분에 영향을 받는다.

(4) 냉각탑의 능력산정

$Q = W \cdot C \cdot dT$

✓ **Q** : 냉각능력(kcal/h), **W** : 냉각수량(L/min), **C** : 비열(kcal/L · ℃), **dT** : 입출구 온도차(℃)

(5) 냉각탑 1RT당 능력(3,900kcal/h)

① **입구공기의 습구온도** : 27℃

② **냉각수 입구수온** : 37℃

③ **냉각수 출구수온** : 32℃

④ **냉각수 순환수량** : 13L/min

$Q = W \cdot C \cdot dT = 13 \times 60 \times 1 \times (37 - 32) = 3{,}900\text{kcal/h}$

✓ 열량의 단위는 kcal/h로 시간당이며, 냉각수 순환수량은 L/min으로 분당이므로 60을 곱하여 단위를 L/h로 변환시킨다.

(6) 냉각탑 용어

① **쿨링 레인지**(Cooling Range) : 냉각탑에서 냉각되는 수온
냉각탑 입구수온-냉각탑 출구수온=37℃-32℃=5℃

② **쿨링 어프로치**(Cooling Approach) : 냉각수가 최저온도에 도달한 정도
냉각탑 출구수온-외기습구온도=32℃-27℃=5℃

③ **엘리미네이터** : 냉각탑 출구에서 물방울이 비산되는 것 방지

(7) 공기흐름에 따른 구분

① **대향류형** : 공기의 흐름이 수직방향이며 냉각수와 교차하며 열교환되는 형태로 직교류형보다 효율이 좋다.

② **직교류형** : 공기의 흐름이 수평방향이며 냉각수는 수직방향으로 직각으로 교차하며 열교환 하는 형태

(8) 충전재 종류에 따른 구분

① **필름형** : 표면적을 넓힌 수직 형태의 충전재를 사용하여 냉각수가 그 표면에 얇은 막을 형성하며 흘러내리는 형태

② **비말형** : 냉각수가 표면을 적시며 반복적으로 방해를 받으면서 낙하되도록 하여 작은 물방울로 흩뿌려지게 하는 형태

(9) 설치방법에 따른 구분

① 공장 조립형

② 현장 조립형

(10) 모양에 따른 구분

① 사각형

② 원형

③ 연결형

(11) 열전달 방법에 다른 구분

① **개방형** : 냉각수와 공기가 직접 접촉하며 냉각수의 증발이 수반되어 열교환하는 형태

② **밀폐형** : 냉각수와 공기가 간접 접촉하여 열교환하는 형태로 주변에 공기오염이 심한 곳에 사용

(12) 냉각수 절약 방법

① 증발식 응축기 사용

② 냉각탑 사용

③ 절수밸브 사용

④ 응축기내 불응축가스 및 물때, 유막 제거

⑤ 냉각수 균일 분포

⑥ 압축기 토출가스의 과열도 제거

(13) 백연현상

고온 다습한 공기가 외부의 차가운 공기를 만나면 일부가 응축되어 흰색 연기처럼 보이는 현상

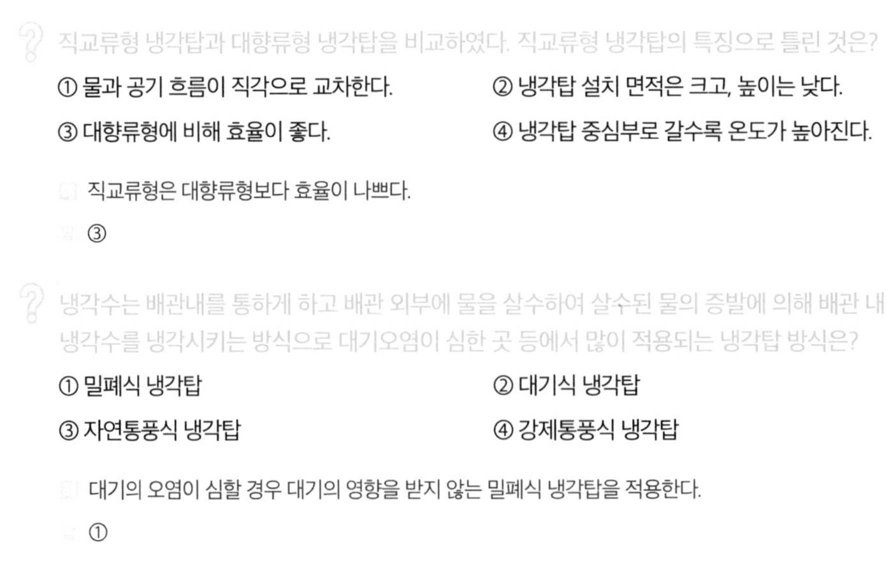

연습문제

직교류형 냉각탑과 대향류형 냉각탑을 비교하였다. 직교류형 냉각탑의 특징으로 틀린 것은?

① 물과 공기 흐름이 직각으로 교차한다. ② 냉각탑 설치 면적은 크고, 높이는 낮다.
③ 대향류형에 비해 효율이 좋다. ④ 냉각탑 중심부로 갈수록 온도가 높아진다.

직교류형은 대향류형보다 효율이 나쁘다.

③

냉각수는 배관내를 통하게 하고 배관 외부에 물을 살수하여 살수된 물의 증발에 의해 배관 내 냉각수를 냉각시키는 방식으로 대기오염이 심한 곳 등에서 많이 적용되는 냉각탑 방식은?

① 밀폐식 냉각탑 ② 대기식 냉각탑
③ 자연통풍식 냉각탑 ④ 강제통풍식 냉각탑

대기의 오염이 심할 경우 대기의 영향을 받지 않는 밀폐식 냉각탑을 적용한다.

①

공기조화설비에 사용되는 냉각탑에 관한 설명으로 옳은 것은?

① 냉각탑의 어프로치는 냉각탑의 입구 수온과 그때의 외기 건구온도와의 차이이다.

② 강제통풍식 냉각탑의 어프로치는 일반적으로 약 5℃이다.

③ 냉각탑을 통과하는 공기량(kg/h)을 냉각탑의 냉각수량(kg/h)으로 나눈 값을 수공기비라 한다.

④ 냉각탑의 레인지는 냉각탑의 출구 공기온도와 입구 공기온도의 차이이다.

① 냉각탑의 어프로치는 냉각탑의 냉각수 출구 수온과 그때의 외기 습구온도와의 차이이다.
③ 냉각탑을 통과하는 냉각수량(kg/h)을 냉각탑의 공기량(kg/h)으로 나눈 값을 수공기비라 한다.
④ 냉각탑의 레인지는 냉각탑의 입구 수온과 출구 수온의 차이이다.

②

여름철을 제외한 계절에 냉각탑을 가동하면 냉각탑 출구에서 흰색 연기가 나오는 현상이 발생할 때가 있다. 이 현상을 무엇이라고 하는가?

① 스모그(smog) 현상 ② 백연(白煙) 현상

③ 굴뚝(stack effect) 현상 ④ 분무(噴霧) 현상

백연현상 : 고온 다습한 공기가 외부의 차가운 공기를 만나면 일부가 응축되어 흰색 연기처럼 보이는 현상

②

냉각탑에서 냉각수는 수직 하향 방향이고 공기는 수평 하향 방향인 형식은?

① 평행류형 ② 직교류형

③ 혼합형 ④ 대향류형

직교류형 : 냉각수는 수직, 공기는 수평 방향으로 직각으로 교차하는 방식
평행류형 : 냉각수와 공기가 동일한 방향으로 흐르는 방식
대향류형 : 냉각수와 공기가 서로 반대 방향으로 흐르는 방식
혼합형 : 평형류와 대향류를 혼합한 방식

②

다음 중 냉각탑의 용량제어 방법이 아닌 것은?

① 슬라이드 밸브 조작 방법 ② 수량변화 방법

③ 공기 유량변화 방법 ④ 분할 운전 방법

슬라이드밸브는 스크류 압축기의 용량제어시 사용된다.

①

VIII. 팽창밸브(Expansion Valve)

1) 팽창밸브(Expansion Valve)의 종류

(1) 모세관

밸브는 아니지만 0.8~2mm 정도의 가늘고 긴 모세관으로 냉매를 통과시켜 압력을 강하시킨다. 압력강하는 길이가 길수록, 지름이 작을수록 커진다.

(2) 수동 팽창밸브

사람이 손으로 조작하여 개폐하며, 미세조절을 위해 침밸브로 되어 있다.

(3) 정압식 팽창밸브

증발압력을 일정하게 유지하여 냉수나 브라인 등의 동결 방지용으로 쓰인다.

(4) 온도식 자동팽창밸브

팽창밸브에 달린 감온통에 의해 조절되며 감온통은 증발기 출구에 부착된다.

증발기 출구온도가 높으면 감온통내 압력에 의해 밸브가 열려 냉매 순환량이 늘어난다.

① 감온통 설치위치

ㄱ. 실무에서의 위치

- 1/2~5/8″(12~16mm) : 배관의 1시 방향
- 3/4″~7/8″(18~22mm) : 배관의 2시 방향
- 7/8″ **초과** : 배관의 3시 방향

✓ 배관의 상부에는 과열된 가스가 흐르고, 바닥으로는 오일이 흐르므로 감지에 오차가 생기게 됨에 따라 배관 사이즈에 따라 보통 1~4시 방향 사이에 부착한다.

ㄴ. 자격증 문제에서의 위치

- 7/8″(22mm) **이하** : 흡입관 수직 상단
- 7/8″(22mm) **이상** : 흡입관 수평의 45도 하단

② 외부균압형

ㄱ. 증발기에서의 압력강하가 클 때 사용

ㄴ. 감온통 후단 위치에 설치

③ 유량에 영향을 미치는 요소

ㄱ. 오리피스의 구경

ㄴ. 저압, 고압간에 압력차

ㄷ. 고압 액냉매의 온도

ㄹ. 증발기 출구 온도

(5) 전자식팽창밸브

① 스텝 또는 스텝핑모터가 내장되어 있어 전기신호에 의해 열리고 닫힌다.

② 반응속도가 빠르며 전자밸브 역할이 가능하여 성능은 좋지만 가격이 비싸다.

(6) 저압측 플로우트 밸브

증발기 저압측의 액면을 일정하게 유지

(7) 고압측 플로우트 밸브

응축기나 수액기의 액면을 일정하게 유지

2) 팽창밸브의 개도에 따른 영향

(1) 개도 과소 시(많이 닫혀있을 경우)

① 증발 압력 및 온도 감소

② 압축비 증가

③ 압축기 소요동력 증가

④ 압축기 과열

⑤ 토출온도 상승

⑥ 윤활유 탄화 및 열화

⑦ 냉동능력 감소

⑧ 냉매 순환량 감소

(2) 개도 과대 시(많이 열려있을 경우)

① 증발압력 및 온도 상승

② 냉매 순환량 증가

③ 액압축 발생

(3) 과열도

압축기흡입가스 온도 - 증발기내 포화온도

연습문제

온도식 팽창밸브(Thermostatic expansion valve)에 있어서 과열도란 무엇인가?

① 고압축 압력이 너무 높아져서 액냉매의 온도가 충분히 낮아지지 못할 때 정상시와의 온도차

② 팽창밸브가 너무 오랫동안 작용하면 밸브 시이트가 뜨겁게 되어 오동작 할 때 정상시와의 온도차

③ 흡입관내의 냉매가스 온도와 증발기내의 포화온도와의 온도차

④ 압축기와 증발기속의 온도보다 1℃ 정도 높게 설정되어 있는 온도와의 온도차

해 과열도 : 흡입가스 온도-증발기내 포화온도

답 ③

증발기 내의 압력을 일정하게 유지할 목적으로 사용되는 팽창밸브는?

① 정압식 팽창밸브 ② 유량 제어 팽창밸브

③ 응축압력 제어 팽창밸브 ④ 유압 제어 팽창밸브

해 압력이 일정해야 하므로 정압식을 사용한다.

답 ①

감압장치에 관한 내용 중 틀린 것은?

① 감압장치에는 교축밸브를 사용하는데 냉동기에서는 이것을 보통 팽창밸브라고 한다.

② 플로트 밸브식 팽창밸브를 일명 정압식 팽창밸브라고 한다.

③ 자동식 팽창밸브는 증발기내의 압력을 항상 일정하게 유지해 준다.

④ 온도조절식 팽창밸브는 주로 직접팽창식 증발기에 쓰이는데, 종류는 내부 균압관형과 외부 균압관형이 있다.

해 플로트 팽창밸브 : 만액식 증발기의 냉매 액면을 조절하는 곳에 사용

답 ②

팽창밸브가 과도하게 닫혔을 때 생기는 현상이 아닌 것은?

① 증발기의 성능 저하 ② 흡입가스의 과열
③ 냉동능력 증가 ④ 토출가스의 온도상승

해 팽창밸브 개도가 과도하게 닫혀있으면 냉동능력은 저하한다. (압축비 상승)

답 ③

온도식 팽창밸브에서 흐르는 냉매의 유량에 영향을 미치는 요인이 아닌 것은?

① 오리피스 구경의 크기 ② 고·저압 측 간의 압력차
③ 고압 측 액상 냉매의 냉매온도 ④ 감온통의 크기

해 감온통에 의해 유량 조절은 되나 감온통의 크기와는 관련이 없다.

답 ④

증발온도와 압축기 흡입가스의 온도차를 적정 값으로 유지하는 것은?

① 온도조절식 팽창밸브 ② 수동식 팽창밸브
③ 플로트 타입 팽창밸브 ④ 정압식 자동 팽창밸브

해 온도조절식 팽창밸브 : 증발온도와 압축기 흡입가스의 온도차를 적정 값으로 유지한다.

답 ①

온도식 팽창밸브(TEV)의 작동과 관계없는 압력은?

① 증발기 압력 ② 스프링의 압력
③ 감온통의 압력 ④ 응축 압력

해 온도조절식 팽창밸브 작동 : 증발기 출구 온도에 따라 달라지는 감온통내의 가스 압력과 팽창밸브 내부 스프링의 압력에 의해 작동한다.

답 ④

팽창밸브로 모세관을 사용하는 냉동장치에 관한 설명 중 틀린 것은?

① 교축 정도가 일정하므로 증발부하 변동에 따라 유량조절이 불가능하다.
② 밀폐형으로 제작되는 소형 냉동장치에 적합하다.
③ 내경이 크거나 길이가 짧을수록 유체저항의 감소로 냉동능력은 증가한다.
④ 감압정도가 크면 냉매 순환량이 적어 냉동능력을 감소시킨다.

해 ③ 내경이 크거나 길이가 짧을수록 유체저항의 감소로 냉매 순환량은 증가한다.

답 ③

IX. 플래쉬 가스(Flash Gas)

증발기가 아닌 곳에서 증발한 가스

(1) 발생원인

① 액관의 입상관이 길 경우

② 필터가 막혔을 경우

③ 수액기나 액관이 직사광선에 노출 되었을 경우

④ 액관 또는 밸브 등의 부품 지름이 가늘경우

⑤ 응축온도가 심하게 낮을 경우

(2) 영향

① 저압 저하

② 냉동능력 감소

③ 압축비 상승

(3) 방지 대책

① 열교환기 등으로 냉매를 과냉각시킨다.

② 주위온도가 높을 경우 단열 처리를 한다.

③ 액관의 크기를 충분한 크기로 한다.

연습문제

암모니아의 증발잠열은 -15℃에서 1310.4 kJ/kg이지만, 실제로 냉동능력은 1126.2 kJ/kg 으로 작아진다. 차이가 생기는 이유로 가장 적절한 것은?

① 체적효율 때문이다.

② 전열면의 효율 때문이다.

③ 실제 값과 이론 값의 차이 때문이다.

④ 교축팽창시 발생하는 플래시 가스 때문이다.

解 플래쉬 가스의 영향

㉠ 저압 저하, ㉡ 냉동능력 감소, ㉢ 압축비 상승

답 ④

냉동장치에서 플래시 가스가 발생하지 않도록 하기 위한 방지대책으로 틀린 것은?

① 액관의 직경이 충분한 크기를 갖고 있도록 한다.

② 증발기의 위치를 응축기와 비교해서 너무 높게 설치하지 않는다.

③ 여과기나 필터의 점검 청소를 실시한다.

④ 액관 냉매액의 과냉도를 줄인다.

해 플래쉬가스 방지대책

㉠ 열교환기등으로 냉매를 과냉각시킨다. ㉡ 주위온도가 높을 경우 단열 처리를 한다. ㉢ 액관의 크기를 충분한 크기로 한다.

답 ④

냉동장치의 액관 중 발생하는 플래시 가스의 발생원인으로 가장 거리가 먼 것은?

① 액관의 입상높이가 매우 작을 때

② 냉매 순환량에 비하여 액관의 관경이 너무 작을 때

③ 배관에 설치된 스트레이너, 필터 등이 막혀 있을 때

④ 액관이 직사광선에 노출될 때

해 액관의 입상 높이가 매우 높으면 마찰저항에 의해 압력강하가 일어나 냉매가 증발한다.

답 ①

플래시 가스(flash gas)는 무엇을 말하는가?

① 냉매 조절 오리피스를 통과할 때 즉시 증발하여 기화하는 냉매이다.

② 압축기로부터 응축기에 새로 들어오는 냉매이다.

③ 증발기에서 증발하여 기화하는 새로운 냉매이다.

④ 압축기에서 응축기에 들어오자 마자 응축하는 냉매이다.

해 플레시가스 : 증발기가 아닌 곳에서 증발한 가스

답 ①

냉동장치의 냉매 액관 일부에서 발생한 플래쉬 가스가 냉동장치에 미치는 영향으로 옳은 것은?

① 냉매의 일부가 증발하면서 냉동유를 압축기로 재순환시켜 윤활이 잘된다.

② 압축기에 흡입되는 가스에 액체가 혼입되어서 흡입체적효율을 상승시킨다.

③ 팽창밸브를 통과하는 냉매의 일부가 기체이므로 냉매의 순환량이 적어져 냉동능력을 감소시킨다.

④ 냉매의 증발이 왕성해짐으로서 냉동능력을 증가시킨다.

해 냉동장치에 플래쉬 가스가 발생해서 좋은 점은 없다.

답 ③

X. 증발기(Evaporator)

팽창밸브를 통과한 저온저압의 액냉매의 증발잠열을 이용해 공기 또는 물과 열교환시켜 피냉각물로부터 열을 냉매에 흡수 시킨다.

1) 냉매 상태에 따른 분류

(1) 건식 증발기(Dry Type Evaporator)

① 증발기내 냉매액 25%, 냉매가스 75%

② 냉매액이 많지 않아 전열이 좋지 않다.

(2) 반만액식(Semi-Flooded Type Evaporator)

① 증발기내 냉매액 50%, 냉매가스 50%

② 유회수장치 필요

(3) 만액식(Flooded Type Evaporator)

① 증발기내 냉매액 75%, 냉매가스 25%

② 유회수장치 필요

(4) 액순환(Flooded Type Evaporator)

① 증발기내 냉매액 80%, 냉매가스 20%

② 전열이 타 증발기보다 20% 양호

③ 저압수액기를 설치해야 한다.

④ 액펌프는 저압수액기보다 약 1.2m 낮게 설치한다(공동현상 방지).

2) 용도에 따른 분류

(1) 공기 냉각

① **관 코일식 증발기**(Pipe Coil Evaporator) : 긴 관을 코일형태로 만들어 전열하는 방식

② **멀티피드 멀티석션 증발기**(Multifeed Multisuction Evaporator) : 동결용 선반에 사용되며 암모니아 냉동기에 사용된다.

③ **캐스케이드 증발기**(Casecade Evaporator) : 동결용 선반 또는 벽코일로 제작

④ **판형증발기**(Plate Type Evaporator) : 알루미늄 또는 스테인레스판 2장을 맞붙인 판에 냉매 배관이 지나가는 방식으로 가정용 냉장고, 쇼케이스 등에 사용된다.

⑤ **핀 코일식 증발기**(Finned coil Evaporator) : 나관 코일에 알루미늄 핀을 부착하고 송풍기로 공기를 순환시키는 방식

(2) 액체 냉각

① **만액식 쉘 & 튜브식 증발기**(Flooded Type Shell & Tube Evaporator) : 암모니아용과 프레온용이 있으며 Shell 내에는 냉매, Tube 내에는 브라인이 흐르는 구조로 대용량에 사용(전열 효과가 가장 좋다).

② **건식 쉘 & 튜브식 증발기**(Dry Type Shell & Tube Evaporator) : 열 통과율이 좋지 않고 주로 프레온용 칠러 유니트에 사용된다.

③ **보델로 증발기**(Baudelot Evaporator) : 구조는 대기식 응축기와 흡사하며 물 또는 우유 등을 냉각하는데 사용된다.

④ **쉘 & 코일식 증발기**(Shell & Coil Evaporator) : 입형과 횡형이 있으며 주로 음료수 냉각용으로 사용

⑤ **헤링본식**(탱크형) **증발기**(Herringbone Type Evaporator) : 제빙장치의 브라인 냉각에 사용되며, 상부에는 가스헷더, 하부에는 액헷더가 있다.

3) 증발기에서의 원인 및 영향

(1) 증발압력(저압)이 낮아지는 원인

① 증발기 코일 및 핀에 적상 과대시

② 냉각관 내에 유막 과대시

③ 팽창밸브 개도 과소시

④ 냉매 충전량 부족

⑤ 팽창밸브 및 필터가 막혔을 경우

⑥ 플레쉬가스가 발생하였을 경우

⑦ 부하 감소시

(2) 증발압력(저압)이 낮을 경우 미치는 영향

① 증발온도 저하

② 압축비 증가

③ 윤활유 탄화 및 열화

4) CA냉장고(Controlled Atmosphere Storage)

청과물의 저장성을 좋게 하기 위한 것으로 산소를 3~5% 감소시키고 탄산가스를 3~5% 증가시켜 청과물들의 호흡작용을 억제하면서 냉장하는 냉장고

5) 브라인의 동파방지 대책

① 동결방지용 TC 설치

② 증발압력조정밸브 설치

③ 단수릴레이 설치

④ 부동액 첨가

⑤ 냉수펌프와 압축기의 InterLock(냉수펌프가 작동하지 않으면 압축기가 기동하지 않는 제어)

6) 제상(Defrost)방법

① 압축기 정지에 의한 제상(자연 제상)

② 히터 제상

③ 살수 제상(제상 수온도 10~25℃)

④ 핫 가스 제상

증발기의 분류 중 액체 냉각용 증발기로 가장 거리가 먼 것은?

① 탱크형 증발기 ② 보데로형 증발기

③ 나관코일식 증발기 ④ 만액식 셸 엔드 튜브식 증발기

해 액체 냉각 증발기 : (만액식, 건식)쉘 앤 튜브식, 보델로, 쉘 앤 코일식, 헤링본식(탱크형)
공기 냉각 증발기 : 관 코일식, 멀티피드 멀티석션, 캐스케이드, 판형, 핀 코일식

답 ③

다음 증발기의 종류 중 전열효과가 가장 좋은 것은?(단, 동일 용량의 증발기로 가정한다.)

① 플레이트형 증발기
② 팬 코일식 증발기
③ 나관 코일식 증발기
④ 쉘 튜브식 증발기

해 쉘 튜브식 증발기 : 전열효과가 가장 좋다.

답 ④

만액식 증발기의 특징으로 가장 거리가 먼 것은?

① 전열작용이 건식보다 나쁘다.
② 증발기 내에 액을 가득 채우기 위해 액면제어 장치가 필요하다.
③ 액과 증기를 분리시키기 위해 액분리기를 설치한다.
④ 증발기 내에 오일이 고일 염려가 있으므로 프레온의 경우 유회수장치가 필요하다.

해 만액식은 건식보다 전열 효과가 크다.

답 ①

건식 증발기의 종류에 해당되지 않는 것은?

① 셀 코일식 냉각기
② 핀 코일식 냉각기
③ 보델로 냉각기
④ 플레이트 냉각기

해 보델로 냉각기 : 액체 냉각용으로 쓰이며, 주로 만액식으로 제작된다.

답 ③

CA(Controlled Atmosphere) 냉장고에서 청과물 저장 시 보다 좋은 저장성을 얻기 위하여 냉장고 내의 산소를 몇 % 탄산가스로 치환하는가?

① 3~5%
② 5~8%
③ 8~10%
④ 10~12%

해 청과물의 저장성을 좋게 하기 위한 것으로 산소를 3~5% 감소시키고 탄산가스를 3~5% 증가시켜 청과물들의 호흡작용을 억제하면서 냉장하는 냉장고

답 ①

저온의 냉장실에서 운전 중 냉각기에 적상(성애)이 생길 경우 이것을 살수로 제상하고자 할 때 주의사항으로 틀린 것은?

① 냉각기용 송풍기는 정지 후 살수 제상을 행한다.
② 제상 수의 온도는 50~60℃정도의 물을 사용한다.
③ 살수하기 전에 냉각(증발)기로 유입되는 냉매액을 차단한다.
④ 분사 노즐은 항상 깨끗이 청소한다.

해 ② 제상 수의 온도는 10~25℃ 정도의 물을 사용한다.

답 ②

XI. 부속기기

1) 유분리기(Oil Separator)

① **역할**: 압축기에서 토출 된 냉매가스에 섞인 오일을 분리

② **설치위치**: 압축기와 응축기 사이에 설치하며 암모니아는 응축기에 가깝게, 프레온은 압축기에 가깝게 설치한다.

③ **설치하는 경우**

ㄱ. 만액식 증발기를 사용할 경우

ㄴ. 증발온도가 낮은 냉동기의 경우

ㄷ. 토출가스 배관이 길 경우

ㄹ. 다량의 오일이 토출 될 경우

2) 액분리기(Accumulator)

① **역할**: 압축기에 액냉매가 흡입되는 것을 방지하여 액압축으로부터 압축기를 보호

② **설치위치**: 증발기와 압축기 사이에 설치

③ **설치하는 경우**

ㄱ. 암모니아 냉동기일 경우

ㄴ. 부하변동이 심한 경우

ㄷ. 만액식 브라인 쿨러 사용시

3) 수액기(Liquid Receiver)

① **역할**: 응축기에서 응축액화된 냉매를 저장하는 용기.

② **설치위치**: 응축기보다 낮은 위치의 출구

③ **수액기 용량**

ㄱ. **암모니아**: 냉매의 1/2을 저장 할 수 있는 용량

ㄴ. **프레온**: 전체 냉매를 저장할 수 있는 용량

④ **균압관**: 응축기와 수액기의 압력을 균일하게 하여 응축기에서 수액기로 냉매유입이 원활하게 한다.

⑤ 설치위치

ㄱ. 응축기 상부와 수액기 상부 사이

ㄴ. 응축기와 응축기 사이

ㄷ. 수액기와 수액기 사이

ㄹ. 압축기와 압축기 사이

4) 건조기(Dry)

실리카겔 또는 활성알루미나 등으로 되어있고, 프레온 냉동장치 내의 수분을 흡수하여 팽창밸브에서 수분이 얼어 막히는 것을 방지한다.

5) 투시경(액면계)(Sight Glass)

① 역할 : 냉매 중 수분유입 여부를 판단하고 냉매충전량을 확인

② 설치위치 : 응축기와 팽창밸브 사이

6) 여과기(Filter)

① 역할 : 냉동기 배관내 이물질을 걸러준다.

② Mesh

ㄱ. **액관** : 80~100mesh

ㄴ. **가스관** : 40mesh

✓ mesh : 1인치 안에 구멍 수량. 즉, 촘촘한 정도

암모니아 냉동기에서 유분리기의 설치위치로 가장 적당한 곳은?

① 압축기와 응축기 사이　② 응축기와 팽창변 사이

③ 증발기와 압축기 사이　④ 팽창변과 증발기 사이

해 유분리기의 설치 위치 : 압축기와 응축기 사이

답 ①

프레온 냉동장치에서 유분리기를 설치하는 경우가 아닌 것은?

① 만액식 증발기를 사용하는 장치의 경우
② 증발온도가 높은 냉동장치의 경우
③ 토출가스 배관이 긴 경우
④ 토출가스에 다량의 오일이 섞여나가는 경우

해 ② 증발온도가 낮은 냉동장치의 경우

답 ②

액분리기에 대한 설명으로 옳은 것은?

① 장치를 순환하고 남는 여분의 냉매를 저장하기 위해 설치하는 용기를 말한다.

② 액분리기는 흡입관 중의 가스와 액의 혼합물로부터 액을 분리하는 역할을 한다.

③ 액분리기는 암모니아 냉동장치에는 사용하지 않는다.

④ 팽창밸브와 증발기 사이에 설치하여 냉각효율을 상승시킨다.

해 액분리기 : 압축기에 액냉매가 흡입되는 것을 방지하여 액압축으로부터 압축기를 보호하며 증발기와 압축기 사이에 설치한다. 암모니아 냉동기나 부하변동이 심한 경우 사용

답 ②

냉동장치의 액분리기에 대한 설명으로 바르게 짝지어진 것은?

ⓐ 증발기와 압축기 흡입측 배관사이에 설치한다.
ⓑ 기동 시 증발기내의 액이 교란되는 것을 방지한다.
ⓒ 냉동부하의 변동이 심한 장치에는 사용하지 않는다.
ⓓ 냉매액이 증발기로 유입되는 것을 방지하기 위해 사용한다.

① ⓐ, ⓑ
② ⓒ, ⓓ
③ ⓐ, ⓒ
④ ⓑ, ⓒ

해 액분리기는 ⓐ, ⓑ에 해당되며, 냉동부하의 변동이 심한 시스템에 설치하여 냉매액이 압축기로 유입되는 것을 방지한다.

답 ①

액분리기(Accumulator)에서 분리된 냉매의 처리방법이 아닌 것은?

① 가열시켜 액을 증발시킨 후 응축기로 순환시킨다.

② 증발기로 재순환시킨다.

③ 가열시켜 액을 증발시킨 후 압축기로 순환시킨다.

④ 고압측 수액기로 회수한다.

해 응축기에는 압축된 기체 냉매를 순환시켜야 한다.

답 ①

액 흡입으로 인해 발생하는 압축기 소손을 방지하기 위한 부속장치는?

① 저압차단 스위치 ② 고압차단 스위치
③ 어큐뮬레이터 ④ 유압보호 스위치

해 어큐뮬레이터 = 액분리기

답 ③

2원 냉동장치의 구성기기 중 수액기의 설치 위치는?

① 증발기와 압축기 사이 ② 압축기와 응축기 사이
③ 응축기와 팽창 밸브 사이 ④ 팽창 밸브와 증발기 사이

해 수액기의 설치 위치 - 응축기와 팽창 밸브 사이

답 ③

냉동장치의 부속기기에 관한 설명으로 옳은 것은?

① 드라이어 필터는 프레온 냉동장치의 흡입배관에 설치해 흡입증기 중의 수분과 찌꺼기를 제거한다.
② 수액기의 크기는 장치내의 냉매순환량만으로 결정한다.
③ 운전 중 수액기의 액면계에 기포가 발생하는 경우는 다량의 불응축가스가 들어있기 때문이다.
④ 프레온 냉매의 수분 용해도는 작으므로 액 배관 중에 건조기를 부착하면 수분제거에 효과가 있다.

해 건조기 : 실리카겔 또는 활성알루미나 등으로 되어있고, 프레온 냉동장치내의 수분을 흡수하여 팽창밸브에서 수분이 얼어 막히는 걸 방지한다.

답 ④

XII. 안전장치 및 자동 제어장치

1) 안전밸브(Safety Valve)

① **역할** : 고압으로부터 장치를 보호

② **작동압력**

ㄱ. 기밀시험압력 이하

ㄴ. 정상고압 + 5kgf/㎠

2) 파열판(Rupture Disc)

① **역할**: 압력용기 등에 설치하며 이상압력 상승시 박판이 파열되어 압을 분출

② **특징**

ㄱ. 1회용

ㄴ. 터보냉동기 저압측에 설치

3) 가용전(Fusible Plug)

① **역할**: 이상온도 발생시 녹으면서 장치 내 가스를 분출

② **특징**

ㄱ. 1회용

ㄴ. **용융온도**: 68~75℃

ㄷ. **성분**: 납, 주석, 안티몬, 카드뮴, 비스무스 등

ㄹ. **구경**: 안전밸브 구경의 1/2 이상

4) 고압압력스위치(High Pressure Switch)

① **역할**: 압력이 설정압력 이상으로 올라가면 전기적인 접점을 차단하여 냉동기를 정지

② **작동압력**: 정상압력+4kgf/㎠ 정도

5) 저압압력스위치(Low Pressure Switch)

압력이 설정압력 이하가 되면 전기적인 접점을 차단하여 냉동기를 정지

6) 유압압력스위치(Oil Pressure Switch)

압축기 기동시 60~90초 동안 유압이 설정압력 이상 도달하지 못하면 전기접점을 차단하여 냉동기를 정지

7) 증발압력 조정밸브(Evaporator Pressure Regulator)

① **역할**: 증발압력이 일정압력 이하가 되는 것을 방지

② **설치위치**

ㄱ. 증발기 1대일 경우 증발기 출구

ㄴ. 증발기가 여러대일 경우 증발온도가 높은 곳에 설치

8) 흡입압력 조정밸브(Suction Pressure Regulator)

① **역할** : 압축기 흡입압력이 일정압력 이상이 되는 것을 방지

② **설치위치** : 압축기 흡입관

9) 전자밸브(Solenoid Valve)

① **역할** : 냉동기 내에서 냉매의 흐름을 제어하기 위한 밸브

② **특징** : 입출구 방향이 정해져 있다.

10) 절수밸브(Water Regulating Valve)

① **역할** : 수냉식 응축기의 냉각수량을 제어하는 밸브

11) 단수릴레이(Water Breaking Relay)

브라인쿨러 또는 수냉각기에서의 동파방지 및 수냉식응축기의 냉각수량 감소로 인해 응축압력이 상승하는 것을 방지

연습문제

액봉발생의 우려가 있는 부분에 설치하는 안전장치가 아닌 것은?

① 가용전 ② 파열판

③ 안전밸브 ④ 압력도피장치

解 액봉현상은 압력이 상승하는 현상으로 파열판, 안전밸브, 압력도피장치는 해당되나 온도에 의해 작동되는 가용전은 해당되지 않는다.

답 ①

가용전에 대한 설명으로 옳은 것은?

① 저압차단 스위치를 의미한다.

② 압축기 토출 측에 설치한다.

③ 수냉응축기 냉각수 출구측에 설치한다.

④ 응축기 또는 고압수액기의 액배관에 설치한다.

解 가용전 : 이상온도 발생시 녹으면서 장치 내 가스를 분출
설치위치 : 응축기, 수액기

답 ④

? 프레온 냉동기의 제어장치 중 가용전(fusible pluge)은 주로 어디에 설치하는가?

① 열교환기 ② 증발기

③ 수액기 ④ 팽창밸브

解 가용전: 이상온도 발생시 녹으면서 장치 내 가스를 분출

※ 특징

㉠ 1회용

㉡ 용융온도: 68~75℃

㉢ 성분: 납, 주석, 안티몬, 카드뮴, 비스무스 등

㉣ 구경: 안전밸브 구경의 1/2 이상

㉤ 설치위치: 응축기, 수액기

답 ③

? 다음 중 압축기의 보호를 위한 안전장치로 바르게 나열된 것은?

① 가용전, 고압스위치, 유압보호스위치 ② 고압스위치, 안전밸브, 가용전

③ 안전밸브, 안전두, 유압보호스위치 ④ 안전밸브, 가용전, 유압보호스위치

解 가용전은 응축기나 수액기에 설치되며, 냉동기의 안전장치이다.

답 ③

? 냉동장치의 압력스위치에 대한 설명으로 틀린 것은?

① 고압스위치는 이상고압이 될 때 냉동장치를 정지시키는 안전장치이다.

② 저압스위치는 냉동장치의 저압측 압력이 지나치게 저하하였을 때 전기회로를 차단하는 안전장치이다.

③ 고저압스위치는 고압스위치와 저압스위치를 조합하여 고압측이 일정압력 이상이 되거나 저압측이 일정압력보다 낮으면 압축기를 정지시키는 스위치이다.

④ 유압스위치는 윤활유 압력이 어떤 원인으로 일정압력 이상으로 된 경우 압축기의 훼손을 방지하기 위하여 설치하는 보조장치이다.

解 ④ 유압스위치는 윤활유 압력이 어떤 원인으로 일정압력 이하가 된 경우 압축기의 훼손을 방지하기 위하여 설치하는 보조장치이다.

답 ④

? 증발압력 조정밸브(EPR)에 대한 설명 중 틀린 것은?

① 냉수 브라인 냉각 시 동결 방지용으로 설치한다.

② 증발기내의 압력을 일정압력 이하가 되지 않게 한다.

③ 증발기 출구 밸브입구 측의 압력에 의해 작동한다.

④ 한 대의 압축기로 증발온도가 다른 2대 이상의 증발기 사용 시 저온측 증발기에 설치한다.

解 증발압력 조정 밸브: 증발기가 여러대일 경우 증발온도가 높은 곳에 설치

답 ④

냉동장치의 안전장치 중 압축기로의 흡입압력이 소정의 압력 이상이 되었을 경우 과부하에 의한 압축기용 전동기의 위험을 방지하기 위하여 설치되는 기기는?

① 증발압력 조정밸브(EPR)
② 흡입압력 조정밸브(SPR)
③ 고압 스위치
④ 저압 스위치

해 흡입압력 조정밸브 : 흡입압력이 일정치 보다 높아지는 것을 방지하고 조절하는 밸브

답 ②

고온가스에 의한 제상 시 고온가스의 흐름을 제어하는 것으로 적당한 것은?

① 모세관
② 자동팽창밸브
③ 전자밸브
④ 사방밸브(4-way밸브)

해 전자밸브 : 냉매의 흐름을 제어하는 밸브

답 ③

핫가스(hot gas) 제상을 하는 소형 냉동장치에서 핫가스의 흐름을 제어하는 것은?

① 캐필러리튜브(모세관)
② 자동팽창밸브(AEV)
③ 솔레노이드밸브(전자밸브)
④ 증발압력조정밸브

해 전자밸브(Solenoid Valve) : 냉동기 내에서 냉매의 흐름을 제어하기 위한 밸브

답 ③

XIII. 축열식 냉방설비

전력사용이 적은 심야시간에 냉동기를 가동하여 냉동기에서 발생한 냉열을 축열조에 저장하였다가 주간에 필요시나 부하증가시 사용하는 설비

1) 특징

(1) 장점

① 심야전력을 이용하므로 냉방비용을 절약할 수 있다.

② 전력수급 안정화에 기여한다.

③ 부분부하 운전에 쉽게 대응이 가능하다.

(2) 단점

① 야간운전에 따른 관리 인건비가 발생한다.

② 단열공사비가 많이 든다.

③ 냉수 사용시 수처리가 필요하다.

2) 종류

① **빙축열** : 심야시간에 얼음을 제조하여 축열조에 저장하였다가 기타 시간에 이용하는 방법

② **수축열** : 심야시간에 물을 냉각시켜 축열조에 저장하였다가 기타시간에 이용하는 방법

축열시스템의 특징에 관한 설명으로 옳은 것은?

① 피크 컷(peak cut)에 의해 열원장치의 용량이 증가한다.

② 부분부하 운전에 쉽게 대응하기가 곤란하다.

③ 도시의 전력수급상태 개선에 공헌한다.

④ 야간운전에 따른 관리 인건비가 절약된다.

해 축열시스템 : 심야전기를 이용하여 축열조에 차가운 냉수나 온수 등을 저장하였다가 주간에 냉방이나 난방을 하는 시스템

답 ③

축열 시스템의 종류가 아닌 것은?

① 가스축열 방식　② 수축열 방식

③ 빙축열 방식　④ 잠열축열 방식

해 축열 시스템의 종류

현열축열 : 수축열, 고체축열

잠열축열 : 빙축열, 화학축열

답 ①

XIV. 기타

1) 보온재 구비조건

① 열전도율이 작을 것

② 비중이 작을 것

③ 불연성, 내흡습성, 내흡수성일 것

④ 기계적 강도가 클 것

⑤ 수명이 길 것

⑥ 방습성이 클 것

보온재의 구비 조건으로 틀린 것은?

① 열전도율이 클 것
② 불연성일 것
③ 내식성 및 내열성이 있을 것
④ 비중이 적고 흡습성이 적을 것

解 보온재 구비조건
㉠ 열전도율이 작을 것
㉡ 비중이 작을 것
㉢ 불연성, 내흡습성, 내흡수성 일 것
㉣ 기계적 강도가 클 것
㉤ 수명이 길 것,
㉥ 방습성이 클 것

답 ①

:공기조화

03 SECTION 공기조화

저자직강 무료강의 | https://cafe.naver.com/misoref

I. 공기조화의 기초

1) 공기조화의 4요소

온도, 습도, 기류속도, 청정도

2) 공기조화의 분류

(1) 쾌감(보건)용 공조

사람을 대상으로 한 공기조화

✓ 학교, 사무실, 빌딩, 호텔 등

(2) 산업용 공조

물품, 기계 등을 대상으로 한 공기조화

✓ 공장, 창고, 컴퓨터실 등

3) 실내 환경기준

구분	기준
부유 분진량	1㎥당 0.15mg 이하
일산화탄소(CO)함유량	10ppm 이하(0.001% 이하)
이산화탄소(CO_2)함유량	1,000ppm 이하(0.1% 이하)
온도	17~28℃ 이하
상대습도(RH)	40~70% 이하
기류속도	0.5m/s 이하

4) 실내 적정온도

① **냉방시**: 26~28℃

② **난방시**: 18~22℃

5) 공기조화 용어

① **유효온도**(ET): 온도, 습도 기류속도에 의한 체감온도

✓ 기류 0m/s, 상대습도 100%일 때를 기준으로 한 쾌감온도

② **수정유효온도**(CET): 유효온도에 복사열을 고려한 체감온도

③ **인체의 대사량**(MET): 쾌적한 상태의 성인남자의 신체 표면적 1㎡에서 발산되는 평균 열량

④ **불쾌지수**(DI): 온도와 습도만으로 쾌적도를 나타내는 지표

⑤ **평균복사온도**(MRT): 복사난방의 설계시 방을 구성하는 각 벽체의 표면온도를 평균하여 복사난방의 쾌감을 기준으로 하는 온도

⑥ **효과온도**(OT): 건구온도, 기류 및 주위의 벽과의 사이의 열복사의 종합효과를 나타낸 것으로 복사난방실의 열환경 평가요소로 사용

6) 실내에서의 인체의 쾌적조건

① **여름철**: 온도 26℃, 습도 50%

② **겨울철**: 온도 20℃, 습도 50%

7) 공기의 종류

① **건조공기**: 수증기를 전혀 포함하지 않은 건조 공기로 자연적으로는 존재하지 않는다.

② **습공기**: 수증기가 포함된 공기로서 지구(대기)의 모든 공기는 습공기이다.

③ **포화공기**: 어떤 온도에 있어서 포함할 수 있는 최대 한도의 수증기를 가지는 공기

④ **불포화공기**: 수증기를 추가로 포함할 수 있는 공기

8) 공기의 상태량

① **건구온도**(DB): 기온을 측정할 때 열을 감지하는 온도계의 감열부가 건조한 상태에서 측정하는 보통의 온도로서 공기 중의 수증기량과 주위의 복사열의 영향을 주지 않는 온도

② **습구온도**(WB) : 온도계의 감열부를 젖은 천으로 감싼 다음 모세관 현상에 의하여 물을 흡수하여 감열부가 젖은 상태에서 측정한 온도

③ **절대습도**(x, kg/kg') : 건공기 1kg′중에 포함되어 있는 수증기 중량

$$x = 0.622\frac{P_w}{P - P_w}$$

✓ ***P*** : 대기압, ***Pw*** : 수증기 분압

④ **상대습도**(φ, %) : 일정 부피의 공기 속에 실제 포함된 수증기(수증기 분압(P_w)) 양과 포함할 수 있는 최대한의 수증기(포화증기의 수증기 분압(P_s)) 양과의 비

$$\text{상대습도}(\varphi) = \frac{\text{수증기 분압}(P_w)}{\text{포화증기의 수증기 분압}(P_s)}$$

✓ 상대습도 100%라는건 현재 공기 중에 더 이상 수분이 포함될 수 없음을 뜻한다.

⑤ **노점온도**(Dew Point Temperature : DP) : 공기가 냉각 될 때 공기 중의 수증기가 결로되어 이슬이 맺히기 시작하는 온도

✓ 공기 중의 수증기 분압을 포화압력으로 하는 온도

⑥ **현열비**(SHF) : 실내 습공기의 전열량에 대한 현열량의 비

$$\frac{\text{현열}}{\text{전열}} = \frac{\text{현열}}{\text{현열} + \text{잠열}}$$

⑦ **열수분비**(u) : 공기 중의 수분량의 변화량에 따른 엔탈피의 변화량의 비율

$$\frac{h2 - h1}{x2 - x1}$$

✓ ***h*** : 엔탈피(kcal/kg), ***x*** : 절대습도(kg/kg')

⑧ **엔탈피** : 어떤 물질 1[kg]이 가지고 있는 열량의 총합

ㄱ. 건공기 엔탈피(h_a) = $C_P \cdot t = 0.24t$

ㄴ. 수증기 엔탈피(h_v) = $(r + C_{pv} \cdot t)x = (597.5 + 0.441t)x$

✓ r : 0℃ 물의 증발잠열, C_{pv} : 수증기의 정압비열

ㄷ. 습공기 엔탈피(h_w) = 건공기 엔탈피 + 수증기 엔탈피 = 0.24t + (0.441t + 597.5)

⑨ **포화도(φ)**: 습공기에서의 절대습도(x)와 동일온도의 포화 습공기에서의 절대습도(x_s)의 비

$$\varphi = \frac{x}{x_s} \times 100$$

⑩ **비체적(v)**: 1kg의 무게를 가진 건조공기를 함유하는 습공기의 체적

✓ 공기의 비체적 = 0.83㎥/kg

9) 현열과 잠열

① 현열(q_s) = G · C_p · Δt = G · 0.24 · Δt = 1.2 · Q · 0.24 · Δt = 0.29 · Q · Δt

② 잠열(q_L) = G · r · Δx = G · 597 · Δx = 1.2 · Q · 597 · Δx = 717 · Q · Δx

✓ **G**: 송풍량(kg/h), **Q**: 송풍량(㎥/h), **1.2**: 공기의 비중량(kg/㎥), **C_p**: 정압비열(kcal/kg · ℃), **Δt**: 온도차, **Δx**: 절대습도차, **r**: 잠열[kcal/kg]

③ 비열 및 잠열

ㄱ. 물의 비열: 1[kcal/kg · ℃]

ㄴ. 공기의 비열: 0.24[kcal/kg · ℃]

ㄷ. 얼음의 비열: 0.5[kcal/kg · ℃]

ㄹ. 수증기 비열: 0.441[kcal/kg · ℃]

ㅁ. 0℃ 물의 증발잠열: 597.5[kcal/kg]

ㅂ. 100℃ 물의 증발잠열 또는 100℃ 수증기의 응축잠열: 539[kcal/kg]

ㅅ. 0℃ 물의 응고잠열 또는 0℃ 얼음의 융해잠열: 79.68[kcal/kg]

10) 열전달

(1) 전열

① **열전도**: 물체에 온도차가 있을 때 물체 내부에서 분자의 이동없이 열이 이동하는 현상

$$q = \frac{\lambda A \Delta t}{l} \text{ [kcal/h]}$$

② **대류**: 고체 벽면에 유체가 접촉되고 있을 때 유체의 유동에 의해 열이 이동하는 현상

q = αAΔt[kcal/h]

③ **복사**: 열에너지가 전자파의 형태로 중간매체 없이 열이 이동하는 현상

$$Q = \epsilon \sigma A (T_1^4 - T_2^4) \text{ [kcal/h]}$$

(2) 열통과(열관류)

전도 및 대류 등 2가지 이상 복합하여 열이 이동하는 현상

① 열통과 열량

$q = K \cdot F \cdot \Delta t$

② 열통과율(열관류율)

$$K = \frac{1}{\frac{1}{a_0} + \frac{l_1}{\lambda_1} + \frac{l_2}{\lambda_2} + \cdots + \frac{1}{a_i}}$$

✓ ***K***: 열통과율[kcal/m²h℃], ***α***: 열전달률[kcal/m²h℃], ***λ***: 열전도율[kcal/mh℃], ***σ***: 스테판볼츠만의 정수 4.88×10^{-8}[kcal/m²h°T⁴], ***ε***: 복사율, ***A***: 전열면적[m²], ***Δt***: 온도차[℃], ***l***: 고체의 두께[m]

11) 습공기 선도의 구성요소

건구온도(DB : ℃), 습구온도(WB : ℃), 노점온도(DP : ℃), 상대습도(φ : %), 절대습도(x : kg/kg′), 수증기분압(Pw : mmHg), 엔탈피(h : kcal/kg), 비체적(v : m³/kg), 열수분비(u : kcal/kg), 현열비(SHF)

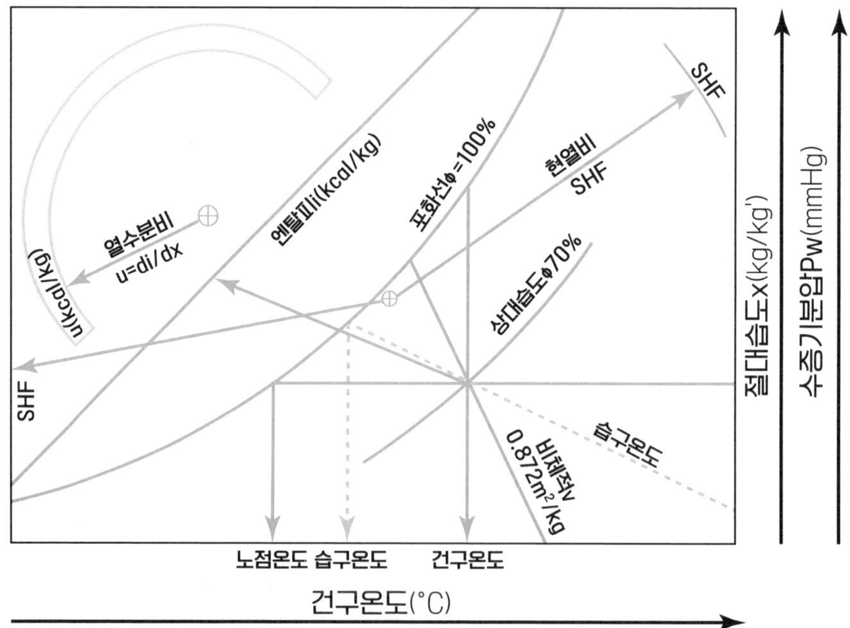

12) 습공기 선도에서 공기의 상태변화

① 0-1 : 가열

② 0-2 : 냉각

③ 0-3 : 가습

④ 0-4 : 감습

⑤ 0-5 : 가열가습

⑥ 0-6 : 냉각가습

⑦ 0-7 : 냉각감습

⑧ 0-8 : 가열감습

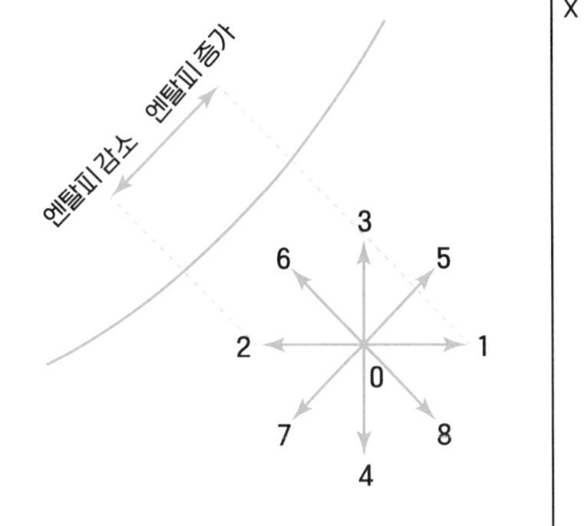

상태	건구온도	상대습도	절대습도	엔탈피	습구온도	비체적
가열	상승	감소	일정	증가	상승	증가
냉각	감소	증가	일정	감소	감소	감소
가습	일정	증가	증가	증가	상승	증가
감습	일정	감소	감소	감소	감소	감소

13) 외기와 실내공기와의 혼합

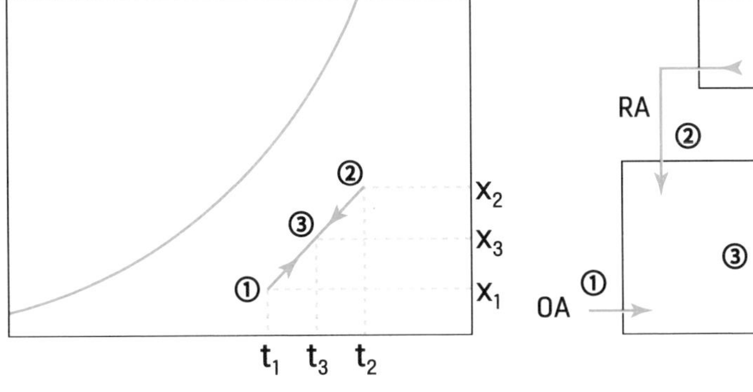

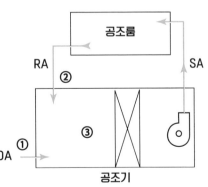

① OA(Outdoor Air) : 외기

② RA(Return Air) : 실내공기(환기)

③ SA(Supply Air) : 급기

$$t3 = \frac{Q_1 t_1 + Q_2 t_2}{Q_1 + Q_2}$$

$$x3 = \frac{x_1 t_1 + x_2 t_2}{Q_1 + Q_2}$$

$$h3 = \frac{h_1 t_1 + h_2 t_2}{Q_1 + Q_2}$$

✓ Q_1 : 외기공기량(kg/h), Q_2 : 환기공기량(kg/h), t_1 : 외기온도, t_2 : 환기온도, x_1 : 외기절대습도, x_2 : 환기절대습도

14) 바이패스 팩터(BF)

냉각 또는 가열코일을 접촉하지 않고 통과하는 공기의 비율로 작을수록 좋다.

$$\mathrm{BF} = \frac{t_2 - t_3}{t_1 - t_3} = \frac{x_2 - x_3}{x_1 - x_3} = \frac{h_2 - h_3}{h_1 - h_3}$$

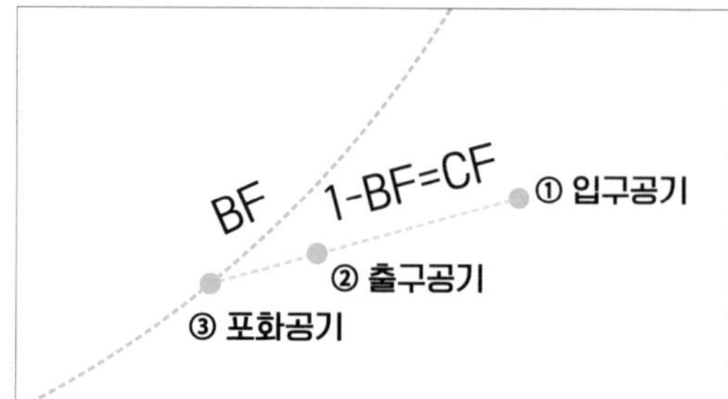

바이패스 팩터가 작아지는 경우

㉠ 코일의 열수가 많을 때
㉡ 코일의 간격이 작을 때
㉢ 전열면적이 클 때
㉣ 장치 노점온도가 높을 때
㉤ 송풍량이 적을 때
㉥ 냉수량이 적을수록(간접 냉매방식)

✓ **콘텍트 팩터(CF)** : 공기가 코일에 완전히 접촉하는 공기의 비율 CF = 1 - BF

연습문제

다음 중 실내 환경기준 항목이 아닌 것은?

① 부유분진의 양
② 상대습도
③ 탄산가스 함유량
④ 메탄가스 함유량

해 실내 환경기준

구분	기준	구분	기준
부유 분진량	1㎥당 0.15mg 이하	온도	17~28℃ 이하
일산화탄소(CO) 함유량	10ppm 이하(0.001% 이하)	상대습도(RH)	40~70% 이하
이산화탄소(CO_2) 함유량	1,000ppm 이하 (0.1% 이하)	기류속도	0.5m/s 이하

답 ④

인체에 작용하는 실내 온열환경 4대요소가 아닌 것은?

① 청정도 ② 습도
③ 기류속도 ④ 공기온도

해 인체에 작용하는 실내 온열효과 4대요소 : 실내온도, 습도, 기류, 복사온도
공기조화 4대요소 : 온도, 습도, 기류, 청정도

답 ①

공기조화의 분류에서 산업용 공기조화의 적용범위에 해당하지 않는 것은?

① 반도체 공장에서 제품의 품질 향상을 위한 공조
② 실험실의 실험조건을 위한 공조
③ 양조장에서 술의 숙성온도를 위한 공조
④ 호텔에서 근무하는 근로자의 근무환경 개선을 위한 공조

해 호텔은 사람을 대상으로 하므로 보건용 공기조화를 사용한다.

답 ④

대사량을 나타내는 단위로 쾌적상태에서의 안정 시 대사량을 기준으로 하는 단위는?

① RMR ② clo
③ met ④ ET

해 RMR : 에너지 대사율, clo : 의복의 열절연성, met : 대사량의 단위, ET : 유효온도

답 ③

기류 및 주위벽면에서의 복사열은 무시하고 온도와 습도만으로 쾌적도를 나타내는 지표를 무엇이라고 부르는가?

① 쾌적 건강지표 ② 불쾌지수
③ 유효온도지수 ④ 청정지표

해 불쾌지수 : 온도와 습도만으로 쾌적도를 나타내는 지표

답 ②

각 난방 방식과 관련된 용어의 연결로 옳은 것은?

① 온수난방 - 잠열 ② 증기난방 - 팽창탱크
③ 온풍난방 - 팽창관 ④ 복사난방-평균복사온도

해 ① 온수난방-현열, ② 온수난방 - 팽창탱크, ③ 온수난방-팽창관

답 ④

? 공기 중의 수증기 분압을 포화압력으로 하는 온도를 무엇이라 하는가?

① 건구온도 ② 습구온도
③ 노점온도 ④ 글로브(Globe) 온도

해 노점온도 : 공기 중의 수증기 분압을 포화압력으로 하는 온도

답 ③

? 습공기선도상에 나타나 있는 것이 아닌 것은?

① 상대습도 ② 건구온도
③ 절대습도 ④ 포화도

해 습공기선도 : 건구온도, 습구온도, 노점온도, 상대습도, 절대습도, 수증기 분압, 엔탈피, 비체적, 열수분비, 현열비를 나타낸다.

답 ④

? 다음 중 냉난방 과정을 설계할 때 주로 사용되는 습공기선도는?
(단, h는 엔탈피, x는 절대습도, t는 건구온도, s는 엔트로피, p는 압력이다.)

① h-x 선도 ② t-s 선도
③ t-h 선도 ④ p-h 선도

해 습공기 선도
h-x 선도(엔탈피-절대습도)
t-x 선도(건구온도-절대습도)

답 ①

? 습공기를 냉각하게 되면 공기의 상태가 변화한다. 이때 증가하는 상태값은?

① 건구온도 ② 습구온도
③ 상대습도 ④ 엔탈피

해 습공기를 냉각하면 공기 중 수분이 응축되어 상대습도가 증가한다.

답 ③

? 습공기의 수증기 분압과 동일한 온도에서 포화공기의 수증기 분압과의 비율을 무엇이라 하는가?

① 절대습도 ② 상대습도
③ 열수분비 ④ 비교습도

해 상대습도(φ, %) : 일정 부피의 공기 속에 실제 포함된 수증기(수증기 분압(Pw)) 양과 포함할 수 있는 최대한의 수증기(포화증기의 수증기 분압(Ps)) 양과의 비

해 ②

습공기의 성질에 관한 설명 중 틀린 것은?

① 단열가습하면 절대습도와 습구온도가 높아진다.

② 건구온도가 높을수록 포화 수증기량이 많다.

③ 동일한 상대습도에서 건구온도가 증가할수록 절대습도 또한 증가한다.

④ 동일한 건구온도에서 절대습도가 증가할수록 상대습도 또한 증가한다.

해 단열가습이므로 온도의 변화가 없다.

단열가습	가습
습구온도 일정	습구온도 감소
절대습도 증가	절대습도 증가
건구온도 일정	건구온도 감소

답 ①

습공기의 상태를 나타내는 요소에 대한 설명 중 맞는 것은?

① 상대습도는 공기 중에 포함된 수분의 량을 계산하는데 사용한다.

② 수증기 분압에서 습공기가 가진 압력(보통 대기압)은 그 혼합성분인 건공기와 수증기가 가진 분압의 합과 같다.

③ 습구온도는 주위공기가 포화증기에 가까우면 건구온도와의 차는 커진다.

④ 엔탈피는 0℃ 건공기의 값을 593 kcal/kg으로 기준하여 사용한다.

해 ① 상대습도 : 실제 포함된 수증기 양과 포함할 수 있는 최대한의 수증기 양과의 비
③ 습구온도는 주위 공기가 포화 증기에 가까우면 건구온도와의 차는 작아진다
④ 엔탈피는 [0℃] 건공기의 값을 0 [kcal/kg]으로 기준하여 사용한다.

답 ②

일정한 건구온도에서 습공기의 성질 변화에 대한 설명으로 틀린 것은?

① 비체적은 절대습도가 높아질수록 증가한다.

② 절대습도가 높아질수록 노점온도는 높아진다.

③ 상대습도가 높아지면 절대습도는 높아진다.

④ 상대습도가 높아지면 엔탈피는 감소한다.

해 ④ 상대습도가 높아지면 엔탈피는 증가한다.

답 ④

습공기의 상태변화에 관한 설명으로 옳은 것은?

① 습공기를 가습하면 상대습도가 내려간다.

② 습공기를 냉각감습하면 엔탈피는 증가한다.

③ 습공기를 가열하면 절대습도는 변하지 않는다.

④ 습공기를 노점온도 이하로 냉각하면 절대습도는 내려가고, 상대습도는 일정하다.

해

상태	건구온도	상대습도	절대습도	엔탈피
가열	상승	감소	일정	증가
냉각	감소	증가	일정	감소
가습	일정	증가	증가	증가
감습	일정	감소	감소	감소

답 ③

실내 냉방 부하 중에서 현열부하 2500kcal/h, 잠열부하 500kcal/h 일 때 현열비는?

① 0.2 ② 0.83

③ 1 ④ 1.2

해 공식1)

$$\text{현열비(SHF)} = \frac{\text{현열}}{\text{전열}} = \frac{\text{현열}}{\text{현열} + \text{잠열}}$$

$$\frac{2500}{2500 + 500} = 0.83$$

답 ②

A상태에서 B상태로 가는 냉방과정에서 현열비는?

① 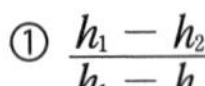 $\frac{h_1 - h_2}{h_1 - h_c}$

② $\frac{h_1 - h_c}{h_1 - h_2}$

③ $\frac{h_1 - h_c}{h_c - h_2}$

④ $\frac{h_c - h_2}{h_1 - h_2}$

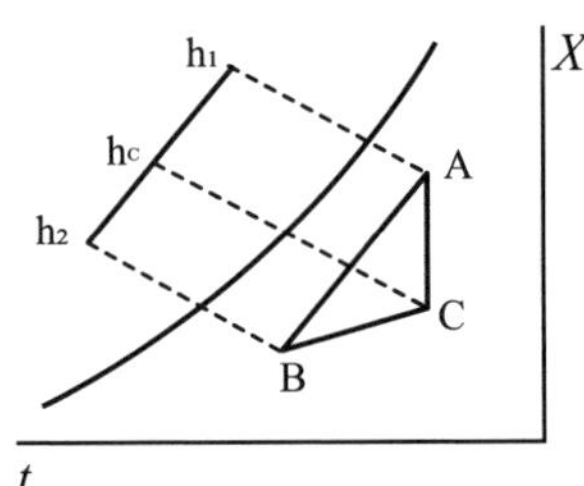

해 $\text{현열비(SHF)} = \frac{\text{현열}}{\text{전열}} = \frac{\text{현열}}{\text{현열} + \text{잠열}}$

답 ④

수분량 변화가 없는 경우의 열수분비는?

① 0 ② 1

③ -1 ④ ∞

해 열수분비 : $\dfrac{h2 - h1}{x1 - x2}$

h : 엔탈피[kcal/kg], x : 절대습도[%]

㉠ 수분의 변화가 없을 때 : ∞

㉡ 엔탈피의 변화가 없을 때 : 0

답 ④

바이패스 팩터에 관한 설명으로 옳은 것은?

① 흡입공기 중 온난 공기의 비율이다.

② 송풍공기 중 습공기의 비율이다.

③ 신선한 공기와 순환공기의 밀도 비율이다.

④ 전 공기에 대해 냉·온수코일을 그대로 통과하는 공기의 비율이다.

해 바이패스 팩터 : 냉각 또는 가열코일을 접촉하지 않고 통과하는 공기의 비율로 작을수록 좋다.

답 ④

다음의 습공기 선도상에서 E-F는 무엇을 나타내는 것인가?

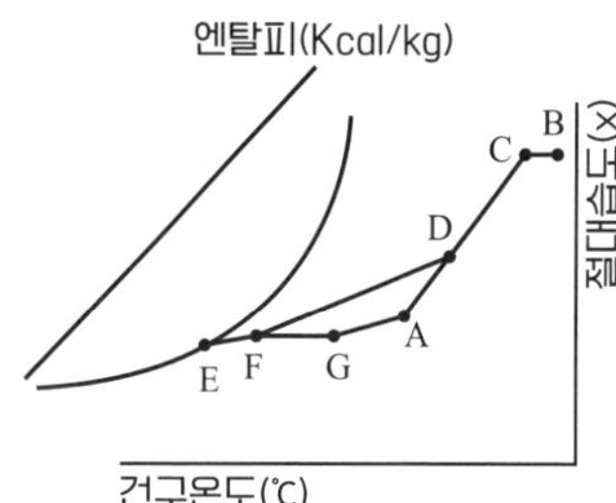

① 가습

② 재열

③ CF(Contact Factor)

④ BF(By-pass Factor)

해 E-F : 바이패스 팩터(BF), D-F : 콘택트 팩터(CF)

답 ④

바이패스 팩터에 관한 설명으로 옳지 않은 것은?

① 바이패스 팩터는 공기조화기를 공기가 통과할 경우 공기의 일부가 변화를 받지 않고 원 상태로 지나쳐갈 때 이 공기량과 전체 통과 공기량에 대한 비율을 나타낸 것이다.

② 공기조화기를 통과하는 풍속이 감소하면 바이패스 팩터는 감소한다.

③ 공기조화기의 코일열수 및 코일 표면적이 적을 때 바이패스 팩터는 증가한다.

④ 공기조화기의 이용 가능한 전열 표면적이 감소하면 바이패스 팩터는 감소한다.

해 공기조화기의 이용 가능한 전열 표면적이 감소하면 바이패스 팩터는 증가한다.

답 ④

냉방시의 공기조화 과정을 나타낸 것이다. 그림과 같은 조건일 경우 냉각코일의 바이패스 팩터는?
(단, ① 실내공기의 상태점, ② 외기의 상태점, ③ 혼합공기의 상태점, ④ 취출공기의 상태점, ⑤ 코일의 장치노점온도 이다.)

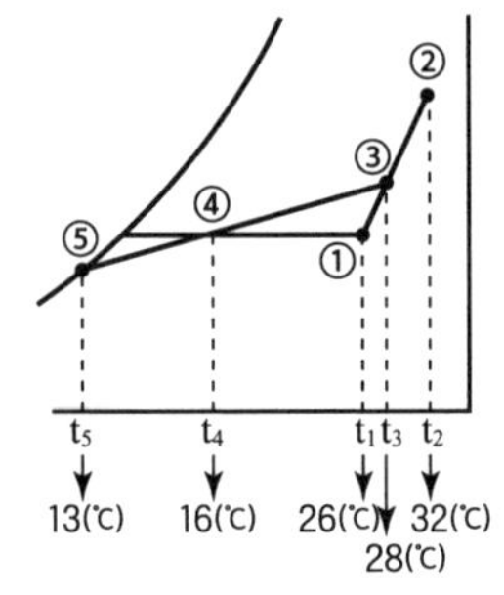

① 0.15

② 0.20

③ 0.25

④ 0.30

解 바이패스 팩터(BF) = $\dfrac{T_4 - T_5}{T_3 - T_5} = \dfrac{16 - 13}{28 - 13} = 0.2$

답 ②

II. 공기조화 방식

1) 분류

구분	열 운반 매체에 의한 분류	방식
중앙식	전공기 방식	단일덕트 방식(정풍량, 변풍량)
		2중 덕트 방식(멀티존 방식)
		각층 유닛 방식
		덕트병용 패키지 방식
중앙식	수-공기 방식	팬코일 유닛 방식(덕트병용)
		유인 유닛 방식
		복사 냉난방 방식
	수방식	팬코일 유닛 방식
개별식	냉매방식	룸 쿨러(룸 에어콘)
		패키지 유닛 방식
		멀티유닛

2) 설치 위치에 다른 분류

(1) 중앙식

중앙기계실에 보일러나 냉동기를 설치하고 2차측에 설치한 공조기를 통하여 각 실을 공조하는 방식

① 장점

ㄱ. 실내 오염이 적다.

ㄴ. 유지관리가 쉽다.

ㄷ. 외기냉방이 가능하다.

② 단점

ㄱ. 열운송 동력이 많이 든다.

ㄴ. 개별 제어성이 좋지 않다.

ㄷ. 기계실 및 배관, 덕트의 설치 면적이 필요하다.

(2) 개별식

냉동기를 내장한 패키지 유닛을 필요한 장소에 설치하여 공조하는 방식

① 장점

ㄱ. 개별제어성이 좋다.

ㄴ. 덕트가 필요없다.

ㄷ. 증설, 이설이 용이하다.

ㄹ. 설비비가 적게 든다.

② 단점

ㄱ. 외기냉방이 어렵다.

ㄴ. 대규모에는 부적당하다.

ㄷ. 소음과 진동이 발생한다.

ㄹ. 유지관리가 어렵다.

3) 열 운반 매체에 따른 공조방식의 특징

(1) 전공기 방식

① 장점

ㄱ. 실내 공기 오염이 적다.

ㄴ. 소음 및 진동이 적다.

ㄷ. 운전, 보수, 관리가 용이하다.

ㄹ. 봄, 가을에 외기냉방이 가능하다.

ㅁ. 바닥 이용도가 좋다.

② 단점

ㄱ. 설치공간이 크다(덕트 스페이스가 크다).

ㄴ. 송풍기 동력이 크다.

ㄷ. 넓은 공조기계실이 필요하다.

ㄹ. 개별제어가 어렵다.

ㅁ. 원거리에는 부적합하다.

ㅂ. 설비비가 비싸다.

(2) 수-공기 방식

① 장점

ㄱ. 전공기에 비해 덕트의 설치공간이 줄어든다.

ㄴ. 전공기에 비해 송풍기 동력이 적다.

ㄷ. 개별제어가 가능하다.

ㄹ. 존의 구성이 용이하다.

② 단점

ㄱ. 고성능 필터사용이 어려워 오염의 우려가 있다.

ㄴ. 보수 및 유지관리가 어렵다.

ㄷ. 소음이 발생한다.

ㄹ. 바닥 이용도가 떨어진다.

(3) 수방식

① 장점

ㄱ. 열운반 동력이 작다.

ㄴ. 각실 제어가 용이하다.

ㄷ. 증설이 용이하다.

② 단점

ㄱ. 외기 도입이 어렵다.

ㄴ. 고성능 필터를 사용할 수 없다.

ㄷ. 실내 쾌감도가 떨어진다.

ㄹ. 소음이 발생한다.

ㅁ. 바닥 이용도가 떨어진다.

4) 각 공조 방식의 특징

(1) 단일덕트 방식

공조기에서 조화한 공기를 하나의 주 덕트에서 분기하여 각 존에 보내고 환기하는 방식

① **정풍량**(CAV) : 일정한 풍량으로 온습도를 변화시켜 부하에 대응하는 방식

ㄱ. **장점** : 급기량이 일정하여 실내가 쾌적하다.

ㄴ. **단점** : ❶ 변풍량에 비해 에너지 소비가 크다 ❷ 각 실의 개별제어가 어렵다 ❸ 존의 수가 적은 규모에서는 타 방식에 비해 설비비가 비싸다.

② **변풍량**(VAV) : 부하변동에 따라 송풍 온도는 일정하게 유지하면서 풍량을 조절하는 방식

ㄱ. **장점** : ❶ 부하변동에 제어응답이 빠르므로 거주성이 향상된다 ❷ 송풍량 조절이 가능하므로 에너지가 절약된다 ❸ 동시 사용률을 고려하면 공조기 및 덕트가 적어도 된다.

ㄴ. **단점** : ❶ 실내공기의 청정도가 떨어진다 ❷ 운전 및 유지관리가 어렵고 설비비가 비싸다.

(2) 2중덕트 방식

1대의 공조기에서 냉풍과 온풍을 만들고 냉풍덕트와 온풍덕트를 따로 배관하여 각 존마다 혼합상자를 설치하여 공조하는 방식

① 장점

ㄱ. 개별제어가 가능하다.

ㄴ. 냉난방 변환이 필요없다.

ㄷ. 설계나 용도변경에 유연성이 있다.

ㄹ. 부하변동에 대응이 빠르다.

ㅁ. 실내에 유닛이 노출되지 않는다.

② 단점

ㄱ. 냉온풍 혼합에 따른 에너지 손실이 크다.

ㄴ. 혼합상자에서 소음과 진동이 발생한다.

ㄷ. 설비비가 비싸다.

ㄹ. 여름에도 보일러를 운전할 필요가 있다.

ㅁ. 실내 습도의 완전한 제어가 어렵다.

(3) 각층 유닛방식

외기나 환기된 공기를 1차 공조기에서 공조하고 각 층마다 설치된 2차 공조기에서 공조하여 덕트를 통해 공급되는 방식

① 장점

ㄱ. 각 층마다 부하변동에 대응이 가능하다.

ㄴ. 각 층 및 각 존별로 부분운전이 가능하다.

ㄷ. 기계실 면적을 적게 차지한다.

ㄹ. 송풍동력이 적게든다.

ㅁ. 환기덕트가 필요없어 덕트스페이스가 적게 든다.

② 단점

ㄱ. 설비비가 많이 든다.

ㄴ. 분산배치로 유지관리가 어렵다.

ㄷ. 각 층에 공조기 설치로 소음 및 진동이 발생한다.

ㄹ. 각 층 수배관에 의해 누수의 우려가 있다.

(4) 덕트병용 패키지 방식

실내에 설치되어 있는 패키지 공조기로 냉온풍을 만들어 덕트를 통해 실내로 송풍하는 방식

① 장점

ㄱ. 설비비가 저렴하다.

ㄴ. 운전에 전문 기술자가 필요없다.

ㄷ. 기계실 면적이 적게 든다.

ㄹ. 독립 운전으로 에너지 절감효과가 있다.

ㅁ. 급기를 위한 덕트 샤프트가 필요없다.

② 단점

ㄱ. 각 층에 분산되어 유지관리가 어렵다.

ㄴ. 온도의 편차가 크다.

ㄷ. 습도제어가 불충분하다.

ㄹ. 고장이 많고 수명이 짧아 유지비가 많이 든다.

(5) 덕트병용 팬코일 유닛방식

냉난방부하를 덕트와 배관의 냉온수를 이용하여 처리하는 방식으로 대규모 빌딩에 적합하며 내부존은 공기방식, 외부존은 수방식을 이용하여 처리한다.

① 장점

ㄱ. 개별제어가 가능하다.

ㄴ. 콜드 드래프트를 방지할 수 있다.

ㄷ. 덕트의 설치공간이 작아도 된다.

ㄹ. 부분 사용이 많은 건물에 경제적이다.

② 단점

ㄱ. 수배관으로 인한 누수의 우려가 있다.

ㄴ. 도입 외기량 부족으로 실내공기 오염의 우려가 있다.

ㄷ. 팬으로부터 소음이 발생한다.

(6) 유인유닛방식

1차 공조기에서 공조된 공기를 고속으로 유닛에 송풍하면 1차 공기가 유인유닛 속의 노즐을 통과할 때 그 압력에 의해 실내의 2차공기를 유인하여 송풍하는 방식

① 장점

ㄱ. 덕트의 설치공간을 작게 할 수 있다.

ㄴ. 중앙공조기를 작게 할 수 있다.

ㄷ. 개별제어가 가능하다.

ㄹ. 동력 소비가 적다.

② 단점

ㄱ. 수배관으로 인한 누수의 우려가 있다.

ㄴ. 송풍량이 적어 외기냉방 효과가 적다.

ㄷ. 실내 유효공간이 감소한다.

ㄹ. 유닛내에 여과기가 막히기 쉽다.

(7) 복사 냉난방 방식

실내 바닥이나 벽 패널에 코일을 매설하여 냉수나 온수를 통과시키고 천장을 통해 공기를 동시에 송풍시켜 공조하는 방식

① 장점

ㄱ. 복사열을 이용하므로 쾌감도가 좋다.

ㄴ. 덕트 스페이스 및 열운반 동력을 줄일 수 있다.

ㄷ. 건물의 축열을 기대할 수 있다.

ㄹ. 실내 바닥의 이용도가 좋다.

② 단점

ㄱ. 냉각패널에 결로가 발생할 수 있어 잠열부하가 큰 곳에는 부적당하다.

ㄴ. 열손실을 막기 위해 단열시공을 완벽히 해야 한다.

ㄷ. 수배관 매립으로 시설비가 비싸다.

ㄹ. 중간기에 냉동기 운전이 필요하다.

(8) 팬코일 유닛방식

실내에 냉온수코일, 송풍기, 필터가 내장된 팬코일 유닛을 설치하고 기계실에 설치된 냉동기나 보일러로부터 냉온수를 만들어 팬코일 유닛에 흐르게하여 공조하는 방식

① 1**관식**:1개의 배관으로 공급관과 환수관을 겸용으로 사용하는 방식으로 개별제어가 곤란하다.

② 2**관식**:공급관과 환수관이 각각 존재하며 가장 많이 사용 된다.

③ 3**관식**:공급관이 2개 환수관이 1개인 방식으로 설비가 복잡하지만 개별제어가 가능하다. 또한 환수관이 1개므로 냉수와 온수의 혼합 열손실이 발생할 수 있다.

④ 4**관식**:공급관과 환수관이 2개씩이며 설비가 가장 복잡하지만 혼합 열손실이없다.

ㄱ. **장점**:❶ 설비비가 싸다 ❷ 증설이 간단하다 ❸ 개별제어가 가능하다 ❹ 동력 소비가 적다.

ㄴ. **단점**:❶ 외기도입이 어려워 실내 오염 우려가 있다 ❷ 수배관에 의한 누수의 우려가 있다 ❸ 유지관리가 어렵다 ❹ 송풍량이 적어 고성능 필터 사용이 어렵다.

(9) 룸 쿨러 방식

압축기, 응축기, 냉각코일, 송풍기가 하나의 케이싱에 내장되어 창문에 설치하거나 받침대 위해 놓고 작은 방을 냉방하는 방식

(10) 패키지 유닛 방식

증발기와 팬을 내장한 실내기와 압축기와 응축기, 팬 등이 내장된 실외기로 분리 설치되어 냉매 배관으로 옥내와 옥외를 접속한 방식으로써 공냉식과 수냉식으로 나누어진다.

(11) 멀티 유닛 방식

1대의 실외기에 여러대의 실내기를 연결하는 방식

연습문제

다음은 단일 덕트 방식에 대한 것이다. 틀린 것은?

① 단일 덕트 정풍량 방식은 개별제어에 적합하다.

② 중앙기계실에 설치한 공기조화기에서 조화한 공기를 주 덕트를 통해 각 실내로 분배한다.

③ 단일 덕트 정풍량 방식에서는 재열을 필요로 할 때도 있다.

④ 단일 덕트 방식에서는 큰 덕트 스페이스를 필요로 한다.

해 단일 덕트 방식은 중앙식 공조기에 사용한다.
개별식-룸 쿨러, 패키지 유닛 방식, 멀티 유닛

답 ①

공기조화의 단일덕트 정풍량 방식의 특징에 관한 설명으로 틀린 것은?

① 각 실이나 존의 부하변동에 즉시 대응할 수 있다.

② 보수관리가 용이하다.

③ 외기냉방이 가능하고 전열교환기 설치도 가능하다.

④ 고성능 필터 사용이 가능하다.

해 단일덕트 정풍량 방식은 하나의 주 덕트에서 분기하여 각 존으로 송풍을 하므로 각 실이나 존의 부하변동에는 대응이 어렵다.

답 ①

다음 공조방식 중에 전공기 방식에 속하는 것은?

① 패키지 유닛 방식　　② 복사 냉난방 방식

③ 팬 코일 유닛 방식　　④ 2중덕트 방식

해 전공기 방식-단일 덕트, 2중 덕트, 각 층 유닛 방식

답 ④

공조방식 중 송풍온도를 일정하게 유지하고 부하변동에 따라서 송풍량을 변화시킴으로써 실온을 제어하는 방식은?

① 멀티 존 유닛방식　　② 이중덕트방식

③ 가변풍량방식　　④ 패키지 유닛방식

해 변풍량 방식 : 부하에 따라 송풍제어가 가능하나 송풍량 감소에 따른 실내 오염도가 크다.

답 ③

공기조화방식 중 중앙식 전공기방식의 특징에 관한 설명으로 틀린 것은?

① 실내공기의 오염이 적다. ② 외기냉방이 가능하다.
③ 개별제어가 용이하다. ④ 대형의 공조기계실을 필요로 한다.

해 중앙식이므로 개별 제어가 어렵다.

답 ③

공기조화방식의 열매체에 의한 분류 중 냉매방식의 특징에 대한 설명으로 틀린 것은?

① 유닛에 냉동기를 내장하므로 국소적인 운전이 자유롭게 된다.
② 온도조절기를 내장하고 있어 개별제어가 가능하다.
③ 대형의 공조실을 필요로 한다.
④ 취급이 간단하고 대형의 것도 쉽게 운전할 수 있다.

해 냉매방식은 개별식이므로 공조실이 필요 없다.

답 ③

패널난방(panel heating)은 열의 전달방법 중 주로 어느 것을 이용한 것인가?

① 전도 ② 대류
③ 복사 ④ 전파

해 복사난방 = 패널난방 : 매립된 증기나 온수배관으로 인해 발생되는 복사열로 난방

답 ③

난방 방식 중 낮은 실온에서도 균등한 쾌적감을 얻을 수 있는 방식은?

① 복사난방 ② 대류난방
③ 증기난방 ④ 온풍로난방

해 복사난방의 장점
㉠ 실내온도 분포가 균등하고 쾌감도가 높다, ㉡ 높은 천장에도 효과적이다, ㉢ 바닥이용도가 좋다, ㉣ 소음이 적다, ㉤ 낮은 실온에서도 균등한 쾌적감을 얻을 수 있다.

답 ①

팬 코일 유닛의 배관방식 중 냉수 및 온수관이 각각 있어서 혼합손실이 없는 배관방식은?

① 1관식 ② 2관식
③ 3관식 ④ 4관식

해 4관식 : 공급관과 환수관이 2개씩이며 설비가 가장 복잡하지만 혼합 열손실이 없다.

답 ④

III. 공기조화 부하

1) 냉방부하의 분류

구분		부하 발생요인	열의 구분
실내취득 열량	외부침입 열량	벽체를 통한 열량(외벽, 내벽, 지붕, 바닥, 문)	현열
		유리창을 통한 열량(복사열, 전도열)	현열
		극간풍(틈새바람)을 통한 열량	현열, 잠열
	실내발생 열량	인체의 발생 열량	현열, 잠열
		조명의 발생 열량	현열
		기기의 발생 열량	현열, 잠열
기기취득 열량		송풍기에 의한 열량	현열
		덕트로부터의 열량	현열
재열부하		재열기에 의한 열량	현열
외기부하		외기도입에 의한 열량	현열, 잠열

2) 냉방부하와 기기용량

① 실내 취득부하+기기 취득부하=송풍량

② 송풍량+재열부하+외기부하=냉각코일 부하

③ 냉각코일 부하+펌프 및 배관 부하=냉동기 용량

3) 공조부하 계산

(1) 벽체부하

① 복사열을 받는 경우

q[kcal/h]=K×F×Δte

방위	동, 서	남	북	남동, 남서	북동, 북서	지붕
방위계수	1.1	1	1.2	1.05	1.15	1.2

※난방부하 시 외벽, 지붕, 유리창의 경우 방위계수(k) 고려

q[kcal/h]=K×A×Δt×k

✓ **q** : 열량[kcal/h], **K** : 열통과율(열관류율)[kcal/m^2·h·℃], **F** : 면적[㎡], **Δte** : 상당외기온도차[℃], **k** : 방위계수

$$\text{열통과율}(K) = \frac{1}{\frac{1}{a_1} + \frac{l}{\lambda} + \frac{1}{a_2}}$$

✓ a_1 : 외표면 열전달률[kcal/m^2·h·℃], λ : 열전도도[kcal/m·h·℃], l : 두께[m], a_2 : 내표면 열전달률[kcal/m^2·h·℃]

> **상당외기온도차(ETD)**
>
> 일사의 영향을 받는 외벽 및 지붕 냉방부하 계산시 사용
>
> $$te = \frac{\text{외벽 벽체 표면의 일사 흡수율}}{\text{표면 열전달률}} \times \text{벽체 표면이 받는 전 일사량} + \text{외기온도}$$

② 복사열을 받지 않는 경우

q[kcal/h]=K×F×Δt

✓ **Δt** : 실내외 온도차[℃]

(2) 유리창의 부하

① 유리창의 일사부하

q_{GR}[kcal/h]=I_{GR}×F_g×k_s

② 유리창의 통과열량

q[kcal/h]=K×F_g×Δt

✓ q_{GR} : 태양복사에 의한 열량, I_{GR} : 표준일사열량[kcal/㎡h], F_g : 유리면적[㎡], k_s : 차폐계수, **K** : 열관류율[kcal/㎡h℃]

(3) 극간풍(틈새바람) 부하

① 현열부하=0.24·G·Δt=0.29·Q Δt[kcal/h]

② 잠열부하=597·G·Δx=717·Q·Δx[kcal/h]

극간풍량의 산출방법

- 환기횟수법 : Q[m³/h] = n[회/h] × V[m³](환기횟수 × 실의 용적)
- 창문면적법 : Q[m³/h] = Qi[m³/m²h] × A[m²](단위 면적당 침입외기량 × 창문면적)
- 극간길이법 : Q[m³/h] = Q'[m³/m²h] × l[m](틈새길이당 풍량 × 틈새길이)

극간풍을 줄이기 위한 방법

- 회전문 설치
- 2중문 설치
- 에어커튼 설치
- 실내를 양압으로 유지
- 2중문 중간에 컨벡터 설치
- 실내외 온도차를 작게 한다.

(4) 인체 부하

① 현열부하 q_{HS} = 1인당 현열량 × 재실 인원 수

② 잠열부하 q_{HL} = 1인당 잠열량 × 재실 인원 수

성인남자 1인당 발생열

- 정좌 : 80[kcal/h]
- 경작업 : 90[kcal/h]

(5) 조명발생 부하

① **백열등** : 860kcal/h

$q_{ES} = W \cdot f \cdot 0.86$

② **형광등** : 1000kcal/h (안정기 발열 20%)

$q_{ES} = W \cdot f \cdot 0.86 \times 1.2$

✓ **W** : 조명기구의 소비전력, **f** : 조명기구의 사용률

(6) 기구발생 부하

실내에 전동기나 전기나 가스를 이용한 기구로부터의 열량으로 현열과 잠열이 있다.

① **전동기 발생부하**

$q_E = P \cdot f_e \cdot f_o \cdot f_k \times 860$[kcal/h]

✓ **P** : 전동기의 정격출력, f_e : 전동기의 부하율, f_o : 전동기 가동률, f_k : 전동기의 사용 상태 계수, n_m : 전동기 효율

② 사용 상태에 다른 전동기에서 발생부하[kcal/h]

ㄱ. 전동기와 기계가 모두 실내에 있는 경우

$$q_E = P \cdot f_e \cdot f_0 \times \left(\frac{1}{n_m}\right) \times 860$$

ㄴ. 기계만 실내에 있는 경우

$$q_E = P \cdot f_e \cdot f_0 \times 860$$

ㄷ. 전동기만 실내에 있는 경우

$$q_E = P \cdot f_e \cdot f_0 \times \left(\frac{1 - n_m}{n_m}\right) \times 860$$

(7) 송풍기에 의한 부하

실내 현열 부하의 약 5~20%

(8) 덕트로부터의 취득부하

실내 현열부하의 약 1~3%

(9) 재열부하

$q_s = 0.29 \cdot Q \cdot \Delta t$

(10) 외기부하

① 현열(q_s)$= 0.29 \cdot Q_o \cdot \Delta t$

② 잠열(q_L)$= 717 \cdot Q_o \cdot \Delta x$

4) 공조부하 계산법

① 최대부하 계산법

② 기간부하 계산법

ㄱ. 동적 열부하 계산법

ㄴ. 도일수에 의한 방법

ㄷ. 확장 도일법

ㄹ. 전산기법

ㅁ. 표준빈법

ㅂ. 수정빈법

ㅅ. 전부하 상당기간에 의한 방법

③ 간헐부하 계산법

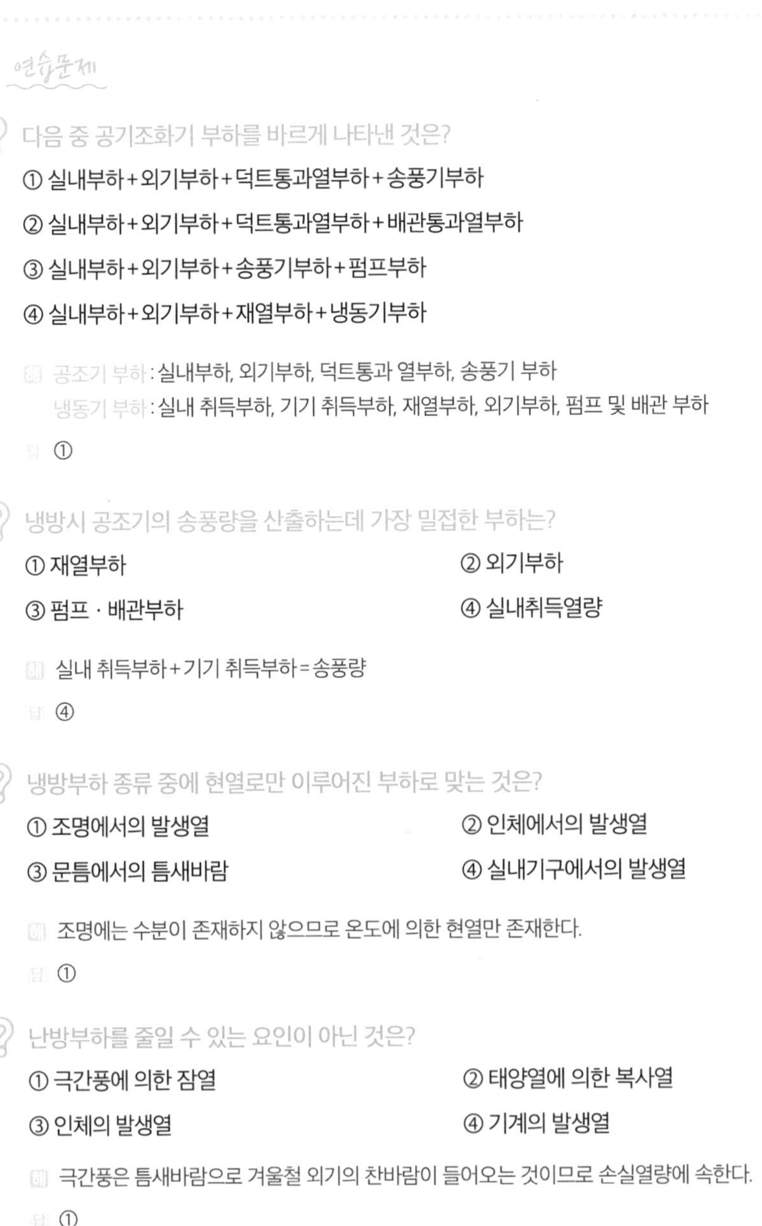

연습문제

다음 중 공기조화기 부하를 바르게 나타낸 것은?

① 실내부하+외기부하+덕트통과열부하+송풍기부하

② 실내부하+외기부하+덕트통과열부하+배관통과열부하

③ 실내부하+외기부하+송풍기부하+펌프부하

④ 실내부하+외기부하+재열부하+냉동기부하

해 공조기 부하 : 실내부하, 외기부하, 덕트통과 열부하, 송풍기 부하
냉동기 부하 : 실내 취득부하, 기기 취득부하, 재열부하, 외기부하, 펌프 및 배관 부하

답 ①

냉방시 공조기의 송풍량을 산출하는데 가장 밀접한 부하는?

① 재열부하 ② 외기부하

③ 펌프 · 배관부하 ④ 실내취득열량

해 실내 취득부하+기기 취득부하=송풍량

답 ④

냉방부하 종류 중에 현열로만 이루어진 부하로 맞는 것은?

① 조명에서의 발생열 ② 인체에서의 발생열

③ 문틈에서의 틈새바람 ④ 실내기구에서의 발생열

해 조명에는 수분이 존재하지 않으므로 온도에 의한 현열만 존재한다.

답 ①

난방부하를 줄일 수 있는 요인이 아닌 것은?

① 극간풍에 의한 잠열 ② 태양열에 의한 복사열

③ 인체의 발생열 ④ 기계의 발생열

해 극간풍은 틈새바람으로 겨울철 외기의 찬바람이 들어오는 것이므로 손실열량에 속한다.

답 ①

유인 유닛 공조방식에 대한 설명으로 옳은 것은?

① 실내환경 변화에 대응이 어렵다.

② 덕트 공간이 비교적 크다.

③ 각 실의 제어가 어렵다.

④ 회전부분이 없어 동력(전기) 배선이 필요없다.

해 유인 유닛 공조방식
- 부하변동에 따른 적응성이 좋다.
- 고속덕트를 사용하므로 덕트스페이스가 적게든다.
- 수-공기방식이므로 개별제어가 용이하다.
- 1차 공조기에서 송풍된 공기에 의해 송풍되므로 동력부분이 없다.

답 ④

덕트 병용 팬 코일 유닛(fan coil unit)방식의 특징이 아닌 것은?

① 열부하가 큰 실에 대해서도 열부하의 대부분을 수배관으로 처리할 수 있으므로 덕트 치수가 적게 된다.

② 각 실 부하 변동을 용이하게 처리할 수 있다.

③ 각 유닛의 수동제어가 가능하다.

④ 청정구역에 많이 사용된다.

해 덕트 병용 팬 코일 유닛 : 소규모, 중규모 건물이나 호텔등에 이용 된다.

답 ④

건물의 11층에 위치한 북측 외벽을 통한 손실열량은?
(단, 벽체면적 $40m^2$, 열관류율 $0.43W/m^2·℃$, 실내온도 26℃, 외기온도 -5℃, 북측 방위계수 1.2, 복사에 의한 외기온도 보정 3℃이다.)

① 약 495.36W ② 약 525.38W

③ 약 577.92W ④ 약 639.84W

해 $Q = K \times A \times \Delta t \times k$

Q : 열량[W], K : 열관류율[$W/m^2·℃$], F : 면적[㎡], Δt : 온도차[℃], k : 방위계수

$Q = 0.43 \times 40 \times (26 - (-5) - 3) \times 1.2 = 577.92[W]$

답 ③

냉방부하 계산 시 상당외기온도차를 이용하는 경우는?

① 유리창의 취득열량 ② 내벽의 취득열량

③ 침입외기 취득열량 ④ 외벽의 취득열량

해 상당외기온도차 : 외벽이나 지붕이 태양의 일사를 받을 때 복사에너지에 의한 실내 공기 온도의 상승값

답 ④

상당외기온도차를 구하기 위한 요소로 가장 거리가 먼 것은?

① 흡수율 ② 표면 열전달률(kcal/m²·h·℃)

③ 직달 일사량(kcal/m²·h) ④ 외기온도(℃)

해 상당외기 온도차(ETD) $(t_e) = \frac{a}{a_0} \times I + t_0$

a : 벽체 표면의 일사 흡수율[%], a_0 : 표면 열전달률[kcal/m²·h], I : 벽체 표면의 전일사량[kcal/m²·h], t_0 : 외기온도[℃]

답 ③

다음 중 건축물의 출입문으로부터 극간풍 영향을 방지하는 방법으로 가장 거리가 먼 것은?

① 회전문을 설치한다. ② 이중문을 충분한 간격으로 설치한다.

③ 출입문에 블라인드를 설치한다. ④ 에어커튼을 설치한다.

해 극간풍을 줄이기 위한 방법

㉠ 회전문 설치, ㉡ 2중문 설치, ㉢ 에어커튼 설치, ㉣ 실내를 양압으로 유지, ㉤ 2중문 중간에 컨벡터 설치

답 ③

겨울철 침입외기(틈새바람)에 의한 잠열 부하(kcal/h)는?
(단, Q는 극간풍량(m³/h)이며, t_o, t_r은 각각 외기, 실내온도(℃), X_o, X_r은 각각 실외, 실내의 절대습도(kg/kg)이다.)

① $qL = 0.24 \cdot Q \cdot (t_o - t_r)$ ② $qL = 0.29 \cdot Q \cdot (t_o - t_r)$

③ $qL = 539 \cdot Q \cdot (x_o - X_r)$ ④ $qL = 717 \cdot Q \cdot (X_o - X_r)$

해 잠열(qL) $= G \cdot r \cdot (X_o - X_r) = Q[m^3/h] \times 597.5[kcal/kg] \times 1.2[kg/m^3] \times (X_o - X_r)[kg/kg'] = 717 \cdot Q \cdot (X_o - X_r)$

답 ④

공기조화를 위한 사무실의 외기온도 -10℃, 실내온도 22℃일 때 면적 20m²을 통하여 손실되는 열량은 얼마인가?
(단, 구조체의 열관류율은 2.1kcal/m²h℃이다.)

① 41kcal/h ② 504kcal/h

③ 820kcal/h ④ 1344kcal/h

해 $Q = K \cdot A \cdot \Delta t$

$= 2.1 \times 20 \times (22 - (-10)) = 1,344[kcal/h]$

답 ④

IV. 공기조화 기기

1) 공기조화 기기의 구성

① **열원장치**: 냉동기, 보일러, 냉각탑 등

② **공기조화장치**: 공기여과기, 냉각코일, 가열코일, 공기세정기 등

③ **열 운반장치**: 송풍기, 덕트, 펌프, 배관 등

④ **자동제어장치**: 온도, 습도제어기

2) 공기조화 부속기기

(1) 여과 효율 측정법

① **중량법**: 비교적 큰 입자를 대상으로 하며 필터에서 제거되는 먼지의 중량으로 결정한다.

② **비색법**: 비교적 작은 입자를 대상으로 하며 공기를 여과지에 통과시켜 그 오염도를 광전판으로 측정하는 것으로 중성능 필터인 공조용 에어필터의 효율을 나타낼 때 사용

③ **계수법**(DOP): HEPA필터를 측정하는 방법으로 일정한 크기의 시험 입자를 사용하여 먼지의 수를 계측하여 측정

(2) 에어필터의 종류

① **유닛형**

ㄱ. 활성탄 필터: 공기중의 냄새나 유해가스 제거

ㄴ. 고성능 필터

ㄷ. 점착식

ㄹ. 건식

② **연속형**

ㄱ. 건식 건취형

ㄴ. 습식 멀티패널형

ㄷ. 세정식

ㄹ. 응집식

ㅁ. 유전체식

③ **전기식**: 먼지를 전리부의 전장내에 통과 대전시켜 집진부의 전극에 흡인 부착시키는것

④ **1클래스**(class): 1ft^2 공기 중 함유 된 0.5μm 크기 이상의 미립자 수

⑤ HEPA**필터**: 0.3μm의 입자를 99.97% 이상 제거가 가능해 병원, 클린룸 등에 쓰인다.

⑥ **에어필터 수량**

$$(n) = \frac{Q}{A \cdot V}$$

✓ Q: 통과풍량[m^3/s], A: 면적[m^2], V: 통과풍속[m/s]

⑦ 여과효율(포집효율, 집진효율, 오염제거율)

$$\text{여과효율}(\eta) = \frac{C1 - C2}{C1} \times 100$$

✓ **C1**: 필터 입구공기의 먼지농도, **C2**: 필터 출구공기의 먼지농도

⑧ **공기여과기**

ㄱ. **미듐필터**(Midium Filter): 포집효율 95% 정도의 중고성능 필터로 공장 등에 사용

ㄴ. **고성능필터**(HEPA Filter): 0.3μm 입자를 99.97% 이상의 효율로 제진하는 것으로 수술실, 클린룸 등에 사용

ㄷ. **초고성능필터**(ULPA Filter): 0.1μm 입자의 먼지까지 제거하여 완전 무균에 가까운 조건을 갖춘 필터

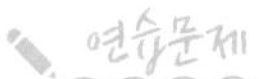

HEPA 필터에 적합한 효율 측정법은?

① weight법 ② NBS법

③ dust spot법 ④ DOP법

해 HEPA필터: 0.3μm의 입자를 99.97% 이상 제거가 가능해 병원, 클린룸 등에 쓰인다. 효율 측정법으로는 계수법(DOP법)이 적합하다.

답 ④

공조장치의 공기 여과기에서 에어필터 효율의 측정법이 아닌 것은?

① 중량법 ② 변색도법(비색법)

③ 집진법 ④ DOP법

해 에어필터 효율 측정법: 중량법, 변색도법(NBS법,비색법), 계수법(DOP법)

답 ③

통과 풍량이 $350m^3/min$일 때 표준 유닛형 에어필터의 수는 약 몇 개인가?
(단, 통과 풍속은 1.5m/s, 통과면적은 $0.5m^2$이며, 유효면적은 85%이다.)

① 4개　② 6개
③ 8개　④ 10개

해 $Q = A \cdot V \cdot n$
Q : 유량, A : 면적, V : 속도, n : 개수

$$n = \frac{Q}{A \cdot V} = \frac{350}{60 \times 0.5 \times 0.85 \times 1.5}$$ = 9.1 이므로 9.1보다 높은 10개

답 ④

다음 중 필터의 모양은 패널형, 지그재그형, 비이페스형 등이 있으며, 유해가스나 냄새를 제거할 수 있는 것은?

① 건식 여과기　② 점성식 여과기
③ 전자식 여과기　④ 활성탄 여과기

해 활성탄 필터-공기 중의 냄새나 유해가스를 제거

답 ④

에어필터 입구의 분진농도가 $0.35mg/m^3$, 출구의 분진농도가 $0.14mg/m^3$일 때 에어필터의 여과효율은?

① 33%　② 40%
③ 60%　④ 66%

해 처리된 분진 = 0.35 - 0.14 = 0.21
여과효율 = $\frac{0.21}{0.35} \times 100 = 60[\%]$

답 ③

공기 중의 냄새나 아황산가스 등 유해 가스의 제거에 가장 적당한 필터는?

① 활성탄 필터　② HEPA 필터
③ 전기 집진기　④ 롤 필터

해 활성탄 필터-공기 중의 냄새나 유해가스를 제거

답 ①

3) 냉수 코일 설계

① 물과 공기의 흐름은 대향류로 할 것

② **코일 내 물의 유속** : 약 1[m/s]

③ **코일 통과풍속** : 2 ~ 3[m/s]

④ **코일 온도차** : 약 5 ~ 10[℃]

⑤ 물과 공기의 대수평균온도차(MTD)를 크게한다.

⑥ 코일의 설치는 수평으로 한다.

⑦ **코일 배열 방식**

ㄱ. **풀서킷 코일** : 코일의 입구부터 출구까지 1개의 통로로 되어 있다.

ㄴ. **더블서킷 코일** : 코일 내 유량이 많아 유속이 클 때 사용

ㄷ. **하프서킷 코일** : 코일 내 유량이 적어 유속이 느릴 때 사용

⑧ **냉수 코일에서의 계산**

ㄱ. **코일의 정면 면적** : 코일 입구에서 공기가 통과하는 부분의 면적

$$F = \frac{Q}{3600 \times V}$$

✓ F : 코일의 정면면적[㎡], Q : 소요풍량[㎥/h], V : 정면풍속[m/s]

ㄴ. **코일의 열수**

$$N = \frac{q_{CC}}{F \times K \times C_{WS} \times MTD}[\text{열}]$$

✓ q_{cc} : 냉각코일의부하(G(h1 - h2)), F : 코일의 면적[㎡], K : 열관류율[kcal/㎡h℃], C_{ws} : 습윤면 보정계수, MTD : 대수평균온도차[℃]

대수평균 온도차(LMTD)

$$LMTD = \frac{\Delta t1 - \Delta t2}{\ell n \frac{\Delta t1}{\Delta t2}}$$

Δt1 : 입구측 공기와 물의 온도차[℃]

Δt2 : 출구측 공기와 물의 온도차[℃]

유체의 흐름

- 평행류(병류) : 공기와 물의 흐름 방향이 같은 방향
- 대향류(역류) : 공기와 물의 흐름 방향이 반대 방향

⑨ **냉각 코일의 종류**

ㄱ. 냉수코일

ㄴ. 직접 팽창코일(DX COIL)

4) 가열코일

(1) 가열 코일의 종류

① **온수코일** : 40 ~ w60℃ 온수를 관내에 통과시켜 공기를 가열

② **증기코일** : 관내에 0.1 ~ 2kg/cm^{2}의 증기를 공급하여 증기의 응축잠열을 이용해 가열

③ **전열코일** : 코일내에 전열선이 들어있어 전기히터에 의하여 공기를 가열

④ **냉매코일** : 공냉식 열펌프의 응축기로 냉매의 응축열량을 공기에 방열

(2) 온수코일의 설계

① **통과풍속** : 2 ~ 3.5[m/s]

② 유량 및 온도제어는 2방 밸브나 3방 밸브로 한다.

(3) 증기코일의 설계

① **통과풍속** : 3 ~ 5[m/s]

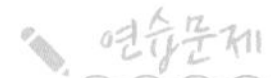

공기조화의 냉수코일을 설계하고자 할 때의 설명으로 틀린 것은?

① 코일을 통과하는 물의 속도는 1m/s 정도가 되도록 한다.

② 코일 출입구의 수온 차는 대개 5 ~ 10℃ 정도가 되도록 한다.

③ 공기와 물의 흐름은 병류(평행류)로 하는 것이 대수평균 온도차가 크게 된다.

④ 코일의 모양은 효율을 고려하여 가능한 한 정방형으로 본다.

③ 공기와 물의 흐름은 역류(대향류)로 하는 것이 대수평균 온도차가 크게 된다.

③

공기조화 배관 설비 중 냉수코일을 통과하는 일반적인 설계 풍속으로 가장 적당한 것은?

① 2 ~ 3m/s　　② 5 ~ 6m/s

③ 8 ~ 9m/s　　④ 10 ~ 11m/s

냉수코일 통과풍속 : 2 ~ 3[m/s]

①

대향류의 냉수코일 설계 시 일반적인 조건으로 틀린 것은?

① 냉수 입출구 온도차는 일반적으로 5 ~ 10℃로 한다.

② 관내 물의 속도는 5 ~ 15 m/s로 한다.

③ 냉수 온도는 5 ~ 15℃로 한다.

④ 코일 통과 풍속은 2 ~ 3 m/s로 한다.

解 ② 관내 물의 속도는 1 m/s로 한다.

답 ②

공기를 가열하는데 사용하는 공기가열코일의 종류로 가장 거리가 먼 것은?

① 증기(蒸氣)코일 ② 온수(溫水)코일

③ 전열(電熱)코일 ④ 증발(蒸發)코일

解 공기 가열기 : 증기코일, 온수코일, 전열코일, 냉매코일

답 ④

5) 에어워셔(공기세정기)

① **증기분무가습** : 가습효율이 가장 좋다.

② **엘리미네이터** : 물방울이 기류에 의해 비산되는 것을 방지

③ **루버** : 유입되는 공기의 흐름을 일정하게 정류하여 물방울과의 접촉 효율을 향상 시키고 물방울의 유출을 방지

④ **플러딩노즐** : 엘리미네이터에 부착된 먼지를 세정

⑤ **분무노즐** : 1.5 ~ 2[kg/cm^2] 정도의 물을 스프레이 헤더에 보내 스탠드파이프에 부착되어 있는 노즐을 통해 물을 미세하게 분무

⑥ **물 순환 경로** : 수조 - 펌프 - 스프레이 헤더 - 스탠드파이프 - 분무노즐 - 수조

연습문제

공기 세정기의 구조에서 앞부분에 세정실이 있고 물방울의 유출을 방지하기 위해 뒷부분에는 무엇을 설치하는가?

① 배수관 ② 유닛 히트

③ 유량조절밸브 ④ 엘리미네이터

解 엘리미네이터 : 물방울이 기류에 의해 비산되는 것을 방지

답 ④

공기 세정기에 관한 설명으로 옳지 않은 것은?

① 공기 세정기의 통과풍속은 일반적으로 2~3m/s이다.

② 공기 세정기의 가습기는 노즐에서 물을 분무하여 공기에 충분히 접촉시켜 세정과 가습을 하는 것이다.

③ 공기 세정기의 구조는 루버, 분무노즐, 플러딩노즐, 엘리미네이터 등이 케이싱 속에 내장되어 있다.

④ 공기 세정기의 분무 수압은 노즐 성능상 20~50kPa이다.

해 공기 세정기의 분무 수압은 노즐 성능상 150~200kPa(1.5~2[kg/cm^2])이다.

답 ④

에어와셔(공기세정기) 속의 플러딩 노즐(flooding nozzle)의 역할은?

① 균일한 공기흐름 유지
② 분무수의 분무
③ 엘리미네이터 청소
④ 물방울의 기류에 혼입 방지

해 플러딩 노즐 : 엘리미네이터를 청소하기 위해 상부에 설치

답 ③

6) 감습장치

① **냉각식** : 냉각 코일을 이용하여 습공기를 노점온도 이하로 냉각하여 제습하는 방식

② **압축식** : 공기를 압축하여 제습하는 방식

③ **흡수식** : 염화리튬, 트리에틸렌글리콜 등 액체 흡수제를 사용하는 방식

④ **흡착식** : 실리카겔, 활성알루미나 등 고체 흡수제를 사용하는 방식

연습문제

흡착식 감습장치의 흡착제로 적당하지 않은 것은?

① 실리카겔
② 염화리튬
③ 활성 알루미나
④ 합성 제올라이트

해 흡수식 : 염화리튬, 트리에틸렌글리콜 등 액체 흡수제를 사용하는 방식
흡착식 : 제올라이트, 실리카겔, 활성알루미나, 애드솔 등 고체흡수제를 사용하는 방식

답 ②

? 염화리튬, 트리에틸렌 글리콜 등의 액체를 사용하여 감습하는 장치는?

① 냉각감습장치 ② 압축감습장치

③ 흡수식감습장치 ④ 세정식감습장치

해 감습장치

㉠ 냉각식 : 냉각 코일을 이용하여 습공기를 노점온도 이하로 냉각하여 제습하는 방식

㉡ 압축식 : 공기를 압축하여 제습하는 방식

㉢ 흡수식 : 염화리튬, 트리에틸렌글리콜 등 액체 흡수제를 사용하는 방식

㉣ 흡착식 : 실리카겔, 활성알루미나 등 고체흡수제를 사용하는 방식

답 ③

? 공기의 감습 방식으로 가장 거리가 먼 것은?

① 냉각방식 ② 흡수방식

③ 흡착방식 ④ 순환수분무방식

해 순환수를 분무하는 것은 가습에 속한다.

공기 감습 방식 : 냉각, 흡수, 흡착, 압축방식이 있다.

답 ④

7) 가습장치

① **수분무식 가습** : 원심식, 초음파식, 분무식

② **증발식 가습** : 회전식, 모세관식, 적하식

③ **증기식 가습** : 전열식(가습팬형), 전극식, 적외선식, 과열증기식, 노즐분무식

연습문제

? 가습장치의 가습방식 중 수분무식이 아닌 것은?

① 원심식 ② 초음파식

③ 분무식 ④ 전열식

해 수분무식 가습 : 원심식, 초음파식, 분무식

증발식 가습 : 회전식, 모세관식, 적하식

증기식 가습 : 전열식(가습팬형), 전극식, 적외선식, 과열증기식, 노즐분무식

답 ④

? 공기의 가습방법으로 틀린 것은?

① 에어워셔에 의한 방법
② 얼음을 분무하는 방법
③ 증기를 분무하는 방법
④ 가습팬에 의한 방법

해 수분무식 가습 : 원심식, 초음파식, 분무식
증발식 가습 : 회전식, 모세관식, 적하식
증기식 가습 : 전열식(가습팬형), 전극식, 적외선식, 과열증기식, 노즐분무식
*에어워셔는 노즐 분무방식

답 ②

? 기화식(증발식) 가습장치의 종류로 옳은 것은?

① 원심식, 초음파식, 분무식
② 전열식, 전극식, 적외선식
③ 과열증기식, 분무식, 원심식
④ 회전식, 모세관식, 적하식

해 수분무식 가습 : 원심식, 초음파식, 분무식
증발식 가습 : 회전식, 모세관식, 적하식
증기식 가습 : 전열식(가습팬형), 전극식, 적외선식, 과열증기식, 노즐분무식

답 ④

8) 송풍기

(1) 종류

① **원심식** : 다익형, 터보형, 리밋로드형, 익형, 크로스 플로우형, 리버스형 등

② **축류식** : 프로펠러형, 디스크형, 베인형 등

(2) 송풍기 번호

$$원심(다익)형번호 = \frac{임펠러지름[mm]}{150}$$

$$축류형번호 = \frac{임펠러지름[mm]}{100}$$

(3) 송풍기 축동력

$$KW = \frac{Q \cdot P_T}{102 \times 60 \times \eta_T}$$

✓ Q : 송풍량[㎥/min], P_T : 정압[mmAq], η_T : 정압효율

(4) 송풍기의 상사법칙

① **풍량**: 풍량은 회전수에 비례, 임펠러 지름의 3승에 비례한다.

$$Q_2 = Q_1\left(\frac{N_2}{N_1}\right)\left(\frac{D_2}{D_1}\right)^3$$

② **풍압**: 풍압은 회전수의 2승에 비례, 임펠러 지름의 2승에 비례한다.

$$P_2 = P_1\left(\frac{N_2}{N_1}\right)^2\left(\frac{D_2}{D_1}\right)^2$$

③ **동력**: 풍압은 회전수의 3승에 비례, 임펠러 지름의 5승에 비례한다.

$$KW_2 = KW_1\left(\frac{N_2}{N_1}\right)^3\left(\frac{D_2}{D_1}\right)^5$$

(5) 원심 송풍기의 풍량 제어방법

① 회전수 제어

② 흡입, 토출 댐퍼 개도조절

③ 흡입 베인조절

④ 가변피치 제어

(6) 송풍기 풍량 제어법 중 소요동력이 큰 순서

토출댐퍼 > 흡입댐퍼 > 흡입베인 > 회전수

(7) 송풍기의 소요동력

$$L[KW] = \frac{Q \cdot P}{102 \times 60 \times \eta}$$

✓ P: 정압[mmAq], Q: 풍량[㎥/min], η: 정압효율

연습문제

원심식 송풍기의 종류로 가장 거리가 먼 것은?

① 리버스형 송풍기 ② 프로펠러형 송풍기

③ 관류형 송풍기 ④ 다익형 송풍기

해 원심식: 다익형, 터보형, 리밋로드형, 익형, 크로스 플로우형, 리버스형 등

축류식: 프로펠러형, 디스크형, 베인형 등

답 ②

송풍기에 관한 설명 중 틀린 것은?

① 송풍기 특성곡선에서 팬 전압은 토출구와 흡입구에서의 전압 차를 말한다.

② 송풍기 특성곡선에서 송풍량을 증가시키면 전압과 정압은 산형(山形)을 이루면서 강하한다.

③ 다익형 송풍기는 풍량을 증가시키면 축 동력은 감소한다.

④ 팬 동압은 팬 출구를 통하여 나가는 평균속도에 해당되는 속도압이다.

解 ③ 다익형 송풍기는 풍량을 증가시키면 축 동력은 증가한다.

답 ③

다음의 송풍기에 관한 설명 중 (   ) 안에 알맞은 내용은?

동일 송풍기에서 정압은 회전수 비의 (㉠)하고, 소요동력은 회전수 비의 (㉡)한다.

	㉠	㉡
①	2승에 비례	3승에 비례
②	2승에 반비례	3승에 반비례
③	3승에 비례	2승에 비례
④	3승에 반비례	2승에 반비례

解 송풍기의 상사법칙(N : 회전수)

㉠ 풍량 $Q_2 = Q_1\left(\frac{N_2}{N_1}\right)\left(\frac{D_2}{D_1}\right)^3$,

㉡ 풍압 $P_2 = P_1\left(\frac{N_2}{N_1}\right)^2\left(\frac{D_2}{D_1}\right)^2$,

㉢ 동력 $KW_2 = KW_1\left(\frac{N_2}{N_1}\right)^3\left(\frac{D_2}{D_1}\right)^5$

답 ①

동일 송풍기에서 임펠러의 지름을 2배로 했을 경우 특성 변화에 법칙에 대해 옳은 것은?

① 풍량은 송풍기 크기비의 2제곱에 비례한다.

② 압력은 송풍기 크기비의 3제곱에 비례한다.

③ 동력은 송풍기 크기비의 5제곱에 비례한다.

④ 회전수 변화에만 특성변화가 있다.

解 송풍기의 상사법칙(N : 회전수)

㉠ 풍량 $Q_2 = Q_1\left(\frac{N_2}{N_1}\right)\left(\frac{D_2}{D_1}\right)^3$

㉡ 풍압 $P_2 = P_1\left(\frac{N_2}{N_1}\right)^2\left(\frac{D_2}{D_1}\right)^2$

㉢ 동력 $KW_2 = KW_1\left(\frac{N_2}{N_1}\right)^3\left(\frac{D_2}{D_1}\right)^5$

답 ③

600 rpm으로 운전되는 송풍기의 풍량이 400m³/min, 전압 40 mmAq, 소요동력 4 kW의 성능을 나타낸다. 이때 회전수를 700 rpm으로 변화시키면 몇 kW의 소요동력이 필요한가?

① 5.44kW ② 6.35kW

③ 7.27kW ④ 8.47kW

해 $KW_2 = KW_1\left(\frac{N_2}{N_1}\right)^3 = 4 \times \left(\frac{700}{600}\right)^3 = 6.35[KW]$

답 ②

다익형 송풍기의 경우 송풍기의 크기(No)에 대한 내용으로 맞는 것은?

① 임펠러의 직경(mm)을 60(mm)으로 나눈 숫자이다.

② 임펠러의 직경(mm)을 100(mm)으로 나눈 숫자이다.

③ 임펠러의 직경(mm)을 120(mm)으로 나눈 숫자이다.

④ 임펠러의 직경(mm)을 150(mm)으로 나눈 숫자이다.

해 원심식 송풍기 번호

$$번호 = \frac{임펠러\ 지름[mm]}{150}$$

답 ④

송풍기의 특성을 나타내는 요소에 해당되지 않는 것은?

① 압력 ② 축동력

③ 재질 ④ 풍량

해 송풍기의 특성을 나타내는 요소 : 압력, 축동력, 풍량

답 ③

9) 펌프

(1) 원심펌프

① **볼류트 펌프** : 가이드베인이 없고 저양정에 사용

② **터빈펌프** : 가이드베인이 설치되고 고양정에 사용

③ **기어펌프** : 기름 이송에 사용

(2) 펌프의 축동력

$$KW = \frac{r \cdot Q \cdot H}{102 \times 60 \times \eta_P}$$

✓ Q : 유량[m³/min], r : 비중량[kg/m³], η_p : 펌프효율, H : 양정[m]

(3) 펌프의 상사법칙

① **토출**: 토출은 회전수에 비례

$$Q_2 = Q_1\left(\frac{N_2}{N_1}\right)$$

② **양정**: 양정은 회전수의 2승에 비례

$$H_2 = H_1\left(\frac{N_2}{N_1}\right)^2$$

③ **축동력**: 축동력은 회전수의 3승에 비례

$$KW_2 = KW_1\left(\frac{N_2}{N_1}\right)^3$$

④ **펌프의 구경결정**

$$Q = AV = \frac{\pi}{4}d^2 \cdot V$$

$$d = \sqrt{\frac{4Q}{\pi V}}$$

✓ Q: 유량[m³/s], A: 단면적[m²], V: 유속[m/s], d: 내경[m]

⑤ 공동(캐비테이션)현상

ㄱ. **원인**

❶ 유속이 빠르고 흡입양정이 클 경우 ❷ 유체의 온도가 높을 경우 ❸ 펌프의 설치 위치가 수원보다 높을 경우 ❹ 흡입관경이 작고 길이가 길 때 ❺ 흡입관의 마찰저항이 클 경우 ❻ 흡입관에서 공기 누입시 ❼ 날개차의 원주속도가 클 경우 ❽ 날개차의 모양이 적당하지 않을 경우

ㄴ. **방지책**

❶ 흡입측 손실수두를 작게한다 ❷ 펌프의 설치 위치를 낮춘다 ❸ 펌프의 회전수를 낮춘다 ❹ 양흡입 펌프를 사용한다 ❺ 흡입관경을 크게 하거나 배관을 짧게 한다.

⑥ **서징현상**(맥동현상): 펌프를 운전할 때 송출압력과 유량이 주기적으로 변동하여 펌프 입구 및 출구에 설치된 진공계, 압력계의 지침이 흔들리고 토출배관에 진동 및 소음이 발생되는 현상

연습문제

펌프의 설치 및 배관상의 주의를 설명한 것 중 틀린 것은?

① 펌프는 기초 볼트를 사용하여 기초 콘크리트 위에 설치 고정한다.

② 펌프와 모터의 축 중심을 일직선상에 정확하게 일치시키고 볼트로 된다.

③ 펌프와 설치 위치를 되도록 높여 흡입양정을 크게 한다.

④ 흡입구는 수면 위에서부터 관경의 2배 이상 물속으로 들어가게 한다.

해 펌프는 흡입양정이 크면 공동현상(캐비테이션)이 발생한다.

답 ③

펌프의 캐비테이션(cavitation) 발생 원인으로 가장 거리가 먼 것은?

① 흡입양정이 클 경우 ② 날개차의 원주속도가 클 경우

③ 액체의 온도가 낮을 경우 ④ 날개차의 모양이 적당하지 않을 경우

해 액체의 온도가 높을수록 기화하기가 쉬우므로 캐비테이션 현상이 잘 일어난다.

답 ③

급수설비에서 급수펌프 설치 시 캐비테이션(cavitation) 방지책에 대한 설명으로 틀린 것은?

① 펌프의 회전수를 빠르게 한다.

② 흡입배관은 굽힘부를 적게 한다.

③ 단흡입 펌프를 양흡입 펌프로 바꾼다.

④ 흡입관경은 크게 하고 흡입 양정을 짧게 한다.

해 ① 펌프의 회전수를 느리게 한다(회전수가 빠르면 배관 내 공기층이 형성되어 캐비테이션 현상이 일어난다).

답 ①

12kW 펌프의 회전수가 800rpm, 토출량 1.5m^3/min인 경우 펌프의 토출량을 1.8m^3/min으로 하기 위하여 회전수를 얼마로 변화하면 되는가?

① 850rpm ② 960rpm

③ 1025rpm ④ 1365rpm

해 펌프의 상사법칙을 이용

$$Q_2 = Q_1\left(\frac{N_2}{N_1}\right) \rightarrow \frac{Q_2 \times N_1}{Q_1} = \frac{1.8 \times 800}{1.5} = 960[rpm]$$

답 ②

10) 열원기기

(1) 보일러의 구성

① **보일러의 3대 요소**: 본체, 연소장치, 부속장치

② **보일러의 부속장치**: 급수, 급유, 송기, 통풍, 안전, 분출, 계측, 폐열회수, 자동제어장치 등

(2) 보일러의 구분

구분	형식	비고
원통형	입형	
	횡형	노통, 연관, 노통연관
수관식	자연 순환식	
	강제 순환식	
	관류식	
주철제	주철제 섹셔널보일러	
특수 보일러	특수 액체 보일러	
	특수 연료 보일러	
	폐열 보일러	
	간접 가열 보일러	

(3) 보일러의 특징

① **노통(연소실)보일러**: 노통 안에서 연료를 태워 물에 열을 전달하여 증기를 발생시키며 구조가 간단하여 청소, 검사, 수리가 용이하다.

② **연관보일러**: 동체 속에 다수의 연관을 설치한 보일러

③ **노통 연관 보일러**: 동체 내에 노통과 연관으로 구성되어 열효율이 좋다.

④ **수관 보일러**: 상하부에 드럼이 있고 그 사이를 고압에 강한 다수의 수관으로 연결한 구조이며 예열시간이 짧고 효율이 좋고 보유수량이 적어 파열시 피해가 적으나 구조가 복잡하여 보수 및 청소가 곤란하다.

⑤ **주철제 보일러**: 1[kg/㎠]이하의 저압용으로 사용되며 내식성이 우수하고 용량 조절이 용이하며 조립식으로 반입 및 해제, 운반이 용이하다.

⑥ **관류보일러**:초임계 압력하에서 증기를 얻을 수 있는 보일러로 드럼이 없고 보유수량이 적어 증기 발생이 빠르다.

⑦ **입형 보일러**:수직으로 세운 드럼 내에 연관 또는 수관이 있는 소규모 패키지형

(4) 보일러의 각종 계산

① 상당증발량

$$G_e = \frac{G_a(h_2 - h_1)}{539}$$

✓ G_a:실제증발량[kg/h], h_2:증기의 엔탈피[kcal/kg], h_1:급수의 엔탈피[kcal/kg], **539**:100℃ 물의 증발잠열

② 보일러 열효율

$$\eta = \frac{\text{열출력}}{\text{사용연료량} \times \text{저위발열량}} \times 100(\%)$$

$$= \frac{Q}{G_f \times H_l} \times 100(\%) = \frac{G_a(h_2 - h_1)}{G_f \times H_l} \times 100(\%)$$

③ **보일러 마력**(BHP):1시간에 100℃의 포화수 15.65kg을 건포화증기로 만드는 능력

1BHP=15.65[kg/h]×539[kcal/kg]=8,435[kcal/h]

$$\text{보일러마력} = \frac{\text{상당증발량}}{15.65}$$

난방 설계도의 콘벡터 표시

④ **상당방열면적**(EDR)

$$\text{EDR} = \frac{\text{방열기의총방열량[kcal/h]}}{\text{표준방열량[kcal/m}^2\text{h]}}[\text{m}^2]$$

ㄱ. 증기난방:EDR = $\frac{8435}{650}$ = 13[㎡]

ㄴ. 온수난방:EDR = $\frac{8435}{450}$ = 19[㎡]

방열기의 표준 방열량

- 증기난방:650[kcal/㎡h]
- 온수난방:450[kcal/㎡h]

⑤ 보일러 용량

ㄱ. 정격출력=난방부하+급탕부하+배관부하+예열부하

ㄴ. 상용출력=난방부하+급탕부하+배관부하

ㄷ. 정미출력=난방부하+급탕부하

ㄹ. 방열기출력=난방부하+배관부하

⑥ 응축수량

$$\frac{\text{표준방열량[kcal/m}^2\text{h]}}{\text{증발잠열[kcal/kg]}}\text{[kg/m}^2\text{h]}$$

⑦ 기타

ㄱ. **인젝터**: 보일러에서 발생한 증기를 이용하여 급수하는 보조 급수장치

ㄴ. **절탄기**: 배기 가스의 여열을 이용하여 급수를 예열하는 장치

ㄷ. **폐열회수 장치의 설치순서**: 연소실–과열기–재열기–절탄기–공기예열기–연돌

연습문제

보일러의 용량을 결정하는 정격출력을 나타내는 것으로 적당한 것은?

① 정격출력=난방부하+급탕부하

② 정격출력=난방부하+급탕부하+배관손실부하

③ 정격출력=난방부하+급탕부하+예열부하

④ 정격출력=난방부하+급탕부하+배관손실부하+예열부하

해 정격출력=난방부하+급탕부하+배관부하+예열부하
상용출력=난방부하+급탕부하+배관부하
정미출력=난방부하+급탕부하
방열기출력=난방부하+배관부하

답 ④

상당방열면적(EDR)에 대한 설명으로 맞는 것은?

① 표준상태의 방열기의 전 방열량을 연료 연소에 따른 방열면적으로 나눈 값

② 표준상태의 방열기의 전 방열량을 보일러 수관의 방열면적으로 나눈 값

③ 표준상태의 방열기의 전 방열량을 표준 방열량으로 나눈 값

④ 표준상태의 방열기의 전 방열량을 실내 벽체에서 방열되는 면적으로 나눈 값

해 $\text{EDR} = \frac{\text{방열기의 총 방열량[kcal/h]}}{\text{표준방열량[kcal/m}^2\text{h]}}\text{[m}^2\text{]}$

답 ③

보일러 종류에 따른 특성을 설명한 것 중 틀린 것은?

① 주철제 보일러는 분해, 조립이 용이하다.

② 노통연관 보일러는 수질관리가 용이하다.

③ 수관 보일러는 예열시간이 짧고 효율이 좋다.

④ 관류 보일러는 보유수량이 많고 설치면적이 크다.

解 관류보일러 : 수관만 존재하므로 보유수량이 적고 증기드럼이 없어 설치면적이 작다.

답 ④

매 시간마다 50ton의 석탄을 연소시켜 압력 80kgf/㎠, 온도 500℃의 증기 320ton을 발생시키는 보일러의 효율은?(단, 급수 엔탈피는 120.25kcal/kg, 발생증기 엔탈피 812.6kcal/kg, 석탄의 저위발열량은 5500kcal/kg이다.)

① 78% ② 81%

③ 88% ④ 92%

解 $\eta = \frac{G_a(h_2 - h_1)}{G_f \times H_l} \times 100(\%)$

h_2 : 발생증기 엔탈피[kcal/kg], h_1 : 급수 엔탈피[kcal/kg], G_f : 사용연료량[kg/h], H_l : 저위발열량[kcal/kg], G_a : 실제증발량[kg/h]

$\eta = \frac{G_a(h_2 - h_1)}{G_f \times H_l} \times 100(\%) = \frac{320 \times 10^3(812.6 - 120.25)}{50 \times 10^3 \times 5500} \times 100(\%) =$ 약 81[%]

답 ②

건물의 시간당 최대 예상 급탕량이 2000kg/h 일때, 도시가스를 사용하는 급탕용 보일러에서 필요한 가스 소모량은?(단, 급탕온도 60℃, 급수온도 20℃, 도시가스 발열량 15000kcal/kg, 보일러 효율이 95%이며, 열손실 및 예열부하는 무시한다.)

① 5.6kg/h ② 6.6kg/h

③ 7.6kg/h ④ 8.6kg/h

解 $\eta = \frac{\text{열출력}}{\text{사용연료량} \times \text{저위발열량}} \times 100(\%) = \frac{G_a(h_2 - h_1)}{G_f \times H_l} \times 100(\%) = \frac{G \cdot C \cdot \Delta t}{G_f \times H_l} \times 100(\%)$

$0.95 = \frac{2000 \times 1 \times (60 - 20)}{G_f \times 15000} \rightarrow G_f = \frac{2000 \times 1 \times (60 - 20)}{0.95 \times 15000} = 5.61[\text{kg/h}]$

답 ①

온수보일러의 상당방열면적이 110m²일 때, 환산증발량은?

① 약 91.8kg/h ② 약 112.2kg/h

③ 약 132.6kg/h ④ 약 153.0kg/h

解 상당증발량$(G_e) = \frac{G_a(h_2 - h_1)}{539} = \frac{Q}{539} = \frac{EDR \times q}{539} = \frac{450 \times 110}{539} = 91.8[\text{kg/h}]$

답 ①

보일러의 종류 중 원통보일러의 분류에 해당되지 않는 것은?

① 폐열 보일러 ② 입형 보일러

③ 노통 보일러 ④ 연관 보일러

해설 폐열 보일러 : 하이네 보일러, 리보일러
본체 원통형 보일러 : 입형, 노통, 연관식

답 ①

수관식 보일러의 특징에 관한 설명으로 틀린 것은?

① 드럼이 작아 구조상 고압 대용량에 적합하다. ② 구조가 복잡하여 보수·청소가 곤란하다.

③ 예열시간이 짧고 효율이 좋다. ④ 보유수량이 커서 파열 시 피해가 크다.

해설 수관 보일러 : 상하부에 드럼이 있고 그 사이를 고압에 강한 다수의 수관으로 연결한 구조이며 예열시간이 짧고 효율이 좋고 보유수량이 적어 파열시 피해가 적다.

답 ④

다음 그림의 난방 설계도에서 콘벡터(Convector)의 표시 중 F가 가진 의미는?

① 케이싱 길이

② 높이

③ 형식

④ 방열면적

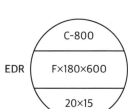

해설

답 ③

11) 열 펌프(Heat Pump)

① 냉동기에서 열을 방출하는 응축기를 이용하여 난방을 하는 장치

② 4방밸브(4 - Way Valve)를 이용하여 냉방과 난방을 바꾼다.

✓ 성적계수 : 3.0 이상

ㄱ. 열 펌프의 열원 : ❶ 수 열원 ❷ 공기 열원 ❸ 태양 열원 ❹ 지열원 ❺ 폐수열원 등

연습문제

열원에 따른 열펌프의 종류가 아닌 것은?

① 물 - 공기 열펌프　② 태앙열 이용 열펌프

③ 현열 이용 열펌프　④ 지중열 이용 열펌프

해 열원에 따른 열펌프(히트펌프)의 종류 : 물 - 공기, 태양열, 지중열, 공기열

답 ③

하나의 장치에서 4방 밸브를 조작하여 냉 · 난방 어느 쪽도 사용할 수 있는 공기조화용 펌프는?

① 열펌프　② 냉각펌프

③ 원심펌프　④ 왕복펌프

해 열펌프 : 냉동기에서 열을 방출하는 응축기를 이용하여 난방을 하는 장치
4방밸브(4 - Way Valve)를 이용하여 냉방과 난방을 바꾼다.

답 ①

지열을 이용하는 열펌프의 종류에 해당되지 않은 것은?

① 지하수 이용 열펌프　② 폐수 이용 열펌프

③ 지표수 이용 열펌프　④ 지중열 이용 열펌프

해 폐수는 지열과 관련성이 없다.

답 ②

12) 열교환기(Heat Exchanger)

(1) 증기 - 물(물 - 물) 열교환기

① **원통 다관형(Shell & Tube Type) 열교환기** : 동체내에 여러 개의 관을 삽입하여 조립한 열교환기로 관내 수속은 1.2m/s이하로 한다.

② **판형**(Plate Type)**열교환기** : 스테인레스 강판에 리브형의 골을 만든 전열판 여러장을 겹쳐 나열하여 볼트로 연결시킨 열교환기로 원통 다관형 보다 열관류율이 3~5배정도이므로 열교환능력이 매우 좋다.

③ **스파이럴형**(Spiral Type)**열교환기** : 스테인레스 강판을 스파이럴형(와류형)으로 감아 그 끝부분을 용접한 열교환기로 설치장소를 많이 차지하지 않는다.

(2) 공기-공기 열교환기

① **전열교환기** : 현열과 잠열까지 교환하는 열교환기로 회전식과 고정식이 있다.

② **현열교환기**

ㄱ. 배기의 열회수를 위해 도입 외기를 가열 하는 열교환기로 열회수용으로 쓰인다.

ㄴ. 회전용과 히트파이프가 있다.

③ **히트파이프** : 밀봉된 용기와 위크 구조체 및 증기 공간에 의하여 구성되며, 파이프 내부에 작동유체를 삽입 밀봉하고 파이프 한쪽을 가열하면 작동 유체는 증발하면서 증발에 필요한 잠열을 흡수하고 증발된 증기는 저온부로 이동하여 응축되면서 저온부에 열을 공급하는 원리로 길이 방향으로 증발부, 응축부, 단열부로 구분된다.

연습문제

증기-물 또는 물-물 열교환기의 종류에 해당되지 않는 것은?

① 원통다관형 열교환기　② 전열 교환기
③ 판형 열교환기　④ 스파이럴형 열교환기

전열 교환기는 공기-공기 열교환기이다.

②

밀봉된 용기와 위크(wick) 구조체 및 증기공간에 의하여 구성되며, 길이 방향으로는 증발부, 응축부, 단열부로 구분되는데 한쪽을 가열하면 작동유체는 증발하면서 잠열을 흡수하고 증발된 증기는 저온으로 이동하여 응축되면서 열교환하는 기기의 명칭은?

① 전열 교환기　② 플레이트형 열교환기
③히트 파이프　④ 히트 펌프

히트파이프 : 길이 방향으로 증발부, 응축부, 단열부로 구분되고 증발잠열을 흡수하여 열교환 한다.

③

? 스테인리스 강판(두께 1.8~4.0mm)을 와류형으로 감아 그 끝단을 용접으로 밀봉하고 파이프플랜지 이외에는 가스켓을 사용하지 않으며 주로 물-물에 주로 사용되는 열교환기는?

① 스파이럴형 ② 원통 다관식
③ 플레이트형 ④ 관형

解 스파이럴형 열교환기: 와류형 열교환기이며, 주로 물-물에 사용된다.

답 ①

? 히트 파이프의 특징에 관한 설명으로 틀린 것은?

① 등온성이 풍부하고 온도상승이 빠르다.
② 사용온도 영역에 제한이 없으며 압력손실이 크다.
③ 구조가 간단하고 소형 경량이다.
④ 증발부, 응축부, 단열부로 구성되어 있다.

解 히트파이프: 열전도율과 상전이 원리를 병합한 열교환기
*재질이나 유체 등에 따라 사용온도 범위에 제한이 있고, 압력손실 또한 적은편이다.

답 ②

? 다수의 전열판을 겹쳐 놓고 볼트로 연결시킨 것으로 판과 판 사이를 유체가 지그재그로 흐르면서 열교환 능력이 매우 높아 필요 설치면적이 좁고 전열관의 증감으로 기기 용량의 변동이 용이한 열교환기는?

① 플레이트형 열교환기 ② 스파이럴형 열교환기
③ 원통다관형 열교환기 ④ 회전형 전열교환기

解 플레이트형 열교환기(판형 열교환기): 판과 판 사이를 유체가 지그재그로 흐르면서 열교환

답 ①

V. 덕트

(1) 덕트의 재료

① **일반재료**: 아연도금철판, 아연도금강판

② **고온의 가스나 공기가 통과하는 연도**: 열연강판

③ **부식성 가스나 다습 공기가 통과하는 덕트**: 경질염화비닐, 동판, 알루미늄판, 스테인레스

④ **단열 및 흡음을 겸한 덕트**: 글라스화이버판

⑤ **덕트의 표준 판 두께**: 0.5mm, 0.6mm, 0.8mm, 1mm, 1.2mm

(2) 덕트의 구분

① 풍속에 따른 구분

ㄱ. **저속덕트**: 주 덕트의 풍속이 15m/s 이하인 경우

ㄴ. **고속덕트**: 주 덕트의 풍속이 15m/s 이상인 경우

고속덕트의 특징

- 운전비가 증대한다.
- 마찰에 의한 압력손실이 크다.
- 고속이므로 소음 및 진동이 크다.

② 사용 목적에 따른 구분

ㄱ. **공조용**

- **급기덕트**: 공조기에서 나온 공기를 실내로 공급
- **외기덕트**: 신선한 공기를 공조기로 도입
- **환기덕트**: 실내의 공기를 공조기로 환기하여 보내는 덕트

ㄴ. **환기용**

- **급기덕트**: 공조기에서 나온 공기를 실내로 공급
- **배기덕트**: 실내의 오염된 공기를 외부로 배출

ㄷ. **배연용**

③ 형태에 따른 구분

ㄱ. **정방형 덕트**: 정사각형 모양

ㄴ. **장방형 덕트**: 직사각형 모양

ㄷ. **원형 덕트**: 원형 모양

- **스파이럴 덕트**: 띠모양의 나선형으로 제작
- **플렉시블 덕트**: 주름 모양으로 신축성이 있어 주로 덕트에서 취출구 연결시 사용

(3) 주덕트 배치에 따른 분류

① **간선 덕트 방식**: 주 덕트인 입상덕트로부터 각 층에서 분기되어 각 취출구로 취출관을 연결한 방식

② **개별 덕트 방식**: 입상덕트에서 각대의 취출구로 각개의 덕트를 통해 분산하여 송풍하는 방식

③ **환상 덕트 방식**: 2개의 덕트 말단을 루프상태로 연결한 형태로 양쪽 덕트의 정압이 균일하게 된다.

④ **각개 입상 덕트 방식**: 수-공기 방식인 덕트병용 팬코일 유닛이나 유인 유닛 방식에 사용

⑤ **수평 덕트 방식**: 입상덕트가 한곳에 있으므로 각개 입상덕트 방식에 비하여 샤프트는 작아도 되나 각 실의 천장 내에 횡주덕트 설치로 덕트 스페이스를 많이 차지한다.

(4) 덕트의 설계방법

① **등속법**(정속법): 덕트의 각 부분에서의 풍속을 일정하게 하도록 하는 방법

② **등마찰손실법**(등압법): 덕트의 단위 길이당 마찰 손실을 일정하게 하는 방법

③ **정압재취득법**: 정압을 일정하게 유지하기 위한 방법

④ **전압법**: 각 취출구의 전압이 같도록 설계하는 방법

> **설계순서**
>
> 덕트 계획→송풍량 산출→흡입·취출구 위치결정→덕트 경로설정→덕트치수 및 저항 산출→송풍기 선정

(5) 덕트의 시공

① **아스펙트비**(종횡비): 4 이내

② **곡률반경**: 1.5~2배

③ **확대**: 15° 이하(고속덕트 8°)

④ **축소**: 30° 이하(고속덕트 15°)

⑤ **가이드베인**: 곡률반경비가 1.5 이내 시 곡관부 내측에 설치

(6) 캔버스 이음

송풍기에 의해 발생된 진동이 덕트에 전달되지 않도록 한 이음

(7) 덕트에서의 계산

① **전압**(P_t)

전압(Pt) = 정압(P_s) + 동압(P_v)

② 동압(P_v)

$$P_V = \frac{V^2}{2g} \cdot r$$

✓ g : 중력가속도[m/s²], V : 풍속[m/s], r : 공기밀도[kg/㎥]

③ 원형 덕트의 풍량

$$Q = A \cdot V = \frac{\pi}{4} d^2 \cdot V$$

✓ Q : 풍량[㎥/s], A : 덕트 단면적[㎡], D : 덕트의 안지름[m], V : 풍속[m/s]

④ 마찰손실수두

$$H_L = \lambda \cdot \frac{l}{D} \cdot \frac{V^2}{2g} [mmAq]$$

✓ λ : 마찰계수, l : 덕트 길이[m], g : 중력가속도[m/s²], D : 덕트의 지름[m], V : 풍속[m/s]

⑤ 장방형 덕트에서 원형 덕트로의 환산

$$d = 1.3 \left\{ \frac{(a \times b)^5}{(a+b)^2} \right\}^{\frac{1}{8}}$$

⑥ 장방형 덕트의 면적

(가로[m]×세로[m])×2×길이[m]

⑦ 국부저항손실

$$\Delta P = \zeta \frac{V^2}{2g} \gamma [mmAq]$$

✓ ζ : 전압·정압 국부저항계수, γ : 비중량[kgf/㎥], V : 풍속[m/s]

(8) 덕트설계시 고려사항

① 덕트의 소음

② 덕트의 열손실

③ 마찰저항

④ 공기의 유속

연습문제

덕트 설계 시 고려하지 않아도 되는 사항은?

① 덕트로부터의 소음 ② 덕트로부터의 열손실
③ 공기의 흐름에 따른 마찰 저항 ④ 덕트 내를 흐르는 공기의 엔탈피

해 덕트 설계시 고려사항 : 덕트의 소음, 덕트의 열손실, 마찰저항, 공기의 유속

답 ④

덕트설계방법 중 공기분배계통의 에어밸런싱(Air balancing)을 유지하는데 가장 적합한 방법은?

① 등속법 ② 정압법
③ 개량 정압법 ④ 정압재취득법

해 정압재취득법 : 고속덕트에 적합하고 공기분배 계통의 에어 밸런싱을 유지하는데 가장 좋다.

답 ④

시간당 5000m^{3}의 공기가 지름 70cm의 원형 덕트 내를 흐를 때 풍속은 약 얼마인가?

① 1.4 m/s ② 2.6 m/s
③ 3.6 m/s ④ 7.1 m/s

해 Q = A·V(Q : 풍량[m^3/s], A : 덕트 단면적[m^2], V : 풍속[m/s])

$$5000 = \frac{\pi}{4}0.7^2 \times V \rightarrow \frac{5000 \times 4}{3.14 \times 0.7^2} = 12,998.83[m/h]$$

$$\frac{12998.83}{3600} = 3.6[m/s]$$

답 ③

덕트의 치수 결정법에 대한 설명으로 옳은 것은?

① 등속법은 각 구간마다 압력손실이 같다.
② 등마찰 손실법에서 풍량이 10000m^3/h 이상이 되면 정압재취득법으로 하기도 한다.
③ 정압재취득법은 취출구 직전의 정압이 대략 일정한 값으로 된다.
④ 등마찰 손실법에서 각 구간마다 압력손실을 같게 해서는 안 된다.

해 ① 등속법은 각 구간마다 압력손실이 다르다.
② 등마찰 손실법에서 풍량이 10000m^3/h 이상이 되면 등속법으로 하기도 한다.
④ 등마찰 손실법은 각 구간마다 압력손실을 같게 해야한다.

답 ③

다음 그림과 같은 덕트에서 점 ①의 정압 P_1 = 15mmAq, 속도 V_1 = 10m/s일 때, 점 ②에서의 전압은?
(단, ①-② 구간의 전압손실은 2mmAq, 공기의 밀도는 1kg/m³로 한다.)

① 15.1mmAq

② 17.1mmAq

③ 18.1mmAq

④ 19.1mmAq

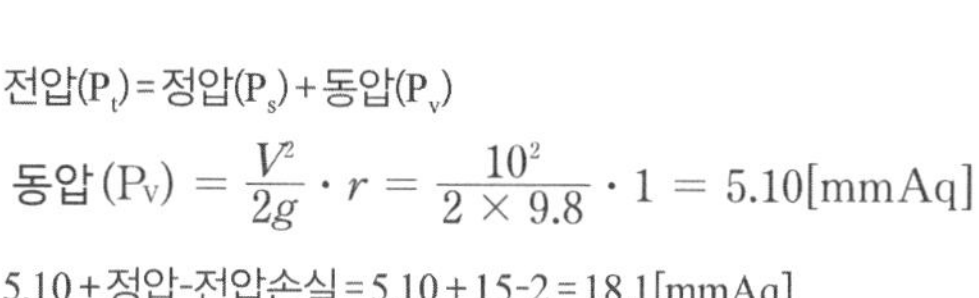

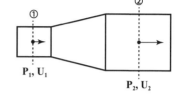

해 전압(P_t) = 정압(P_s) + 동압(P_v)

$$동압\,(P_V) = \frac{V^2}{2g}\cdot r = \frac{10^2}{2\times 9.8}\cdot 1 = 5.10[mmAq]$$

5.10 + 정압-전압손실 = 5.10 + 15-2 = 18.1[mmAq]

답 ③

고속덕트의 특징에 관한 설명으로 틀린 것은?

① 소음이 작다.

② 운전비가 증대한다.

③ 마찰에 의한 압력손실이 크다.

④ 장방형 대신에 스파이럴관이나 원형덕트를 사용하는 경우가 많다.

해 고속덕트 : 주 덕트의 풍속이 15m/s 이상인 경우(고속이므로 소음과 진동이 심하다.)

답 ①

저속덕트에 비해 고속덕트의 장점이 아닌 것은?

① 동력비가 적다.

② 덕트 설치 공간이 적어도 된다.

③ 덕트 재료를 절약할 수 있다.

④ 원격지 송풍에 적당하다.

해 고속덕트 : 주 덕트의 풍속이 15m/s 이상인 경우(풍속이 빠른만큼 동력소비가 크다)

답 ①

다음 중 저속덕트와 고속덕트를 구분하는 주덕트 내의 풍속으로 적당한 것은?

① 8m/s

② 15m/s

③ 25m/s

④ 45m/s

해 저속덕트 : 15m/s 이하
고속덕트 : 15m/s 이상

답 ②

덕트 내 공기가 흐를 때 정압과 동압에 관한 설명으로 틀린 것은?

① 정압은 항상 대기압 이상의 압력으로 된다.

② 정압은 공기가 정지상태일지라도 존재한다.

③ 동압은 공기가 움직이고 있을 때만 생기는 속도 압이다.

④ 덕트 내에서 공기가 흐를 때 그 동압을 측정하면 속도를 구할 수 있다.

해 정압은 유체가 관내를 흐를 때 직각방향으로 작용하는 압력으로 시스템에 따라 대기압보다 높을 수도, 낮을 수도 있다.

답 ①

일반적인 덕트설비를 설계할 때 덕트 설계순서로 옳은 것은?

① 덕트 계획→덕트치수 및 저항 산출→흡입·취출구 위치결정→송풍량 산출→덕트 경로결정→송풍기 선정

② 덕트 계획→덕트 경로설정→덕트치수 및 저항 산출→송풍량 산출→흡입·취출구 위치결정→송풍기 선정

③ 덕트 계획→송풍량 산출→흡입·취출구 위치결정→덕트 경로설정→덕트치수 및 저항 산출→송풍기 선정

④ 덕트 계획→흡입·취출구 위치결정→덕트치수 및 저항 산출→덕트 경로설정→송풍량 산출→송풍기 선정

해 설계순서 : 덕트 계획→송풍량 산출→흡입·취출구 위치결정→덕트 경로설정→덕트치수 및 저항 산출→송풍기 선정

답 ③

덕트를 설계할 때 주의사항으로 틀린 것은?

① 덕트를 축소할 때 각도는 30° 이하로 되게 한다.

② 저속 덕트 내의 풍속은 15m/s 이하로 한다.

③ 장방형 덕트의 종횡비는 4 : 1 이상 되게 한다.

④ 덕트를 확대할 때 확대각도는 15° 이하로 되게 한다.

해 ③ 장방형 덕트의 종횡비는 4 : 1 이하가 되게 한다.
※표준(2 : 1), 최대(8 : 1)

답 ③

(9) 댐퍼의 종류

① 풍량조절 댐퍼

ㄱ. 단익(버터플라이)댐퍼 : 소형덕트에 사용

ㄴ. 다익(루버)댐퍼 : 대형덕트에 사용

② 풍량분배 댐퍼

스플릿 댐퍼 : 덕트가 분기되는 지점에 설치

③ 기타 댐퍼

ㄱ. **방화댐퍼** : 화재시 화염이 덕트를 통해 확산되는 것을 방지

ㄴ. **방연댐퍼** : 화재시 연기가 덕트를 통해 이동하는 것을 방지

연습문제

덕트의 분기점에서 풍량을 조절하기 위하여 설치하는 댐퍼는 어느 것인가?

① 방화 댐퍼　　② 스플릿 댐퍼

③ 볼륨 댐퍼　　④ 터닝 베인

풍량 조절 댐퍼 : 스플릿형, 루버형, 버터플라이형

답 ②

(10) 취출구 및 흡입구

① 부착위치에 따른 구분

ㄱ. **천장형** : 아네모스탯형, 팬형, 펑커루버형, 라인형 등

ㄴ. **벽부착형** : 그릴, 레지스터, 유니버셜형, 노즐형 등

② 기류 방향에 따른 구분

ㄱ. **축류형** : 노즐형, 펑커루버형, 베인격자형, 라인형, 다공판형 등

ㄴ. **복류형** : 팬형, 아네모스탯형

베인격자형

- 그릴 : 날개가 고정되어있고 셔터가 없는 것
- 유니버셜 : 날개 각도 변경이 가능
- 레지스터 : 그릴 뒤에 풍량 조절을 위한 셔터가 부착된 것

PART 1 기초 열역학
PART 2 냉동공학
PART 3 공기조화
PART 4 배관일반
PART 5 전기제어공학

③ 각 취출구의 특징

ㄱ. 아네모스탯형 : 확산 반경이 크나 도달거리는 짧고 스머징 현상이 일어난다.

스머징현상

공기 중의 먼지 등으로 취출구 주위의 천장면이 검게 더러워지는 현상

ㄴ. 노즐형 : 도달거리가 길어 천장이 높은 곳에 사용

ㄷ. 펑커루버형 : 기류 방향과 풍량 조절이 용이하다.

✓ 국소냉방에 사용

④ 각 흡입구의 특징

ㄱ. 도어 그릴형 : 고정식 베인격자형이며 하부에 설치된다.

ㄴ. 루버형 : 눈과 비의 침입을 방지

ㄷ. 머시룸형 : 바닥에 설치하며 바닥의 먼지를 흡입한다.

⑤ 허용 풍속[m/s]

ㄱ. 취출구

- 방송국 : 1.5 ~ 2.5
- 주택, 아파트, 교회, 극장, 호텔 등 : 2.5 ~ 3.75
- 개인 사무실 : 4
- 영화관 : 5
- 일반 사무실 : 5 ~ 6.25
- 상점 : 1층(10), 2층(7.5)

ㄴ. 흡입구

- 거주 구역의 상부에 있을 때 : 4 이상
- 거주 구역 내에 있고 좌석에서 멀 때 : 3 ~ 4
- 거주 구역 내에 있고 좌석에서 있을 때 : 2 ~ 3
- 도어그릴 또는 벽설치용 그릴 : 3
- 주택 : 2
- 공장 : 4

⑥ 취출 용어

ㄱ. **1차공기**: 취출구로부터 취출된 공기

ㄴ. **2차공기**: 1차 공기로 유인되어 운동하는 실내공기

ㄷ. **최소 도달거리**: 취출구에서 취출한 공기가 진행해서 취출기류의 중심선상의 풍속이 0.5[m/s]로 된 위치까지의 수평거리

ㄹ. **최대 도달거리**: 취출구에서 취출한 공기가 진행해서 취출기류의 중심선상의 풍속이 0.25[m/s]로 된 위치까지의 수평거리

ㅁ. **최대 확산반경**: 천장에서 취출시 거주영역에서 평균 풍속이 0.1~0.125[m/s]가 되는 최대 단면적의 반경

ㅂ. **최소 확산반경**: 천장에서 취출시 거주영역에서 평균 풍속이 0.125~0.25[m/s]가 되는 최대 단면적의 반경

연습문제

다음 분류 중 천장 취출방식이 아닌 것은?

① 아네모스탯형 ② 브리즈 라인형

③ 팬형 ④ 유니버설형

해 천장형: 아네모스탯형, 팬형, 펑커루버형, 라인형
벽부착형: 그릴, 레지스터, 유니버설형, 노즐형

답 ④

다음 중 천장형으로서 취출기류의 확산성이 가장 큰 취출구는?

① 펑커루버 ② 아네모스탯

③ 에어커튼 ④ 고정날개 그릴

해 아네모스탯: 천장형 취출구이며 확산형이다(원형, 각형이 있다).

답 ②

다음 중 라인형 취출구의 종류가 아닌 것은?

① 캄라인형 ② 다공판형

③ 펑커루버형 ④ 슬롯형

해 펑커루버형: 축류형 취출구

답 ③

일반적인 취출구의 종류로 가장 거리가 먼 것은?

① 라이트-트로퍼(light-troffer)형 ② 아네모스탯(annemostat)형
③ 머시룸(mushroom)형 ④ 웨이(way)형

머쉬룸형 : 바닥에 설치하며 바닥의 먼지를 흡입한다.

③

노즐형 취출구로서 취출구 방향을 좌우상하로 바꿀 수 있는 취출구는?

① 유니버설형 ② 펑커루버형
③ 팬(pan)형 ④ T라인(T-line)형

펑커루버형 : 기류 방향과 풍량 조절이 용이하다(국소냉방에 사용)

②

(11) 환기 설비

① 환기 목적 : 실내에서 발생한 오염물질을 자연 또는 기계적으로 배기하고, 신선한 공기를 실내에 공급하는 설비

구분	급기	배기
제 1종 환기(병용식)	팬	팬
제 2종 환기(압입식)	팬	자연
제 3종 환기(흡출식)	자연	팬
제 4종 환기	자연	자연

② 환기의 방법

ㄱ. **자연환기** : 실내·외의 온도차에 의한 부력과 외기의 풍압에 의한 실내·외의 압력차에 의해 이루어지는 환기

ㄴ. **기계환기** : 송풍기 등을 이용하여 강제로 환기하는 방식

③ 환기방식의 분류

ㄱ. **전반환기** : 열이나 유해물질이 실내에 널리 산재되어 있거나 이동되는 경우 실 전체의 기류분포를 계획하여 실내에서 발생하는 오염물질을 완전히 희석하고 확산시킨 다음 배기하는 방식

ㄴ. **집중환기** : 유해물질이 한 구역에 집중되어 있는 경우 그 구역만을 집중적으로 환기 하는 방식

ㄷ. **국소환기** : 주방, 공장, 실험실 등과 같이 국소적으로 유해가스, 열, 수증기, 악취 등이 발생하는 장소에 후드 등을 사용하여 환기하는 방식

④ 지하 주차장 환기

ㄱ. **덕트방식** : 외기를 급기덕트를 통하여 주차장 내에 분산 급기하고 오염된 공기는 배기 덕트에 의해 외부로 배출되는 방식

ㄴ. **희석방식**

- **제트팬 방식** : 중형 축류팬으로부터 취출된 공기의 유인효과를 이용하여 급기팬으로부터 공급된 외기를 주차장 전역으로 이송시켜 오염가스를 희석 시킨 후 배기팬으로 배출하는 방식
- **고속노즐방식** : 천장부의 고속노즐에서 취출되는 공기의 유인효과를 이용하여 오염공기를 국부적으로 희석시키면서 배기팬 쪽으로 이송시키는 방식

ㄷ. **덕트 - 희석 병용방식**

연습문제

환기의 목적이 아닌 것은?

① 실내공기 정화　② 열의 제거
③ 소음 제거　④ 수증기 제거

환기와 소음은 무관하다.

③

실내의 거의 모든 부분에서 오염가스가 발생되는 경우 실 전체의 기류분포를 계획하여 실내에서 발생하는 오염 물질을 완전히 희석하고 확산시킨 다음에 배기를 행하는 환기방식은?

① 자연 환기　② 제3종 환기
③ 국부 환기　④ 전반 환기

전반환기 : 실내의 거의 모든 곳에서 오염가스가 발생되어 실내 전체를 환기하는 방식
국부환기 : 실내의 일부 구역에서 오염가스가 발생되어 오염가스 발생 구역을 집중적으로 환기하는 방식

④

지하 주차장 환기설비에서 천정부에 설치되어 있는 고속노즐로부터 취출되는 공기의 유인효과를 이용하여 오염공기를 국부적으로 희석시키는 방식은?

① 제트팬 방식　② 고속덕트 방식
③ 무덕트환기 방식　④ 고속노즐 방식

고속노즐 방식 : 천장부의 고속 노즐에서 취출되는 공기의 유인효과를 이용하여 오염공기를 국부적으로 희석시키는 방식

④

PART 1 기초 열역학
PART 2 냉동공학
PART 3 공기조화
PART 4 배관일반
PART 5 전기제어공학

환기와 배연에 관한 설명으로 틀린 것은?

① 환기란 실내의 공기를 차거나 따뜻하게 만들기 위한 것이다.

② 환기는 급기 또는 배기를 통하여 이루어진다.

③ 환기는 자연적인 방법, 기계적인 방법이 있다.

④ 배연 설비란 화재 초기에 발생하는 연기를 제거하기 위한 설비이다.

해 환기 : 일정 공간의 공기를 그 이외의 공기와 교환하는 일

답 ①

기계환기 중 송풍기와 배풍기를 이용하며 대규모 보일러실, 변전실 등에 적용하는 환기법은?

① 1종 환기 ② 2종 환기

③ 3종 환기 ④ 4종 환기

해

구분	급기	배기	구분	급기	배기
제 1종 환기	팬	팬	제 3종 환기	자연	팬
제 2종 환기	팬	자연	제 4종 환기	자연	자연

답 ①

(12) 콜드 드레프트

외부의 기온이 낮을 때 찬공기가 들어오거나 외기에 의해 유리 등의 벽면이 차가워지면서 실내에 찬공기의 흐름이 생기는 현상

① 원인

ㄱ. 인체 주위의 공기온도가 낮을 때

ㄴ. 기류 속도가 빠를 때

ㄷ. 습도가 낮을 때

ㄹ. 벽면의 온도가 낮을 때

ㅁ. 극간풍이 많을 때

? 콜드 드래프트(cold draft) 현상이 가중되는 원인으로 가장 거리가 먼 것은?

① 인체 주위의 공기온도가 너무 낮을 때　② 인체 주위의 기류속도가 작을 때

③ 주위 공기의 습도가 낮을 때　④ 주위 벽면의 온도가 낮을 때

해 콜드 드래프트 원인 : ㉠ 인체 주위의 공기온도가 낮을 때 , ㉡ 기류 속도가 빠를 때, ㉢ 습도가 낮을 때, ㉣ 벽면의 온도가 낮을 때, ㉤ 극간풍이 많을 때

답 ②

VI. 각 난방의 특징

1) 증기난방

(1) 장점

① 열 운반 능력이 크다.

② 예열 시간이 짧아 신속한 난방이 가능하다.

③ 방열기의 면적 및 관경이 작아도 된다.

④ 시설비가 저렴하다.

⑤ 동결의 우려가 적다.

(2) 단점

① 쾌감도가 떨어진다.

② 방열량 조절이 어렵다.

③ 취급이 어렵다.

2) 온수난방

(1) 장점

① 쾌감도가 좋다.

② 방열량 조절이 용이하다.

③ 취급이 용이하다.

④ 연료 소비량이 적다.

(2) 단점

① 예열시간이 길다.

② 수두 높이에 제한을 받는다.

③ 방열면적 및 관경이 크다.

④ 설비비가 비싸다.

⑤ 동결의 우려가 있다.

3) 복사난방

(1) 장점

① 실내온도 분포가 균등하고 쾌감도가 높다.

② 높은 천장에도 효과적이다.

③ 바닥이용도가 좋다.

④ 소음이 적다.

⑤ 낮은 실온에서도 균등한 쾌적감을 얻을 수 있다.

(2) 단점

① 예열시간이 길다.

② 매립배관이므로 보수점검이 어렵다.

③ 설비비가 비싸다.

④ 단열층이 필요하다.

⑤ 패널 표면온도가 실내 노점온도보다 낮으면 결로하게 된다.

⑥ 외기온도 변화에 따라 실내의 온습도 조절이 어렵다.

4) 지역난방의 특징

① 각 건물마다 보일러 시설이 필요없다.

② 대규모 열원설비로서 열효율이 좋다.

③ 연료비가 절약되고 관리가 용이하다.

④ 건물마다 보일러실과 굴뚝이 필요없어 유효면적이 증가한다.

⑤ 대기오염을 줄일 수 있고 에너지를 안전하게 이용할 수 있다.

⑥ 화재의 위험성이 없다.

⑦ 배관이 길어 열손실이 크다.

⑧ 초기 시설비가 많이 든다.

⑨ 증기사용시 압력은 0.1 ~ 1.5MPa이다.

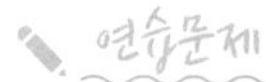

증기난방의 장점으로 틀린 것은?

① 열의 운반능력이 크고, 예열시간이 짧다.

② 한량지에서 동결의 우려가 적다.

③ 환수관의 내부 부식이 지연되어 강관의 수명이 길다.

④ 온수난방에 비하여 방열기의 방열면적이 작아진다.

해 증기난방의 강관은 부식이 심해 수명이 짧다.

답 ③

난방설비에 관한 설명으로 옳은 것은?

① 온수난방은 증기난방에 비해 예열시간이 길어서 충분한 난방감을 느끼는데 시간이 걸린다.

② 증기난방은 실내 상하 온도차가 적어 유리하다.

③ 복사난방은 급격한 외기 온도의 변화에 대해 방열량 조절이 우수하다.

④ 온수난방의 주 이용열은 온수의 증발잠열이다.

해 ② 증기난방은 실내 상하 온도차가 크다.
③ 복사난방은 급격한 외기 온도의 변화에 대응이 느리다
④ 온수난방의 주 이용열은 온수의 현열이다.

답 ①

온수난방과 비교한 증기난방 방식의 장점으로 가장 거리가 먼 것은?

① 방열면적이 작다. ② 설비비가 저렴하다.

③ 방열량 조절이 용이하다. ④ 예열시간이 짧다.

해 온수난방 : 방열량 조절이 용이

답 ③

? 온수난방의 특징으로 옳지 않은 것은?

① 증기난방보다 상하온도 차가 적고 쾌감도가 크다.

② 온도조절이 용이하고 취급이 간단하다.

③ 예열시간이 짧다.

④ 보일러 정지 후에도 여열에 의해 실내난방이 어느 정도 지속된다.

解 온수는 비열이 높아서 예열 시간이 길다.

답 ③

VII. 팽창탱크

온수보일러에서 온수의 팽창에 따른 이상압력의 상승을 흡수하여 장치나 배관의 파손을 방지하는 것으로 개방식과 밀폐식이 있다.

(1) 설치 목적

① 배관의 파손 방지

② 배관 내 온수와 압력을 일정하게 유지

③ 관수의 배출을 방지하여 열손실 방지

④ 보일러나 배관에 물을 보충

(2) 설치 위치

① **개방형**: 최고층의 방열기나 방열면보다 1m 이상 높게 설치

② **밀폐식**: 설치 위치에 제한이 없다.

(3) 팽창탱크의 계산

① 온수의 팽창량

$$\varDelta V = \left(\frac{1}{\rho 2} - \frac{1}{\rho 1}\right) V[\ell]$$

✓ $\varDelta V$: 온수 팽창량(ℓ), V: 전수량(ℓ), $\rho 1$: 가열전 물의 밀도[kg/ℓ], $\rho 2$: 가열후 물의 밀도[kg/ℓ]

② 개방형 탱크의 용량

ET = ΔV × 안전율(2 ~ 2.5배)[ℓ]

(4) 팽창탱크 필요요소

① **개방형** : 배기관, 안전관, 급수관, 배수, 팽창관, 오버 플로우관, 수면계

② **밀폐식** : 압력계, 안전밸브, 수면계, 배수관, 급수관

연습문제

온수난방용 개방식 팽창탱크에 대한 설명 중 맞지 않는 것은?

① 탱크용량은 전체 팽창량과 같은 체적이어야 한다.

② 저 온수난방에 흔히 사용된다.

③ 배관계동상 최고 수위보다 1m이상 높게 설치한다.

④ 탱크의 상부에 통기관을 설치한다.

해 개방식 팽창탱크의 용량 : 전체 팽창량의 2~2.5배로 한다(85~90[℃]에 사용).
밀폐식 팽창탱크의 용량 : 공기층의 필요 압력 만큼(100[℃] 이상에 사용)

답 ①

개방형 팽창탱크에 설치되는 부속 기기가 아닌 것은?

① 안전밸브	② 배기관
③ 팽창관	④ 안전관

해 밀폐식 팽창탱크 부속기기 : 안전밸브, 수위계, 압력계

답 ①

주 증기관의 관경 결정에 직접적인 관계가 없는 것은?

① 팽창탱크 체적	② 증기의 속도
③ 압력손실	④ 관의 길이

해 팽창탱크는 온수난방에 설치한다.

답 ①

다음 중 개방식 팽창탱크 주위의 관으로 해당되지 않는 것은?

① 압축공기 공급관	② 배기관
③ 오버플로우관	④ 안전관

해 압축공기 공급관 : 100[℃] 이상의 고온수 난방의 밀폐식 팽창탱크에 사용

답 ①

관 내에 분리된 증기나 공기를 배출하고 물의 팽창에 따른 위험을 방지하기 위해 설치하는 것은?

① 순환탱크 ② 팽창탱크
③ 옥상탱크 ④ 압력탱크

해 팽창탱크 : 온수의 팽창으로 배관이 파손되는 것을 방지

답 ②

VIII. 방열기

1) 방열기의 종류

① 주형 열기(Column Radiator)
② 벽걸이형 방열기(Wall Radiator)
③ 대류 방열기(Convector)
④ 길드 방열기(Gilled Radiator)
⑤ 팬코일 유닛(FCU)

방열기의 표시

2) 방열기 도시기호

종별	기호
2주형	II
3주형	III
3세주형	3, 3c
5세주형	5, 5c
벽걸이형(횡형)	W-H
벽걸이형(종형)	W-V

3) 방열기 설치

벽에서 50~60[mm], 바닥에서 100~150[mm] 정도 거리를 유지하여 설치

✓ 이상적인 설치 위치 : 창문가에 설치

연습문제

다음 난방에 이용되는 주형 방열기의 종류가 아닌 것은?

① 2주형 ② 2세주형
③3주형 ④ 3세주형

해 주형 방열기 종류 : 2주형, 3주형, 3세주형, 5세주형

답 ②

다음 그림의 난방 설계도에서 콘벡터(Convector)의 표시 중 W-H가 가진 의미는?

① 방열기 쪽수
② 방열기 높이
③ 방열기 종류(형식)
④ 연결배관의 종류

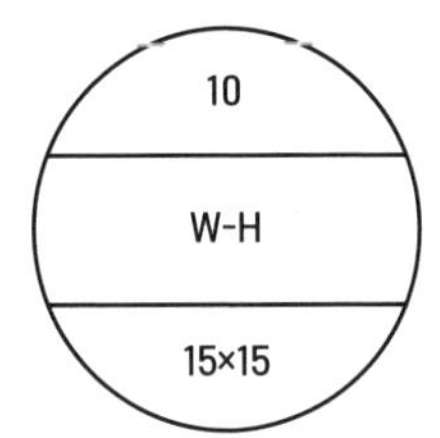

해 W : 벽걸이 방열기, H : 수평형 방열기, V : 수직형 방열기

답 ③

IX. 증기트랩의 분류

응축수 및 공기를 증기와 분리하여 보일러에 환수 시키는 장치

(1) 기계식 트랩 : 증기와 응축수의 비중차를 이용

① 버킷 트랩
② 플로트 트랩

(2) 온도조절식 트랩 : 증기와 응축수의 온도차를 이용

① 바이메탈 트랩
② 벨로우즈 트랩

(3) 열역학적 트랩 : 증기와 응축수의 열역학적 성질을 이용

① 디스크 트랩
② 오리피스 트랩
③ 바이패스 트랩

연습문제

증기트랩에 대한 설명으로 옳지 않은 것은?

① 바이메탈트랩은 내부에 열팽창계수가 다른 두 개의 금속이 접합된 바이메탈로 구성되며, 워터해머에 안전하고, 과열증기에도 사용 가능하다.

② 벨로즈트랩은 금속제의 벨로즈 속에 휘발성 액체가 봉입 되어 있어 주위에 증기가 있으면 팽창되며, 증기가 응축되면 온도에 의해 수축하는 원리를 이용한 트랩이다.

③ 플로트트랩은 응축수의 온도차를 이용하여 플로트가 상하로 움직이며 밸브를 개폐한다.

④ 버킷트랩은 응축수의 부력을 이용하여 밸브를 개폐하며 상향식과 하향식이 있다.

해 플로트 트랩은 응축수의 비중차를 이용한 기계식 트랩이다.

답 ③

증기트랩(Steam trap)에 대한 설명으로 옳은 것은?

① 고압의 증기를 만들기 위해 가열하는 장치

② 증기가 환수관으로 유입되는 것을 방지하기 위해 설치한 밸브

③ 증기가 역류하는 것을 방지하기 위해 만든 자동밸브

④ 간헐운전을 하기 위해 고압의 증기를 만드는 자동밸브.

해 증기트랩 : 응축수 및 공기를 증기와 분리하여 보일러에 환수시키는 장치

답 ②

다음 중 증기와 응축수의 밀도차에 의해 작동하는 기계식 트랩은?

① 벨로스 트랩 ② 바이메탈 트랩

③ 플로트 트랩 ④ 디스크 트랩

해 열역학적 트랩 : 디스크형, 오리피스형, 바이패스형
온도조절식 트랩 : 바이메탈식, 벨로우즈식
기계적 트랩 : 플로트식, 버킷식

답 ③

증기난방 배관에서 증기트랩을 사용하는 주된 목적은?

① 관 내의 온도를 조절하기 위해서 ② 관 내의 압력을 조절하기 위해서

③ 배관의 신축을 흡수하기 위해서 ④ 관 내의 증기와 응축수를 분리하기 위해서

해 증기트랩 : 증기 중 응축수를 분리하는 장치

답 ④

X. 축열식 냉난방

심야전기를 이용하여 축열조에 차가운 냉수나 온수 등을 저장하였다가 주간에 냉방이나 난방을 하는 시스템

1) 특징

(1) 장점

① 심야전력을 이용하므로 냉방 비용을 절약할 수 있다.

② 전력수급 안정화에 기여한다.

③ 부분부하 운전에 쉽게 대응이 가능하다

(2) 단점

① 야간운전에 따른 관리 인건비가 발생한다.

② 단열공사비가 많이 든다.

③ 냉온수 사용시 수처리가 필요하다.

2) 종류

① **빙축열** : 심야시간에 얼음을 제조하여 축열조에 저장하였다가 기타 시간에 이용하는 방법

② **수축열** : 심야시간에 냉수나 온수를 축열조에 저장하였다가 기타 시간에 이용하는 방법

연습문제

다음 중 축열시스템의 특징으로 맞는 것은?

① 피크 컷(Peak Cut)에 의해 열원장치의 용량이 증가한다.

② 부분부하 운전에 쉽게 대응하기가 곤란하다.

③ 도시의 전력수급상태 개선에 공헌한다.

④ 야간운전에 따른 관리 인건비가 절약된다.

해 축열시스템 : 심야전기를 이용하여 축열조에 차가운 냉수나 온수 등을 저장하였다가 주간에 냉방이나 난방을 하는 시스템

답 ③

PART 4
:배관일반

04 SECTION 배관일반

저자직강 무료강의 | https://cafe.naver.com/misoref

I. 배관재료

1) 강관의 종류와 용도

명칭 및 규격	용도
배관용 탄소강관(SPP)	10kg/㎠ 이하의 낮은 압력의 증기, 물, 기름, 가스, 공기 등의 배관용으로 사용 • **호칭지름**: 6~500A • **사용온도**: 350℃ 이하
압력 배관용 탄소강관(SPPS)	10~100kg/㎠ 이하 압력의 증기, 유압, 수압관에 사용 • **호칭지름**: 6~500A • **사용온도**: 350℃ 이하
수도용 아연도금 강관(SPPW)	부식 방지를 위해 강관에 아연도금을 입힌 관 정수두 100m 이하의 급수관에 사용
고압 배관용 탄소강관(SPPH)	100kg/㎠ 이상의 고압배관에 사용 • **호칭지름**: 6~500A • **사용온도**: 350℃ 이하
고온 배관용 탄소강관(SPHT)	고온 배관용이며 호칭은 호칭지름과 관 두께에 의하여 호칭 • **사용온도**: 350℃ 이상
저온 배관용 탄소강관(SPLT)	물의 빙점 이하 온도의 저온배관에 사용 • **사용온도**: 0℃ 이하
배관용 아크용접 탄소강관(SPW)	10kg/㎠ 이하의 낮은 압력의 증기, 물, 기름, 가스, 공기 등의 대구경 배관용으로 사용 • **호칭지름**: 350~2,400A • **사용온도**: 350℃ 이하
배관용 스테인레스 강관(STSxT)	내식성, 내열성, 고온, 저온배관용 • **두께**: 스케쥴번호 • **호칭지름**: 6~300A • **사용온도**: -350~350℃

명칭 및 규격	용도
배관용 합금 강관(SPA)	고온 배관용으로 사용 • **호칭지름**: 6~300A • **사용온도**: 350℃ 이상
기타	보일러 및 열교환기용 탄소 강관(STBH) 보일러 및 열교환기용 합금 강관(STHA) 보일러 및 열교환기용 스테인레스 강관(STSxTB) 기계구조용 탄소 강관(STM)

연습문제

고온 배관용 탄소강관은 몇 ℃의 고온 배관에 사용되는가?

① 230℃이하 ② 250~270℃
③ 280~310℃ ④ 350℃이상

해 고온 배관용 탄소강관 : 350℃ 이상

답 ④

350℃ 이하의 온도에서 사용되는 관으로 압력 10~100kgf/cm^{2}범위에 있는 보일러 증기관, 수압관, 유압관 등의 압력 배관에 사용되는 관은?

① 배관용 탄소 강관 ② 압력배관용 탄소 강관
③ 고압배관용 탄소 강관 ④ 고온배관용 탄소 강관

해 압력 배관용 탄소강관 : 10~100kg/㎠ 이하 압력의 증기관, 유압관, 수압관에 사용
호칭지름 : 6~500A
사용온도 : 350℃ 이하

답 ②

저온배관용 탄소강관의 기호는?

① STBH ② STHA
③ SPLT ④ STLT

해 저온 배관용 탄소강관(SPLT) : SP(Steel Pipe), LT(Low Temperature)

답 ③

PART 1 기초 열역학
PART 2 냉동공학
PART 3 공기조화
PART 4 배관일반
PART 5 전기제어공학

2) 스케쥴 번호

(1) 관의 두께

$$SchNO = \frac{P}{S} \times 10$$

✓ P : 사용압력 [kg/㎠], S : 허용응력 [kg/㎟](인장강도/안전률)

연습문제

배관의 호칭 중 스케쥴 번호는 무엇을 기준으로 하여 부여하는가?

① 관의 안지름 ② 관의 바깥지름
③ 관의 두께 ④ 관의 길이

해 스케쥴 번호 공식

$$SchNO = \frac{P}{S} \times 10$$

스케쥴 번호는 관의 두께를 나타낸다.

답 ③

3) 강관의 표시 방법

배관용 탄소 강관

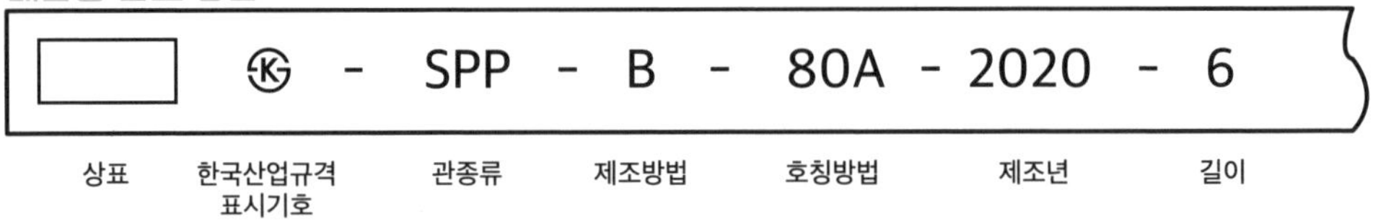

□	Ⓚ	- SPP	- B	- 80A	- 2020	- 6
상표	한국산업규격 표시기호	관종류	제조방법	호칭방법	제조년	길이

수도용 아연도금 강관

□	Ⓚ	- SPPW	- E	- 50A	- 2020	- 6
상표	한국산업규격 표시기호	관종류	제조방법	호칭방법	제조년	길이

압력 배관용 탄소 강관

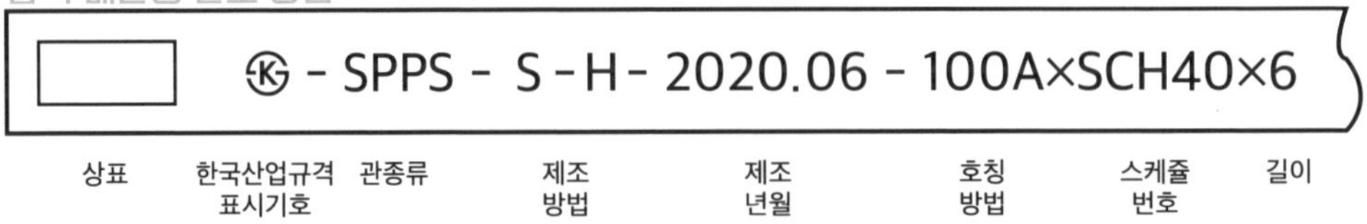

□	Ⓚ	- SPPS	- S	- H	- 2020.06	- 100A	×SCH40	×6
상표	한국산업규격 표시기호	관종류	제조 방법		제조 년월	호칭 방법	스케쥴 번호	길이

4) 각 관의 특징

(1) 주철관

① **제조방법에 의한 분류**

❶ 수직법 ❷ 원심력법

② **재질상 분류**

❶ 보통 주철관 ❷ 고급 주철관 ❸ 구상흑연 주철관

③ **압력에 따른 분류**

ㄱ. 고압관 : 정수두 100mH_2O 이하

ㄴ. 보통압관 : 정수두 75mH_2O 이하

ㄷ. 저압관 : 정수두 45mH_2O 이하

④ **주철관의 특징**

ㄱ. 내식성 및 내구성이 좋다.

ㄴ. 압축강도는 크고 인장 강도는 약하다.

ㄷ. 충격에 약하다.

ㄹ. 급수, 배수, 통기, 지하매설에 사용

(2) 동관

① 전기 및 열 전도율이 좋다.

② 알카리성에 강하고 산성에 약하다.

③ 담수에 강하나 연수에는 부식된다.

④ 가볍고 마찰저항이 적다.

⑤ 충격에 약하다.

⑥ 연성 및 전성이 좋다.

⑦ 열교환기, 급탕, 급수, 냉매 배관 등에 사용

⑧ 내식성과 굴곡성이 좋다.

(3) 경질염화비닐관(PVC관)

① 내식성, 내산성, 내알칼리성이 좋다.

② 가볍고 마찰손실이 적다.

③ 전기절연성이 크다.

④ 고온 및 저온에 취약하다.

⑤ 배관시공이 용이하다.

⑥ 온도에 따른 팽창 및 수축이 가장 크다.

(4) 폴리에틸렌관(PE관)

① 가볍다.

② 유연성이 좋다.

③ 염화비닐관 보다 내열성 및 보온성이 좋다.

④ 충격에 강하고 저온에 강하다.

⑤ 화력에 약하다.

⑥ 인장강도가 작다.

⑦ 화학적, 전기적 성질이 우수하다.

(5) 강관

① 제조방법에 의한 분류

❶ 이음매 없는 강관 ❷ 단접관 ❸ 전기저항용접관 ❹ 아크용접관

② 재질상 분류

❶ 탄소강 강관 ❷ 합금강 강관 ❸ 스테인레스 강관

③ 강관의 특징

ㄱ. 연관, 주철관 보다 가볍고 인장강도가 크다.

ㄴ. 관의 접합방법이 용이하다.

ㄷ. 내충격성 및 굴요성이 크다.

ㄹ. 주철관에 비해 내압성이 양호하다.

(6) 스테인레스 강관

① 스테인레스 강관의 종류

❶ 배관용 ❷ 보일러 열교환기용 ❸ 위생용 ❹ 일반 배관용 ❺ 스테인레스 주름관 ❻ 배관용 아크용접 대구경 ❼ 기계 구조용

② 스테인레스강관의 특징

ㄱ. 내식성이 우수하고 위생적이다.

ㄴ. 강관에 비해 기계적 성질이 우수하고 두께가 얇아도 되므로 운반 및 시공이 용이하다.

ㄷ. 저온에 대한 충격성이 크고 동결에 대한 저항성이 커 한랭지 배관이 가능하다.

ㄹ. 나사식, 용접식, 몰코식, 플랜지 이음 등 시공이 간단하다.

연습문제

스테인리스 강관의 특성에 대한 설명으로 틀린 것은?

① 위생적이어서 적수, 백수, 청수의 염려가 없다.

② 내식성이 우수하고 계속 사용 시 내경의 축소, 저항 증대 현상이 적다.

③ 저온 충격성이 크고, 한랭지 배관이 가능하며 동결에 대한 저항도 크다.

④ 강관에 비해 기계적 성질이 약하고, 용접식 · 몰코식 이음법 등 특수시공법으로 인해 시공이 어렵다.

해 스테인리스 강관은 기계적 성질이 양호하고 용접식 · 몰코식 이음법 등 특수시공법의 시공이 용이하다.

답 ④

강관을 재질상으로 분류한 것이 아닌 것은?

① 탄소 강관 ② 합금 강관

③ 스테인리스 강관 ④ 전기용접 강관

해 ④번의 경우 전기용접으로 만든 강관이므로 제조 방법의 분류에 속한다.

답 ④

스테인리스강관에 대한 설명으로 적당하지 않은 것은?

① 위생적이어서 적수의 염려가 적다.

② 내식성이 우수하다.

③ 몰코 이음법 등 특수 시공법으로 대체로 배관 시공이 간단하다.

④ 저온에서 내충격성이 적다.

해 스테인리스 강관은 저온에서 내충격성이 크다.

답 ④

내식성 및 내마모성이 우수하여 지하매설용 수도관으로 적당한 것은?

① 주철관 ② 알루미늄관

③ 황동관 ④ 강관

주철관의 특징 : ㉠ 내식성 및 내구성이 좋다, ㉡ 압축강도는 크고 인장 강도는 약하다, ㉢ 충격에 약하다, ㉣ 급수, 배수, 통기, 지하매설에 사용

①

열전도도가 비교적 크고, 내식성과 굴곡성이 풍부한 장점이 있어 열교환기용 관으로 널리 사용되는 관은?

① 강관 ② 플라스틱관

③ 주철관 ④ 동관

동관 : ㉠ 전기 및 열 전도율이 좋다, ㉡ 내식성과 굴곡성이 좋다.

④

5) 강관 부속

① **관의 방향을 바꿀 때** : 엘보, 밴드

② **관을 분기 할 때** : 티, 와이, 크로스

③ **동일 지름의 관을 직선 연결 할 때** : 소켓, 니플, 유니온, 플랜지

④ **지름이 다른 관을 연결 할 때** : 레듀샤, 이경엘보, 이경티

⑤ **지름이 다른 부속을 연결 할 때** : 붓싱

⑥ **배관의 끝을 막을 때** : 캡, 맹플랜지

⑦ **부속의 끝을 막을 때** : 플러그, 캡

⑧ **관을 자주 분해, 수리, 교체 할 때** : 유니온(소구경), 플랜지(대구경)

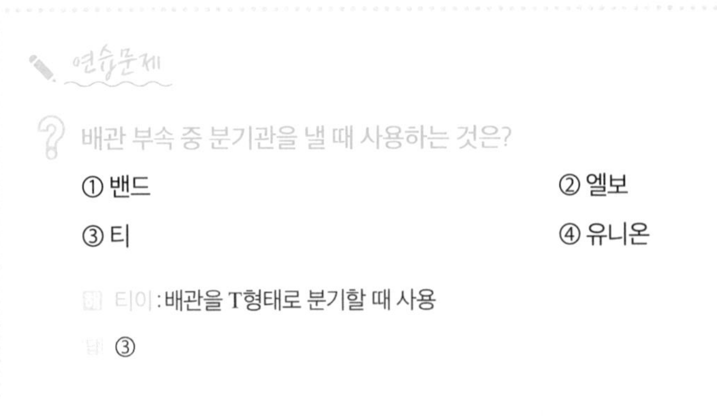

연습문제

배관 부속 중 분기관을 낼 때 사용하는 것은?

① 밴드 ② 엘보

③ 티 ④ 유니온

티이 : 배관을 T형태로 분기할 때 사용

③

일반적으로 관의 지름이 크고 관의 수리를 위해 분해할 필요가 있는 경우 사용되는 파이프 이음에 속하는 것은?

① 신축이음　　② 엘보이음

③ 턱걸이이음　　④ 플랜지이음

관을 자주 분해, 수리, 교체 할 때 : 유니온(소구경), 플랜지(대구경)

④

6) 나사배관 길이산출

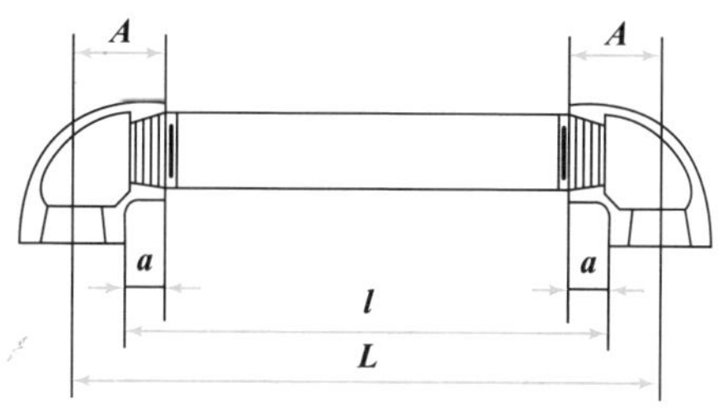

(1) 직선배관 길이산출

$l = L - 2(A - a)$

✓ L : 파이프 전체길이, l : 파이프의 실제길이, A : 부속의 중심길이, a : 나사 삽입길이

호칭지름 20A의 관을 그림과 같이 나사 이음할 때 중심 간의 길이가 200mm라 하면 강관의 실제 소요되는 절단길이(mm)는?
(단, 이음쇠에 중심에서 단면까지의 길이는 32mm, 나사가 물리는 최소의 길이는 13mm이다.)

① 136

② 148

③ 162

④ 200

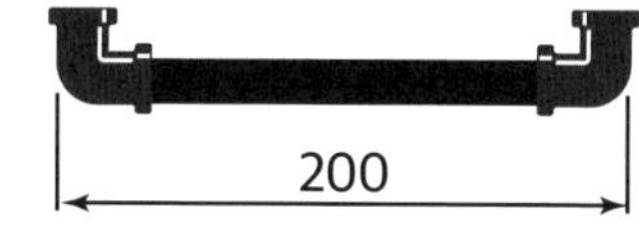

공식1) $l = L - 2(A - a)$

L : 파이프 전체길이, l : 파이프의 실제길이, A : 부속의 중심길이, a : 나사 삽입길이

$l = 200 - 2 \times (32 - 13) = 162[mm]$

③

(2) 45°배관 길이산출

① 파이프 전체길이

$L' = \sqrt{2L^2}$

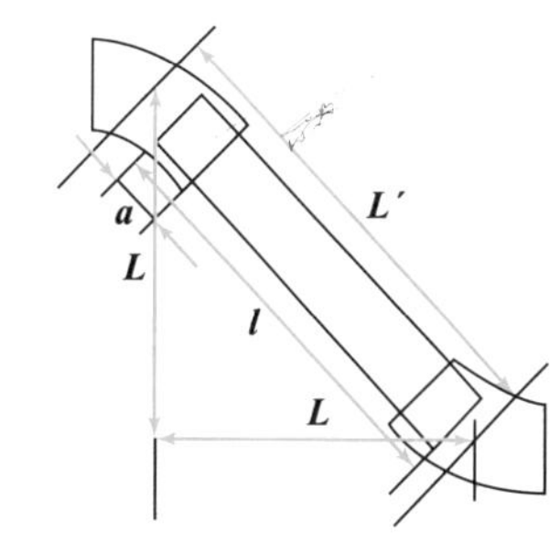

② 파이프 실제길이

$$I = L' - 2(A - a)$$

부속이 다를경우 $l = L' - 2[(A - a) + (B - b)]$

연습문제

아래 그림과 같이 호칭직경 20A인 강관을 2개의 45°엘보를 사용하여 그림과 같이 연결하였다면 강관의 실제 소요길이는 얼마인가?(단, 엘보에 삽입되는 나사부의 길이는 10mm이고, 엘보의 중심에서 끝 단면까지의 길이는 25mm이다.)

① 212.1mm

② 200.3mm

③ 170.3mm

④ 182.1mm

150mm
150mm

해 전체길이

(L) = $\sqrt{엘보중심가로길이^2 + 엘보중심세로길이^2} = \sqrt{150^2 + 150^2} = 212.13$[mm]

엘보의 남은 공간길이 = 엘보 중심에서 끝단면 길이-엘보의 나사부 = 25-10 = 15[mm]

강관의 실제 길이(L) = 212.13-2×15 = 182.13[mm]

답 ④

(3) 곡관부의 길이산출

$$L = 2\pi r\frac{\theta}{360} = \pi D\frac{\theta}{360}$$

✓ r: 곡률 반지름, θ: 벤딩 각도, D: 곡률 지름

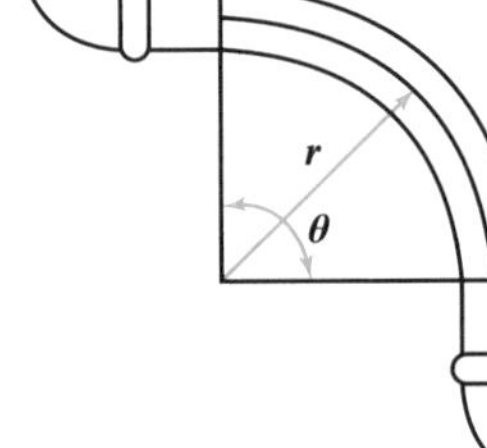

7) 관이음

(1) 용접 이음

① 강도가 크다.

② 누수의 우려가 적다.

③ 재료비가 적게 든다.

④ 가공이 쉽다.

⑤ 보온작업이 쉽다.

(2) 플랜지 이음

관의 보수 및 점검이 용이하다.

(3) 주철관 이음

❶ 소켓 이음 ❷ 플랜지 이음 ❸ 기계식 이음 ❹ 타이톤 이음 ❹ 빅토릭 이음 ❺ 노허브 이음

(4) 동관 이음

❶ 납땜 이음 ❷ 용접 이음 ❸ 플레어 이음(점검 및 보수가 용이) ❹ 플랜지 이음

(5) 강관 이음

❶ 나사 이음 ❷ 용접 이음 ❸ 플랜지 이음

(6) 염화비닐관(PVC) 접합

❶ 냉각 접합, 열간 접합 ❷ 고무링 접합 ❸ 기계적 접합 ❹ 나사 접합

(7) 스테인레스 강관 이음

❶ 나사 이음 ❷ 용접 이음 ❸ 플랜지 이음 ❹ 납땜 이음 ❺ 몰코 이음 ❻ MR조인트 ❼ 원조인트

연습문제

강관의 이음방법이 아닌 것은?

① 나사 이음 ② 용접 이음
③ 플랜지 이음 ④ 코터 이음

해 강관 이음 : ① 나사 이음, ② 용접 이음, ③ 플랜지 이음

답 ④

동관의 이음으로 적합하지 않은 것은?

① 납땜 이음 ② 플레어 이음
③ 플랜지 이음 ④ 타이튼 이음

해 동관 이음 : ㉠ 납땜 이음, ㉡ 용접 이음, ㉢ 플레어 이음(점검 및 보수가 용이), ㉣ 플랜지 이음

답 ④

지름 20mm 이하의 동관을 이음할 때나 기계의 점검, 보수 등으로 관을 떼어내기 쉽게 하기 위한 동관의 이음방법은?

① 슬리브 이음
② 플레어 이음
③ 사이징 이음
④ 플라스턴 이음

동관 이음 : 플레어이음(점검 및 보수가 용이)

②

(8) 신축이음

열로 인한 관의 신축을 흡수하는 장치

✓ **강관** : 30m당 설치

✓ **동관** : 20m당 설치

① 선팽창 길이

$\Delta l = a \cdot l \cdot \Delta t$

✓ l : 배관길이(mm), **a** : 선팽창계수(mm/mm℃), **Δt** : 온도차(℃)

② 종류

ㄱ. **스위블형** : 2개 이상의 엘보를 사용하고 방열기 주위에 사용

ㄴ. **루프형** : 설치면적이 크고 고온고압의 옥외용으로 쓰이며 곡률반경은 관지름의 6배이상

ㄷ. **슬리브형** : 설치면적이 작고 장시간 사용시 패킹이 마모되어 누설의 우려가 있다.

ㄹ. **벨로즈형** : 설치면적이 작고 이물질에 의한 부식의 우려가있고 고압배관에는 부적합하다.

ㅁ. **볼조인트** : 평면상에 변위 뿐만 아니라 입체적인 변위까지 흡수하므로 어떠한 신축에도 배관이 안전하다.

신축 허용 길이가 큰 순서

루프형 〉 슬리브형 〉 밸로즈형 〉 스위블형

연습문제

열팽창에 의한 배관의 신축이 방열기에 영향을 주지 않도록 방열기 주위 배관에 일반적으로 설치하는 신축이음쇠는?

① 신축곡관 ② 스위블 조인트
③ 슬리브형 신축이음 ④ 벨로스형 신축이음

해 스위블형 : 2개 이상의 엘보를 사용하고 방열기 주위에 사용

답 ②

배관 신축이음의 종류로 가장 거리가 먼 것은?

① 빅토릭 조인트 신축이음 ② 슬리브 신축이음
③ 스위블 신축이음 ④ 루프형 밴드 신축이음

해 빅토릭 접합 : 주철관의 접합 방식
배관 신축이음 : 루프형, 슬리브형, 스위블형, 벨로스형, 상온 스프링 등

답 ①

증기 또는 온수난방에서 2개 이상의 엘보를 이용하여 배관의 신축을 흡수하는 신축이음쇠는?

① 스위블형 신축이음쇠 ② 벨로우즈형 신축이음쇠
③ 볼 조인트형 신축이음쇠 ④ 슬리이브형 신축이음쇠

해 스위블형 : 저압증기난방 또는 온수난방에 사용되며 2개 이상의 엘보를 사용한다.

답 ①

급탕설비에 대한 설명으로 틀린 것은?

① 순환방식은 중력식과 강제식이 있다.
② 배관의 구배는 중력순환식의 경우 1/150, 강제순환식의 경우 1/200 정도이다.
③ 신축이음쇠의 설치는 강관은 20m, 동관은 30m마다 1개씩 설치한다.
④ 급탕량은 사용 인원이나 사용 기구 수에 의해 구한다.

해 ③ 신축이음쇠의 설치는 강관은 30m, 동관은 20m마다 1개씩 설치한다.

답 ③

일반적으로 루프형 신축이음의 굽힘 반경은 사용관경의 몇 배 이상으로 하는가?

① 1배 ② 3배
③ 4배 ④ 6배

해 루프형 : 설치면적이 크고 고온고압의 옥외용으로 쓰이며 곡률반경은 관지름의 6배 이상

답 ④

(9) 밸브의 종류

① **글로브밸브**(스톱밸브)

ㄱ. 유량 조절용으로 쓰인다.

ㄴ. 마찰저항이 크다.

ㄷ. 가격이 저렴하다.

② **게이트밸브**(슬루스밸브)

ㄱ. 유체의 흐름 차단용으로 많이 사용된다.

ㄴ. 마찰저항이 작다.

ㄷ. 밸브의 개폐시간이 길다.

③ **앵글밸브**

ㄱ. 유체의 흐름 방향이 직각으로 되어 있다.

ㄴ. 주로 방열기 밸브로 사용된다.

④ **볼밸브**(콕)

ㄱ. 개폐가 빠르다.

ㄴ. 마찰저항이 작다.

ㄷ. 90° 회전으로 개폐한다.

콕밸브

볼밸브와 비슷하며, 개폐시 힘이 적게 들고 가정에서 가스배관 등에 쓰인다.

⑤ **체크밸브**

ㄱ. 유체의 역류 방지 목적으로 쓰인다.

ㄴ. 스윙형, 리프트형, 풋형, 해머리스형 등이 있다.

⑥ **감압밸브** : 고압배관과 저압배관 사이에 설치하여 고압측 압력을 필요한 압력으로 낮춰 저압측압력을 일정하게 유지시키는 밸브

연습문제

밸브의 종류 중 콕(cock)에 관한 설명으로 틀린 것은?

① 콕의 종류에는 대표적으로 글랜드 콕과 메인 콕이 있다.

② 0~90° 회전시켜 유량조절이 가능하다.

③ 유체저항이 크며. 개폐 시 힘이 드는 단점이 있다.

④ 콕은 흐르는 방향을 2방향, 3방향, 4방향으로 바꿀 수 있는 분배 밸브로 적합하다.

해 콕은 유제저항이 작고 개폐 시 힘이 적게든다.

답 ③

밸브의 일반적인 기능으로 가장 거리가 먼 것은?

① 관내 유량 조절 기능
② 관내 유체의 유동 방향 전환 기능
③ 관내 유체의 온도 조절 기능
④ 관내 유체 유동의 개폐 기능

해 밸브와 온도조절과는 관련이 없다.

답 ③

유체의 저항은 크나 개폐가 쉽고 유량 조절이 용이하며, 직선 배관 중간에 설치하는 밸브는?

① 슬루스 밸브
② 글로브 밸브
③ 체크 밸브
④ 전동 밸브

해 글로브 밸브 : ㉠ 유량 조절용으로 쓰인다, ㉡ 마찰저항이 크다, ㉢ 가격이 저렴하다.

답 ②

일정 흐름 방향에 대한 역류 방지 밸브는?

① 글로브밸브
② 게이트밸브
③ 체크밸브
④ 앵글밸브

해 체크밸브는 유량이 한 방향으로만 흐를 수 있도록 제어해준다(역류방지).
종류 : 스윙형(수직, 수평형), 리프트형(수평형), 풋형(수직형), 해머리스형

답 ③

고압배관과 저압배관의 사이에 설치하여 고압측 압력을 필요한 압력으로 낮추어 저압측 압력을 일정하게 유지시키는 밸브는?

① 체크밸브
② 게이트밸브
③ 안전밸브
④ 감압밸브

해 감압밸브 : 입구의 고압을 원하는 압력으로 감압하여 출구의 압력을 일정하게 유지 시키는 밸브

답 ④

(10) 배관의 지지

① **행거**(Hanger) : 배관을 위에서 잡아 지지하는 장치

ㄱ. **리지드 행거** : 빔에 턴버클을 연결하고 파이프를 달아 올리는 구조로 수직방향 변위가 없는 곳에 사용

ㄴ. **스프링 행거** : 배관에서 발생하는 소음, 진동을 없애기 위해 턴버클 대신 스프링을 설치

ㄷ. **콘스탄트 행거** : 추를 이용한 턴버클식과 스프링을 이용한 스프링식이 있으며 배관의 상하 이동이 가능하면서 관의 지지력을 일정하게 한 것

② **서포트**(Support) : 배관을 아래에서 받쳐서 지지하는 장치

ㄱ. **파이프슈** : 파이프를 배관에 직접 접속시켜 지지하며 수평, 수직 배관의 곡관부를 지지하는데 사용

ㄴ. **리지드** : 강성이 크므로 다수의 관을 지지할 때 사용

ㄷ. **스프링** : 스프링의 탄성을 이용해 지지

ㄹ. **로울러** : 배관을 롤러로 지지하여 배관의 축방향의 이동이 자유롭다.

③ **리스트레인트**(Restraint) : 열팽창에 의한 배관의 움직임을 고정하는 장치

ㄱ. **앵커** : 리지드 서포트의 일종이며 관의 이동 및 회전을 방지하기 위해 지지점에서 완전히 고정하는 것

ㄴ. **스톱, 스토퍼** : 배관을 일정한 방향과 회전만 구속하고 다른 방향은 구속하지 않는 것

ㄷ. **가이드** : 배관의 회전을 구속하거나 축방향으로의 방향을 잡아주는 역할

④ **브레이스**(완충기) : 압축기나 펌프에서 발생된 진동을 완화하는 장치

⑤ **기타 부속**

ㄱ. **턴버클** : 지지 막대나 지지 와이어 로프 등의 길이를 조절하기 위한 기구

ㄴ. **인서트** : 행거용 지지철물을 매달기 위해 천장에 매입하는 철물

연습문제

배관지지 장치에서 수직방향 변위가 없는 곳에 사용되는 행거는 어느 것인가?

① 리지드 행거 ② 콘스턴트 행거

③ 가이드 행거 ④ 스프링 행거

해 리지드 행거 : 빔에 턴버클을 연결하고 파이프를 달아 올리는 구조로 수직방향 변위가 없는 곳에 사용

답 ①

배관지지 금속 중 리스트레인트(restraint)에 속하지 않는 것은?

① 행거 ② 앵커
③ 스토퍼 ④ 가이드

관의 지지 장치 : 행거, 서포트, 리스트레인지
리스트레인지의 종류 : 앵커, 스토퍼, 가이드

①

열팽창에 의한 관의 신축으로 배관의 이동을 구속 또는 제한하는 장치는?

① 턴버클 ② 브레이스
③ 리스트 레인트 ④ 행거

리스트 레인트 종류 : 앵커, 스톱, 가이드

③

배관의 행거(hanger)용 지지철물을 달아매기 위해 천장에 매입하는 철물은?

① 턴버클(turnbuckle) ② 가이드(guide)
③ 스토퍼(stopper) ④ 인서트(insert)

턴버클 : 지지 막대나 지지 와이어 로프 등의 길이를 조절하기 위한 기구
가이드 : 배관의 회전을 구속하거나 축방향으로의 방향을 잡아주는 역할
스토퍼 : 배관을 일정한 방향과 회전만 구속하고 다른 방향은 구속하지 않는 것
인서트 : 행거용 지지철물을 매달기 위해 천장에 매입하는 철물

④

배관의 이동 및 회전을 방지하기 위하여 지지점의 위치에 완전히 고정하는 장치는?

① 앵커 ② 행거
③ 가이드 ④ 브레이스

앵커 : 리지드 서포트의 일종이며 관의 이동 및 회전을 방지하기 위해 지지점에서 완전히 고정하는 것

①

(11) 트랩장치

① 증기트랩

ㄱ. 열역학적 트랩 : 디스크형, 오리피스형, 바이패스형

ㄴ. 온도조절식 트랩 : 바이메탈식, 벨로우즈식

ㄷ. 기계적 트랩 : 플로트식(다량트랩), 버킷식(관말트랩)

② **배수트랩**: 배수관에서 발생한 유해가스가 건물 내로 유입되는 것을 방지한다.

ㄱ. 관트랩 : 모양에 따라 S, P, U(하우스)트랩 등이 있다.

ㄴ. 박스트랩: 사용 용도에 따라 벨트랩, 드럼트랩, 그리이스트랩, 가솔린트랩 등이 있다.

연습문제

배수트랩이 하는 역할로 가장 적합한 것은?

① 배수관에서 발생한 유해가스가 건물 내로 유입되는 것을 방지한다.

② 배수관 내의 찌꺼기를 제거하여 물의 흐름을 원활하게 한다.

③ 배수관 내로 공기를 유입하여 배수관 내를 청정하는 역학을 한다.

④ 배수관 내의 공기와 물을 분리하여 공기를 밖으로 빼내는 역할을 한다.

解 배수트랩: 배수관에서 발생한 유해가스가 건물 내로 유입되는 것을 방지한다.

답 ①

배수관에서 발생한 해로운 하수가스의 실내 침입을 방지하기 위해 배수트랩을 설치한다. 배수트랩의 종류가 아닌 것은?

① 가솔린트랩 ② 디스크트랩

③ 하우스트랩 ④ 벨트랩

解 디스크트랩: 스팀트랩(응축수 배출)

답 ②

(12) 패킹

유체의 누설을 방지하는 부품

① **나사용 패킹**: 페인트, 일산화연(납), 액상 합성수지, 실링 테이프

② **플랜지 패킹**: 고무패킹, 석면패킹, 합성수지, 금속패킹, 오일시일 등

③ **글랜드 패킹**: 석면 각형 패킹, 석면 야안 패킹, 아마존 패킹, 몰드 패킹

✓ **고무패킹**: 산·알칼리에 강하나 열과 기름에 침식되어 급수, 배수, 공기 등의 배관에 사용

✓ **일산화연**: 냉매배관에 많이 사용

연습문제

나사용 패킹으로 냉매배관에 많이 사용되며 빨리 굳는 성질을 가진 것은?

① 일산화연 ② 페인트
③ 석면각형 패킹 ④ 아마존 패킹

해 나사용 패킹 : 페인트, 일산화연(납), 액상 합성수지, 실링 테이프
일산화연 : 냉매배관에 많이 사용

답 ①

탄성이 크고 엷은 산이나 알칼리에는 침해되지 않으나 열이나 기름에 약하며, 급수, 배수, 공기 등의 배관에 쓰이는 패킹은?

① 고무 패킹 ② 금속 패킹
③ 글랜드 패킹 ④ 액상 합성수지

해 고무패킹 : 산·알칼리에 강하나 열과 기름에 침식되어 급수, 배수, 공기 등의 배관에 사용

답 ①

(13) 보온재(단열재)

① 구비조건

ㄱ. 열전도율이 작을 것

ㄴ. 비중이 작을 것

ㄷ. 불연성, 내흡습성, 내흡수성일 것

ㄹ. 기계적 강도가 클 것

ㅁ. 수명이 길 것

ㅂ. 방습성이 클 것

② 구분

ㄱ. **유기질 보온재**

- **폼류(기포성수지)** : ❶ 80℃이하 온도에서 사용 ❷ 합성수지, 또는 고무질 재료를 사용하여 다공질 제품으로 만든 것으로 열전도율이 극히 낮고 가벼우며 흡수성은 좋지 않으나 굽힘성은 풍부하다 ❸ 불에 잘 타지 않으며 보온성, 보냉성이 좋다.
- **펠트** : ❶ 100℃ 이하 온도에서 사용 ❷ 양모펠트와 우모펠트가 있으며 아스팔트로 방습한 것은 -60℃까지 유지할 수 있어 보냉용에 사용하며 곡면 부분의 시공이 가능하다.

- **텍스**: ① 120℃ 이하 온도에서 사용 ② 톱밥, 목재, 펄프를 원료로 해서 압축판 모양으로 제작한 것으로 실내벽, 천장 등의 보온 및 방음용으로 사용한다.
- **코르크**: ① 130℃ 이하 온도에서 사용 ② 액체, 기체의 침투를 방지하는 작용이 있어 보냉, 보온 효과가 좋다 ③ 냉수, 냉매배관, 냉각기, 펌프 등의 보냉용에 사용된다.

ㄴ. **무기질 보온재**

- **탄산마그네슘**: ① 250℃ 이하 온도에서 사용 ② 염기성 탄산마그네슘 85%와 석면 15%를 배합하여 물에 개어서 사용할 수 있고 250℃ 이하의 파이프, 탱크의 보냉용으로 사용된다.
- **유리섬유**: ① 300℃ 이하 온도에서 사용 ② 용융상태인 유리에 압축공기 또는 증기를 분사시켜 짧은 섬유 모양으로 만든 것으로 흡수성이 높아 습기에 주의하여야 하며 단열, 내열, 내구성이 좋고 가격도 저렴하여 보온매트, 보온통, 보온판 등으로 많이 사용된다.
- **규조토**: ① 500℃ 이하 온도에서 사용 ② 광물질의 잔해 퇴적물로서 규조토에 석면 또는 삼여물을 혼합하여 만든 것으로 물 반죽하여 시공하며 다른 보온재에 비해 단열 효과가 낮으므로 다소 두껍게 시공한다. ③ 500℃ 이하의 파이프, 탱크, 노벽 등에 사용하며 진동이 있는 곳에 사용을 피한다.
- **석면**: ① 350℃~550℃ 온도에서 사용 ② 아스베스트질 섬유로 되어 있으며 400℃ 이하의 파이프, 탱크, 노벽 등의 보온재로 적합하다.
- **암면**: ① 400℃~600℃ 온도에서 사용 ② 안산암, 현무암에 석회석을 섞어 용융하여 섬유 모양으로 만든 것으로 비교적 싸지만 섬유가 거칠고 꺽어지기 쉽고 보냉용으로 사용할 때에는 방습을 위해 아스팔트 가공을 한다.
- **펄라이트**: ① 650℃ 이하 온도에서 사용 ② 진주암, 흑요석 등을 고온가열하여 팽창시킨 것으로 가볍고 흡습성이 적으며 내화도가 높으며 열전도율은 작다.
- **세라믹파이버**: ① 1300℃ 이하 온도에서 사용 ② ZrO_2(지르코니아)를 주성분으로 압축 성형한 것
- **규산칼슘**: ① 600℃ 이하 온도에서 사용 ② 규조토와 석회석을 주원료로 한 것으로 열전도율이 보온재 중 가장 낮은 것 중의 하나
- **글라스 폼**: ① 350℃ 이하 온도에서 사용 ② 유리분말에 발포제를 가하여 900℃ 정도의 가열용융한 뒤 발포와 동시에 경화시켜 만들며 내구성과 흡습성이 없고 불연성이어서 판이나 통 등 냉장고 등에 많이 사용한다.
- **실리카파이버** : ① 1100℃ 이하 온도에서 사용 ② SiO2(이산화규소)를 주성분으로 압축 성형한 것

ㄷ. 금속질 보온재 : 알루미늄박

연습문제

보온재의 구비 조건 중 틀린 것은?

① 연전도율이 클 것 ② 불연성일 것
③ 내식성 및 내열성이 있을 것 ④ 비중이 적고 흡습성이 적을 것

보온재는 열전도율이 작아야 보온의 효과가 크다.

①

다음 중 무기질 보온재가 아닌 것은?

① 암면 ② 펠트
③ 규조토 ④ 탄산마그네슘

펠트 : 유기성 보온재

②

보온재에 관한 설명으로 틀린 것은?

① 무기질 보온재료는 함면, 유리면 등이 사용된다.
② 탄산마그네슘은 250℃ 이하의 파이프 보온용으로 사용된다.
③ 광명단은 밀착력이 강한 유기질 보온재다.
④ 우모펠트는 곡면시공에 매우 편리하다.

광명단 도료 : 밀착력과 풍화에 강해 페인트 밑칠용으로 사용

③

단열시공 시 곡면부 시공에 적합하고, 표면에 아스팔트 피복을 하면 -60℃ 정도 까지 보냉이 되고 양모, 우모 등의 모(毛)를 이용한 피복재는?

① 실리카울 ② 아스베스토
③ 섬유유리 ④ 펠트

펠트 : 양모와 우모 펠트가 있으며 아스팔트로 방습한 것은 -60℃정도까지 유지할 수 있어 보냉용에 사용하며, 곡면 부분의 시공이 가능하다. 최고사용 온도는 100℃이다.

④

(14) 방청용 도료

① **광명단 도료**: 밀착력과 풍화에 강해 페인트 밑칠용으로 사용

② **산화철 도료**: 도막이 부드럽고 가격이 저렴하나 녹방지 효과는 불량하다.

③ **알루미늄도료**: 열을 잘 반사하고 확산하여 백강관, 난방용 주철제 방열기의 표면 도장용으로 많이 사용

④ **타르 및 아스팔트 도료**: 물과의 접촉을 막아 부식을 방지

⑤ **합성수지도료**: 열에 강하고 전기절연성이 크다.

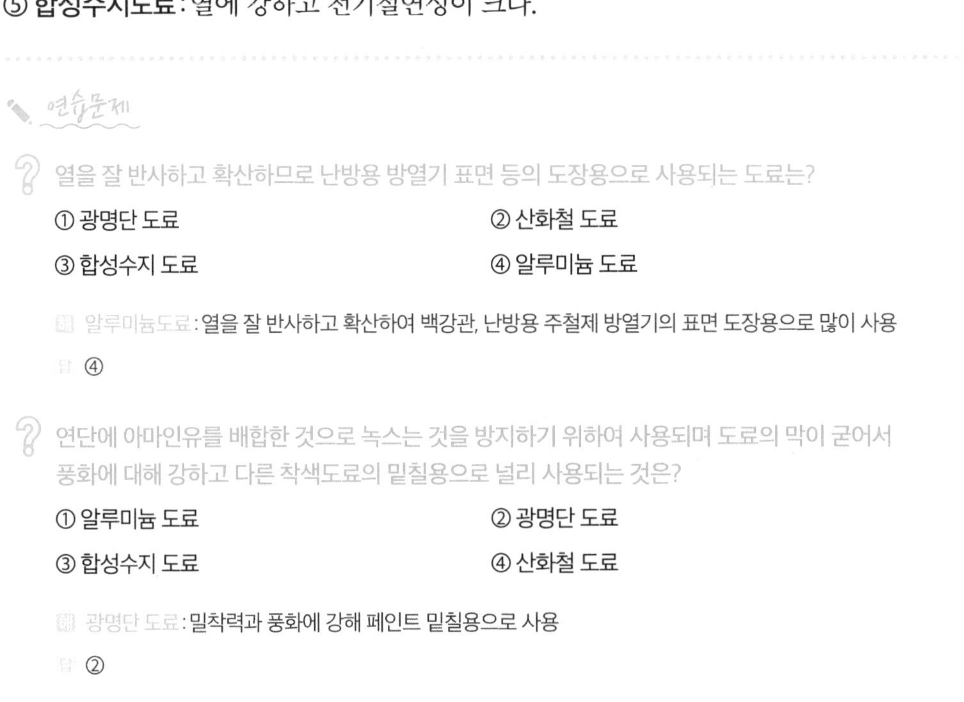

연습문제

열을 잘 반사하고 확산하므로 난방용 방열기 표면 등의 도장용으로 사용되는 도료는?

① 광명단 도료　　② 산화철 도료
③ 합성수지 도료　　④ 알루미늄 도료

해 알루미늄도료: 열을 잘 반사하고 확산하여 백강관, 난방용 주철제 방열기의 표면 도장용으로 많이 사용

답 ④

연단에 아마인유를 배합한 것으로 녹스는 것을 방지하기 위하여 사용되며 도료의 막이 굳어서 풍화에 대해 강하고 다른 착색도료의 밑칠용으로 널리 사용되는 것은?

① 알루미늄 도료　　② 광명단 도료
③ 합성수지 도료　　④ 산화철 도료

해 광명단 도료: 밀착력과 풍화에 강해 페인트 밑칠용으로 사용

답 ②

(15) 기타

① **여과기**(스트레이너): 배관 내에 혼입된 이물질을 제거하는 장치

② **바이패스장치**: 기기의 고장이나 점검을 위해 유체를 다른 방향으로 이동시키는 장치

③ **플렉시블 조인트**: 기기의 진동이 배관에 전달되지 않도록 방진, 방음 역할을 하는 부품

연습문제

압축기의 진동이 배관에 전해지는 것을 방지하기 위해 압축기 근처에 설치하는 것은?

① 팽창밸브 ② 리듀싱
③ 플렉시블 조인트 ④ 엘보

해 플렉시블 조인트 : 압축기나 펌프에 의해 생기는 진동을 흡수해 배관을 보호하는 이음

답 ③

가스배관에서 가스공급을 중단시키지 않고 분해·점검할 수 있는 것은?

① 바이패스관 ② 가스미터
③ 부스터 ④ 수취기

해 바이패스 장치 : 기기의 고장이나 점검을 위해 유체를 다른 방향으로 이동시키는 장치

답 ①

II. 배관공작

1) 배관용 공구

① **파이프 바이스** : 절단, 나사작업시 관을 고정

② **수평(탁상) 바이스** : 관 조립 또는 벤딩시 관을 고정

③ **파이프 커터** : 절단용 공구

④ **파이프 렌치** : 관의 결합 및 해제시 사용

⑤ **파이프 리머** : 절단면의 거스러미를 제거

⑥ **수동 나사절삭기** : 오스타형, 리드형 등

⑦ **동력용 나사절삭기** : 절단, 리머작업, 나사절삭

⑧ **고속 숫돌 절단기** : 연삭 원판을 고속 회전하여 관을 절단

⑨ **산소(가스) 절단기** : 불꽃을 이용하여 절단

⑩ **배관 벤딩용 기계**

✓ 유압식, 로터리식, 수동롤러식

2) 동관용 공구

① **토치램프**: 용접을 위한 가열 공구

② **튜브 벤더**: 벤딩을 위한 공구

③ **플레어링 툴**: 동관의 끝을 나팔 모양으로 만들어 플레어 작업이 가능하도록 하는 공구

④ **사이징 툴**: 동관을 원형으로 정형하는 공구

⑤ **익스팬더(확관기)**: 동관 끝을 확관하기 위한 공구

⑥ **튜브커터**: 절단용 공구

⑦ **리머**: 절단면 안쪽의 거스러미를 제거

3) 주철관

① 납 용해용 공구세트

② **클립**: 소켓 접합 시 납물의 비산방지용 공구

③ **코킹 정**: 소켓 접합 시 얀을 박아 넣거나 납을 다져 코킹하는 정

④ **링크형 파이프 커터**: 절단용 공구

✓ **얀**: 테프론 같이 긴 섬유를 여러가닥 꼬아서 만든 실

✓ **코킹**: 이음매 또는 균열 등의 틈을 메우는 작업

4) 연관용 공구

① **연관톱**: 절단용 공구

② **봄볼**: 주관에 구멍을 뚫는 공구

③ **드레서**: 연관 표면의 산화피막 제거용 공구

④ **벤드벤**: 연관 굽힘 작업에 사용

⑤ **턴핀**: 접합을 위해 관 끝을 확대하는 공구

⑥ **맬릿**: 나무망치

⑦ **토치램프**: 용접을 위한 가열 공구

연습문제

배관 작업 시 동관용 공구와 스테인리스 강관용 공구로 병용해서 사용할 수 있는 공구는?

① 익스팬더 ② 튜브커터

③ 사이징 툴 ④ 플레어링 툴 세트

해 튜브커터 : 동관 절단 공구(스테인리스 강관 사용 가능)

답 ②

III. 배관도시법

1) 치수표시

① **단위** : mm

② 강관의 호칭 지름

✓ ***A*** : mm, ***B*** : inch

2) 유체 표시기호

종류	기호	색채
물	W	청색
공기	A	백색
증기	S	진한 적색
가스	G	황색
유류	O	진한 주황

3) 높이표시

① GL(Ground Level) : 지면의 높이를 기준으로 하여 높이를 표시한 것

② FL(Floor Level) : 층의 바닥면을 기준으로 하여 높이를 표시한 것

③ EL(Elevation Line) : 배관의 높이를 관의 중심을 기준으로 표시한 것

④ TOP(Top of Pipe) : 관의 윗면까지의 높이를 표시한 것

⑤ BOP(Bottom of Pipe) : 관의 아래면까지의 높이를 표시한 것

4) 관의 접속상태

접속상태	실제모양	도시기호	굽은 상태	실제모양	도시기호
접속하지 않을 때			파이프 A가 앞쪽 수직으로 구부러질 때	A	A
접속하고 있을 때			파이프 B가 뒤쪽 수족으로 구부러 질때	B	B
분기하고 있을 때			파이프 C가 뒤쪽으로 구부러져서 D에 접속될 때	C D	C D

5) 배관의 이음상태

종류	도시기호	종류	도시기호
일반 (나사형)		엘보 또는 벤드	
플랜지형		T	
턱걸이형 (소켓)		크로스	
막힌플랜지형		신축 이음	
유니언형		용접 이음	
		납땜 이음	

6) 밸브 표시

종류	도시기호	종류	도시기호
밸브 일반		버터플라이 밸브	또는
게이트 밸브		앵글 밸브	
글로브 밸브		3방향 밸브	
체크 밸브	또는	안전 밸브	
볼 밸브		콕 일반	

7) 배관의 말단표시

끝부분의 종류	그림 기호
블라인더(막힌 플랜지) 스냅커버 플랜지	
나사 박음식 캡 및 나사 박음식 플러그	
용접식 캡	
체크 조인트	
핀치 오프	

8) 부속품

종류	도시기호	종류	도시기호
스트레이너	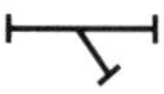 또는 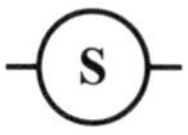 S	스프레이	
드라이어	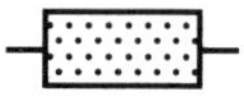 또는 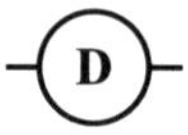 D	팽창 이음쇠	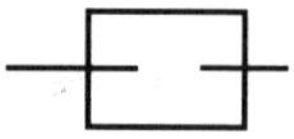
필터 드라이어	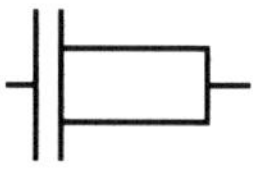 또는 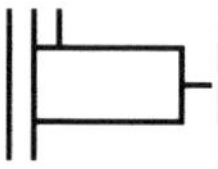	플렉시블 이음쇠	
사이트 글래스	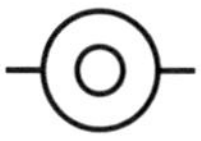	파열판	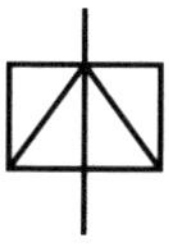

9) 계기표시

계기의 종류	그림 기호	계기의 종류	그림 기호
계기 일반			
압력계	 P	압력지시계	 PI
온도계	 T	온도지시계	 TI
유량계	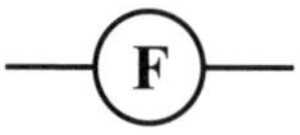 F	유량지시계	 FI
액면계	 LG		

연습문제

건물 1층의 바닥면을 기준으로 배관의 높이를 표시할때 사용하는 기호는?

① EL
② GL
③ FL
④ UL

FL : 1층의 바닥면을 기준으로 한 높이 표시

③

관의 결합방식 표시방법 중 용접식 기호로 옳은 것은?

①
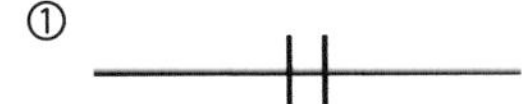

②
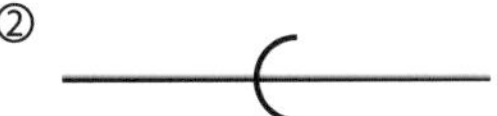

③

④
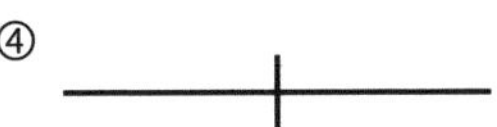

① 플랜지, ② 턱걸이(소켓이음), ③ 용접, ④ 나사용

③

다이어프램 밸브의 KS 그림기호로 맞는 것은?

①
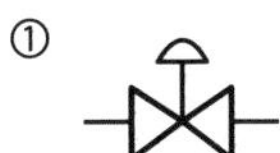

②
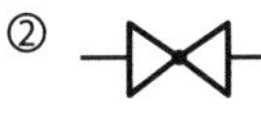

③

④
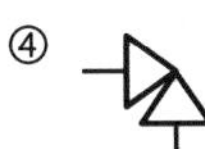

① 다이어프램, ② 글로브밸브, ③ 체크밸브, ④ 앵글밸브

①

다음 중 소켓식 이음을 나타내는 기호는?

①
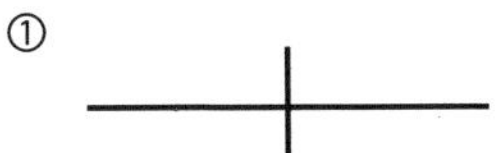

②
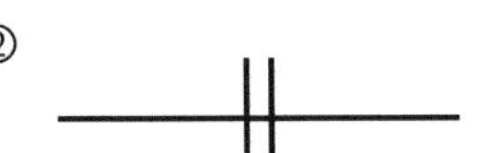

③
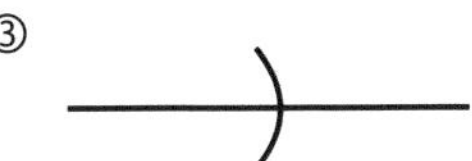

④
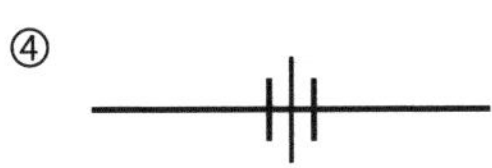

① 나사 이음, ② 플랜지 이음, ③ 소켓 이음, ④ 유니언 이음

③

다이어프램 밸브의 KS 그림기호로 맞는 것은?

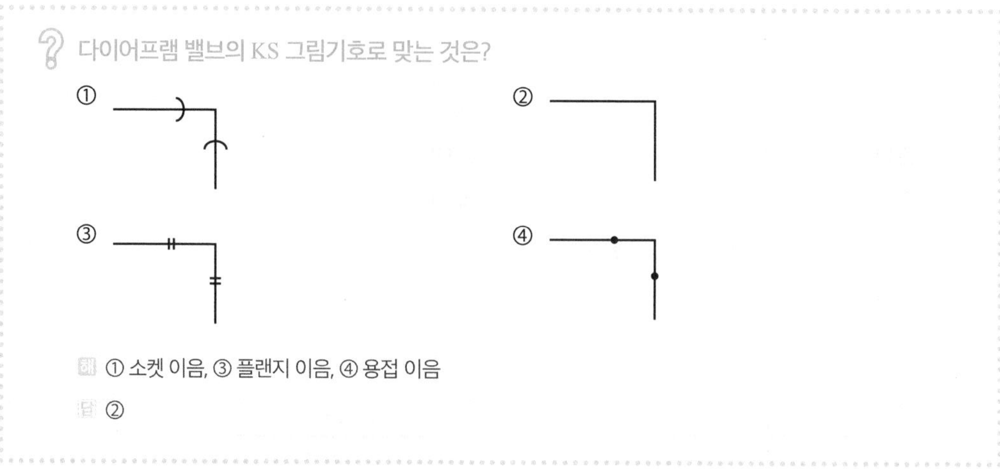

해 ① 소켓 이음, ③ 플랜지 이음, ④ 용접 이음

답 ②

IV. 급수설비

1) 급수방식의 종류 및 특징

(1) 수도직결 방식

① 설비비가 싸다.

② 급수오염이 적다.

③ 급수 높이가 낮다.

④ 정전시에도 급수가 가능

⑤ 고층건물에 부적합하며 소규모에 적합

✓ **공급순서**: 수도본관→지수전→양수기→급수전

(2) 고가(옥상)탱크 방식

① 정전, 단수시에도 탱크의 물을 사용할 수 있다.

② 급수오염의 우려가 있다.

③ 급수압이 일정하다.

④ 대규모에 급수시설에 적합하다.

⑤ 설비비 및 경상비가 많이든다.

✓ **공급순서**: 수도본관→저수조→양수펌프→양수관→옥상탱크→급수관→급수전

(3) 압력탱크 방식

① 탱크 설치 위치에 제한이 없다.

② 급수압이 일정하지 않다.

③ 정전, 펌프 고장시 단수

④ 설비비가 비싸다.

⑤ 펌프의 축동력, 필요압력, 탱크의 용적, 펌프의 양수량 등을 고려하여 설계한다.

⑥ 대규모의 경우 공기압축기를 설치한다.

✓ **공급순서**: 수도본관→저수조→펌프→압력탱크→급수관→급수전

(4) 탱크없는 부스터 방식

① 정전시 단수

② 설비비가 비싸다.

③ 수리가 어렵다.

④ 전력소비가 많다.

✓ **공급순서**: 수도본관→저수조→부스터 펌프→급수관→급수전

위생기구 최저 필요 압력(kg/㎠)

- 일반수전: 0.3
- 세정밸브, 자동밸브, 샤워: 0.7
- 살수전: 2.0
- 순간온수기(소): 0.1
- 순간온수기(중): 0.4
- 순간온수기(대): 0.5

연습문제

고가 탱크식 급수설비에서 급수경로를 바르게 나타낸 것은?

① 수도본관 → 저수조 → 옥상탱크 → 양수관 → 급수관

② 수도본관 → 저수조 → 양수관 → 옥상탱크 → 급수관

③ 저수조 → 옥상탱크 → 수도본관 → 양수관 → 급수관

④ 저수조 → 옥상탱크 → 양수관 → 수도본관 → 급수관

해 고가탱크 방식: 수도본관 → 저수조 → 양수펌프 → 양수관 → 옥상탱크 → 급수관 → 급수전

답 ②

옥상탱크식 급수방식의 배관계통의 순서로 옳은 것은?

① 저수탱크 → 양수펌프 → 옥상탱크 → 양수관 → 급수관 → 수도꼭지

② 저수탱크 → 양수관 → 양수펌프 → 급수관 → 옥상탱크 → 수도꼭지

③ 저수탱크 → 양수관 → 급수관 → 양수펌프 → 옥상탱크 → 수도꼭지

④ 저수탱크 → 양수펌프 → 양수관 → 옥상탱크 → 급수관 → 수도꼭지

해 옥상탱크식 급수방식 : 수도본관 → 저수조 → 양수펌프 → 양수관 → 옥상탱크 → 급수관 → 급수전

답 ④

급수방식 중 고가탱크방식의 특징에 대한 설명으로 틀린 것은?

① 다른 방식에 비해 오염가능성이 적다.

② 저수량을 확보하여 일정 시간동안 급수가 가능하다.

③ 사용자의 수도꼭지에서 항상 일정한 수압을 유지한다.

④ 대규모 급수 설비에 적합하다.

해 ① 다른 방식에 비해 오염가능성이 크다.

답 ①

압력 탱크식 급수법에 대한 특징으로 틀린 것은?

① 압력탱크의 제작비가 비싸다.

② 고양정의 펌프를 필요로 하므로 설비비가 많이 든다.

③ 대규모의 경우에도 공기압축기를 설치할 필요가 없다.

④ 취급이 비교적 어려우며 고장이 많다.

해 압력 탱크식 급수법 : 대규모의 경우 공기압축기를 설치한다.

답 ③

고가탱크 급수방식의 특징에 관한 설명으로 틀린 것은?

① 항상 일정한 수압으로 급수할 수 있다.

② 수압의 과대 등에 따른 밸브류 등 배관 부속품의 파손이 적다.

③ 취급이 비교적 간단하고 고장이 적다.

④ 탱크는 기밀 제작이므로 값이 싸진다.

해 ④ 탱크는 기밀 제작이므로 값이 비싸진다.

답 ④

2) 급수량 산정

① 1일당 급수량(Q_d)[L/d] = 건물의 사용인원(N) × 1일 1인당 급수량(q)

② 시간 평균 예상 급수량(Q_h)[L/h] = $\dfrac{1\text{일당 급수량}(Q_d)}{\text{건물평균사용시간}(T)}$

③ 시간 최대 예상 급수량(Q_m)[L/h] = 1.5~2 × 시간 평균 예상 급수량(Q_h)

④ 순간 최대 예상 급수량(Q_p)[L/min] = $\dfrac{3 \sim 4 \times \text{시간평균예상급수량}(Q_h)}{60}$

⑤ 건물의 급수량 산정 기준

❶ 사용 인원수 ❷ 설치 될 기구 수 ❸ 건물 유효면적

연습문제

10세대가 거주하는 아파트에서 필요한 하루의 급수량은?(단, 1세대 거주인원은 4명, 1일 1인당 사용수량은 100L로 한다.)

① 3000L　② 4000L
③ 5000L　④ 6000L

급수인구 = 10세대 × 4인 = 40명
급수량 = 급수인구 × 1인당 사용수량 = 40 × 100 = 4,000[L]

②

다음 중 건물의 급수량 산정의 기준과 가장 거리가 먼 것은?

① 건물의 높이 및 층수　② 건물의 사용 인원수
③ 설치될 기구의 수량　④ 건물의 유효면적

건물의 급수량 산정 기준 : 사용 인원수, 설치 될 기구 수, 건물 유효면적

①

3) 고층 건물의 급수배관 방식

❶ 층별식 ❷ 중계식 ❸ 압력조정 펌프식 ❹ 압력탱크식

4) 급수배관의 시공

① **급수관의 구배** : 1/250

② **각층 수평주관** : 선상향 구배

③ **하향배관법에서 수평주관** : 선하향 주배

5) 수격작용(Water Hammer) 원인과 방지대책

(1) 원인

① 밸브의 급속한 개폐

② 배관경이 작을 경우

③ 수압이 과대할 경우

④ 유속이 빠를 경우

⑤ 굴곡부가 많거나 유수의 급정지시

(2) 방지대책

① 유속을 2m/s 이하로 한다.

② 관경을 크게 한다.

③ 굴곡을 줄인다.

④ 밸브 개폐를 천천히 한다.

⑤ 공기실을 설치한다.

⑥ 펌프에 플라이 휠 설치

⑦ 조압수조 설치

연습문제

급수배관에서 수격작용 발생개소로 가장 거리가 먼 것은?

① 관내 유속이 빠른 곳　② 구배가 완만한 곳

③ 급격히 개폐되는 밸브　④ 굴곡개소가 있는 곳

해 수격작용의 원인 : ㉠ 밸브의 급속한 개폐, ㉡ 배관경이 작을 경우, ㉢ 수압이 과대할 경우, ㉣ 유속이 빠를 경우, ㉤ 굴곡부가 많거나 유수의 급정지시

답 ②

6) 펌프

(1) 원심펌프

① **볼류트 펌프**: 가이드베인이 없고 저양정에 사용

② **터빈펌프**: 가이드베인이 설치되고 고양정에 사용

③ **기어펌프**: 기름 이송에 사용

(2) 펌프의 축동력

$$KW = \frac{r \cdot Q \cdot H}{102 \times 60 \times \eta_P}$$

✓ $\boldsymbol{Q}$: 유량[㎥/min], $\boldsymbol{r}$: 비중량[kg/㎥], $\boldsymbol{\eta}_p$: 펌프효율, $\boldsymbol{H}$: 양정[m]

(3) 펌프의 상사법칙

① **토출**: 토출은 회전수에 비례

$$Q_2 = Q_1\left(\frac{N_2}{N_1}\right)$$

② **양정**: 양정은 회전수의 2승에 비례

$$H_2 = H_1\left(\frac{N_2}{N_1}\right)^2$$

③ **축동력**: 축동력은 회전수의 3승에 비례

$$KW_2 = KW_1\left(\frac{N_2}{N_1}\right)^3$$

④ **펌프의 구경결정**

$$Q = AV = \frac{\pi}{4}d^2 \cdot V$$

$$d = \sqrt{\frac{4Q}{\pi V}}$$

✓ $\boldsymbol{Q}$ = 유량[㎥/s], $\boldsymbol{A}$: 단면적[㎡], $\boldsymbol{V}$: 유속[m/s], $\boldsymbol{d}$: 내경[m]

⑤ **공동**(캐비테이션)**현상**

ㄱ. **원인**

- 유속이 빠르고 흡입양정이 클 경우
- 유체의 온도가 높을 경우

- 펌프의 설치 위치가 수원보다 높을 경우
- 흡입관경이 작고 길이가 길 때
- 흡입관의 마찰저항이 클 경우
- 흡입관에서 공기 누입 시
- 날개차의 원주속도가 클 경우
- 날개차의 모양이 적당하지 않을 경우

ㄴ. **방지책**

- 흡입측 손실수두를 작게 한다.
- 펌프의 설치 위치를 낮춘다.
- 펌프의 회전수를 낮춘다.
- 양흡입 펌프를 사용한다.
- 흡입관경을 크게 하거나 배관을 짧게 한다.

⑥ **서징현상**(맥동현상) : 펌프를 운전할 때 송출압력과 유량이 주기적으로 변동하여 펌프 입구 및 출구에 설치된 진공계, 압력계의 지침이 흔들리고 토출배관에 진동 및 소음이 발생되는 현상

⑦ **배관의 마찰손실수두**

$$H_L = f \cdot \frac{l}{d} \cdot \frac{v^2}{2g} [mAq]$$

✓ f : 관마찰계수, d : 배관의 내경(m), l : 관의길이(m), V : 유속(m/s), g : 중력가속도(m/s^2)

V. 급탕설비

1) 급탕방법의 구분 및 특징

(1) 개별식

① **구분**

❶ 순간식 ❷ 저탕식 ❸ 기수혼합식

② **순간식, 저탕식 특징**

ㄱ. 열손실이 적다.

ㄴ. 증설이 용이하다.

ㄷ. 소규모에 적합하다.

③ 기수혼합식 특징

ㄱ. 스팀 사일렌서로 저탕조에 직접 증기를 불어넣어 가열

ㄴ. 열효율이 100%

ㄷ. 소음이 크다.

ㄹ. 소음제거를 위해 사일렌서 설치

ㅁ. 사용 증기압 약 1~4kg/㎠

④ 개별식의 특징

ㄱ. 소규모에 사용된다.

ㄴ. 시설비가 적게든다.

ㄷ. 급탕의 개설 및 증설이 용이하다.

ㄹ. 배관의 열손실이 적다.

ㅁ. 급탕개소마다 설치장소가 필요하다.

(2) 중앙식

① 구분

❶ 직접가열식 ❷ 간접가열식

② 특징

구분	직접 가열식	간접 가열식
가열장소	온수보일러	난방용 보일러
보일러	고압보일러	저압보일러
스케일 유무	많음	적음
가열코일	무	유
열효율	높음	낮음
적용	소규모	대규모

ㄱ. 설비비가 많이드나 관리비는 적게든다.

ㄴ. 동시사용률을 고려하여 총 용량을 적게할 수 있다.

ㄷ. 배관의 열손실이 개별식에 비해 크다.

ㄹ. 열효율이 좋다.

ㅁ. 비교적 연료비가 적게든다.

ㅂ. 증설 후 배관공사가 어렵다.

2) 급탕온도

표준급탕온도: 60℃(60kcal/kg)

3) 급탕량 산정법

① 인원수에 의한 방법

② 기구수에 의한 방법

③ 급탕 단위에 의한 방법

4) 배관방식의 분류

(1) 배관방식

① 단관식

② 복관식

③ 역환수관식

(2) 순환방식

① 자연순환식(중력식)

② 강제순환식(펌프식)

ㄱ. **펌프의 전양정**: 배관길이 200m마다 펌프의 전양정은 1m가 추가로 필요하다.

$$H = 0.01 \times (\frac{L}{2} + \ell)$$

✓ ***H***: 전양정[m], ***L***: 급탕주관길이[m], ***ℓ***: 환탕주관길이[m]

(3) 공급방식

① 상향식

② 하향식

③ 상하향식

5) 급탕관경

① **급탕관**: 최소 20mm 이상

② **반탕관**: 급탕관보다 한단계 작은 치수

③ **단관식**: 급수 관경보다 한단계 큰 치수

6) 배관의 구배

① **상향식**: 급탕관 - 선상향, 복귀관 - 선하향 구배

② **하향식**: 급탕관 - 선하향, 복귀관 - 선하향

③ **중력 순환식**: 1/150

④ **강제 순환식**: 1/200

7) 급탕배관의 수압시험

최고 사용압력의 2배 이상으로 10분간

8) 슬리브(Sleeve)

급탕배관이 벽이나 바닥을 통과할 때 설치되며 관의 신축이 자유롭고 배관의 교체나 수리가 용이하다.

9) 급탕배관 시공시 고려사항

① 배관구배

② 관의 신축

③ 배관재료

④ 보온

⑤ 공기체류 방지

✓ 공기빼기 밸브는 계통의 가장 높은 곳에 설치

⑥ 배관지지

⑦ 개폐밸브 설치

10) 탕의 혼합

냉수와 온수를 혼합하면 열평형에 의해 혼합온도를 구할 수 있다.

$$t_m = \frac{G_1 t_1 + G_2 t_2}{G_1 + G_2}$$

✓ G : 수량[ℓ], t : 온도[℃]

연습문제

급탕 주관의 배관길이가 300m, 환탕 주관의 배관길이가 50m 일 때 강제순환식 온수순환 펌프의 전 양정은 얼마인가?

① 5m ② 3m

③ 2m ④ 1m

해 $H = 0.01 \times (\frac{L}{2} + \ell) = 0.01 \times (\frac{300}{2} + 50) = 2[m]$

답 ③

개별식 급탕법에 비해 중앙식 급탕법의 장점으로 적합하지 않은 것은?

① 배관의 길이가 짧아 열손실이 적다.

② 탕비 장치가 대규모이므로 열효율이 좋다.

③ 초기시설비가 비싸지만 경상비가 적어 대규모 급탕에는 경제적이다.

④ 일반적으로 다른 설비기계류와 동일한 장소에 설치되므로 관리상 유효하다.

해 중앙식은 개별식에 비해 배관 거리가 길어 열손실이 크다.

답 ①

급탕배관 시공 시 고려 사항으로 틀린 것은?

① 자동 공기 빼기 밸브는 계통의 가장 낮은 위치에 설치한다.

② 복귀탕의 역류 방지를 위해 설치하는 체크밸브는 탕의 저항을 적게 하기 위해 2개 이상 설치하지 않는다.

③ 배관의 구배는 중력 순환식의 경우 1/150 정도로 해준다.

④ 하향공급식은 급탕관, 복귀관 모두 선하향 배관 구배로 한다.

해 공기는 배관의 상부로 흐르기 때문에 공기빼기 밸브는 계통의 가장 높은 곳에 설치한다.

답 ①

중앙식 급탕방식의 장점으로 가장 거리가 먼 것은?

① 기구의 동시 이용률을 고려하여 가열장치의 총용량을 적게 할 수 있다.

② 기계실 등에 다른 설비 기계와 함께 가열장치 등이 설치되기 때문에 관리가 용이하다.

③ 배관에 의해 필요 개소에 어디든지 급탕할 수 있다.

④ 설비 규모가 작기 때문에 초기 설비비가 적게 든다.

해 중앙식은 대규모이므로 설비비가 많이 드나 관리비는 적게 든다.

답 ④

급탕 배관 시공 시 배관 구배로 가장 적당한 것은?

	강제순환식	중력순환식
①	1/100	1/50
②	1/50	1/100
③	1/100	1/100
④	1/200	1/150

해 급탕 배관의 구배

중력 순환식 : 1/150, 강제 순환식 : 1/200

답 ④

급탕설비에서 80℃의 물 300L와 20℃의 물 200L를 혼합시켰을 때 혼합탕의 온도는 얼마인가?

① 42℃ ② 48℃

③ 56℃ ④ 62℃

해 혼합온도(t_m)

$$= \frac{G_1 t_1 + G_2 t_2}{G_1 + G_2} = \frac{300 \times 80 + 200 \times 20}{300 + 200} = 56[°C]$$

답 ③

기수 혼합식 급탕기를 사용하여 물을 가열할 때 열 효율은?

① 100% ② 90%

③ 80% ④ 70%

해 기수혼합식은 저탕조에 직접 증기를 분사하여 가열하므로 열 효율은 100%가 된다.

답 ①

PART 1 기초 열역학 PART 2 냉동공학 PART 3 공기조화 PART 4 배관일반 PART 5 전기제어공학

기수 혼 합 급탕기에서 증기를 물에 직접 분사시켜 가열하면 압력차로 인해 발생하는 소음을 줄이기 위해 사용하는 설비는?

① 안전밸브　　② 스팀 사일렌서
③ 응축수 트랩　　④ 가열코일

해 기수혼합식 : 스팀 사일렌서로 저탕조에 직접 증기를 불어넣어 가열

답 ②

개별식(국소식)급탕방식의 특징으로 틀린 것은?

① 배관설비 거리가 짧고 배관에서의 열손실이 적다.
② 급탕장소가 많은 경우 시설비가 싸다.
③ 수시로 급탕하여 사용할 수 있다.
④ 건물의 완성 후에도 급탕장소의 증설이 비교적 쉽다.

해 ② 급탕장소가 많아진 만큼 시설비가 비싸진다.

답 ②

급탕배관 시공 시 주요 고려사항으로 가장 거리가 먼 것은?

① 배관 구배　　② 배관 재료의 선택
③ 관의 신축과 영향　　④ 관내 유체의 물리적 성질

해 유체의 물리적 성질은 시공 시 고려사항에 해당 되지 않는다.

답 ④

급탕설비에 사용되는 저탕조에서 필요한 부속품으로 가장 거리가 먼 것은?

① 안전밸브　　② 수위계
③ 압력계　　④ 온도계

해 저탕조는 거의 만수상태로 유지되며 수위계는 보일러에 설치된다.

답 ②

VI. 난방설비

1) 난방설비의 분류

① **직접난방** : 증기, 온수, 복사난방

② **간접난방** : 온풍난방

2) 증기난방

증기의 응축잠열을 이용한 난방

(1) 분류

① 압력

ㄱ. 고압식 : 1kg/㎠ 이상

ㄴ. 저압식 : 1kg/㎠ 미만

ㄷ. 진공식 : 증기압 1kg/㎠에서 진공압 200mmHg 정도의 증기를 사용

② 배관방식

ㄱ. 단관식 : 증기와 응축수가 하나의 관속을 흐르는 배관방식

ㄴ. 복관식 : 증기와 응축수가 각기 다른 배관으로 흐르는 배관방식

③ 공급방식

ㄱ. 상향식 : 증기주관을 건물 하부에 설치하여 상향으로 공급

ㄴ. 하향식 : 증기주관을 건물 상부에 설치하여 하향으로 공급

④ 환수 배관방식

ㄱ. 건식 : 응축수 환수관이 보일러 수면보다 위에 설치

ㄴ. 습식 : 응축수 환수관이 보일러 수면보다 아래에 설치

⑤ 응축수 환수방식

ㄱ. 중력환수식 : 응축수를 중력에 의해 환수

ㄴ. 기계환수식 : 응축수를 펌프로 급수

ㄷ. 진공환수식

- 응축수를 진공펌프로 환수하고 펌프로 급수
- 응축수 환수가 가장 빠르고 대규모에 사용
- 진공도 : 100~250mmHg

(2) 구배

① 증기관

ㄱ. 순구배 : 1/100~1/200

ㄴ. 역구배 : 1/50~1/100

② 환수관

순구배 : 1/200~1/300

③ 단관 중력 환수관

ㄱ. 상향 공급식 : 1/100~1/200 하향 구배

ㄴ. 하향 공급식 : 1/50~1/100 하향 구배

④ 복관 중력 환수식

건식 : 1/200 끝내림 구배

⑤ 진공환수식

1/200~1/300 끝내림 구배

(3) 특징

① 장점

ㄱ. 열 운반 능력이 크므로 시설비가 싸다.

ㄴ. 예열시간이 짧다.

ㄷ. 방열면적이 작아도 된다.

ㄹ. 관경이 작아도 된다.

ㅁ. 한랭지에서 동결우려가 적다.

ㅂ. 용량 제어가 쉽다.

② 단점

ㄱ. 방열량 조절이 어렵다.

ㄴ. 실내 상하온도차가 커서 쾌감도가 떨어진다.

ㄷ. 증기해머로 소음이 발생한다.

ㄹ. 응축수배관의 부식 우려가 있다.

ㅁ. 취급에 기술자가 필요하다.

(4) 기타

① 증기속도

ㄱ. 저압증기 : 35m/s 이하

ㄴ. 고압증기 : 45m/s 이하

② **하트포트이음**: 보일러내 저수위 방지를 위해 증기관과 환수주관 사이에 표준수위에서 50[mm] 아래에 균형관을 설치하고 안전저수면보다 높은 위치에 환수관을 접속

③ **증기헷더**: 보일러에서 발생한 증기를 각 사용처로 공급하는 장치

④ **인젝터**: 펌프고장 또는 정전시 급수를 위한 보조급수장치

⑤ **증기트랩**: 증기 중 응축수를 분리하는 장치

⑥ **냉각레그**: 증기 주관 내 응축수만을 건식 환수관으로 배출하기 위한 장치

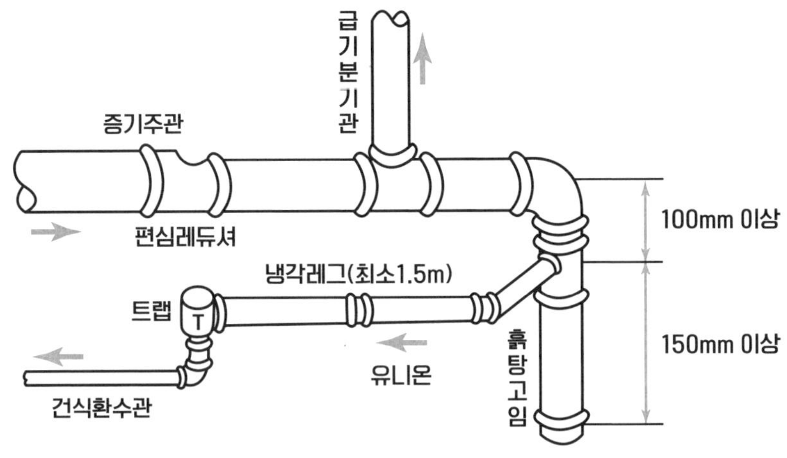

⑦ 리프트 이음

ㄱ. 진공환수식 난방 장치에서 환수관이 방열기보다 높은 곳에 설치될 때

ㄴ. 환수주관보다 높은 곳에 진공펌프를 설치할 때 환수관의 응축수를 끌어 올릴 수 있다.

연습문제

증기난방에 고압식인 경우 증기 압력은?

① 0.15 ~ 0.35kgf/cm^2 미만
② 0.35 ~ 0.72kgf/cm^2 미만
③ 0.72 ~ 1kgf/cm^2 미만
④ 1kgf/cm^2 이상

해 증기난방의 고압식 압력 : 1[kgf/cm^2] 이상

답 ④

배관의 지름은 유속에 따라 결정된다. 저압 증기관에서의 권장유속으로 적당한 것은?

① 10 ~ 15m/s
② 20 ~ 30m/s
③ 35 ~ 45m/s
④ 50m/s 이상

해 저압 증기관의 유속 : 35m/s 이하, 고압 증기관의 유속 : 45m/s 이하

답 ②

증기난방에 관한 설명으로 옳지 않은 것은?

① 열매온도가 높아 방열면적이 작아진다. ② 예열시간이 짧다.
③ 부하변동에 따른 방열량의 제어가 곤란하다. ④ 증기의 증발현열을 이용한다.

解 증기난방 : 증기의 응축잠열을 이용

답 ④

온수난방과 비교한 증기난방 방식의 장점으로 가장 거리가 먼 것은?

① 방열면적이 작다. ② 설비비가 저렴하다.
③ 방열량 조절이 용이하다. ④ 예열시간이 짧다.

解 온수난방 : 방열량 조절이 용이

답 ③

증기난방 방식 중 대규모 난방에 많이 사용하고 방열기의 설치 위치에 제한을 받지 않으며 응축수 환수가 가장 빠른 방식은?

① 진공환수식 ② 기계환수식
③ 중력환수식 ④ 자연환수식

解 진공환수식 : 진공도가 100~250mmHg이며 응축수 환수가 가장 빠르다.

답 ①

진공환수식 증기난방법에 관한 설명으로 옳은 것은?

① 다른 방식에 비해 관 지름이 커진다.
② 주로 중·소규모 난방에 많이 사용된다.
③ 환수관 내 유속의 감소로 응축수 배출이 느리다.
④ 환수관의 진공도는 100~200mmHg 정도로 한다.

解 ① 다른 방식에 비해 관 지름이 작아도 된다.
② 주로 중·대규모 난방에 많이 사용된다.
③ 환수관 내 유속의 증가로 응축수 배출이 빠르다.

답 ④

온수난방과 비교하여 증기난방 방식의 특징이 아닌 것은?

① 예열시간이 짧다. ② 배관부식 우려가 적다.
③ 용량제어가 어렵다. ④ 동파우려가 크다.

解 증기난방은 온수난방에 비해 고온고압이므로 배관 부식의 우려가 크다.

답 ②

건식 진공 환수배관의 증기주관의 적절한 구배는?

① 1/100 ~ 1/150의 선하(先下)구배　② 1/200 ~ 1/300의 선하(先下)구배
③ 1/350 ~ 1/400의 선하(先下)구배　④ 1/450 ~ 1/500의 선하(先下)구배

해 진공환수식구배 : 1/200 ~ 1/300 끝내림 구배

답 ②

증기난방설비에 있어서 응축수 탱크에 모아진 응축수를 펌프로 보일러에 환수시키는 환수 방법은?

① 중력 환수식　② 기계 환수식
③ 진공 환수식　④ 지역 환수식

해 ① 중력환수식 : 응축수를 중력에 의해 환수
② 기계환수식 : 응축수를 펌프로 급수
③ 진공환수식 : 응축수를 진공펌프로 환수하고 펌프로 급수

답 ②

증기난방의 단관 중력 환수식 배관에서 증기와 응축수가 동일한 방향으로 흐르는 증기관순류관의 구배로 적당한 것은?

① 1/50 ~ 1/100　② 1/100 ~ 1/200
③ 1/150 ~ 1/250　④ 1/200 ~ 1/300

해 단관 중력 환수관 : ㉠ 순류관 : 1/100 ~ 1/200 순구배, ㉡ 역류관 : 1/50 ~ 1/100 역구배

답 ②

3) 온수난방

온수의 현열을 이용한 난방

(1) 분류

① 순환방식

ㄱ. 중력순환식 : 온도차에 의해 생기는 대류작용에 의해 순환

ㄴ. 강제순환식 : 펌프를 이용하여 순환

② 배관방식

ㄱ. 단관식 : 온수 공급관과 환수관이 하나의 배관으로 구성

ㄴ. 복관식 : 온수 공급관과 환수관이 각기 배관으로 구성

ㄷ. **역환수관**: 온수 공급관과 환수배관의 길이가 같아 온수가 균등하게 공급

③ **공급방식**

ㄱ. **상향식**: 온수 공급관을 최하부에 설치하여 상향으로 공급

ㄴ. **하향식**: 온수 공급관을 최상부에 설치하여 하향으로 공급

④ **온수온도**

ㄱ. **고온수식**: 온수 온도 100℃ 이상

ㄴ. **저온도식**: 온수 온도 100℃ 미만

(2) 팽창탱크

온수의 팽창으로 배관이 파손되는 것을 방지

✓ 팽창관 도중에는 밸브를 설치하지 않는다.

(3) 구배

① 팽창탱크 방향으로 1/250 이상 구배

② **단관 중력 환수식**: 주관은 하향구배

③ **복관 중력 환수식**

ㄱ. **상향공급식**: 공급관 - 상향구배환수관 - 하향구배

ㄴ. **하향공급식**: 모두 하향구배

④ **강제순환식**: 구배를 자유롭게 하되 공기가 체류하지 않도록 한다.

4) 복사난방

바닥에 매립된 온수배관으로 인해 발생되는 대류와 복사열로 난방

① **패널의 종류**: 천정, 벽, 바닥

② **관매설 깊이**: 관 상단에서 관경의 1.5~2배 이상

③ **배관길이**: 구역당 50m 이하

연습문제

난방방식과 열매체의 연결이 틀린것은?

① 개별 스토브-공기 ② 온풍 난방-공기

③ 가열 코일 난방-공기 ④ 저온 복사 난방-공기

해 복사 냉난방 : 실내 바닥이나 벽 패널에 코일을 매설하여 냉수나 온수를 통과시키고 천장을 통해 공기를 동시에 송풍시켜 공조하는 방식

답 ④

다음 중 직접 난방방식이 아닌 것은?

① 승기난방 ② 온수난방

③ 복사난방 ④ 온풍난방

해 직접난방 : 방열기를 이용하여 직접 난방하는 방식
간접난방 : 방열기 없이 열원장치에서 가열된 공기를 실내로 보내 난방하는 방식

답 ④

물은 가열하면 팽창하여 급탕탱크 등 밀폐가열장치 내의 압력이 상승한다. 이 압력을 도피시킬 목적으로 설치하는 관은?

① 배기관 ② 팽창관

③ 오버플로관 ④ 압축 공기관

해 팽창관 : 온수의 팽창으로 배관이 파손되는 것을 방지하는 팽창탱크에 연결되는 배관

답 ②

온수난방에서 역귀환방식을 채택하는 주된 이유는?

① 순환펌프를 설치하기 위해 ② 배관의 길이를 축소하기 위해

③ 열손실과 발생소음을 줄이기 위해 ④ 건물 내 각 실의 온도를 균일하게 하기 위해

해 역환수관 : 온수 공급관과 환수배관의 길이가 같아 온수가 균등하게 공급

답 ④

관 내에 분리된 증기나 공기를 배출하고 물의 팽창에 따른 위험을 방지하기 위해 설치하는 것은?

① 순환탱크 ② 팽창탱크

③ 옥상탱크 ④ 압력탱크

해 팽창탱크 : 온수의 팽창으로 배관이 파손되는 것을 방지

답 ②

? 온수난방의 특징에 대한 설명으로 틀린 것은?

① 증기난방보다 상하온도 차가 적고 쾌감도가 크다.

② 온도조절이 용이하고 취급이 증기보일러보다 간단하다.

③ 예열시간이 짧다.

④ 보일러 정지 후에도 실내난방은 여열에 의해 어느 정도 지속된다.

해 온수난방은 예열시간이 길다.

답 ③

? 증기난방에 비해 온수난방의 특징을 설명한 것으로 틀린 것은?

① 예열하는 데 많은 시간이 걸린다.

② 부하 변동에 대응한 온도 조절이 어렵다.

③ 방열면의 온도가 비교적 높지 않아 쾌감도가 좋다.

④ 설비비가 다소 고가이나 취급이 쉽고 비교적 안전하다.

해 ② 부하 변동에 대응한 온도 조절이 쉽다.

답 ②

? 온수난방 방식의 분류에 해당되지 않는 것은?

① 복관식 ② 건식

③ 상향식 ④ 중력식

해 온수난방의 배관방식 : 단관식, 복관식, 역환수관
온수난방의 공급방식 : 상향식, 하향식
온수난방의 순환방식 : 중력환수식, 강제순환식

답 ②

? 온수난방 배관 시공 시 배관의 구배에 관한 설명으로 틀린 것은?

① 배관의 구배는 1/250 이상으로 한다.

② 단관 중력 환수식의 온수 주관은 하향구배를 준다.

③ 상향 복관 환수식에서는 온수 공급관, 복귀관 모두 하향 구배를 준다.

④ 강제 순환식은 배관의 구배를 자유롭게 한다.

해 온수난방의 구배
복관 중력 환수식 :
㉠ 상향공급식 : 공급관(상향구배), 환수관(하향구배)
㉡ 하향공급식 : 모두 하향구배

답 ③

각 난방 방식과 관련된 용어의 연결로 옳은 것은?

① 온수난방 - 잠열 ② 증기난방 - 팽창탱크

③ 온풍난방 - 팽창관 ④ 복사난방-평균복사온도

해 ① 온수난방-현열, ② 온수난방 - 팽창탱크, ③ 온수난방-팽창관

답 ④

VII. 오배수 설비

1) 배수용 트랩

(1) 설치목적

하수관 등에서 악취, 유해가스, 벌레 등이 실내로 침투하는 것을 방지

(2) 종류

① **관 트랩**(사이펀 트랩) : S트랩, P트랩, U트랩

② **비사이펀 트랩** : 벨 트랩, 드럼 트랩, 그리스 트랩, 가솔린 트랩, 샌드 트랩, 하우스 트랩

(3) 봉수파괴의 원인

① 증발작용

② 모세관 현상

③ 자기사이펀 작용

④ 흡출작용

⑤ 분출작용

⑥ 관성력의 의한 배출

✓ 봉수의 깊이 : 50 ~ 100[mm]

(4) 배수방식

① **분류식** : [오수]와 [잡배수+우수]로 나누어 별도의 배수계통으로 배수하는 방식

② **합류식** : 오수와 잡배수, 우수를 동일 계통으로 배수하는 방식

연습문제

배수트랩이 하는 역할로 가장 적합한 것은?

① 배수관에서 발생한 유해가스가 건물 내로 유입되는 것을 방지한다.

② 배수관 내의 찌꺼기를 제거하여 물의 흐름을 원활하게 한다.

③ 배수관 내로 공기를 유입하여 배수관 내를 청정하는 역학을 한다.

④ 배수관 내의 공기와 물을 분리하여 공기를 밖으로 빼내는 역할을 한다.

解 배수트랩 설치목적 : 하수관 등에서 악취, 유해가스, 벌레 등이 실내로 침투하는 것을 방지

답 ①

배수관에서 발생한 해로운 하수가스의 실내 침입을 방지하기 위해 배수트랩을 설치한다. 배수트랩의 종류가 아닌 것은?

① 가솔린트랩 ② 디스크트랩

③ 하우스트랩 ④ 벨트랩

解 디스크트랩 : 스팀트랩(응축수 배출)

답 ②

배수관에 설치하는 트랩에 관한 내용으로 틀린 것은?

① 트랩의 유효수심은 관내 압력 변동에 따라 다르나 일반적으로 최저 50mm가 필요하다.

② 트랩은 배수 시 자기세정이 가능해야 한다.

③ 트랩의 봉수파괴 원인은 사이폰 작용, 흡출작용, 봉수의 증발 등이 있다.

④ 트랩의 봉수 깊이는 가능한 한 깊게 하여 봉수가 유실되는 것을 방지한다.

解 배수트랩의 봉수 깊이가 너무 깊으면 저항에 의해 통수 능력이 떨어지므로 봉수의 깊이는 50~100mm 정도로 한다.

답 ④

트랩의 봉수 파괴 원인이 아닌 것은?

① 증발작용 ② 모세관작용

③ 사이펀작용 ④ 배수작용

解 트랩의 봉수 파괴의 원인 : 증발작용, 모세관 현상, 자기사이펀 작용, 흡출작용, 분출작용, 관성력의 의한 배출

답 ④

오수만을 정화조에서 단독으로 정화처리한 후 공공하수도에 방류하는 반면에 잡배수 및 우수는 그대로 공공하수도로 방류되는 방식은?

① 합류식 ② 분류식

③ 단독식 ④ 일체식

해 분류식 : [오수]와 [잡배수+우수]로 나누어 별도의 배수계통으로 배수하는 방식
합류식 : 오수와 잡배수, 우수를 동일 계통으로 배수하는 방식

답 ②

2) 통기관

(1) 설치목적

트랩내 봉수파괴를 방지하고 배수의 흐름을 원활하게 하기 위해

(2) 종류

① **각개 통기관** : 각 위생기구마다 1개의 통기관을 설치하는 것으로 안정도가 높고 배수를 완전하게 할 수 있는 이상적인 통기방식

✓ 배수관의 구배는 1/50~1/100로 하여 트랩웨어로부터 관경 2배 이상 떨어진 위치에서 취출한다.

② **루프 통기관** : 2개 이상 8개 이내의 트랩을 보호

③ **습식 통기관** : 배수 수평지관의 최상류 기구 바로 아래에서 루프통기에 연결하여 통기와 배수를 동시에 하는 통기관

④ **신정 통기관** : 최상층의 배수 수직주관의 상단을 축소하지 않고 그대로 대기 중에 개방하는 통기관

⑤ **도피 통기관** : 많은 기구가 접속된 경우나 배수 횡지관이 긴 경우의 회로 통기관에서 통기 능률을 높이기 위한 통기관

✓ 최하류 기구배수관과 배수 수직관 사이에 설치

⑥ **공용 통기관** : 2개의 위생기구가 같은 위치에 설치되어 있을 때 기구 배수관의 교점에서 수직으로 올려 세운 통기관

⑦ **결합 통기관** : 고층 건물에 배수 수직관과 통기 수직주관을 결합하는 통기관

✓ 5개층 마다 설치

⑧ **통기 수평지관**: 각개 통기관이나 회로 통기관을 통기 수직주관 또는 신정 통기관을 개구하기 전에 통기관을 1개로 합하여 연결시키는 통기관

⑨ **통기 수직주관**: 각 층 통기관을 접촉시켜 통기헤더를 거쳐 대기에 개방시키는 수직주관

⑩ **통기헤더**: 통기 입관을 하나로 묶어 대기로 개방시키는 관

연습문제

고층 건물이나 기구수가 많은 건물에서 입상관까지의 거리가 긴 경우, 루프 통기관의 효과를 높이기 위해 설치된 통기관은?

① 도피 통기관　　② 결합 통기관
③ 공용 통기관　　④ 신정 통기관

해 도피 통기관: 많은 기구가 접속된 경우나 배수 횡지관이 긴 경우의 회로 통기관에서 통기 능률을 높이기 위한 통기관

답 ①

사이펀 작용이나 부압으로부터 트랩의 '봉수'를 보호하기 위하여 설치하는 것은?

① 통기관　　② 공기실
③ 볼밸브　　④ 오리피스

해 통기관: 트랩 내 봉수 파괴를 방지하고 배수의 흐름을 원활하게 하기 위해

답 ①

배수계통에 설치된 통기관의 역할과 거리가 먼 것은?

① 사이펀 작용에 의한 트랩의 봉수 유실을 방지한다.
② 배수관 내를 대기압과 같게 하여 배수흐름을 원활히 한다.
③ 배수관 내로 신선한 공기를 유통시켜 관 내를 청결히 한다.
④ 하수관이나 배수관으로부터 유해가스의 옥내 유입을 방지한다.

해 ④은 트랩의 역할

답 ④

통기설비의 통기 방식에 해당하지 않는 것은?

① 루프 통기 방식　　② 각개 통기 방식
③ 신정 통기 방식　　④ 사이펀 통기 방식

해 통기방식의 종류: 각개 통기관, 회로(루프, 환상) 통기관, 도피 통기관, 습식 통기관, 공용 통기관, 신정 통기관, 결합 통기관, 통기 수평지관, 통기 수직주관, 통기헤더 등

답 ④

3) 배수관 및 통기관 시험

① **수압시험**:수압을 이용하여 누수나 변형 등을 검사하는 방법

② **기압시험**:압축공기를 주입하여 누설 여부를 검사하는 방법

③ **연기시험**:배관내로 연기를 보내 누설 및 흐름 상태를 검사하는 방법

④ **박하시험**:박하기름이나 탕을 주입하여 냄새로 누설 여부를 검사하는 방법

배수관이나 통기관의 배관 후 누설 검사방법으로 적당하지 않은 것은?

① 수압시험 ② 기압시험

③ 연기시험 ④ 통관시험

해 배수관 및 통기관 누설검사 방법:수압, 기압, 연기

답 ④

4) 배수관의 최소구배

① **관경** 65mm**이하** : 1/50

② **관경** 75~100mm**이하** : 1/100

③ **관경** 75~100mm**이하** : 1/100

④ **관경** 150mm**이상** : 1/200

⑤ **배수관 최소관경** : 30mm

5) 포집기

물질 속에 미량 성분을 분리하여 잡아 모으는 장치

① **그리스 포집기**:호텔, 영업용 음식점 등의 주방에서 배수 중 포함된 지방분을 냉각·응고시켜 제거하여 배수관이 막히는 것을 방지

② **오일 포집기**(가솔린 포집기):자동차 수리공장, 주유소, 세차장 등 휘발유나 유류가 혼입될 우려가 있는 배수 계통에 설치하여 유류로 인한 폭발, 인화 등을 방지

③ **플라스터 포집기**:치과 병원, 외과 병원 등의 배수계통에 설치하여 석고, 귀금속 등의 불용성 물질을 포집

④ **샌드 포집기**: 벽돌, 블록공장 등의 배수 중에 진흙이나 모래를 분리

⑤ **헤어 포집기**: 이발소, 미용실에 설치하여 모발이 배수관에 유입되는 것을 방지

⑥ **론더리 포집기**: 세탁장 등에 설치하여 단추, 끈 등의 세탁 불순물이 배수관에 유입되는 것을 방지

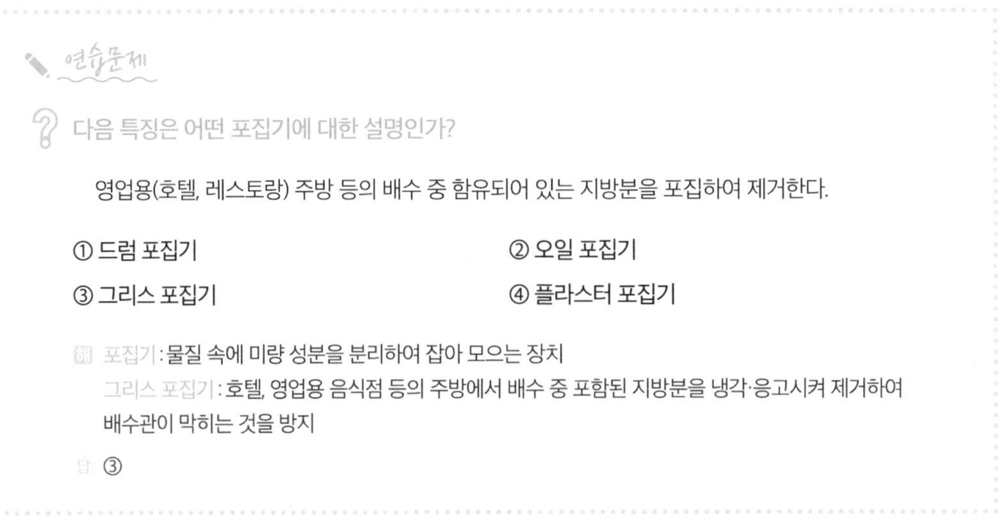

연습문제

다음 특징은 어떤 포집기에 대한 설명인가?

영업용(호텔, 레스토랑) 주방 등의 배수 중 함유되어 있는 지방분을 포집하여 제거한다.

① 드럼 포집기　② 오일 포집기
③ 그리스 포집기　④ 플라스터 포집기

解 포집기: 물질 속에 미량 성분을 분리하여 잡아 모으는 장치
그리스 포집기: 호텔, 영업용 음식점 등의 주방에서 배수 중 포함된 지방분을 냉각·응고시켜 제거하여 배수관이 막히는 것을 방지

답 ③

VIII. 오물 정화설비

1) 오물 정화조의 정화순서

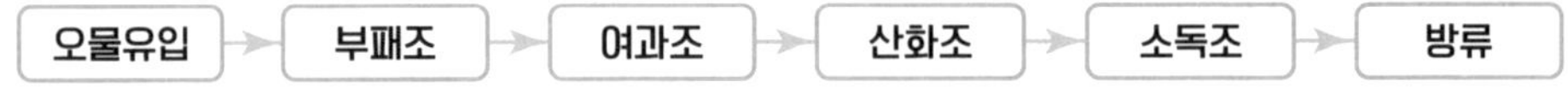

2) 부패조의 구성

① 혐기성 미생물 작용

② 2개 이상의 부패조와 예비 여과조로 구성

③ **유효수심**: 1~3m

④ **제1, 2 부패조와 예비 여과조의 용적비**: 4 : 2 : 1, 4 : 2 : 2

3) 산화조의 구성

① 호기성 미생물 작용

② 부패조 용량의 1/2

③ **쇄석층 깊이** : 90 ~ 200cm

④ **배기관 높이** : 지상에서 3m 이상

IX. 가스설비

1) 가스의 조성

① LPG : 프로판, 부탄

② LNG : 메탄

2) 공급방식

① **저압 공급방식** : 1kg/㎠ 이하

② **중압 공급방식** : 1 ~ 10kg/㎠ 미만

③ **고압 공급방식** : 10kg/㎠ 이상

3) 도시가스 공급순서

4) 가스배관의 경로

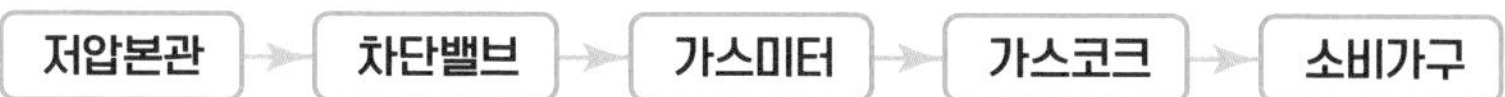

5) 가스배관 설계

6) 저압배관 설계(폴의 공식)

$$Q = K\sqrt{\frac{D^5 H}{LS}}$$

7) 중·고압배관 설계(콕스의 공식)

$$Q = Z\sqrt{\frac{D^5(P_1^2 - P_2^2)}{LS}}$$

✓ $\boldsymbol{Q}$: 가스유량(㎥/h), $\boldsymbol{D}$: 관의 내경(cm), $\boldsymbol{H}$: 허용마찰손실수두(mmH_2O), $\boldsymbol{P_1}$: 초압(kg/㎠), $\boldsymbol{P_2}$: 종압(kg/㎠), $\boldsymbol{L}$: 관의 길이(m), $\boldsymbol{S}$: 가스비중, $\boldsymbol{K}$: 0.707(폴의 정수), $\boldsymbol{Z}$: 52.31(콕스의 정수)

8) 조정기(Gas Governor)

가스의 공급이 일정하도록 압력을 조정

9) 실내 가스 배관과의 거리

① **전선** : 15cm 이상

② **굴뚝, 전기점멸기, 전기접속기** : 30cm 이상

③ **전기계량기, 전기 개폐기** : 60cm 이상

10) 가스배관 고정

① 13mm **미만** : 1m 마다

② 13 ~ 33mm **미만** : 2m 마다

③ 33mm **이상** : 3m 마다

11) 가스계량기 설치

① 지면으로부터 1.6~2m 이내

② 화기로부터 2m 이상 우회거리

12) 도시가스 공급배관의 명칭

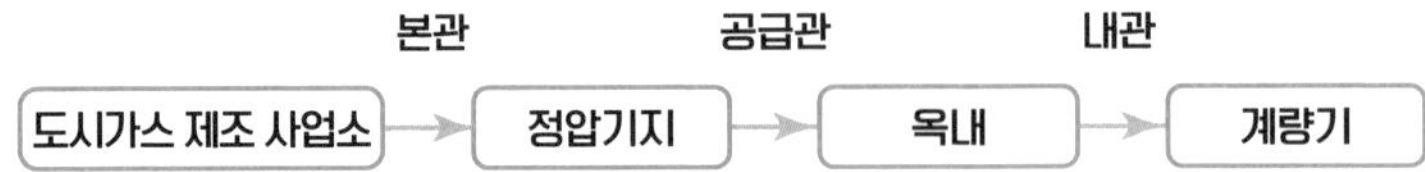

13) 부취설비

가스배관에서 가스 누설 시 냄새로 충분히 감지 할 수 있도록 하는 설비

① **액체 주입식** : 펌프, 적하, 미터, 바이패스

② **증발식 주입식** : 위크, 바이패스

14) 가스배관 색상

① **지상배관** : 황색

② **중압의 지하배관** : 적색

③ **저압의 지하배관** : 황색

15) 가스배관의 거리

① **배관의 외면으로부터 도로의 경계까지 수평거리** : 1[m] 이상

② **배관을 철도부지에 매설하는 경우 배관의 외면으로부터 궤도 중심까지** : 4[m] 이상

③ **시가지 외의 도로노면 밑에 매설하는 경우 노면으로부터 배관의 외면까지 깊이** : 1.2[m] 이상

④ **인도 등 노면 외의 도로 밑에 매설하는 경우 지표면으로부터 배관의 외면까지 깊이** : 1.2[m] 이상

⑤ **도시 가스배관 주위에서 다른 매설물을 설치할 때 이격거리** : 0.3[m] 이상

⑥ **도시가스 입상 관에 설치하는 밸브** : 바닥으로부터 1.6m이상 2m이내 (단, 보호상자가 있을 경우 제한없음)

⑦ **도시가스 배관의 나사 이음부와 전기계량기 및 전기개폐기의 거리** : 0.6[m] 이상

연습문제

? 도시가스 배관에서 중압은 얼마의 압력을 의미하는가?

① 0.1 MPa 이상 1 MPa 미만 ② 1 MPa 이상 3 MPa 미만

③ 3 MPa 이상 10 MPa 미만 ④ 10 MPa 이상 100 MPa 미만

해 ㉠ 저압 공급방식 : 1kg/㎠ 이하
㉡ 중압 공급방식 : 1 ~ 10kg/㎠ 미만, 0.1 ~ 1 MPa 미만
㉢ 고압 공급방식 : 10kg/㎠ 이상

답 ①

LP가스의 주성분으로 옳은 것은?

① 프로판(C_3H_8)과 부틸렌(C_4H_8)
② 프로판(C_3H_8)과 부탄(C_4H_{10})
③ 프로필렌(C_3H_6)과 부틸렌(C_4H_8)
④ 프로필렌(C_3H_6)과 부탄(C_4H_{10})

해 LPG: 프로판(C_3H_8), 부탄(C_4H_{10})

답 ②

가스배관 중 도시가스 공급배관의 명칭에 대한 설명으로 틀린 것은?

① 배관: 본관, 공급관 및 내관 등을 나타낸다.

② 본관: 옥외 내관과 가스계량기에서 중간 밸브 사이에 이르는 배관을 나타낸다.

③ 공급관: 정압기에서 가스 사용자가 소유하거나 점유하고 있는 토지의 경계까지 이르는 배관을 나타낸다.

④ 내관: 가스 사용자가 소유하거나 점유하고 있는 토지의 경계에서 연소기까지 이르는 배관을 나타낸다.

해 ② 본관: 제조사업소와 정압기지 사이의 배관을 나타낸다

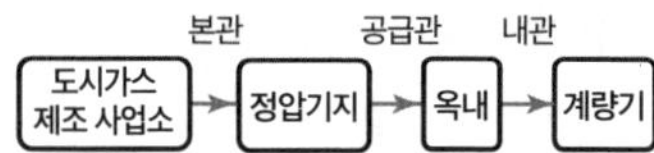

답 ②

도시가스배관을 지하에 매설하는 중압 이상인 배관(a)과 지상에 설치하는 배관(b)의 표면 색상으로 옳은 것은?

① (a)적색 (b)회색
② (a)백색 (b)적색
③ (a)적색 (b)황색
④ (a)백색 (b)황색

해 지상배관: 황색, 중압의 지하배관: 적색, 저압의 지하배관: 황색

답 ③

가스배관 중 도시가스 공급배관의 명칭에 대한 설명으로 틀린 것은?

① 배관의 외면으로부터 도로의 경계까지 1m이상 수평거리를 유지할 것

② 배관을 철도부지에 매설하는 경우에는 배관의 외면으로부터 궤도 중심까지 4m 이상

③ 시가지 외의 도로노면 밑에 매설하는 경우에는 노면으로부터 배관의 외면까지 깊이를 2m 이상으로 할 것

④ 인도 등 노면 외의 도로 밑에 매설하는 경우에는 지표면으로부터 배관의 외면까지 깊이를 1.2m 이상으로부터 할 것

해 ③ 시가지 외의 도로노면 밑에 매설하는 경우에는 노면으로부터 배관의 외면까지 깊이를 1.2m 이상으로 할 것

답 ③

도시가스 배관의 손상을 방지하기 위하여 도시 가스배관 주위에서 다른 매설물을 설치할 때 적절한 이격거리는?

① 20㎝ 이상 ② 30㎝ 이상
③ 40㎝ 이상 ④ 50㎝ 이상

답 ②

도시가스 내 부취제의 액체 주입식 부취설비 방식이 아닌 것은?

① 펌프 주입 방식 ② 적하 주입 방식
③ 위크식 주입 방식 ④ 미터연결 바이패스 방식

해 액체 주입식 : 펌프, 적하, 미터, 바이패스
증발식 주입식 : 위크, 바이패스

답 ③

도시가스 입상 관에 설치하는 밸브는 바닥으로부터 몇 m 범위에 설치해야 하는가?(단, 보호 상자에 설치하는 경우는 제외한다.)

① 0.5m 이상 1m 이내 ② 1m 이상 1.5m 이내
③ 1.6m 이상 2m 이내 ④ 2m 이상 2.5m 이내

답 ①

도시가스를 공급하는 배관의 종류가 아닌 것은?

① 본관 ② 공급관
③ 내관 ④ 주관

해

답 ④

도시가스 배관의 나사이음부와 전기계량기 및 전기개폐기의 거리로 옳은 것은?

① 10cm 이상 ② 30cm 이상
③ 60cm 이상 ④ 80cm 이상

답 ③

PART 5

:전기제어공학

05 SECTION 전기제어공학

저자직강 무료강의 | https://cafe.naver.com/misoref

I. 직류회로

1) 전자와 양성자의 질량

① **전자의 질량**: 9.109955×10^{-31}[kg]

② **양성자의 질량**: 1.6721×10^{-27}[kg]

2) 전하 및 전기량

① **전하**: 마찰이나 열 등 외부에너지에 의해 대전된 전기

② **전기량**: 전하가 가진 전기량

③ **전하의 단위**: 쿨롱(C)

④ 전자 1개의 전기량

$e = 1.602 \times 10^{-19}$[C]

⑤ 1[C]: 전류 1[A]가 1초 동안 흘렀을 때 이동한 전하의 양

3) 전류(I) - 암페어

1초에 도체의 단면을 지나는 전하의 양

① **단위**: [A](Ampere)

② 전하는 전원의 음극(-)에서 양극(+)으로 흐른다.

③ 전류는 높은 전압에서 낮은 전압방향으로 흐른다.

✓ $I = \frac{Q}{t}$ [C/sec], [A], I: 전류[A], Q: 전기량[C], t: 시간[sec]

④ **직류**: 일정하게 한 방향으로 흐르는 전류

⑤ **교류**: 시간에 따라 크기와 방향이 주기적으로 변화

⑥ **표피효과**: 전선에 흐르는 전류가 전선의 바깥쪽으로 집중되는 현상으로 전하는 도체 표면에만 존재한다.

4) 전압(E, V) - 볼트

도체 내에 전기적인 위치에너지

① **단위**: [V](Voltage)

② **전위차**(전압차): 도체 내의 두 점 사이의 전기적인 위치에너지 차

③ 1[V]: 1[C]의 전기량이 1[J]의 일을 할 수 있는 전위 차

5) 저항(R) - 옴

전류의 흐름을 방해하는 정도를 나타내는 상수

① **단위**: [Ω](ohm)

② 1[Ω]: 1[V]의 전압을 가할 때 1[A]의 전류가 흐를 수 있는 저항값

6) 컨덕턴스(G) - 모, 지멘스

전류가 흐르기 쉬운 정도를 나타내는 상수(저항의 역수)

① **단위**

ㄱ. [℧](mho): 모

ㄴ. [S]: 지멘스

ㄷ. $G = \frac{1}{R}$ [℧, S]

7) 오옴의 법칙

도체에 흐르는 전류는 회로에 가해진 전압에 비례하고 도체의 저항에 반비례한다.

$$I = \frac{V}{R}[A]$$

8) 키르히호프의 법칙

① **제 1법칙**(전류의 법칙): 회로망 중의 임의의 접속점에 유입되는 전류의 합과 유출되는 전류의 합은 같다.

② **제 2법칙**(전압의 법칙): 폐회로에서 기전력의 합과 전압강하의 합은 같다.

9) 저항의 접속

(1) 직렬접속

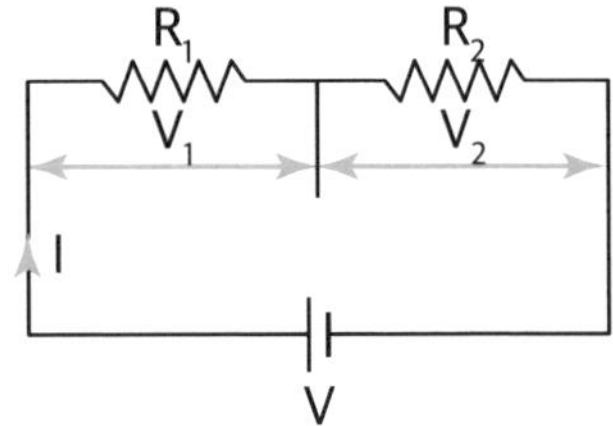

① **전압** : $V = V_1 + V_2$

② **합성저항** : $R = R_1 + R_2$

(2) 병렬접속

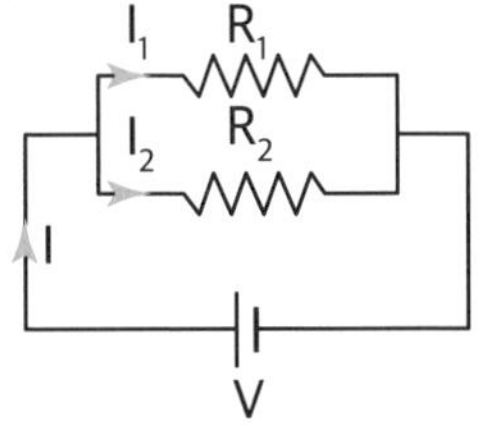

① **전류** : $I = I_1 + I_2$

② **합성저항**

$$R_0 = \frac{1}{\frac{1}{R_1} + \frac{1}{R_2}}$$

③ **전류의 분배**

$$I_1 = \frac{R_2}{R_2 + R_2} \cdot I[A]$$

$$I_2 = \frac{R_1}{R_1 + R_2} \cdot I[A]$$

10) 저항과 고유저항

$$R = \rho\frac{l}{A}[\Omega]$$

✓ ρ : 고유저항[Ω·m], l : 도체의 길이[m], A : 도체의 단면적[㎡]

11) 도전율(σ)

물질 내에 전류가 흐르기 쉬운 정도를 나타내는 상수

✓ 고유저항의 역수

12) 저항의 온도계수

온도에 따라 변화하는 저항값

$R' = R(1 + \alpha \cdot \Delta t)$

✓ α : 온도변화에 따른 저항 온도계수, **R′** : 온도 변화에 따른 저항[Ω], **Δt** : 온도차[℃], **R** : 처음의 저항[Ω]

13) 전력(P)

1초 동안에 전기가 하는 일의 양

$$P = VI = \frac{V^2}{R} = I^2R = \frac{W}{t} = \frac{VQ}{t}[W]$$

✓ **P**: 전력[W], **V**: 전압[V], **I**: 전류[A], **R**: 저항[Ω], **W**: 전력량[Wh], **t**: 시간[s], **Q**: 전기량[C]

14) 전력량(W)

시간당 사용되는 전기량

$$W = VIt = \frac{V^2}{R}t = I^2Rt = Pt[W]$$

3상 전력: $VIt = \frac{V^2}{R}t = I^2Rt = Pt = \sqrt{3}\,VI\cos\theta(\cos\theta\text{: 역률})$

단상 전력: $VIt = \frac{V^2}{R}t = I^2Rt = Pt = VI\cos\theta(\cos\theta\text{: 역률})$

15) 줄의 법칙

도체에 전류가 흐를 때 단위 시간당 발생되는 열량은 전류의 제곱과 도체의 전기저항 및 전류가 흐르는 시간에 비례한다.

$H = I^2Rt[J]$

$H = 0.24\,I^2Rt[cal]$

✓ 1[J] = 0.24[cal]

16) 효율(η)

입력에 따른 출력의 비

$$\eta = \frac{\text{출력}}{\text{입력}} = \frac{\text{입력} - \text{손실}}{\text{입력}} = \frac{\text{출력}}{\text{출력} + \text{손실}}$$

17) 제어백 효과

서로 다른 종류의 금속을 접합하여 두 접점 간의 온도차를 주면 전압이 발생되는 현상

18) 펠티어 효과

서로 다른 종류의 접합부에 전류를 흘리면 전류의 방향에 따라 흡열 및 발열 현상이 생겨난다.

19) 페러데이 법칙(전자유도 법칙)

하나의 회로에 전자유도에 의해 생기는 기전력은 회로의 자속 쇄교수의 시간에 대한 변화에 비례한다.

> **자속 쇄교수(WbT)**
>
> 코일과 자속이 엉켜있는 정도로, 코일의 권수와 자속의 곱으로 나타낸다.

20) 축전지의 접속

① **2개의 직렬접속** : 전압은 2배 용량은 1개일 때와 같다.

② **2개의 병렬접속** : 전압은 1개일 때와 같고 용량은 2배가 된다.

③ **납축전지**

ㄱ. 충전 : PbO_2(양극) + $2H_2SO_4$(전해질) + Pb(음극)

ㄴ. 방전 : PbO_4(양극) + $2H_2O$ (전해질) + $PbSO_4$(음극)

ㄷ. 기전력 : 2V

- **방전 종기 전압** : 1.8 ~ 1.9V
- **충전 종기 전압** : 2.7 ~ 2.8V

④ **용량단위** : Ah

21) 단위 환산

① 1[cal] = 4.186[J]

② 1[J/s] = 1[w]

③ 1[KWh] = 860[kcal] = 3.6×10^6[J]

II. 정전계

1) 쿨롱의 법칙

두 전하 사이에 작용하는 힘은 두 전하의 전기량의 곱에 비례하고 두 전하 사이의 거리의 제곱에 반비례 한다.

$$F = K\frac{Q_1 Q_2}{r^2} = \frac{1}{4\pi\varepsilon} \cdot \frac{Q_1 Q_2}{r^2} = 9 \times 10^9 \cdot \frac{Q_1 Q_2}{\varepsilon_S r^2}$$

✓ k : 쿨롱상수(8.988×10^9)[Nm^2/C^2], Q : 전하[C], r : 두 전하 사이의 거리, ε : 유전율($\varepsilon_o \times \varepsilon_s$)[F/m], ε_o : 8.855×10^{-12}, ε_s : 비유전율[F/m]

2) 전기장의 세기

전계 내의 한 점에 단위 전하 +1[C]을 놓았을 때 이 단위 전하에 작용하는 힘

$$E = \frac{1}{4\pi\varepsilon} \cdot \frac{Q \times 1}{r^2} = 9 \times 10^9 \cdot \frac{Q}{\varepsilon_S r^2}$$

$$F = Q \cdot E$$

✓ Q : 전하량[C], E : 전장(계)의 세기 [V/m], F : 두 전하 사이에 작용하는 힘[F]

3) 전속

유전체 중에 존재하는 전하에 의하여 발생하는 전기력선의 묶음을 나타내는 가상적인 선

(1) 전속의 성질

① 전속의 양(+)전하에서 시작하여 음(-)전하에서 끝난다.

② Q의 전하로부터 Q의 전속이 나온다.

③ 전속이 나오는 곳이나 끝나는 곳에서는 전속과 같은 전하가 있다.

④ 전속은 도체 표면에 수직으로 출입한다.

(2) 전속밀도

유전체 중의 한 점에서 단위 면적당 통과하는 전속

$$D = \frac{Q}{S}[C/m^2]$$

4) 전위

전장 내에서 무한히 먼 점 즉 전장의 세기가 0인 점에서 +1C의 단위 양전하를 전장에 저항하면서 임의의 점까지 가지고 오는데 필요한 일의 양

$$V = \frac{Q}{4\pi\varepsilon r}$$

5) 가우스의 정리

진공이나 공기 중의 전장 내에서 임의의 폐곡면 내에 총 전하량 Q[C]이 있을 때 폐곡선을 통해 나오는 전기력선의 총수는 $\frac{Q}{\varepsilon_0}$ 개와 같다

6) 콘덴서의 정전용량(C)

① **기호**: C

② **단위**: F(패럿)

③ 1[F]: 전위를 1[V]상승 시키는데 1[C]의 전하를 필요로 하는 용량

$$C=\frac{Q}{V}[F]$$

✓ C[F]: 정전용량, Q[C]: 충전 전기량, V[V]: 충전 전압

7) 콘덴서의 접속

(1) 직렬접속

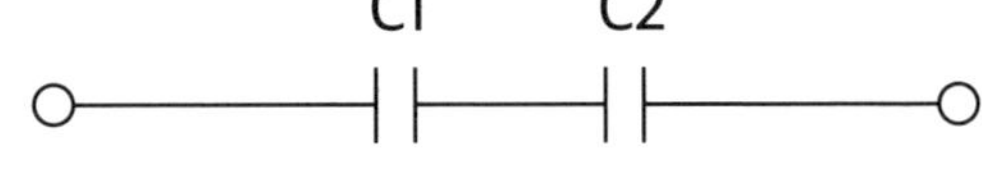

① **전압**

$V=V_1+V_2$

② **합성 정전용량**

$$C_0=\frac{1}{\frac{1}{C_1}+\frac{1}{C_2}}$$

③ **전압의 분배**

$$V_1=\frac{C_2}{C_1+C_2}\cdot V[V]$$

$$V_2=\frac{C_1}{C_1+C_2}\cdot V[V]$$

(2) 병렬접속

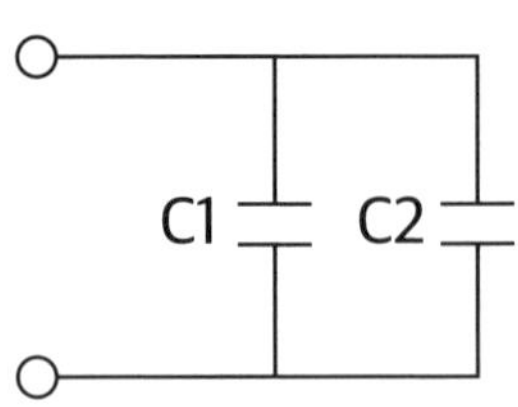

① **전기량**

$Q=Q_1+Q_2$

② **합성 정전용량**

$C=C_1+C_2$

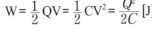

8) 콘덴서에 축적되는 정전 에너지

$$W=\frac{1}{2}QV=\frac{1}{2}CV^2=\frac{Q^2}{2C}[J]$$

III. 정자계

1) 쿨롱의 법칙

두 자극 사이에 작용하는 힘은 두 자극의 세기의 곱에 비례하고 두 자극 사이의 거리의 제곱에 반비례 한다.

$$F = \frac{1}{4\pi\mu} \cdot \frac{m_1 m_2}{r^2}$$

✓ μ : 투자율($\mu_0 \times \mu_s$), μ_0 : $4\pi \times 10^{-7}$[H/m], μ_s : 비투자율(공기나 진공시 1)[H/m], m : 자극의 세기[Wb], r : 두 자극 사이의 거리[m]

2) 자기회로

(1) 자기장의 세기(H)

① $H = 6.33 \times 10^4 \frac{m}{\mu_s r^2}$ [AT/m]

② **원형코일** : $H = \frac{NI}{2r}$[AT/m]

(2) 자속밀도(B)

$B = \mu H$[Wb/㎡]

✓ N : 권수(회), I : 전류(A)

3) 전기회로와 자기회로 비교

전기회로		자기회로	
전속	ψ[C]	자속	Φ[Wb]
전계	E[V/m]	자계	H[A/m]
기전력	V[V]	기자력	F[AT]
유전율	ε[FM]	투자율	[H/m]
전기저항	R[Ω]	자기저항	R_m[AT/Wb]
전류밀도	D[A/㎡]	자속밀도	B[Wb/㎡]

4) 전자력과 전자유도에 관한 법칙

① **플레밍의 오른손 법칙**:자기장 속에서 도선이 움직일 때 자기장 방향과 도선이 움직이는 방향으로 유도 기전력의 방향을 결정(발전기)

② **플레밍의 왼손 법칙**:자기장 속에 있는 도선에 전류가 흐를 때 자기장의 방향과 도선에 흐르는 전류의 방향으로 도선이 받는 힘의 방향을 결정(전동기)

③ **렌츠의 법칙**:유도 기전력과 유도 전류는 자기장의 변화를 상쇄하려는 방향으로 발생

5) 자기 인덕턴스[L]

$$L = \frac{N\phi}{I}\ [H]$$

✓ N:권선수, Φ:자속[Wb], I:전류[A]

6) 상호 인덕턴스[M]

$$M = \frac{N_2\phi}{I}\ [H]$$

7) 결합계수

실제 코일의 접속 회로에 존재하는 누설 자속에 의해 두 코일 사이에 존재하는 상호 인덕턴스 값이 작아지는 정도를 나타낸 상수

$$M = K\sqrt{L_1 L_2}\ [H]$$

8) 코일의 접속

① **가동접속**:2개의 코일에 흐르는 전류에 의해 발생한 자속이 서로 겹쳐지도록 접속된 경우 자속의 방향이 서로 같음

$$L_0 = L_1 + L_2 + 2M[H]$$

② **차동접속**:2개의 코일에 흐르는 전류에 의해 발생한 자속이 서로 상쇄되도록 접속된 경우 자속의 방향이 서로 반대

$$L_0 = L_1 + L_2 - 2M[H]$$

9) 코일에 축적되는 에너지

$$W = \frac{1}{2}LI^2[J]$$

IV. 교류회로

1) 기본용어

(1) 주파수(f)

① 1초 동안 전류의 방향이 바뀌는 횟수

② 전파나 음파가 1초동안 진동하는 횟수

✓ $f = \frac{1}{T}$ [Hz], T : 주기

(2) 주기(T)

주파수 1주기에 필요한 시간

$T = \frac{1}{f}$ [sec]

(3) 각속도(ω)

① 원 운동에서 단위 시간 동안 회전한 각도

② 단위는 초당 라디안, rad/s 또는 분당 회전수 RPM을 사용

$$1\text{rad} = \frac{360}{2\pi} = \frac{180}{\pi} = 57.3°$$

(4) 위상

주파수의 1주기는 0°~360°인 각도로 표현이 되는데 0°~360° 중 한 지점을 위상이라고 한다. 즉, 파형의 진행을 원운동에 대응시켜 나타낸 값

(5) 위상차

어느 한 위상과 다른 위상과의 차

2) 교류의 크기 표시

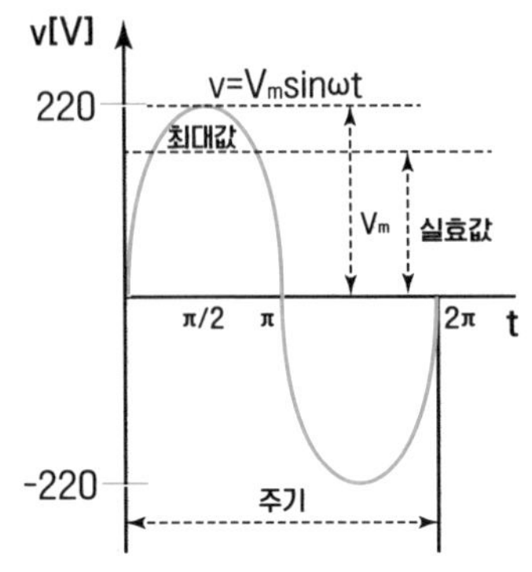

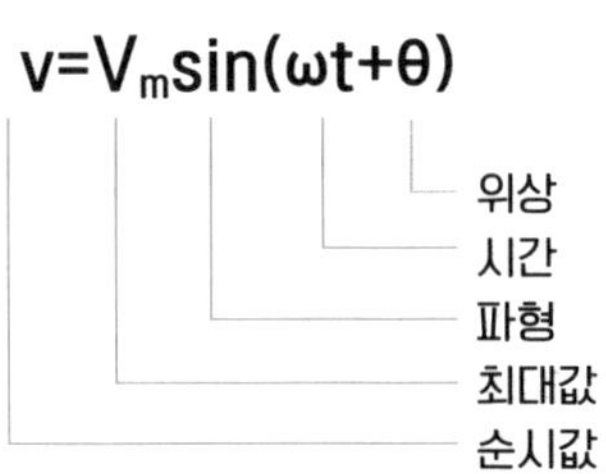

(1) 순시값(v, i)

변화하는 교류의 임의의 순간값

$v=\sqrt{2}\,V\sin\omega t=V_m\sin\omega t$

$i=\sqrt{2}\,I\sin\omega t=I_m\sin\omega t$

(2) 최대값(V_m, I_m)

순시값 중 가장 큰 값

$V_m=\sqrt{2}\,V$

$I_m=\sqrt{2}\,I$

(3) 실효값(V, I)

교류의 크기를 동일한 일을 하는 직류의 크기로 환산한 값

$V=\frac{V_m}{\sqrt{2}}$, $I=\frac{I_m}{\sqrt{2}}$

(4) 평균값(V_a, I_a)

순시값에 대한 반주기간의 평균값

(5) 파고율

교류의 최대값과 실효값과의 비

$\frac{최대값}{실효값}$

(6) 파형율

실효값과 평균값과의 비

$$\frac{\text{실효값}}{\text{평균값}}$$

파형	실효값	평균값	파형률	파고율
정현파	$\frac{V_m}{\sqrt{2}}$	$\frac{2V_m}{\pi}$	1.11	1.414($\sqrt{2}$)
정형반파	$\frac{V_m}{2}$	$\frac{V_m}{\pi}$	1.57	2
삼각파	$\frac{V_m}{\sqrt{3}}$	$\frac{V_m}{2}$	1.15	1.73
구형파	V_m	V_m	1	1
구형반파	$\frac{V_m}{\sqrt{2}}$	$\frac{V_m}{2}$	1.41	1.41

연습문제

교류에서 실효값과 최댓값의 관계는?

① 실효값 = $\frac{\text{최대값}}{\sqrt{2}}$　② 실효값 = $\frac{\text{최대값}}{\sqrt{3}}$

③ 실효값 = $\frac{\text{최대값}}{2}$　④ 실효값 = $\frac{\text{최대값}}{3}$

解 교류 = 정현파

실효값 = $\frac{Vm}{\sqrt{2}}$

답 ①

다음 중 파형률을 바르게 나타낸 것은?

① 실효값/평균값z　② 최대값/평균값

③ 최대값/실효값　④ 실효값/최대값

解 파형률 = 실효값/평균값

파고율 = 최대값/실효값

답 ①

? 파형률이 가장 큰 것은?

① 구형파 ② 삼각파

③ 정현파 ④ 포물선파

해 정현파 : 1.11, 정현반파 : 1.57, 삼각파 : 1.15, 구형파 : 1, 구형반파 : 1.41

답 ②

? 정현파 전파 정류 전압의 평균값이 119V이면 최댓값은 약 몇 V인가?

① 119 ② 187

③ 238 ④ 357

해 공식1) 정현파 평균(V_a) = $\frac{2Vm}{\pi}$ (V_m: 최 대 값)

정현파 평균값 119[V] = $\frac{2Vm}{\pi} \rightarrow Vm = \frac{119\pi}{2} = 187[V]$

답 ②

? $V = 200\sin(120\pi t + \frac{\pi}{3})\ V$ 인 전압의 순시값에서 주파수는 몇 Hz인가?

① 50 ② 55

③ 60 ④ 65

해 공식1) 정현파 순시값 = Vmsin(ωt + θ)

ω : 각속도

$\omega = 2\pi f \rightarrow 120\pi = 2\pi f \rightarrow f = \frac{120\pi}{2\pi} = 60[Hz]$

답 ③

3) 시퀀스 제어

미리 정해진 순서에 따라 제어의 각 단계를 순서대로 진행해가는 제어

(1) 접점의 종류

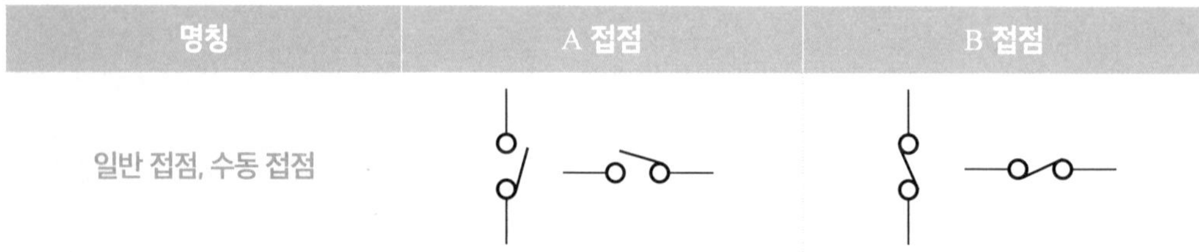

명칭	A 접점	B 접점
일반 접점, 수동 접점		

명칭	A 접점	B 접점
수동조작 자동복귀 접점		
기계식 접점		
계전기, 보조스위치 접점		
한시동작 순시복귀 접점		
순시동작 한시복귀 접점		
열동형 계전기 수동복귀 접점		
전자접촉기 접점		

① A**접점**:조작하기 전에는 열려있고 조작하면 닫히는 접점

② B**접점**:조작하기 전에는 닫혀있고 조작하면 열리는 접점

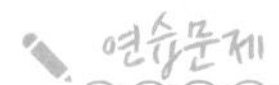

시퀀스 회로에서 접점이 조작하기 전에는 열려 있고 조작하면 닫히는 접점은?

① a접점 ② b접점

③ c접점 ④ 공동접점

해 A접점 : 조작하기 전에는 열려있고 조작하면 닫히는 접점

답 ①

4) 논리 회로

(1) AND 회로(Y = A · B)

A와 B 모두 입력이 1일 때 출력 Y가 1이되는 회로

A	B	Y
0	0	0
0	1	0
1	0	0
1	1	1

(2) OR 회로(Y = A + B)

A와 B 둘 중 하나 또는 A, B 둘다 입력이 1일 때 출력 Y가 1이되는 회로

A	B	Y
0	0	0
0	1	1
1	0	1
1	1	1

(3) NOT 회로($Y = \overline{A}$)

A가 1일 때 Y가 0이 되고 A가 0일 때 Y가 1이 되는 회로

A	Y
0	1
1	0

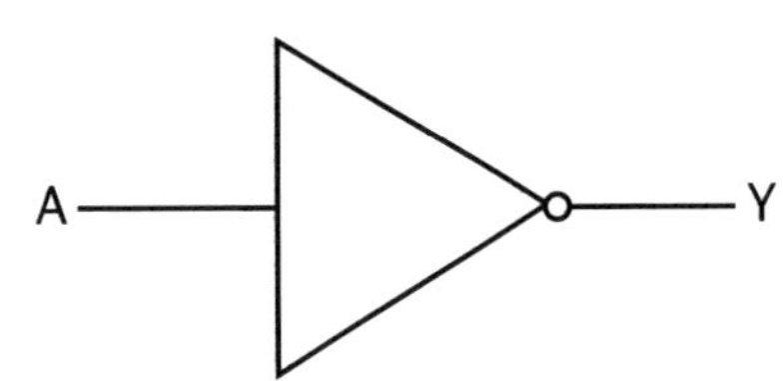

(4) NAND 회로($Y=\overline{A \cdot B}$)

A와 B가 1일 때 Y는 0, A와 B중 하나만 1이거나 둘 다 0일 때 Y는 1이 되는 회로

A	B	Y
0	0	1
0	1	1
1	0	1
1	1	0

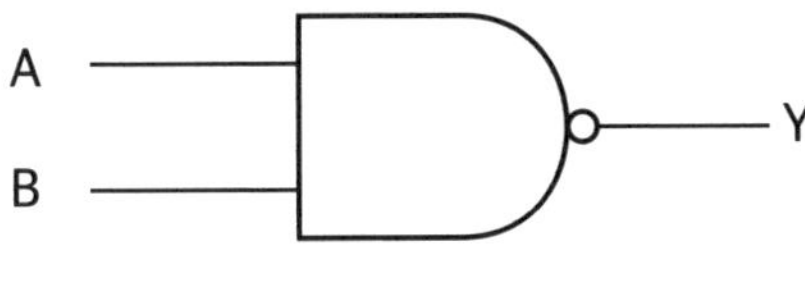

(5) NOR 회로($Y=\overline{A+B}$)

A와 B가 0일 때 Y는 1, A와 B중 하나만 1이거나 둘다 1일 때 Y는 0이 되는 회로

A	B	Y
0	0	1
0	1	0
1	0	0
1	1	0

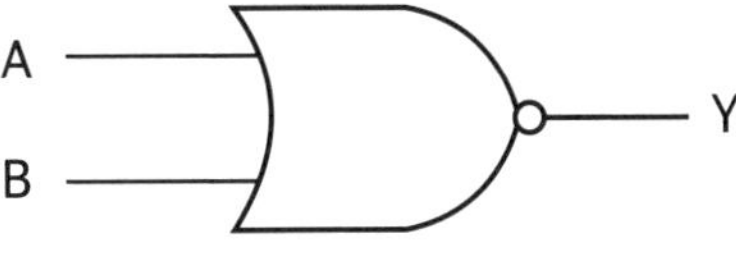

(6) XOR 회로($Y=\overline{A} \cdot B+A \cdot \overline{B}=A \oplus B$)

A와 B중 하나만 1일 때 Y는 1이 되는 회로

A	B	Y
0	0	0
0	1	1
1	0	1
1	1	0

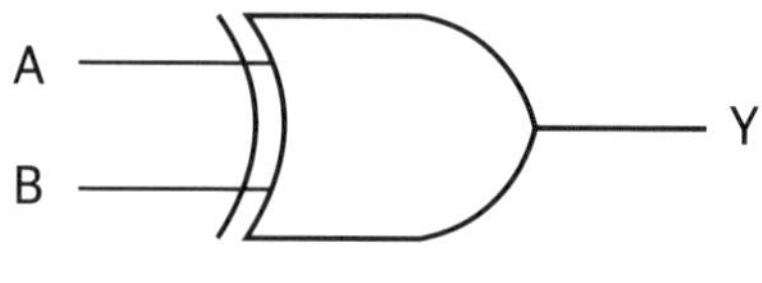

(7) 무접점 논리회로의 장점

① 기계적인 가동부가 없으므로 수명이 길고 신뢰성이 높다.

② 진동에도 강하고 응답속도가 빠르다.

③ 논리회로가 소형화되고, 복잡한 회로도 쉽게 만들 수 있다.

5) 드모르간(De Morgan)의 정리

① $\overline{A \cdot B \cdot C \cdots N} = \overline{A} + \overline{B} + \overline{C} \cdots + \overline{N}$

② $\overline{A + B + C + \cdots + N} = \overline{A} \cdot \overline{B} \cdot \overline{C} \cdots \overline{N}$

6) 논리 공식(부울대수)

① **항등법칙**: $A+0=A$, $\overline{A}+1=1$, $A \cdot 1=A$, $A \cdot 0=0$

② **동일법칙**: $A \cdot A=A$, $A+A=A$

③ **부정법칙**: $A \cdot \overline{A}=0$, $A+\overline{A}=1$, $A=A$

④ **교환법칙**: $A \cdot B=B \cdot A$, $A+B=B+A$

⑤ **결합법칙**: $A \cdot (B \cdot C)=(A \cdot B) \cdot C$, $A+(B+C)=(A+B)+C$

⑥ **분배법칙**: $A \cdot (B+C)=A \cdot B+A \cdot C$, $A+(B \cdot C)=(A+B) \cdot (A+C)$

⑦ **흡수법칙**: $A \cdot (A+B)=A$, $A+(A \cdot B)=A$

연습문제

다음의 논리식 중 다른 값을 나타내는 논리식은?

① $XY+X\overline{Y}$ ② $X(X+Y)$

③ $X(\overline{X}+Y)$ ④ $X+XY$

해 ① $XY+X\overline{Y}=X(Y+\overline{Y})=X+1=X$
② $X(X+Y)=XX+XY=X+XY=X$
③ $X(\overline{X}+Y)=X\overline{X}+XY=0+XY=XY$
④ $X+XY=X$

답 ③

그림의 계전기 접점회로를 논리회로로 변화시킬 때 점선안(C, D, E)에 사용되지 않는 소자는?

① AND

② OR

③ NOT

④ NOR

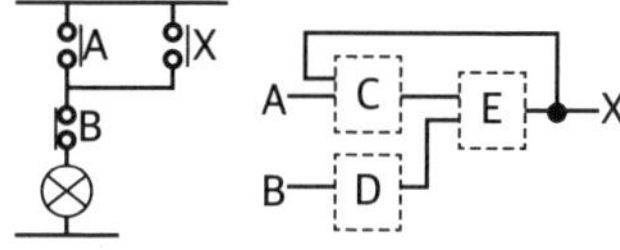

해 A와 X는 병렬이므로 OR 회로, B는 B접점이므로 NOT 회로, (A, X)와 B는 직렬이므로 AND 회로

답 ④

논리함수 $X=B(A+B)$를 간단히 하면?

① $X=A$ ② $X=B$

③ $X=A\cdot B$ ④ $X=A+B$

해 흡수법칙에 의해 $X=B(A+B)=B$

답 ②

그림은 제어회로의 일부이다. 회로의 설명이 틀린 것은?

① 자기유지회로이다.

② 논리식은 $Y=X+Y$이다.

③ X가 "1"이면, 항상 Y는 "1"이다.

④ Y가 "1"인 상태에서 X가 0이면, Y는 0이 되는 회로이다.

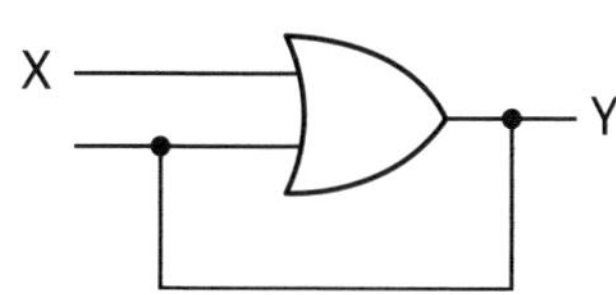

해 OR 자기유지회로이므로 X, Y 둘 중 하나라도 1이면 출력은 1이 된다.

답 ④

회로에서 세트입력(S), 리셋입력(R), 출력(Q)의 진리표에 대한 설명 중 옳지 않은 것은?(단, L은 Low, H는 High이다.)

① S는 L, R은 H일 때 Q는 L로 된다.

② S는 H, R은 L일 때 Q는 H로 된다.

③ S는 L, R은 L일 때 Q는 L로 된다.

④ S는 H, R은 H일 때 Q는 L로 된다.

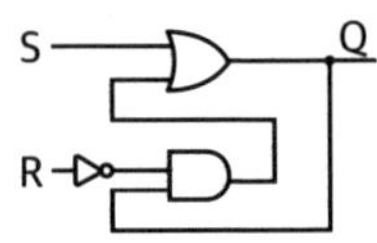

해 L=0, H=1 이면,
S의 회로는 OR 회로이므로 S가 1(H)이면 Q는 무조건 1(H)이 된다.
AND 회로의 경우 S가 0(L)일 경우 피드백 되는 값이 0(L)이므로 AND 회로의 경우 출력은 무조건 0이 되므로 Q=S가 된다.

답 ④

그림과 같은 계전기 접점회로의 논리식은?

① $(\overline{A} + B) \cdot (C + \overline{D})$

② $(\overline{A} + \overline{B}) \cdot (C + D)$

③ $(A + B) \cdot (C + D)$

④ $(A + B) \cdot (\overline{C} + \overline{D})$

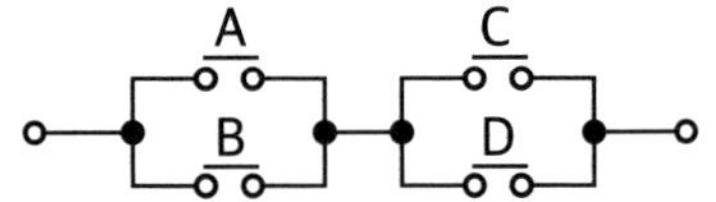

해 A와 B는 OR 회로, C와 D는 OR 회로, (A,B)와 (C,D)는 AND 회로 이므로 (A+B)·(C+D)

답 ③

그림과 같은 논리회로의 출력 Y는?

① $Y = AB + A\overline{B}$

② $Y = \overline{A}B + AB$

③ $Y = \overline{A}B + A\overline{B}$

④ $Y = \overline{AB} + A\overline{B}$

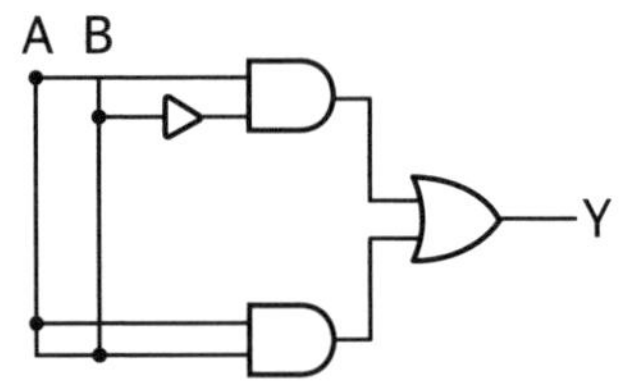

해 AND 회로1 : $A\overline{B}$, AND 회로2 : A B, OR 회로 : AND2 회로+AND1회로 = $AB + A\overline{B}$

답 ①

7) 제어기기의 변환요소

변환량	변환요소
광→임피던스	광전관, 광전도 셀, 광전 트랜지스터
광→전압	광전지, 광전 다이오드

변환량	변환요소
방사선→임피던스	GM관, 전리함
변위→압력	노즐플래퍼, 유압 분사관, 스프링
변위→임피던스	가변저항기, 용량형 변환기
변위→전압	포텐셔미터, 차동변압기, 전위차계
압력→변위	벨로즈, 다이어프램, 스프링
온도→임피던스	측온저항
온도→전압	열전대
전압→변위	전자석, 전자코일

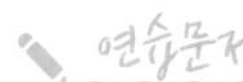

다음 중 압력을 변위로 변환시키는 장치로 알맞은 것은?

① 노즐플래퍼 ② 다이어프램

③ 전자석 ④ 차동변압기

해 다이어프램 : 압력 → 변위
노즐플래퍼 : 변위 → 압력
전자석 : 전압 → 변위
차동변압기 : 변위 → 전압

답 ②

8) 제어기기

(1) 제어요소

① 기계적요소

ㄱ. 스프링 : 변위→압력, 압력→변위

ㄴ. 다이아프램 : 압력→변위

ㄷ. 벨로우즈 : 압력→변위

ㄹ. 노즐플래퍼 : 변위→압력

ㅁ. 분사관 : 변위→압력

② 전기적 요소

ㄱ. 회전 증폭기 : 직류기의 전압, 전류, 속도 제어에 쓰인다.

ㄴ. 다이리스터 : PNPN접합의 4층 구조 반도체 소자의 총칭

ㄷ. **서보전동기**

- 직류와 교류용이 있다.
- 정 · 역회전이 가능하다.
- 저속에서의 운전이 원활하다.
- 급가속, 급감속이 가능하다.

ㄹ. **셀신**: 기계적으로 연결이 어려운 장소에 있는 2개 이상의 회전체를 전기적으로 동일 또는 일정한 속도비로 가동 시키는 장치

ㅁ. **차동변압기**: 변위→전압

ㅂ. **저항온도계**: 온도에 따라 금속 또는 반도체의 전기저항이 변화하는 성질을 이용해 온도를 측정하는 장치로 측온저항 재료로는 백금, 니켈, 구리, 서미스터 등이 있다.

ㅅ. **열전온도계**: 두 종류의 금속선을 결합시켜 열접점과 냉접점 사이에 온도차를 주면 기전력이 생기는 원리를 이용한 온도계

ㅇ. **광온도계**: 700℃ 이상의 고온도 측정에 사용

(2) 제어기기의 종류

① 증폭기기

ㄱ. **정지기**

- **전기계**: 진공판, 트랜지스터, 다이리스터, 다이아트론, 자기증폭기
- **기계계**

✓ **공기식**: 노즐 플래퍼, 벨로우즈

✓ **유압식**: 안내밸브, 지렛대

ㄴ. **회전기**: 앰플리다인, 로터트롤

② 조작기기

ㄱ. **전기계**: 전자밸브, 전동밸브, 2상 서보전동기, 펄스전동기

ㄴ. **기계계**: 다이아프램, 밸브포지셔너, 클러치, 안내밸브, 조작피스톤, 분사관

연습문제

서미스터에 대한 설명으로 옳은 것은?

① 열을 감지하는 감열 저항체 소자이다.

② 온도상승에 따라 전자유도현상이 크게 발생되는 소자이다.

③ 구성은 규소, 아연, 납 등을 혼합한 것이다.

④ 화학적으로는 수소화물에 해당된다.

해 저항온도계 : 온도에 따라 금속 또는 반도체의 전기저항이 변화하는 성질을 이용해 온도를 측정하는 장치로 측온저항 재료로는 백금, 니켈, 구리, 서미스터 등이 있다.

답 ①

서보전동기에 대한 설명으로 틀린 것은?

① 정 · 역운전이 가능하다.

② 직류용은 없고 교류용만 있다.

③ 급가속 및 급감속이 용이하다.

④ 속응성이 대단히 높다.

해 서보전동기는 직류, 교류 전동기가 있다.

답 ②

9) 플로우 차트

기 호	기호의 설명
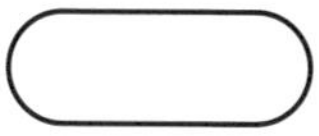 (단말: 둥근 사각형)	순서도의 시작이나 끝을 나타내는 기호
 (처리: 직사각형)	값을 계산하거나 대입 등을 나타내는 처리 기호
 (판단: 마름모)	조건이 참이면 예, 거짓이면 아니오로 가는 판단 기호
 (서류)	서류로 인쇄할 것을 나타내는 기호
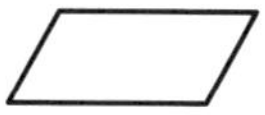 (입출력: 평행사변형)	입·출력을 나타내는 기호
 ↓	기호를 연결하여 처리의 흐름을 나타내는 흐름선

연습문제

플로차트를 작성할 때 다음 기호의 의미는?

① 단자

② 처리

③ 입출력

④ 결합자

해 입·출력을 나타내는 기호

답 ③

V. 전기기기

1) 직류기

(1) 직류기의 3요소(계자, 전기자, 정류자)

① **계자** : 자속을 발생

② **정류자** : 교류(AC)를 직류(DC)로 변환

③ **전기자** : 자속을 끊어 기전력을 유도

✓ **전기자 철심을 규소강판으로 성층하는 이유** : 맴돌이 전류손(와류손)과 히스테리시스손의 감소

④ **브러시** : 정류자 면에 접촉하여 직류전기를 회전체에 공급

(2) 유도기전력

$$E = \frac{PZ\phi N}{60a}$$

✓ P : 극수, Z : 전기자 도체수, Φ : 자속, N : 회전수, a : 병렬 수

(3) 직류기의 병렬운전 조건

① 정격전압 및 극성이 같을 것

② 외부특성곡선이 수하특성 일 것

③ 용량이 다른 경우 %부하 전류로 나타낸 외부특성곡선이 일치 할 것

(4) 정류를 양호하게 하는 조건

① 보극을 설치(전압 정류)

② 탄소 브러시 사용(저항정류)

③ 단절권 채용으로 자기 인덕턴스를 작게한다.

④ 리액턴스 전압을 작게한다.

⑤ 고속을 피하여 정류 주기를 길게한다.

(5) 직류발전기 분류

① 타여자 발전기

② **자여자 발전기**: 직권, 분권, 복권

(6) 직류전동기 분류 및 특성

① 타여자 전동기

ㄱ. **속도 특성**: 정속도 전동기, 속도를 광범위하게 조정할 수 있다.

ㄴ. **토크 속성**: 토크와 부하전류가 비례

ㄷ. **용도**: 고속 승강기, 압연기, 크레인

② 자여자 전동기

ㄱ. **직권전동기**

- **속도 특성**: 변속도 전동기
- **토크 속성**: 기동토크가 크다(초기 기동시 힘이 좋다).
- **용도**: 전동차, 크레인 등 부하변동이 심하고 기동토크가 큰 곳

ㄴ. **분권 전동기**

- **속도 특성**: 정속도 전동기
- **토크 속성**: 토크와 부하전류가 비례
- **용도**: 공장기계, 압연기, 제지기, 송풍기

ㄷ. **복권 전동기**

- **속도 특성**: 중간 특성
- **토크 속성**: 중간 특성
- **용도**: 공장기계, 크레인, 공장압축기, 승강기, 기중기

✓ **차동복권 전동기**: 부하 증대에 따라 속도가 증가

(7) 직류전동기의 계산

① 토크

$$T = \frac{P}{\omega} = \frac{PZ\phi I_a}{2\pi a} = K\phi I_a$$

✓ P : 극수, Z : 도체수, Φ : 자속, I_a : 전기자 전류, a : 병렬 수, ω : 각주파수

② 역기전력 : $E_c = V - I_a R_a$

③ 회전속도

$$N = \frac{E_c}{K \cdot \phi} = K\frac{V - I_a r_a}{\phi}$$

✓ K : 고유상수, I_a : 전기자 전류, r_a : 전기자 저항

④ 속도변동률

$$\varepsilon = \frac{N_0 - N}{N} \times 100[\%]$$

✓ N_o : 무부하속도, N : 정격부하 속도

(8) 직류전동기의 속도제어법

① 전압제어

❶ 효율이 좋다 ❷ 광범위 속도제어 ❸ 일그너 방식 ❹ 워드 레오나드 방식 ❺ 정토크 제어

② 계자제어

❶ 효율이 좋다 ❷ 세밀하고 안정된 속도제어 ❸ 속도 조정 범위가 좁다 ❹ 정출력 구동방식

③ 직렬저항제어

❶ 효율이 나쁘다 ❷ 속도 조정 범위가 좁다.

(9) 전기자 반작용

전기자 전류에 의한 자속이 계자 자속에 영향을 미치는 현상

① 영향

❶ 중성축 이동 ❷ 주자속 감소 ❸ 정류에 악영향을 끼침 ❹ 유기 기전력 감소 ❺ 브러시에서 섬락발생 ❻ 발전기 출력감소 ❼ 자속의 분포가 한쪽으로 기울어진다.

② 대책

ㄱ. **보상권선**: 자극판에 권선을 감고 여기에 전기자 전류의 기전력을 없애는 방향으로 전류를 흐르게 한 것

ㄴ. **보극**: 중성점에 전기자 전류에 의한 자속을 없애기 위해 설치한 소자극으로서 불꽃이 생기지 않는 정류가 주목적

연습문제

다음 중 직류 분권전동기의 용도에 적합하지 않은 것은?

① 압연기 ② 제지기
③ 권선기 ④ 기중기

해 분권 전동기: 계자 권선과 전기자를 병렬로 접속한 것이며, 부하에 관계없이 속도가 일정하다.
직권 전동기: 계자 권선과 전기자를 직렬로 접속한 것이며, 부하가 증가하면 속도는 떨어지고 부하가 감소하면 속도는 증가한다.(기중기, 전동차, 그라인더 등)

답 ④

부하 증대에 따라 속도가 오히려 증대되는 특성을 갖는 직류전동기의 종류는?

① 타여자전동기 ② 분권전동기
③ 가동복권전동기 ④ 차동복권전동기

해 차동복권전동기: 부하 증대에 따라 속도가 증가

답 ④

직류 발전기의 철심을 규소강판으로 성층하여 사용하는 이유로 가장 알맞은 것은?

① 브러시에서의 불꽃 방지 및 정류 개선 ② 와류손과 히스테리시스손의 감소
③ 전기자 반작용의 감소 ④ 기계적으로 튼튼함

해 전기자 철심을 규소강판으로 성층하는 이유: 맴돌이 전류손(와류손)과 히스테리시스손의 감소

답 ②

직류전동기의 속도제어법으로 틀린 것은?

① 저항제어 ② 계자제어
③ 전압제어 ④ 주파수제어

해 직류전동기의 속도 제어법: 전압, 계자, 직렬저항
농형 유도전동기의 속도 제어법: 주파수, 극수, 종속법
권선형 유도전동기 속도 제어법: 저항, 2차 여자법, 종속법

답 ④

직류기에서 전기자 반작용에 관한 설명으로 틀린 것은?

① 주자속이 감소한다. ② 전기자 기자력이 증대된다.
③ 정기적 중성축이 이동한다. ④ 자속의 분포가 한쪽으로 기울어진다.

해 ② 전기자 기자력이 감소된다.

답 ②

직류기에서 불꽃 없이 정류를 얻는데 가장 유효한 방법은?

① 탄소브러시와 보상권선 ② 자기포화와 브러시 이동
③ 보극과 탄소브러시 ④ 보극과 보상권선

해 ㉠ 보극을 설치(전압 정류) ㉡ 탄소 브러시 사용(저항정류) ㉢ 단절권 채용으로 자기 인덕턴스를 작게한다 ㉣ 리액턴스 전압을 작게한다 ㉤ 고속을 피하여 정류 주기를 길게한다.

답 ③

2) 유도 전동기

(1) 슬립

$$s = \frac{N_s - N}{N_s}$$

✓ N_S : 동기속도, N : 실제속도

① s = 1 : 전동기가 정지 상태

② s = 0 : 전동기가 동기속도로 회전, 이상적인 무부하 상태

(2) 회전속도

$$N_s(\text{동기속도}) = \frac{120f}{P}\ [\text{RPM}]$$

✓ f : 주파수[Hz], P : 극수

$$N(\text{실제속도}) = \frac{120f}{P}(1-S) \text{ 또는 } N_s(1-S)$$

(3) 출력

$$P = \sqrt{3}\, VI\cos\theta\eta$$

✓ V : 전압, I : 전류, $\cos\theta$: 역률, η : 효율

$$P = P_2(1-S)$$

✓ P_2 : 회전자 입력, S : 슬립

(4) 토크

$$T = \frac{60}{2\pi} \cdot \frac{P_2}{N_S}$$

✓ P_2 : 출력[KW], N_S : 동기속도[RPM]

(5) 회전방향 변경

3가닥 선 중 임의의 2가닥 선을 바꾸어 접속

(6) 종류

① 농형 유도전동기

② 권선형 유도전동기

(7) 유도전동기의 기동법

① 농형 유도전동기

ㄱ. 전전압 기동 : 5Kw 이하

ㄴ. Y-D기동 : 토크 1/3배, 전류 1/3배, 전압 $1/\sqrt{3}$ 배(5~15Kw)

ㄷ. 기동보상기법 : 단권변압기사용(15Kw이상)

ㄹ. 변연장

ㅁ. 콘도르 파법

ㅂ. 리액터 기동법

② 권선형 유도전동기

2차 저항 기동법(비례추이 이용)

(8) 유도전동기의 속도제어법

① 농형 유도전동기

❶ 주파수 변환법 ❷ 극수 변환법 ❸ 종속법

② 권선형 유도전동기

❶ 저항 제어법 ❷ 2차 여자법 ❸ 종속법

(9) 단상 유도전동기

① **특징** : 2차 저항의 크기가 변하면 최대토크를 발생하는 슬립과 최대토크까지 변한다.

② 기동토크가 큰 순서

연습문제

60[Hz]에서 회전하고 있는 4극 유도전동기의 출력이 10[kW]일 때 전동기의 토크는 약 몇 [N · m]인가?

① 48 ② 53

③ 63 ④ 84

해 토크(T) $= \frac{60}{2\pi \cdot N_S} \cdot P_2[N \cdot m]$

동기속도(N_s) $= \frac{120f}{P} = \frac{120 \cdot 60}{4} = 1,800[\text{rpm}]$

토크(T) $= \frac{60}{2 \cdot 3.14 \cdot 1800} \cdot 10,000 = 53[N \cdot m]$

답 ②

농형 유도전동기의 기동법이 아닌 것은?

① 전전압기동법 ② 기동보상기법

③ Y-Δ기동법 ④ 2차저항법

해 2차 저항법은 권선형 유도전동기 제어법
농형 유도전동기의 기동법 : ㉠ 전전압기동(5kw 이하용), ㉡ Y-Δ 기동(5~15kw용), ㉢기동보상기법(15kw 이상용)

답 ④

동기속도가 3600 rpm인 동기발전기의 극수는 얼마인가?(단, 주파수는 60Hz이다).

① 2극 ② 4극

③ 6극 ④ 8극

해 공식1)

$N_S = \frac{120f}{p}$

$3600 = \frac{120 \times 60}{p} \rightarrow P = \frac{120 \times 60}{3600} = 2$

답 ①

권선형 유도전동기의 회전자 입력이 10kW일 때 슬립이 4%였다면 출력은 몇 kW인가?

① 4　　② 8

③ 9.6　　④ 10.4

해 공식1) $P = P_2(1 - s) = 10(1 - 0.04) = 9.6[KW]$

답 ③

다음 중 3상 유도전동기의 회전방향을 바꾸려고 할 때 옳은 방법은?

① △-Y 결선으로 변경한다.　　② 회전자를 수동으로 역회전시켜 기동한다.

③ 3선을 차례대로 바꾸어 연결한다.　　④ 3상 전원 중 2선의 접속을 바꾼다.

해 회전방향 변경 : 3기닥 선 중 임의의 2기닥 선을 바꾸이 접속

답 ④

다음 기동 토크가 가장 큰 단상 유도전동기는?

① 분상기동형　　② 반발기동형

③ 반발유동형　　④ 콘덴서기동형

해 반발 기동형 > 반발 유도형 > 콘덴서 기동형 > 콘덴서 운전형 > 분상 기동형 >셰이딩 코일형 > 모노사이클릭형

답 ②

60Hz, 6극 3상 유도전동기의 전부하에 있어서의 회전수가 1164rpm이다. 슬립은 약 몇 %인가?

① 2　　② 3

③ 5　　④ 7

해 공식1)

$$동기속도(N_s) = \frac{120f}{p}$$

공식2)

$$슬립(s) = \frac{동기속도 \cdot 회전자속도}{동기속도}$$

$$동기속도(N_s) = \frac{120 \cdot 60}{6} = 1200[rpm]$$

$$슬립(s) = \frac{1200 - 1164}{1200} \times 100 = 3[\%]$$ 또는

공식1) $회전속도(N) = \frac{120f}{p}(1 - s)$ 이므로

$$1164 = \frac{120 \times 60}{6}(1 - s) \rightarrow s = \left(1 - \frac{1164}{6} \times 60\right) \times 100 = 3[\%]$$

답 ②

3) 변압기

전자 상호 유도작용을 이용하여 1차, 2차 권수비에 따라 유도 기전력이 발생하여 교류전압을 높이거나 낮추는 장치

(1) 권수비

$$a = \frac{E_1}{E_2} = \frac{I_2}{I_1} = \frac{N_1}{N_2} = \sqrt{\frac{Z_1}{Z_2}}$$

✓ ***E***: 유도 기전력, ***I***: 전류, ***N***: 권수, ***Z***: 임피던스

(2) 효율

① 규약효율

$$\eta = \frac{\text{입력} - \text{손실}}{\text{입력}} \times 100[\%] = \frac{\text{출력}}{\text{출력} + \text{손실}} \times 100[\%]$$

② 최대효율 조건: 철손=동손

(3) 단상 변압기의 3상 결선

① Δ-Δ결선

ㄱ. V-V결선의 변경

ㄴ. 고조파 전류가 생기지 않는다.

ㄷ. 중성점 접지가 불가능

ㄹ. 상전압과 선간전압이 같다.

② Y-Y결선

ㄱ. 중성점 접지가 가능

ㄴ. 제 3고조파가 발생(통신선 유도장애)

ㄷ. 상전압=선간전압/ $\sqrt{3}$

③ Δ-Y, Y-Δ 결선

ㄱ. Y결선으로 중성점 접지 가능

ㄴ. Δ결선에 의해 제3고조파가 생기지 않는다.

ㄷ. Δ-Y는 송전단, Y-Δ는 수전단에 설치

ㄹ. 1차와 2차 전압 사이에 30° 변위가 발생

④ V-V결선

ㄱ. 출력(P_V)= $\sqrt{3}$ P_1

ㄴ. 이용률 : 86.6%

ㄷ. 출력비 : 57.7%

(4) 변압기의 병렬운전 조건

① 단상 병렬운전

ㄱ. 1차, 2차의 정격전압이 같을 것

ㄴ. 1차, 2차의 극성이 같을 것

ㄷ. 임피던스 강하가 같을 것

ㄹ. 권수비가 같을 것

ㅁ. 내부저항과 누설 리액턴스비가 같을 것

② 삼상 병렬운전

ㄱ. 단상 병렬운전 조건

ㄴ. 상회전 방향이 같을 것

ㄷ. 위상변위가 일치할 것

연습문제

10[kVA]의 단상변압기 3대가 있다. 이를 3상 배전선에 V결선했을 때의 출력은 몇 [kVA]인가?

① 11.73 ② 17.32

③ 20 ④ 30

해 V결선의 3상 출력 : $P_V = \sqrt{3} \times P = \sqrt{3} \times 10 = 17.32[KVA]$

답 ②

변압기를 스코트(Scott) 결선할 때 이용률은 몇 %인가?

① 57.7 ② 86.6

③ 100 ④ 173

해 V-V결선 (Scott결선)

㉠ 출력(P_V)= $\sqrt{3}$ P_1, ㉡ 이용률 : 86.6%, ㉢ 출력비 : 57.7%

답 ②

변압기는 어떤 작용을 이용한 전기기기인가?

① 정전유도작용　　② 전자유도작용
③ 전류의 발열작용　　④ 전류의 화학작용

해 변압기 : 전자 상호 유도작용을 이용하여 1차, 2차 권수비에 따라 유도 기전력이 발생하여 교류전압을 높이거나 낮추는 장치

답 ②

평형 3상 Y결선의 상전압 V_p와 선간전압 V_L의 관계는?

① $V_L = 3Vp$　　② $V_L = \sqrt{3}\, Vp$
③ $V_L = \frac{1}{3} Vp$　　④ $V_L = \frac{1}{\sqrt{3}} Vp$

해 Y결선의 전압관계 : 선간전압 = $\sqrt{3}$ ×상전압

답 ②

변압기의 병렬운전에서 필요하지 않는 조건은?

① 극성이 같을 것　　② 출력이 같을 것
③ 권수비가 같을 것　　④ 1차, 2차 정격전압이 같을 것

해 변압기 병렬운전에서 출력은 달라도 된다.
변압기 병력 운전 조건
(1) 단상 병렬운전 : ㉠ 1차, 2차의 정격전압이 같을 것 ㉡ 1차, 2차의 극성이 같을 것 ㉢ 임피던스 강하가 같을 것 ㉣ 권수비가 같을 것 ㉤ 내부저항과 누설 리액턴스비가 같을 것
(2) 삼상 병렬운전 : ㉠ 단상 병렬운전 조건 ㉡ 상회전 방향이 같을 것 ㉢ 위상변위가 일치할 것

답 ②

4) 전압, 전류, 저항의 측정

(1) 측정계기 종류

① **직류** : 가동 코일형 계기

② **교류 저주파용** : 가동 철편형 계기

③ **교류 직류 양용** : 전류력계형 계기, 정전형 계기

(2) 전압의 측정

① **전압계** : 전압계의 내부저항을 크게 하여 회로에 병렬로 연결

② **배율기** : 전압계에 직렬로 연결하여 측정 범위를 넓히는 저항

③ **측정배율**(m) = $\dfrac{V_0}{V} = \dfrac{R + R_m}{R} = 1 + \dfrac{R_m}{R}$

✓ $\boldsymbol{m}$: 측정배율, $\boldsymbol{V}$: 전압계 전압, $\boldsymbol{V_o}$: 측정전압, $\boldsymbol{R}$: 전압계 내부저항, $\boldsymbol{R_m}$: 배율기

(3) 전류의 측정

① **전류계** : 전류계의 내부저항을 작게 하여 회로에 직렬로 연결

② **분류기** : 전류계에 병렬로 연결하여 측정 범위를 넓히기 위한 저항

③ 측정배율(M) = $\dfrac{I_0}{I} = \dfrac{R_S + R}{R_s} = 1 + \dfrac{R}{R_s}$

✓ $\boldsymbol{M}$: 측정배율, $\boldsymbol{I}$: 전류계 전류, $\boldsymbol{I_o}$: 측정전류, $\boldsymbol{R}$: 전류계 내부저항, $\boldsymbol{R_s}$: 분류기 배율

(4) 저항의 측정

① **저저항** : 캘빈 더블 브리지, 전위차계법

② **중저항** : 전압 전류계법, 휘스톤브리지법, 회로시험법

③ **고저항** : 절연저항계, 메거

④ **특수저항** : 코울라시 브리지

연습문제

다음은 분류기이다. 배율은 어떻게 표현되는가?(단, R_s : 분류기의 저항, R_a : 전류계의 내부저항)

① $\dfrac{R_s}{R_a}$

② $1 + \dfrac{R_s}{R_a}$

③ $1 + \dfrac{R_a}{R_s}$

④ $\dfrac{R_a}{R_s}$

해 측정배율(M) = $\dfrac{I_0}{I} = \dfrac{R_S + R}{R_S} = 1 + \dfrac{R}{R_S}$

답 ③

피측정단자에 그림과 같이 결선하여 전압계로 e(V)라는 전압을 얻었을 때 피측정단자의 절연저항은 몇 M Ω인가?(단, Rm : 전압계 내부저항(Ω), V : 시험전압(V)이다)

① $R_m(eV-1)\times 10^{-6}$

② $R_m(\frac{e}{V}-1)\times 10^{-6}$

③ $R_m(\frac{V}{e}-1)\times 10^{-6}$

④ $R_m(V-e)\times 10^{-6}$

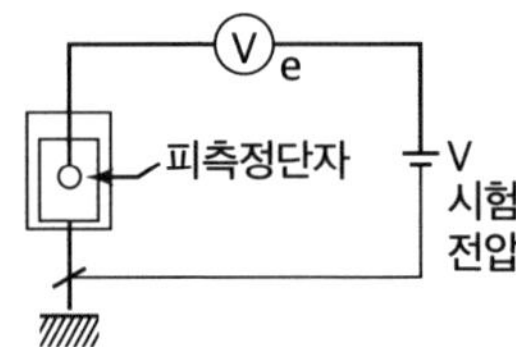

해 공식1)

$$\frac{V}{e}=\frac{R_m+R}{R_m}$$

(e : 전압계 전압, V : 시험 전압, R : 배율기 저항(피측정단자 절연저항), Rm : 전압계 내부저항)

$$\frac{V}{e}=1+\frac{R}{R_m}\rightarrow\frac{V}{e}-1=\frac{R}{R_m}\rightarrow R_m(\frac{V}{e}-1)=R[\Omega]\rightarrow R_m(\frac{V}{e}-1)\times 10^{-6}=R[\text{M}\Omega]$$

답 ③

그림에서 전류계의 측정범위를 10배로 하기 위한 전류계의 내부저항 r(Ω)과 분류기 저항 R(Ω)과의 관계는?

① r = 9R

② r = R/9

③ r = 10R

④ r = R/10

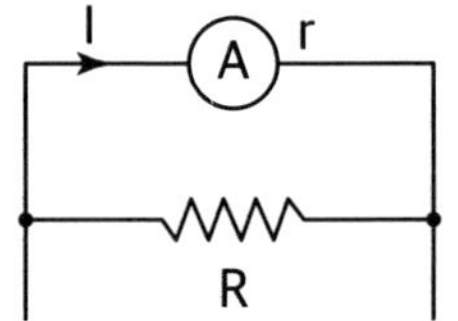

해 r = (m - 1)R = (10 - 1)R = 9R(r : 전류계 내부저항, R : 분류기 저항, m : 전류계 배율)

답 ①

5) 정류기기

(1) 반도체 정류기

구분	반파정류	전파정류
다이오드	$E_d=\frac{\sqrt{2}V}{\pi}=0.45V$	$E_d=\frac{2\sqrt{2}V}{\pi}=0.9V$
SCR	$E_d=\frac{\sqrt{2}V}{2\pi}(1+\cos\alpha)$	$E_d=\frac{\sqrt{2}V}{\pi}(1+\cos\alpha)$
PIV	$PIV=E_d\times\pi$	

(2) 맥동률

$$\text{맥동률} = \sqrt{\frac{\text{실효값}^2 - \text{평균값}^2}{\text{평균값}^2}} \times 100 = \frac{\text{교류분}}{\text{직류분}} \times 100[\%]$$

✓ **단상반파**: 121[%]

✓ **단상전파**: 48[%]

✓ **3상반파**: 17[%]

✓ **3상전파**: 4[%]

(3) 다이오드

양단에 교류전압을 가하면 순방향 전압일 때는 전류가 흐르고 역방향 전압일 때는 전류가 흐르지 못한다(2단자).

(4) 트랜지스터

반도체 결정속의 전자 또는 정공의 작용을 이용하여 증폭작용, 스위칭작용, 발진작용 등을 일으킬 수 있는 소자(3단자)

(5) 사이리스터

명칭			단자
사이리스터	역저지 사이리스터	SCR	3단자
		LASCR	
		GTO	
		SCS	4단자
	쌍방향 사이리스터	SSS	2단자
		TRIAC	3단자
		역도통 사이리스터	

(6) 배리스터

비직선적인 전압-전류 특성을 갖는 반도체 소자로 전압이 증가하면 저항이 감소하는 성질이 있어 서지전압에 대한 회로 보호용으로 사용된다(2단자).

연습문제

맥동 주파수가 가장 많고 맥동률이 가장 적은 정류방식은?

① 단상 반파정류　② 단상 전파정류
③ 3상 반파정류　④ 3상 전파정류

해 단상반파 : 121[%], 단상전파 : 48[%], 3상반파 : 17[%], 3상전파 : 4[%]

답 ④

유도전동기의 1차 전압 변화에 의한 속도제어 시 SCR을 사용하여 변화시키는 것은?

① 주파수　② 토크
③ 위상각　④ 전류

해 SCR : 위상각 조종장치

답 ③

배리스터의 주된 용도는?

① 서지전압에 대한 회로 보호용　② 온도 측정용
③ 출력전류 조절용　④ 전압 증폭용

해 배리스터 : 비직선적인 전압 - 전류 특성을 갖는 반도체 소자로 전압이 증가하면 저항이 감소하는 성질이 있어 서지전압에 대한 회로 보호용으로 사용된다(2단자).

답 ①

다음의 정류회로 중 리플 전압이 가장 작은 회로는?(단, 저항부하를 사용하였을 경우이다)

① 3상 반파 정류회로　② 3상 전파 정류회로
③ 단상 반파 정류회로　④ 단상 전파 정류회로

해 리플전압(맥동률)
단상반파 : 121[%] : 1.21
단상전파 : 48[%] : 0.48
3상반파 : 17[%] : 0.17
3상전파 : 4[%] : 0.04

답 ②

MEMO

PART 6

:기출문제 1회(2013.03.10)

01 통과 풍량이 320m³/min일 때 표준 유닛형 에어필터(통과풍속 1.4m/s, 통과면적 0.30m²)의 수는 약 몇 개인가?
(단, 유효면적은 80% 이다.)

① 13개 ② 14개
③ 15개 ④ 16개

해 Q = A · V · n
Q : 풍량[m³/s], A : 면적[m²], V : 풍속[m/s], n : 개수
풍량 = 320/60 = 5.33[m³/s]

$$\frac{5.33}{1.4 \times 0.3 \times 0.8} = 15.86$$

15.86개랑 같거나 높아야 하므로 16개

02 난방 방식 중 낮은 실온에서도 균등한 쾌적감을 얻을 수 있는 방식은?

① 복사난방 ② 대류난방
③ 증기난방 ④ 온풍로난방

해 복사난방의 장점
㉠ 실내온도 분포가 균등하고 쾌감도가 높다.
㉡ 높은 천장에도 효과적이다.
㉢ 바닥이용도가 좋다.
㉣ 소음이 적다.
㉤ 낮은 실온에서도 균등한 쾌적감을 얻을 수 있다.

03 다음과 같은 습공기선도상의 상태에서 외기부하를 나타내고 있는 것은?

① $G(i_3 - i_4)$ ② $G(i_5 - i_4)$
③ $G(i_3 - i_2)$ ④ $G(i_2 - i_5)$

해 외기부하 = 혼합부하 - 실내부하 = $i_3 - i_2$

04 냉방부하 종류 중에 현열로만 이루어진 부하로 맞는 것은?

① 조명에서의 발생열
② 인체에서의 발생열
③ 문틈에서의 틈새바람
④ 실내기구에서의 발생열

해 조명에는 수분이 존재하지 않음

| 정답 | 01 ④ 02 ① 03 ③ 04 ①

• 수험번호 :
• 수험자명 :

• 제한 시간 :
• 남은 시간 :

글자 크기  100%  150%  200% 화면 배치  

• 전체 문제 수 :
• 안 푼 문제 수 :

답안 표기란

05 ① ② ③ ④

06 ① ② ③ ④

07 ① ② ③ ④

05 **HEPA 필터에 적합한 효율 측정법은?**

① weight법 ② NBS법

③ dust spot법 ④ DOP법

해 HEPA 필터
• 0.3μm의 입자를 99.97% 이상 제거가 가능해 병원, 클린룸 등에 쓰인다.
• 효율 측정법으로는 계수법(DOP법)이 적합하다.

06 **냉방 시 침입외기가 200m^3/h일 때 침입외기에 의한 손실 부하는 약 얼마인가?**
(단, 외기는 32℃ DB, 0.018 kg/kg DA, 실내는 27℃ DB, 0.013kg/kg DA이며, 침입외기 밀도 1.2 kg/m^3, 건공기 정압비열 1.01kJ/kg·k, 물의 증발잠열 2501kJ/kg이다.)

① 3001kJ/h ② 1215kJ/h

③ 4213kJ/h ④ 5655kJ/h

해 침입외기 질량 = 200 × 1.2 = 240[kg]
✓ 1.2 : 공기의 밀도
• 외기현열
= 240 × 1.01 × (32 − 27)
= 1,212[kJ/h]
• 외기잠열
= 240 × 2501 × (0.018 − 0.013)
= 3,001[kJ/h]
• 손실부하
= 1212 + 3001
= 4,213[kJ/h]

07 **다음 그림의 방열기 도시기호 중 'W-H'가 나타내는 의미는 무엇인가?**

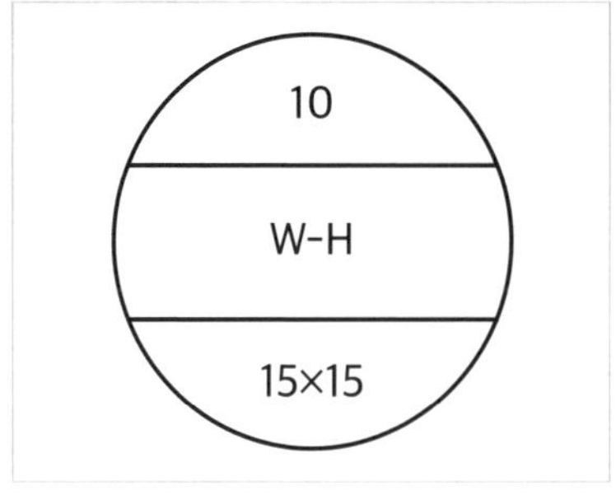

① 방열기 쪽수

② 방열기 높이

③ 방열기 종류(형식)

④ 연결배관의 종류

해 W : 벽걸이 방열기
H : 수평형 방열기
V : 수직형 방열기

• 수험번호:
• 수험자명:

• 제한 시간:
• 남은 시간:

글자 크기   100%  150%  200% 화면 배치 

• 전체 문제 수:
• 안 푼 문제 수:

답안 표기란

08	①	②	③	④
09	①	②	③	④
10	①	②	③	④
11	①	②	③	④

08 열동식 트랩에 대한 설명 중 옳은 것은?

① 방열기에 생긴 응축수를 증기와 분리하여 보일러에 환수시키는 역할을 한다.
② 방열기 내에 머무르는 공기만을 분리하여 제거하는 역할을 한다.
③ 열동식 트랩은 열역학적 트랩의 일종이다.
④ 방열기에서 발생하는 응축수는 분리하여 방열기에 오랫동안 머무르게 하고 증기를 배출하는 역할을 한다.

해 • 응축수 및 공기를 증기와 분리하여 보일러에 환수 시키는 장치
• 열동식 트랩은 온도 조절식 트랩에 속한다.

09 공기조화를 위한 사무실의 외기온도 -10℃, 실내온도 22℃일 때 면적 $20m^2$을 통하여 손실되는 열량은 얼마인가?
(단, 구조체의 열관류율은 $2.1kcal/m^2h℃$이다.)

① 41kcal/h ② 504kcal/h
③ 820kcal/h ④ 1344kcal/h

해 $Q = K \cdot A \cdot \Delta t$
$= 2.1 \times 20 \times (22 - (-10))$
$= 1,344[kcal/h]$

10 공기조화 설비방식의 일반 열원방식 중 2중 효용 흡수식 냉동기와 보일러를 사용하여 구성되는 공조방식의 관련된 장치가 아닌 것은?

① 발생기, 흡수기, 입형보일러
② 응축기, 증발기, 관류보일러
③ 재생기, 응축기, 노통연관보일러
④ 응축기, 압축기, 수관보일러

해 흡수식 냉동기에는 압축기가 들어가지 않는다.

11 공기조화방식의 분류 중 전공기 방식에 해당되지 않는 것은?

① 유인유닛 방식
② 정풍량 단일덕트 방식
③ 2중덕트 방식
④ 변풍량 단일덕트 방식

해 유인 유닛 방식 : 수-공기 방식

정답 | 08 ① 09 ④ 10 ④ 11 ①

• 수험번호:
• 수험자명:

• 제한 시간:
• 남은 시간:

글자 크기  100%  150%  200% 화면 배치   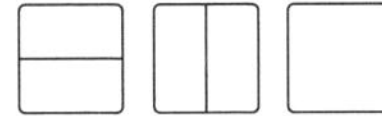

• 전체 문제 수:
• 안 푼 문제 수:

답안 표기란

12 ① ② ③ ④
13 ① ② ③ ④
14 ① ② ③ ④

12 습공기의 상태를 나타내는 요소에 대한 설명 중 맞는 것은?

① 상대습도는 공기 중에 포함된 수분의 량을 계산하는데 사용한다.
② 수증기 분압에서 습공기가 가진 압력(보통 대기압)은 그 혼합성분인 건공기와 수증기가 가진 분압의 합과 같다.
③ 습구온도는 주위공기가 포화증기에 가까우면 건구온도와의 차는 커진다.
④ 엔탈피는 0℃ 건공기의 값을 593 kcal/kg으로 기준하여 사용한다.

해 ① 상대습도 : 실제 포함된 수증기 양과 포함할 수 있는 최대한의 수증기 양과의 비
③ 습구온도 : 주위 공기가 포화 증기에 가까우면 건구온도와의 차는 작아진다.
④ 엔탈피 : 0[℃] 건공기의 값을 0[kcal/kg]으로 기준하여 사용한다.

13 구조체에서의 손실부하 계산 시 내벽이나 중간층 바닥의 손실부하를 구하고자 할 때 적용하는 온도차를 구하는 공식은?
(단, t_r : 실내의 온도, t_o : 실외의 온도)

① $\triangle t = (t_r - \frac{t_r - t_0}{2})$
② $\triangle t = (t_r + \frac{t_r - t_0}{2})$
③ $\triangle t = (\frac{t_r + t_0}{2})$
④ $\triangle t = (t_r - \frac{t_r + t_0}{2})$

해 • 내벽 또는 중간층 바닥의 손실부하 계산
• 실내온도 - 실내외 평균온도

14 인텔리전트 빌딩과 같이 냉방부하가 큰 건물이나 백화점과 같이 잠열 부하가 큰 건물에서 송풍량과 덕트 크기를 크게 늘리지 않고자 할 때, 공조방식으로 적합한 것은?

① 바닥취출 공조방식
② 저온공조방식
③ 팬코일 유닛방식
④ 재열코일방식

해 송풍량과 덕트를 늘리지 않고 실내 부하를 낮추려면 저온으로 공조를 해야 하므로 저온공조방식을 채택한다.

| 정답 | 12 ② 13 ④ 14 ②

• 수험번호:
• 수험자명:

• 제한 시간:
• 남은 시간:

글자 크기  100%  150%  200% 화면 배치 

• 전체 문제 수:
• 안 푼 문제 수:

답안 표기란

15	①	②	③	④
16	①	②	③	④
17	①	②	③	④
18	①	②	③	④

15 열교환기를 구조에 따라 분류하였을 때 판형 열교환기의 종류에 해당하지 않는 것은?

① 플레이트식 열교환기
② 캐틀형 열교환기
③ 플레이트핀식 열교환기
④ 스파이럴형 열교환기

해 캐틀형 열교환기는 원통다관식 열교환기에 속한다.

16 직교류형 냉각탑과 대향류형 냉각탑을 비교하였다. 직교류형 냉각탑의 특징으로 틀린 것은?

① 물과 공기 흐름이 직각으로 교차한다.
② 냉각탑 설치 면적은 크고, 높이는 낮다.
③ 대향류형에 비해 효율이 좋다.
④ 냉각탑 중심부로 갈수록 온도가 높아진다.

해 직교류형은 대향류형 보다 효율이 나쁘다.

17 기화식(증발식) 가습장치의 종류로 옳은 것은?

① 원심식, 초음파식, 분무식
② 전열식, 전극식, 적외선식
③ 과열증기식, 분무식, 원심식
④ 회전식, 모세관식, 적하식

해 수분무식 가습 : 원심식, 초음파식, 분무식
증발식 가습 : 회전식, 모세관식, 적하식
증기식 가습 : 전열식(가습팬형), 전극식, 적외선식, 과열증기식, 노즐분무식

18 증기난방의 장점으로 틀린 것은?

① 열의 운반능력이 크고, 예열시간이 짧다.
② 한랭지에서 동결의 우려가 적다.
③ 환수관의 내부 부식이 지연되어 강관의 수명이 길다.
④ 온수난방에 비하여 방열기의 방열 면적이 작아진다.

해 증기난방의 강관은 부식이 심해 수명이 짧다.

정답 | 15 ② 16 ③ 17 ④ 18 ③

• 수험번호:
• 수험자명:

• 제한 시간:
• 남은 시간:

글자 크기       100% 150% 200% 화면 배치   

• 전체 문제 수:
• 안 푼 문제 수:

답안 표기란

19 ① ② ③ ④
20 ① ② ③ ④
21 ① ② ③ ④

19 공기 세정기의 구조에서 앞부분에 세정실이 있고 물방울의 유출을 방지하기 위해 뒷부분에는 무엇을 설치하는가?

① 배수관
② 유닛 히트
③ 유량조절밸브
④ 엘리미네이터

20 A상태에서 B상태로 가는 냉방과정에서 현열비는?

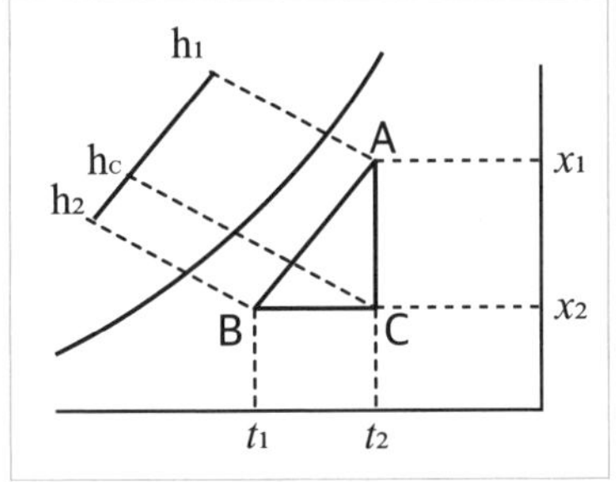

① $\dfrac{h_1 - h_2}{t_1 - t_2}$ ② $\dfrac{h_1 - h_c}{h_1 - h_2}$

③ $\dfrac{x_1 - x_c}{t_1 - t_c}$ ④ $\dfrac{h_c - h_2}{h_1 - h_2}$

해 현열비(SHF) = $\dfrac{\text{현열}}{\text{현열} + \text{잠열}}$

21 다음 조건을 갖는 수냉식 응축기의 전열 면적은 약 얼마인가? (단, 응축기 입구의 냉매가스의 엔탈피는 450kcal/kg, 응축기 출구의 냉매액의 엔탈피는 150kcal/kg, 냉매 순환량은 100kg/h, 응축온도는 40℃, 냉각수 평균온도는 33℃, 응축기의 열관류율은 800kcal/m²h℃이다.)

① 3.86m² ② 4.56m²
③ 5.36m² ④ 6.76m²

해 $Q = G \cdot C \cdot \Delta t = G \cdot (h2 - h1)$

응축부하(Q) = 100×(450−150)
= 30,000[kcal/h]

$Q = K \cdot A \cdot \Delta t$

전열면적(A) = $\dfrac{3000}{800 \times (40 - 33)}$
= 5.36m²

| 정답 | 19 ④ 20 ④ 21 ③

• 수험번호 :
• 수험자명 :

• 제한 시간 :
• 남은 시간 :

글자 크기  100%  150%  200% 화면 배치  

• 전체 문제 수 :
• 안 푼 문제 수 :

답안 표기란

22	①	②	③	④
23	①	②	③	④
24	①	②	③	④
25	①	②	③	④

22 0.02kg의 기체에 100J의 일을 가하여 단열 압축하였을 때 기체 내부에너지 변화는 약 얼마인가?

① 1.87kcal/kg

② 1.54kcal/kg

③ 1.39kcal/kg

④ 1.19kcal/kg

해 100J = 0.1kJ 이므로

$\frac{0.1}{0.02}$ = 5[kJ/kg], 1[kcal]

= 4.186[kJ] 이므로

$\frac{5}{4.186}$ = 약 1.19[kcal/kg]

23 흡수식냉동기의 구성품 중 왕복동 냉동기의 압축기와 같은 역할을 하는 것은?

① 발생기 ② 증발기

③ 응축기 ④ 순환펌프

24 냉동장치의 액분리기에 대한 설명 중 맞는 것으로만 짝지어진 것은?

<보기>

㉠ 증발기와 압축기 흡입측 배관 사이에 설치한다.
㉡ 기동시 증발기 내의 액이 교란되는 것을 방지한다.
㉢ 냉동부하의 변동이 심한 장치에는 사용하지 않는다.
㉣ 냉매액이 증발기로 유입되는 것을 방지하기 위해 사용한다.

① ㉠, ㉡ ② ㉢, ㉣

③ ㉠, ㉢ ④ ㉡, ㉢

해
• 액분리기는 ㉠, ㉡과 냉매액이 압축기로 유입되는 것을 방지하기 위해 사용한다.
• 냉동부하 변동이 심한 장치에는 수액기를 설치한다.

25 이상 기체를 정압하에서 가열하면 체적과 온도의 변화는 어떻게 되는가?

① 체적증가, 온도상승

② 체적일정, 온도일정

③ 체적증가, 온도일정

④ 체적일정, 온도상승

해 기체를 가열하면 온도는 상승하고 팽창되므로 체적과 온도 모두 상승한다.

정답 | 22 ④ 23 ① 24 ① 25 ①

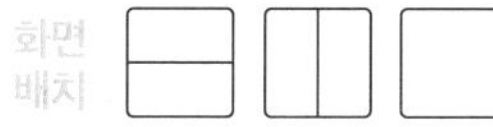

26 온도식 팽창밸브(Thermostatic expansion valve)에 있어서 과열도란 무엇인가?

① 고압축 압력이 너무 높아져서 액냉매의 온도가 충분히 낮아지지 못할 때 정상시와의 온도차

② 팽창밸브가 너무 오랫동안 작용하면 밸브 시이트가 뜨겁게 되어 오동작 할 때 정상시와의 온도차

③ 흡입관내의 냉매가스 온도와 증발기내의 포화온도와의 온도차

④ 압축기와 증발기속의 온도보다 1℃ 정도 높게 설정되어 있는 온도와의 온도차

해 과열도
흡입가스 온도 - 증발기내 포화온도

27 10kW의 모터를 1시간 동안 작동시켜 어떤 물체를 정지시켰다. 이 때 사용된 에너지는 모두 마찰열로 되어 t = 20℃의 주위에 전달되었다면 엔트로피의 증가는 약 얼마인가?

① 29.4 kcal/kg K

② 39.4 kcal/kg K

③ 49.4 kcal/kg K

④ 59.4 kcal/kg K

해 엔트로피(ds) = $\frac{Q}{T}$

$= \frac{8600}{273 + 20} = 29.4$[kcal/kg·K]

10Kw = 8,600kcal/hT

= 절대온도 이므로 273 + t[℃]

28 암모니아 냉동기에서 유분리기의 설치위치로 가장 적당한 곳은?

① 압축기와 응축기 사이

② 응축기와 팽창변 사이

③ 증발기와 압축기 사이

④ 팽창변과 증발기 사이

해 ② 응축기와 팽창변 사이 = 수액기
③ 증발기와 압축기 사이 = 액분리기
④ 팽창변 → 증발기

| 정답 | 26 ③ 27 ① 28 ①

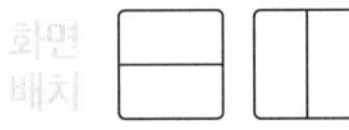

• 수험번호:
• 수험자명:
• 제한 시간:
• 남은 시간:

글자 크기 100% 150% 200% 화면 배치

• 전체 문제 수:
• 안 푼 문제 수:

답안 표기란

29 ① ② ③ ④
30 ① ② ③ ④
31 ① ② ③ ④
32 ① ② ③ ④

29 압축기의 용량제어 방법 중 왕복동 압축기와 관계가 없는 것은?

① 바이패스법
② 회전수 가감법
③ 흡입 베인 조절법
④ 클리어런스 증가법

해 흡입 베인 조절법: 원심식 압축기 용량 제어 방법

30 프레온 냉동장치에 수분이 혼입됐을 때 일어나는 현상이라고 볼 수 없는 것은?

① 수분과 반응하는 양이 매우 적어 뚜렷한 영향을 나타내지 않는다.
② 수분이 혼입되면 황산이 생성된다.
③ 고온부의 냉동장치에 동 부착(도금)현상이 나타난다.
④ 유탁액(emulsion)현상을 일으킨다.

해 유탁액 현상은 암모니아 냉동기에 해당된다.

31 50RT의 브라인 쿨러에서 입구온도 -15℃일 때 브라인의 유량이 $0.5m^3$/min이라면 출구의 온도는 약 몇 ℃인가?
(단, 브라인의 비중은 1.27, 비열은 0.66kcal/kg℃, 1RT는 3320kcal/h이다.)

①-20.3℃ ②-21.6℃
③-11℃ ④-18.3℃

해 Q=G·C·Δt
열량(Q)=50×3320
=166,000[kcal/h]
1㎥=1,000L 이므로
$$\frac{166000}{0.5 \times 1000 \times 60 \times 1.27 \times 0.66}$$
=6.6[℃]
출구온도[℃]=-15-6.6=-21.6[℃]

32 온도식 자동팽창밸브 감온통의 냉매충전 방법이 아닌 것은?

① 액충전 ② 벨로스충전
③ 가스충전 ④ 크로스충전

| 정답 | 29 ③ 30 ④ 31 ② 32 ②

• 수험번호:
• 수험자명:
• 제한 시간:
• 남은 시간:

글자 크기    화면 배치  

• 전체 문제 수:
• 안 푼 문제 수:

답안 표기란

33 ① ② ③ ④
34 ① ② ③ ④
35 ① ② ③ ④
36 ① ② ③ ④

33 액체 냉매를 가열하면 증기가 되고 더 가열하면 과열증기가 된다. 단위열량을 공급할 때 온도상승이 가장 큰 것은?

① 과냉액체 ② 습증기
③ 과열증기 ④ 포화증기

해 온도상승이 큰 순서
과열증기 > 포화증기

34 흡수식 냉동기에 관한 설명 중 옳은 것은?

① 초저온용으로 사용된다.
② 비교적 소용량 보다는 대용량에 적합하다.
③ 열 교환기를 설치하여도 효율은 변함없다.
④ 물-LiBr식에서는 물이 흡수제가 된다.

해 ① 흡수식 냉동기는 6[℃]이하의 냉수를 얻기가 곤란하다.
③ 열 교환기를 설치하여 효율을 증대시킨다.
④ 물-LiBr식에서는 물이 냉매가 된다.

35 자동제어의 목적이 아닌 것은?

① 냉동장치 운전상태의 안정을 도모한다.
② 냉동장치의 안전을 유지한다.
③ 경제적인 운전을 꾀한다.
④ 냉동장치의 냉매 소비를 절감한다.

해 냉동장치에서 냉매는 소비되지 않는다.

36 다음 중 냉매의 구비조건으로 틀린 것은?

① 전기저항이 클 것
② 불활성이고 부식성이 없을 것
③ 응축 압력이 가급적 낮을 것
④ 증기의 비체적이 클 것

해 증기의 비체적이 크면 압축기 소요동력이 증가한다.

정답 | 33 ③ 34 ② 35 ④ 36 ④

37 프레온 냉동장치에서 압축기 흡입배관과 응축기 출구배관을 접촉시켜 열 교환 시킬 때가 있다. 이 때 장치에 미치는 영향으로 옳은 것은?

① 압축기 운전 소요동력이 다소 증가한다.

② 냉동 효과가 증가한다.

③ 액백(liquid back)이 일어난다.

④ 성적계수가 다소 감소한다.

해 압축기 흡입배관과 응축기 출구배관을 열교환 하면 액백을 방지 할 수 있고 냉매액 온도가 낮아져 냉동효과가 상승한다.

38 염화나트륨 브라인의 공정점은 몇 ℃ 인가?

①-55℃ ②-42℃

③-36℃ ④-21℃

39 주위압력이 750mmHg인 냉동기의 저압 gauge가 100mmHgv를 나타내었다. 절대압력은 약 몇 kgf/cm²인가?

① 0.5 ② 0.73

③ 0.88 ④ 0.96

해 대기압 750mmHg

$=1.033\times\frac{750}{760}=1.0194[kg/㎠]$

진공압 100mmHgv

$=1.033\times\frac{100}{760}=0.1359[kg/㎠]$

절대압력 = 대기압 - 진공압

$=1.0194-0.1359=0.88[kg/㎠a]$

※참고

표준대기압 1[atm]

$=1.033[kgf/cm^2]=760mmHg$

• 수험번호:
• 수험자명:

• 제한 시간:
• 남은 시간:

글자 크기  100%  150%  200% 화면 배치

• 전체 문제 수:
• 안 푼 문제 수:

답안 표기란

40 ① ② ③ ④
41 ① ② ③ ④
42 ① ② ③ ④
43 ① ② ③ ④

40 암모니아 냉동기의 증발온도 -20℃, 응축온도 35℃일 때 이론 성적계수(ㄱ)와 실제 성적계수(ㄴ)는 약 얼마인가?
(단, 팽창밸브 직전의 액온도는 32℃, 흡입가스는 건포화증기이고, 체적효율은 0.65, 압축효율은 0.80, 기계효율은 0.9로 한다.)

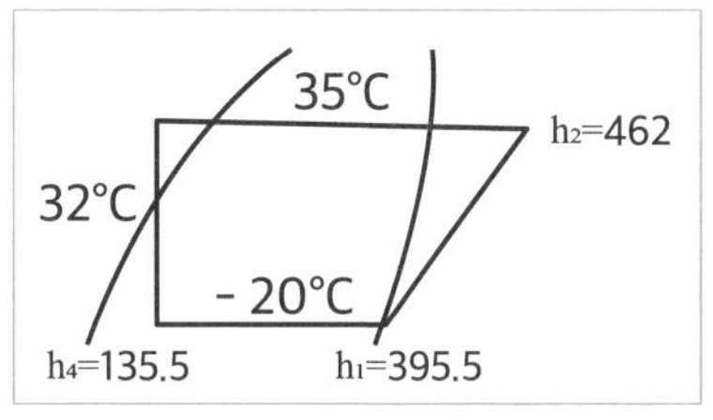

	ㄱ	ㄴ
①	0.5	3.8
②	3.5	2.5
③	3.9	2.8
④	4.3	2.8

해 이론 성적계수($\mathcal{E}$)

$$= \frac{T_2}{T_1 - T_2} = \frac{Q_2}{Q_1 - Q_2}$$
$$= \frac{395.5 - 135.5}{(462 - 135.5) - (395.5 - 135.5)}$$
$$= \frac{260}{66.5} = 3.9$$

실제 성적계수($\mathcal{E}_o$) = $\mathcal{E} \times \eta_c \times \eta_m$(이론성적계수×압축효율×기계효율)
$= 3.9 \times 0.8 \times 0.9 = 2.8$

3과목 | 배관일반

41 급탕 주관의 배관길이가 300m, 환탕 주관의 배관길이가 50m 일 때 강제순환식 온수순환 펌프의 전양정은 얼마인가?

① 5m ② 3m
③ 2m ④ 1m

해 $H = 0.01 \times (\frac{L}{2} + \ell)$
$= 0.01 \times (\frac{300}{2} + 50) = 2[m]$

42 배관지지 금속 중 리스트레인트(restraint)에 속하지 않는 것은?

① 행거 ② 앵커
③ 스토퍼 ④ 가이드

해 관의 지지 장치: 행거, 서포트, 리스트레인지
리스트레인지의 종류: 앵커, 스토퍼, 가이드

43 동관의 이음으로 적합하지 않은 것은?

① 납땜 이음 ② 플레어 이음
③ 플랜지 이음 ④ 타이튼 이음

해 주철관 이음방식: 소켓, 기계식, 빅토릭, 타이튼

정답 | 40 ③ 41 ③ 42 ① 43 ④

• 수험번호:
• 수험자명:

• 제한 시간:
• 남은 시간:

글자 크기  100%  150%  200%

화면 배치 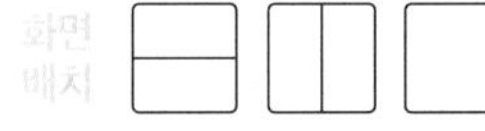

• 전체 문제 수:
• 안 푼 문제 수:

답안 표기란

44 ① ② ③ ④
45 ① ② ③ ④
46 ① ② ③ ④
47 ① ② ③ ④
48 ① ② ③ ④

44 배수관이나 통기관의 배관 후 누설 검사방법으로 적당하지 않은 것은?

① 수압시험 ② 기압시험
③ 연기시험 ④ 통관시험

해 배수관 및 통기관 누설검사 방법
수압, 기압, 연기

45 배관 내 마찰 저항에 의한 압력 손실의 설명으로 옳은 것은?

① 관의 유속에 비례한다.
② 관 내경의 2승에 비례한다.
③ 관 내경의 5승에 비례한다.
④ 관의 길이에 비례한다.

해 배관 내 마찰저항은 관의 길이에 비례하며, 길이가 길수록 또는 관경이 작을수록 마찰 저항은 커진다.

46 고층 건물이나 기구수가 많은 건물에서 입상관까지의 거리가 긴 경우, 루프 통기관의 효과를 높이 위해 설치된 통기관은?

① 도피 통기관 ② 결합 통기관
③ 공용 통기관 ④ 신정 통기관

해 도피 통기관: 많은 기구가 접속된 경우나 배수 횡지관이 긴 경우의 회로 통기관에서 통기 능률을 높이기 위한 통기관

47 다음 중 냉·온수 헤더에 설치하는 부속품이 아닌 것은?

① 압력계 ② 드레인관
③ 트랩장치 ④ 급수관

48 냉매배관 설계 시 잘못된 것은?

① 2중 입상관(Riser) 사용시 트랩을 크게 한다.
② 과도한 압력강하를 방지한다.
③ 압축기로 액체 냉매의 유입을 방지한다.
④ 압축기를 떠난 윤활유가 일정비율로 다시 압축기로 되돌아 오게 한다.

해 2중 입상관
• 굵은 배관과 가는 배관으로 구성되어 입상하며, 부하 변동에 의해 유속이 떨어질 경우 오일이 굵은 배관의 오일트랩을 막고 가는 배관으로 빠르게 통과하여 오일 회수를 원활하게 한다.
• 트랩이 클 경우 오일이 트랩을 막지 못하므로 작게 만든다.

정답 | 44 ④ 45 ④ 46 ① 47 ③ 48 ①

49 **압축공기 배관시공 시 일반적인 주의사항으로 틀린 것은?**

① 공기 공급배관에는 필요한 개소에 드레인용 밸브를 장착한다.
② 주관에서 분기관을 취출할 때에는 관의 하단에 연결하여 이물질 등을 제거한다.
③ 용접개소는 가급적 적게 하고 라인의 중간 중간에 여과기를 장착하여 공기중에 섞인 먼지 등을 제거한다.
④ 주관 및 분기관의 관 끝에는 과잉의 압력을 제거하기 위한 불어내기(blow)용 게이트 밸브를 달아준다.

해 주관에서 분기관을 취출할 때에는 관의 상단에 연결하여 이물질 등을 제거한다.

50 **도시가스 내 부취제의 액체 주입식 부취설비 방식이 아닌 것은?**

① 펌프 주입 방식
② 적하 주입 방식
③ 미터연결 바이패스 방식
④ 위크식 주입 방식

해 부취제 액체 주입식 : 펌프 주입, 적하 주입, 미터연결 바이패스
부취제 증발 주입식 : 워크식, 바이패스식

51 **열을 잘 반사하고 확산하므로 난방용 방열기 표면 등의 도장용으로 사용되는 도료는?**

① 광명단 도료
② 산화철 도료
③ 합성수지 도료
④ 알루미늄 도료

해 알루미늄도료 : 열을 잘 반사하고 확산하여 백강관, 난방용 주철제 방열기의 표면 도장용으로 많이 사용

52 **개별식 급탕법에 비해 중앙식 급탕법의 장점으로 적합하지 않은 것은?**

① 배관의 길이가 짧아 열손실이 적다.
② 탕비 장치가 대규모이므로 열효율이 좋다.
③ 초기시설비가 비싸지만 경상비가 적어 대규모 급탕에는 경제적이다.
④ 일반적으로 다른 설비기계류와 동일한 장소에 설치되므로 관리상 유효하다.

해 중앙식은 개별식에 비해 배관 거리가 길어 열손실이 크다.

정답 | 49 ② 50 ④ 51 ④ 52 ①

• 수험번호:
• 수험자명:

• 제한 시간:
• 남은 시간:

글자 크기  100%  150%  200% 화면 배치 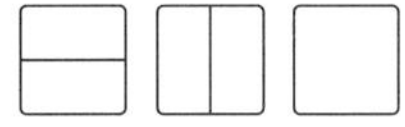

• 전체 문제 수:
• 안 푼 문제 수:

답안 표기란

53 ① ② ③ ④
54 ① ② ③ ④
55 ① ② ③ ④
56 ① ② ③ ④
57 ① ② ③ ④

53 방열기의 환수구에 설치하여 증기와 드레인을 분리하여 환수시키고 공기도 배출시키는 트랩은?

① 열동식 트랩
② 플로트 트랩
③ 상향식 버킷트랩
④ 충격식 트랩

해 열동식 트랩: 응축수 및 공기를 증기와 분리하여 보일러에 환수시키는 장치.

54 증기 또는 온수난방에서 2개 이상의 엘보를 이용하여 배관의 신축을 흡수하는 신축이음쇠는?

① 스위블형 신축이음쇠
② 벨로우즈형 신축이음쇠
③ 볼 조인트형 신축이음쇠
④ 슬리이브형 신축이음쇠

해 스위블형: 저압증기난방 또는 온수난방에 사용되며 2개 이상의 엘보를 사용한다.

55 배수설비에 대한 설명으로 틀린 것은?

① 건물 내에서 나오는 오수와 잡수 등을 배출한다.
② 펌프 유무에 따라 중력식과 기계식으로 분류한다.
③ 정화조에서 정화되어 나오는 것은 처리할 수 없다.
④ 오수, 잡수 등을 모아서 내보내는 합류식이 있다.

해 배수설비는 정화조에서 정화되어 나오는 것을 처리할 수 있다.

56 증기난방의 응축수 환수방법이 아닌 것은?

① 중력 환수식 ② 기계 환수식
③ 상향 환수식 ④ 진공 환수식

해 상향식은 증기난방의 공급 방식에 속한다.

57 고온 배관용 탄소강관은 몇 ℃의 고온 배관에 사용되는가?

① 230℃ 이하 ② 250~270℃
③ 280~310℃ ④ 350℃ 이상

정답 | 53 ① 54 ① 55 ③ 56 ③ 57 ④

58 배관 재료에서의 열응력 요인이 아닌 것은?

① 열팽창에 의한 응력
② 열간가공에 의한 응력
③ 용접에 의한 응력
④ 안전밸브의 분출에 의한 응력

해 안전밸브 : 배관 내 압력이 최고사용 압력에 도달 하였을 경우 배관 내 압을 분출 하는 장치.

59 급수설비에서 수격작용 방지를 위하여 설치하는 것은?

① 에어챔버(air chamber)
② 앵글밸브(angle valve)
③ 서포트(support)
④ 볼탭(ball tap)

60 보일러를 장기간 사용하지 않을 때 부식방지를 위하여 내부에 충진하는 가스로 적합한 것은?

① 이산화탄소 ② 아황산가스
③ 질소가스 ④ 산소가스

해 보일러를 6개월 이상 사용하지 않을 시 질소를 충전하여 장기간 보존한다.

4과목 | 전기제어공학

61 ~~미리 정해진 프로그램에 따라 제어량을 변화시키는 것을 목적으로 한 제어는?~~ (22년 출제 범위 제외)

① 정치제어 ② 추종제어
③ 프로그램제어 ④ 비례제어

해 프로그램 제어 : 미리 정해진 프로그램에 따라 제어량을 유지 시키는 것

62 전력선, 전기기기 등 보호대상에 발생한 이상상태를 검출하여 기기의 피해를 경감시키거나 그 파급을 저지하기 위하여 사용되는 것은?

① 보호계전기 ② 보조계전기
③ 전자접촉기 ④ 시한계전기

63 ~~자동제어를 분류할 때 제어량에 의한 분류가 아닌 것은?~~ (22년 출제 범위 제외)

① 정치제어
② 서보기구
③ 프로세스제어
④ 자동조정

해 제어량에 의한 분류 : 프로세스 제어, 서보 제어, 자동조정 제어
제어 목표에 의한 분류 : 정치 제어, 프로그램 제어, 추종 제어, 비율 제어

| 정답 | 58 ④ 59 ① 60 ③ 61 ③ 62 ① 63 ①

• 수험번호:
• 수험자명:

• 제한 시간:
• 남은 시간:

글자 크기 100% 150% 200% 화면 배치

• 전체 문제 수:
• 안 푼 문제 수:

답안 표기란

64 ① ② ③ ④
65 ① ② ③ ④
66 ① ② ③ ④
67 ① ② ③ ④

64 서미스터에 대한 설명으로 옳은 것은?

① 열을 감지하는 감열 저항체 소자이다.
② 온도상승에 따라 전자유도현상이 크게 발생되는 소자이다.
③ 구성은 규소, 아연, 납 등을 혼합한 것이다.
④ 화학적으로는 수소화물에 해당된다.

65 다음의 논리식 중 다른 값을 나타내는 논리식은?

① $XY+X\overline{Y}$ ② $X(X+Y)$
③ $X(\overline{X}+Y)$ ④ $X+XY$

해
- $XY+X\overline{Y}=X(Y+\overline{Y})=X+1=X$
- $X(X+Y)=XX+XY=X+XY=X$
- $X(\overline{X}+Y)=X\overline{X}+XY=0+XY=XY$
- $X+XY=X$

66 ~~직렬공진 시 RLC 직렬회로에 대한 설명으로 잘못된 것은?~~

(22년 출제 범위 제외)

① 회로에 흐르는 전류는 최대가 된다.
② 회로에는 유효전력이 발생되지 않는다.
③ 회로의 합성 임피던스가 최소가 된다.
④ R에 걸리는 전압이 공급전압과 같게 된다.

해 R-L-C 직렬공진
㉠ 허수부가 0인 상태
㉡ $X_L = X_C$
㉢ 전류와 전압의 위상은 동상
㉣ 역률은 1
㉤ 전류는 최대가 된다.
㉥ 임피던스는 최소가 된다.
- 역률이 1이므로 유효전력이 100% 상태가 된다.
- $X_L = X_C = 0$이므로 저항 R에 걸리는 전압은 공급전압과 같다.

67 금속 도체의 전지저항은 일반적으로 온도와 어떤 관계가 있는가?

① 온도 상승에 따라 감소한다.
② 온도와는 무관하다.
③ 저온에서 증가하고 고온에서 감소한다.
④ 온도 상승에 따라 증가한다.

정답 | 64 ① 65 ③ 66 ② 67 ④

• 수험번호:
• 수험자명:

• 제한 시간:
• 남은 시간:

글자 크기  100%  150%  200% 화면 배치  

• 전체 문제 수:
• 안 푼 문제 수:

답안 표기란

68	①	②	③	④
69	①	②	③	④
70	①	②	③	④
71	①	②	③	④
72	①	②	③	④
73	①	②	③	④

68 60[Hz]에서 회전하고 있는 4극 유도전동기의 출력이 10[kW]일 때 전동기의 토크는 약 몇 [N·m]인가?

① 48 ② 53
③ 63 ④ 84

해 토크(T)

$= \frac{60}{2\pi \cdot N_s} \cdot P_2$[N·m]

동기속도(N_s)

$= \frac{120f}{P} = \frac{120 \cdot 60}{4} = 1{,}800$[RPM]

토크(T)

$= \frac{60}{2 \cdot 3.14 \cdot 1800} \cdot 10{,}000 = 53$[N·m]

69 ~~조절부로부터 받은 신호를 조작량으로 바꾸어 제어대상에 보내주는 피드백 제어의 구성요소는?~~

(22년 출제 범위 제외)

① 궤한신호 ② 조작부
③ 제어량 ④ 신호부

해 조작부: 조절부에서 받은 신호를 조작량으로 변환하여 제어대상에게 보내는 부분

70 논리함수 X=B(A+B)를 간단히 하면?

① X=A ② X=B
③ X=A·B ④ X=A+B

해 흡수법칙에 의해 X=B(A+B)=B

71 ~~sinωt를 라플라스 변환하면?~~

(22년 출제 범위 제외)

① $\frac{S}{S^2+\omega^2}$ ② $\frac{S}{S^2-\omega^2}$
③ $\frac{\omega}{S^2+\omega^2}$ ④ $\frac{\omega}{S^2-\omega^2}$

72 정성적 제어에서 전열기의 제어 명령이 되는 신호는 전열기에 흐르는 전류를 흐르게 한다든가 아니면 차단하면 된다. 이와 같은 신호를 무엇이라 하는가?

① 목표값 신호 ② 제어 신호
③ 2진 신호 ④ 3진 신호

해 2진신호: 정성적 제어에서 전류를 흐르게 하거나 차단하는 신호

73 3상 부하가 Y결선되어 각 상의 임피던스가 $Z_a=3[\Omega]$, $Z_b=3[\Omega]$, $Z_c=j3[\Omega]$이다. 이 부하의 영상임피던스는 몇 [Ω]인가?

① 2+j1 ② 3+j3
③ 3+j6 ④ 6+j3

해 3+3+j3=6+j3=2+j1

정답 | 68 ② 69 ② 70 ② 71 ③ 72 ③ 73 ①

• 수험번호 :
• 수험자명 :

• 제한 시간 :
• 남은 시간 :

글자 크기  100%  150%  200% 화면 배치  

• 전체 문제 수 :
• 안 푼 문제 수 :

답안 표기란

74	①	②	③	④
75	①	②	③	④
76	①	②	③	④
77	①	②	③	④

74 전동기의 회전방향과 전자력에 관계가 있는 법칙은?

① 플레밍의 왼손법칙

② 플레밍의 오른손법칙

③ 패러데이의 법칙

④ 암페어의 법칙

해 플레밍의 왼손법칙 : 전동기(회전 방향)
플레밍의 오른손법칙 : 발전기(기전력 방향)

75 서보기구의 제어량에 속하는 것은?

① 유량 ② 압력

③ 밀도 ④ 위치

해 서보제어의 제어대상
위치, 방위, 자세, 거리, 각도 등

76 ~~안정될 필요조건을 갖춘 특성 방정식은?~~ (22년 출제 범위 제외)

① $s^4+2s^2+5s+5=0$

② $s^3+s^2-3s+10=0$

③ $s^3+3s^2+3s-3=0$

④ $s^3+6s^2+10s+9=0$

해 특정방정식의 안정조건
㉠ 계의 모든 부호가 동일 할 것
㉡ 계수 중 "0"이 없을 것
㉢ 1열의 부호 변화가 없을 것
• ②, ③번의 경우 +, -부호가 존재하므로 해당 안됨.
• ①번의 경우 s^3의 계가 없으므로 해당 안됨.

77 ~~200[V]의 전압에서 2[A]의 전류가 흐르는 전열기를 2시간 동안 사용했을 때의 소비전력량은 몇 [kWh]인가?~~ (22년 출제 범위 제외)

① 0.4 ② 0.6

③ 0.8 ④ 1.0

해 전력량

$$(W)=Pt=VIt=I^2Rt=\frac{V^2}{R}t[Wh]$$
$$=200[V]\times2[A]\times2[h]=800[Wh]$$
$$=0.8[kWh]$$

| 📖 정답 | 74 ① 75 ④ 76 ④ 77 ③

• 수험번호:
• 수험자명:
• 제한 시간:
• 남은 시간:

글자 크기  100%  150%  200% 화면 배치  

• 전체 문제 수:
• 안 푼 문제 수:

답안 표기란

78 ① ② ③ ④
79 ① ② ③ ④
80 ① ② ③ ④

78 ~~2 전력계법으로 전력을 측정하였더니 $P_1=4[W]$, $P_2=3[W]$이었다면 부하의 소비전력은 몇 [W]인가?~~ (22년 출제 범위 제외)

① 1 ② 5
③ 7 ④ 12

해 1전력계법 : 3P
2전력계법 : P_1+P_2
3전력계법 : $P_1+P_2+P_3$
이므로
4+3=7[W]

79 ~~그림과 같은 RLC 직렬회로에서 직렬공진회로가 되어 전류와 전압의 위상이 동위상이 되는 조건은?~~ (22년 출제 범위 제외)

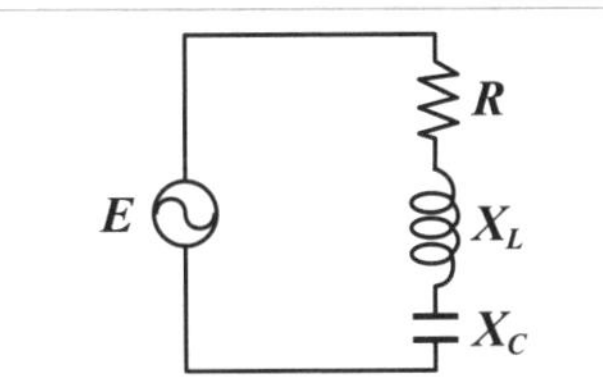

① XL > XC ② XL < XC
③ XL - XC = 0 ④ XL - XC = R

해 R-L-C 직렬공진
㉠ 허수부가 0인 상태.
㉡ $X_L = X_C$
㉢ 전류와 전압의 위상은 동상
㉣ 역률은 1
㉤ 전류는 최대가 된다.
㉥ 임피던스는 최소가 된다.
✓ $(X_L=X_C)=(X_L-X_C=0)$

80 ~~맥동 주파수가 가장 많고 맥동률이 가장 적은 정류방식은?~~ (22년 출제 범위 제외)

① 단상 반파정류
② 단상 전파정류
③ 3상 반파정류
④ 3상 전파정류

해 단상반파 : 121[%]
단상전파 : 48[%]
3상반파 : 17[%]
3상전파 : 4[%]

정답 | 78 ③ 79 ③ 80 ④

PART 6

:기출문제 2회(2013.06.02)

• 수험번호:
• 수험자명:

• 제한 시간:
• 남은 시간:

글자 크기  100% 150% 200%
화면 배치 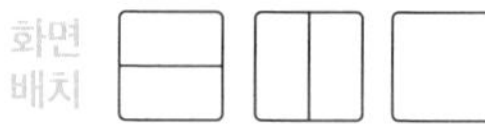

• 전체 문제 수:
• 안 푼 문제 수:

답안 표기란

01 ① ② ③ ④
02 ① ② ③ ④
03 ① ② ③ ④
04 ① ② ③ ④

1과목 I 공기조화

01 난방부하는 어떤 기기의 용량을 결정하는 데 기초가 되는가?

① 공조장치의 공기냉각기
② 공조장치의 공기가열기
③ 공조장치의 수액기
④ 열원설비의 냉각탑

해 공기 가열기: 난방부하
공기 냉각기: 냉방부하

02 가스난방에 있어서 실의 총 손실열량이 200,000kcal/h, 가스의 발열량이 5,000kcal/m³, 가스소요량이 60m³/h일 때 가스스토브의 효율은 약 얼마인가?

① 67% ② 80%
③ 85% ④ 90%

해 $\text{효율} = \dfrac{\text{난방부하}}{\text{연료량} \times \text{발열량}} \times 100$

$= \dfrac{200000}{60 \times 5000} \times 100$

$= 67[\%]$

03 상당 증발량이 2,500kg/h이고, 급수온도가 30℃, 발생증기 엔탈피가 635.2kcal/kg일 때 실제 증발량은 약 얼마인가?

① 2,226kg/h ② 2,2249kg/h
③ 2,149kg/h ④ 2,048kg/h

해 $\text{상당 증발량}(G_e) = \dfrac{G_a(h_2 - h_1)}{539}$

100[℃]물의 증발 잠열: 539[kcal/kg]

$2{,}500 = \dfrac{G_a(635.2 - 30)}{539}$ 이므로

$\text{실제 증발량}(G_a) = \dfrac{2500 \times 539}{635.2 - 30}$

$= 2{,}226[\text{kg/h}]$

04 공기조화방식의 열매체에 의한 분류 중 냉매방식의 특징으로 옳지 않은 것은?

① 유닛에 냉동기를 내장하므로 사용 시간에만 냉동기가 작동하여 에너지 절약이 되고, 또 잔업 시의 운전 등 국소적인 운전이 자유롭게 된다.
② 온도조절기를 내장하고 있어 개별 제어가 가능하다.
③ 대형의 공조실을 필요로 한다.
④ 취급이 간단하고 대형의 것도 쉽게 운전할 수 있다.

해 냉매방식은 온도조절기를 내장하고 있어 개별제어가 가능하다 따라서 국소적인 운전이 가능하고 현장설치가 가능하므로 대형의 공조실이 필요 없다.

정답 | 01 ② 02 ① 03 ① 04 ③

• 수험번호:
• 수험자명:

• 제한 시간:
• 남은 시간:

• 전체 문제 수:
• 안 푼 문제 수:

답안 표기란

05 ① ② ③ ④
06 ① ② ③ ④
07 ① ② ③ ④
08 ① ② ③ ④

05 다음의 습공기 선도에서 현재의 상태를 a라고 할 때 건구온도, 습구온도, 노점온도, 절대습도 그리고 엔탈피를 그림의 각 점과 대응시키면 어느 것인가?

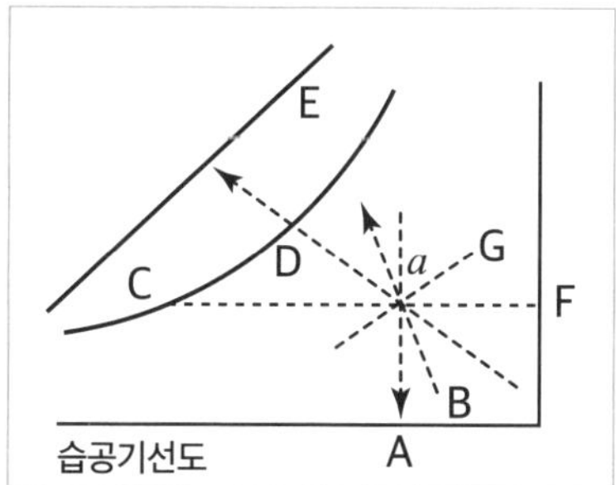

① D, C, A, F, E

② C, A, D, G, B

③ A, D, C, F, E

④ B, C, A, G, E

해 A : 건구온도, B : 비체적, C : 노점온도, D : 습구온도, E : 엔탈피, F : 절대습도, G : 상대습도

06 다음 중 축류식 취출구에 해당되는 것은?

① 팬형 ② 펑커루버형

③ 머쉬룸형 ④ 아네모스탯형

해 축류식 : 노즐형, 펑커루버형
천장형 : 팬형, 아네모스탯형
바닥형 : 머쉬룸형

07 공조시스템에서 실내에서 배기되는 배기와 환기용 외기를 열교환하는 에너지 절약 설비로서 설비비는 증가하나 외기의 최대부하를 감소시키므로 보일러나 냉동기의 용량을 줄일 수 있어 중앙 공조시스템에서의 에너지 회수방식으로 많이 사용되는 열교환기의 형식은?

① 증기-물 열교환기

② 공기-공기 열교환기

③ 히트 파이프

④ 이코노마이저

해 실내에서 배기되는 배기 = 공기
환기용 외기 = 공기
따라서 공기-공기 열교환기

08 냉각탑에 주로 사용하는 축류식 송풍기의 종류로 맞는 것은?

① 리밋로드형 송풍기

② 프로펠러형 송풍기

③ 크로스 플로형 송풍기

④ 다익형 송풍기

해 축류형 : 프로펠러형, 디스크형
원심식 : 리밋로드형, 다익형, 크로스 플로우형, 익형, 터보형

정답 | 05 ③ 06 ② 07 ② 08 ②

• 수험번호:
• 수험자명:

• 제한 시간:
• 남은 시간:

글자 크기  100% 150% 200% 화면 배치 

• 전체 문제 수:
• 안 푼 문제 수:

답안 표기란

09 ① ② ③ ④

10 ① ② ③ ④

09 클린룸(Clean room)에 대한 등급을 나타내는 방법으로 미연방 규격을 준용하여, 1fit^{3}의 체적 내에 들어 있는 불순 미립자의 수를 Class 등급으로 나타내는 방법이 있다, 예를 들어 class 100이라고 함은 입경이 얼마인 불순 미립자의 수를 100으로 제한 한다는 의미인가?

① 0.1μm ② 0.2μm
③ 0.3μm ④ 0.5μm

해 클린룸의 class100이란 공기 1ft^{3}에 포함된 입자직경 0.5μm이상의 미립자가 100개 이하, 세균은 0.1개 이하를 말한다.

10 증기트랩에 대한 설명으로 옳지 않은 것은?

① 바이메탈트랩은 내부에 열팽창계수가 다른 두 개의 금속이 접합된 바이메탈로 구성되며, 워터해머에 안전하고, 과열증기에도 사용 가능하다.
② 벨로즈트랩은 금속제의 벨로즈 속에 휘발성 액체가 봉입 되어 있어 주위에 증기가 있으면 팽창되며, 증기가 응축되면 온도에 의해 수축하는 원리를 이용한 트랩이다.
③ 플로트트랩은 응축수의 온도차를 이용하여 플로트가 상하로 움직이며 밸브를 개폐한다.
④ 버킷트랩은 응축수의 부력을 이용하여 밸브를 개폐하며 상향식과 하향식이 있다.

해 플로트 트랩: 응축수의 비중차를 이용한 기계식 트랩이다.

정답 | 09 ④ 10 ③

• 수험번호:
• 수험자명:

• 제한 시간:
• 남은 시간:

글자 크기  100%  150%  200% 화면 배치 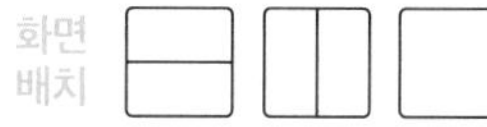

• 전체 문제 수:
• 안 푼 문제 수:

답안 표기란

11 ① ② ③ ④
12 ① ② ③ ④
13 ① ② ③ ④
14 ① ② ③ ④

11 실내의 거의 모든 부분에서 오염가스가 발생되는 경우 실 전체의 기류분포를 계획하여 실내에서 발생하는 오염물질을 완전히 희석하고 확산시킨 다음에 배기를 행하는 환기방식은?

① 자연 환기 ② 제3종 환기
③ 국부 환기 ④ 전반 환기

해 자연 환기: 실내외 온도차 또는 바람에 의해 환기
제3종 환기: 자연송풍+강제배기
국부 환기: 폐쇄된 공간에 깨끗한 공기를 공급하고 유해물질을 빼는 환기

12 다음 중 축열시스템의 특징으로 맞는 것은?

① 피크 컷(Peak Cut)에 의해 열원장치의 용량이 증가한다.
② 부분부하 운전에 쉽게 대응하기가 곤란하다.
③ 도시의 전력수급상태 개선에 공헌한다.
④ 야간운전에 따른 관리 인건비가 절약된다.

해 축열시스템: 심야전기를 이용하여 축열조에 차가운 냉수나 온수 등을 저장하였다가 주간에 냉방이나 난방을 하는 시스템

13 흡착식 감습장치에 사용하는 고체흡착제는?

① 실리카겔
② 염화리튬
③ 트리에틸렌글리콜
④ 드라이아이스

해 흡착식 고체흡수제: 실리카겔, 활성알루미나 등
흡수식 액체흡수제: 염화리튬, 트리에틸렌글리콜 등

14 보일러의 용량을 결정하는 정격출력을 나타내는 것으로 적당한 것은?

① 정격출력=난방부하+급탕부하
② 정격출력=난방부하+급탕부하+배관손실부하
③ 정격출력=난방부하+급탕부하+예열부하
④ 정격출력=난방부하+급탕부하+배관손실부하+예열부하

해 정격출력=난방부하+급탕부하+배관부하+예열부하
상용출력=난방부하+급탕부하+배관부하
정미출력=난방부하+급탕부하
방열기출력=난방부하+배관부하

정답 | 11 ④ 12 ③ 13 ① 14 ④

• 수험번호 :
• 수험자명 :

• 제한 시간 :
• 남은 시간 :

글자 크기    100% 150% 200%

화면 배치   

• 전체 문제 수 :
• 안 푼 문제 수 :

답안 표기란

15 ① ② ③ ④

16 ① ② ③ ④

15 흡수식 냉동기의 특징으로 맞지 않는 것은?

① 기기 내부가 진공에 가까우므로 파열의 위험이 적다.

② 기기의 구성요소 중 회전하는 부분이 많아 소음 및 진동이 많다.

③ 흡수식 냉온수기 한 대로 냉방과 난방을 겸용할 수 있다.

④ 예냉시간이 길어 냉방용 냉수가 나올 때까지 시간이 걸린다.

해 흡수식 냉동기는 압축기가 없으므로 소음 및 진동이 적다.

16 다음 그림은 냉각코일의 선도 변화를 나타낸 것이다. ㉠ : 입구공기, ㉡ : 출구공기, ㉢ : 포화공기일 때 노점온도(A)와 바이패스 팩터(B) 구간으로 맞는 것은?

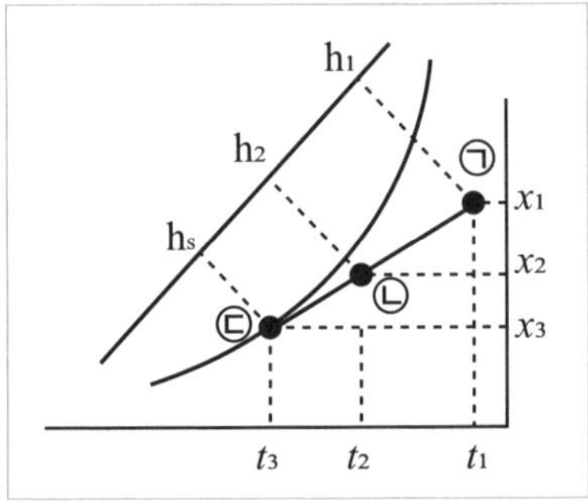

	(A)	(B)
①	t_s	$\frac{h_2 - h_s}{h_1 - h_s}$
②	t_s	$\frac{t_1 - t_2}{t_1 - t_s}$
③	t_2	$\frac{t_1 - t_2}{t_2 - t_s}$
④	t_2	$\frac{h_2 - h_s}{h_1 - h_s}$

정답 | 15 ② 16 ①

• 수험번호 :
• 수험자명 :

• 제한 시간 :
• 남은 시간 :

글자 크기  100%  150% 200%

화면 배치 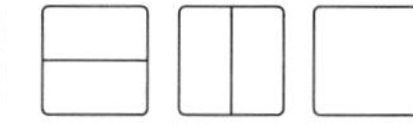

• 전체 문제 수 :
• 안 푼 문제 수 :

답안 표기란

17 ① ② ③ ④

18 ① ② ③ ④

17 다익형 송풍기의 경우 송풍기의 크기(No)에 대한 내용으로 맞는 것은?

① 임펠러의 직경(mm)을 60(mm)으로 나눈 숫자이다.

② 임펠러의 직경(mm)을 100(mm)으로 나눈 숫자이다.

③ 임펠러의 직경(mm)을 120(mm)으로 나눈 숫자이다.

④ 임펠러의 직경(mm)을 150(mm)으로 나눈 숫자이다.

해 원심식 송풍기 번호

$$\text{번호} = \frac{\text{임펠러 지름}[mm]}{150}$$

18 건구온도 5℃, 습구온도 3℃의 공기를 덕트 중에 재열기로 건구온도가 20℃로 되기까지 가열하고 시다. 재열기를 통하는 공기량이 1000m³/min인 경우, 재열기에 필요한 열량은 약 얼마인가?

(단, 공기의 비체적은 0.849m³/kg이다.)

① 254,417kcal/min

② 15,000kcal/min

③ 8,200kcal/min

④ 4,240kcal/min

해 $Q = G \cdot C \cdot \Delta t$

질량(G) = $\frac{1000}{0.849}$ = 1,177.86[kg/min],

공기의 비열(C) = 0.24[kcal/kg · ℃]

재열기 용량(Q) = 1177.86 × 0.24 × (20 − 5) = 4,240[kcal/min]

정답 | 17 ④ 18 ④

19 공조방식에 관한 특징으로 옳지 못한 것은?

① 전공기방식은 높은 청정도와 정압을 요구하는 병원수술실, 극장 등에 많이 사용된다.
② 수-공기방식은 부하가 큰 방에서도 덕트의 치수를 적게 할 수 있다.
③ 개별식은 유닛을 분산시켜 개별제어와 외기냉방에 효과적이다.
④ 전수방식은 유닛에 물을 공급하여 실내공기를 가열·냉각하는 방식으로 극간풍이 많은 곳에 유리하다.

해 개별식은 외기량이 부족하므로 외기냉방에는 부적합하다.

20 공기조화의 분류에서 산업용 공기조화의 적용범위에 해당하지 않는 것은?

① 반도체 공장에서 제품의 품질 향상을 위한 공조
② 실험실의 실험조건을 위한 공조
③ 양조장에서 술의 숙성온도를 위한 공조
④ 호텔에서 근무하는 근로자의 근무환경 개선을 위한 공조

해 호텔은 사람을 대상으로 하므로 보건용 공기조화를 사용한다.

2과목 | 냉동공학

21 냉매로서 구비해야 할 이상적인 성질이 아닌 것은?

① 임계온도가 상온보다 높아야 한다.
② 증발잠열이 커야 한다.
③ 윤활유에 대한 용해도가 클수록 좋다.
④ 전열이 양호하여야 한다.

해 윤활유가 냉매에 용해되면 전열이 나빠지므로 냉동효과가 떨어진다.

22 염화칼슘 브라인 공정점(共晶点)은?

①-15℃ ②-21℃
③-33.6℃ ④-55℃

23 원심 압축기의 용량 조정법에 대한 설명으로 틀린 것은?

① 회전수의 변화
② 안내익의 경사도 변화
③ 냉매의 유량 조절
④ 흡입구의 댐퍼 조정

24 Brine의 중화제 혼합비율로 가장 적당한 것은?

① 염화칼슘 100L당 중크롬산소다 100g, 가성소다 23g

② 염화칼슘 100L당 중크롬산소다 100g, 가성소다 43g

③ 염화칼슘 100L당 중크롬산소다 160g, 가성소다 23g

④ 염화칼슘 100L당 중크롬산소다 160g, 가성소다 43g

해 염화칼슘($cacl_2$) : 브라인 1[L]당 중크롬산소다 1.6[g]을 용해, 중크롬산소다 100[g]당 가성소다 27[g]을 첨가
1 : 1.6에서 염화칼슘이 100[L]이므로
$100 : 160 = 160 : x$
$x = 27 \times \frac{160}{100} = 43g$

25 깊이 5m인 밀폐 탱크에 물이 5m 차있다. 수면에는 3kgf/cm²의 증기압이 작용하고 있을 때 탱크 밑면에 작용하는 압력은 얼마인가?

① $35 \times 105 kgf/cm^2$

② $3.5 \times 104 kgf/cm^2$

③ $3.5 kgf/cm^2$

④ $35 kgf/cm^2$

해 물 5[m] 깊이의 수압 = 0.5[kg/cm^2]
탱크 밑면 압력 = 3 + 0.5 = 3.5[kgf/cm^2]

26 다음 설명 중 옳은 것은?

① 냉동능력을 크게 하려면 압축비를 높게 운전하여야 한다.

② 팽창밸브 통과 전후의 냉매 엔탈피는 변하지 않는다.

③ 암모니아 압축기용 냉동유는 암모니아보다 가볍다.

④ 암모니아는 수분이 있어도 아연을 침식시키지 않는다.

해 팽창밸브를 통과하는 냉매의 압력은 감소하지만 엔탈피의 변화는 없다.

27 냉동장치에서 펌프다운을 하는 목적으로 <u>틀린</u> 것은?

① 장치의 저압 측을 수리하기 위하여

② 장시간 정지 시 저압 측으로부터 냉매 누설을 방지하기 위하여

③ 응축기나 수액기를 수리하기 위하여

④ 기동시 액해머 방지 및 경부하 기동을 위하여

해 펌프다운을 하면 냉동기내 냉매가 수액기로 모이므로 응축기나 수액기 수리가 어렵다.

정답 | 24 ④ 25 ③ 26 ② 27 ③

• 수험번호:
• 수험자명:
• 제한 시간:
• 남은 시간:

글자 크기  100%  150% 200% 화면 배치 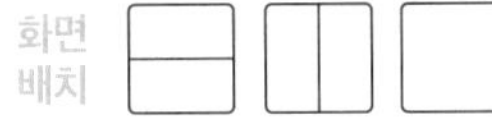

• 전체 문제 수:
• 안 푼 문제 수:

답안 표기란

28 ① ② ③ ④
29 ① ② ③ ④
30 ① ② ③ ④
31 ① ② ③ ④

28 증기 압축식 이론 냉동사이클에서 엔트로피가 감소하고 있는 과정은 다음 중 어느 과정인가?

① 팽창과정 ② 응축과정
③ 압축과정 ④ 증발과정

해 응축과정은 열을 방출하므로 엔트로피가 감소
증발과정은 열을 흡수하므로 엔트로피가 증가
압축 및 팽창과정은 등엔트로피

29 암모니아 냉동장치의 브르돈관 압력계 재질은?

① 황동 ② 연강
③ 청동 ④ 아연

30 냉동장치 운전 중 주의해야 할 사항으로 옳지 않은 것은?

① 액을 흡입하지 않도록 주의한다.
② 압력계 및 전류계 지시를 점검한다.
③ 이상음 및 진동 유무를 점검한다.
④ 오일의 오염 및 냉각수 통수상태를 점검한다.

해 오일의 오염 및 냉각수 통수상태는 운전 전 점검사항에 해당된다.

31 제빙공장에서는 어획량이나 계절에 따라 얼음의 수요가 갑자기 증가하기도 하는데, 이런 경우 설비의 확장이나 생산비를 높이지 않고 일정 기간만 얼음을 증산할 수 있는 방법으로 적당하지 않은 것은?

① 빙관에 있는 모든 물이 완전히 얼음으로 될 때까지 동결하는 방법
② 빙관을 일정 두께까지 동결시킨 후 공간을 둔 채 동결을 중지하는 방법
③ 빙관을 일정 두께까지 동결시킨 후 중앙부의 공간에 얼음조각과 물을 넣어서 완전동결하는 방법
④ 빙관을 일정 두께까지 동결시킨 후 중앙부의 공간에 설빙을 넣어서 완전동결하는 방법

해 ①번과 같이 빙관의 모든 물을 동결 시키는 방법은 생산비가 많이 드므로 부적합하다.

| 정답 | 28 ② 29 ② 30 ④ 31 ①

• 수험번호 :
• 수험자명 :

• 제한 시간 :
• 남은 시간 :

글자 크기 100% 150% 200% 화면 배치

• 전체 문제 수 :
• 안 푼 문제 수 :

답안 표기란

32	①	②	③	④
33	①	②	③	④
34	①	②	③	④
35	①	②	③	④

32 증발기 내의 압력을 일정하게 유지할 목적으로 사용되는 팽창밸브는?

① 정압식 팽창밸브

② 유량 제어 팽창밸브

③ 응축압력 제어 팽창밸브

④ 유압 제어 팽창밸브

해 압력이 일정해야 하므로 정압식을 사용한다.

33 냉장고를 보냉하고자 한다. 냉장고 온도는 -5℃, 냉장고 외부의 온도가 30℃일 때 냉장고 벽 1m²당 10kcal/h의 열손실을 유지하려면 열 통과율을 약 얼마로 하여야 하는가?

① 0.34kcal/m²h℃

② 0.4kcal/m²h℃

③ 0.286kcal/m²h℃

④ 0.5kcal/m²h℃

해 $Q = K \cdot A \cdot \Delta t$, 10

$= K \times 1 \times (30 - (-5))$ 이므로

$K = \dfrac{10}{35 \times 1}$

$= 0.286$[kcal/m²h ℃]

34 냉동장치를 자동운전하기 위하여 사용되는 자동제어방법 중 정해진 제어동작의 순서에 따라 진행되는 제어방법은?

① 시퀀스제어 ② 피드백제어

③ 2위치제어 ④ 미분제어

35 아래 그림은 브라인 순환식 빙축열 시스템의 개략도를 나타낸 것이다. (A)기기의 명칭과 (B)매체의 명칭으로 맞는 것은?

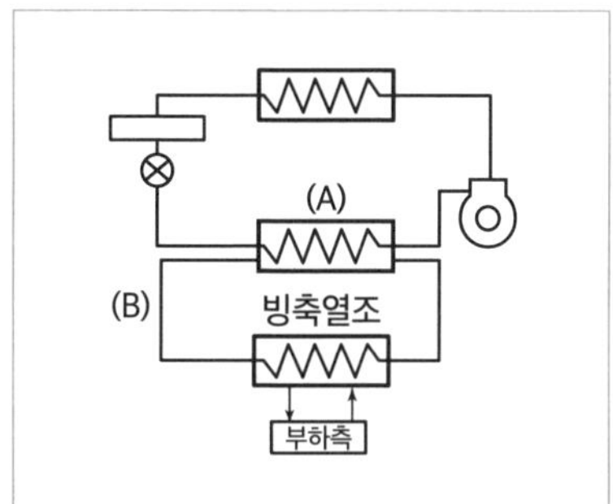

	(A)	(B)
①	증발기	냉매
②	축냉기	냉매
③	증발기	브라인
④	증발기	냉수

해 브라인 순환식 빙축열이므로 매체 B는 브라인이 되고, A에서는 브라인의 열을 흡수해야 하므로 증발기가 된다.

정답 | 32 ① 33 ③ 34 ① 35 ③

• 수험번호 :
• 수험자명 :
• 제한 시간 :
• 남은 시간 :

글자 크기  100%  150% 200% 화면 배치

• 전체 문제 수 :
• 안 푼 문제 수 :

답안 표기란

36 ① ② ③ ④
37 ① ② ③ ④
38 ① ② ③ ④

36 온도가 500℃인 열용량이 큰 열원으로부터 18,000kcal/h의 열이 공급된다. 이때 저열원은 대기(20℃)이며, 이 두 열원 간에 가역 사이클을 형성하는 열기관이 운전된다면 사이클의 열효율은?

① 0.53 ② 0.62
③ 0.74 ④ 0.81

해 열기관의 열효율

$$\text{열효율}(\eta) = \frac{\text{출력}}{\text{입력}} \times 100$$
$$= \frac{\text{일의 양}(w)}{\text{공급된 열량}(Q_h)}$$
$$= \frac{Q_h - Q_L}{Q_h} = \frac{T_h - T_L}{T_h}$$
$$= \frac{773 - 293}{773}$$
$$= 0.62$$

- 일의 양(W) = 공급된 열량 또는 고열원(Q_h) - 저열원(Q_L)
- 절대온도(T) = 섭씨온도[℃] + 273

37 5kg의 산소가 체적 $2m^3$로부터 $4m^3$로 변화하였다. 이 변화가 일정 압력하에서 이루어졌다면 엔트로피의 변화는 얼마인가?
(단, 산소는 완전가스로 보고, C_p = 0.22 kcal/kgK로 한다.)

① 0.33(kcal/K) ② 0.67(kcal/K)
③ 0.77(kcal/K) ④ 1.16(kcal/K)

해 엔트로피 변화(ΔS)

$$= G \cdot C_P \cdot 2.303\log(T_2/T_1)$$
$$= G \cdot C_P \cdot 2.303\log(V_2/V_1)$$
$$= 5 \times 0.22 \times 2.303\log\left(\frac{4}{2}\right)$$
= 0.76 약 0.77[kcal/K]

38 압축기 과열의 원인이 아닌 것은?

① 증발기의 부하가 감소했을 때
② 윤활유가 부족했을 때
③ 압축비가 증대했을 때
④ 냉매량이 부족했을 때

해 증발부하가 감소하면 냉매의 증발량이 감소하여 액냉매가 압축기로 흡입되므로 압축기 과열이 감소된다.

정답 | 36 ② 37 ③ 38 ①

39 **다음 상태변화에 대한 기술 내용으로 옳은 것은?**

① 단열변화에서 엔트로피는 증가한다.
② 등적변화에서 가해진 열량은 엔탈피 증가에 사용된다.
③ 등압변화에서 가해진 열량은 엔탈피 증가에 사용된다.
④ 등온변화에서 절대일은 0이다.

해 단열변화 - 등엔트로피
등적변화 - 가해진 열량은 내부온도 증가에 사용

40 **CA(Controlled Atmosphere) 냉장고에서 청과물 저장 시 보다 좋은 저장성을 얻기 위하여 냉장고 내의 산소를 몇 % 탄산가스로 치환하는가?**

① 3 ~ 5%　　② 5 ~ 8%
③ 8 ~ 10%　　④ 10 ~ 12%

해 청과물의 저장성을 좋게 하기 위한 것으로 산소를 3 ~ 5% 감소시키고 탄산가스를 3 ~ 5% 증가시켜 청과물들의 호흡작용을 억제하면서 냉장하는 냉장고

3과목 I 배관일반

41 **프레온 냉동장치의 배관에 있어서 증발기와 압축기가 동일 레벨에 설치되는 경우 흡입주관의 입상 높이는 증발기 높이보다 몇 mm 이상 높게 하여야 하는가?**

① 10　　② 40
③ 70　　④ 150

해 증발기와 압축기가 동일 레벨에 있을 경우 압축기의 액백을 방지하기 위해 150mm 이상의 입상관을 설치한다.

42 **다음 중 체크밸브의 종류가 아닌 것은?**

① 스윙형 체크밸브
② 해머리스형 체크밸브
③ 리프트형 체크밸브
④ 플랩형 체크밸브

해 체크밸브는 유량이 한 방향으로만 흐를 수 있도록 제어해준다(역류방지).
종류 : 스윙형(수직, 수평형), 리프트형(수평형), 풋형(수직형), 해머리스형

정답 | 39 ③　40 ①　41 ④　42 ④

• 수험번호:
• 수험자명:

• 제한 시간:
• 남은 시간:

글자 크기  100%  150%  200% 화면 배치 

• 전체 문제 수:
• 안 푼 문제 수:

답안 표기란

43 ① ② ③ ④
44 ① ② ③ ④
45 ① ② ③ ④
46 ① ② ③ ④

43 흡수식 냉동기의 단점으로 맞는 것은?

① 기기 내부가 진공상태로서 파열의 위험이 있다.
② 설치면적 및 중량이 크다.
③ 냉온수기 한 대로는 냉·난방을 겸용할 수 없다.
④ 소음 및 진동이 크다.

해 흡수식 냉동기의 단점
• 성적계수가 낮고 설치면적이 크다.
• 설비비가 크다.
• 예냉시간이 길다.
• 6℃ 이하의 냉수를 얻기가 곤란하다.

44 온수난방에 대한 설명 중 옳지 않은 것은?

① 배관을 1/250 정도의 일정구배로 하고 최고점에 배관 중의 기포가 모이게 한다.
② 고장 수리를 위하여 배관 최저점에 배수 밸브를 설치한다.
③ 보일러에서 팽창탱크에 이르는 팽창관에 밸브를 설치한다.
④ 난방배관의 소켓은 편심 소켓을 사용한다.

해 보일러와 팽창탱크 사이에는 밸브가 설치되지 않는다.

45 가스미터 부착상의 유의점으로 잘못된 것은?

① 온도, 습도가 급변하는 장소는 피한다.
② 부식성의 약품이나 가스가 미터기에 닿지 않도록 한다.
③ 인접 전기설비와는 충분한 거리를 유지한다.
④ 가능하면 미관상 건물의 주요 구조부를 관통한다.

해 가스미터기는 점검이 용이해야 하므로 구조부를 관통하여 설치하지 않는다.

46 급수배관 시공 시 바닥 또는 벽의 관통배관에 슬리브를 이용하는 이유로 적합한 것은?

① 관의 신축 및 보수를 위해
② 보온효과의 증대를 위해
③ 도장을 위해
④ 방식을 위해

| 정답 | 43 ② 44 ③ 45 ④ 46 ①

• 수험번호:
• 수험자명:

• 제한 시간:
• 남은 시간:

글자 크기 100% 150% 200% 화면 배치

• 전체 문제 수:
• 안 푼 문제 수:

답안 표기란

47 ① ② ③ ④
48 ① ② ③ ④
49 ① ② ③ ④
50 ① ② ③ ④
51 ① ② ③ ④

47 지름 20mm 이하의 동관을 이음할 때나 기계의 점검, 보수 등으로 관을 떼어내기 쉽게 하기 위한 동관의 이음방법은?

① 슬리브 이음 ② 플레어 이음
③ 사이징 이음 ④ 플라스턴 이음

48 다이어프램 밸브의 KS 그림 기호로 맞는 것은?

①
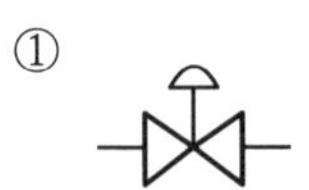
②
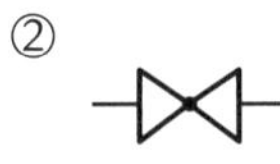
③
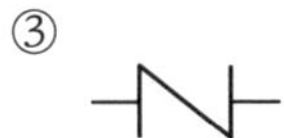
④

해 ① 다이어프램
② 글로브밸브
③ 체크밸브
④ 앵글밸브

49 저탕조 내의 온수가열관으로 가장 적합한 것은?

① 강관 ② 폴리부틸렌관
③ 주철관 ④ 연관

해 강관 또는 동관

50 배수트랩이 하는 역할로 가장 적합한 것은?

① 배수관에서 발생한 유해가스가 건물 내로 유입되는 것을 방지한다.
② 배수관 내의 찌꺼기를 제거하여 물의 흐름을 원활하게 한다.
③ 배수관 내로 공기를 유입하여 배수관 내를 청정하는 역학을 한다.
④ 배수관 내의 공기와 물을 분리하여 공기를 밖으로 빼내는 역할을 한다.

51 열팽창에 의한 관의 신축으로 배관의 이동을 구속 또는 제한하는 장치는?

① 턴버클
② 브레이스
③ 리스트 레인트
④ 행거

해 리스트 레인트 종류
앵커, 스톱, 가이드

| 정답 | 47 ② | 48 ① | 49 ① | 50 ① | 51 ③

• 수험번호 :
• 수험자명 :

• 제한 시간 :
• 남은 시간 :

글자 크기  100%  150%  200%

화면 배치 

• 전체 문제 수 :
• 안 푼 문제 수 :

답안 표기란

52 ① ② ③ ④
53 ① ② ③ ④
54 ① ② ③ ④
55 ① ② ③ ④

52 감압밸브 주위 배관에 사용되는 부속장치이다. 적당하지 않은 것은?

① 압력계　② 게이트밸브
③ 안전밸브　④ 콕(cock)

해 콕은 회전방향이 90°가 한계이므로 감압밸브에 적당하지 않다.

53 스테인리스 강관의 특성에 대한 설명으로 틀린 것은?

① 위생적이어서 적수, 백수, 청수의 염려가 없다.
② 내식성이 우수하고 계속 사용 시 내경의 축소, 저항 증대 현상이 적다.
③ 저온 충격성이 크고, 한랭지 배관이 가능하며 동결에 대한 저항도 크다.
④ 강관에 비해 기계적 성질이 약하고, 용접식 · 몰코식 이음법 등 특수시공법으로 인해 시공이 어렵다.

해 스테인리스 강관은 기계적 성질이 양호하고 용접식·몰코식 이음법 등 특수시공법의 시공이 용이하다.

54 팬 코일 유닛의 배관방식 중 냉수 및 온수관이 각각 있어서 혼합손실이 없는 배관방식은?

① 1관식　② 2관식
③ 3관식　④ 4관식

55 다음은 한량지에서의 배관요령이다. 틀린 것은?

① 동결할 위험이 있는 장소에서의 배관은 가능한 피한다.
② 동결이 염려되는 배관에는 물 배기 장치를 수전 가까이 설치한다.
③ 물 배기 장치 이후 배관은 상향구배로 하여 물 빼기가 용이하게 한다.
④ 한랭지에서의 배관은 외벽에 매입한다.

해 한랭지에서의 배관은 내벽에 매입하고 보온을 철저히 해야한다.

정답 | 52 ④　53 ④　54 ④　55 ④

• 수험번호 :
• 수험자명 :

• 제한 시간 :
• 남은 시간 :

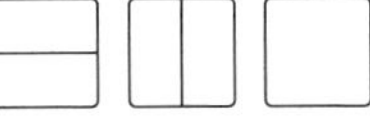

글자 크기 100% 150% 200% 화면 배치

• 전체 문제 수 :
• 안 푼 문제 수 :

답안 표기란

56 ① ② ③ ④
57 ① ② ③ ④
58 ① ② ③ ④
59 ① ② ③ ④

56 우수 수직관 관경에 따른 허용 최대 지분 면적(m²)으로 적당하지 않은 것은?
(단, 지붕 면적은 수평으로 투영한 면적이며, 강우량은 100mm/h를 기준으로 산출한 것이다.)

① 50A - 67m² ② 65A - 135m²
③ 75A - 197m² ④ 100A - 325m²

해 우수 수직관 100A의 허용 최대 지붕 면적은 425[m²]
50A - 67m², 65A - 135m²,
75A - 197m², 125A - 770m²,
150A - 1250m², 200A - 2700m²

57 다음 중 주철관의 접합방법이 아닌 것은?

① 플랜지 접합 ② 매커니컬 접합
③ 소켓 접합 ④ 플레어 접합

해 플레어 접합 : 20mm 이하의 동관 압축이음

58 강관을 재질상으로 분류한 것이 아닌 것은?

① 탄소 강관
② 합금 강관
③ 스테인리스 강관
④ 전기용접 강관

해 ④번의 경우 전기용접으로 만든 강관이므로 제조 방법의 분류에 속한다.

59 팽창탱크를 설치하지 않은 온수난방장치를 작동하였을 때 일어나는 현상으로 적당한 것은?

① 온수 저장이 곤란하다.
② 온수 순환이 안 된다.
③ 배관의 파열을 일으키게 된다.
④ 온수 순환이 잘 된다.

해 팽창탱크의 역할은 배관 내에 높은 압력을 흡수하는 역할로써 팽창탱크가 없으면 배관내 고압으로 인해 배관이 파열되게 된다.

| 정답 | 56 ④ 57 ④ 58 ④ 59 ③

• 수험번호:
• 수험자명:

• 제한 시간:
• 남은 시간:

글자 크기  100%  150%  200% 화면 배치  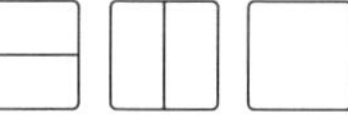

• 전체 문제 수:
• 안 푼 문제 수:

답안 표기란

60	①	②	③	④
61	①	②	③	④
62	①	②	③	④
63	①	②	③	④

60 **급탕설비에서 80℃의 물 300L와 20℃의 물 200L를 혼합시켰을 때 혼합탕의 온도는 얼마인가?**

① 42℃ ② 48℃
③ 56℃ ④ 62℃

해 혼합온도(tm) = $\frac{G_1t_1 + G_2t_2}{G_1 + G_2}$

$= \frac{300 \times 80 + 200 \times 20}{300 + 200}$

$= 56[℃]$

4과목 I 전기제어공학

61 ~~**제어대상에 속하는 양으로 제어장치의 출력신호가 되는 것은?**~~

(22년 출제 범위 제외)

① 제어량 ② 조작량
③ 목표값 ④ 오차

62 **시퀀스 회로에서 접점이 조작하기 전에는 열려 있고 조작하면 닫히는 접점은?**

① a접점 ② b접점
③ c접점 ④ 공동접점

63 **다음은 분류기이다. 배율은 어떻게 표현되는가?**
(단, Rs : 분류기의 저항, Ra : 전류계의 내부저항)

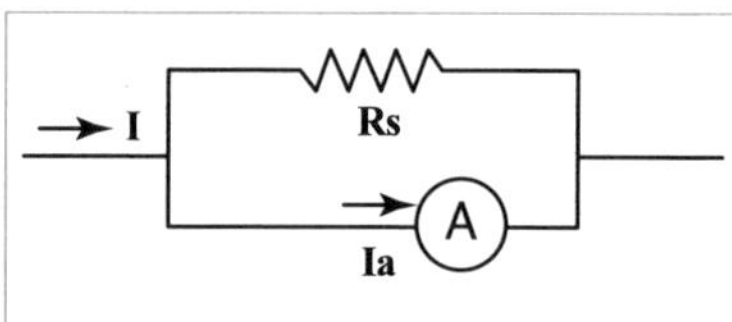

① $\frac{R_s}{R_a}$ ② $1 + \frac{R_s}{R_a}$
③ $1 + \frac{R_a}{R_s}$ ④ $\frac{R_a}{R_s}$

해 측정배율(M) =
$\frac{I_0}{I} = \frac{R_s + R}{R_s} = 1 + \frac{R}{R_s}$

| 정답 | 60 ③ 61 ① 62 ① 63 ③

• 수험번호 :
• 수험자명 :
• 제한 시간 :
• 남은 시간 :

글자 크기  100%  150%  200% 화면 배치  

• 전체 문제 수 :
• 안 푼 문제 수 :

답안 표기란

64	①	②	③	④
65	①	②	③	④
66	①	②	③	④
67	①	②	③	④

64 ~~그림과 같은 블록선도에서 전달함수 C/R는?~~ (22년 출제 범위 제외)

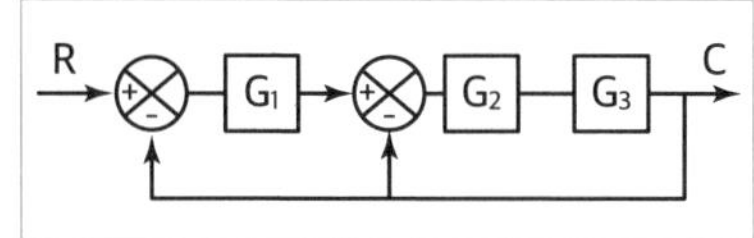

① $\frac{G_1G_2G_3}{1+G_1G_2+G_1G_2G_3}$

② $\frac{G_1G_2G_3}{1+G_2G_3+G_1G_2G_3}$

③ $\frac{G_1G_2G_3}{1+G_2G_3+G_1G_3}$

④ $\frac{G_1G_2G_3}{1+G_1G_3+G_1G_2G_3}$

해 $G(c) = \frac{G_1G_2G_3}{1-(-G_2G_3-G_1G_2G_3)}$
$= \frac{G_1G_2G_3}{1+G_2G_3+G_1G_2G_3}$
$= \frac{C}{R} = \frac{G_1G_2G_3}{1+G_2G_3+G_1G_2G_3}$

65 ~~자동제어의 분류에서 제어량의 종류에 의한 분류가 아닌 것은?~~ (22년 출제 범위 제외)

① 서보기구
② 추치제어
③ 프로세스제어
④ 자동조정

해 목표량에 따른 자동제어
정치제어, 추치제어

66 제어기기 중 전기식 조작기기에 대한 설명으로 옳지 <u>않은</u> 것은?

① 장거리 전송이 가능하고 늦음이 적다.
② 감속장치가 필요하고 출력은 작다.
③ PID 동작이 간단히 실현된다.
④ 많은 종류의 제어에 적용되어 용도가 넓다.

해 ③번은 공기식 조작기기에 해당된다.

67 논리식 $X = \overline{A}\cdot B + \overline{A}\cdot\overline{B}$ 를 간단히 하면?

① $\overline{A}$ ② A
③ 1 ④ B

해 $X = \overline{A}\cdot B + \overline{A}\cdot\overline{B}$
$= \overline{A}(B+\overline{B})$
$= \overline{A}$

• 수험번호:
• 수험자명:

• 제한 시간:
• 남은 시간:

글자 크기 100% 150% 200% 화면 배치

• 전체 문제 수:
• 안 푼 문제 수:

답안 표기란

68 ① ② ③ ④

69 ① ② ③ ④

70 ① ② ③ ④

68 ~~그림과 같은 회로에서 각 저항에 걸리는 전압 V_1과 V_2는 각각 몇[V]인가?~~ (22년 출제 범위 제외)

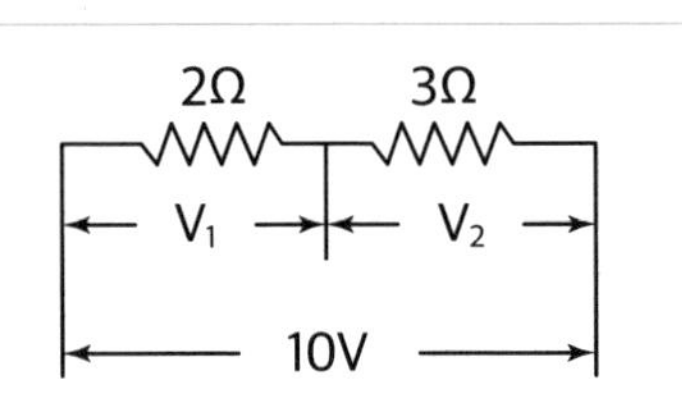

	V_1	V_2
①	10	10
②	6	4
③	4	6
④	5	5

해 $V_1 = \frac{R_1}{R}$

$V = \frac{2}{2+3} \times 10 = 4[V]$

$V_2 = \frac{R_2}{R}$

$V = \frac{3}{2+3} \times 10 = 6[V]$

69 다음 중 직류 분권전동기의 용도에 적합하지 않은 것은?

① 압연기 ② 제지기

③ 권선기 ④ 기중기

해 분권 전동기: 계자 권선과 전기자를 병렬로 접속한 것이며, 부하에 관계없이 속도가 일정하다.(압연기, 제지기, 권선기, 컨베이어 등)

직권 전동기: 계자 권선과 전기자를 직렬로 접속한 것이며, 부하가 증가하면 속도는 떨어지고 부하가 감소하면 속도는 증가한다.(기중기, 전동차, 그라인더 등)

70 ~~1[Ω]의 저항에 흐르는 전류는 몇 [A]인가?~~ (22년 출제 범위 제외)

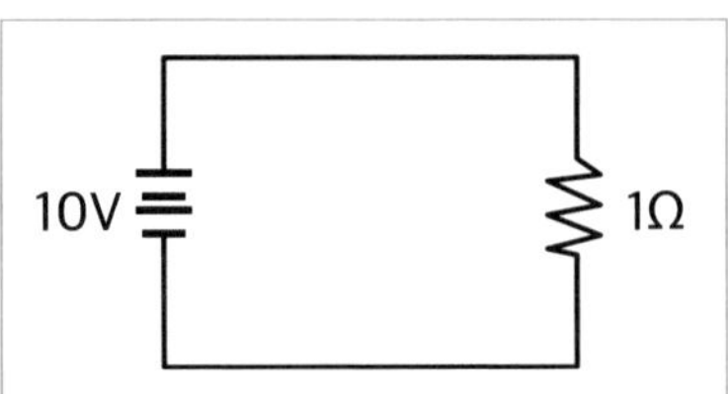

① 0.1 ② 1

③ 10 ④ 100

해 $1 = \frac{V}{R} = \frac{10}{1} = 10[A]$

71 ~~콘덴서만의 회로에서 전압과 전류의 위상관계는?~~

(22년 출제 범위 제외)

① 전압이 전류보다 180도 앞선다.
② 전압이 전류보다 180도 뒤진다.
③ 전압이 전류보다 90도 앞선다.
④ 전압이 전류보다 90도 뒤진다.

해 콘덴서(C)만의 회로에서 전류는 전압보다 위상이 $\frac{\pi}{2}$ (90°) 앞선다.

72 10[kVA]의 단상변압기 3대가 있다. 이를 3상 배전선에 V결선했을 때의 출력은 몇 [kVA]인가?

① 11.73 ② 17.32
③ 20 ④ 30

해 V결선의 3상 출력
$P_V = \sqrt{3} \times P = \sqrt{3} \times 10$
$= 17.32$[KVA]

73 대칭 3상 Y부하에서 각 상의 임피던스 $Z = 3 + j4[\Omega]$이고, 부하전류가 20[A]일 대, 이 부하의 선간전압은 약 몇 [V]인가?

① 141 ② 173
③ 220 ④ 282

해 Y결선의 선간전압
선간전압(V_L) = 상전압(V_P) × $\sqrt{3}$
상전압(V_P) = IZ
I = 20[A]
$Z = 3 + j4 = \sqrt{3^2 + 4^2} = 5[\Omega]$
상전압(V_P) = 20 × 5 = 100[V]
선간전압(V_L) = 100 × $\sqrt{3}$ = 173[V]

74 다음 중 입력장치에 해당되는 것은?

① 검출 스위치
② 솔레노이드 밸브
③ 표시램프
④ 전자개폐기

해 ②, ③, ④번은 출력장치에 해당된다.

정답 | 71 ④ 72 ② 73 ② 74 ①

• 수험번호:
• 수험자명:

• 제한 시간:
• 남은 시간:

글자 크기   100%  150%  200% 화면 배치 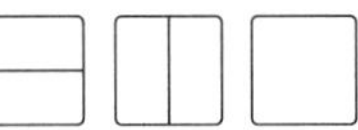

• 전체 문제 수:
• 안 푼 문제 수:

답안 표기란

75	①	②	③	④
76	①	②	③	④
77	①	②	③	④
78	①	②	③	④
79	①	②	③	④

75 컴퓨터 제어의 아날로그 신호를 디지털 신호로 변화하는 과정에서, 아날로그 신호의 최대 값을 M, 변환기의 bit수를 3이라 하면 양자화 오차의 최댓값은 얼마인가?

① M ② M/2

③ M/7 ④ M/8

해 양자화 오차의 최댓값

$a = \frac{M}{2^n}$, $2^3 = 8$이므로 $\frac{M}{8}$

M : 아날로그 신호의 최대값

n : 비트 수

76 ~~정전용량 C[F]의 콘덴서를 Δ 결선해서 3상 전압 V[V]를 가했을 때의 충전용량은 몇[VA]인가? (단, 전원의 주파수는 f[Hz]이다.)~~

(22년 출제 범위 제외)

① $2\pi fCV^2$ ② $6\pi fCV^2$

③ $6\pi f2CV$ ④ $18\pi fCV^2$

해 Δ결선의 콘덴서 충전용량 : $6\pi fCV^2$

Y결선의 콘덴서 충전용량 : $2\pi fCV^2$

77 일정 토크부하에 알맞은 유도전동기의 주파수 제어에 의한 속도제어 방법을 사용할 때, 공급전압과 주파수의 관계는?

① 공급전압과 주파수는 비례되어야 한다.

② 공급전압과 주파수는 반비례되어야 한다.

③ 공급전압은 항상 일정하고, 주파수는 감소하여야 한다.

④ 공급전압의 제곱에 비례하는 주파수를 공급하여야 한다.

해 토크(T) = $\frac{VI}{2\pi f}$ 이므로 토크가 일정 하려면 전압(V)이 높아진 만큼 주파수(f) 또한 높아져야 하므로 비례 관계

78 유도전동기의 원선도 작성에 필요한 기본량이 아닌 것은?

① 무부하 시험 ② 저항 측정

③ 회전수 측정 ④ 구속 시험

79 그림과 같은 시스템의 등가합성 전달함수는?

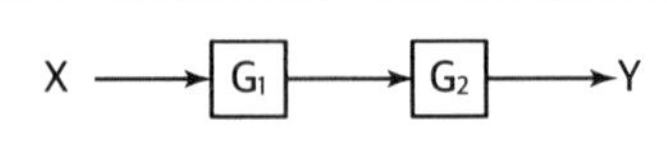

① $G_1 + G_2$ ② $G_1 \cdot G_2$

③ $G_1 - G_2$ ④ $\frac{1}{G_1 \cdot G_2}$

정답 | 75 ④ 76 ② 77 ① 78 ③ 79 ②

• 수험번호:
• 수험자명:
• 제한 시간:
• 남은 시간:

글자 크기 100% 150% 200% 화면 배치

• 전체 문제 수:
• 안 푼 문제 수:

답안 표기란

80 ① ② ③ ④

80 $x_1 + Ax_3 + x_2 = x_3$로 표현된 신호흐름선도는?

①
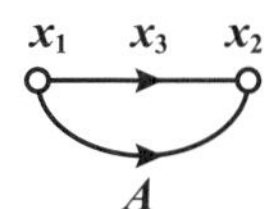

②
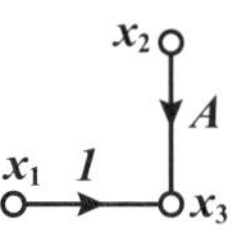

③
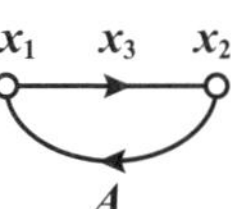

④
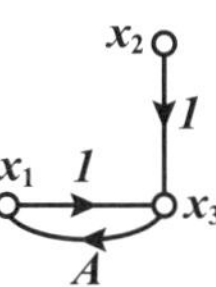

 ① $X_2 = X_1 \cdot X_3 + X_1 \cdot A = X_1 \cdot (X_3 + A)$

② $X_3 = X_1 \cdot 1 + X_2 \cdot A = X_1 + X_2 \cdot A$

③ 피드백제어이므로

$\frac{C}{R} = \frac{X_2}{X_1} = \frac{X_3}{1 - X_3 \cdot A}$

$X_2 = \frac{X_1 \cdot X_3}{1 - X_3 \cdot A}$

④ ㉠(X_1에서 X_3을 계산하면)

$\frac{C}{R} = \frac{X_3}{X_1} = \frac{1}{1 - 1 \cdot A} = \frac{1}{1 - A}$

$X_3 = \frac{X_1}{1 - A} \rightarrow X_3(1 - A)$

$= X_1 \rightarrow X_3 - X_3A$

$= X_1 \rightarrow X_3$

$= X_1 + X_3A$

㉡(X_2에서 X_3을 계산하면)

$X_3 = X_2 \cdot 1 = X_2$

㉠+㉡→ $= X_3 = X_1 + X_3A + X_2$

| 정답 | 80 ④

:기출문제 3회(2013.08.18)

• 수험번호:
• 수험자명:

• 제한 시간:
• 남은 시간:

글자 크기   100%  150% 200%

화면 배치 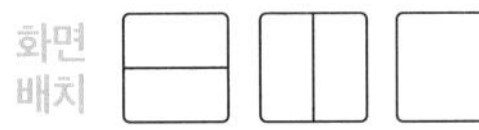

• 전체 문제 수:
• 안 푼 문제 수:

답안 표기란

01 ① ② ③ ④
02 ① ② ③ ④
03 ① ② ③ ④

1과목 | 공기조화

01 복사 냉난방 방식에 대한 설명으로 틀린 것은?

① 비교적 쾌감도가 높다.
② 패널 표면온도가 실내 노점온도보다 높으면 결로하게 된다.
③ 배관매설을 위한 시설비가 많이 들며 보수 및 수리가 어렵다.
④ 방열기가 필요치 않아 바닥면의 이용도가 높다.

해 장점
㉠ 쾌감도가 좋다.
㉡ 높은 천장에도 효과적이다.
㉢ 바닥이용도가 좋다.
㉣ 소음이 적다.
㉤ 낮은 실온에서도 균등한 쾌적감을 얻을 수 있다.

단점
㉠ 예열시간이 길다.
㉡ 매립배관이므로 보수점검이 어렵다.
㉢ 설비비가 비싸다.
㉣ 단열층이 필요하다.
㉤ 패널 표면온도가 실내 노점온도보다 낮으면 결로하게 된다.

02 실내에 존재하는 습공기의 전열량에 대한 현열량의 비율을 나타낸 것은?

① 현열비(SHF)
② 잠열비
③ 바이패스비(BF)
④ 열수분비(U)

해 현열비(SHF) = $\frac{\text{현열}}{\text{현열} + \text{잠열}}$

현열 + 잠열 = 전열

03 대기의 절대습도가 일정할 때 하루 동안의 상대습도 변화를 설명한 것 중 올바른 것은?

① 절대습도가 일정하므로 상대습도의 변화는 없다.
② 낮에는 상대습도가 높아지고 밤에는 상대습도가 낮아진다.
③ 낮에는 상대습도가 낮아지고 밤에는 상대습도가 높아진다.
④ 낮에는 상대습도가 정해지면 하루 종일 그 상태로 일정하게 된다.

해 대기의 절대습도가 일정하면 상대습도는 온도가 높은 낮에는 낮아지고 온도가 낮은 밤에는 높아진다.

| 정답 | 01 ② 02 ① 03 ③

04 냉각수는 배관내를 통하게 하고 배관 외부에 물을 살수하여 살수된 물의 증발에 의해 배관 내 냉각수를 냉각시키는 방식으로 대기오염이 심한 곳 등에서 많이 적용되는 냉각탑 방식은?

① 밀폐식 냉각탑
② 대기식 냉각탑
③ 자연통풍식 냉각탑
④ 강제통풍식 냉각탑

해 대기의 오염이 심할 경우 대기의 영향을 받지 않는 밀폐식 냉각탑을 적용한다.

05 유인 유닛(IDU)방식에 대한 설명 중 틀린 것은?

① 각 유닛마다 제어가 가능하므로 개별실 제어가 가능하다.
② 송풍량이 많아서 외기 냉방효과가 크다.
③ 냉각, 가열을 동시에 하는 경우 혼합손실이 발생한다.
④ 유인 유닛에는 동력배선이 필요 없다.

해 유인 유닛 방식은 수-공기 방식이므로 송풍량이 많지 않아 외기냉방의 효과는 적다.

06 덕트계 부속품의 기능을 설명한 것으로 옳지 않은 것은?

① 댐퍼 : 풍량을 조정하거나 덕트를 폐쇄하기 위해 설치된다.
② 플렉시블 커플링 : 송풍기와 덕트를 접속할 때 사용하며 진동이 전달되는 것을 방지한다.
③ 취출구 : 덕트로부터 공기를 실내로 공급한다.
④ 후드 : 실내로 광범위하게 공기를 공급한다.

해 후드 : 실내의 공기를 외부로 배기 시킨다.

07 공기 중의 냄새나 아황산가스 등 유해 가스의 제거에 가장 적당한 필터는?

① 활성탄 필터 ② HEPA 필터
③ 전기 집진기 ④ 롤 필터

해 활성탄 필터 : 공기 중의 냄새나 유해가스를 제거
HEPA 필터 : 0.3μm의 입자를 99.97% 이상 제거
전기 집진기 : 전기를 띠고 있는 기체나 액체 속의 미립자를 전기장으로 빨아들여 가라 앉히는 장치
롤 필터 : 필터를 롤 형식으로 하여 다량의 먼지가 부착되면 감아가는 형식으로 사용.

정답 | 04 ① 05 ② 06 ④ 07 ①

08 다수의 전열판을 겹쳐 놓고 볼트로 연결시킨 것으로 판과 판 사이를 유체가 지그재그로 흐르면서 열교환이 이루어지는 것으로 열교환 능력이 매우 높아 설치면적이 적게 필요하고 전열판의 공감으로 기기 용량의 변동이 용이한 열교환기를 무엇이라 하는가?

① 플레이트형 열교환기
② 스파이럴 열교환기
③ 원통다관형 열교환기
④ 회전형 전열교환기

09 아래 그림과 같은 병행류형 냉각코일의 대수평균 온도차는 약 얼마인가?

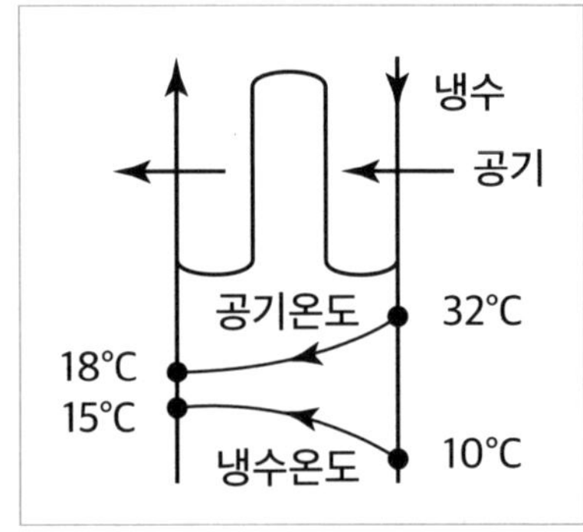

① 8.74℃ ② 9.54℃
③ 12.33℃ ④ 13.10℃

解 대수평균온도차(LMTD)

$$= \frac{\Delta T_1 - \Delta T_2}{\ell n \frac{\Delta T_1}{\Delta T_2}}$$

$$= \frac{\Delta T_1 - \Delta T_2}{2.3 \log \frac{\Delta T_1}{\Delta T_2}}$$

$$= \frac{(32-10)-(18-15)}{\ell n \frac{(32-10)}{(18-15)}} = 9.54[℃]$$

10 기류 및 주위벽면에서의 복사열은 무시하고 온도와 습도만으로 쾌적도를 나타내는 지표를 무엇이라고 부르는가?

① 쾌적 건강지표
② 불쾌지수
③ 유효온도지수
④ 청정지표

| 정답 | 08 ① 09 ② 10 ②

• 수험번호:
• 수험자명:

• 제한 시간:
• 남은 시간:

글자 크기  100%  150%  200% 화면 배치 

• 전체 문제 수:
• 안 푼 문제 수:

답안 표기란

11 ① ② ③ ④
12 ① ② ③ ④
13 ① ② ③ ④
14 ① ② ③ ④
15 ① ② ③ ④

11 온수난방 장치와 관계없는 것은?

① 팽창탱크　② 보일러
③ 버킷트랩　④ 공기배기 밸브

해 버킷 트랩: 기계식 증기 트랩

12 상당방열면적(EDR)에 대한 설명으로 맞는 것은?

① 표준상태의 방열기의 전 방열량을 연료 연소에 따른 방열면적으로 나눈 값
② 표준상태의 방열기의 전 방열량을 보일러 수관의 방열면적으로 나눈 값
③ 표준상태의 방열기의 전 방열량을 표준 방열량으로 나눈 값
④ 표준상태의 방열기의 전 방열량을 실내 벽체에서 방열되는 면적으로 나눈 값

해 EDR

$$= \frac{\text{방열기의총방열량[Kcal/h]}}{\text{표준방열량[Kcal/m}^2\text{h]}} [\text{m}^2]$$

표준 방열량
• 증기난방: 650[kcal/m²h]
• 온수난방: 450[kcal/m²h]

13 냉방부하의 종류 중 현열만 존재하는 것은?

① 외기를 실내 온·습도로 냉각, 감습 시키는 열량
② 유리를 통과하는 전도열
③ 문틈에서의 틈새바람
④ 인체에서의 발생열

해 전도열에는 현열만 존재한다.

14 배관 계통에서 유량은 다르더라도 단위길이당 마찰 손실이 일정하게 되도록 관경을 정하는 방법은?

① 균등법　② 균압법
③ 등마찰법　④ 등속법

해 마찰손실이 일정해야 하므로 등마찰법을 이용한다.

15 기기 1대로 동시에 냉·난방을 해결할 수 있는 장치로 도시가스를 직접 연소시켜 사용할 수 있고 압축기를 사용하지 않는 열원방식은?

① 흡수식 냉온수기 방식
② GHP 설비방식
③ 빙축열 설비방식
④ 전동냉동기+보일러 방식

해 흡수식 냉동기에는 압축기가 들어가지 않는다. 또한 증발기로 냉방이 가능하고 재생기로 난방이 가능하다.

정답 | 11 ③　12 ③　13 ②　14 ③　15 ①

• 수험번호 :
• 수험자명 :

• 제한 시간 :
• 남은 시간 :

글자 크기 100% 150% 200% 화면 배치

• 전체 문제 수 :
• 안 푼 문제 수 :

답안 표기란

16 ① ② ③ ④
17 ① ② ③ ④
18 ① ② ③ ④
19 ① ② ③ ④
20 ① ② ③ ④

16 공조용으로 사용되는 냉동기의 종류가 아닌 것은?

① 원심식 냉동기
② 자흡식 냉동기
③ 왕복동식 냉동기
④ 흡수식 냉동기

해 공조용 냉동기 : 회전식, 왕복동식, 원심식, 흡수식

17 외기온도 -5℃, 실내온도 20℃, 벽면적 $20m^2$인 실내의 열손실량은 얼마인가?
(단, 벽체의 열관류율 $8kcal/m^2h℃$, 벽체두께 20cm, 방위계수는 1.2이다.)

① 4800kcal/h ② 4000kcal/h
③ 3200kcal/h ④ 2400kcal/h

해 열량(Q) = K · A · Δt · k
K : 열관류율[kcal/m²h℃], A : 면적[m²], Δt : 온도차[℃], k : 방위계수
= 8 × 20 × (20 - (-5)) × 1.2
= 4,800[kcal/h]

18 실내 취득 냉방부하가 아닌 것은?

① 재열부하
② 벽체의 축열부하
③ 극간풍에 의한 부하
④ 유리창의 복사열에 의한 부하

해 재열부하 : 재열기에서 발생하는 부하로 공조기 덕트에 설치된다.

19 송풍기의 특성을 나타내는 요소에 해당되지 않는 것은?

① 압력 ② 축동력
③ 재질 ④ 풍량

20 공기량(풍량) 400kg/h, 절대습도 x_1 = 0.007kg/kg′인 공기를 x_2 = 0.013kg/kg′까지 가습하는 경우 가습에 필요한 공급수량은 얼마인가?

① 2.0kg/h ② 2.4kg/h
③ 3.0kg/h ④ 3.5kg/h

해 공급수량(L) = G · Δx
= 400 × (0.013 - 0.007) = 2.4[kg/h]

| 정답 | 16 ② 17 ① 18 ① 19 ③ 20 ②

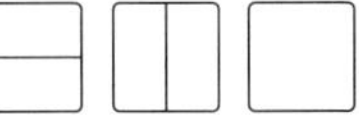

2과목 | 냉동공학

21 감압장치에 관한 내용 중 틀린 것은?

① 감압장치에는 교축밸브를 사용하는데 냉동기에서는 이것을 보통 팽창밸브라고 한다.

② 플로트 밸브식 팽창밸브를 일명 정압식 팽창밸브라고 한다.

③ 자동식 팽창밸브는 증발기내의 압력을 항상 일정하게 유지해 준다.

④ 온도조절식 팽창밸브는 주로 직접 팽창식 증발기에 쓰이는데, 종류는 내부 균압관형과 외부 균압관형이 있다.

해 플로트 팽창밸브 : 만액식 증발기의 냉매 액면을 조절하는 곳에 사용.

22 고온가스에 의한 제상 시 고온가스의 흐름을 제어하는 것으로 적당한 것은?

① 모세관

② 자동팽창밸브

③ 전자밸브

④ 사방밸브(4-way밸브)

해 전자밸브 : 냉매의 흐름을 제어하는 밸브
사방밸브 : 열펌프에서 냉난방 전환시 사용

23 할로겐 탄화수소계 냉매의 누설을 탐지하는 방법으로 가장 적합한 것은?

① 유황을 묻힌 심지를 이용한다.

② 헬라이드 토오치를 이용한다.

③ 네슬러 시약을 이용한다.

④ 페놀프탈렌 시험지를 이용한다.

해 프레온 냉매 누설검사
㉠ 비눗물 검사
㉡ 헬라이드토치 사용
정상 : 청색
소량 : 녹색
다량 : 적색
과대량 : 불이 꺼짐
㉢ 할로겐 전자누설탐지기 사용

24 왕복동 압축기에서 130 ~ -70℃ 정도의 저온을 얻기 위해서는 2단 압축 방식을 채용한다. 그 이유 중 옳지 않은 것은?

① 토출가스의 온도를 높이기 위하여

② 윤활유의 온도 상승을 피하기 위하여

③ 압축기의 효율 저하를 막기 위하여

④ 성적계수를 높이기 위하여

해 2단 압축기는 저온에서 토출온도가 상승하는 것을 방지하기 위해 사용하며 압축비가 6 이상일 경우 사용.

| 정답 | 21 ② 22 ③ 23 ② 24 ①

• 수험번호 :
• 수험자명 :

• 제한 시간 :
• 남은 시간 :

글자 크기  100%  150%  200% 화면 배치 

• 전체 문제 수 :
• 안 푼 문제 수 :

답안 표기란

25 ① ② ③ ④

26 ① ② ③ ④

25 냉동장치의 저압차단 스위치(LPS)에 관한 설명으로 맞는 것은?

① 유압이 저하했을 때 압축기를 정지시킨다.

② 토출압력이 저하했을 때 압축기를 정지시킨다.

③ 장치 내 압력이 일정압력 이상이 되면 압력을 저하시켜 장치를 보호한다.

④ 흡입압력이 저하했을 때 압축기를 정지 시킨다.

해 저압 압력 스위치는 흡입압력 즉, 저압이 펌프다운 등에 의해 저하 했을 때 압축기를 정지시키는데 사용

26 증발압력 조정밸브(EPR)에 대한 설명 중 틀린 것은?

① 냉수 브라인 냉각 시 동결 방지용으로 설치한다.

② 증발기내의 압력을 일정압력 이하가 되지 않게 한다.

③ 증발기 출구 밸브입구 측의 압력에 의해 작동한다.

④ 한 대의 압축기로 증발온도가 다른 2대 이상의 증발기 사용 시 저온측 증발기에 설치한다.

해 한대의 압축기가 증발온도가 다른 여러 대의 증발기를 사용 할 경우 온도가 가장 낮은 증발기의 압력 기준으로 작동 하므로 고온측 증발기 압력이 일정압력 이하로 내려가는 것을 방지하기 위해 고온측 증발기에 설치한다.

정답 | 25 ④ 26 ④

• 수험번호:
• 수험자명:

• 제한 시간:
• 남은 시간:

글자 크기  100%  150%  200% 화면 배치 

• 전체 문제 수:
• 안 푼 문제 수:

답안 표기란

27 ① ② ③ ④
28 ① ② ③ ④
29 ① ② ③ ④

27 **내부에너지에 대한 설명 중 잘못된 것은?**

① 계(係)의 총 에너지에서 기계적 에너지를 뺀 나머지를 내부에너지라 한다.

② 내부에너지 변화가 없다면 가열량은 일로 변환된다.

③ 온도의 변화가 없으면 내부에너지의 변화도 없다.

④ 내부에너지는 물체가 갖고 있는 열에너지이다.

해 열량(Q)
= 내부에너지(u) + 유동에너지(일)(W)
= u + W(W = A·P·V)
A : 일의 열당량, P : 압력, V : 체적 + 내부 에너지
= Q − APV이므로 내부에너지의 변화는 온도 외에 압력이나 체적에 의해서도 변화한다.

28 **유량 100L/min 물을 15℃에서 10℃로 냉각하는 수냉각기가 있다. 이 냉동장치의 냉동효과가 125kJ/kg일 경우에 냉매 순환량은 얼마인가?**
(단, 물의 비열은 4.18kJ/kg · k이다.)

① 16.7kg/h ② 1000kg/h
③ 450kg/h ④ 960kg/h

해 냉매 순환량(G) = $\frac{냉동능력(Q)}{냉동효과(q)}$
= 냉동능력(Q) = G · C · Δt
= 100 × 60 × 4.18 × (15 − 10)
= 125,400[kJ/h]
냉매 순환량 = $\frac{125400}{125}$
= 1003.2[kg/h]이므로 약 1,000[kg/h]

29 **30℃의 원수 5ton을 3시간에 2℃까지 냉각하는 수 냉각장치의 냉동 능력은 약 얼마인가?**

① 8 RT ② 11 RT
③ 14 RT ④ 26 RT

해 냉동능력(Q) = G · C · Δt
= 5000 × 1 × (30 − 2) = 140,000[kcal/h]
3시간에 냉각해야 하므로
$\frac{140000}{3}$ = 46666.67[kcal/h]
1RT = 3,320[kcal/h]이므로
$\frac{46666.67}{3320}$ = 14.05[RT] ∴ 약 14[RT]

정답 | 27 ③ 28 ② 29 ③

• 수험번호 :
• 수험자명 :

• 제한 시간 :
• 남은 시간 :

글자 크기   100% 150%  200% 화면 배치 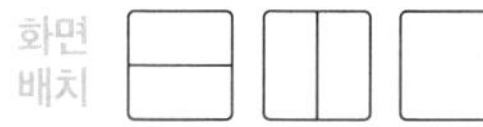

• 전체 문제 수 :
• 안 푼 문제 수 :

답안 표기란

30	①	②	③	④
31	①	②	③	④
32	①	②	③	④
33	①	②	③	④
34	①	②	③	④

30 물 5kg을 0℃에서 80℃까지 가열하면 물의 엔트로피 증가는 약 얼마인가?
(단, 물의 비열은 4.18kJ/kg · k이다.)

① 1.17kJ/K　② 5.37kJ/K
③ 13.75kJ/K　④ 26.31kJ/K

解 $\Delta S = G \cdot CP \cdot \ln \frac{T_2}{T_1}$

$= 5 \times 4.18 \times \ln \frac{80+273}{0+273} = 5.37[kJ/K]$

31 흡수식 냉동기에서 냉매와 흡수용액을 분리하는 기기는?

① 발생기　② 흡수기
③ 증발기　④ 응축기

32 흡수식 냉동기에서 재생기에서의 열량을 Q_G 응축기에서의 열량을 Q_C 증발기에서의 열량을 Q_E 흡수기에서의 열량을 Q_A 라고 할 때 전체의 열평형식으로 옳은 것은?

① $Q_G = Q_E + Q_C + Q_A$
② $Q_G + Q_C = Q_E + Q_A$
③ $Q_G + Q_A = Q_C + Q_E$
④ $Q_G + Q_E = Q_C + Q_A$

33 어떤 변화가 가역인지 비가역인지 알려면 열역학 몇 법칙을 적용하면 되는가?

① 제 0법칙　② 제 1법칙
③ 제 2법칙　④ 제 3법칙

解 열역학 제 2 법칙 : 클라시우스 표현
가역 사이클 : 엔트로피는 항상 일정
비가역 사이클 : 엔트로피는 항상 증가

34 부압작용에 의하여 진공을 만들어 냉동작용을 하는 것은?

① 증기분사 냉동기
② 왕복동 냉동기
③ 스크류 냉동기
④ 공기압축 냉동기

정답 | 30 ②　31 ①　32 ④　33 ③　34 ①

• 수험번호:
• 수험자명:
• 제한 시간:
• 남은 시간:

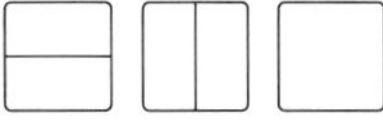

글자 크기 100% 150% 200% 화면 배치

• 전체 문제 수:
• 안 푼 문제 수:

답안 표기란

35 ① ② ③ ④
36 ① ② ③ ④
37 ① ② ③ ④

35 다음 냉동 관련 용어의 설명 중 잘못된 것은?

① 제빙톤: 25℃의 원수 1톤을 24시간 동안에 -9℃의 얼음으로 만드는데 제거할 열량을 냉동능력으로 표시한다.

② 동결점: 물질 내에 존재하는 수분이 얼기 시작하는 온도를 말한다.

③ 냉동톤: 0℃의 물 1톤을 24시간 동안에 -10℃의 얼음으로 만드는데 필요한 냉동능력으로 1RT = 2520kcal/h이다.

④ 결빙시간: 얼음을 얼리는데 소요되는 시간은 얼음 두께의 제곱에 비례하고, 브라인의 온도에는 반비례한다.

해 냉동톤: 0℃의 물 1톤을 24시간 동안에 0℃의 얼음으로 만드는데 필요한 냉동능력으로 1RT = 3,320kcal/h이다.

36 냉매가스를 단열 압축하면 온도가 상승한다. 다음 가스를 같은 조건에서 단열 압축할 때 온도 상승률이 가장 큰 것은?

① 공기 ② R-12
③ R-22 ④ NH_3

해 비열비가 높을수록 단열 압축 시 온도 상승률이 높다.
(공기 : 1.4 〉 NH_3 : 1.313 〉 R22 : 1.184〉 R12 : 1.136)

37 액 흡입으로 인해 발생하는 압축기 소손을 방지하기 위한 부속장치는?

① 저압차단 스위치
② 고압차단 스위치
③ 어큐뮬레이터
④ 유압보호스위치

해 어큐뮬레이터 = 액분리기

정답 | 35 ③ 36 ① 37 ③

• 수험번호:
• 수험자명:

• 제한 시간:
• 남은 시간:

글자 크기  100%  150%  200% 화면 배치  

• 전체 문제 수:
• 안 푼 문제 수:

답안 표기란

38	①	②	③	④
39	①	②	③	④
40	①	②	③	④

38 **역카르노 사이클로 작동되는 냉동기에서 성능계수(COP)가 가장 큰 응축온도(tc) 및 증발온도(te)는?**

	tc	te
①	20℃	-10℃
②	30℃	0℃
③	30℃	-10℃
④	20℃	-20℃

解 냉동기 성능계수(COP)

$$= \frac{Q_2}{AW} = \frac{Q_2}{Q_1 - Q_2} = \frac{T_2}{T_1 - T_2}$$

① $\frac{273+0}{(273+20)-(273-0)}$ =8.77

② $\frac{273+0}{(273+30)-(273+0)}$ =9.1

③ $\frac{273-10}{(273+30)-(273-10)}$ =6.575

④ $\frac{273-20}{(273+20)-(273-20)}$ =6.325

39 **냉동장치에서 일반적으로 가스퍼저(Gas purger)를 설치할 경우 설치위치로 적당한 곳은?**

① 수액기와 팽창밸브의 액관
② 응축기와 수액기의 액관
③ 응축기와 수액기의 균압관
④ 응축기 직전의 토출관

40 **냉동식품의 생산공장에 많이 설치되는 동결장치로 설치 면적이 작고 출입구의 레이아웃을 비교적 자유롭게 하여 생산공정의 연속화, 라인화에 쉽게 연결 할 수 있는 방식은?**

① 스파이럴식 동결장치
② 송풍 동결장치
③ 공기 동결장치
④ 액체질소 동결장치

解 스파이럴식: 라인이 나선형태로 회전하기 때문에 높이는 높아지나 설치 면적은 작은 장점이 있다.

정답 | 38 ② 39 ③ 40 ①

• 수험번호:
• 수험자명:

• 제한 시간:
• 남은 시간:

글자 크기  100%  150%  200%

화면 배치 

• 전체 문제 수:
• 안 푼 문제 수:

답안 표기란

41 ① ② ③ ④
42 ① ② ③ ④
43 ① ② ③ ④
44 ① ② ③ ④

3과목 | 배관일반

41 배관된 관의 수리 교체에 편리한 이용방법은?

① 용접이음 ② 신축이음
③ 플랜지이음 ④ 스위블이음

해 플랜지 이음: 플레어 너트로 되어 유지보수가 용이하다.
유지보수가 용이한 이음: 플레어, 유니온 이음

42 급탕배관에 관한 설명 중 틀린 것은?

① 건물의 벽 관동부분 배관에는 슬리브(sleeve)를 끼운다.
② 공기빼기 밸브를 설치한다.
③ 배관기울기는 중력순환식인 경우 보통 1/150으로 한다.
④ 직선 배관 시에는 강관인 경우 보통 60m마다 1개의 신축이음쇠를 설치한다.

해 직선 배관 시에는 강관인 경우 보통 30m마다 1개의 신축이음쇠를 설치한다.
직선 배관 시에는 동관인 경우 보통 20m마다 1개의 신축이음쇠를 설치한다.

43 배관의 지름은 유속에 따라 결정된다. 저압 증기관에서의 권장 유속으로 적당한 것은?

① 10 ~ 15m/s ② 20 ~ 30m/s
③ 35 ~ 45m/s ④ 50m/s 이상

해 저압 증기관의 유속: 20 ~ 30[m/s]
고압 증기관의 유속: 35 ~ 45[m/s]

44 증기난방에 고압식인 경우 증기 압력은?

① 0.15 ~ 0.35kgf/cm^2 미만
② 0.35 ~ 0.72kgf/cm^2 미만
③ 0.72 ~ 1kgf/cm^2 미만
④ 1kgf/cm^2 이상

해 증기난방의 저압식 압력
0.15 ~ 0.35[kgf/cm^2]
증기난방의 고압식 압력
1[kgf/cm^2] 이상

정답 | 41 ③ 42 ④ 43 ② 44 ④

• 수험번호 :
• 수험자명 :

• 제한 시간 :
• 남은 시간 :

글자 크기  100%  150%  200% 화면 배치 

• 전체 문제 수 :
• 안 푼 문제 수 :

답안 표기란

45 ① ② ③ ④
46 ① ② ③ ④
47 ① ② ③ ④

45 아래 그림과 같이 호칭직경 20A인 강관을 2개의 45°엘보를 사용하여 그림과 같이 연결하였다면 강관의 실제 소요길이는 얼마인가?

(단, 엘보에 삽입되는 나사부의 길이는 10mm이고, 엘보의 중심에서 끝 단면까지의 길이는 25mm이다.)

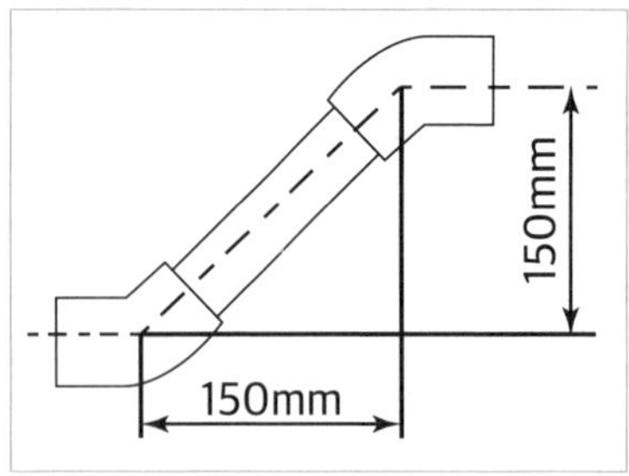

① 212.1mm ② 200.3mm
③ 170.3mm ④ 182.1mm

해 전체길이(L)

$= \sqrt{엘보중심가로길이^2 + 엘보중심세로길이^2}$

$= \sqrt{150^2 + 150^2}$

$= 212.13[mm]$

엘보의 남은 공간길이

= 엘보 중심에서 끝단면 길이 - 엘보의 나사부

$= 25 - 10 = 15[mm]$

강관의 실제 길이(L)

$= 212.13 - 2 \times 15 = 182.13[mm]$

46 주철관의 소켓이음 시 코킹작업을 하는 주목적으로 가장 적합한 것은?

① 누수방지
② 경도증가
③ 인장강도증가
④ 내진성증가

47 증기난방에 비해 온수난방의 특징으로 틀린 것은?

① 예열시간이 길지만 가열후에 냉각시간도 길다.
② 공기 중의 미진이 늘어 생기는 나쁜 냄새가 적어 실내의 쾌적도가 높다.
③ 보일러의 취급이 비교적 쉽고 비교적 안전하여 주택 등에 적합하다.
④ 난방부하 변동에 따른 온도조절이 어렵다.

해 온수난방은 증기난방에 비해 부하 변동 시 온도조절이 용이하다.

정답 | 45 ④ 46 ① 47 ④

• 수험번호:
• 수험자명:

• 제한 시간:
• 남은 시간:

글자 크기   100%  150%  200% 화면 배치 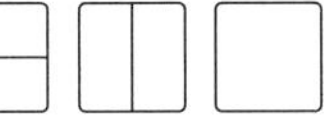

• 전체 문제 수:
• 안 푼 문제 수:

답안 표기란

48 ① ② ③ ④
49 ① ② ③ ④
50 ① ② ③ ④
51 ① ② ③ ④
52 ① ② ③ ④

48 **배수관 설치기준에 대한 내용 중 틀린 것은?**

① 배수관의 최소 관경은 20mm 이상으로 한다.
② 지중에 매설하는 배수관의 관경은 50mm 이상이 좋다.
③ 배수관은 배수의 유하방향(流下方向)으로 관경을 축소해서는 안된다.
④ 기구배수관의 관경은 이것에 접속하는 위생기구의 트랩구경 이상으로 한다.

해 배수관의 최소관경은 30mm 이상으로 한다.

49 **열을 잘 반사하고 내열성이 있어 난방용 방열기 등의 외면에 도장하는 도료로 맞는 것은?**

① 산화철도료
② 광명단도료
③ 알루미늄도료
④ 합성수지도료

해 알루미늄도료: 열을 잘 반사하고 확산하여 백강관, 난방용 주철제 방열기의 표면 도장용으로 많이 사용

50 **배수 트랩 중 관 트랩의 종류가 아닌 것은?**

① P트랩 ② V트랩
③ S트랩 ④ U트랩

51 **2원 냉동장치의 구성기기 중 수액기의 설치 위치는?**

① 증발기와 압축기 사이
② 압축기와 응축기 사이
③ 응축기와 팽창 밸브 사이
④ 팽창 밸브와 증발기 사이

해 수액기의 설치 위치: 응축기와 팽창 밸브 사이

52 **체크밸브에 대한 설명으로 옳은 것은?**

① 스윙형, 리프트형, 풋형 등이 있다.
② 리프트형은 배관의 수직부에 한하여 사용한다.
③ 스윙형은 수평배관에만 사용한다.
④ 유량조절용으로 적합하다.

해 체크밸브는 유량이 한 방향으로만 흐를 수 있도록 제어해준다(역류방지).
종류
• 스윙형: 수직, 수평형
• 리프트형: 수평형
• 풋형: 수직형

| 정답 | 48 ① 49 ③ 50 ② 51 ③ 52 ①

• 수험번호 :
• 수험자명 :

• 제한 시간 :
• 남은 시간 :

글자 크기  100%  150% 200%

화면 배치 

• 전체 문제 수 :
• 안 푼 문제 수 :

답안 표기란

53 ① ② ③ ④
54 ① ② ③ ④
55 ① ② ③ ④
56 ① ② ③ ④

53 **급탕설비에 있어서 팽창관의 역할을 설명한 것으로 적당하지 않은 것은?**

① 보일러 내면에 생기기 쉬운 스케일 부착을 방지한다.
② 물의 온도 상승에 따른 용적 팽창을 흡수한다.
③ 배관내의 공기나 증기의 배출을 돕는다.
④ 안전밸브의 역할을 한다.

54 **급수배관에서의 수격작용 발생개소와 거리가 먼 것은?**

① 관내 유속이 빠른 곳
② 구배가 완만한 곳
③ 급격히 개폐되는 밸브
④ 굴곡개소가 있는 곳

해 수격작용은 구배가 급경사인 곳에서 발생한다.

55 **다음 그림 기호가 나타내는 밸브는?**

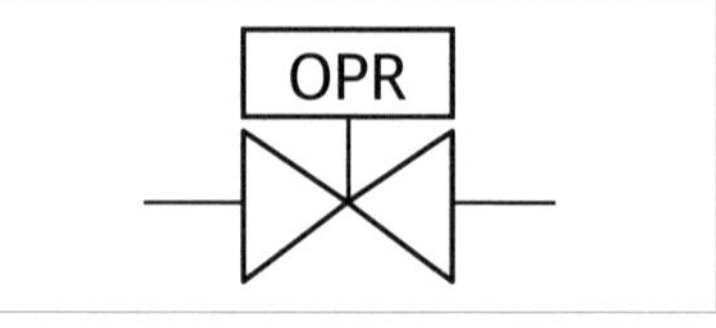

① 증발압력 조정밸브
② 용량 조정밸브
③ 유압 조정밸브
④ 흡입압력 조정밸브

해 OPR : Oil Pressure Regulating (Valve)의 약자로 오일 압력 조정을 뜻한다.
- 증발 압력 조정밸브(Evaporator Pressure Regulator Valve)
- 용량 조정밸브(Capacity Regulator Valve)
- 흡입 압력 조정밸브(Suction Pressure Regulator Valve)

56 **스테인리스강관에 대한 설명으로 적당하지 않은 것은?**

① 위생적이어서 적수의 염려가 적다.
② 내식성이 우수하다.
③ 몰코 이음법 등 특수 시공법으로 대체로 배관 시공이 간단하다.
④ 저온에서 내충격성이 적다.

해 스테인리스 강관은 저온에서 내충격성이 크다.

| 정답 | 53 ① 54 ② 55 ③ 56 ④

• 수험번호:
• 수험자명:

• 제한 시간:
• 남은 시간:

글자 크기 100% 150% 200% 화면 배치

• 전체 문제 수:
• 안 푼 문제 수:

답안 표기란

57 ① ② ③ ④
58 ① ② ③ ④
59 ① ② ③ ④
60 ① ② ③ ④

57 온수난방용 개방식 팽창탱크에 대한 설명 중 맞지 않는 것은?

① 탱크용량은 전체 팽창량과 같은 체적이어야 한다.
② 저 온수난방에 흔히 사용된다.
③ 배관계통상 최고 수위보다 1m이상 높게 설치한다.
④ 탱크의 상부에 통기관을 설치한다.

해 개방식 팽창탱크의 용량 : 전체 팽창량의 2~2.5배로 한다.(85~90[℃]에 사용)
밀폐식 팽창탱크의 용량 : 공기층의 필요 압력 만큼. (100[℃]이상에 사용)

58 급수펌프의 설치 시 주의사항으로 틀린 것은?

① 펌프는 기초볼트를 사용하여 기초 콘크리트 위에 설치 고정한다.
② 풋 밸브는 동수위면 보다 흡입관경의 2배 이상 물속에 들어가게 한다.
③ 토출측 수평관은 상향 구배로 배관한다.
④ 흡입양정은 되도록 길게 한다.

해 흡입양정이 길면 서징현상이 생기므로 되도록 짧게 한다.

59 배관지지 장치에서 수직방향 변위가 없는 곳에 사용되는 행거는 어느 것인가?

① 리지드 행거 ② 콘스턴트 행거
③ 가이드 행거 ④ 스프링 행거

해 리지드 행거 : 빔에 턴버클을 연결하고 파이프를 딜아 올리는 구조로 수직방향 변위가 없는 곳에 사용

60 사이펀 작용이나 부압으로부터 트랩의 '봉수'를 보호하기 위하여 설치하는 것은?

① 통기관 ② 공기실
③ 볼밸브 ④ 오리피스

해 통기관 : 트랩내 봉수파괴를 방지하고 배수의 흐름을 원활하게 하기 위해

정답 | 57 ① 58 ④ 59 ① 60 ①

• 수험번호:
• 수험자명:

• 제한 시간:
• 남은 시간:

글자 크기 100% 150% 200% 화면 배치

• 전체 문제 수:
• 안 푼 문제 수:

답안 표기란

61	①	②	③	④
62	①	②	③	④
63	①	②	③	④
64	①	②	③	④
65	①	②	③	④
66	①	②	③	④

4과목 I 전기제어공학

61 부하증대에 따라 속도가 오히려 증대되는 특성을 갖는 직류전동기의 종류는?

① 타여자전동기
② 분권전동기
③ 가동복권전동기
④ 차동복권전동기

62 농형 유도전동기의 기동법이 아닌 것은?

① 전전압 기동법
② 기동보상기법
③ Y-△ 기동법
④ 2차 저항법

해 2차 저항법: 권선형 유도전동기 제어법
농형 유도전동기의 기동법
• 전전압기동(5kw 이하용)
• Y-Δ 기동(5~15kw용)
• 기동보상기법(15kw 이상용)

63 ~~자동 제어계의 출력 신호를 무엇이라 하는가?~~ (22년 출제 범위 제외)

① 동작신호 ② 조작량
③ 제어량 ④ 제어 편차

64 센서를 변위센서, 속도센서, 열센서, 광센서로 분류하였다. 분류방법으로 알맞은 것은?

① 계측의 대상 ② 계측의 형태
③ 소자의 재료 ④ 변환의 원리

해 변위센서, 속도센서, 열센서, 광센서는 계측 대상에 대한 분류이다.

65 ~~정상편차를 없애고, 응답속도를 빠르게 한 동작은?~~

(22년 출제 범위 제외)

① 비례동작
② 비례적분동작
③ 비례미분동작
④ 비례적분미분동작

해 비례적분미분(PID)동작: 잔류편차, 속응성 등의 개선으로 가장 안전한 제어

66 ~~컴퓨터실의 온도를 항상 18℃로 유지하기 위하여 자동 냉난방기를 설치하였다. 이 자동 냉난방기의 제어는?~~ (22년 출제 범위 제외)

① 정치제어 ② 추종제어
③ 비율제어 ④ 서보제어

해 정치제어: 목표치가 일정한 자동제어

정답 | 61 ④ 62 ④ 63 ③ 64 ① 65 ④ 66 ①

• 수험번호:
• 수험자명:

• 제한 시간:
• 남은 시간:

글자 크기   100%  150%  200% 화면 배치 

• 전체 문제 수:
• 안 푼 문제 수:

답안 표기란

67	①	②	③	④
68	①	②	③	④
69	①	②	③	④
70	①	②	③	④

67 전기로의 온도를 1000℃로 일정하게 유지시키기 위하여 열전온도계의 지시값을 보면서 전압조정기로 전기로에 대한 인가전압을 조절하는 장치가 있다. 이 경우 열전도온도계는 다음 중 어느 것에 해당 되는가?

① 조작부　② 검출부
③ 제어량　④ 조작량

해 열전온도계는 온도를 측정하여 온도값을 검출해야 하므로 검출부에 속한다.

68 ~~$i(t)=141.4\sin\omega t$[A]의 실효값은 몇 [A]인가?~~ (22년 출제 범위 제외)

① 81.6　② 100
③ 173.2　④ 200

해 $\sin\omega t$ = 정현파 함수

정현파 함수의 실효값 = $\frac{Im}{\sqrt{2}}$

$I_m \sin\omega t$에서 I_m은 전류의 최대값

실효값 = $\frac{141.4}{\sqrt{2}}$ = 141.4×0.707

= 약 100[A]

69 ~~3상 평형부하의 전압이 100[V]이고, 전류가 10[A]이다. 역률이 0.8이면 이 때의 소비전력은 약 몇 [W]인가?~~ (22년 출제 범위 제외)

① 1386　② 1732
③ 2100　④ 2430

해 소비전력(W) = $\sqrt{3}$ V I cosθ

= $\sqrt{3}$ ×100×10×0.8 = 약 1386[W]

✓ 단상 전력 = V I cosθ

70 시퀀스제어에 관한 설명 중 옳지 않은 것은?

① 미리 정해진 순서에 의해 제어된다.
② 일정한 논리에 위해 정해진 순서에 의해 제어된다.
③ 조합논리회로로 사용된다.
④ 입력과 출력을 비교하는 장치가 필수적이다.

해 ④번의 설명은 피드백제어의 설명

• 수험번호 :
• 수험자명 :

• 제한 시간 :
• 남은 시간 :

글자 크기  100%  150%  200%

화면 배치 

• 전체 문제 수 :
• 안 푼 문제 수 :

답안 표기란

71 ① ② ③ ④

72 ① ② ③ ④

71 **전동기의 절연 및 절연내력 시험에 대한 설명으로 틀린 것은?**

① 보통 온도상승시험 직후에 실시한다.

② 500V메거 또는 1000V메거로 절연저항을 측정한다.

③ 절연내력시험은 보통 전동기를 운전하지 않은 상태에서 실시한다.

④ 계기가 일정한 지시를 가리키는데 시간이 걸릴수도 있다.

해 절연내력시험은 전동기를 운전하면서 시험한다.

72 **회로에서 세트입력(S), 리셋입력(R), 출력(Q)의 진리표에 대한 설명 중 옳지 않은 것은?**
(단, L은 Low, H는 High이다.)

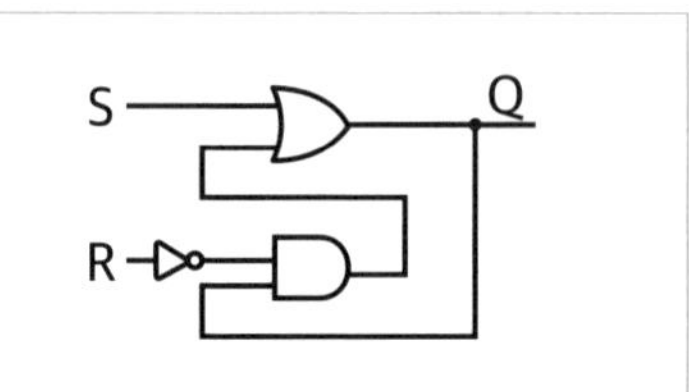

① S는 L, R은 H일 때 Q는 L로 된다.

② S는 H, R은 L일 때 Q는 H로 된다.

③ S는 L, R은 L일 때 Q는 L로 된다.

④ S는 H, R은 H일 때 Q는 L로 된다.

해 L = 0, H = 1 이면, S의 회로는 OR회로이므로 S가 1(H)이면 Q는 무조건 1(H)이 된다.
AND 회로의 경우 S가 0(L)일 경우 피드백 되는 값이 0(L)이므로 AND 회로의 경우 출력은 무조건 0이 되므로 Q = S가 된다.

정답 | 71 ③ 72 ④

• 수험번호:
• 수험자명:
• 제한 시간:
• 남은 시간:

글자 크기   100%  150%  200% 화면 배치   

• 전체 문제 수:
• 안 푼 문제 수:

답안 표기란

73 ① ② ③ ④
74 ① ② ③ ④
75 ① ② ③ ④
76 ① ② ③ ④

73 **그림과 같이 저항 R을 전류계와 내부저항 20[Ω]인 전압계로 측정하니 15[A]와 30[V]이었다. 저항 R은 몇 [Ω]인가?**

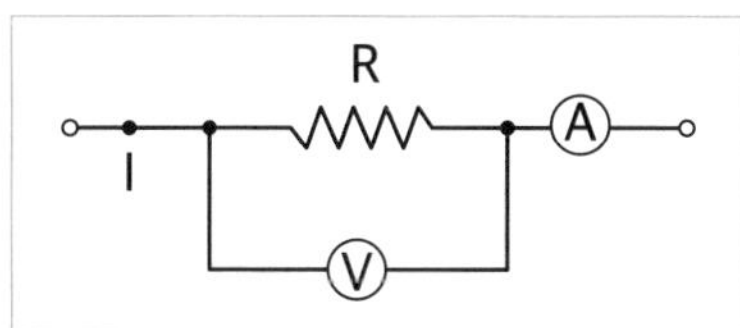

① 1.54　② 1.86
③ 2.22　④ 2.78

해 전압계의 전류(I) = $\frac{V}{r} = \frac{30}{20}$ = 1.5[A]

저항(R) = $\frac{V}{I} = \frac{30}{15-1.5}$ = 2.22[Ω]

74 **그림과 같은 계전기 접점회로의 논리식은?**

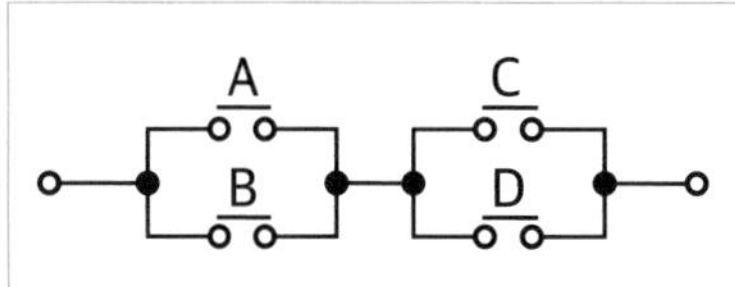

① $(\overline{A}+B)\cdot(C+\overline{D})$
② $(\overline{A}+\overline{B})\cdot(C+D)$
③ $(A+B)\cdot(C+D)$
④ $(A+B)\cdot(\overline{C}+\overline{D})$

해 A와 B는 OR회로, C와 D는 OR회로 (A,B)와 (C,D)는 AND 회로 이므로 (A+B)·(C+D)

75 **그림과 같은 신호 흐름 선도에서 $\frac{X2}{X1}$를 구하면?**

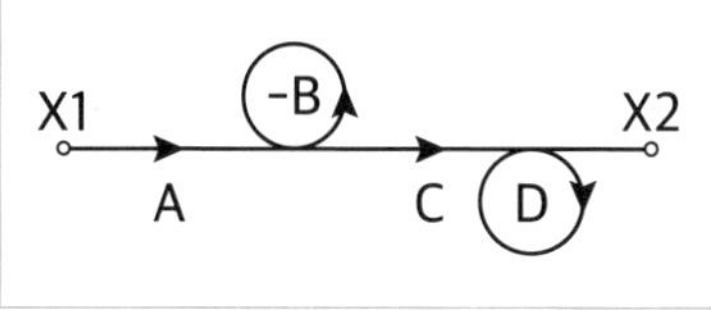

① $\frac{AC}{(1+B)(1+D)}$
② $\frac{AC}{(1-B)(1+D)}$
③ $\frac{AC}{(1-B)(1-D)}$
④ $\frac{AC}{(1+B)(1-D)}$

해 X2 = AC

X1 = 1 - (-B)·1 - (D) = (1 + B) (1 - D)

$\frac{X2}{X1} = \frac{AC}{(1+B)(1-D)}$

76 **다음 기동 토크가 가장 큰 단상 유도전동기는?**

① 분상기동형　② 반발기동형
③ 반발유동형　④ 콘덴서기동형

해 반발 기동형>반발 유도형>콘덴서 기동형>콘덴서 운전형>분상 기동형>셰이딩 코일형>모노사이클릭형

정답 | 73 ③　74 ③　75 ④　76 ②

• 수험번호:
• 수험자명:
• 제한 시간:
• 남은 시간:

글자 크기  100%  150%  200% 화면 배치 

• 전체 문제 수:
• 안 푼 문제 수:

답안 표기란

77 ① ② ③ ④
78 ① ② ③ ④
79 ① ② ③ ④
80 ① ② ③ ④

77 플레밍(Fleming)의 오른손 법칙에 따라 기전력이 발생하는 원리를 이용한 기기는?

① 교류 발전기 ② 교류 전동기
③ 교류 정류기 ④ 교류 용접기

해 플레밍의 오른손 법칙: 발전기
플레밍의 왼손 법칙: 전동기

78 PLC제어의 특징이 아닌 것은?

① 제어시스템의 확장이 용이하다.
② 유지보수가 용이하다.
③ 소형화가 가능하다.
④ 부품간의 배선에 의해 로직이 결정된다.

해 PLC는 Program Logic Control의 약자로 프로그램에 의해 로직이 결정된다.

79 ~~어떤 도체의 단면을 1시간에 7200[C]의 전기량이 이동했다고 하면 전류는 몇 [A]인가?~~

(22년 출제 범위 제외)

① 1 ② 2
③ 3 ④ 4

해 전류: 1초에 도체의 단면을 지나는 전하의 양
전기량(Q) = I×t[C], 1시간 = 3,600초
7,200 = I×3600
$I = \frac{7200}{3600} = 2[A]$

80 ~~물체의 위치, 방위, 자세 등의 기계적 변위를 제어량으로 해서 목표값의 임의의 변화에 추종하도록 구성된 제어계는?~~ (22년 출제 범위 제외)

① 공정 제어
② 정치 제어
③ 프로그램 제어
④ 추종 제어

해 추종제어: 임의 시간적 변화하는 목표값에 제어량을 추종시키는 것

| 정답 | 77 ① 78 ④ 79 ② 80 ④

MEMO

PART 6

:기출문제 1회(2014.03.02)

• 수험번호 :
• 수험자명 :

• 제한 시간 :
• 남은 시간 :

글자 크기  100%  150%  200% 화면 배치  

• 전체 문제 수 :
• 안 푼 문제 수 :

답안 표기란

01	①	②	③	④
02	①	②	③	④
03	①	②	③	④
04	①	②	③	④

1과목 | 공기조화

01 우리나라에서 오전 중에 냉방부하가 최대가 되는 존(Zone)은 어느 방향인가?

① 동쪽 방향 ② 서쪽 방향
③ 남쪽 방향 ④ 북쪽 방향

해 오전 중에는 해가 뜨는 동쪽이 냉방부하가 최대가 된다.

02 환기방식 중 송풍기를 이용하여 실내에 공기를 공급하고, 배기구나 건축물의 틈새를 통하여 자연적으로 배기하는 방법은?

① 제1종 환기 ② 제2종 환기
③ 제3종 환기 ④ 제4종 환기

해

구분	급기	배기
제 1종 환기	팬	팬
제 2종 환기	팬	자연
제 3종 환기	자연	팬
제 4종 환기	자연	자연

03 냉수코일의 설계에 있어서 코일 출구온도 10℃, 코일 입구온도 5℃, 전열부하 83740kJ/h일 때, 코일 내 순환수량(L/min)은 약 얼마인가?
(단, 물의 비열은 4.2kJ/kg·K 이다.)

① 55.5L/min ② 66.5L/min
③ 78.5L/min ④ 98.7L/min

해 $Q = G \cdot C \cdot \Delta t$

$\frac{83740}{60} = 1395.67[kJ/min]$

$1395.67 = G \cdot 4.2 \cdot (10-5)$

$G = \frac{1395.67}{4.2 \times (10-5)} = 66.5[L/min]$

04 공기조화 부하계산을 할 때 고려하지 않아도 되는 것은?

① 열원방식
② 실내 온 · 습도의 설정조건
③ 지붕재료 및 치수
④ 실내 발열기구의 사용시간 및 발열량

해 열원방식은 공기조화 장치로 부하계산에 포함되지 않는다.

정답 | 01 ① 02 ② 03 ② 04 ①

• 수험번호 :
• 수험자명 :

• 제한 시간 :
• 남은 시간 :

글자 크기  100%  150%  200% 화면 배치 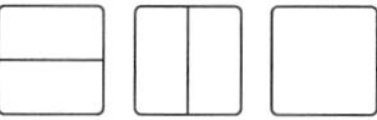

• 전체 문제 수 :
• 안 푼 문제 수 :

답안 표기란

05 ① ② ③ ④
06 ① ② ③ ④
07 ① ② ③ ④

05 냉수 또는 온수코일의 용량제어를 2방 밸브로 하는 경우 물배관 계통의 특성 중 옳은 것은?

① 코일 내의 수량은 변하나 배관 내의 유량은 부하 변동에 관계없이 정유량(定流量)이다.

② 부하변동에 따라 펌프의 대수제어가 가능하다.

③ 차압제어밸브가 필요 없으므로 펌프의 양정을 낮게 할 수 있다.

④ 코일 내의 수량이 변하지 않으므로 전열효과가 크다.

해 ① 용량제어를 하므로 유량은 부하에 따라 제어하므로 변유량이다.
③ 2방밸브를 사용하여 차압밸브를 사용하며 펌프의 양정을 높게할 수 있다.
④ 용량제어를 하므로 코일 내 수량은 변하며 전열효과는 작다

06 인체에 작용하는 실내 온열환경 4대요소가 아닌 것은?

① 청정도 ② 습도
③ 기류속도 ④ 공기온도

해 인체에 작용하는 실내 온열효과 4대요소 : 실내온도, 습도, 기류, 복사온도
공기조화 4대요소 : 온도, 습도, 기류, 청정도

07 바이패스 팩터에 관한 설명으로 옳지 않은 것은?

① 바이패스 팩터는 공기조화기를 공기가 통과할 경우 공기의 일부가 변화를 받지 않고 원 상태로 지나쳐갈 때 이 공기량과 전체 통과 공기량에 대한 비율을 나타낸 것이다.

② 공기조화기를 통과하는 풍속이 감소하면 바이패스 팩터는 감소한다.

③ 공기조화기의 코일열수 및 코일 표면적이 적을 때 바이패스 팩터는 증가한다.

④ 공기조화기의 이용 가능한 전열 표면적이 감소하면 바이패스 팩터는 감소한다.

해 공기조화기의 이용 가능한 전열 표면적이 감소하면 바이패스 팩터는 증가한다.

정답 | 05 ② 06 ① 07 ④

답안 표기란

08	①	②	③	④
09	①	②	③	④
10	①	②	③	④
11	①	②	③	④

08 공기 세정기에 관한 설명으로 옳지 않은 것은?

① 공기 세정기의 통과풍속은 일반적으로 2~3m/s이다.

② 공기 세정기의 가습기는 노즐에서 물을 분무하여 공기에 충분히 접촉시켜 세정과 가습을 하는 것이다.

③ 공기 세정기의 구조는 루버, 분무노즐, 플러딩노즐, 엘리미네이터 등이 케이싱 속에 내장되어 있다.

④ 공기 세정기의 분무 수압은 노즐 성능상 20~50kPa이다.

해 공기 세정기의 분무 수압은 노즐 성능상 150~200kPa이다.

09 염화리튬, 트리에틸렌 글리콜 등의 액체를 사용하여 감습하는 장치는?

① 냉각감습장치

② 압축감습장치

③ 흡수식 감습장치

④ 세정식 감습장치

해 액체 흡수식 감습장치: 염화리튬, 트리에틸렌 글리콜 이용

10 증기난방에 관한 설명으로 옳지 않은 것은?

① 열매온도가 높아 방열면적이 작아진다.

② 예열시간이 짧다.

③ 부하변동에 따른 방열량의 제어가 곤란하다.

④ 증기의 증발현열을 이용한다.

해 증기난방: 증기의 응축잠열을 이용
온수난방: 온수의 현열을 이용

11 공기조화 방식의 분류 중 공기-물 방식이 아닌 것은?

① 유인 유닛방식

② 덕트병용 팬코일 유닛방식

③ 복사 냉난방 방식(패널에어 방식)

④ 멀티존 유닛방식

해 전공기 방식
- 단일덕트(정풍량, 변풍량)
- 2중 덕트(멀티존 방식)
- 각층 유닛

| 📖 정답 | 08 ④ 09 ③ 10 ④ 11 ④

12 도서관의 체적이 630m³이고 공기가 1시간에 29회 비율로 틈새바람에 의해 자연 환기될 때 풍량(m³/min)은 약 얼마인가?

① 295 ② 304
③ 444 ④ 572

해 $Q = \frac{630 \times 29}{60} = 304.5[m^3/min]$

13 다음 그림은 송풍기의 특성 곡선이다. 점선으로 표시된 곡선 B는 무엇을 나타내는가?

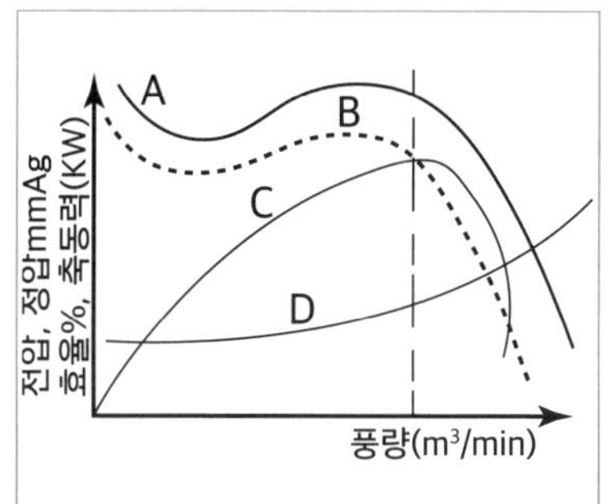

① 축동력 ② 효율
③ 전압 ④ 정압

해 A : 전압, B : 정압, C : 효율, D : 축동력

14 덕트 설계 시 고려하지 않아도 되는 사항은?

① 덕트로부터의 소음
② 덕트로부터의 열손실
③ 공기의 흐름에 따른 마찰 저항
④ 덕트 내를 흐르는 공기의 엔탈피

해 덕트 설계시 고려사항 : 덕트의 소음, 덕트의 열손실, 마찰저항, 공기의 유속

15 실내의 기류분포에 관한 설명으로 옳은 것은?

① 소비되는 열량이 많아져서 추위를 느끼게 되는 현상 또는 인체에 불쾌한 냉감을 느끼게 되는 것을 유효 드래프트라고 한다.
② 실내의 각 점에 대한 EDT를 구하고, 전체 점수에 대한 쾌적한 점수의 비율을 T/L비 라고 한다.
③ 일반사무실 취출구의 허용 풍속은 1.5~2.5m/s이다.
④ 1차 공기와 전 공기의 비를 유인비라 한다.

해 ① 콜드 드래프트의 설명
② 실내의 각 점에 대한 EDT를 구하고, 전체 점수에 대한 쾌적한 점수의 비율을 공기 확산계수라고 한다.
③ 일반사무실 취출구의 허용 풍속은 5~6.25m/s이다.

| 정답 | 12 ② 13 ④ 14 ④ 15 ④

• 수험번호:
• 수험자명:

• 제한 시간:
• 남은 시간:

글자 크기  100%  150%  200% 화면 배치 

• 전체 문제 수:
• 안 푼 문제 수:

답안 표기란

16	①	②	③	④
17	①	②	③	④
18	①	②	③	④
19	①	②	③	④
20	①	②	③	④

16 증기-물 또는 물-물 열교환기의 종류에 해당되지 않는 것은?

① 원통다관형 열교환기
② 전열 교환기
③ 판형 열교환기
④ 스파이럴형 열교환기

해 전열 교환기는 공기-공기 열교환기이다.

17 공기 중의 수증기 분압을 포화압력으로 하는 온도를 무엇이라 하는가?

① 건구온도
② 습구온도
③ 노점온도
④ 글로브(Globe) 온도

18 보일러의 출력표시에서 난방부하와 급탕부하를 합한 용량으로 표시되는 것은?

① 과부하출력 ② 정격출력
③ 정미출력 ④ 상용출력

해 정격출력 = 난방부하 + 급탕부하 + 배관부하 + 예열부하
상용출력 = 난방부하 + 급탕부하 + 배관부하
정미출력 = 난방부하 + 급탕부하
방열기출력 = 난방부하 + 배관부하

19 온수배관 시공 시 주의할 사항으로 옳은 것은?

① 각 방열기에는 필요시에만 공기배출기를 부착한다.
② 배관 최저부에는 배수밸브를 설치하며, 하향구배로 설치한다.
③ 팽창관에는 안전을 위해 반드시 밸브를 설치한다.
④ 배관 도중에 관지름을 바꿀 때에는 편심이음쇠를 사용하지 않는다.

해 ① 각 방열기에는 필수적으로 공기배출기를 부착한다.
③ 팽창관에는 안전을 위해 반드시 밸브를 설치하지 않는다.
④ 배관 도중에 관지름을 바꿀 때에는 편심이음쇠를 사용한다.

20 습공기선도상에 나타나 있는 것이 아닌 것은?

① 상대습도 ② 건구온도
③ 절대습도 ④ 포화도

해 습공기선도: 건구온도, 습구온도, 노점온도, 상대습도, 절대습도, 수증기분압, 엔탈피, 비체적, 열수분비, 현열비를 나타낸다.

| 정답 | 16 ② 17 ③ 18 ③ 19 ② 20 ④

글자 크기    

화면 배치 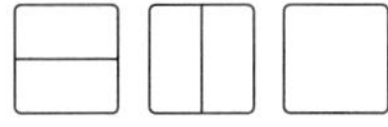

• 전체 문제 수:
• 안 푼 문제 수:

답안 표기란

21	①	②	③	④
22	①	②	③	④
23	①	②	③	④

2과목 | 냉동공학

21 냉동장치의 안전장치 중 압축기로의 흡입압력이 소정의 압력 이상이 되었을 경우 과부하에 의한 압축기용 전동기의 위험을 방지하기 위하여 설치되는 기기는?

① 증발압력 조정밸브(EPR)
② 흡입압력 조정밸브(SPR)
③ 고압 스위치
④ 저압 스위치

해 흡입압력 조정밸브: 흡입압력이 일정치 보다 높아지는 것을 방지하고 조절하는 밸브

22 열원에 따른 열펌프의 종류가 아닌 것은?

① 물-공기 열펌프
② 태양열 이용 열펌프
③ 현열 이용 열펌프
④ 지중열 이용 열펌프

해 열원에 따른 열펌프(히트펌프)의 종류: 물-공기, 태양열, 지중열, 공기열

23 팽창밸브 입구에서 410kcal/kg의 엔탈피를 갖고 있는 냉매가 팽창밸브를 통과하여 압력이 내려가고 포화액과 포화증기의 혼합물, 즉 습증기가 되었다. 습증기 중 포화액의 유량이 7kg/min일 때 전 유출 냉매의 유량은 약 얼마인가?
(단, 팽창밸브를 지난 후의 포화액의 엔탈피는 54kcal/kg, 건포화증기의 엔탈피는 500kcal/kg이다.)

① 30.3kg/min ② 32.4kg/min
③ 34.7kg/min ④ 36.5kg/min

해 건조도(x) = $\dfrac{\text{포화증기}}{\text{전냉매량}}$

$= \dfrac{\text{포화증기}(G_s)}{\text{포화액}(G_l) + \text{포화증기}(G_s)}$

$= \dfrac{\text{팽창밸브입구엔탈피} - \text{포화액의엔탈피}}{\text{건포화증기의엔탈피} - \text{포화액의엔탈피}}$

$= \dfrac{410 - 54}{500 - 54} = 0.798$

$0.798 = \dfrac{G_s}{7 + G_s} \rightarrow 0.798(7 + G_s)$

$= G_s \rightarrow 0.798 \times 7 + 0.798 \times + G_s$

$= G_s \rightarrow 5.586 + 0.798 \times G_s$

$= G_s \rightarrow 5.586$

$= G_s - 0.798 \times G_s \rightarrow 5.586$

$= (1 - 0.798)G_s \rightarrow \dfrac{5.586}{1 - 0.798}$

$= G_s = 27.65$ [kg/min]

전 냉매량 = 포증기 + 포화액

= 27.65 + 7 = 약 34.7[kg/min]

• 수험번호:
• 수험자명:

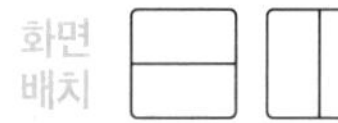

• 제한 시간:
• 남은 시간:

글자 크기 100% 150% 200% 화면 배치

• 전체 문제 수:
• 안 푼 문제 수:

답안 표기란

24 ① ② ③ ④
25 ① ② ③ ④
26 ① ② ③ ④
27 ① ② ③ ④

24 매분 염화칼슘 용액 350L/min를 -5℃에서 -10℃까지 냉각시키는 데 필요한 냉동능력은 얼마인가?
(단, 염화칼슘 용액의 비중은 1.2, 비열은 0.6kcal/kgf℃ 이다.)

① 78300(kcal/h)
② 75600(kcal/h)
③ 72500(kcal/h)
④ 71900(kcal/h)

해 $Q = G \cdot C \cdot \Delta t$
$= 350 \times 60 \times 1.2 \times 0.6 \times (-5-(-10))$
$= 75{,}600[kcal/h]$

25 C.A냉장고(Controlled Atmosphere Storage Room)의 용도로 가장 적당한 것은?

① 가정용 냉장고로 쓰인다.
② 제빙용으로 주로 쓰인다.
③ 청과물 저장에 쓰인다.
④ 공조용으로 철도, 항공에 주로 쓰인다.

해 C.A냉장고:청과물의 저장성을 좋게 하기 위한 것으로 산소를 3~5% 감소시키고 탄산가스를 3~5% 증가시켜 청과물들의 호흡작용을 억제하면서 냉장하는 냉장고

26 압축기 직경이 100mm, 행정이 850mm, 회전수 2,000rpm, 기통 수 4일 때 피스톤 배출량은?

① $3204m^3/h$ ② $3316m^3/h$
③ $3458m^3/h$ ④ $3567m^3/h$

해 압축기 토출량(V_a) = $\frac{\pi}{4}$ × 직경² × 행정 × 회전수 × 60분 × 기통수

$V_a = \frac{\pi D^2}{4} \cdot L \cdot N \cdot Z \cdot 60$
$= \frac{\pi}{4} \times 0.1^2 \times 0.85 \times 2000 \times 60 \times 4$
$= 3{,}204[m^3/h]$

27 냉매와 화학분자식이 옳게 짝지어진 것은?

① R-500 → $CCl_2F_4 + CH_2CHF_2$
② R-502 → $CHClF_2 + CClF_2CF_3$
③ R-22 → CCl_2F_2
④ R-717 → NH_4

해 ① R-500($ca_2F_2 + CHF_2CH_3$)
③ R-22($CHClF_2$)
④ R-717 (NH_3)

정답	24 ②	25 ③	26 ①	27 ②

• 수험번호:
• 수험자명:

• 제한 시간:
• 남은 시간:

글자 크기  100%  150%  200% 화면 배치 

• 전체 문제 수:
• 안 푼 문제 수:

답안 표기란

28	①	②	③	④
29	①	②	③	④
30	①	②	③	④
31	①	②	③	④

28 2원 냉동장치의 저온측 냉매로 적합하지 않은 것은?

① R-22 ② R-14
③ R-13 ④ 에틸렌

해 2원냉동
저온측 : R13, R14, 에틸렌, 메탄, 프로판
고온측 : R12, R22 등

29 냉매가 구비해야 할 이상적인 물리적 성질로 틀린 것은?

① 임계온도가 높고 응고온도가 낮을 것
② 같은 냉동능력에 대하여 소요동력이 적을 것
③ 전기 절연성이 낮을 것
④ 저온에서도 대기압 이상의 압력으로 증발하고 상온에서 비교적 저압으로 액화할 것

해 냉매의 구비조건 중 절연내력은 커야 한다.

30 2단 압축 2단 팽창 냉동장치에서 중간냉각기가 하는 역할이 아닌 것은?

① 저단 압축기의 토출가스 과열도를 낮춘다.
② 고압 냉매액을 과냉시켜 냉동효과를 증대시킨다.
③ 저단 토출가스를 재압축하여 압축비를 증대시킨다.
④ 흡입가스 중의 액을 분리하여 리퀴드 백을 방지한다.

해 압축비가 6 이상이 되면 토출온도가 높아 2단 압축을 채택한다.

31 다음 냉매 중 아황산가스에 접했을 때 흰 연기를 내는 가스는?

① 프레온 12 ② 크로메틸
③ R-410A ④ 암모니아

정답 | 28 ① 29 ③ 30 ③ 31 ④

32 **교축작용과 관계가 적은 것은?**

① 등엔탈피 변화
② 팽창밸브에서의 변화
③ 엔트로피의 증가
④ 등적변화

해 교축작용 : 압력강하, 온도강하, 체적변화, 단열팽창

33 **10℃와 85℃ 사이의 물을 열원으로 역카르노 사이클로 작동되는 냉동기(εC)와 히트펌프(εH)의 성적계수는 각각 얼마인가?**

	εC	εH
①	1.00	2.00
②	2.12	3.12
③	2.93	3.93
④	3.78	4.78

해 $\varepsilon C = \frac{T_e}{T_c - T_e}$

$= \frac{273 + 10}{(273 + 85) - (273 + 10)}$

= 약 3.78

$\varepsilon H = \frac{T_c}{T_c - T_e}$

$= \varepsilon C + 1 = 3.78 + 1 = 4.78$

34 **팽창밸브가 과도하게 닫혔을 때 생기는 현상이 아닌 것은?**

① 증발기의 성능 저하
② 흡입가스의 과열
③ 냉동능력 증가
④ 토출가스의 온도상승

해 팽창밸브 개도가 과도하게 닫혀있으면 냉동능력은 저하한다(압축비 상승).

35 **공랭식 응축기에 있어서 냉매가 응축하는 온도는 어떻게 결정하는가?**

① 대기의 온도보다 30°C(54°F) 높게 잡는다.
② 대기의 온도보다 19°C(35°F) 높게 잡는다.
③ 대기의 온도보다 10°C(18°F) 높게 잡는다.
④ 증발기 속의 냉매 증기를 과열도에 따라 높인 온도로 잡는다.

해 공냉식 응축기에서 냉매가 응축되는 온도는 외기보다 15~20[℃]정도 높다.

답안 표기란

32	①	②	③	④
33	①	②	③	④
34	①	②	③	④
35	①	②	③	④

정답 | 32 ④ 33 ④ 34 ③ 35 ②

• 수험번호 :
• 수험자명 :

• 제한 시간 :
• 남은 시간 :

글자 크기  100%  150%  200% 화면 배치 

• 전체 문제 수 :
• 안 푼 문제 수 :

답안 표기란

36 ① ② ③ ④
37 ① ② ③ ④
38 ① ② ③ ④
39 ① ② ③ ④

36 흡수식 냉동기에 대한 설명 중 옳은 것은?

① H_20+LiBr계에서는 응축 측에서 비체적이 커지므로 대용량은 공랭식화가 곤란하다.
② 압축기는 없으나, 발생기 등에서 사용되는 전력량은 압축식 냉동기보다 많다.
③ H_20+LiBr계나 H_20+NH_3계에서는 흡수제가 H_2O이다.
④ 공기조화용으로 많이 사용되나, H_20+LiBr계는 0℃ 이하의 저온을 얻을 수 있다.

해 ② 흡수식 냉동기에는 압축기가 없어 압축식 냉동기보다 전력량이 적다.
③ H_20+LiBr계에서는 흡수제가 LiBr이다.
④ 흡수식 냉동기는 저온을 얻기 곤란하다.

37 온도식 팽창밸브에서 흐르는 냉매의 유량에 영향을 미치는 요인이 아닌 것은?

① 오리피스 구경의 크기
② 고 · 저압 측 간의 압력차
③ 고압 측 액상 냉매의 냉매온도
④ 감온통의 크기

해 감온통에 의해 유량 조절은 되나 감온통의 크기와는 관련이 없다.

38 암모니아 냉동장치에 대한 설명 중 옳은 것은?

① 압축비가 증가하면 체적 효율도 증가한다.
② 표준 냉동 사이클로 운전할 경우 R-12에 비해 토출가스의 온도가 낮다.
③ 기밀시험에 산소가스를 이용하는 것은 폭발의 가능성이 없기 때문이다.
④ 증발압력 조정밸브를 설치하는 것은 냉매의 증발 압력을 일정 이상으로 유지하기 위해서다.

해 ① 압축비가 상승하면 체적효율은 감소한다.
② 표준 냉동 사이클로 운전할 경우 R-12에 비해 토출가스의 온도가 높다.
③ 기밀시험시 가연성 가스나 산소는 사용하지 않는다

39 할로겐 원소에 해당되지 않는 것은?

① 불소[F] ② 수소[H]
③ 염소[Cl] ④ 브롬[Br]

정답 | 36 ① 37 ④ 38 ④ 39 ②

• 수험번호 :
• 수험자명 :

• 제한 시간 :
• 남은 시간 :

글자 크기  100%  150% 200% 화면 배치 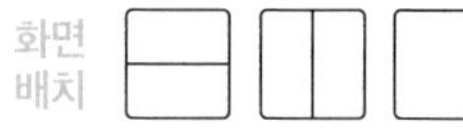

• 전체 문제 수 :
• 안 푼 문제 수 :

40 다음 열역학적 설명으로 옳지 않은 것은?

① 물체의 순간(현재)상태만에 관계하는 양을 상태량이라 하며 열량과 일 등은 상태량이다.

② 평형을 유지하면서 조용히 상태변화가 일어나는 과정은 준 정적변화이며 가역 변화라고 할 수 있다.

③ 내부에너지는 그 물질의 분자가 임의 온도 하에서 갖는 역학적 에너지의 총합이라고 할 수 있다.

④ 온도는 내부에너지에 비례하여 증가한다.

해 상태량
강도성 : 온도, 압력, 비체적
종량성 : 내부에너지, 엔탈피, 엔트로피

3과목 | 배관일반

41 흄(Hume)관이라고도 하는 관은?

① 주철관

② 경질염화비닐관

③ 폴리에틸렌관

④ 원심력 철근콘크리트관

42 가스배관의 기밀시험 방법에 관한 설명으로 옳은 것은?

① 질소 등의 불활성 가스를 사용하여 시험한다.

② 수압(水壓)시험을 한다.

③ 매설 후 산소를 사용하여 시험한다.

④ 배관의 무식에 의하여 시험한다.

43 열팽창에 의한 배관의 신축이 방열기에 영향을 주지 않도록 방열기 주위 배관에 일반적으로 설치하는 신축이음쇠는?

① 신축곡관

② 스위블 조인트

③ 슬리브형 신축이음

④ 벨로스형 신축이음

답안 표기란

40	①	②	③	④
41	①	②	③	④
42	①	②	③	④
43	①	②	③	④

정답 | 40 ① 41 ④ 42 ① 43 ②

• 수험번호:
• 수험자명:

• 제한 시간:
• 남은 시간:

글자 크기 100% 150% 200% 화면 배치

• 전체 문제 수:
• 안 푼 문제 수:

답안 표기란

44 ① ② ③ ④
45 ① ② ③ ④
46 ① ② ③ ④
47 ① ② ③ ④

44 관의 결합방식 표시방법 중 용접식 기호로 옳은 것은?

①
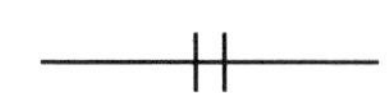

②

③

④
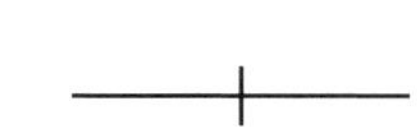

해 ① 플랜지
② 턱걸이(소켓이음)
③ 용접
③ 나사용

45 급탕배관에 대한 설명으로 옳지 않은 것은?

① 공기빼기 밸브를 설치한다.
② 벽 관통 시 슬리브를 넣어서 신축을 자유롭게 한다.
③ 관의 부식을 고려하여 노출배관하는 것이 좋다.
④ 배관의 신축은 고려하지 않아도 좋다.

46 냉각탑을 사용하는 경우의 일반적인 냉각수 온도 조절 방법이 아닌 것은?

① 전동 2way valve를 사용하는 방법
② 전동 혼합 3way valve를 사용하는 방법
③ 전동 분류 4way valve를 사용하는 방법
④ 냉각탑 송풍기를 on-off제어하는 방법

해 4way valve는 열펌프에서 냉난방 전환용으로 사용된다.

47 3세주형 주철제방열기 3-600을 설치할 때 사용증기의 온도가 120℃이고, 실내공기의 온도가 20℃, 난방부하 10000kcal/h를 필요로 하면 설치할 방열기의 소요 쪽수는 얼마인가?
(단, 방열계수는 7.9(kcal/m²h℃)이고, 1쪽당 방열면적은 0.13m²이다.)

① 88쪽 ② 98쪽
③ 108쪽 ④ 118쪽

해 $Q = K \cdot F \cdot \Delta t \cdot n$

$$n = \frac{10000}{7.9 \times 0.13 \times (120 - 20)}$$

= 약 98쪽

정답 | 44 ③ 45 ④ 46 ③ 47 ②

• 수험번호:
• 수험자명:

• 제한 시간:
• 남은 시간:

글자 크기  100%  150% 200% 화면 배치 

• 전체 문제 수:
• 안 푼 문제 수:

답안 표기란

48	①	②	③	④
49	①	②	③	④
50	①	②	③	④
51	①	②	③	④
52	①	②	③	④

48 트랩의 봉수 유실 원인이 아닌 것은?

① 증발작용 ② 모세관작용
③ 사이펀 작용 ④ 배수작용

해 봉수 파괴의 원인
㉠ 증발작용
㉡ 모세관 현상
㉢ 자기사이펀 작용
㉣ 흡출작용
㉤ 분출작용
㉥ 관성력의 의한 배출

49 컴퓨터실의 공조방식 중 바닥 아래 송풍방식(프리액세스 취출방식)**의 특징이 아닌 것은?**

① 컴퓨터에 일정 온도의 공기 공급이 용이하다.
② 급기의 청정도가 천장 취출방식보다 높다.
③ 바닥온도가 낮게 되고 불쾌감을 느끼는 경우가 있다.
④ 온·습도 조건이 국소적으로 불만족한 경우가 있다.

50 연단에 아마인유를 배합한 것으로 녹스는 것을 방지하기 위하여 사용되며 도료의 막이 굳어서 풍화에 대해 강하고 다른 착색도료의 밑칠용으로 널리 사용되는 것은?

① 알루미늄 도료 ② 광명단 도료
③ 합성수지 도료 ④ 산화철 도료

해 광명단 도료 : 밀착력과 풍화에 강해 페인트 밑칠용으로 사용

51 도시가스를 공급하는 배관의 종류가 아닌 것은?

① 본관 ② 공급관
③ 내관 ④ 주관

52 냉매배관 중 토출 측 배관 시공에 관한 설명으로 틀린 것은?

① 응축기가 압축기보다 높은 곳에 있을 때 2.5m보다 높으면 트랩 장치를 한다.
② 수직관이 너무 높으면 2m마다 트랩을 1개씩 설치한다.
③ 토출관의 합류는 Y이음으로 한다.
④ 수평관은 모두 끝 내림 구배로 배관한다.

해 수직관이 너무 높으면 10m마다 트랩을 1개씩 설치한다.

| 정답 | 48 ④ 49 ④ 50 ② 51 ④ 52 ②

• 수험번호:
• 수험자명:

• 제한 시간:
• 남은 시간:

글자 크기  100%  150%  200% 화면 배치 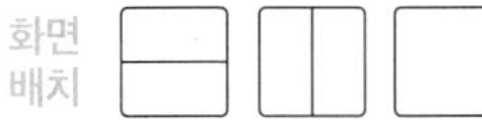

• 전체 문제 수:
• 안 푼 문제 수:

답안 표기란

53 ① ② ③ ④
54 ① ② ③ ④
55 ① ② ③ ④
56 ① ② ③ ④
57 ① ② ③ ④
58 ① ② ③ ④

53 하나의 장치에서 4방 밸브를 조작하여 냉·난방 어느 쪽도 사용할 수 있는 공기조화용 펌프는?

① 열펌프 ② 냉각펌프
③ 원심펌프 ④ 왕복펌프

54 나사용 패킹으로 냉매배관에 많이 사용되며 빨리 굳는 성질을 가진 것은?

① 일산화연
② 페인트
③ 석면각형 패킹
④ 아마존 패킹

해 나사용 패킹 : 페인트, 일산화연(납), 액상 합성수지, 실링 테이프
*일산화연 : 냉매배관에 많이 사용

55 증기난방 설비의 수평배관에서 관경을 바꿀 때 사용하는 이음쇠로 가장 적합한 것은?

① 편심 리듀셔 ② 동심 리듀셔
③ 유니언 ④ 소켓

해 편심 리듀셔 : 수평배관에서 기포 및 응축수의 발생이 예상될 때 사용

56 공기 여과기의 분진포집 원리에 의해 분류한 집진형식에 해당되지 않는 것은?

① 정전식 ② 여과식
③ 가스식 ④ 충돌점착식

57 도시가스 배관의 나사이음부와 전기계량기 및 전기개폐기의 거리로 옳은 것은?

① 10cm 이상 ② 30cm 이상
③ 60cm 이상 ④ 80cm 이상

58 배수계통에 설치된 통기관의 역할과 거리가 먼 것은?

① 사이펀 작용에 의한 트랩의 봉수 유실을 방지한다.
② 배수관 내를 대기압과 같게 하여 배수흐름을 원활히 한다.
③ 배수관 내로 신선한 공기를 유통시켜 관 내를 청결히 한다.
④ 하수관이나 배수관으로부터 유해가스의 옥내 유입을 방지한다.

해 ④ 트랩의 역할

정답 | 53 ① 54 ① 55 ① 56 ③ 57 ③ 58 ④

• 수험번호:
• 수험자명:
• 제한 시간:
• 남은 시간:

글자 크기  100%  150%  200% 화면 배치 

• 전체 문제 수:
• 안 푼 문제 수:

답안 표기란

59 ① ② ③ ④
60 ① ② ③ ④
61 ① ② ③ ④
62 ① ② ③ ④

59 배수배관의 시공상 주의사항으로 틀린 것은?

① 배수를 가능한 한 빨리 옥외 하수관으로 유출할 수 있을 것
② 옥외 하수관에서 유해가스가 건물 안으로 침입하는 것을 방지할 수 있을 것
③ 배수관 및 통기관은 내구성이 풍부하고 물이 새지 않도록 접합을 완벽히 할 것
④ 한랭지일 경우 동결 방지를 위해 배수관은 반드시 피복을 하며 통기관은 그대로 둘 것

해 한랭지에서는 동결방지를 위해 배수관, 통기관 모두 피복을 한다.

60 호칭지름 25A인 강관을 R150으로 90° 구부림 할 경우 곡선부의 길이는 약 몇 mm인가? (단, π는 3.14이다.)

① 118mm ② 236mm
③ 354mm ④ 547mm

해 $\ell = 2\pi R \frac{\theta}{360}$
$= 2 \times 3.14 \times 150 \times \frac{90}{360} = 236[mm]$

4과목 I 전기제어공학

61 그림과 같은 논리회로의 출력 Y는?

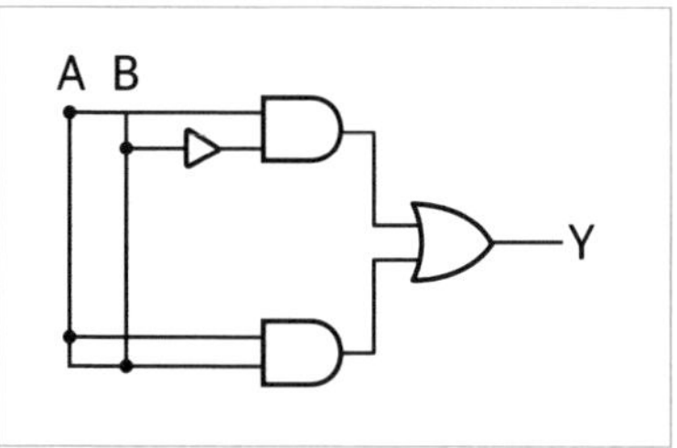

① $Y = AB + A\overline{B}$
② $Y = \overline{A}B + AB$
③ $Y = \overline{A}B + A\overline{B}$
④ $Y = \overline{A}\,\overline{B} + A\overline{B}$

해 AND회로1 : $A\overline{B}$
AND회로2 : AB
OR회로 : AND2회로 + AND1회로 = $AB + A\overline{B}$

62 PC에 의한 계측에 있어, 센서에서 측정한 데이터를 PC에 전달하기 위해 필요한 필수적인 요소는?

① A/D 변환기 ② D/A 변환기
③ RAM ④ ROM

해 A/D 변환기(Analog to Digital Converter) : 아날로그 데이터를 디지털량으로 변환하는 장치

• 수험번호:
• 수험자명:

• 제한 시간:
• 남은 시간:

글자 크기 100% 150% 200% 화면 배치

• 전체 문제 수:
• 안 푼 문제 수:

답안 표기란

63 ① ② ③ ④
64 ① ② ③ ④
65 ① ② ③ ④
66 ① ② ③ ④
67 ① ② ③ ④

63 그림과 같이 실린더의 한쪽으로 단위시간에 유입하는 유체의 유량을 x(t)라 하고 피스톤의 움직임을 y(t)로 한다. 시간이 경과한 후의 전달함수를 구해보면 어떤 요소가 되는가?

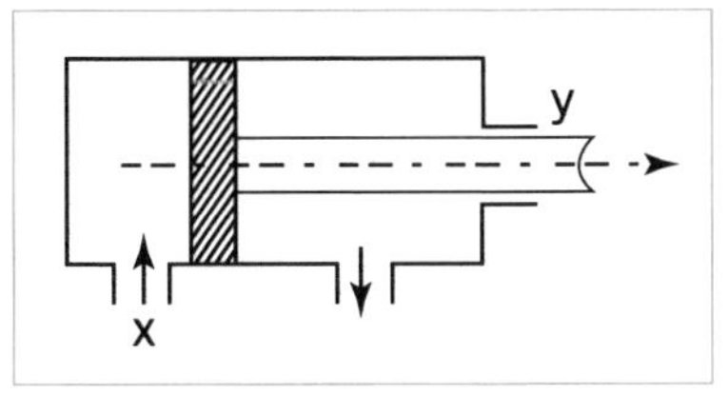

① 비례요소 ② 미분요소
③ 적분요소 ④ 미적분요소

해 유량 x가 누적됨에 따라 출력 y가 변환하므로 적분요소

64 그림과 같은 회로는 어떤 논리회로인가?

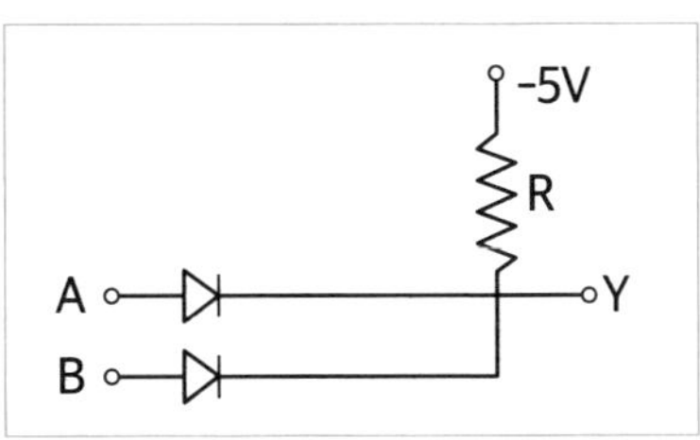

① AND 회로 ② OR 회로
③ NOT 회로 ④ NOR 회로

해 다이오드 방향이 입력방향: AND 회로
다이오드 방향이 출력방향: OR 회로

65 ~~전달함수를 정의할 때의 조건으로 옳은 것은?~~ (22년 출제 범위 제외)

① 모든 초기값을 고려한다.
② 모든 초기값을 0으로 한다
③ 입력신호만을 고려한다.
④ 주파수 특성만을 고려한다.

해 전달함수: 모든 초기값이 0일 때 입력신호와 출력신호의 라플라스 변환의 비

66 다음 중 동기화 제어변압기로 사용되는 것은?

① 싱크로 변압기 ② 앰플리다인
③ 차동변압기 ④ 리졸버

67 ~~120Ω의 저항 4개를 접속하여 가장 작은 저항값을 얻기 위한 회로 접속법은 어느 것인가?~~

(22년 출제 범위 제외)

① 직렬접속 ② 병렬접속
③ 직병렬접속 ④ 병직렬접속

해 병렬접속의 합성저항

$$R_0 = \frac{1}{\frac{1}{120}+\frac{1}{120}+\frac{1}{120}+\frac{1}{120}} = 30[\Omega]$$

직렬접속의 합성저항

$120+120+120+120=480[\Omega]$

정답 | 63 ③ 64 ② 65 ② 66 ① 67 ②

글자 크기   100% 150% 200% 화면 배치 

• 전체 문제 수:
• 안 푼 문제 수:

답안 표기란
68 ① ② ③ ④
69 ① ② ③ ④
70 ① ② ③ ④
71 ① ② ③ ④
72 ① ② ③ ④

68 ~~$F(S) = \dfrac{3s+10}{s^3+2s^2+5s}$ 일 때의 최종치는?~~ (22년 출제 범위 제외)

① 0 ② 1
③ 2 ④ 8

해 $\lim_{s \to 0} \cdot s \cdot \dfrac{3S+10}{S^3+2S^2+5S}$

$\lim_{s \to 0} \cdot \dfrac{3S+10}{S^3+2S+5}$

$= \dfrac{(3 \times 0)+10}{0^2+(2 \times 0)+5} = \dfrac{10}{5} = 2$

69 ~~역률 80%인 부하의 유효전력이 80kW이면 무효전력은 몇 kVar인가?~~ (22년 출제 범위 제외)

① 40 ② 60
③ 80 ④ 100

해 피상전력(P_a) = V I [VA]
유효전력(P) = V I cosθ [w]
무효전력(P_r) = V I sinθ [var]
$\cos\theta = \dfrac{80}{0.8} = 100$[KVA]
무효전력(P_r) = $100 \times \sqrt{1-0.8^2}$
= 60[kvar]

70 변압기를 스코트(Scott) 결선할 때 이용률은 몇 %인가?

① 57.7 ② 86.6
③ 100 ④ 173

해 V-V결선 (Scott결선)
㉠ 출력(P_V) = $\sqrt{3}\ P_1$
㉡ 이용률: 86.6%
㉢ 출력비: 57.7%

71 ~~자동제어계의 구성 중 기준입력과 궤환신호의 차를 계산해서 제어계가 보다 안정된 동작을 하도록 필요한 신호를 만들어 내는 부분은?~~ (22년 출제 범위 제외)

① 목표설정부 ② 조절부
③ 조작부 ④ 검출부

해 조절부: 비교부에서 계산한 기준입력과 궤환신호의 차를 제어계가 보다 안정적으로 동작하도록 조절한다.

72 유도전동기의 고정손에 해당하지 않는 것은?

① 1차 권선의 저항손
② 철손
③ 베어링 마찰손
④ 풍손

정답 | 68 ③ 69 ② 70 ② 71 ② 72 ①

• 수험번호 :
• 수험자명 :

• 제한 시간 :
• 남은 시간 :

글자 크기  100%  150%  200% 화면 배치  

• 전체 문제 수 :
• 안 푼 문제 수 :

답안 표기란

73 ① ② ③ ④
74 ① ② ③ ④
75 ① ② ③ ④
76 ① ② ③ ④
77 ① ② ③ ④

73 다음 블록선도의 입력 R에 5를 대입하면 C의 값은 얼마인가?

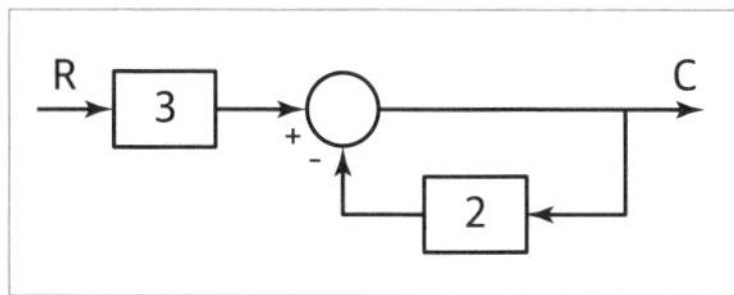

① 2 ② 3
③ 4 ④ 5

해 $\frac{C}{R} = \frac{5\times3}{1-(-2)} = \frac{5\times3}{1+2} = 5$

74 ~~교류에서 실효값과 최댓값의 관계는?~~ (22년 출제 범위 제외)

① $실효값 = \frac{최대값}{\sqrt{2}}$

② $실효값 = \frac{최대값}{\sqrt{3}}$

③ $실효값 = \frac{최대값}{2}$

④ $실효값 = \frac{최대값}{3}$

해 교류 = 정현파
실효값 = $\frac{Vm}{\sqrt{2}}$

75 ~~V = 100∠60°[V], I = 20∠30°[A]일 때 유효전력은 약 몇[W]인가?~~ (22년 출제 범위 제외)

① 1000 ② 1414
③ 1732 ④ 2000

해 전압과 전류의 위상차 = 30°
$\cos30° = \frac{\sqrt{3}}{2}$
유효전력(P) = V I cosθ
$= 100\times20\times\frac{\sqrt{3}}{2} = 1732[W]$

76 ~~축전지의 용량을 나타내는 단위는?~~ (22년 출제 범위 제외)

① Ah ② VA
③ W ④ V

77 ~~그림과 같은 회로의 전달함수는?~~ (22년 출제 범위 제외)

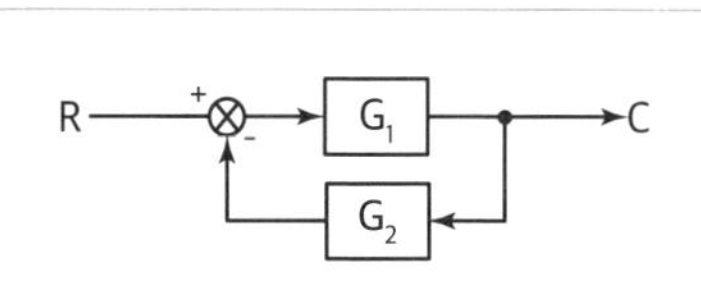

① $\frac{G_1}{1+G_1G_2}$ ② $\frac{G_2}{1+G_1G_2}$

③ $\frac{G_1}{1-G_1G_2}$ ④ $\frac{G_2}{1-G_1G_2}$

해 $\frac{C}{R} = \frac{G_1}{1-(-G_1\cdot G_2)} = \frac{G_1}{1+G_1G_2}$

| 정답 | 73 ④ 74 ① 75 ③ 76 ① 77 ①

• 수험번호 :
• 수험자명 :

• 제한 시간 :
• 남은 시간 :

글자 크기 100% 150% 200% 화면 배치

• 전체 문제 수 :
• 안 푼 문제 수 :

답안 표기란

78 ① ② ③ ④
79 ① ② ③ ④
80 ① ② ③ ④

78 ~~전류에 의해 생기는 자속은 반드시 폐회로를 이루며, 자속이 전류와 쇄교하는 수를 자속 쇄교수라 한다. 자속 쇄교수의 단위에 해당되는 것은?~~ (22년 출제 범위 제외)

① Wb ② AT
③ WbT ④ H

해 자속 쇄교수 : 코일과 자속이 엉켜있는 정도로 코일의 권수와 자속의 곱으로 나타낸다(단위 : WbT)

79 유도전동기의 1차 전압 변화에 의한 속도제어 시 SCR을 사용하여 변화시키는 것은?

① 주파수 ② 토크
③ 위상각 ④ 전류

80 제어기기의 대표적인 것으로는 검출기, 변환기, 증폭기, 조작기기를 들 수 있는데 서보모터는 어디에 속하는가?

① 검출기 ② 변환기
③ 증폭기 ④ 조작기기

해 제어기기 : 검출기,변환기 등
조작기기 : 전자밸브, 서보모터 등

정답 | 78 ③ 79 ③ 80 ④

MEMO

:기출문제 2회(2014.05.25)

• 수험번호:
• 수험자명:

• 제한 시간:
• 남은 시간:

글자 크기  100%  150%  200% 화면 배치 

• 전체 문제 수:
• 안 푼 문제 수:

답안 표기란

01	①	②	③	④
02	①	②	③	④
03	①	②	③	④
04	①	②	③	④

1과목 I 공기조화

01 겨울철 침입외기(틈새바람)에 의한 잠열 부하(kcal/h)는?
(단, Q는 극간풍량(m3/h)이며, to, tr은 각각 외기, 실내온도(℃), Xo, Xr은 각각 실외, 실내의 절대습도(kg/kg)이다.)

① $qL = 0.24 \cdot Q \cdot (t_o - t_r)$
② $qL = 0.29 \cdot Q \cdot (t_o - t_r)$
③ $qL = 539 \cdot Q \cdot (x_o - X_r)$
④ $qL = 717 \cdot Q \cdot (X_o - X_r)$

해 잠열(qL) $= G \cdot r \cdot (X_o - X_r)$
$= Q[m^3/h] \times 597.5[kcal/kg] \times 1.2[kg/m^3] \times (X_o - X_r)[kg/kg']$
$= 717 \cdot Q \cdot (X_o - X_r)$

02 다음 부하 중 냉각코일의 용량을 산정하는데 포함되지 않는 것은?

① 실내 취득 열량
② 도입 외기 부하
③ 송풍기 축동력에 의한 열부하
④ 펌프 및 배관으로부터의 부하

해 냉각코일의 용량산정
- 실내 취득 열량
- 도입 외기 부하
- 송풍기 축동력에 의한 열부하

03 온수난방의 특징으로 옳지 않은 것은?

① 증기난방보다 상하온도 차가 적고 쾌감도가 크다.
② 온도조절이 용이하고 취급이 간단하다.
③ 예열시간이 짧다.
④ 보일러 정지 후에도 여열에 의해 실내난방이 어느 정도 지속된다.

해 온수는 비열이 높아서 예열 시간이 길다.

04 급수온도 10℃이고 증기압력 14kg/cm2, 온도 240℃인 과열증기(비엔탈피 693.8kcal/kg)를 1시간에 10000kg을 발생시키는 증기보일러가 있다. 이 보일러의 상당증발량은 얼마인가?
(단, 급수의 비엔탈피는 10kcal/kg이다.)

① 10479kg/h ② 11580kg/h
③ 12691kg/h ④ 13702kg/h

해 $G_e = \dfrac{G_a(h_2 - h_1)}{539}$
$= \dfrac{10000(693.8 - 10)}{539}$
$= 12686.45[kg/h]$ ∴ 약 12,691[kg/h]
G_a : 실제증발량, h_2 : 증기 엔탈피, h_1 : 급수 엔탈피

• 수험번호:
• 수험자명:

• 제한 시간:
• 남은 시간:

글자 크기  100%  150% 200%

화면 배치 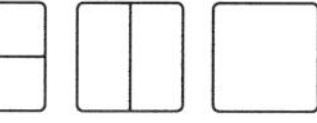

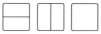

• 전체 문제 수:
• 안 푼 문제 수:

답안 표기란

05 ① ② ③ ④
06 ① ② ③ ④
07 ① ② ③ ④
08 ① ② ③ ④

05 다음은 단일 덕트 방식에 대한 것이다. 틀린 것은?

① 단일 덕트 정풍량 방식은 개별제어에 적합하다.
② 중앙기계실에 설치한 공기조화기에서 조화한 공기를 주 덕트를 통해 각 실내로 분배한다.
③ 단일 덕트 정풍량 방식에서는 재열을 필요로 할 때도 있다.
④ 단일 덕트 방식에서는 큰 덕트 스페이스를 필요로 한다.

해 단일 덕트 방식: 중앙식 공조기에 사용한다.
개별식: 룸 쿨러, 패키지 유닛 방식, 멀티 유닛

06 다음 난방에 이용되는 주형 방열기의 종류가 아닌 것은?

① 2주형 ② 2세주형
③ 3주형 ④ 3세주형

해 주형 방열기 종류
2주형, 3주형, 3세주형, 5세주형

07 가습기의 종류에서 증기취출식에 대한 특징이 아닌 것은?

① 공기를 오염시키지 않는다.
② 응답성이 나빠 정밀한 습도제어가 불가능하다.
③ 공기온도를 저하시키지 않는다.
④ 가습량제어를 용이하게 할 수 있다.

해 증기 취출식 가습기는 응답성이 좋아 습도제어가 용이하다.

08 지하철에 적용할 기계 환기 방식의 기능으로 틀린 것은?

① 피스톤효과로 유발된 열차풍으로 환기효과를 높인다.
② 터널 내의 고온의 공기를 외부로 배출한다.
③ 터널 내의 잔류 열을 배출하고 신선외기를 도입하여 토양의 발열효과를 상승시킨다.
④ 화재 시 배연기능을 달성한다.

해 터널 내의 잔류 열을 배출하고 신선외기를 도입하여 토양의 발열효과를 감소시킨다.

정답 | 05 ① 06 ② 07 ② 08 ③

• 수험번호:
• 수험자명:

• 제한 시간:
• 남은 시간:

글자 크기  100%  150% 200% 화면 배치 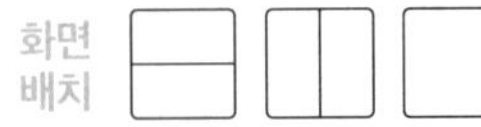

• 전체 문제 수:
• 안 푼 문제 수:

답안 표기란

09 ① ② ③ ④
10 ① ② ③ ④
11 ① ② ③ ④
12 ① ② ③ ④
13 ① ② ③ ④

09 직접난방 부하 계산에서 고려하지 않는 부하는 어느 것인가?

① 외기도입에 의한 열손실
② 벽체를 통한 열손실
③ 유리창을 통한 열손실
④ 틈새바람에 의한 열손실

해 외기도입 : 냉방부하

10 밀봉된 용기와 위크(wick) 구조체 및 증기공간에 의하여 구성되며, 길이 방향으로는 증발부, 응축부, 단열부로 구분되는데 한쪽을 가열하면 작동유체는 증발하면서 잠열을 흡수하고 증발된 증기는 저온으로 이동하여 응축되면서 열교환하는 기기의 명칭은?

① 전열 교환기
② 플레이트형 열교환기
③ 히트 파이프
④ 히트 펌프

해 히트파이프 : 길이 방향으로 증발부, 응축부, 단열부로 구분되고 증발잠열을 흡수하여 열교환 한다.

11 중앙 집중식 공조방식과 비교하여 덕트병용 패키지 공조방식의 특징이 아닌 것은?

① 기계실 공간이 적다.
② 고장이 적고, 수명이 길다.
③ 설비비가 저렴하다.
④ 운전의 전문기술자가 필요 없다.

해 패키지 방식은 소형으로 설치공간이 적고 설비비가 저렴하며 전문 기술자가 필요 없지만 각층에 공조기가 분산되어 있어 고장이 많고 수명이 짧다.

12 송풍기의 특성에 풍량이 증가하면 정압(靜壓)은 어떻게 되는가?

① 증가한다.
② 감소한다.
③ 변함없이 일정하다.
④ 감소하다가 일정하다.

해 풍량의 증가 : 정압 감소, 동압 증가

13 덕트설계방법 중 공기분배계통의 에어밸런싱(Air balancing)을 유지하는데 가장 적합한 방법은?

① 등속법 ② 정압법
③ 개량 정압법 ④ 정압재취득법

해 정압재취득법 : 고속덕트에 적합하고 공기분배 계통의 에어 밸런싱을 유지하는데 가장 좋다.

| 정답 | 09 ① 10 ③ 11 ② 12 ② 13 ④

• 수험번호:
• 수험자명:

• 제한 시간:
• 남은 시간:

글자 크기   100% 150%  200% 화면 배치 

• 전체 문제 수:
• 안 푼 문제 수:

답안 표기란

14 ① ② ③ ④
15 ① ② ③ ④
16 ① ② ③ ④
17 ① ② ③ ④

14 겨울철 중간기에 건물내에 난방을 필요로 하는 부분이 생길 때 발열을 효과적으로 회수해서 난방용으로 이용하는 방법을 열회수방식이라고 한다. 다음 중 열회수의 방법이 아닌 것은?

① 고온공기를 직접 난방부분으로 송풍하는 방식
② 런 어라운드(run around)방식
③ 열펌프 방식
④ 축열조 방식

해 축열조 방식: 심야전기나 태양열을 이용하여 열을 축열하는 방식

15 다음 중 공기조화기 부하를 바르게 나타낸 것은?

① 실내부하+외기부하+덕트통과열부하+송풍기부하
② 실내부하+외기부하+덕트통과열부하+배관통과열부하
③ 실내부하+외기부하+송풍기부하+펌프부하
④ 실내부하+외기부하+재열부하+냉동기부하

해 공조기 부하: 실내부하, 외기부하, 덕트통과 열부하, 송풍기 부하
냉동기 부하: 실내 취득부하, 기기취득부하, 재열부하, 외기부하, 펌프 및 배관 부하

16 에어필터 입구의 분진농도가 $0.35mg/m^3$, 출구의 분진농도가 $0.14mg/m^3$일 때 에어필터의 여과효율은?

① 33% ② 40%
③ 60% ④ 66%

해 처리된 분진 $= 0.35 - 0.14 = 0.21$
여과효율 $= \frac{0.21}{0.35} \times 100 = 60[\%]$

17 흡수식 냉동기에서 흡수기의 설치 위치는 어디인가?

① 발생기와 팽창밸브 사이
② 응축기와 증발기 사이
③ 팽창밸브와 증발기 사이
④ 증발기와 발생기 사이

해 증발기→흡수기→발생기→응축기→증발기

정답 | 14 ④ 15 ① 16 ③ 17 ④

• 수험번호:
• 수험자명:

• 제한 시간:
• 남은 시간:

글자 크기   100%  150% 200% 화면 배치  

• 전체 문제 수:
• 안 푼 문제 수:

답안 표기란

18 ① ② ③ ④
19 ① ② ③ ④
20 ① ② ③ ④

18 습공기의 성질에 관한 설명 중 틀린 것은?

① 단열가습하면 절대습도와 습구온도가 높아진다.

② 건구온도가 높을수록 포화 수증기량이 많다.

③ 동일한 상대습도에서 건구온도가 증가할수록 절대습도 또한 증가한다.

④ 동일한 건구온도에서 절대습도가 증가할수록 상대습도 또한 증가한다.

해 단열가습 이므로 온도의 변화가 없다.

	단열가습	가습
습구온도	일정	감소
절대습도	증가	증가
건구온도	일정	감소

19 난방부하 계산 시 온도 측정 방법에 대한 설명 중 틀린 것은?

① 외기온도: 기상대의 통계에 의한 그 지방의 매일 최저온도의 평균값보다 다소 높은 온도

② 실내온도: 바닥 위 1m의 높이에서 외벽으로부터 1m 이내 지점의 온도

③ 지중온도: 지하실의 난방부하의 계산에서 지표면 10m 아래까지의 온도

④ 천장 높이에 다른 온도: 천장의 높이가 3m 이상이 되면 직접난방법에 의해서 난방 할 때 방의 윗부분과 밑면과의 평균온도

해 실내온도: 바닥 위 1.5m 높이에서 외벽으로부터 1m 이내 지점의 온도

20 시간당 5000m³의 공기가 지름 70cm의 원형 덕트 내를 흐를 때 풍속은 약 얼마인가?

① 1.4 m/s ② 2.6 m/s

③ 3.6 m/s ④ 7.1 m/s

해 Q = A · V

Q: 풍량[m³/s], A: 덕트 단면적[m²],
V: 풍속[m/s]

$$5000 = \frac{\pi}{4} 0.7^2 \times V$$

$$\frac{5000 \times 4}{3.14 \times 0.7^2} \rightarrow = 12,998.83[m/h]$$

$$\frac{12998.83}{3600} = 3.6[m/s]$$

| 📖 정답 | 18 ① 19 ② 20 ③

• 수험번호:
• 수험자명:

• 제한 시간:
• 남은 시간:

• 전체 문제 수:
• 안 푼 문제 수:

답안 표기란

21 ① ② ③ ④
22 ① ② ③ ④
23 ① ② ③ ④

2과목 | 냉동공학

21 압력 18kg/cm2, 온도 300℃인 증기를 마찰이 없는 이상적인 단열 유동으로 압력 2kg/cm2 까지 팽창시킬 때 증기의 최종속도는 약 얼마인가?
(단, 최초 속도는 매우 작으므로 무시한다. 또한 단열 열낙차는 105.3kcal/kg로 한다.)

① 912.1 m/sec
② 938.8 m/sec
③ 946.4 m/sec
④ 963.3 m/sec

해 증기속도(V) $= 91.5\sqrt{h_1 - h_2}$
($\sqrt{h_1 - h_2}$ = 열낙차)
$= 91.5 \times \sqrt{105.3} = 938.9$[m/sec]

22 작동물질로 H_2O-LiBr을 사용하는 흡수식 냉동사이클에 관한 설명 중 틀린 것은?

① 열교환기는 흡수기와 발생기 사이에 설치
② 발생기에서는 냉매 LiBr이 증발
③ 흡수기의 압력은 저압이며 발생기는 고압임
④ 응축기 내에서는 수증기가 응축됨

해 H_2O : LiBr를 사용하는 흡수식 냉동기에서는 H_2O가 냉매가 된다.

23 단면 확대 노즐 내를 건포화 증기가 단열적으로 흐르는 동안 엔탈피가 118kcal/kg 만큼 감소하였다. 이 때의 노즐 출구의 속도는 약 얼마인가?
(단, 입구의 속도는 무시한다.)

① 828 m/s ② 886 m/s
③ 924 m/s ④ 994 m/s

해 증기속도(V) $= 91.5\sqrt{h_1 - h_2}$
($\sqrt{h_1 - h_2}$ = 열낙차)
$= 91.5 \times \sqrt{118} = 994$[m/s]

정답 | 21 ② 22 ② 23 ④

24 다음 설명 중 옳은 것은?

① 암모니아 냉동장치에서는 토출가스 온도가 높기 때문에 윤활유의 변질이 일어나기 쉽다.

② 프레온 냉동장치에서 사이트글라스는 응축기 전에 설치한다.

③ 액순환식 냉동장치에서 액펌프는 저압수액기 액면보다 높게 설치해야 한다.

④ 액관 중에 플레쉬가스가 발생하면 냉매의 증발 온도가 낮아지고 압축기 흡입 증기 과열도는 작아진다.

해 ② 프레온 냉동장치에서 사이트글라스는 수액기와 팽창밸브 사이에 설치한다(수액기 가까운 곳).
③ 액순환식 냉동장치에서 액펌프는 저압수액기 액면보다 낮게 설치해야 한다.
④ 액관 중에 플레쉬가스가 발생하면 냉매의 증발 온도가 높아지고 압축기 흡입 증기 과열도는 커진다.

25 지열을 이용하는 열펌프의 종류에 해당되지 않은 것은?

① 지하수 이용 열펌프

② 폐수 이용 열펌프

③ 지표수 이용 열펌프

④ 지중열 이용 열펌프

해 폐수는 지열과 관련성이 없다.

26 다음 응축기에 대한 설명 중 옳은 것은?

① 증발식 응축기는 주로 물의 증발에 의하여 냉각되는 것이다.

② 횡형응축기의 관내 유속은 5m/sec가 표준이다.

③ 공냉식 응축기는 공기의 잠열로 냉각된다.

④ 입형암모니아 응축기는 운전 중에 냉각관의 소제를 할 수 없으므로 불편하다.

해 ② 횡형응축기의 관내 유속은 1~2m/sec가 표준이다.
③ 공냉식 응축기는 공기의 현열로 냉각된다.
④ 입형암모니아 응축기는 운전 중에 냉각관의 소제(청소)가 가능하다.

답안 표기란

24	①	②	③	④
25	①	②	③	④
26	①	②	③	④

정답 | 24 ① 25 ② 26 ①

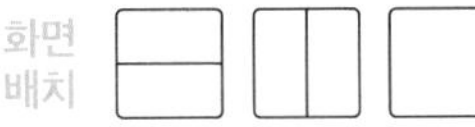

글자 크기 100% 150% 200% 화면 배치

• 전체 문제 수:
• 안 푼 문제 수:

답안 표기란

27 ① ② ③ ④
28 ① ② ③ ④
29 ① ② ③ ④
30 ① ② ③ ④

27 몰리에르선도 상에서 압력이 증대함에 따라 포화액선과 건포화증기선이 만나는 일치점을 무엇이라 하는가?

① 한계점 ② 임계점
③ 상사점 ④ 비등점

해 몰리에르선도에서의 임계점: 포화액선과 건포화증기선이 만나는 점.

28 다음 냉매 중 구리 도금 현상이 일어나지 않는 것은?

① CO_2 ② CCl_3F
③ R-12 ④ R-22

해 CO_2 냉매: 무취, 무독, 부식성이 없는 냉매
CCl_3F, R12(CF_2Cl_2), R22(CHF_2Cl)은 수소(H)원자나 염소(Cl)가 존재하므로 수분과 만나면 산이 발생되어 동 부착(구리도금) 현상이 일어난다.

29 다음 엔트로피에 관한 설명 중 틀린 것은?

① 엔트로피는 자연현상의 비가역성을 나타내는 척도가 된다.
② 엔트로피를 구할 때 적분경로는 반드시 가역변화이어야 한다.
③ 열기관이 가역사이클이면 엔트로피는 일정하다.
④ 열기관이 비가역사이클이면 엔트로피는 감소한다.

해 열 기관이 비가역사이클일 경우 엔트로피는 항상 증가한다.

30 감열(Sensible heat)에 대해 설명한 것으로 옳은 것은?

① 물질이 상태 변화 없이 온도가 변화할 때 필요한 열
② 물질이 상태, 압력, 온도 모두 변화할 때 필요한 열
③ 물질이 압력은 변화하고 상태가 변하지 않을 때 필요한 열
④ 물질이 온도만 변하고 압력이 변화하지 않을 때 필요한 열

해 감열(현열): 물질의 상태는 변화없이 온도 변화에만 사용되는 열.

정답 | 27 ② 28 ① 29 ④ 30 ①

31 압축기 및 응축기에서 과도한 온도상승을 방지하기 위한 대책으로 부적당한 것은?

① 압력 차단 스위치를 설치한다.
② 온도 조절기를 사용한다.
③ 규정된 냉매량보다 적은 냉매를 충진한다.
④ 많은 냉각수를 보낸다.

해 냉매량은 냉동기 용량에 맞게 넣어야 하며 냉매량이 적으면 압축기의 토출 온도가 상승한다.

32 증발기에 서리가 생기면 나타나는 현상은?

① 압축비 감소
② 소요동력 감소
③ 증발압력 감소
④ 냉장고 내부온도 감소

해 증발기에 서리(적상)가 생기면 냉매가 증발하지 못해 증발 압력은 감소한다. 증발 압력이 떨어지므로 압축비는 상승하고 압축기에는 액냉매가 흡입되어 소요동력은 증가하며 공기 순환이 안되므로 냉장고 내부 온도도 상승하게 된다.

33 일반적으로 초저온냉동장치(Super chilling unit)로 적당하지 않은 냉동장치는 어느 것인가?

① 다단압축식(Multi-Stage)
② 다원압축식(Multi-Stage Cascade)
③ 2원압축식(Cascade System)
④ 단단압축식(Single-Stage)

해 단단압축식은 토출온도 상승으로 인해 초저온 냉동장치로는 사용이 부적당하다.

34 다음 냉매중 독성이 큰 것부터 나열된 것은?

㉠ 아황산(SO_2)
㉡ 탄산가스(CO_2)
㉢ R-12(CCl_2F_2)
㉣ 암모니아(NH_3)

① ㉣-㉡-㉠-㉢
② ㉣-㉠-㉡-㉢
③ ㉠-㉣-㉡-㉢
④ ㉠-㉡-㉣-㉢

정답 | 31 ③ 32 ③ 33 ④ 34 ③

35 프레온냉동기의 냉동능력이 18900kcal/h이고, 성적계수가 4, 압축일량이 45kcal/kg일 때 냉매 순환량은 얼마인가?

① 96kg/h ② 105kg/h
③ 108kg/h ④ 116kg/h

해 냉동효과(q_e) = 성적계수(ε)·압축일량(AW) = 4 × 45 = 180[kcal/kg]

냉매순환량(G) = $\frac{냉동능력(Q)}{냉동효과(q_e)}$

$= \frac{18900}{180} = 105$[kg/h]

36 냉동장치의 증발기 냉각능력이 4500kcal/h, 증발관의 열통과율이 700kcal/m²h℃, 유체의 입 · 출구 평균온도와 냉매의 증발온도와의 차가 6℃인 증발기의 전열 면적은 약 얼마인가?

① 1.07m² ② 3.07m²
③ 5.18m² ④ 7.18m²

해 냉각능력(Q) = K·F·Δt
→ 4500 = 700 × F × 6

전열면적(F) = $\frac{4500}{700 \times 6}$ = 1.07[m²]

37 1냉동톤을 바르게 설명한 것은?

① 1시간에 0℃의 물 1톤을 냉동하여 0℃의 얼음으로 만들 때의 열량
② 1일에 4℃의 물 1톤을 냉동하여 0℃의 얼음으로 만들 때의 열량
③ 1시간에 4℃의 물 1톤을 냉동하여 0℃의 얼음으로 만들 때의 열량
④ 1일에 0℃의 물 1톤을 냉동하여 0℃의 얼음으로 만들 때의 열량

해 1RT(냉동톤) : 0℃의 물 1ton을 24시간 동안 0℃ 얼음으로 만드는데 제거해야 할 열량

38 냉매에 관한 설명 중 틀린 것은?

① 초저온 냉매로는 프레온 13과 프레온 14가 적합하다.
② 암모니아액은 R-12보다 무겁다.
③ R-12의 분자식은 CCl_2F_2이다.
④ 흡수식 냉동기의 냉매로는 물이 적합하다.

해 암모니아액은 R-12 냉매보다 가볍다.

• 수험번호:
• 수험자명:
• 제한 시간:
• 남은 시간:

글자 크기  100%  150%  200% 화면 배치 

• 전체 문제 수:
• 안 푼 문제 수:

답안 표기란

39 ① ② ③ ④

40 ① ② ③ ④

39 감온 팽창밸브에 대한 설명 중 옳은 것은?

① 팽창밸브의 감온부는 냉각되는 물체의 온도를 감지한다.

② 강관에 감온통을 사용할 때는 부식 및 열전도율의 불량을 막기 위해 알루미늄 칠을 한다.

③ 암모니아 냉동장치 수분이 있으면 냉매에서 수분이 분리되어 팽창밸브를 폐쇄시킨다.

④ R-12를 사용하는 냉동장치에 R-22용의 팽창밸브를 사용 할 수 있다.

해 ① 팽창밸브의 감온부는 증발기 출구의 온도를 감지한다.(또는 증발되는 증기의 온도)
③ 프레온 냉동장치 수분이 있으면 냉매에서 수분이 분리되어 팽창밸브를 폐쇄시킨다.
④ R-12를 사용하는 냉동장치에 R-22용의 팽창밸브를 사용 할 수 없다.

40 압축기의 흡입 밸브 및 송출 밸브에서 가스누출이 있을 경우 일어나는 현상은?

① 압축일의 감소

② 체적 효율이 감소

③ 가스의 압력이 상승

④ 가스의 온도가 하강

정답 | 39 ② 40 ②

• 수험번호:
• 수험자명:
• 제한 시간:
• 남은 시간:

글자 크기  100%  150%  200% 화면 배치  

• 전체 문제 수:
• 안 푼 문제 수:

답안 표기란

41 ① ② ③ ④
42 ① ② ③ ④
43 ① ② ③ ④
44 ① ② ③ ④

3과목 I 배관일반

41 내식성 및 내마모성이 우수하여 지하매설용 수도관으로 적당한 것은?

① 주철관 ② 알루미늄관
③ 황동관 ④ 강관

42 강관의 이음방법이 아닌 것은?

① 나사이음 ② 용접이음
③ 플랜지이음 ④ 코터이음

43 개방형 팽창탱크에 설치되는 부속 기기가 아닌 것은?

① 안전밸브 ② 배기관
③ 팽창관 ④ 안전관

해 밀폐식 팽창탱크 부속기기
안전밸브, 수위계, 압력계

44 350℃ 이하의 온도에서 사용되는 관으로 압력 10 ~ 100 kgf/cm² 범위에 있는 보일러 증기관, 수압관, 유압관 등의 압력 배관에 사용되는 관은?

① 배관용 탄소 강관
② 압력배관용 탄소 강관
③ 고압배관용 탄소 강관
④ 고온배관용 탄소 강관

해 ① 배관용 탄소 강관: 10kgf/cm² 이하 압력에 사용
③ 고압배관용 탄소 강관: 100kgf/cm² 이상 압력에 사용
④ 고온배관용 탄소 강관: 350℃ 이상 온도에 사용

정답 | 41 ① 42 ④ 43 ① 44 ②

• 수험번호 :
• 수험자명 :

• 제한 시간 :
• 남은 시간 :

글자 크기  100%  150%  200% 화면 배치 

• 전체 문제 수 :
• 안 푼 문제 수 :

답안 표기란

45 ① ② ③ ④
46 ① ② ③ ④
47 ① ② ③ ④
48 ① ② ③ ④

45 급탕배관 시공 시 현장사정상 그림과 같이 배관을 시공하게 되었다. 이때 그림의 Ⓐ 부에 부착해야 할 밸브는?

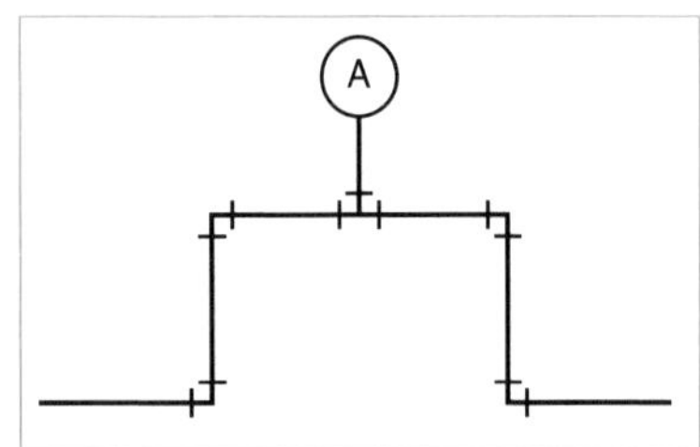

① 앵글 밸브
② 안전 밸브
③ 공기빼기 밸브
④ 체크 밸브

해 급탕배관에서 공기는 배관 상부로 흐르므로 Ⓐ부에는 공기빼기 밸브를 설치한다.

46 급수 본관 내에서 적절한 유속은 몇 m/s 이내인가?

① 0.5 ② 2
③ 4 ④ 6

47 2단압축기의 중간냉각기 종류에 속하지 않는 것은?

① 액냉각형 중간 냉각기
② 흡수형 중간 냉각기
③ 플래시형 중간 냉각기
④ 직접 팽창형 중간 냉각기

해 2단 압축기의 중간냉각기
액냉각형 : 2단 압축 1단 팽창 냉동기에 사용
플래시형 : 2단 압축 2단 팽창 냉동기에 사용
직접 팽창형 : 2단 압축 1단 팽창 프레온 냉동기에 사용

48 각종 배수관에 사용되는 재료로 적합하지 않은 것은?

① 오수 옥내배관 : 경질염화비닐관
② 잡배수 옥외배관 : 경질염화비닐관
③ 우수배수 옥외배관 : 원심력 철근 콘크리트관
④ 통기 옥내배관 : 원심력 철근 콘크리트관

해 통기관 재료
경질염화비닐관(PVC), 아연도금백관 등

| 정답 | 45 ③ 46 ② 47 ② 48 ④

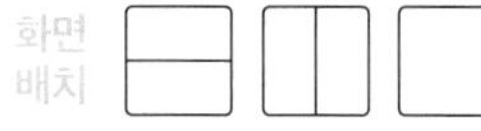

• 수험번호:
• 수험자명:
• 제한 시간:
• 남은 시간:

글자 크기 100% 150% 200% 화면 배치

• 전체 문제 수:
• 안 푼 문제 수:

답안 표기란

49 ① ② ③ ④
50 ① ② ③ ④
51 ① ② ③ ④
52 ① ② ③ ④
53 ① ② ③ ④

49 급수설비에서 물이 오염되기 쉬운 배관은?

① 상향식 배관
② 하향식 배관
③ 크로스커넥션(cross connection) 배관
④ 조닝(zoning) 배관

해 배관이 서로 크로스 되는 부분에서 오염이 되기 쉽다.

50 폴리부틸렌관 이음(polybutylene pipe joint)에 대한 설명으로 틀린 것은?

① 강한 충격, 강도 등에 대한 저항성이 크다.
② 온돌난방, 급수위생, 농업원예배관 등에 사용된다.
③ 가볍고 화학작용에 대한 우수한 내식성을 가지고 있다.
④ 에이콘 파이프의 사용가능 온도는 10℃~70℃로 내한성과 내열성이 약하다.

해 폴리부틸렌관의 사용 가능 온도는 -20~100℃ 이므로 내한성 및 내열성이 우수하다.

51 가스관으로 많이 사용하는 일반적인 관의 종류는?

① 주철관 ② 주석관
③ 연관 ④ 강관

52 압력 탱크식 급수법에 대한 특징으로 틀린 것은?

① 압력탱크의 제작비가 비싸다.
② 고양정의 펌프를 필요로 하므로 설비비가 많이 든다.
③ 대규모의 경우에도 공기압축기를 설치할 필요가 없다.
④ 취급이 비교적 어려우며 고장이 많다.

해 압력 탱크식 급수법
- 압력탱크를 지상에 설치한다.
- 대규모의 경우 공기압축기를 설치한다.
- 정전시 급수가 어렵다.

53 트랩 중에서 응축수를 밀어 올릴 수 있어 환수관을 트랩보다도 위쪽에 배관할 수 있는 것은?

① 버킷 트랩
② 열동식 트랩
③ 충동증기 트랩
④ 플로트 트랩

정답 | 49 ③ 50 ④ 51 ④ 52 ③ 53 ①

• 수험번호:
• 수험자명:
• 제한 시간:
• 남은 시간:

글자 크기  100%  150%  200% 화면 배치   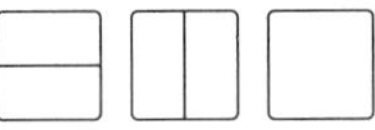

• 전체 문제 수:
• 안 푼 문제 수:

답안 표기란

54 ① ② ③ ④
55 ① ② ③ ④
56 ① ② ③ ④
57 ① ② ③ ④

54 급탕 사용량이 4000L/h인 급탕설비 배관에서 급탕주관의 관경으로 적합한 것은?

(단, 유속은 0.9m/s이고 순환급탕량은 약 2.5배이다.)

① 40A　　② 50A

③ 65A　　④ 80A

해 관경(d) = $\sqrt{\frac{4Q}{\pi V}}$

유속(V) = 0.9[m/s] × 3600
= 3,240[m/h]

순환급탕량(Q) = 4000 × 2.5
= 10,000[L] = 10[㎥/h]

관경(d) = $\sqrt{\frac{4 \times 10}{3.14 \times 3240}}$

= 0.062[m] = 62[mm] 이므로

62mm보다 큰 65A 규격을 사용한다.

55 스테인리스관의 특성이 아닌 것은?

① 내식성이 좋다.

② 저온 충격성이 크다.

③ 용접식, 몰코식 등 특수시공법으로 시공이 간단하다.

④ 강관에 비해 기계적 성질이 나쁘다.

해 스테인리스관: 기계적 성질이 우수하다.

56 관경이 다른 강관을 직선으로 연결할 때 사용되는 배관 부속품은?

① 티이　　② 리듀셔

③ 소켓　　④ 니플

해 리듀서: 관경이 다른 배관을 연결시 사용

티이: 배관을 T형태로 분기할 때 사용

소켓: 관경이 같은 배관을 연결할 때 사용

니플: 양단에 수나사가 절삭 되어 있어 필요에 따라 암나사 배관 체결시 사용

57 관경 50A 동관(L-type)의 관 지지간격에서 수평주관인 경우 행거 지름(mm)과 지지간격(m)으로 적당한 것은?

	지름	간격
①	9mm	1.0m 이내
②	9mm	1.5m 이내
③	9mm	2.0m 이내
④	13mm	2.5m 이내

정답 | 54 ③　55 ④　56 ②　57 ③

• 수험번호:
• 수험자명:

• 제한 시간:
• 남은 시간:

글자 크기 100% 150% 200% 화면 배치

• 전체 문제 수:
• 안 푼 문제 수:

답안 표기란

58 ① ② ③ ④
59 ① ② ③ ④
60 ① ② ③ ④
61 ① ② ③ ④
62 ① ② ③ ④

58 압축기의 진동이 배관에 전해지는 것을 방지하기 위해 압축기 근처에 설치하는 것은?

① 팽창밸브
② 리듀싱
③ 플렉시블 조인트
④ 엘보

해 플렉시블 조인트: 압축기나 펌프에 의해 생기는 진동을 흡수해 배관을 보호하는 이음

59 보온재의 구비 조건 중 틀린 것은?

① 연전도율이 클 것
② 불연성일 것
③ 내식성 및 내열성이 있을 것
④ 비중이 적고 흡습성이 적을 것

해 보온재는 열전도율이 작아야 보온의 효과가 크다.

60 하수관 또는 오수탱크로부터 유해가스가 옥내로 침입하는 것을 방지하는 장치는?

① 통기관 ② 볼탭
③ 체크밸브 ④ 트랩

4과목 | 전기제어공학

61 ~~정현파전압 $v = 50\sin\left(628t - \frac{\pi}{6}\right)$ 인 파형의 주파수는 얼마인가?~~

(22년 출제 범위 제외)

① 30 ② 50
③ 60 ④ 100

해 정현파 전압(v) = $V_m\sin(\omega t + \theta)$
$= V_m\sin(2\pi f t + \theta)$
$\omega = 2\pi f = 628$
$f = \frac{628}{2 \times 3.14} = 100[Hz]$

62 ~~옴의 법칙에서 전류의 세기는 어느 것에 비례하는가?~~

(22년 출제 범위 제외)

① 저항
② 동선의 길이
③ 동선의 고유저항
④ 전압

해 $I = \frac{V}{R} = 1[\Omega]$: 1[V]의 전압을 가했을 때 1[A]의 전류가 흐르는 저항

| 정답 | 58 ③ 59 ① 60 ④ 61 ④ 62 ④

• 수험번호 :
• 수험자명 :

• 제한 시간 :
• 남은 시간 :

글자 크기   
화면 배치  

• 전체 문제 수 :
• 안 푼 문제 수 :

답안 표기란

63 ① ② ③ ④
64 ① ② ③ ④
65 ① ② ③ ④
66 ① ② ③ ④

63 그림의 계전기 접점회로를 논리회로로 변화시킬 때 점선안(C, D, E)에 사용되지 않는 소자는?

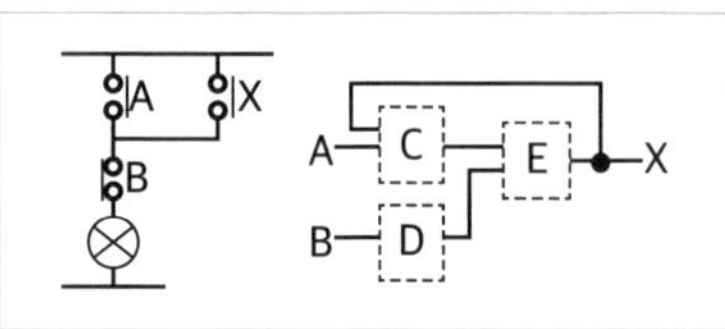

① AND ② OR
③ NOT ④ NOR

해 A와 X는 병렬이므로 OR 회로
B는 B 접점이므로 NOT 회로
(A, X)와 B는 직렬이므로 AND 회로

64 ~~정자계와 정전계의 대응 관계를 표시하였다. 잘못 연관된 것은?~~

(22년 출제 범위 제외)

① 자속 - 전속
② 자계 - 전계
③ 자기전력선-전기력선
④ 투자율-도전율

해 투자율 : 자기장B와 유도자기장H 사이의 비율
도전율 : 도체에 흐르는 전류의 크기를 나타내는 상수(전기저항률의 역수)

65 다음 그림은 무엇을 나타낸 논리연산 회로인가?

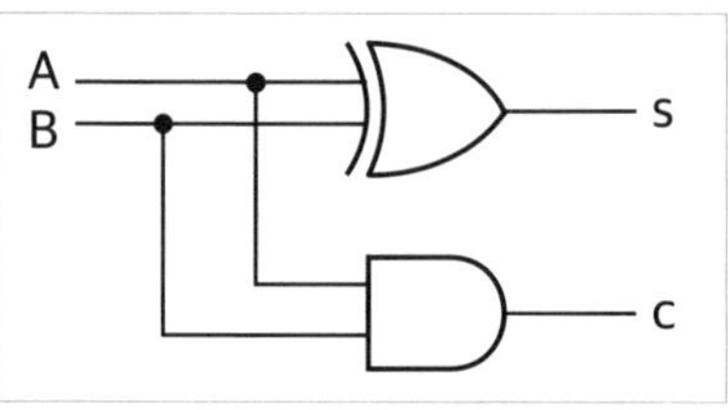

① HALF - ADDER회로
② FULL - ADDER회로
③ NAND회로
④ EXCLUSIVE OR회로

해 HALF - ADDER(반가산기)회로 : 2개의 2진 입력과 2개의 2진 출력
FULL - ADDER(전가산기)회로 : 3개의 2진 입력과 2개의 2진 출력(2개의 반가산기 회로 + OR 회로로 구성)

66 변압기는 어떤 작용을 이용한 전기기기인가?

① 정전유도작용
② 전자유도작용
③ 전류의 발열작용
④ 전류의 화학작용

정답 | 63 ④ 64 ④ 65 ① 66 ②

• 수험번호:
• 수험자명:

• 제한 시간:
• 남은 시간:

글자 크기    화면 배치  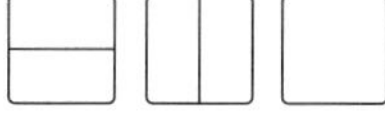

• 전체 문제 수:
• 안 푼 문제 수:

답안 표기란

67 ① ② ③ ④
68 ① ② ③ ④
69 ① ② ③ ④
70 ① ② ③ ④
71 ① ② ③ ④

67 ~~그림과 같이 1차측에 직류 10V를 가했을 때 변압기 2차측에 걸리는 전압 V_2는 몇 V인가? (단, 변압기는 이상적이며, n_1=100회, n_2=500회 이다.)~~

(22년 출제 범위 제외)

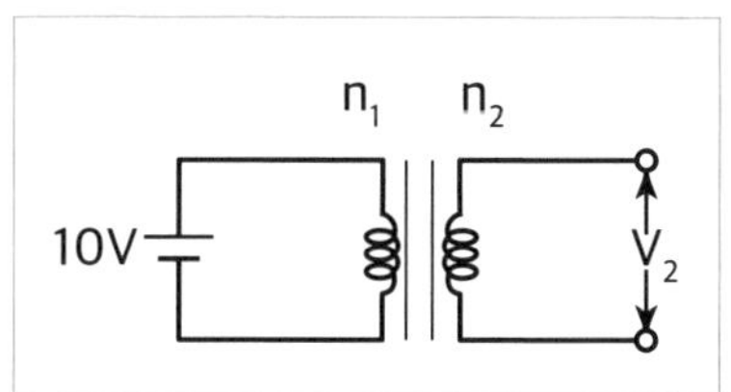

① 0 ② 2
③ 10 ④ 50

해 직류에서는 교번자속이 발생하지 않으므로 2차 전압은 0이 된다.
교류일 경우 2차전압(V_2) = $V_1 \times \frac{n_2}{n_1}$
$= 10 \times \frac{500}{100} = 50[V]$

68 ~~피드백제어에서 반드시 필요한 장치는?~~ (22년 출제 범위 제외)

① 안정도를 향상시키는 장치
② 응답속도를 개선시키는 장치
③ 구동장치
④ 입력과 출력을 비교하는 장치

해 피드백제어 : 제어계의 출력값을 목표값과 비교하여 일치하지 않으면 입력으로 피드백 시켜 오차를 수정하도록 하는 폐회로 제어

69 다음의 논리식 중 다른 값을 나타내는 논리식은?

① $\overline{X}Y + XY$
② $(Y + X + \overline{X})Y$
③ $X(\overline{Y} + X + Y))$
④ $XY + Y$

해 $\overline{X}Y + XY$
$= (Y + X + \overline{X})Y = XY + Y$

70 회전자의 슬립 S로 회전하고 있을 때 고정자 및 회전자의 실효 권수비를 α라 하면, 고정자 기전력 E1과 회전자 기전력 E2와의 비는 어떻게 표현되는가?

① α/S ② Sα
③ (1-S)α ④ α/1-S

71 스트레인 게이지(Strain Gauge)의 센서는 무엇의 변화량을 측정하는 것인가?

① 마이크로파 ② 정전용량
③ 인덕턴스 ④ 저항

해 스트레인 게이지 : 물체가 외력으로 변형될 때 물체 저항의 변화량을 측정

정답 | 67 ① 68 ④ 69 ③ 70 ① 71 ④

• 수험번호:
• 수험자명:
• 제한 시간:
• 남은 시간:

글자 크기 100% 150% 200% 화면 배치

• 전체 문제 수:
• 안 푼 문제 수:

답안 표기란

72	①	②	③	④
73	①	②	③	④
74	①	②	③	④
75	①	②	③	④
76	①	②	③	④

72 다음 중 제어계에 가장 많이 이용되는 전자요소는?

① 증폭기
② 변조기
③ 주파수 변환기
④ 가산기

73 ~~역률 80%인 부하에 전압과 전류의 실효값이 각각 100V, 5A라고 할 때 무효전력(Var)은?~~

(22년 출제 범위 제외)

① 100　② 200
③ 300　④ 400

해 무효전력(P_r) = VIsinθ, sinθ
$= \sqrt{1-\cos\theta^2}$
$= 100 \times 5 \times \sqrt{1-0.8^2} = 300$[Var]

74 ~~그림과 같은 블록선도의 전달함수는?~~ (22년 출제 범위 제외)

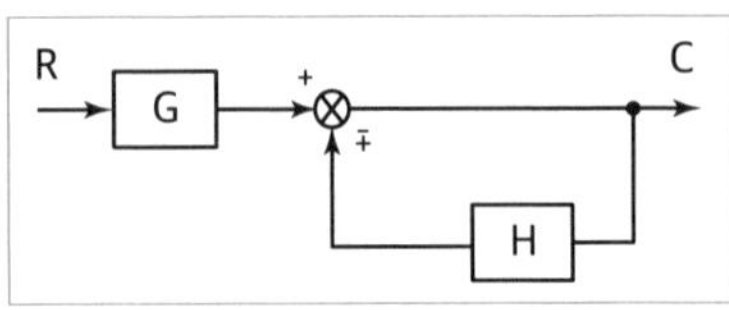

① $\frac{1}{1 \pm GH}$　② $\frac{G}{1 \pm GH}$
③ $\frac{G}{1 \pm H}$　④ $\frac{1}{1 \pm H}$

해 $\frac{C}{R} = \frac{G}{1 \pm H}$

75 PLC(Programmable Logic Controller)를 설치할 때 옳지 <u>않은</u> 방법은?

① 설치장소의 환경을 충분히 파악하여 온도, 습도, 진동, 충격 등에 주의하여야 한다.
② 배선공사시 동력선과 신호케이블은 평행시키지 않도록 한다.
③ 접지공사는 제1종 접지공사로 하고 다른 기기와 공용접지가 바람직하다.
④ 잡음(Noise)대책의 일환으로 제어판의 배선은 실드케이블을 사용한다.

해 PLC의 접지는 개별접지로 한다.

76 발전기의 유기기전력의 방향과 관계가 있는 법칙은?

① 플레밍의 왼손법칙
② 플레밍의 오른손 법칙
③ 패러데이의 법칙
④ 암페어의 법칙

해 플레밍의 왼손 법칙: 전동기
플레밍의 오른손 법칙: 발전기

| 📖 정답 | 72 ① 73 ③ 74 ③ 75 ③ 76 ②

77 그림에서 Vs는 몇 V 인가?

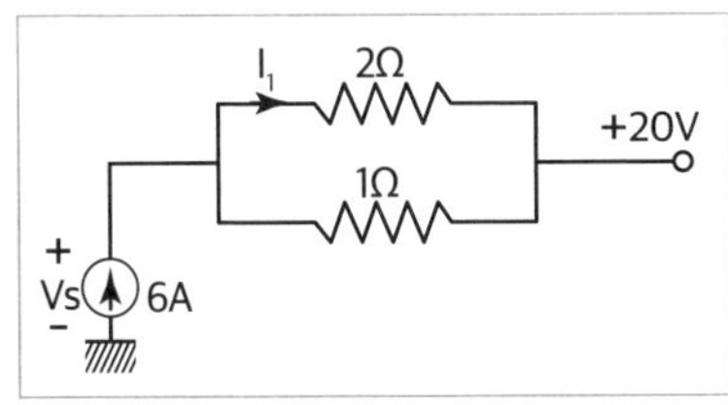

① 8 ② 16
③ 24 ④ 32

해 전압(V) = I·R

합성저항(R) = $\frac{2 \times 1}{2+1}$ = 0.67[Ω]

전압강하(V_R) = 6 × 0.67 = 4[V]

전압(V_s) = 20 + 4 = 24[V]

78 ~~3상 4선식 불평형부하의 경우, 단상전력계로 전력을 측정하고자 할 때 몇 대의 단상전력계가 필요한가?~~ (22년 출제 범위 제외)

① 2 ② 3
③ 4 ④ 5

해 3상 : R상, S상, T상

4선 : R선, S선, T선, N선(중성선)

단상 전력계 수 : (R, N), (S, N), (T, N)

총 3개

79 시퀀스 제어를 명령 처리기능에 따라 분류할 때 속하지 않는 것은?

① 순서제어 ② 시한제어
③ 병렬제어 ④ 조건제어

80 AC 서보전동기의 전달함수는 어떻게 취급하면 되는가?

① 미분요소와 1차 요소의 직렬결합으로 취급한다.
② 적분요소와 2차 요소의 직렬결합으로 취급한다.
③ 미분요소와 2차 요소의 피드백접속으로 취급한다.
④ 적분요소와 1차 요소의 피드백접속으로 취급한다.

| 정답 | 77 ③ 78 ② 79 ③ 80 ②

PART 6

:기출문제 3회(2014.08.17)

• 수험번호:
• 수험자명:

• 제한 시간:
• 남은 시간:

글자 크기  100%  150%  200% 화면 배치 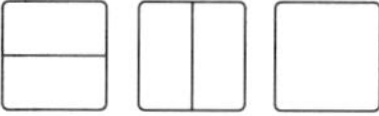

• 전체 문제 수:
• 안 푼 문제 수:

답안 표기란

01 ① ② ③ ④
02 ① ② ③ ④
03 ① ② ③ ④

1과목 I 공기조화

01 다음은 난방부하에 대한 설명이다. (   )에 적당한 용어로서 옳은 것은?

> 겨울철에는 실내를 일정한 온도 및 습도를 유지하여야 한다. 이 때 실내에서 손실된 (㉮)이나 (㉯)를(을) 보충하여야 하며, 이 때의 난방부하는 냉방부하 계산보다 (㉰)하게 된다.

	㉮	㉯	㉰
①	수분	공기	간단
②	열량	공기	복잡
③	수분	열량	복잡
④	열량	수분	간단

해 겨울철에는 실내를 일정한 온도(열량) 및 습도(수분)를 유지해야 하며 난방부하는 냉방부하보다 간단하다.

02 냉방부하의 경감방법으로 틀린 것은?

① 건물의 단열강화로 열전도에 의한 열의 침입을 방지 한다.
② 건물의 외피면적에 대한 창면적비를 적게 하여 일사 등, 창을 통한 열의 침입을 최소화 한다.
③ 실내조명은 되도록 밝게 하여 시원한 감을 느끼게 한다.
④ 건물은 되도록 기밀을 유지하고 사람 출입이 많은 주 출입구는 회전문을 채용한다.

해 실내조명에서는 현열이 발생되므로 냉방부하의 경감 방법이 아니다.

03 에어 핸들링 유니트(Air Handling Unit)의 구성요소가 아닌 것은?

① 공기 여과기 ② 송풍기
③ 공기 세정기 ④ 압축기

해 에어 핸들링 유니트
공기 여과기, 송풍기, 공기 세정기, 공기 냉각기, 가습기, 가열기 등의 공기조화기

정답 | 01 ④ 02 ③ 03 ④

04 건공기 중에 포함되어 있는 수증기의 중량으로 습도를 표시한 것은?

① 비교습도 ② 포화도
③ 상대습도 ④ 절대습도

05 공기여과기의 성능을 표시하는 용어 중 가장 거리가 먼 것은?

① 제거효율 ② 압력손실
③ 집진용량 ④ 소재의 종류

06 온도 t℃의 다량의 물(또는 얼음)과 어떤 상태의 습윤공기가 단열된 용기 속에 있다. 습윤공기 속에 물이 증발하면서 소요되는 열량과 공기로부터 물에 부여되는 열량이 같아지면서 열적 평형을 이루게 되는 이때의 온도를 무엇이라 하는가?

① 열역학적 온도
② 단열포화온도
③ 건구온도
④ 유효온도

07 패널복사난방에 관한 설명 중 옳은 것은?

① 천정고가 낮고 외기 침입이 없을 때 난방효과를 얻을 수 있다.
② 실내온도 분포가 균등하고 쾌감도가 높다.
③ 증발잠열(기화열)을 이용하므로 열의 운반능력이 크다.
④ 대류난방에 비해 방열면적이 적다.

解 복사난방의 장점
㉠ 실내온도 분포가 균등하고 쾌감도가 높다.
㉡ 높은 천장에도 효과적이다.
㉢ 바닥이용도가 좋다.
㉣ 소음이 적다.
㉤ 낮은 실온에서도 균등한 쾌적감을 얻을 수 있다.

정답 | 04 ④ 05 ④ 06 ② 07 ②

08 **외기의 온도가 -10℃이고 실내온도가 20℃이며 벽 면적이 25m²일 때, 실내의 열손실량은?**
(단, 벽체의 열관류을 10W/m²·K, 방위계수는 북향으로 1.2 이다.)

① 7kW ② 8kW
③ 9kW ④ 10kW

해 Q=K·F·Δt·k
K : 열관류율[W/m²]
F : 면적[m²]
Δt : 실내외 온도차[℃]
k : 방위계수
=10×25×(20-(-10))×1.2
=9000[W]=9[KW]

09 **온수난방과 비교한 증기난방 방식의 장점으로 가장 거리가 먼 것은?**

① 방열면적이 작다.
② 설비비가 저렴하다.
③ 방열량 조절이 용이하다.
④ 예열시간이 짧다.

해 온수난방 : 방열량 조절이 용이

10 **화력발전설비에서 생산된 전력을 이용함과 동시에 전력을 생성하는 과정에서 발생되는 배기열을 냉난방 및 급탕 등에 이용하는 방식이며, 전력과 열을 함께 공급하는 에너지 절약형 발전 방식으로 에너지 종합효율이 높고 수요지 부근에 설치할 수 있는 열원 방식은?**

① 흡수식 냉온수 방식
② 지역 냉난방 방식
③ 열회수 방식
④ 열병합발전(co-generation) 방식

해 열병합발전
• 전력생산이 가능
• 냉난방 및 급탕에 이용
• 에너지 종합 효율이 높다.

답안 표기란

08	①	②	③	④
09	①	②	③	④
10	①	②	③	④

정답 08 ③ 09 ③ 10 ④

• 수험번호 :
• 수험자명 :

• 제한 시간 :
• 남은 시간 :

글자 크기  100%  150%  200%

화면 배치 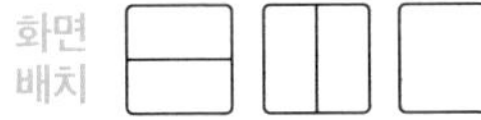

• 전체 문제 수 :
• 안 푼 문제 수 :

답안 표기란

11 ① ② ③ ④
12 ① ② ③ ④
13 ① ② ③ ④

11 다음 복사난방에 관한 설명 중 옳은 것은?

① 고온식 복사난방은 강판제 패널 표면의 온도를 100℃ 이상으로 유지하는 방법이다.
② 파이프 코일의 매설 깊이는 균등한 온도분포를 위해 코일외경의 3배 정도로 한다.
③ 온수의 공급 및 환수 온도차는 가열면의 균일한 온도분포를 위해 10℃ 이상으로 한다.
④ 방이 개방상태에서도 난방효과가 있으나 동일 방열량에 대해 손실량이 비교적 크다.

해 ② 파이프 코일의 매설 깊이는 균등한 온도분포를 위해 코일외경의 1.5배 정도로 한다.
③ 온수의 공급 및 환수 온도차는 가열면의 균일한 온도분포를 위해 10℃ 이하로 한다.
④ 방이 개방상태에서도 난방효과가 있으나 동일 방열량에 대해 손실량이 비교적 적다.
저온식 복사난방 : 강판제 패널 표면의 온도를 100℃ 이하로 유지하는 방법이다.

12 에너지손실이 가장 큰 공조방식은?

① 2종 덕트 방식
② 각층 유닛 방식
③ 팬코일 유닛 방식
④ 유인 유닛 방식

해 2종 덕트 방식 : 냉풍과 온풍이 혼합되므로 에너지 손실이 가장 크다.

13 26℃인 공기 200kg과 32℃인 공기 300kg을 혼합하면 최종온도는?

① 28.0℃ ② 28.4℃
③ 29.0℃ ④ 29.6℃

해 혼합평균온도(tm) = $\frac{G_1 T_1 + G_2 T_2}{G_1 + G_2}$

$= \frac{26 \times 200 + 32 \times 300}{200 + 300} = 29.6[℃]$

• 수험번호:
• 수험자명:
• 제한 시간:
• 남은 시간:

글자 크기  100%  150%  200% 화면 배치  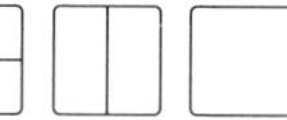

• 전체 문제 수:
• 안 푼 문제 수:

답안 표기란

14	①	②	③	④
15	①	②	③	④
16	①	②	③	④
17	①	②	③	④

14 지역난방에 관한 설명으로 틀린 것은?

① 열매체로 온수 사용 시 일반적으로 100℃ 이상의 고온수를 사용한다.
② 어떤 일정지역 내 한 장소에 보일러실을 설치하여 증기 또는 온수를 공급하여 난방하는 방식이다.
③ 열매체로 온수 사용 시 지형의 고저가 있어도 순환 펌프에 의하여 순환이 된다.
④ 열매체로 증기 사용 시 게이지 압력으로 15~30MPa의 증기를 사용한다.

해 열매체로 증기 사용 시 게이지 압력으로 0.1~1.5MPa의 증기를 사용한다.

15 냉방 시 공조기의 송풍량을 산출하는데 가장 밀접한 부하는?

① 재열부하
② 외기부하
③ 펌프 · 배관부하
④ 실내취득열량

16 송풍기에 대한 설명 중 틀린 것은?

① 원심팬 송풍기는 다익팬, 리밋로드팬, 후향팬, 익형팬으로 분류된다.
② 블로어 송풍기는 원심블로어, 사류블로어, 축류블로어로 분류된다.
③ 후향팬은 날개의 출구각도를 회전과 역 방향으로 향하게 한 것으로 다익팬보다 높은 압력상승과 효율을 필요로 하는 경우에 사용한다.
④ 축류 송풍기는 저압에서 작은 풍량을 얻고자 할 때 사용하며, 원심식에 비해 풍량이 작고 소음도 작다.

해 ④ 축류 송풍기는 고압에서 대량의 풍량을 얻고자 할 때 사용하며, 원심식에 비해 풍량이 많고 소음도 크다.

17 스테인리스 강판(두께 1.8~4.0mm)을 와류형으로 감아 그 끝단을 용접으로 밀봉하고 파이프 플랜지 이외에는 가스켓을 사용하지 않으며 주로 물-물에 주로 사용되는 열교환기는?

① 스파이럴형　② 원통 다관식
③ 플레이트형　④ 관형

해 스파이럴형 열교환기: 와류형 열교환기이며, 주로 물-물에 사용된다.

정답 | 14 ④　15 ④　16 ④　17 ①

• 수험번호:
• 수험자명:

• 제한 시간:
• 남은 시간:

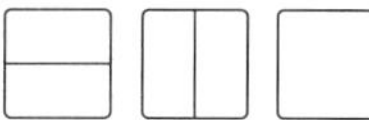

글자 크기 100% 150% 200% 화면 배치

• 전체 문제 수:
• 안 푼 문제 수:

답안 표기란

18 ① ② ③ ④
19 ① ② ③ ④
20 ① ② ③ ④

18 8000 W의 열을 발산하는 기계실을 온도를 외기 냉방하여 26℃로 유지하기 위한 외기도입량은? (단, 밀도 1.2kg/m³, 공기 정압비열 1.01kJ/kg℃, 외기온도 11℃이다.)

① 약 600.06m³/h

② 약 1585.16m³/h

③ 약 1851.85m³/h

④ 약 2160.22m³/h

해 Q=G·CP·Δt=q·1.2·CP·Δt
G : 송풍량[kg/h]
CP : 정압비열[kJ/kg℃]
Δ : 온도차[℃]
q : 외기도입량[m³/h]
1.2 : 공기밀도[kg/m³])
1[kW]=3600[kJ]이므로
8×3600=28,800[kJ/h]
28800=q×1.2×1.01×(26−11)→

$$q=\frac{28800}{1.2\times1.01\times(26-11)}$$

=1584.16[m³/h]

19 공기를 가열하는데 사용하는 공기가열코일의 종류로 가장 거리가 먼 것은?

① 증기(蒸氣)코일

② 온수(溫水)코일

③ 전열(電熱)코일

④ 증발(蒸發)코일

해 공기 가열기
증기코일, 온수코일, 전열코일, 냉매코일

20 보일러 종류에 따른 특성을 설명한 것 중 틀린 것은?

① 주철제 보일러는 분해, 조립이 용이하다.

② 노통연관 보일러는 수질관리가 용이하다.

③ 수관 보일러는 예열시간이 짧고 효율이 좋다.

④ 관류 보일러는 보유수량이 많고 설치면적이 크다.

해 관류보일러 : 수관만 존재하므로 보유수량이 적고 증기드럼이 없어 설치면적이 작다.

정답 | 18 ② 19 ④ 20 ④

• 수험번호:
• 수험자명:
• 제한 시간:
• 남은 시간:

글자 크기  100%  150% 200% 화면 배치 

• 전체 문제 수:
• 안 푼 문제 수:

답안 표기란

21	①	②	③	④
22	①	②	③	④
23	①	②	③	④

2과목 | 냉동공학

21 다음과 같은 대향류열 교환기의 대수 평균 온도차는?

(단, T1 : 40℃, t2 : 10℃, tw1 : 4℃, tw2 : 8°이다.)

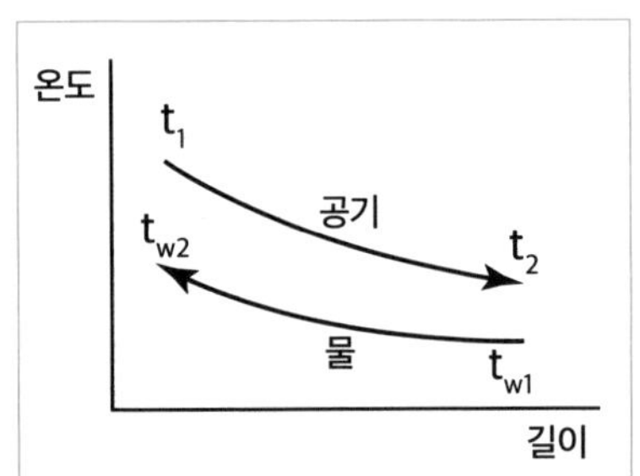

① 약 11.3℃　② 약 13.5℃
③ 약 15.5℃　④ 약 19.5℃

해 $\dfrac{\Delta T_1 - \Delta T_2}{In\dfrac{\Delta T_1}{\Delta T_2}}$

$= \dfrac{(40-8)-(10-4)}{In\dfrac{(40-8)}{(10-4)}} = \dfrac{32-6}{In\dfrac{32}{6}}$

$= 15.5[℃]$

22 다음과 같은 냉동기의 이론적인 성적계수는?

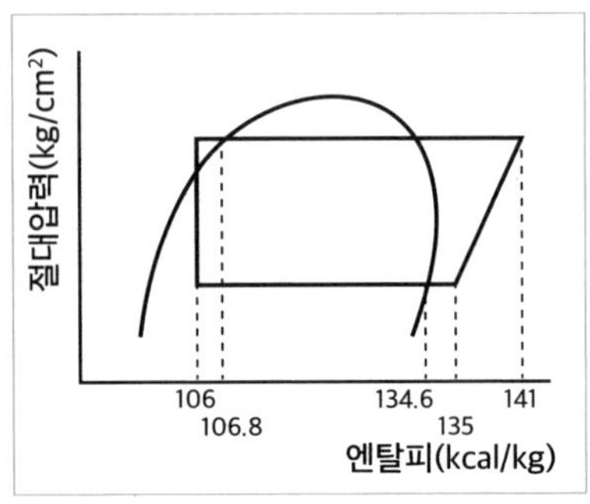

① 4.8　② 5.8
③ 6.5　④ 8.9

해 성적계수(COP) = $\dfrac{냉동효과(q)}{압축일(AW)}$

$= \dfrac{135-106}{141-135} = 4.8$

23 나선모양의 관으로 냉매증기를 통과시키고 이 나선관을 원형 또는 구형의 수조에 넣어 냉매를 응축시키는 방법을 이용한 응축기는?

① 대기식 응축기(atmosphric condenser)
② 지수식 응축기(submerged coil condenser)
③ 증발식 응축기(evaporative condenser)
④ 공랭식 응축기(air cooled condenser)

| 정답 | 21 ③　22 ①　23 ②

24 브라인의 금속에 대한 특징으로 틀린 것은?

① 암모니아 브라인 중에 누설하면 알칼리성이 대단히 강해져 국부적인 부식이 발생한다.
② 유기질 브라인은 일반적으로 부식성이 강하나 무기질브라인은 부식성이 적다.
③ 브라인 중에 산소량이 증가하면 부식량이 증가하므로 가능한 공기가 접촉하지 않도록 한다.
④ 방청제를 사용하며, 방청제로는 중크롬산소다를 사용한다.

해 유기질 브라인은 무기질 브라인에 비해 부식성이 적다.

25 냉동기에 사용하는 윤활유의 구비조건으로 틀린 것은?

① 불순물이 함유되어 있지 않을 것
② 전기 절연내력이 클것
③ 응고점이 낮을 것
④ 인화점이 낮을 것

해 인화점이 낮으면 탄화되기 쉬우므로 높을수록 좋다.

26 다음 중 무기질 브라인이 아닌 것은?

① 식염수 ② 염화마그네슘
③ 염화칼슘 ④ 에틸렌글리콜

해 유기질 브라인 : 에틸렌글리콜, 프로필렌글리콜, 에틸알콜
무기질 브라인 : 염화나트륨(식염수), 염화마그네슘, 염화칼슘

27 흡수식 냉동기에 사용하는 흡수제로써 요구 조건으로 가장 거리가 먼 것은?

① 용액의 증발압력이 높을 것
② 농도의 변화에 의한 증기압의 변화가 적을 것
③ 재생에 많은 열량을 필요로 하지 않을 것
④ 점도가 낮을 것

해 흡수용액은 증발압력이 낮아야 진공이나 흡수력이 크다.

정답 | 24 ② 25 ④ 26 ④ 27 ①

28 이상적 냉동사이클에서 어떤 응축온도로 작동 시 성능계수가 가장 높은가?
(단, 증발온도는 일정하다.)

① 20℃ ② 25℃

③ 30℃ ④ 35℃

해 성능계수는 응축온도가 낮을수록, 증발온도가 높을수록 높아진다.

29 왕복동식 압축기와 비교하여 터보 압축기의 특징으로 가장 거리가 먼 것은?

① 고압의 냉매를 사용하므로 취급이 다소 어렵다.

② 회전 운동을 하므로 동적 균형을 잡기 좋다.

③ 흡입 밸브, 토출 밸브 등의 마찰 부분이 없으므로 고장이 적다.

④ 마모에 의한 손상이 적어 성능 저하가 없고 구조가 간단하다.

해 터보압축기는 원심력을 이용하여 압력을 형성하므로, 저압이면서 비중이 큰 냉매를 사용한다.

30 냉동기 속 두 냉매가 아래 표의 조건으로 작동될 때, A 냉매를 이용한 압축기의 냉동능력을 RA B냉매를 이용한 압축기의 냉동능력을 RB라 할 경우, R_A/R_B의 비는?
(단, 두 압축기의 피스톤 압출량은 동일하며, 체적효율도 75%로 동일하다.)

	A	B
냉동효과(kcal/kg)	269.03	40.34
비체적(m^3/kg)	0.509	0.077

① 1.5 ② 1.0

③ 0.8 ④ 0.5

해 냉동능력(Q) = $\frac{V_a}{V} \times \eta_v \times q_e$

Q : 냉동능력[kcal/h]
q_e : 냉동효과[kcal/kg]
V_a : 이론 피스톤 토출량[㎥/h]
V : 흡입가스 비체적[㎥/kg]
η_v : 체적효율

$$\frac{R_A}{R_B} = \frac{269.03/0.509}{40.34/0.077} = 1$$

토출량과 체적효율은 동일하므로 제외

• 수험번호:
• 수험자명:

• 제한 시간:
• 남은 시간:

글자 크기 100% 150% 200% 화면 배치

• 전체 문제 수:
• 안 푼 문제 수:

답안 표기란

31 ① ② ③ ④
32 ① ② ③ ④
33 ① ② ③ ④
34 ① ② ③ ④

31 축열 장치의 장점으로 거리가 먼 것은?

① 수처리가 필요 없고 단열공사비 감소
② 용량 감소 등으로 부속 설비를 축소 가능
③ 수전설비 축소로 기본전력비 감소
④ 부하 변동이 큰 경우에도 안정적인 열 공급 가능

해 축열장치는 열을 축열하므로 단열공사비가 많이 든다. 또한 냉수나 온수 축열장치의 경우 수처리가 필요하다.

32 냉동장치의 운전 중 압축기의 토출압력이 높아지는 원인으로 가장 거리가 먼 것은?

① 장치 내에 냉매를 과잉 충전하였다.
② 응축기의 냉각수가 과다하다.
③ 공기 등의 불응축 가스가 응축기에 고여 있다.
④ 냉각관이 유막이나 물 때 등으로 오염되어 있다.

해 (수냉식)응축기의 경우 냉각수가 과다하면 토출압력 저하의 원인이 된다.

33 유량 100ℓ/min의 물을 15℃에서 9℃로 냉각하는 수냉각기가 있다. 이 냉동 장치의 냉동효과가 40kcal/kg 일 경우 냉매순환량은? (단, 물의 비열은 1kcal/kg·K로 한다.)

① 700 kg/h ② 800 kg/h
③ 900 kg/h ④ 1000 kg/h

해 $Q = G \cdot C \cdot \Delta t$

$Q = 100 \times 60 \times 1 \times (15 - 9)$
$= 36,000[kcal/h]$

냉매순환량 = $\frac{\text{냉동능력}}{\text{냉동효과}}$

$= \frac{36000}{40} = 900[kg/h]$

34 핀 튜브관을 사용한 공랭식 응축관의 자연대류식 수평, 수직 및 강제대류식 전열계수를 비교했을 때 옳은 것은?

① 자연대류 수평형>자연대류 수직형>강제대류식
② 자연대류 수직형>자연대류 수평형>강제대류식
③ 강제대류식>자연대류 수평형>자연대류 수직형
④ 자연대류 수평형>강제대류식>자연대류 수직형

정답 | 31 ① 32 ② 33 ③ 34 ③

• 수험번호:
• 수험자명:

• 제한 시간:
• 남은 시간:

글자 크기  100%  150%  200%

화면 배치  

• 전체 문제 수:
• 안 푼 문제 수:

답안 표기란

35	①	②	③	④
36	①	②	③	④
37	①	②	③	④
38	①	②	③	④

35 증발온도와 압축기 흡입가스의 온도차를 적정 값으로 유지하는 것은?

① 온도조절식 팽창밸브
② 수동식 팽창밸브
③ 플로트 타입 팽창밸브
④ 정압식 자동 팽창밸브

36 온도식 팽창밸브(TEV)의 작동과 관계 없는 압력은?

① 증발기 압력
② 스프링의 압력
③ 감온통의 압력
④ 응축 압력

해 온도조절식 팽창밸브 작동 : 증발기 출구 온도에 따라 달라지는 감온통내의 가스 압력과 팽창밸브 내부 스프링의 압력에 의해 개도가 조절되어 증발압력이 형성된다.

37 냉동부하가 50냉동톤인 냉동기의 압축기 출구 엔탈피가 457kcal/kg, 증발기 출구 엔탈피가 369kcal/kg, 증발기 입구 엔탈피가 128kcal/kg 일 때, 냉매 순환량은?
(단, 1냉동톤 = 3320kcal/h이다.)

① 약 688kg/h ② 약 504kg/h
③ 약 325kg/h ④ 약 178kg/h

해 냉매순환량(G) = $\frac{\text{냉동능력}(Q)}{\text{냉동효과}(q)}$

$= \frac{50 \times 3320}{369 - 128} = 688[\text{kg/h}]$

38 다음 그림은 어떤 사이클인가?
(단, P = 압력, h = 엔탈피, T = 온도, S = 엔트로피 이다.)

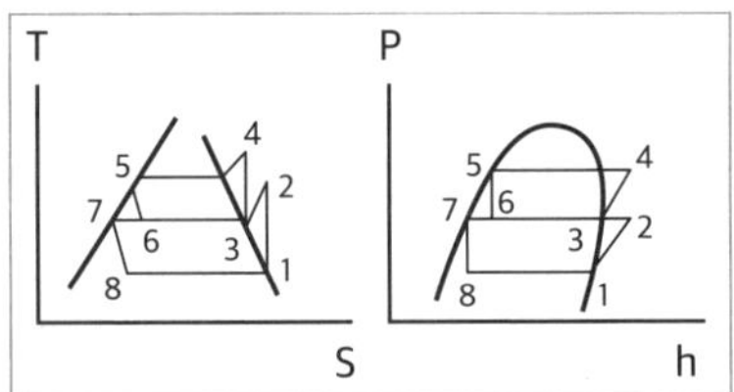

① 2단압축 1단팽창 사이클
② 2단압축 2단팽창 사이클
③ 1단압축 1단팽창 사이클
④ 1단압축 2단팽창 사이클

해 1단 압축구간 : 1→2
2단 압축구간 : 3→4
1단 팽창구간 : 5→6
2단 팽창구간 : 7→8

| 정답 | 35 ① 36 ④ 37 ① 38 ②

• 수험번호:
• 수험자명:
• 제한 시간:
• 남은 시간:

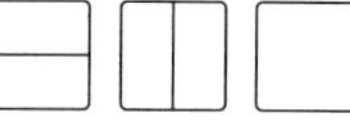

글자 크기 100% 150% 200% 화면 배치

• 전체 문제 수:
• 안 푼 문제 수:

39 냉동장치의 액관 중 발생하는 플래시 가스의 발생원인으로 가장 거리가 먼 것은?

① 액관의 입상높이가 매우 작을 때
② 냉매 순환량에 비하여 액관의 관경이 너무 작을 때
③ 배관에 설치된 스트레이너, 필터 등이 막혀 있을 때
④ 액관이 직사광선에 노출될 때

해 액관의 입상 높이가 매우 높으면 마찰 저항에 의해 압력강하가 일어나 냉매가 증발한다.

40 암모니아 냉동기에서 냉매가 누설 되고 있는 장소에 적색 리트머스 시험지를 대면 어떤 색으로 변하는가?

① 황색 ② 다갈색
③ 청색 ④ 홍색

3과목 | 배관일반

41 밸브의 종류 중 콕(cock)에 관한 설명으로 틀린 것은?

① 콕의 종류에는 대표적으로 글랜드 콕과 메인 콕이 있다.
② 0~90° 회전시켜 유량조절이 가능하다.
③ 유체저항이 크며, 개폐 시 힘이 드는 단점이 있다.
④ 콕은 흐르는 방향을 2방향, 3방향, 4방향으로 바꿀 수 있는 분배 밸브로 적합하다.

해 콕은 유체저항이 작고 개폐 시 힘이 적게든다.

42 바이패스 관의 설치 장소로 적절하지 않은 곳은?

① 증기배관 ② 감압밸브
③ 온도조절밸브 ④ 인젝터

해 보기 외에 전동밸브, 급수관, 토출관, 유량계 등

답안 표기란

39	①	②	③	④
40	①	②	③	④
41	①	②	③	④
42	①	②	③	④

정답 | 39 ① 40 ③ 41 ③ 42 ④

• 수험번호:
• 수험자명:

• 제한 시간:
• 남은 시간:

글자 크기  100% 150% 200% 화면 배치

• 전체 문제 수:
• 안 푼 문제 수:

답안 표기란

43	①	②	③	④
44	①	②	③	④
45	①	②	③	④
46	①	②	③	④
47	①	②	③	④

43 온수난방에서 역귀환 방식을 채택하는 주된 이유는?

① 순환펌프를 설치하기 위해
② 배관의 길이를 축소하기 위해
③ 연손실과 발생소음을 줄이기 위해
④ 건물 내 각 실의 온도를 균일하게 하기 위해

44 냉매 배관 시 주의사항으로 틀린 것은?

① 배관의 굽힘 반지름은 크게 한다.
② 불응축 가스의 침입이 잘 되어야 한다.
③ 냉매에 의한 관의 부식이 없어야 한다.
④ 냉매 압력에 충분히 견디는 강도를 가져야 한다.

해 불응축가스는 응축이 되지 않아 고압의 원인이 된다.

45 대·소변기를 제외한 세면기, 싱크대, 욕조 등에서 나오는 배수는?

① 오수 ② 우수
③ 잡배수 ④ 특수배수

46 옥상탱크식 급수방식의 배관 계통의 순서로 옳은 것은?

① 저수탱크→양수펌프→옥상탱크→양수관→급수관→수도꼭지
② 저수탱크→양수관→양수펌프→급수관→옥상탱크→수도꼭지
③ 저수탱크→양수관→급수관→양수펌프→옥상탱크→수도꼭지
④ 저수탱크→양수펌프→양수관→옥상탱크→급수관→수도꼭지

47 다음과 같이 압축기와 응축기가 동일한 높이에 있을 때, 배관 방법으로 가장 적합한 것은?

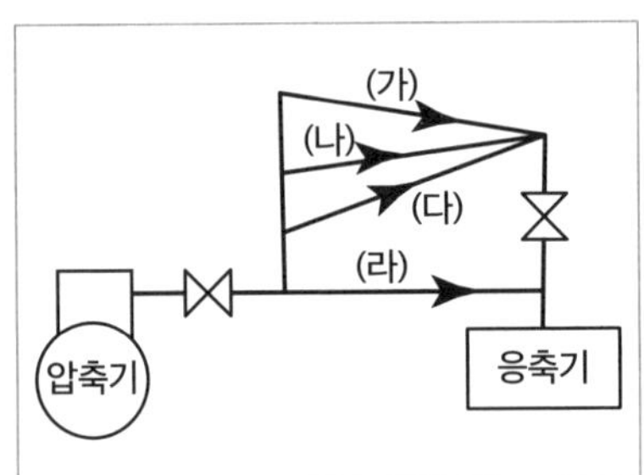

① (가) ② (나)
③ (다) ④ (라)

해 압축기와 응축기가 동일한 높이라면 입상 후 하향구배를 준다.

| 정답 | 43 ④ 44 ② 45 ③ 46 ④ 47 ①

• 수험번호:
• 수험자명:

• 제한 시간:
• 남은 시간:

글자 크기 100% 150% 200% 화면 배치

• 전체 문제 수:
• 안 푼 문제 수:

답안 표기란

48	①	②	③	④
49	①	②	③	④
50	①	②	③	④
51	①	②	③	④

48 경질염화비닐관의 특징 중 틀린 것은?

① 내열성이 좋다.
② 전기절연성이 크다.
③ 가공이 용이하다.
④ 열팽창률이 크다.

해 경질염화비닐관(PVC): 저온이나 고온에 약하다.

49 공기조화 설비에서 증기코일에 관한 설명으로 틀린 것은?

① 코일의 전면풍속은 3-8m/s로 선정한다.
② 같은 능력의 온수코일에 비하여 열수를 작게 할 수 있다.
③ 응축수의 배제를 위하여 배관에 약 1/150-1/200 정도의 순구배를 붙인다.
④ 일반적인 증기의 압력은 0.1~2kgf/cm^2정도로 한다.

해 응축수의 배제를 위하여 배관에 약 1/50-1/100 정도의 순구배를 붙인다.

50 관 트랩의 종류로 가장 거리가 먼 것은?

① S 트랩　② P 트랩
③ U 트랩　④ V 트랩

51 급탕배관 시공 시 고려 사항으로 틀린 것은?

① 자동 공기 빼기 밸브는 계통의 가장 낮은 위치에 설치 한다.
② 복귀탕의 역류 방지를 위해 설치하는 체크밸브는 탕의 저항을 적게 하기 위해 2개 이상 설치하지 않는다.
③ 배관의 구배는 중력 순환식의 경우 1/150 정도로 해준다.
④ 하향공급식은 급탕관, 복귀관 모두 선하향 배관 구배로 한다.

해 공기는 배관의 상부로 흐르기 때문에 공기빼기 밸브는 계통의 가장 높은 곳에 설치한다.

정답 | 48 ① 49 ③ 50 ④ 51 ①

52 중앙식 급탕방식의 장점으로 가장 거리가 먼 것은?

① 기구의 동시 이용률을 고려하여 가열장치의 총용량을 적게 할 수 있다.

② 기계실 등에 다른 설비 기계와 함께 가열장치 등이 설치되기 때문에 관리가 용이하다.

③ 배관에 의해 필요 개소에 어디든지 급탕할 수 있다.

④ 설비 규모가 작기 때문에 초기 설비비가 적게 든다.

해 중앙식은 대규모이므로 설비비가 많이 드나 관리비는 적게 든다.

53 급수방식 중 수도직결방식의 특징으로 틀린 것은?

① 위생적이고 유지관리측면에서 가장 바람직하다.

② 저수조가 있으므로 단수 시에도 급수할 수 있다.

③ 수도본관의 영향을 그대로 받아 수압 변화가 심하다.

④ 고층으로 급수가 어렵다.

해 수도직결 방식은 저수조가 없는 방식으로 수도본관으로부터 급수관을 설치하여 급수한다.

54 증기난방 방식 중 대규모 난방에 많이 사용하고 방열기의 설치위치에 제한을 받지 않으며 응축수 환수가 가장 빠른 방식은?

① 진공환수식 ② 기계환수식

③ 중력환수식 ④ 자연환수식

해 진공환수식
진공도가 100~250mmHg이며 응축수 환수가 가장 빠르다.

55 급탕배관 계통에서 배관 중 총 손실열량이 15000kcal/h이고, 급탕온도가 70℃, 환수온도가 60℃일 때, 순환수량은?

① 약 1000kg/min

② 약 50kg/min

③ 약 100kg/min

④ 약 25kg/min

해 $Q = G \cdot C \cdot \Delta t$

$15000 = G \times 1 \times (70-60)$

$$G = \frac{15000}{60 \times 1 \times (70-60)}$$

$= 25[kg/min]$

| 정답 | 52 ④ 53 ② 54 ① 55 ④

• 수험번호:
• 수험자명:

• 제한 시간:
• 남은 시간:

글자 크기   100%  150%  200% 화면 배치 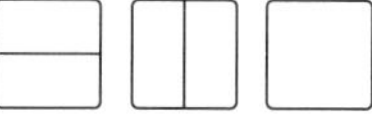

• 전체 문제 수:
• 안 푼 문제 수:

답안 표기란

56 ① ② ③ ④
57 ① ② ③ ④
58 ① ② ③ ④

56 지역난방 방식 중 온수난방의 특징으로 가장 거리가 먼 것은?

① 보일러 취급은 간단하며, 어느 정도 큰 보일러라도 취급 주임자가 필요 없다.
② 관 부식은 증기 난방보다 적고 수명이 길다.
③ 장치의 열용량이 작으므로 예열 시간이 짧다.
④ 온수 때문에 보일러의 연소를 정지해도 예열이 있어 실온이 급변되지 않는다.

해 온수난방은 열용량이 커서 예열 시간이 길다.

57 펌프의 설치 및 배관상의 주의를 설명한 것 중 틀린 것은?

① 펌프는 기초 볼트를 사용하여 기초 콘크리트 위에 설치 고정한다.
② 펌프와 코터의 축 중심을 일직선상에 정확하게 일치시키고 볼트로 조인다.
③ 펌프와 설치 위치를 되도록 높여 흡입양정을 크게 한다.
④ 흡입구는 수면 위에서부터 관경의 2배 이상 물속으로 들어가게 한다.

해 펌프는 흡입양정이 크면 공동현상(캐비테이션)이 발생한다.

58 대구경 강관의 보수 및 점검을 위해 분해, 결함을 쉽게 할 수 있도록 사용되는 연결방법은?

① 나사접합 ② 플랜지접합
③ 용접접합 ④ 슬라이브접합

정답 | 56 ③ 57 ③ 58 ②

• 수험번호:
• 수험자명:

• 제한 시간:
• 남은 시간:

글자 크기  100%  150%  200% 화면 배치 

• 전체 문제 수:
• 안 푼 문제 수:

답안 표기란

59 ① ② ③ ④
60 ① ② ③ ④
61 ① ② ③ ④
62 ① ② ③ ④

59 배관 신축이음의 종류로 가장 거리가 먼 것은?

① 빅토릭 조인트 신축이음
② 슬리브 신축이음
③ 스위블 신축이음
④ 루프형 밴드 신축이음

해 빅토릭 접합: 주철관의 접합 방식
배관 신축이음: 루프형, 슬리브형, 스위블형, 벨로스형, 상온 스프링 등

60 펌프의 캐비테이션(cavitation) 발생 원인으로 가장 거리가 먼 것은?

① 흡입양정이 클 경우
② 날개차의 원주속도가 클 경우
③ 액체의 온도가 낮을 경우
④ 날개차의 모양이 적당하지 않을 경우

해 액체의 온도가 높을수록 기화하기가 쉬우므로 캐비테이션 현상이 잘 일어난다.

4과목 | 전기제어공학

61 ~~다음 중 개루프제어계(Open-loop control system)에 속하는 것은?~~ (22년 출제 범위 제외)

① 전등점멸시스템
② 배의 조타장치
③ 추적시스템
④ 에어컨디션시스템

해 개루프제어: 목표값을 출력값과 비교하지 않는 제어 (시퀀스제어)

62 유도전동기의 1차 접속을 △에서 Y로 바꾸면 기동시의 1차전류는 어떻게 변화하는가?

① 1/3로 감소 ② $1/\sqrt{3}$로 감소
③ $\sqrt{3}$배로 증가 ④ 3배로 증가

해 $I_\Delta = 3I_Y$ 이므로 1/3로 감소w

| 정답 | 59 ① 60 ③ 61 ① 62 ①

• 수험번호 :
• 수험자명 :

• 제한 시간 :
• 남은 시간 :

글자 크기  100%  150%  200% 화면 배치 

• 전체 문제 수 :
• 안 푼 문제 수 :

답안 표기란

63	①	②	③	④
64	①	②	③	④
65	①	②	③	④
66	①	②	③	④

63 ~~제어방식에서 기억과 판단기구 및 검출기를 가진 제어방식은?~~

(22년 출제 범위 제외)

① 순서프로그램제어

② 피드백제어

③ 조건제어

④ 시한제어

解 피드백제어 : 제어계의 출력값을 목표값과 비교하여 일치하지 않으면 입력으로 피드백 시켜 오차를 수정하도록 하는 폐회로 제어(목표값을 기억하고 출력값을 검출하여 수정 할 오차값을 판단한다)

64 ~~플레밍의 왼손법칙에서 둘째 손가락(검지)이 가리키는 것은?~~

(22년 출제 범위 제외)

① 힘의 방향　② 자계 방향

③ 전류 방향　④ 전압 방향

解 플레밍의 왼손법칙 : 전동기

- 엄지 : 힘
- 검지 : 자계방향
- 중지 : 전류

플레밍의 오른손법칙 : 발전기

- 엄지 : 힘
- 검지 : 자계방향
- 중지 : 기전력의 방향

65 ~~특성방정식 $s^2+2s+2=0$을 갖는 2차계에서의 감쇠율 δ(damping ratio)는?~~

(22년 출제 범위 제외)

① $\sqrt{2}$　② $1/\sqrt{2}$

③ $1/2$　④ 2

解 2차 특성 방정식 : $s^2+2\delta\omega ns+\omega n^2=0$

$s^2+2s+2-s^2+2\delta\omega ns+\omega n^2$ 이므로

$\omega n^2=2\rightarrow\omega n=\sqrt{2}$

$2s=2\delta\omega ns\rightarrow2=2\delta\omega n\rightarrow2=2\delta\sqrt{2}$

$\rightarrow\delta=\frac{2}{2\sqrt{2}}=\frac{1}{\sqrt{2}}$

66 다음 중 3상 유도전동기의 회전방향을 바꾸려고 할 때 옳은 방법은?

① 전원 3선 중 2선의 접속을 바꾼다.

② 기동보상기를 사용한다.

③ 전원 주파수를 변환한다.

④ 전동기의 극수를 변환한다.

| 📖 정답 | 63 ② 64 ② 65 ② 66 ①

• 수험번호 :
• 수험자명 :

• 제한 시간 :
• 남은 시간 :

글자 크기  100%  150%  200%

화면 배치 

• 전체 문제 수 :
• 안 푼 문제 수 :

답안 표기란

67 ① ② ③ ④
68 ① ② ③ ④
69 ① ② ③ ④

67 ~~그림과 같은 블록선도가 의미하는 요소는?~~ (22년 출제 범위 제외)

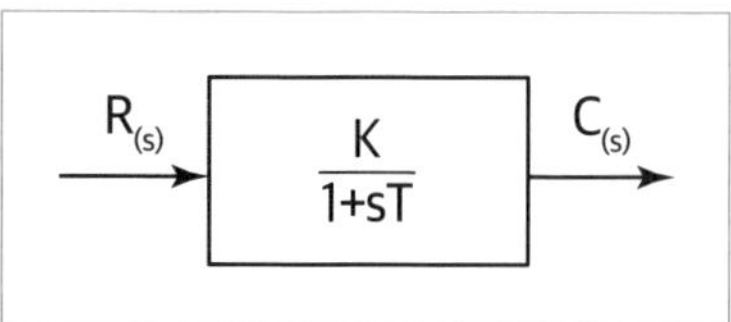

① 1차 지연 요소
② 2차 지연 요소
③ 비례 요소
④ 미분 요소

해 1차 지연요소 = $\frac{K}{Ts+1}$

2차 지연요소 = $\frac{K\omega_n^2}{s^2+2\delta\omega_n s+\omega_n^2}$

비례요소 = K

미분요소 = Ks

68 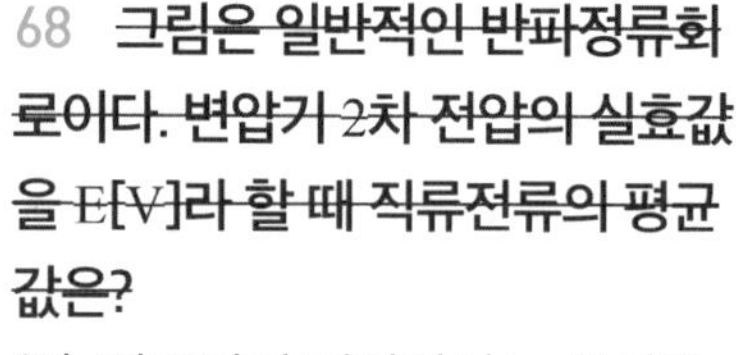
~~그림은 일반적인 반파정류회로이다. 변압기 2차 전압의 실효값을 E[V]라 할 때 직류전류의 평균값은? (단, 변류기의 전압강하는 무시한다.)~~ (22년 출제 범위 제외)

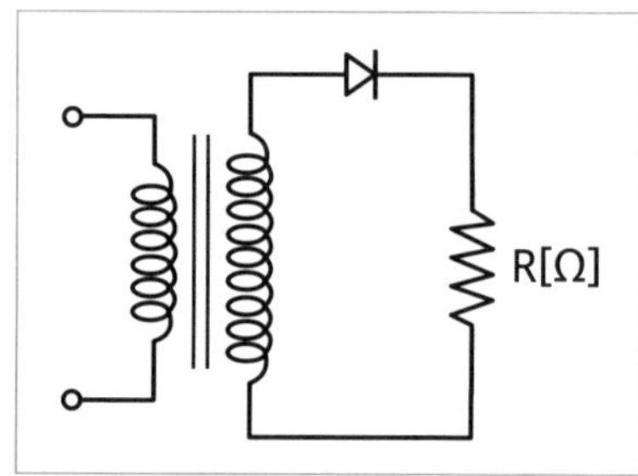

① $\frac{E}{R}$ ② $\frac{E}{2R}$

③ $\frac{2E}{\pi R}$ ④ $\frac{\sqrt{2}E}{\pi R}$

해 평균전압(E_d) = $\frac{\sqrt{2}}{\pi}E$

평균전류(I_d) = $\frac{\sqrt{2}E}{\pi R}$

69 PLC(Programable Logic Controller)를 사용하더라도 대용량 전동기의 구동을 위해서 필수적으로 사용하여야 하는 기기는?

① 타이머 ② 릴레이
③ 카운터 ④ 전자개폐기

정답 | 67 ① 68 ④ 69 ④

• 수험번호:
• 수험자명:

• 제한 시간:
• 남은 시간:

글자 크기  100%  150%  200% 화면 배치 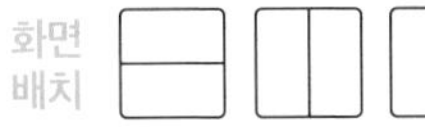

• 전체 문제 수:
• 안 푼 문제 수:

답안 표기란

70	①	②	③	④
71	①	②	③	④
72	①	②	③	④
73	①	②	③	④
74	①	②	③	④
75	①	②	③	④

70 ~~직류 발전기의 철심을 규소강판으로 성층하여 사용하는 이유로 가장 알맞은 것은?~~ (22년 출제 범위 제외)

① 브러시에서의 불꽃 방지 및 정류 개선
② 와류손과 히스테리시스손의 감소
③ 전기자 반작용의 감소
④ 기계적으로 튼튼함

71 다음 중 파형률을 바르게 나타낸 것은?

① 실효값/평균값
② 최대값/평균값
③ 최대값/실효값
④ 실효값/최대값

해 파형률 = 실효값/평균값
파고율 = 최대값/실효값

72 다음 중 지시계측기의 구성요소가 아닌 것은?

① 구동장치 ② 제어장치
③ 제동장치 ④ 유도장치

해 지시계측기 구성요소
구동장치, 제어장치, 제동장치

73 ~~5Ω의 저항 5개를 직렬로 연결하면 병렬로 연결했을 때보다 몇 배가 되는가?~~ (22년 출제 범위 제외)

① 10 ② 25
③ 50 ④ 75

해 직렬 연결시 : $5+5+5+5+5=25[\Omega]$
병렬 연결시 :
$$\frac{1}{\frac{1}{5}+\frac{1}{5}+\frac{1}{5}+\frac{1}{5}+\frac{1}{5}}=1[\Omega]$$

74 ~~프로세스 제어(process control)에 속하지 않는 것은?~~ (22년 출제 범위 제외)

① 온도 ② 압력
③ 유량 ④ 자세

해 온도, 압력, 유량, 농도, 조성, 액면레벨 등 공업량의 자동제어

75 서보전동기에 대한 설명으로 틀린 것은?

① 정 · 역운전이 가능하다.
② 직류용은 없고 교류용만 있다.
③ 급가속 및 급감속이 용이하다.
④ 속응성이 대단히 높다.

해 서보전동기는 직류, 교류 전동기가 있다.

| 📖 정답 | 70 ② 71 ① 72 ④ 73 ② 74 ④ 75 ②

• 수험번호:
• 수험자명:

• 제한 시간:
• 남은 시간:

글자 크기  100%  150%  200%

화면 배치 

• 전체 문제 수:
• 안 푼 문제 수:

답안 표기란

76	①	②	③	④
77	①	②	③	④
78	①	②	③	④
79	①	②	③	④

76 ~~**제어부의 제어동작 중 연속동작이 아닌 것은?**~~ (22년 출제 범위 제외)

① P동작　② On-OFF동작
③ PI동작　④ PID 동작

해 On-OFF동작은 불연속 동작에 속한다(2위치 동작).

77 ~~**다음 블록선도의 출력이 4가 되기 위해서는, 입력은 얼마이어야 하는가?**~~ (22년 출제 범위 제외)

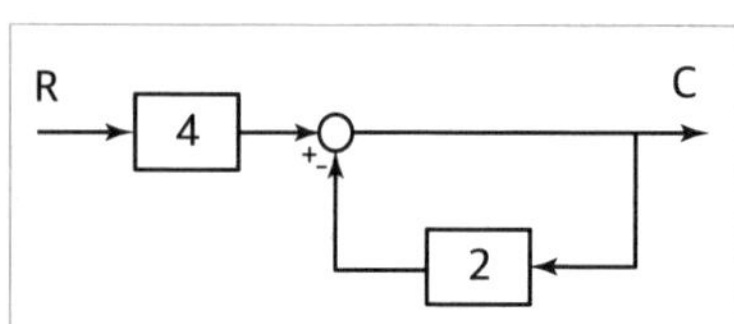

① 2　② 3
③ 4　④ 5

해 $\frac{C}{R} = \frac{R \cdot 4}{1+2}$
$= 4 \rightarrow R = \frac{(1+2) \times 4}{4} = 3$

78 A-D 컨버터의 변환방식이 아닌 것은?

① 병렬형
② 순차 비교형
③ 델타 시그마형
④ 바이너리형

해 A/D 컨버터의 변환방식
병렬형, 순차비교, 델타시그마, 이중적분형 등

79 그림과 같은 유접점 회로의 논리식은?

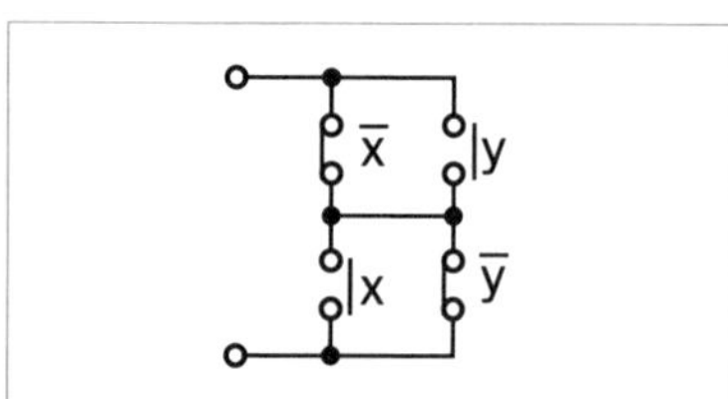

① $x\overline{y} + x\overline{y}$
② $(\overline{x} + \overline{y}) + (x + y)$
③ $\overline{x}y + \overline{x\,y}$
④ $xy + \overline{x\,y}$

해 (B접점-X, B접점-Y)=직렬이므로 AND1
(A접점-X, A접점-Y)=직렬이므로 AND2
AND1과 AND2는 병렬이므로 OR
따라서 $xy + \overline{xy}$

정답 | 76 ②　77 ②　78 ④　79 ④

• 수험번호:
• 수험자명:

• 제한 시간:
• 남은 시간:

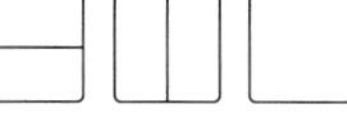

글자 크기 100% 150% 200% 화면 배치

• 전체 문제 수:
• 안 푼 문제 수:

답안 표기란

80 ① ② ③ ④

80 ~~그림과 같은 회로에서 저항 R2에 흐르는 전류 I2[A]는?~~

(22년 출제 범위 제외)

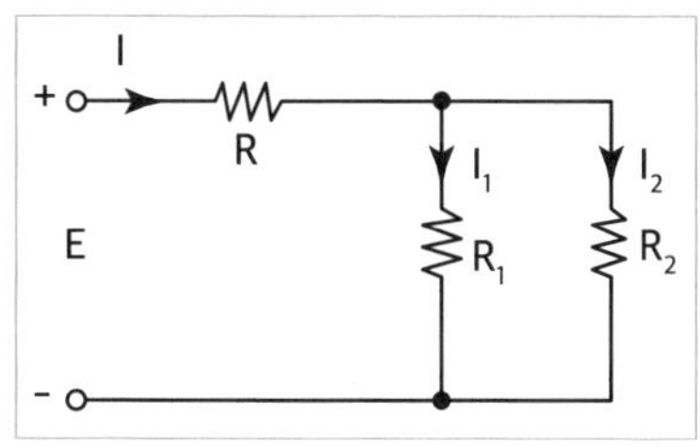

① $\dfrac{I \cdot (R_1 + R_2)}{R_1}$

② $\dfrac{I \cdot (R_1 + R_2)}{R_2}$

③ $\dfrac{I \cdot R_2}{R_2}$

④ $\dfrac{I \cdot R_1}{R_1 + R_2}$

해 $I_2 = \dfrac{I \cdot R_1}{R_1 + R_2}$

$I_1 = \dfrac{I \cdot R_2}{R_1 + R_2}$

정답 | 80 ④

:기출문제 1회(2015.03.08)

• 수험번호:
• 수험자명:

• 제한 시간:
• 남은 시간:

글자 크기  100%  150%  200% 화면 배치 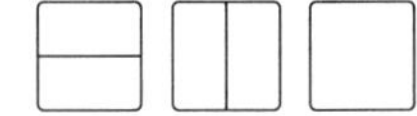

• 전체 문제 수:
• 안 푼 문제 수:

답안 표기란

01 ① ② ③ ④
02 ① ② ③ ④
03 ① ② ③ ④

1과목 I 공기조화

01 **축류 취출구로서 노즐을 분기 덕트에 접속하여 급기를 취출하는 방식으로 구조가 간단하며 도달거리가 긴 것은?**

① 펑커루버 ② 아네모스탯형
③ 노즐형 ④ 팬형

해 노즐형(축류형 취출구) : 도달거리가 길어 천장이 높은 곳에 사용
① 펑커루버(축류형) : 기류 방향과 풍량 조절이 용이하다(국소냉방에 사용)
② 아네모스탯형(복류형) : 확산 반경이 크나 도달거리는 짧고 스머징 현상이 일어난다.
④ 팬형(복류형) : 천장 덕트 끝에 있는 원형 또는 사각판을 통해 공기를 불어내는 취출구

02 **공조기 내에 흐르는 냉·온수 코일의 유량이 많아서 코일 내에 유속이 너무 클 때 적절한 코일은?**

① 풀서킷(full circuit coil)
② 더블서킷 코일(double circuit coil)
③ 하프서킷 코일(half circuit coil)
④ 슬로서킷 코일(slow circuit coil)

해 ① 풀서킷 : 코일의 입구부터 출구까지 1개의 통로로 되어 있다.
② 더블서킷 코일 : 코일 내 유량이 많아 유속이 클 때 사용
③ 하프서킷 코일 : 코일 내 유량이 적어 유속이 느릴 때 사용.

03 **지하상가의 공조방식을 결정 시 고려해야 할 내용으로 틀린 것은?**

① 취기를 발하는 점포는 확산되지 않도록 한다.
② 각 점포마다 어느 정도의 온도조절을 할 수 있게 한다.
③ 음식점에서는 배기가 필요하므로 풍량 밸런스를 고려하여 채용한다.
④ 공공지하보도 부분과 점포부분은 동일 계통으로 한다.

해 ④ 공공지하보도 부분과 점포부분은 각기 다른 계통으로 한다.

| 정답 | 01 ③ 02 ② 03 ④

• 수험번호:
• 수험자명:

• 제한 시간:
• 남은 시간:

글자 크기  100%  150%  200% 화면 배치  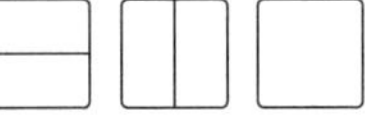

• 전체 문제 수:
• 안 푼 문제 수:

답안 표기란

04 ① ② ③ ④
05 ① ② ③ ④
06 ① ② ③ ④
07 ① ② ③ ④

04 온수보일러의 상당방열면적이 110m^{2}일 때, 환산증발량은?

① 약 91.8kg/h
② 약 112.2kg/h
③ 약 132.6kg/h
④ 약 153.0kg/h

해 상당증발량(G_e)

$$= \frac{G_a(h_2 - h_1)}{539} = \frac{Q}{539}$$

$$= \frac{EDR \times q}{539} = \frac{450 \times 110}{539}$$

=91.8[kg/h]

05 제습장치에 대한 설명으로 틀린 것은?

① 냉각식 제습장치는 처리공기를 노점 온도 이하로 냉각시켜 수증기를 응축시킨다.
② 일반 공조에서는 공조기에 냉각코일을 채용하므로 별도의 제습장치가 없다.
③ 제습방법은 냉각식, 압축식, 흡수식, 흡착식이 있으나 대부분 냉각식을 사용한다.
④ 에어와셔방식은 냉각식으로 소형이고 수처리가 편리하여 많이 채용된다.

해 에어와셔는 공기중에 물을 분무시켜 습도를 조절하는 가습장치에 속한다.

06 가스난방에 있어서 총 손실열량이 300000kcal/h, 가스의 방열량이 6000kcal/m^3, 가스소요량이 70m^3/h일 때 가스 스토브의 효율은?

① 약 71% ② 약 80%
③ 약 85% ④ 약 90%

해 가스사용열량
=가스의 방열량×가스 소요량
=6000×70=420,000[kcal/h]

$$\text{스토브 효율}(\eta) = \frac{\text{실내손실열량}}{\text{가스사용열량}}$$

$$= \frac{300000}{420000} \times 100 = 71[\%]$$

07 난방부하 계산 시 침입외기에 의한 열손실로 가장 거리가 먼 것은?

① 현열에 의한 열손실
② 잠열에 의한 열손실
③ 크롤 공간(crawl space)의 열손실
④ 굴뚝효과에 의한 열손실

해 크롤공간(crawl space): 천장 밑이나 바닥 밑에 기기가 있을 경우 점검용 통로로 쓰이는 공간

| 정답 | 04 ① 05 ④ 06 ① 07 ③

• 수험번호 :
• 수험자명 :

• 제한 시간 :
• 남은 시간 :

글자 크기  100%  150%  200%  화면 배치 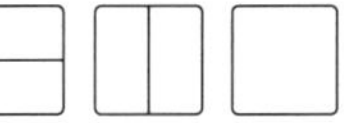

• 전체 문제 수 :
• 안 푼 문제 수 :

08 엔탈피 13.1kcal/h인 300m³/h의 공기를 엔탈피 9kcal/kg의 공기로 냉각시킬 때 제거 열량은?
(단, 공기의 밀도는 1.2kg/m³이다.)

① 1476kcal/h ② 1538kcal/h
③ 1879kcal/h ④ 1984kcal/h

해 $Q = G \cdot C \cdot \Delta t = q \cdot 1.2 \cdot \Delta h$
$= 300 \times 1.2 \times (13.1 - 9) = 1{,}476$[kcal/h]

09 통과 풍량이 350m³/min일 때 표준 유닛형 에어필터의 수는 약 몇 개인인가?
(단, 통과 풍속은 1.5m/s, 통과면적은 0.5m²이며, 유효면적은 85%이다.)

① 4개 ② 6개
③ 8개 ④ 10개

해 $Q = A \cdot V \cdot n$
Q : 유량, A : 면적, V : 속도, n : 개수

$$n = \frac{Q}{A \cdot V}$$

$$= \frac{350}{60 \times 0.5 \times 0.85 \times 1.5}$$

=9.1 이므로 9.1보다 높은 10개

10 전공기 방식의 특징에 관한 설명으로 틀린 것은?

① 송풍량이 충분하므로 실내공기의 오염이 적다.
② 리턴 팬을 설치하면 외기냉방이 가능하다.
③ 중앙집중식이므로 운전, 보수관리를 집중화할 수 있다.
④ 큰 부하의 실에 대해서도 덕트가 작게 되어 설치공간이 적다.

해 전공기 방식 : 덕트 스페이스가 크므로 설치공간이 크다

11 중앙에 냉동기를 설치하는 방식과 비교하여 덕트병용 패키지 공조방식에 대한 설명으로 틀린 것은?

① 기계실 공간이 적게 필요하다.
② 운전에 필요한 전문 기술자가 필요 없다.
③ 설치비가 중앙식에 비해 적게 든다.
④ 실내 설치 시 급기를 위한 덕트 샤프트가 필요하다.

해 덕트병용 패키지 공조방식에는 덕트 샤프트가 필요 없다.

답안 표기란

08	①	②	③	④
09	①	②	③	④
10	①	②	③	④
11	①	②	③	④

정답 | 08 ① 09 ④ 10 ④ 11 ④

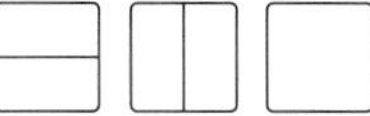

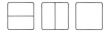

12 가습방식에 따른 방식 중 수분무식에 해당하는 것은?

① 회전식 ② 원심식
③ 모세관식 ④ 적하식

해 수분무식 가습 : 원심식, 초음파식, 분무식
증발식 가습 : 회전식, 모세관식, 저하식
증기식 가습 : 전열식(가습팬형), 전극식, 적외선식, 과열증기식, 노즐분무식

13 공조장치의 공기 여과기에서 에어필터 효율의 측정법이 아닌 것은?

① 중량법
② 변색도법(비색법)
③ 집진법
④ DOP법

해 에어필터 효율 측정법
중량법, 변색도법(NBS법, 비색법), 계수법(DOP법)

14 풍량 600m³/min, 정압 60mmAq, 회전수 500rpm의 특성을 갖는 송풍기의 회전수를 600rpm으로 증가하였을때 동력은?
(단, 정압효율은 50%이다.)

① 약 12.1kW ② 약 18.2kW
③ 약 20.3kW ④ 약 24.5kW

해 송풍기의 축동력(KW)
$= \frac{Q \cdot P_T}{102 \times 60 \times \eta_T}$
Q : 송풍량[m³/min], P_T : 정압[mmAq], η_T : 정압효율
$\frac{600 \cdot 60}{102 \times 60 \times 0.5}$ = = 11.77[KW]
2차 $KW_2 = KW_1 \left(\frac{N_2}{N_1}\right)^3 \left(\frac{D_2}{D_1}\right)^5$ 에서
송풍기의 지름은 동일 하므로 $\left(\frac{D_2}{D_1}\right)^5$ 은 제외 $= 11.77\left(\frac{600}{500}\right)^3 = 20.3$[KW]

15 공기조화 부하의 종류 중 실내부하와 장치부하에 해당 되지 않는 것은?

① 사무기기나 인체를 통해 실내에서 발생하는 열
② 외부의 고온 기류가 실내로 들어오는 열
③ 덕트에서의 손실 열
④ 펌프동력에서의 취득 열

해 펌프는 냉동기, 열펌프, 보일러 등의 구성요소로 공조기 구성요소와는 관련이 없다.

📖 정답 | 12 ② 13 ③ 14 ③ 15 ④

16 에어와셔에서 분무하는 냉수의 온도가 공기의 노점 온도보다 높을 경우 공기의 온도와 절대습도의 변화는?

① 온도는 올라가고, 절대습도는 증가한다.

② 온도는 올라가고, 절대습도는 감소한다.

③ 온도는 내려가고, 절대습도는 증가한다.

④ 온도는 내려가고, 절대습도는 감소한다.

해 노점온도는 수증기가 응결되어 이슬이 맺히는 정도로 냉각될 때의 온도이므로 냉수를 분무하면 온도는 떨어지고 절대습도는 증가한다.

17 보일러의 종류 중 원통보일러의 분류에 해당되지 않는 것은?

① 폐열 보일러 ② 입형 보일러

③ 노통 보일러 ④ 연관 보일러

해 폐열 보일러: 하이네 보일러, 리보일러
본체 원통형 보일러: 입형, 노통, 연관식

18 각 실마다 전기스토브나 기름난로 등을 설치하여 난방을 하는 방식은?

① 온돌난방 ② 중앙난방

③ 지역난방 ④ 개별난방

해 각 실마다 개별로 난방을 하므로 개별난방(소규모)

19 여과기를 여과작용에 의해 분류할 때 해당되는 것이 아닌 것은?

① 충돌 점착식 ② 자동 재생식

③ 건성 여과식 ④ 활성탄 흡착식

해 여과작용에 의한 분류: 충돌 점착식, 건성 여과식, 활성탄 흡착식, 전기식

20 다음 수증기의 분압 표시로 옳은 것은?
(단, P_w: 습공기 중의 수증기의 분압, P_s: 동일온도의 포화증기의 분압, φ: 상대습도)

① $P_W = \varphi - P_S$ ② $P_W = \varphi P_S$

③ $P_W = \frac{\varphi}{P_s}$ ④ $P_W = \varphi + P_S$

해 상대습도(φ, %)

$$= \frac{\text{습공기중의 수증기분압}(P_w)}{\text{포화증기의 분압}(P_s)}$$

• 수험번호:
• 수험자명:

• 제한 시간:
• 남은 시간:

글자 크기  100%  150%  200% 화면 배치 

• 전체 문제 수:
• 안 푼 문제 수:

답안 표기란

21 ① ② ③ ④
22 ① ② ③ ④
23 ① ② ③ ④

2과목 | 냉동공학

21 열전도도가 0.02kcal/m·h·℃ 이고, 두께가 10cm인 방열벽의 열통과율은?
(단, 외벽, 내벽에서의 열전달률은 각각 20kcal/m²·h·℃, 8kcal/m²·h·℃이다.)

① 약 0.493kcal/m²·h·℃
② 약 0.393kcal/m²·h·℃
③ 약 0.293kcal/m²·h·℃
④ 약 0.193kcal/m²·h·℃

해 열통과율(K) = $\dfrac{1}{\dfrac{1}{a_1}+\dfrac{1}{\lambda}+\dfrac{1}{a_2}}$

$= \dfrac{1}{\dfrac{1}{20}+\dfrac{0.1}{0.02}+\dfrac{1}{8}}$

= 0.193[kcal/m²·h·℃]

a_1 : 외표면 열전달률[kcal/m²·h·℃]
λ : 열전도도[kcal/m·h·℃]
l : 두께[m]
a_2 : 내표면 열전달률[kcal/m²·h·℃])

22 팽창밸브를 너무 닫았을 때 일어나는 현상이 아닌 것은?

① 증발압력이 높아지고 증발기 온도가 상승한다.
② 압축기의 흡입가스가 과열된다.
③ 능력당 소요동력이 증가한다.
④ 압축기의 토출가스 온도가 높아진다.

해 팽창밸브가 과도하게 닫히면 냉매순환량이 줄어 냉동능력이 줄고 증발압력은 낮아지고 증발기 온도가 낮아진다.

23 냉동기의 성적계수가 6.84일 때 증발온도가 -13℃이다. 응축온도는?

① 약 15℃ ② 약 20℃
③ 약 25℃ ④ 약 30℃

해 성적계수(COP) = $\dfrac{T_e}{T_c - T_e}$

$= \dfrac{273+(-13)}{(273+T_c)-(273+(-13))}$

$= \dfrac{273+(-13)}{T_C-(-13)}$

$= \dfrac{273-13}{T_c+13}$

$T_c = \dfrac{273-13}{6.84} - 13$ = 약 25[℃]

| 정답 | 21 ④ 22 ① 23 ③

24 **표준냉동사이클이 적용된 냉동기에 관한 설명으로 옳은 것은?**

① 압축기 입구의 냉매 엔탈피와 출구의 냉매 엔탈피는 같다.
② 압축비가 커지면 압축기 출구의 냉매가스 토출 온도는 상승한다.
③ 압축비가 커지면 체적 효율은 증가한다.
④ 팽창밸브 입구에서 냉매의 과냉각도가 증가하면 냉동능력은 감소한다.

해 ① 압축기 입구의 냉매 엔탈피와 출구의 냉매 엔탈피는 다르다(입구엔탈피 < 출구엔탈피).
③ 압축비가 커지면 체적 효율은 감소한다.
④ 팽창밸브 입구에서 냉매의 과냉각도가 증가하면 냉동능력은 증가한다.

25 **물 10kg을 0℃로부터 100℃까지 가열하면 엔트로피의 증가는 얼마인가?**
(단, 물의 비열은 1kcal/kg·℃이다.)

① 2.18kcal/K ② 3.12kcal/K
③ 4.32kcal/K ④ 5.18kcal/K

해 엔트로피 증가(ΔS) $= G \cdot C \cdot \ln\left(\frac{T_2}{T_1}\right)$

$= 10 \times 1 \times \ln\left(\frac{273+100}{273+0}\right)$

$= 3.12$[kcal/K]

26 **어느 냉동기가 2HP의 동력을 소모하여 시간당 5050kcal의 열을 저열원에서 제거한다면 이 냉동기의 성적계수는 약 얼마인가?**

① 4 ② 5
③ 6 ④ 7

해 1[HP] = 641[kcal/h]

성적계수(COP) $= \frac{Q_e}{AW}$

$= \frac{5050}{641 \times 2} = 3.9$ ∴ 약 4

27 **다음 증발기의 종류 중 전열효과가 가장 좋은 것은?**
(단, 동일 용량의 증발기로 가정한다.)

① 플레이트형 증발기
② 팬 코일식 증발기
③ 나관 코일식 증발기
④ 쉘 튜브식 증발기

28 **냉동사이클에서 등엔탈피 과정이 이루어지는 곳은?**

① 압축기 ② 증발기
③ 수액기 ④ 팽창밸브

답안 표기란

24	①	②	③	④
25	①	②	③	④
26	①	②	③	④
27	①	②	③	④
28	①	②	③	④

| 정답 | 24 ② 25 ② 26 ① 27 ④ 28 ④

• 수험번호:
• 수험자명:
• 제한 시간:
• 남은 시간:

글자 크기   100%  150%  200% 화면 배치 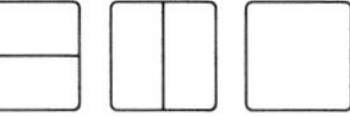

• 전체 문제 수:
• 안 푼 문제 수:

답안 표기란

29	①	②	③	④
30	①	②	③	④

29 **프레온 냉동기의 제어장치 중 가용전(fusible pluge)은 주로 어디에 설치하는가?**

① 열교환기 ② 증발기
③ 수액기 ④ 팽창밸브

해 가용전 : 이상온도 발생시 녹으면서 장치 내 가스를 분출
특징
㉠ 1회용
㉡ 용융온도 : 68~75℃
㉢ 성분 : 납, 주석, 안티몬, 카드뮴, 비스무스 등
㉣ 구경 : 안전밸브 구경의 1/2 이상
㉤ 설치위치 : 응축기, 수액기

30 **냉동장치내의 불응축 가스에 관한 설명으로 옳은 것은?**

① 불응축 가스가 많아지면 응축압력이 높아지고 냉동능력은 감소한다.
② 불응축 가스는 응축기에 잔류하므로 압축기의 토출가스 온도에는 영향이 없다.
③ 장치에 윤활유를 보충할 때 공기가 흡입되어도 윤활유에 용해되므로 불응축 가스는 생기지 않는다.
④ 불응축 가스가 장치내에 침입해도 냉매와 혼합되므로 응축압력은 불변한다.

해 ② 불응축 가스는 응축기에 잔류하여 응축압력이 상승하므로 압축기의 토출가스온도는 상승한다.
③ 장치에 윤활유를 보충할 때 공기가 흡입되면 고압이 상승하거나 공기중의 수분이 팽창밸브에서 동결되어 냉매 순환을 방해한다.

정답 | 29 ③ 30 ①

• 수험번호:
• 수험자명:

• 제한 시간:
• 남은 시간:

글자 크기  100%  150%  200% 화면 배치 

• 전체 문제 수:
• 안 푼 문제 수:

답안 표기란

31 ① ② ③ ④
32 ① ② ③ ④
33 ① ② ③ ④
34 ① ② ③ ④

31 압축기의 체적효율에 대한 설명으로 틀린 것은?

① 압축기의 압축비가 클수록 커진다.
② 틈새가 작을수록 커진다.
③ 실제로 압축기에 흡입되는 냉매증기의 체적과 피스톤이 배출한 체적과의 비를 나타낸다.
④ 비열비 값이 적을수록 적게 든다.

해 ① 압축기의 압축비가 클수록 작아진다.

32 브라인에 대한 설명으로 옳은 것은?

① 브라인 중에 용해하고 있는 산소량이 증가하면 부식이 심해진다.
② 구비조건으로 응고점은 높아야 한다.
③ 유기질 브라인은 무기질에 비해 부식성이 크다.
④ 염화칼슘용액, 식염수, 프로필렌글리콜은 무기질 브라인이다.

해 ② 구비조건으로 응고점은 낮아야 한다.
③ 유기질 브라인은 무기질에 비해 부식성이 작다.
④ 유기질 브라인: 에틸렌글리콜, 프로필렌글리콜, 에틸알콜
무기질 브라인: 염화나트륨(식염수), 염화마그네슘, 염화칼슘

33 감온식 팽창밸브의 작동에 영향을 미치는 것으로만 짝지어진 것은?

① 증발기의 압력, 스프링 압력, 흡입관의 압력
② 증발기의 압력, 응축기의 압력, 감온통의 압력
③ 스프링 압력, 흡입관의 압력, 압축기 토출 압력
④ 증발기의 압력, 스프링 압력, 감온통의 압력

해 온도조절식 팽창밸브 작동: 증발기 출구 온도에 따라 달라지는 감온통 내의 가스 압력과 팽창밸브 내부 스프링의 압력에 의해 개도가 조절되어 부하에 따라 증발압력이 형성된다.

34 응축온도는 일정한데 증발온도가 저하되었을 때 감소되지 않는 것은?

① 압축비 ② 냉동능력
③ 성적계수 ④ 냉동효과

해 압축비는 성적계수와 같이 응축온도가 낮을수록, 증발온도는 높을수록 높아진다.

| 정답 | 31 ① 32 ① 33 ④ 34 ①

• 수험번호 :
• 수험자명 :
• 제한 시간 :
• 남은 시간 :

글자 크기  100% 150% 200% 화면 배치 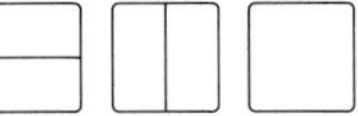

• 전체 문제 수 :
• 안 푼 문제 수 :

답안 표기란

35 ① ② ③ ④
36 ① ② ③ ④
37 ① ② ③ ④
38 ① ② ③ ④

35 원심식 압축기의 특징이 아닌 것은?

① 체적식 압축기이다.
② 저압의 냉매를 사용하고 취급이 쉽다.
③ 대용량에 적합하다.
④ 서징현상이 발생할 수 있다.

해 ① 원심식 압축기이다.

36 열펌프(heat pump)의 성적계수를 높이기 위한 방법으로 적당하지 못한 것은?

① 응축온도를 높인다.
② 증발온도를 높인다.
③ 응축온도와 증발온도와의 차를 줄인다.
④ 압축기 소요동력을 감소시킨다.

해 성적계수는 응축온도가 낮을수록, 증발온도는 높을수록 높아진다.

37 밀폐형 압축기에 대한 설명으로 옳은 것은?

① 회전수 변경이 불가능하다.
② 외부와 관통으로 누설이 발생한다.
③ 전동기 이외의 구동원으로 작동이 가능하다.
④ 구동방법에 따라 직결구동과 벨트구동 방법으로 구분한다.

해 밀폐형은 회전수 변경이 불가능하다(실무에서는 인버터로 주파수 변경을 통해 약간은 변경이 가능하긴 하다).

38 전자식 팽창밸브에 관한 설명으로 틀린 것은?

① 응축압력의 변화에 따른 영향을 직접적으로 받지 않는다.
② 온도식 팽창밸브에 비해 초기투자 비용이 비싸고 내구성이 떨어진다.
③ 일반적으로 슈퍼마켓, 쇼케이스 등과 같이 운전시간이 길고 부하변동이 비교적 큰 경우 사용하기 적합하다.
④ 전자식 팽창밸브는 응축기의 냉매 유량을 전자제어장치에 의해 조절하는 밸브이다.

해 ④ 전자식 팽창밸브는 증발기의 냉매 유량을 전자제어장치에 의해 조절하는 밸브이다.

정답 | 35 ① 36 ① 37 ① 38 ④

• 수험번호:
• 수험자명:

• 제한 시간:
• 남은 시간:

글자 크기 100% 150% 200% 화면 배치

• 전체 문제 수:
• 안 푼 문제 수:

답안 표기란

39 ① ② ③ ④
40 ① ② ③ ④
41 ① ② ③ ④
42 ① ② ③ ④

39 흡수식 냉동기의 특징에 대한 설명으로 틀린 것은?

① 부분 부하에 대한 대응성이 좋다.
② 용량제어의 범위가 넓어 폭넓은 용량제어가 가능하다.
③ 초기 운전 시 정격 성능을 발휘할 때까지 도달 속도가 느리다.
④ 압축식 냉동기에 비해 소음과 진동이 크다.

해 흡수식 냉동기에는 압축기 같은 동력원이 없으므로 소음 및 진동이 적다.

40 축열장치에서 축열재가 갖추어야 할 조건으로 가장 거리가 먼 것은?

① 열의 저장은 쉬워야 하나 열의 방출은 어려워야 한다.
② 취급하기 쉽고 가격이 저렴해야 한다.
③ 화학적으로 안정해야 한다.
④ 단위체적당 축열량이 많아야 한다.

해 ① 열의 저장이 쉽고 열의 방출 또한 용이해야 한다.

3과목 | 배관일반

41 특수 통기 방식 중 배구 수직관에 선회력을 주어 공기코어를 형성하여 통기관 역할을 하는 것은?

① 소벤트 방식(sovent system)
② 섹스티어 방식(sextia system)
③ 스택 벤트 방식(stack vent system)
④ 에어 챔버 방식(air chamber system)

42 배관 회로의 환수방식에 있어서 역환수방식이 직접환수방식보다 우수한 점은?

① 순환펌프의 동력을 줄일 수 있다.
② 배관의 설치 공간을 줄일 수 있다.
③ 유량을 균등하게 배분시킬 수 있다.
④ 재료를 절약할 수 있다.

정답 | 39 ④ 40 ① 41 ② 42 ③

43 진공 환수식 난방법에서 탱크 내 진공도가 필요 이상으로 높아지면 밸브를 열어 탱크 내에 공기를 넣는 안전밸브의 역할을 담당하는 기기는?

① 버큠 브레이커(vacuum breaker)
② 스팀 사일러서(steam silencer)
③ 리프트 피팅(lift fitting)
④ 냉각 레그(cooling leg)

44 중앙식 급탕방법의 장점으로 옳은 것은?

① 배관길이가 짧아 열손실이 적다.
② 탕비장치가 대규모이므로 열효율이 좋다.
③ 건물완성 후에도 급탕개소의 증설이 비교적 쉽다.
④ 설비규모가 적기 때문에 초기 설비비가 적게 든다.

해 ① 배관길이가 길어 열손실이 크다.
③ 증설이 어렵다.
④ 설비규모가 크기 때문에 초기 설비비가 많이 든다.

45 급탕 배관 시공 시 배관 구배로 가장 적당한 것은?

	강제순환식	중력순환식
①	1/100	1/50
②	1/50	1/100
③	1/100	1/100
④	1/200	1/150

46 비중이 약 2.7로서 열 및 전기 전도율이 좋으며 가볍고 전연성이 풍부하여 가공성이 좋고 순도가 높은 것은 내식성이 우수하여 건축재료 등에 주로 사용되는 것은?

① 주석관　② 강관
③ 비닐관　④ 알루미늄관

47 급수설비에서 급수펌프 설치 시 캐비테이션(cavitation) 방지책에 대한 설명으로 <u>틀린</u> 것은?

① 펌프의 회전수를 빠르게 한다.
② 흡입배관은 굽힘부를 적게 한다.
③ 단흡입 펌프를 양흡입 펌프로 바꾼다.
④ 흡입관경은 크게 하고 흡입 양정을 짧게 한다.

해 ① 펌프의 회전수를 느리게 한다(회전수가 빠르면 배관 내 공기층이 형성되어 캐비테이션 현상이 일어난다).

정답 | 43 ① 44 ② 45 ④ 46 ④ 47 ①

• 수험번호 :
• 수험자명 :

• 제한 시간 :
• 남은 시간 :

글자 크기 100% 150% 200% 화면 배치

• 전체 문제 수 :
• 안 푼 문제 수 :

답안 표기란

48 ① ② ③ ④
49 ① ② ③ ④
50 ① ② ③ ④
51 ① ② ③ ④

48 **수도 직결식 급수설비에서 수도본관에서 최상층 수전까지 높이가 10m일 때 수도본관의 최저 필요 수압은?**
(단, 수전의 최저 필요압력은 $0.3kgf/cm^2$, 관내 마찰손실 수두는 $0.2kgf/cm^2$으로 한다.)

① $1.0kgf/cm^2$ ② $1.5kgf/cm^2$
③ $2.0kgf/cm^2$ ④ $2.5kgf/cm^2$

해 필요최저압력(PL)
$= P_1 + P_2 + P_3 = 1 + 0.3 + 0.2$
$= 1.5[kgf/cm^2]$
✓ $10[mH_2O] = 1[kgf/cm^2]$

49 **주철관의 이음방법이 아닌 것은?**

① 소켓 이음(socket joint)
② 플레어 이음(flare joint)
③ 플랜지 이음(flange joint)
④ 노허브 이음(no-hub joint)

해 플레어 이음 : 20mm 이하의 동관 압축이음

50 **배관에서 보온재 선택 시 고려할 사항으로 가장 거리가 먼 것은?**

① 안전 사용 온도 범위
② 열전도율
③ 내용연수
④ 운반비용

해 운반비용은 보온재 선택에 있어 별도의 문제다.

51 **공기조화설비에서 덕트 주요 요소인 가이드 베인에 대한 설명으로 옳은 것은?**

① 소형 덕트의 풍량 조절용이다.
② 대형 덕트의 풍량 조절용이다.
③ 덕트 분기 부분의 풍량 조절을 한다.
④ 덕트 밴드부에서 기류를 안정시킨다.

해 가이드 베인
유체 흐름의 저항을 줄이기 위해 방향을 유도하는 날개
✓ 풍량을 조절하는 장치는 댐퍼이다.

정답 | 48 ② 49 ② 50 ④ 51 ④

글자 크기  100%  150%  200% 화면 배치 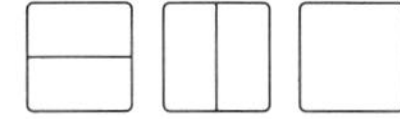

• 전체 문제 수 :
• 안 푼 문제 수 :

답안 표기란

52 ① ② ③ ④
53 ① ② ③ ④
54 ① ② ③ ④
55 ① ② ③ ④

52 배관이나 밸브 등의 보온 시공한 부분의 서포트부에 설치되며 관의 자중 또는 열팽창에 의한 보온재의 파손을 방지하기 위해 사용하는 것은?

① 가이드(guide)
② 파이프 슈(pipe shoe)
③ 브레이스(brace)
④ 앵커(anchor)

53 다음 중 각 장치의 설치 및 특징에 대한 설명으로 틀린 것은?

① 슬루스 밸브는 유량조절용 보다는 개폐용(ON-OFF용)에 주로 사용된다.
② 슬루스 밸브는 일명 게이트 밸브라고도 한다.
③ 스트레이너는 배관 속 먼지, 흙, 모래 등을 제거하기 위한 부속품이다.
④ 스트레이너는 밸브 뒤에 설치한다.

해 스트레이너는 밸브 앞에 설치하여 이물질로부터 밸브를 보호해야 한다.

54 배수관에 설치하는 트랩에 관한 내용으로 틀린 것은?

① 트랩의 유효수심은 관내 압력 변동에 따라 다르나 일반적으로 최저 50mm가 필요하다.
② 트랩은 배수 시 자기세정이 가능해야 한다.
③ 트랩의 봉수파괴 원인은 사이폰작용, 흡출작용, 봉수의 증발 등이 있다.
④ 트랩의 봉수 깊이는 가능한 한 깊게 하여 봉수가 유실되는 것을 방지한다.

해 배수트랩의 봉수 깊이가 너무 깊으면 저항에 의해 통수 능력이 떨어지므로 봉수의 깊이는 50~100mm정도로 한다.

55 슬리브형 신축 이음쇠의 특징이 아닌 것은?

① 신축 흡수량이 크며, 신축으로 인한 응력이 생기지 않는다.
② 설치 공간이 루프형에 비해 크다.
③ 곡선배관 부분이 있는 경우 비틀림이 생겨 파손의 원인이 된다.
④ 장시간 사용 시 패킹의 마모로 인해 누설될 우려가 있다.

해 신축 이음쇠의 크기
루프형>슬리브형>벨로스형>스위블형

정답 | 52 ② 53 ④ 54 ④ 55 ②

• 수험번호:
• 수험자명:
• 제한 시간:
• 남은 시간:

• 전체 문제 수:
• 안 푼 문제 수:

답안 표기란

56	①	②	③	④
57	①	②	③	④
58	①	②	③	④

56 배관 부속기기인 여과기(strainer)에 대한 설명으로 틀린 것은?

① 여과기의 종류에는 형상에 따라 Y형, U형, V형 등이 있다.
② 여과기의 설치 목적은 관 내 유체의 이물질을 제거하여 수량계, 펌프 등을 보호하는데 있다.
③ U형 여과기는 유체의 흐름이 수평이므로 저항이 작아 주로 급수배관용에 사용한다.
④ V형 여과기는 유체가 스트레이너 속을 직선적으로 흐르므로 Y형이나 U형에 비해 유속에 대한 저항이 적다.

해 U형 여과기는 원통형 모양으로 유체는 여과기 망 안쪽으로 들어가 바깥쪽으로 흘러나오므로 유체의 흐름은 직각이 된다. 따라서 유체 흐름의 저항이 크다.

57 가스설비 배관 시 관의 지름은 폴(pole)식을 사용하여 구한다. 이때 고려할 사항이 아닌 것은?

① 가스의 유량 ② 관의 길이
③ 가스의 비중 ④ 가스의 온도

해 폴(pole)식 계산

관지름(D) = $\frac{Q^2 SL}{K^2(P_1^2 - P_2^2)}$ [cm]

Q : 가스유량
S : 가스비중
L : 관의 길이
K : 유량계수
P : 가스압

58 강판제 케이싱 속에 열전도성이 우수한 핀(fin)을 붙여 대류작용만으로 열을 이동시켜 난방하는 방열기는?

① 콘벡터 ② 길드 방열기
③ 주형 방열기 ④ 벽걸이 방열기

정답 | 56 ③ 57 ④ 58 ①

59 이음쇠 중 방진, 방음의 역할을 하는 것은?

① 플렉시블형 이음쇠

② 슬리브형 이음쇠

③ 스위블형 이음쇠

④ 루프형 이음쇠

해 플렉시블 이음 : 압축기나 펌프에 의해 생기는 진동을 흡수해 배관을 보호하는 이음

60 냉동배관 재료로서 갖추어야 할 조건으로 틀린 것은?

① 저온에서 강도가 커야 한다.

② 내식성이 커야 한다.

③ 관내 마찰저항이 커야 한다.

④ 가공 및 시공성이 좋아야 한다.

해 관내 마찰저항이 작아야 유체의 흐름이 좋다.

4과목 | 전기제어공학

61 다음 블록선도 중 비례적분제어기를 나타낸 블록선도는?

①

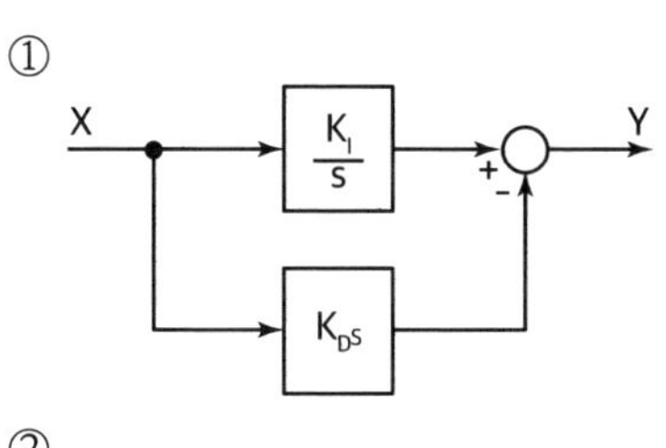

②

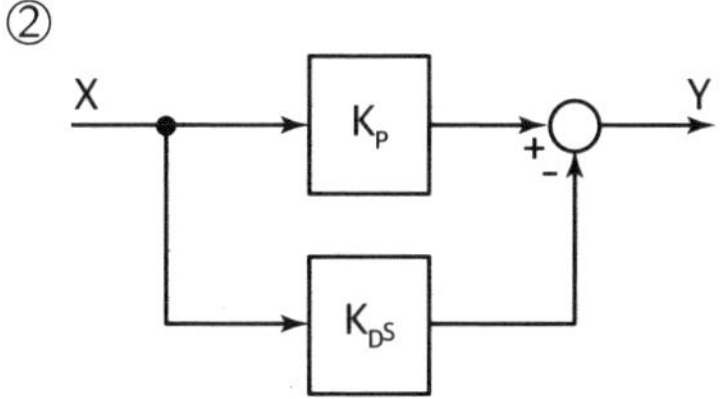

③

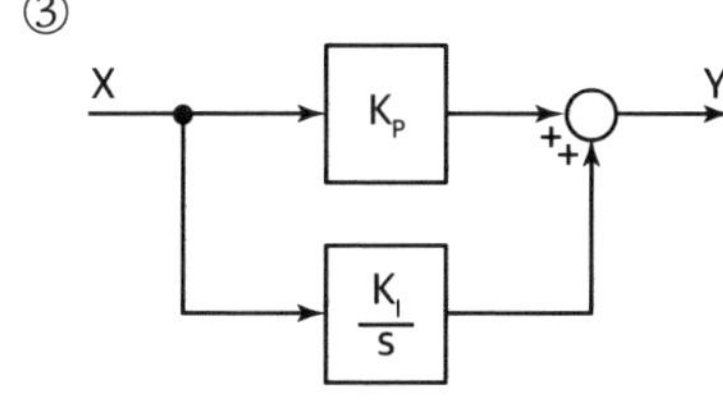

④

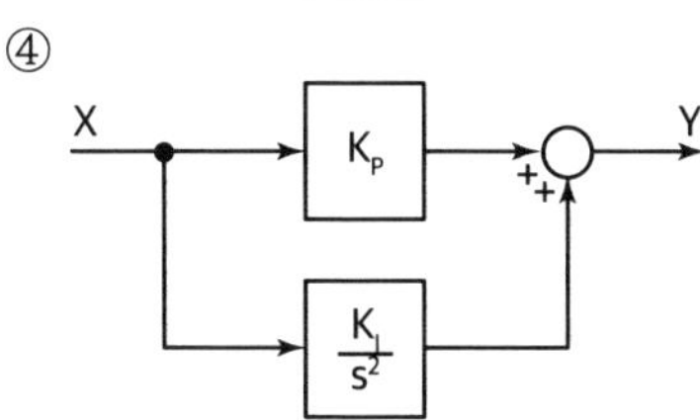

해 1차 지연요소 = $\frac{K}{Ts+1}$

2차 지연요소 = $\frac{K\omega_n^2}{s^2+2\delta\omega_n s+\omega_n^2}$

미분요소 = Ks

비례요소 = K

적분요소 = $\frac{K}{s}$

• 수험번호:
• 수험자명:

• 제한 시간:
• 남은 시간:

글자 크기  100%  150%   200%

화면 배치 

• 전체 문제 수:
• 안 푼 문제 수:

답안 표기란

62	①	②	③	④
63	①	②	③	④
64	①	②	③	④
65	①	②	③	④
66	①	②	③	④

62 전압계에 대한 설명으로 틀린 것은?

① 동작원리는 전류계와 같다.
② 회로에 직렬로 접속한다.
③ 내부저항이 있다.
④ 가동코일형은 직류측정에 사용한다.

해 ② 회로에 병렬로 접속한다.

63 다음의 신호흐름선도의 입력이 5일 때 출력이 3이 되기 위한 A의 값은?

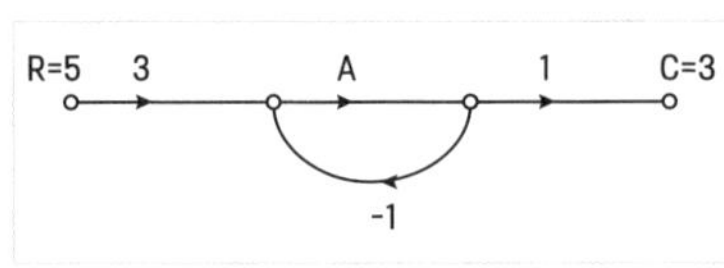

① 1/2 ② 1/3
③ 1/4 ④ 1/5

해 $\frac{C}{R} = \frac{3}{5} = \frac{3 \times A \times 1}{1 + 1 \times A} \rightarrow$
$\frac{3}{5} = \frac{3 \times A}{1 + A} \rightarrow \frac{3}{15} = \frac{A}{1 + A} \rightarrow$
$\frac{1}{5} = \frac{A}{1 + A} \rightarrow$
$5A = 1 + A \rightarrow 4A = 1 \rightarrow A = \frac{1}{4}$

64 ~~목표값이 시간에 대하여 변화하지 않는 제어로 정전압장치나 일정 속도제어 등에 해당하는 제어는?~~ (22년 출제 범위 제외)

① 프로그램제어 ② 추종제어
③ 정치제어 ④ 비율제어

해 정치제어: 목표값이 시간적으로 일정하도록 유지

65 ~~동작신호를 조작량으로 변환하는 요소로서 조절부와 조작부로 이루어진 요소는?~~ (22년 출제 범위 제외)

① 기준입력 요소
② 동작신호 요소
③ 제어 요소
④ 피드백 요소

66 배리스터의 주된 용도는?

① 서지전압에 대한 회로 보호용
② 온도 측정용
③ 출력전류 조절용
④ 전압 증폭용

해 배리스터: 비직선적인 전압-전류 특성을 갖는 반도체 소자로 전압이 증가하면 저항이 감소하는 성질이 있어 서지전압에 대한 회로 보호용으로 사용된다.(2단자)

정답 | 62 ② 63 ③ 64 ③ 65 ③ 66 ①

• 수험번호:
• 수험자명:
• 제한 시간:
• 남은 시간:

글자 크기  100%  150%  200% 화면 배치 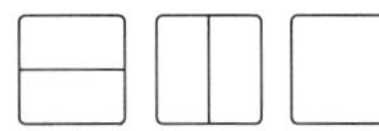

• 전체 문제 수:
• 안 푼 문제 수:

답안 표기란

67	①	②	③	④
68	①	②	③	④
69	①	②	③	④
70	①	②	③	④

67 그림은 제어회로의 일부이다. 회로의 설명이 틀린 것은?

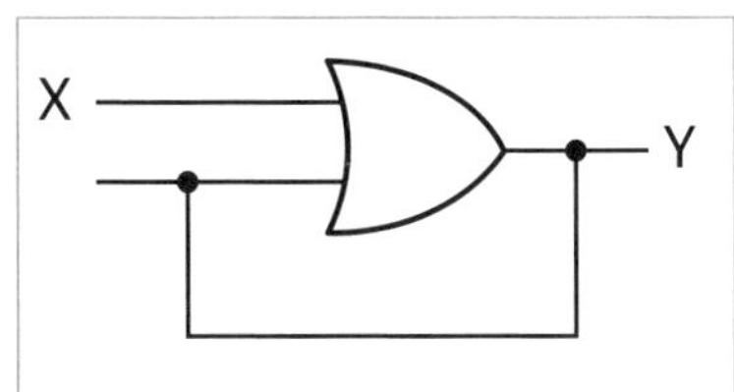

① 자기유지회로이다.

② 논리식은 Y=X+Y이다.

③ X가 "1"이면, 항상 Y는 "1"이다.

④ Y가 "1"인 상태에서 X가 0이면, Y는 0이 되는 회로이다.

해 OR 자기유지회로이므로 X, Y 둘 중 하나라도 1이면 출력은 1이 된다.

68 ~~100V, 10A, 전기자저항 1Ω, 회전수 1800rpm인 직류 전동기의 역기전력은 몇 V인가?~~

(22년 출제 범위 제외)

① 80 ② 90

③ 100 ④ 110

해 V=IR+E
V : 전압
I : 전류
R : 저항
E : 역기전력
E=V-IR=100-10*1=90[V]

69 ~~R-L-C 직렬회로에서 전류가 최대로 되는 조건은?~~

(22년 출제 범위 제외)

① $\omega L = \omega C$

② $\frac{\omega^2 L}{R} = \frac{1}{\omega CR}$

③ $\omega LC = 1$

④ $\omega L = \frac{1}{\omega C}$

해 R-L-C 직렬 공진 회로($X_L = X_C = 0$) - 전류가 최대가 된다

$\omega L = \frac{1}{\omega C}$ $\therefore \omega^2 LC = 1$

R-L-C 병렬 공진 회로(=0) - 전류는 최소가 된다.

$\omega C = \frac{1}{\omega L}$ $\therefore \omega^2 LC = 1$

70 직류전동기는 속도제어를 비교적 간단하게 할 수 있고 기동 토크가 크므로 엘리베이터나 전차 등에 많이 사용되고 있다. 직류전동기에 가해지는 전압을 제어하여 속도제어로 많이 사용되는 방법은?

① 전압제어방식

② 계자저항제어방식

③ 1단속도제어방식

④ 워드-레오너드방식

| 정답 | 67 ④ 68 ② 69 ④ 70 ④

• 수험번호:
• 수험자명:

• 제한 시간:
• 남은 시간:

글자 크기 100% 150% 200% 화면 배치

• 전체 문제 수:
• 안 푼 문제 수:

답안 표기란

71 ① ② ③ ④
72 ① ② ③ ④
73 ① ② ③ ④
74 ① ② ③ ④
75 ① ② ③ ④

71 ~~직류 회로에서 일정 전압에 저항을 접속하고 전류를 흘릴 때 25%의 전류값을 증가시키고자 한다. 이때 저항을 몇 배로 하면 되는가?~~ (22년 출제 범위 제외)

① 0.25　② 0.8
③ 1.6　④ 2.5

해 $I=\frac{V}{R}\rightarrow R=\frac{V}{I\times 1.25}=\frac{1}{I\times 1.25}$
$=0.8$

72 ~~1차 자연요소의 전달함수는?~~ (22년 출제 범위 제외)

① s/K　② Ks
③ 1/K　④ $\frac{K}{Ts+1}$

73 파형률이 가장 큰 것은?

① 구형파　② 삼각파
③ 정현파　④ 포물선파

해 정현파 : 1.11
정현반파 : 1.57
삼각파 : 1.15
구형파 : 1
구형반파 : 1.41

74 ~~전기력선의 성질로 틀린 것은?~~ (22년 출제 범위 제외)

① 양전하에서 나와 음전하로 끝나는 연속곡선이다.
② 전기력선상의 접선은 그 점에 있어서의 전계의 방향이다.
③ 전기력선은 서로 교차한다.
④ 단위 전계강도 1V/m인 점에 있어서 전기력선 밀도를 1개/m²라 한다.

해 ③ 전기력선은 서로 교차하지 않는다.

75 Lsh는 어떤 기능인가?

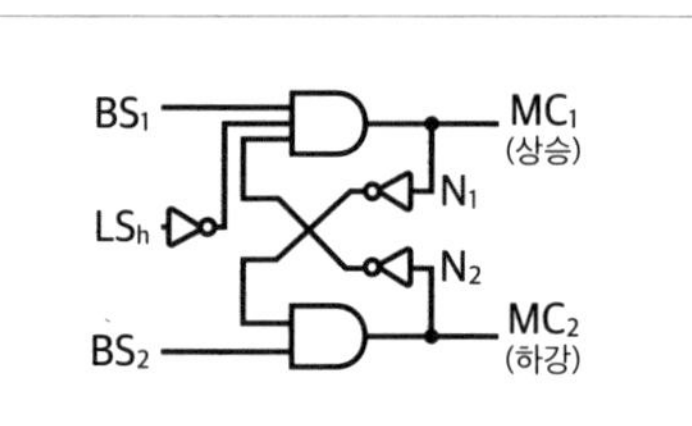

① 인터록
② 상승정지(상부에서)
③ 기동입력
④ 하강정지(하부에서)

해 호이스트가 상부까지 올라가면 정지하는 신호

정답 | 71 ② 72 ④ 73 ② 74 ③ 75 ②

• 수험번호 :
• 수험자명 :

• 제한 시간 :
• 남은 시간 :

글자 크기 100% 150% 200% 화면 배치

• 전체 문제 수 :
• 안 푼 문제 수 :

답안 표기란

76 ① ② ③ ④
77 ① ② ③ ④
78 ① ② ③ ④
79 ① ② ③ ④
80 ① ② ③ ④

76 ~~제벡 효과(Seebeck effect)를 이용한 센서에 해당하는 것은?~~ (22년 출제 범위 제외)

① 저항 변화용
② 인덕턴스 변화용
③ 용량 변화용
④ 전압 변화용

해 서로 다른 종류의 금속을 접합하여 두 접점 간의 온도차를 주면 전압이 발생되는 현상

77 ~~다음 중 프로세스 제어에 속하는 것은?~~ (22년 출제 범위 제외)

① 장력 ② 압력
③ 전압 ④ 저항

해 온도, 압력, 유량, 농도, 조성, 액면레벨 등 공업량의 자동제어

78 변압기의 정격용량은 2차 출력단자에서 얻어지는 어떤 전력으로 표시하는가?

① 피상전력 ② 유효전력
③ 무효전력 ④ 최대전력

해 피상전력 : 교류의 부하 또는 전원의 용량을 나타내는 값.(유효전력+무효전력)

79 ~~100V의 기전력으로 100J의 일을 할 때 전기량은 몇C인가?~~ (22년 출제 범위 제외)

① 0.1 ② 1
③ 10 ④ 100

해 전기량(Q) = It

$I = \frac{Q}{t}$

전력량(W) = VIt = VQ

$Q = \frac{W}{V} = \frac{100}{100} = = 1[C]$

80 진리표의 논리식과 같지 않은 것은?

입력		출력
A	B	X
0	0	0
0	1	1
1	0	1
1	1	1

① $X = B + A \cdot \overline{B}$
② $X = A + B$
③ $X = A \cdot B + \overline{A} \cdot B$
④ $X = A + \overline{A} \cdot B$

해 ① X = 0 + 1·1 = 1 + 0·0 = 1 + 1·0 = 1
② X = 0 + 1 = 1 + 0 = 1 + 1 = 1
③ X = 0·1 + 1·1 = 1·1 + 0·1 = 1
X = 1·0 + 0·0 = 0
④ X = 0 + 1·1 = 1 + 0·0 = 1 + 0·1 = 1

정답 | 76 ④ 77 ② 78 ① 79 ② 80 ③

PART 6

:기출문제 2회(2015.05.31)

• 수험번호:
• 수험자명:

• 제한 시간:
• 남은 시간:

글자 크기   100%  150%  200% 화면 배치 

• 전체 문제 수:
• 안 푼 문제 수:

답안 표기란

01	①	②	③	④
02	①	②	③	④
03	①	②	③	④
04	①	②	③	④
05	①	②	③	④

1과목 | 공기조화

01 극간풍의 풍량을 계산하는 방법으로 틀린 것은?

① 환기 횟수에 의한 방법
② 극간 길이에 의한 방법
③ 창 면적에 의한 방법
④ 재실 인원수에 의한 방법

해 극간풍량 산출방법: 환기횟수법, 창문면적법, 극간길이법

02 환기와 배연에 관한 설명으로 틀린 것은?

① 환기란 실내의 공기를 차거나 따뜻하게 만들기 위한 것이다.
② 환기는 급기 또는 배기를 통하여 이루어진다.
③ 환기는 자연적인 방법, 기계적인 방법이 있다.
④ 배연 설비란 화재 초기에 발생하는 연기를 제거하기 위한 설비이다.

해 환기: 일정 공간의 공기를 그 이외의 공기와 교환하는 일.

03 공기조화방식 분류 중 전공기 방식이 아닌 것은?

① 멀티존 유닛방식
② 변풍량 재열식
③ 유인유닛방식
④ 정풍량식

해 유인유닛 방식: 수-공기방식

04 다음 분류 중 천장 취출방식이 아닌 것은?

① 아네모스탯형 ② 브리즈 라인형
③ 팬형 ④ 유니버설형

해 천장형: 아네모스탯형, 팬형, 펑커루버형, 라인형
벽부착형: 그릴, 레지스터, 유니버설형, 노즐형

05 다음 중 엔탈피의 단위는?

① kcal/kg·℃
② kcal/kg
③ $\text{kcal/m}^2\cdot\text{h}\cdot$℃
④ kcal/m·h·℃

해 ① 비열의 단위
② 엔탈피 단위
③ 열관류율 단위
④ 열전도율 단위

| 📖 정답 | 01 ④ 02 ① 03 ③ 04 ④ 05 ②

• 수험번호 :
• 수험자명 :

• 제한 시간 :
• 남은 시간 :

글자 크기  100%  150%  200% 화면 배치  

• 전체 문제 수 :
• 안 푼 문제 수 :

답안 표기란

06 ① ② ③ ④
07 ① ② ③ ④
08 ① ② ③ ④

06 다음의 표시된 벽체의 열관류율은?

(단, 내표면의 열전달률 ai = 8kcal/$m^2 \cdot h \cdot ℃$, 외표면의 열전도율 ao = 20kcal/$m^2 \cdot h \cdot ℃$, 벽돌의 열전도율 λa = 0.5kcal/m·h·℃, 단열재의 열전도율 λb = 0.03kcal/m·h·℃, 모르터의 열전도율 λc = 0.62kcal/m·h·℃이다.)

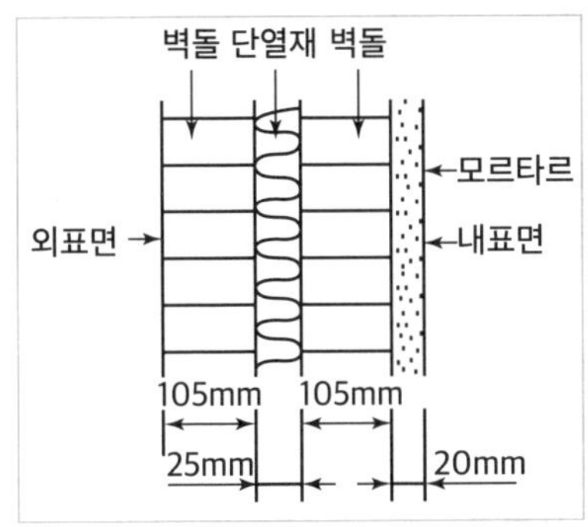

① 0.685kcal/$m^2 \cdot h \cdot ℃$

② 0.778kcal/$m^2 \cdot h \cdot ℃$

③ 0.813kcal/$m^2 \cdot h \cdot ℃$

④ 1,460kcal/$m^2 \cdot h \cdot ℃$

해 열관류율(K) = $\dfrac{1}{\dfrac{1}{\alpha_1} + \dfrac{l}{\lambda} + \dfrac{1}{\alpha_2}}$

$= \dfrac{1}{\dfrac{1}{8} + \dfrac{0.105}{0.5} + \dfrac{0.025}{0.03} + \dfrac{0.105}{0.5} + \dfrac{0.02}{0.62} + \dfrac{1}{20}}$

= 0.685[kcal/$m^2 \cdot h \cdot ℃$]

07 다음 중 현열부하에만 영향을 주는 것은?

① 건구온도 ② 절대습도
③ 비체적 ④ 상대습도

해 물질의 상태는 변화없이 온도 변화에만 사용되는 열

08 전열량의 변화와 절대습도 변화의 비율을 무엇이라고 하는가?

① 현열비 ② 포화비
③ 열수분비 ④ 절대비

해 열수분비 = $\dfrac{\text{전열량의변화}}{\text{절대습도}}$

✓ 전열량 = 열
✓ 절대습도 = 수분
✓ 비율 = 비

09 유인 유닛 공조방식에 대한 설명으로 옳은 것은?

① 실내환경 변화에 대응이 어렵다.
② 덕트 공간이 비교적 크다.
③ 각 실의 제어가 어렵다.
④ 회전부분이 없어 동력(전기) 배선이 필요없다.

해 유인 유닛 공조방식
- 부하변동에 따른 적응성이 좋다
- 고속덕트를 사용하므로 덕트스페이스가 적게든다.
- 수-공기방식이므로 개별제어가 용이하다.
- 1차 공조기에서 송풍된 공기에 의해 송풍되므로 동력부분이 없다

10 습공기 선도상에서 확인할 수 있는 사항이 아닌 것은?

① 노점 온도
② 습공기의 엔탈피
③ 효과 온도
④ 수증기 분압

해 습공기선도 : 건구온도, 습구온도, 노점온도, 상대습도, 절대습도, 수증기 분압, 엔탈피, 비체적, 열수분비, 현열비를 나타낸다.

11 공기조화의 냉수코일을 설계하고자 할 때의 설명으로 틀린 것은?

① 코일을 통과하는 물의 속도는 1m/s 정도가 되도록 한다.
② 코일 출입구의 수온 차는 대개 5~10℃ 정도가 되도록 한다.
③ 공기와 물의 흐름은 병류(평행류)로 하는 것이 대수평균 온도차가 크게 된다.
④ 코일의 모양은 효율을 고려하여 가능한 한 정방형으로 본다.

해 ③ 공기와 물의 흐름은 역류(대향류)로 하는 것이 대수평균 온도차가 크게 된다.

정답 | 09 ④ 10 ③ 11 ③

• 수험번호 :
• 수험자명 :

• 제한 시간 :
• 남은 시간 :

글자 크기   100%  150%  200% 화면 배치  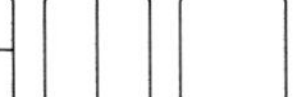

• 전체 문제 수 :
• 안 푼 문제 수 :

답안 표기란

12 ① ② ③ ④
13 ① ② ③ ④
14 ① ② ③ ④

12 **전공기식 공기조화에 관한 설명으로 틀린 것은?**

① 덕트가 소형으로 되므로 스페이스가 작게 된다.
② 송풍량이 충분하므로 실내공기의 오염이 적다.
③ 중앙집중식이므로 운전, 보수관리를 집중화할 수 있다.
④ 병원의 수술실과 같이 높은 공기의 청정도를 요구하는 곳에 적합하다.

해 ① 덕트가 대형이므로 스페이스가 크게 된다.

13 **펌프를 작동원리에 따라 분류할 때 왕복펌프에 해당되지 않는 것은?**

① 피스톤 펌프
② 베인 펌프
③ 다이어프램 펌프
④ 플런저 펌프

해 왕복동 펌프 : 피스톤, 플런저, 원싱턴, 다이어프램 등
원심 펌프 : 볼류트, 터빈, 라인, 심정, 논클러그, 기어, 베인, 나사, 캠 등

14 **다음과 같은 사무실에서 방열기 설치위치로 가장 적당한 것은?**

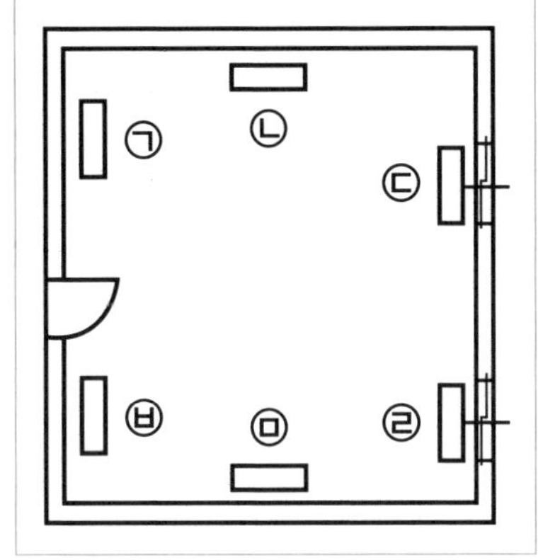

① ㉠, ㉡ ② ㉡, ㉤
③ ㉢, ㉣ ④ ㉣, ㉥

해 방열기는 창문가에 설치하는 것이 이상적이며 벽에서 50~60mm, 바닥에서 100~150mm 정도 거리를 유지하여 설치

정답 | 12 ① 13 ② 14 ③

• 수험번호 :
• 수험자명 :

• 제한 시간 :
• 남은 시간 :

글자 크기  100%  150% 200% 화면 배치 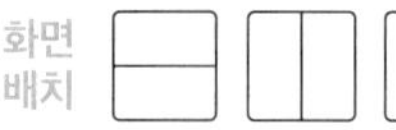

• 전체 문제 수 :
• 안 푼 문제 수 :

답안 표기란

15 ① ② ③ ④
16 ① ② ③ ④
17 ① ② ③ ④

15 덕트의 설계법을 순서대로 나열한 것 중 가장 바르게 연결한 것은?

① 송풍량 결정→덕트경로 결정→덕트치수 결정→취출구 및 흡입구 위치 결정→송풍기 선정→설계도 작성
② 송풍량 결정→취출구 및 흡입구 위치 결정→덕트경로 설정→덕트치수 결정→송풍기 선정→설계도 작성
③ 덕트치수 결정→송풍량 결정→덕트경로 결정→취출구 및 흡입구 위치 결정→송풍기 선정→설계도 작성
④ 덕트치수 결정→덕트경로 결정→취출구 및 흡입구위치 결정→송풍량 결정→송풍기 선정→설계도 작성

16 다음의 습공기 선도상에서 E-F는 무엇을 나타내는 것인가?

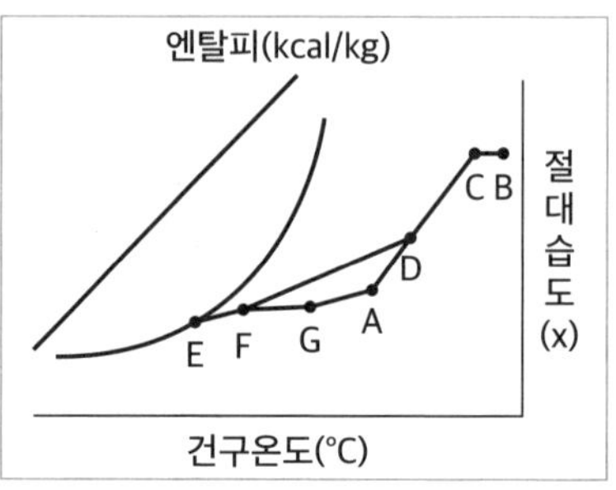

① 가습
② 재열
③ CF(Contact Factor)
④ BF(By-pass Factor)

해 E-F : 바이패스 팩터(BF)
D-F : 콘택트 팩터(CF)

17 공조용 가습장치 중 수분무식에 해당하지 않는 것은?

① 원심식 ② 초음파식
③ 분무식 ④ 적하식

해 수분무식 가습 : 원심식, 초음파식, 분무식
증발식 가습 : 회전식, 모세관식, 적하식
증기식 가습 : 전열식(가습팬형), 전극식, 적외선식, 과열증기식, 노즐분무식

정답 | 15 ② 16 ④ 17 ④

• 수험번호:
• 수험자명:

• 제한 시간:
• 남은 시간:

글자 크기  100%  150%  200% 화면 배치  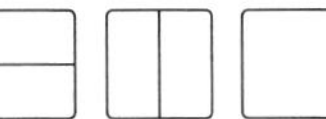

• 전체 문제 수:
• 안 푼 문제 수:

답안 표기란

18 ① ② ③ ④

19 ① ② ③ ④

18 덕트의 직관부를 통해 공기가 흐를 때 발생하는 마찰저항에 대한 설명 중 틀린 것은?

① 관의 마찰 저항계수에 비례한다.

② 덕트의 지름에 반비례한다.

③ 공기의 평균속도의 제곱에 비례한다.

④ 중력 가속도의 2배에 비례한다.

해 마찰저항 = $\lambda \cdot \frac{l}{D} \cdot \frac{V^2}{2g}$

λ : 마찰계수
l : 덕트 길이[m]
g : 중력가속도[m/s²]
D : 덕트의 지름[m]
V : 풍속[m/s]

19 다음 장치도 및 t-x선도와 같이 공기를 혼합하여 냉각, 재열한 후 실내로 보낸다. 여기서, 외기부하를 나타내는 식은?
(단, 혼합공기량은 G(kg/h)이다.)

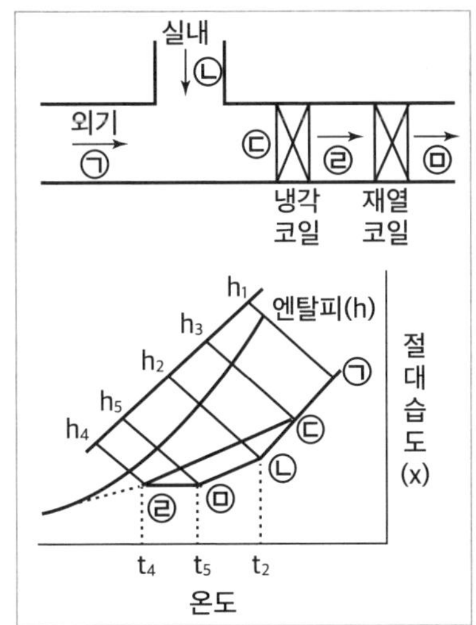

① $q = G(h_3 - h_4)$ ② $q = G(h_1 - h_3)$

③ $q = G(h_5 - h_4)$ ④ $q = G(h_3 - h_2)$

해 ㉠ : 외기부하
㉡ : 실내부하
㉢ : 혼합공기
외기부하 = 혼합부하 - 실내부하

• 수험번호:
• 수험자명:
• 제한 시간:
• 남은 시간:

글자 크기  100%  150%  200% 화면 배치 

• 전체 문제 수:
• 안 푼 문제 수:

답안 표기란
20 ① ② ③ ④
21 ① ② ③ ④

20 **습공기를 냉각하게 되면 공기의 상태가 변화한다. 이때 증가하는 상태값은?**

① 건구온도 ② 습구온도
③ 상대습도 ④ 엔탈피

해 습공기를 냉각하면 공기중 수분이 응축되어 상대습도가 증가한다.

2과목 | 냉동공학

21 **이상 기체를 체적이 일정한 상태에서 가열하면 온도와 압력은 어떻게 변하는가?**

① 온도가 상승하고 압력도 높아진다.
② 온도는 상승하고 압력은 낮아진다.
③ 온도는 저하하고 압력은 높아진다.
④ 온도가 저하하고 압력도 낮아진다.

해 $PV=GRT$ (가열하면 온도 T는 기본적으로 상승하며, 체적 V가 일정하면 압력P는 상승하게 된다.)

정답 | 20 ③ 21 ①

• 수험번호 :
• 수험자명 :

• 제한 시간 :
• 남은 시간 :

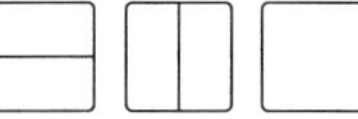

• 전체 문제 수 :
• 안 푼 문제 수 :

답안 표기란

22	①	②	③	④
23	①	②	③	④
24	①	②	③	④
25	①	②	③	④

22 그림과 같은 이론 냉동 사이클이 적용된 냉동장치의 성적계수는?
(단, 압축기의 압축효율 80%, 기계효율 85%로 한다.)

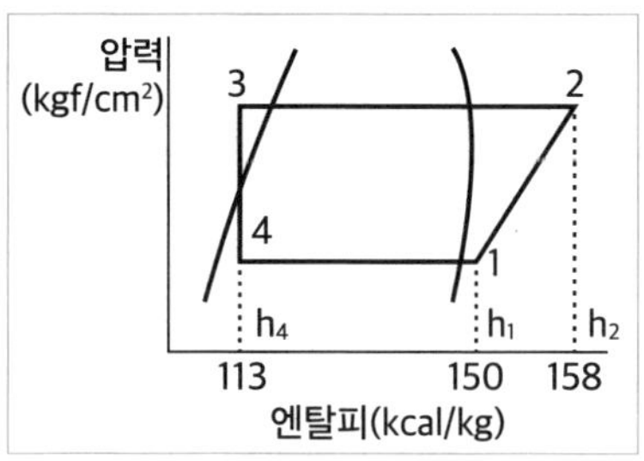

① 2.4 ② 3.1
③ 4.4 ④ 5.1

해 이론 성적계수 $\varepsilon = \frac{q_e}{Aw}$

$= \frac{150 - 113}{158 - 150}$

실제 성적계수 $\varepsilon_0 = \varepsilon \times \eta_c \times \eta_m$

$= \frac{150 - 113}{158 - 150} \times 0.8 \times 0.85$

= 약 3.1

23 단열재의 선택요건에 해당되지 않는 것은?

① 열전도도가 크고 방습성이 클 것
② 수축변형이 적을 것
③ 흡수성이 없을 것
④ 내압강도가 클 것

해 단열재는 열전도도가 작아야 단열 효과가 크다.

24 팽창밸브로 모세관을 사용하는 냉동장치에 관한 설명 중 틀린 것은?

① 교축 정도가 일정하므로 증발부하 변동에 따라 유량조절이 불가능하다.
② 밀폐형으로 제작되는 소형 냉동장치에 적합하다.
③ 내경이 크거나 길이가 짧을수록 유체저항의 감소로 냉동능력은 증가한다.
④ 감압정도가 크면 냉매 순환량이 적어 냉동능력을 감소시킨다.

해 ③ 내경이 크거나 길이가 짧을수록 유체저항의 감소로 냉매 순환량은 증가한다.

25 4마력(PS)기관이 1분간에 하는 일의 열당량은?

① 약 0.042kcal ② 약 0.42kcal
③ 약 4.2kcal ④ 약 42.1kcal

해 1PS = 632kcal/h이므로

$\frac{632 \times 4}{60}$ = 42.1[kcal]

26 수냉식 응축기에 대한 설명 중 옳은 것은?

① 냉각수량이 일정한 경우 냉각수 입구온도가 높을수록 응축기내의 냉매는 액화하기 쉽다.

② 종류에는 입형 셸 튜브식, 7통로식, 지수식 응축기 등이 있다.

③ 이중관식 응축기는 냉매증기와 냉각수를 평행류로 함으로써 냉각수량이 많이 필요하다.

④ 냉각수의 증발잠열을 이용해 냉매가스를 냉각한다.

해 ① 냉각수량이 일정한 경우 냉각수 입구온도가 높을수록 응축기내의 냉매는 액화하기 어렵다.
③ 이중관식 응축기는 냉매증기와 냉각수를 대향류로 함으로써 냉각수량이 적게 필요하다.
④ 냉각수의 응축잠열을 이용해 냉매가스를 냉각한다.

27 프레온 냉동장치에서 유분리기를 설치하는 경우가 아닌 것은?

① 만액식 증발기를 사용하는 장치의 경우

② 증발온도가 높은 냉동장치의 경우

③ 토출가스 배관이 긴 경우

④ 토출가스에 다량의 오일이 섞여나가는 경우

해 ② 증발온도가 낮은 냉동장치의 경우

28 2원냉동 사이클에서 중간열교환기인 캐스케이트 열교환기의 구성은 무엇으로 이루어져 있는가?

① 저온측 냉동기의 응축기와 고온측 냉동기의 증발기

② 저온측 냉동기의 증발기와 고온측 냉동기의 응축기

③ 저온측 냉동기의 응축기와 고온측 냉동기의 응축기

④ 저온측 냉동기의 증발기와 고온측 냉동기의 증발기

해 2원냉동은 저온측 냉동기의 응축압력을 효과적으로 낮추기 위해 또 하나의 냉동기 사이클의 증발기로 응축압력을 낮춘다.

| 정답 | 26 ② 27 ② 28 ①

• 수험번호 :
• 수험자명 :

• 제한 시간 :
• 남은 시간 :

글자 크기  100%  150%  200%

화면 배치 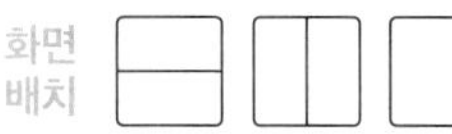

• 전체 문제 수 :
• 안 푼 문제 수 :

답안 표기란

29	①	②	③	④
30	①	②	③	④
31	①	②	③	④
32	①	②	③	④

29 프레온계 냉동장치의 배관재료로 가장 적당한 것은?

① 철 ② 강
③ 동 ④ 마그네슘

해 프레온 : 동관
암모니아 : 강관

30 카르노 사이클의 기관에서 20℃와 300℃ 사이에서 작동하는 열기관의 열효율은?

① 약 42% ② 약 48%
③ 약 52% ④ 약 58%

해 열기관의 열효율 = $\frac{T_H - T_L}{T_H}$

$= \frac{(273+300)-(273+20)}{(273+300)} \times 100$

= 약 48%

31 열에 대한 설명으로 옳은 것은?

① 온도는 변화하지 않고 물질의 상태를 변화시키는 열은 잠열이다.
② 냉동에는 주로 이용되는 것은 현열이다.
③ 잠열은 온도계로 측정할 수 있다.
④ 고체를 기체로 직접 변화시키는데 필요한 승화열은 감열이다.

해 ② 냉동에는 주로 이용되는 것은 잠열이다.
③ 잠열은 온도계로 측정할 수 없다.
④ 고체를 기체로 직접 변화시키는데 필요한 승화열은 잠열이다.

32 몰리에르 선도에 대한 설명 중 틀린 것은?

① 과열구역에서 등엔탈피선은 등온선과 거의 직교한다.
② 습증기 구역에서 등온선과 등압선은 평행하다.
③ 습증기 구역에서만 등건조도선이 존재한다.
④ 등비체적선은 과열 증기구역에서도 존재한다.

해 과열구역에서 등온선은 곡선 형태이므로 수직형태인 등엔탈피선과 직교하지 않는다.

정답 | 29 ③ 30 ② 31 ① 32 ①

• 수험번호:
• 수험자명:

• 제한 시간:
• 남은 시간:

글자 크기  100%  150% 200% 화면 배치  

• 전체 문제 수:
• 안 푼 문제 수:

답안 표기란

33 ① ② ③ ④
34 ① ② ③ ④
35 ① ② ③ ④

33 만액식 증발기의 특징으로 가장 거리가 먼 것은?

① 전열작용이 건식보다 나쁘다.
② 증발기 내에 액을 가득 채우기 위해 액면제어 장치가 필요하다.
③ 액과 증기를 분리시키기 위해 액분리기를 설치한다.
④ 증발기 내에 오일이 고일 염려가 있으므로 프레온의 경우 유회수장치가 필요하다.

해 만액식은 건식보다 전열 효과가 크다

34 건식 증발기의 종류에 해당되지 않는 것은?

① 셀 코일식 냉각기
② 핀 코일식 냉각기
③ 보델로 냉각기
④ 플레이트 냉각기

해 보데로 냉각기: 액체 냉각용으로 쓰이며, 주로 만액식으로 제작된다.

35 제빙능력이 50ton/day, 제빙원수 온도가 5℃, 제빙된 얼음의 평균온도가 -6℃일 때, 제빙조에 설치된 증발기의 냉동부하는?
(단, 물의 비열은 1kcal/kg·℃, 얼음의 비열은 0.5kcal/kg·℃, 물의 응고잠열은 80kcal/kg이다.)

① 약 162400kcal/h
② 약 183333kcal/h
③ 약 185220kcal/h
④ 약 193515kcal/h

해 현열식 = G·C·Δt
G: 중량[kg]
C: 비열[kcal/kg·℃]
Δt: 온도차[℃]
잠열식 = G·r
r: 잠열[kcal/kg]
1. 5℃의 물 50,000kg을 0℃로 만드는데 필요한 현열
50000 × 1 × (5 - 0)
= 250,000[kcal/day]
250000 / 24 = 10,416.67[kcal/h]
2. 0℃의 물 50,000kg을 0℃ 얼음으로 변하는데 필요한 잠열
50000 × 80 = 4,000,000[kcal/day]
4000000 / 24 = 166,666.67[kcal/h]
3. 0℃의 얼음 50,000kg을 -6℃로 만드는데 필요한 현열
50000 × 0.5 × (0 - (-6))
= 150,000[kcal/day]
150000 / 24 = 6,250[kcal/h]
증발기 냉동부하
= 10416.67 + 166666.67 + 6250
= 약 183,333[kcal/h]

정답 | 33 ① 34 ③ 35 ②

• 수험번호:
• 수험자명:

• 제한 시간:
• 남은 시간:

글자 크기    화면 배치  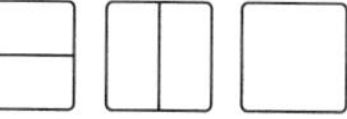

• 전체 문제 수:
• 안 푼 문제 수:

답안 표기란

36 ① ② ③ ④
37 ① ② ③ ④
38 ① ② ③ ④

36 12kW 펌프의 회전수가 800rpm, 토출량 $1.5m^3/min$인 경우 펌프의 토출량을 $1.8m^3/min$으로 하기 위하여 회전수를 얼마로 변화하면 되는가?

① 850rpm ② 960rpm
③ 1025rpm ④ 1365rpm

해 공기조화 송풍기의 상사법칙을 이용

$Q_2 = Q_1\left(\frac{N_2}{N_1}\right) \rightarrow N_2 = \frac{Q_2 \times N_1}{Q_1}$

$= \frac{1.8 \times 800}{1.5} = 960[rpm]$

37 액체나 기체가 갖는 모든 에너지를 열량의 단위로 나타나낸 것을 무엇이라고 하는가?

① 엔탈피 ② 외부에너지
③ 엔트로피 ④ 내부에너지

해 엔탈피 : 어떤 물질 1[kg]이 가지고 있는 열량의 총합

38 밀폐계에서 실린더 내에 0.2kg의 가스가 들어있다. 이것을 압축하기 위하여 1200kg·m의 일을 소비할 때, 1kcal의 열을 주위에 방출한다면 가스 1kg당 내부에너지의 증가는?
(단, 위치 및 운동에너지는 무시한다.)

① 약 5.41kcal/kg
② 약 7.65kcal/kg
③ 약 9.05kcal/kg
④ 약 11.43kcal/kg

해 Q = u + Aw

일의 열당량 = $\frac{1}{427}$ [kcal/kg·m]

Q = -1[kcal](내부에너지는 열을 흡수한 것이 아니라 방출하였으므로 -값이 된다).

$Aw = \frac{-1200}{427} = -2.81[kcal]$

(1200[kg·m] 일을 소비하였으므로 -값이 된다).

가스 0.2[kg]의 내부에너지(u)
= -1-(-2.81) = 1.81[kcal]

1[kg]과 0.2[kg]은 5배 차이이므로
가스 1[kg]의 내부에너지(u)
= 1.81×5 = 9.05[kcal/kg]

정답 | 36 ② 37 ① 38 ③

• 수험번호 :
• 수험자명 :

• 제한 시간 :
• 남은 시간 :

글자 크기  100%  150%  200%

화면 배치 

• 전체 문제 수 :
• 안 푼 문제 수 :

답안 표기란

39	①	②	③	④
40	①	②	③	④
41	①	②	③	④
42	①	②	③	④

39 간접 냉각 냉동장치에 사용하는 2차 냉매인 브라인이 갖추어야 할 성질로 틀린 것은?

① 열전달 특성이 좋아야 한다.
② 부식성이 없어야 한다.
③ 비등점이 높고, 응고점이 낮아야 한다.
④ 점성이 커야 한다.

해 ④ 점성이 작아야 한다(점성이 높으면 순환이 원활하지 못하게 된다).

40 암모니아 냉매의 특성이 아닌 것은?

① 수분을 함유한 암모니아는 구리와 그 합금을 부식시킨다.
② 대규모 냉동장치에 널리 사용되고 있다.
③ 물과 윤활유에 잘 용해된다.
④ 독성이 강하고, 강한 자극성을 가지고 있다.

해 ③ 물에는 잘 용해되고 윤활유와는 잘 용해되지 않는다.

3과목 | 배관일반

41 다음의 경질염화 비닐관에 대한 설명 중 틀린 것은?

① 전기 절연성이 좋으므로 전기부식 작용이 없다.
② 금속관에 비해 차음효과가 크다.
③ 열전도율이 동관보다 크다.
④ 극저온 및 고온배관에 부적당하다.

해 경질염화 비닐관 열전도도 : 0.12[kcal/m·h·℃]
동관 열전도도 : 332[kcal/m·h·℃]

42 건축설비의 급수배관에서 기울기에 대한 설명으로 틀린 것은?

① 급수관의 모든 기울기는 1/250을 표준으로 한다.
② 배관 기울기는 관의 수리 및 기타 필요 시 관내의 물을 완전히 퇴수시킬 수 있도록 시공하여야 한다.
③ 배관 기울기는 관 내 흐르는 유체의 유속과 관련이 없다.
④ 옥상 탱크의 수평 주관은 내림 기울기를 한다.

해 ③ 배관 기울기는 관 내 흐르는 유체의 유속과 관련이 크다

정답 | 39 ④ 40 ③ 41 ③ 42 ③

• 수험번호:
• 수험자명:

• 제한 시간:
• 남은 시간:

글자 크기   100%  150%  200% 화면 배치 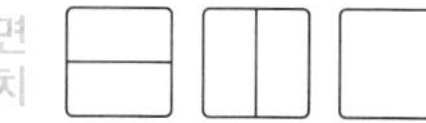

• 전체 문제 수:
• 안 푼 문제 수:

답안 표기란

43 ① ② ③ ④
44 ① ② ③ ④
45 ① ② ③ ④
46 ① ② ③ ④
47 ① ② ③ ④

43 급탕 배관에서 안전을 위해 설치하는 팽창관의 위치는 어느 곳인가?

① 급탕관과 반탕관 사이
② 순환펌프와 가열장치 사이
③ 반탕관과 순환펌프 사이
④ 가열장치와 고가탱크 사이

44 일반적으로 루프형 신축이음의 굽힘 반경은 사용관경의 몇 배 이상으로 하는가?

① 1배 ② 3배
③ 4배 ④ 6배

해 루프형 : 설치면적이 크고 고온고압의 옥외용으로 쓰이며 곡률반경은 관지름의 6배 이상

45 고압증기 난방에서 환수관이 트랩 장치보다 높은 곳에 배관 되었을 때 버킷 트랩이 응축수를 리프팅 하는 높이는 증기 파이프와 환수관의 압력차 1kg/cm^{2}에 대하여 얼마로 하는가?

① 2m 이하 ② 5m 이하
③ 8m 이하 ④ 11m 이하

46 기수 혼합식 급탕기를 사용하여 물을 가열할 때 열 효율은?

① 100% ② 90%
③ 80% ④ 70%

해 기수혼합식은 저탕조에 직접 증기를 분사하여 가열하므로 열 효율은 100%가 된다.

47 밸브의 일반적인 기능으로 가장 거리가 먼 것은?

① 관내 유량 조절 기능
② 관내 유체의 유동 방향 전환 기능
③ 관내 유체의 온도 조절 기능
④ 관내 유체 유동의 개폐 기능

해 밸브와 온도조절과는 관련이 없다

정답 | 43 ④ 44 ④ 45 ② 46 ① 47 ③

48 고가 탱크식 급수설비에서 급수경로를 바르게 나타 낸 것은?

① 수도본관→저수조→옥상탱크→양수관→급수관

② 수도본관→저수조→양수관→옥상탱크→급수관

③ 저수조→옥상탱크→수도본관→양수관→급수관

④ 저수조→옥상탱크→양수관→수도본관→급수관

해 고가탱크 방식: 수도본관→저수조→양수펌프→양수관→옥상탱크→급수관→급수전

압력탱크 방식: 수도본관→저수조→펌프→압력탱크→급수관→급수전

부스터 방식: 수도본관→저수조→부스터 펌프→급수관→급수전

수도직결 방식: 수도본관→지수전→양수기→급수전

49 온수난방과 비교하여 증기난방 방식의 특징이 아닌 것은?

① 예열시간이 짧다.

② 배관부식 우려가 적다.

③ 용량제어가 어렵다.

④ 동파우려가 크다.

해 증기난방은 온수난방에 비해 고온고압이므로 배관 부식의 우려가 크다.

50 탄성이 크고 얇은 산이나 알칼리에는 침해되지 않으나 열이나 기름에 약하며, 급수, 배수, 공기 등의 배관에 쓰이는 패킹은?

① 고무 패킹 ② 금속 패킹

③ 글랜드 패킹 ④ 액상 합성수지

해 고무패킹: 산·알칼리에 강하나 열과 기름에 침식되어 급수, 배수, 공기 등의 배관에 사용.

(1)나사용 패킹: 페인트, 일산화연(납), 액상 합성수지, 실링 테이프

(2)플랜지 패킹: 고무패킹, 석면패킹, 합성수지, 금속패킹, 오일시일 등

(3)글랜드 패킹: 석면 각형 패킹, 석면 야안 패킹, 아마존 패킹, 몰드 패킹

51 고온수 난방의 배관에 관한 설명으로 옳은 것은?

① 온수 순환력이 작아 순환펌프가 필요하다.

② 고온수 난방에서는 개방식 팽창탱크를 사용한다.

③ 관내 압력이 높기 때문에 관 내면의 부식문제가 증기 난방에 비해 심하다.

④ 특수 고압기기가 필요하고 취급 관리가 복잡 곤란하다.

정답 | 48 ② 49 ② 50 ① 51 ④

• 수험번호:
• 수험자명:

• 제한 시간:
• 남은 시간:

글자 크기  100%  150%  200% 화면 배치  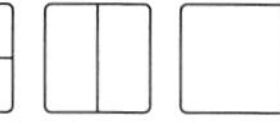

• 전체 문제 수:
• 안 푼 문제 수:

답안 표기란

52	①	②	③	④
53	①	②	③	④
54	①	②	③	④
55	①	②	③	④

52 관의 용접이음에 대한 설명으로 가장 거리가 먼 것은?

① 돌기부가 없어서 보온시공이 용이하다.
② 나사이음보다 이음부의 강도가 크고 누수의 우려가 적다.
③ 누설의 염려가 없고 시설유지비가 절감된다.
④ 관 두께의 불균일한 부분으로 인해 유체의 압력 손실이 크다.

해 용접이음은 관 내면 직경의 감소가 없어 유체의 압력 손실이 적다.

53 배관이 바닥 또는 벽을 관통할 때 슬리브(sleeve)를 사용하는데 그 이유로 가장 적당한 것은?

① 방진을 위하여
② 신축흡수 및 수리를 용이하게 하기 위하여
③ 방식을 위하여
④ 수격작용을 방지하기 위하여

54 난방, 급탕, 급수배관의 높은 곳에 설치되어 공기를 제거하여 유체의 흐름을 원활하게 하는 것은?

① 안전밸브 ② 에어벤트밸브
③ 팽창밸브 ④ 스톱밸브

55 냉매 배관 시 주의 사항으로 틀린 것은?

① 배관은 가능한 한 간단하게 한다.
② 굽힘 반지름은 작게 한다.
③ 관통 개소외에는 바닥에 매설하지 않아야 한다.
④ 배관에 응력이 생길 우려가 있을 경우에는 신축이음으로 배관한다.

해 ② 굽힘 반지름은 크게 한다(굽힘 반지름이 작으면 배관이 급격히 꺽이므로 유체 저항이 커져 흐름이 원활하지 못하게 된다).

정답 | 52 ④ 53 ② 54 ② 55 ②

• 수험번호:
• 수험자명:

• 제한 시간:
• 남은 시간:

글자 크기  100%  150%  200% 화면 배치 

• 전체 문제 수:
• 안 푼 문제 수:

답안 표기란

56 ① ② ③ ④
57 ① ② ③ ④
58 ① ② ③ ④

56 오수만을 정화조에서 단독으로 정화처리한 후 공공하수도에 방류하는 반면에 잡배수 및 우수는 그대로 공공하수도로 방류되는 방식은?

① 합류식 ② 분류식
③ 단독식 ④ 일체식

해 분류식: [오수]와 [잡배수+우수]로 나누어 별도의 배수계통으로 배수하는 방식
합류식: 오수와 잡배수, 우수를 동일 계통으로 배수하는 방식

57 급수배관에 관한 설명으로 틀린 것은?

① 배관시공은 마찰로 인한 손실을 줄이기 위해 최단거리로 배관한다.
② 주배관에는 적당한 위치에 플랜지 이음을 하여 보수점검을 용이하게 한다.
③ 불가피하게 산형배관이 되어 공기가 체류할 우려가 있는 곳에는 공기실(air chamber)을 설치한다.
④ 수질의 오염을 방지하기 위하여 수도꼭지를 설치할 때는 토수구 공간을 충분히 확보한다.

해 공기실은 수격작용(워터햄머) 방지용으로 설치한다.
공기가 체류할 염려가 있는 곳에는 공기 빼기 밸브를 설치한다.

58 도시가스 배관을 매설할 경우 기준으로 틀린 것은?

① 배관의 외면으로부터 도로의 경계까지 1m이상 수평거리를 유지할 것
② 배관을 철노부지에 내설하는 경우에는 배관의 외면으로부터 궤도 중심까지 4m 이상
③ 시가지 외의 도로노면 밑에 매설하는 경우에는 노면으로부터 배관의 외면까지 깊이를 2m 이상으로 할 것
④ 인도 등 노면 외의 도로 밑에 매설하는 경우에는 지표면으로부터 배관의 외면까지 깊이를 1.2m 이상으로부터 할 것

해 ③ 시가지 외의 도로노면 밑에 매설하는 경우에는 노면으로부터 배관의 외면까지 깊이를 1.2m 이상으로 할 것

| 정답 | 56 ② 57 ③ 58 ③

글자 크기  100%  150%  200% 화면 배치  

• 전체 문제 수:
• 안 푼 문제 수:

답안 표기란

59 ① ② ③ ④
60 ① ② ③ ④
61 ① ② ③ ④
62 ① ② ③ ④
63 ① ② ③ ④

59 **냉매배관의 시공 시 유의사항으로 틀린 것은?**

① 배관재료는 각각의 용도, 냉매종류, 온도 등에 의해 선택한다.
② 온도배관에 의한 배관의 신축을 고려한다.
③ 배관 중에 불필요하게 오일이 체류하지 않도록 한다.
④ 관경은 가급적 작게 하여 플래쉬 가스의 발생을 줄인다.

해 관경이 작으면 마찰저항에 의해 플레시 가스가 발생할 우려가 있다.

60 **유체의 저항은 크나 개폐가 쉽고 유량 조절이 용이하며, 직선배관 중간에 설치하는 밸브는?**

① 슬루스 밸브 ② 글로브 밸브
③ 체크 밸브 ④ 전동 밸브

4과목 | 전기제어공학

61 **전력량 1kWh는 몇 kcal의 열량을 낼 수 있는가?**

① 4.3 ② 8.6
③ 430 ④ 860

해 1[Kw]=860[kcal]

62 **절연저항을 측정하는데 사용되는 것은?**

① 후크온 메타
② 회로시험기
③ 메거
④ 휘이트스톤 브리지

63 ~~**출력이 입력에 전혀 영향을 주지 못하는 제어는?**~~

(22년 출제 범위 제외)

① 프로그램제어 ② 피드백제어
③ 시퀀스제어 ④ 폐회로제어

해 시퀀스 제어 : 미리 정해진 순서에 따라 제어의 각 단계를 순서대로 진행해 가는 제어
✓ 출력이 입력에 영향을 주는 제어
피드백 제어

정답 | 59 ④ 60 ② 61 ④ 62 ③ 63 ③

• 수험번호 :
• 수험자명 :

• 제한 시간 :
• 남은 시간 :

글자 크기  100%  150%  200% 화면 배치 

• 전체 문제 수 :
• 안 푼 문제 수 :

64 ~~**제어계의 특성방정식이 $s^2+as+b=0$일 때 안정조건은?**~~

(22년 출제 범위 제외)

① $a>0,\ b>0$ ② $a=0,\ b<0$
③ $a<0,\ b<0$ ④ $a>0,\ b<0$

해 특정방정식의 안정조건
㉠ 계의 모든 부호가 동일 할 것
㉡ 계수 중 "0"이 없을 것
㉢ 1열의 부호 변화가 없을 것
㉣ 근이 라플라스 평면의 좌반면에 존재해야 한다.

65 **그림과 같은 회로에서 해당하는 램프의 식으로 옳은 것은?**

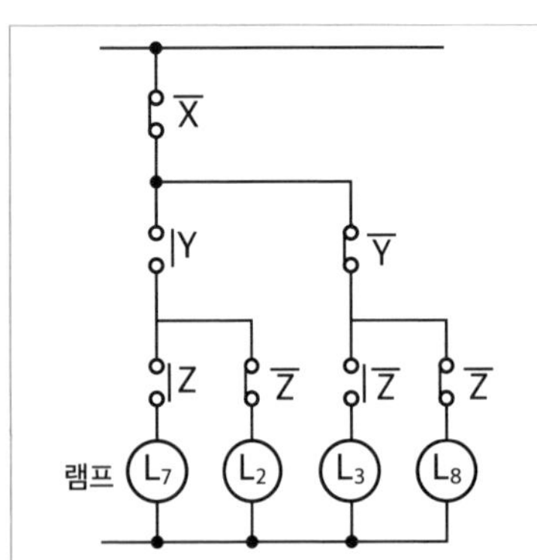

① $L_7 = \overline{X} \cdot Y \cdot Z$
② $L_2 = \overline{X} \cdot Y \cdot Z$
③ $L_3 = \overline{X} \cdot Y \cdot Z$
④ $L_8 = \overline{X} \cdot Y \cdot Z$

해 $L_2 = \overline{X} \cdot Y \cdot \overline{Z}$
$L_3 = \overline{X} \cdot \overline{Y} \cdot Z$
$L_8 = \overline{X} \cdot \overline{Y} \cdot \overline{Z}$

66 ~~**PI 제어동작은 프로세스 제어계의 정상특성개선에 흔히 사용된다. 이것에 대응하는 보상요소는?**~~

(22년 출제 범위 제외)

① 동상 보상요소
② 지상 보상요소
③ 진상 보상요소
④ 지상 및 진상 보상요소

해 P제어 : 동상 보상요소
PI제어 : 지상 보상요소
PD제어 : 진상 보상요소
PID제어 : 지상 및 진상 보상요소

67 ~~**출력의 변동을 조정하는 동시에 목표값에 정확히 추종하도록 설계한 제어계는?**~~ (22년 출제 범위 제외)

① 추치제어 ② 프로세스제어
③ 자동조정 ④ 정치제어

답안 표기란

64 ① ② ③ ④
65 ① ② ③ ④
66 ① ② ③ ④
67 ① ② ③ ④

| 정답 | 64 ① 65 ① 66 ② 67 ①

• 수험번호:
• 수험자명:

• 제한 시간:
• 남은 시간:

글자 크기  100%  150%  200% 화면 배치  

• 전체 문제 수:
• 안 푼 문제 수:

답안 표기란

68 ① ② ③ ④
69 ① ② ③ ④
70 ① ② ③ ④
71 ① ② ③ ④

68 ~~100V, 60Hz의 교류전압을 어느 콘덴서에 가하니 2A의 전류가 흘렀다. 이 콘덴서의 정전 용량은 약 몇 μF인가?~~ (22년 출제 범위 제외)

① 26.5 ② 36
③ 53 ④ 63.6

해 $I = \frac{V}{Z} = \frac{V}{\frac{1}{\omega C}} = \omega CV$

$= 2\pi fCV$

$Z = \frac{1}{\omega C}$

$\omega = 2\pi f$

$C = \frac{I}{2\pi fV}$

$= \frac{2}{2 \times 3.14 \times 60 \times 100}$

$= 0.000053[F] = 53[\mu F]$

69 유도전동기에서 동기속도는 3600rpm이고, 회전수는 3420rpm이다. 이때의 슬립은 몇 %인가?

① 2 ② 3
③ 4 ④ 5

해 슬립(S)

$= \frac{\text{동기속도} - \text{회전자속도}}{\text{동기속도}} \times 100$

$= \frac{N_s - N}{N_s} \times 100$

$= \frac{3600 - 3420}{3600} \times 100$

$= 5[\%]$

70 ~~피드백제어의 전달함수가 $\frac{3}{S+2}$일 때 $\lim_{t \to 0} f(t) = \lim_{s \to \infty} s\frac{3}{s+2}$의 값을 구하면?~~ (22년 출제 범위 제외)

① 0 ② 3
③ 3/2 ④ ∞

해 $\lim_{s \to \infty} s\frac{3}{S+2}$

$= \frac{\frac{1}{s} \cdot 3S}{\frac{1}{s} \cdot (S+2)} = \frac{3}{1 + \frac{2}{s}}$

$= \frac{3}{1+0} = 3$

71 다음 중 상용의 3상 교류에 대한 설명으로 <u>틀린</u> 것은?

① 각 전압이나 전류를 합하면 0이 된다.
② 전압이나 전류는 각각 (2π)/3의 위상차를 갖고 있다.
③ 단상 교류보다 3상의 교류가 회전자장을 얻기가 쉽다.
④ 기기에 Y결선을 하면 △결선보다 높은 전압을 얻을 수 있다.

해 △결선이 Y결선보다 상전압이 $\sqrt{3}$ 배 크다.

| 정답 | 68 ③ 69 ④ 70 ② 71 ④

• 수험번호:
• 수험자명:

• 제한 시간:
• 남은 시간:

글자 크기  100%  150%  200%

화면 배치 

• 전체 문제 수:
• 안 푼 문제 수:

72 ~~그림과 같은 R-L-C 직렬회로에서 단자전압과 전류가 동상이 되는 조건은?~~ (22년 출제 범위 제외)

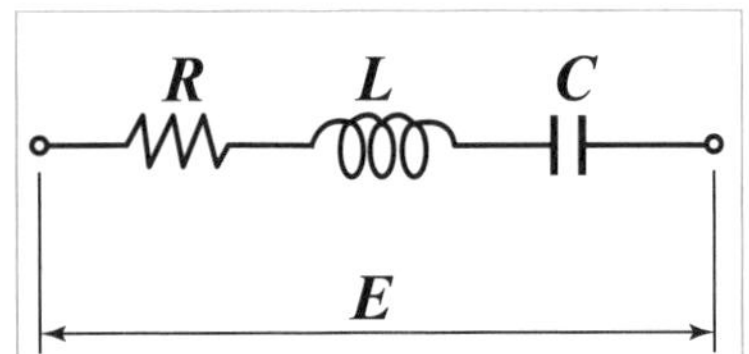

① ω=LC　② ωLC=1
③ ω^2LC=1　④ ωL^2C^2=1

해 $\left(\omega L = \frac{1}{\omega C}\right) = \omega^2 LC = 1$

73 ~~종류가 다른 금속으로 폐회로를 두 접속점에 온도를 다르게 하면 전류가 흐르게 되는 것은?~~ (22년 출제 범위 제외)

① 펠티어효과　② 평형현상
③ 제벡효과　④ 자화현상

해 제어백효과: 서로 다른 종류의 금속을 접합하여 두 접점 간의 온도차를 주면 전압이 발생되는 현상
펠티어효과: 서로 다른 종류의 접합부에 전류를 흘리면 전류의 방향에 따라 흡열 및 발열 현상이 생겨난다.

74 계전기 접점의 아크를 소거할 목적으로 사용되는 소자는?

① 배리스터(Varistor)
② 바렉터다이오드
③ 터널다이오드
④ 서미스터

해 배리스터: 소자에 가해지는 전압이 증가하면 저항이 감소하는 반도체

75 ~~그림과 같은 신호 흐름 선도에서 C/R 를 구하면?~~ (22년 출제 범위 제외)

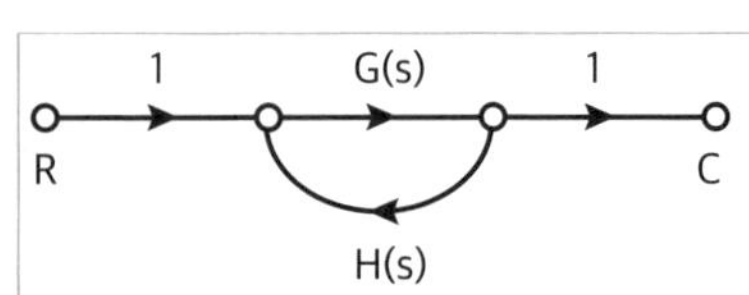

① $\dfrac{G(s)}{1+G(s)H(S)}$

② $\dfrac{G(s)H(s)}{1-G(s)H(S)}$

③ $\dfrac{G(s)H(s)}{1+G(s)H(S)}$

④ $\dfrac{G(s)}{1-G(s)H(S)}$

답안 표기란

72	①	②	③	④
73	①	②	③	④
74	①	②	③	④
75	①	②	③	④

정답 | 72 ③　73 ③　74 ①　75 ④

76 단상 변압기 3대를 3상 병렬 운전하는 경우에 불가능한 운전 상태의 결선 방법은?

① △-△와 Y-Y

② △-Y와 Y-△

③ △-△와 △-Y

④ △-Y와 △-Y

해 병렬운전이 불가능한 결선
△-△와 △-Y 또는 △-Y와 Y-Y

77 사이리스터를 이용한 정류회로에서 직류전압의 맥동률이 가장 작은 정류회로는?

① 단상반파 ② 단상전파

③ 3상반파 ④ 3상전파

해

✓ 단상반파: 121[%]
✓ 단상전파: 48[%]
✓ 3상반파: 17[%]
✓ 3상전파: 4[%]

78 서보 전동기는 다음 중 어디에 속하는가?

① 조작기기 ② 검출기

③ 증폭기 ④ 변환기

해 제어기기: 검출기, 변환기, 증폭기 등
조작기기: 전자밸브, 서보모터 등

79 ~~단위 계단함수 u(t−a)를 라플라스변환 하면?~~ (22년 출제 범위 제외)

① $\frac{e^{as}}{s^2}$ ② $\frac{e^{-as}}{s^2}$

③ $\frac{e^{-as}}{s}$ ④ $\frac{e^{as}}{s}$

해 $u(t) = \frac{1}{s}$

$f(t-a) = e^{-as}$

$u(t-a) = \frac{1}{s} \cdot e^{-as} = \frac{e^{-as}}{s}$

80 3상 유도전동기의 제어방법에 대한 설명 중에서 틀린 것은?

① Y-△ 기동 방식으로 기동토오크를 줄일 수 있다.

② 역상 제동기법으로 전동기를 급속 정지 또는 감속시킬 수 있다.

③ 속도제어시에는 전압, 주파수 일정 제어기법이 유리하다.

④ 단자전압이 정격전압보다 낮을 경우에는 슬립이 감소한다.

해 ④ 단자전압이 정격전압보다 낮을 경우에는 슬립이 증가한다.

정답 | 76 ③ 77 ④ 78 ① 79 ③ 80 ④

PART 6

:기출문제 3회(2015.08.16)

• 수험번호:
• 수험자명:

• 제한 시간:
• 남은 시간:

글자 크기  100%  150% 200% 화면 배치 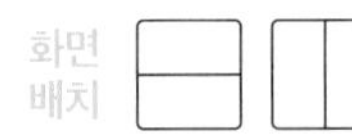

• 전체 문제 수:
• 안 푼 문제 수:

답안 표기란

01	①	②	③	④
02	①	②	③	④
03	①	②	③	④
04	①	②	③	④

1과목 I 공기조화

01 기화식(증발식) 가습장치의 종류로 옳은 것은?

① 원심식, 초음파식, 분무식
② 전열식, 전극식, 적외선식
③ 과열증기식, 분무식, 원심식
④ 회전식, 모세관식, 적하식

해 수분무식 가습: 원심식, 초음파식, 분무식
증발식 가습: 회전식, 모세관식, 적하식
증기식 가습: 전열식(가습팬형), 전극식, 적외선식, 과열증기식, 노즐분무식

02 덕트 병용 팬 코일 유닛(fan coil unit)방식의 특징이 아닌 것은?

① 열부하가 큰 실에 대해서도 열부하의 대부분을 수배관으로 처리할 수 있으므로 덕트 치수가 적게 된다.
② 각 실 부하 변동을 용이하게 처리할 수 있다.
③ 각 유닛의 수동제어가 가능하다.
④ 청정구역에 많이 사용된다.

해 덕트 병용 팬 코일 유닛: 소규모, 중규모 건물이나 호텔 등에 이용 된다.

03 중앙식(전공기) 공기조화 방식의 특징에 관한 설명으로 틀린 것은?

① 중앙집중식이므로 운전, 보수관리를 집중화할 수 있다.
② 대형 건물에 적합하며 외기냉방이 가능하다.
③ 덕트가 대형이고 개별식에 비해 설치 공간이 크다.
④ 송풍 동력이 적고 겨울철 가습하기가 어렵다.

해 전공기 방식은 송풍동력이 크다.

04 온수난방에 대한 설명으로 옳지 않은 것은?

① 온수난방의 주 이용 열은 잠열이다.
② 열용량이 커서 예열 시간이 길다.
③ 증기난방에 비해 비교적 높은 쾌감도를 얻을 수 있다.
④ 온수의 온도에 따라 저온수식과 고온수식으로 분류한다.

해 온수난방: 현열 이용
증기난방: 응축잠열 이용

정답 | 01 ④ 02 ④ 03 ④ 04 ①

• 수험번호 :
• 수험자명 :
• 제한 시간 :
• 남은 시간 :

글자 크기 100% 150% 200% 화면 배치

• 전체 문제 수 :
• 안 푼 문제 수 :

답안 표기란

05 ① ② ③ ④
06 ① ② ③ ④
07 ① ② ③ ④
08 ① ② ③ ④

05 급수온도 35℃에서 증기압력 $15kg/cm^2$, 온도 400℃의 증기를 40kg/h 발생시키는 보일러의 마력(HP)은?
(단, $15kg/cm^2$, 400℃에서 과열증기 엔탈피는 784.2kcal/kg이다.)

① 2.43　② 2.62
③ 3.55　④ 3.72

해 보일러마력 = $\dfrac{상당증발량}{15.65}$

상당증발량 = $\dfrac{G_a(h_2 - h_1)}{539}$

상당증발량 $(G_e) = \dfrac{40 \times (784.2 - 35)}{539}$

= 55.59[kcal/h]

마력(HP) = $\dfrac{55.59}{15.65}$ = 3.55[HP]

06 가열코일을 흐르는 증기의 온도를 t_s, 가열코일 입구공기온도를 t_1, 출구공기온도를 t_2라고 할 때 산술평균온도식으로 옳은 것은?

① $t_s - (t_1 + t_2)/2$
② $t_2 - t_1$
③ $t_1 + t_2$
④ $[(t_s - t_1) + (t_s - t_2)]/\ln[(t_s - t_1)/(t_s - t_2)]$

해 가열코일 산술평균온도 =

증기온도 $-\left(\dfrac{코일입구공기온도 + 코일출구공기온도}{2}\right)$

07 송풍기 특성곡선에서 송풍기의 운전점에 대한 설명으로 옳은 것은?

① 압력곡선과 저항곡선의 교차점
② 효율곡선과 압력곡선의 교차점
③ 축동력곡선과 효율곡선의 교차점
④ 저항곡선과 축동력곡선의 교차점

08 콜드 드래프트(cold draft) 현상이 가중되는 원인으로 가장 거리가 먼 것은?

① 인체 주위의 공기온도가 너무 낮을 때
② 인체 주위의 기류속도가 작을 때
③ 주위 공기의 습도가 낮을 때
④ 주위 벽면의 온도가 낮을 때

해 콜드 드래프트 원인
㉠ 인체 주위의 공기온도가 낮을 때
㉡ 기류 속도가 빠를 때
㉢ 습도가 낮을 때
㉣ 벽면의 온도가 낮을 때
㉤ 극간풍이 많을 때

정답 | 05 ③　06 ①　07 ①　08 ②

• 수험번호:
• 수험자명:

• 제한 시간:
• 남은 시간:

글자 크기  100%  150%  200%  화면 배치 

• 전체 문제 수:
• 안 푼 문제 수:

답안 표기란

09	①	②	③	④
10	①	②	③	④
11	①	②	③	④
12	①	②	③	④

09 냉방부하 종류 중 현열로만 이루어진 부하는?

① 조명에서의 발생 열

② 인체에서의 발생 열

③ 문틈에서의 틈새 바람

④ 실내기구에서의 발생 열

해 조명에는 수분이 존재하지 않으므로 온도에 의한 현열만 존재한다.

10 다음 중 필터의 모양은 패널형, 지그재그형, 바이패스형 등이 있으며, 유해가스나 냄새를 제거할 수 있는 것은?

① 건식 여과기

② 점성식 여과기

③ 전자식 여과기

④ 활성탄 여과기

해 활성탄 필터: 공기 중의 냄새나 유해가스를 제거

11 덕트의 분기점에서 풍량을 조절하기 위하여 설치하는 댐퍼는 어느 것인가?

① 방화 댐퍼 ② 스플릿 댐퍼

③ 볼륨 댐퍼 ④ 터닝 베인

해 풍량 조절 댐퍼: 스플릿형, 루버형, 버터플라이형

12 다음 중 천장형으로서 취출기류의 확산성이 가장 큰 취출구는?

① 펑커루버 ② 아네모스탯

③ 에어커튼 ④ 고정날개 그릴

해 아네모스탯: 천장형 취출구이며 확산형이다(원형, 각형이 있다).

| 정답 | 09 ① 10 ④ 11 ② 12 ②

• 수험번호:
• 수험자명:

• 제한 시간:
• 남은 시간:

글자 크기  100%  150% 200% 화면 배치 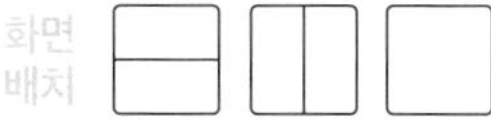

• 전체 문제 수:
• 안 푼 문제 수:

답안 표기란

13 ① ② ③ ④
14 ① ② ③ ④
15 ① ② ③ ④

13 실내 냉난방 부하 계산에 관한 내용으로 설명이 부적당한 것은?

① 열부하 구성 요소 중 실내 부하는 유리면 부하, 구조체 부하, 틈새바람 부하, 내부 칸막이 부하 및 실내 발열 부하로 구성된다.

② 열부하 계산의 목적은 실내 부하의 상태, 덕트나 배관의 크기 등을 구하기 위한 기초가 된다.

③ 최대 난방 부하란 실내에서 발생되는 부하가 1일 중 가장 크게 되는 시각의 부하로서 저녁에 발생한다.

④ 냉방 부하란 쾌적한 실내 환경을 유지하기 위하여 여름철 실내 공기를 냉각, 감습시켜 제거하여야 할 열량을 의미한다.

해 ③ 최대 난방 부하란 실내에서 발생되는 부하가 1일 중 가장 크게 되는 시각의 부하로서 낮에 발생한다.

14 지하철 터널 환기의 열부하에 대한 종류로 가장 거리가 먼 것은?

① 열차주행에 의한 발열

② 열차 제동 발생 열량

③ 보조기기에 의한 발열

④ 열차 냉방기에 의한 발열

15 실내온도가 25℃이고, 실내 절대습도가 0.0165kg/kg의 조건에서 틈새바람에 의한 침입 외기량이 200L/s일때 현열부하와 잠열부하는?
(단, 실외온도 35℃, 실외 절대습도 0.0321kg/kg, 공기의 비열 1.01kJ/kg·K, 물의 증발잠열 2501kJ/kg이다.)

	현열부하	잠열부하
①	2.42kW	7.803kW
②	2.42kW	9.364kW
③	2.825kW	10.144kW
④	2.825kW	10.924kW

해 외기량: 1[m³] = 1000L이며 공기밀도는 1.2[kg/m³]이므로

$\frac{200}{1000} \times 1.2 = 0.24[kg]$

현열부하(qs) = 0.24 × 1.01 × (35 - 25) = 2.424[kW]

잠열부하(qL) = 0.24 × 2501 × (0.0321 - 0.0165) = 9.364[kW]

| 정답 | 13 ③ 14 ② 15 ②

• 수험번호:
• 수험자명:

• 제한 시간:
• 남은 시간:

글자 크기  100%  150%  200% 화면 배치 

• 전체 문제 수:
• 안 푼 문제 수:

답안 표기란

16 ① ② ③ ④
17 ① ② ③ ④
18 ① ② ③ ④
19 ① ② ③ ④

16 **다음 그림의 방열기 도시기호 중 'W-H'가 나타내는 의미는 무엇인가?**

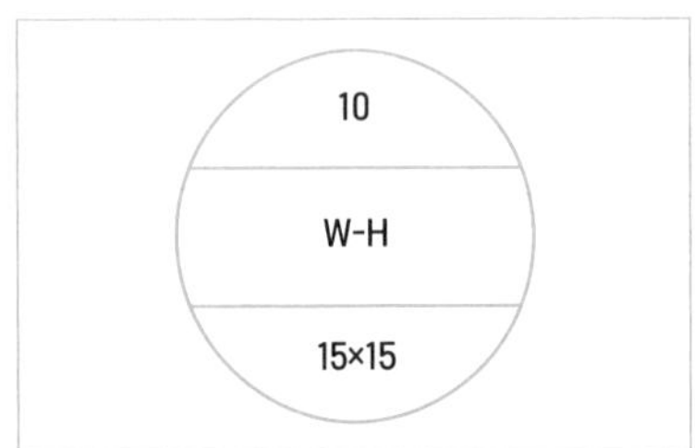

① 방열기 쪽수
② 방열기 높이
③ 방열기 종류(형식)
④ 연결배관의 종류

해 W : 벽걸이 방열기, H : 수평형 방열기, V : 수직형 방열기

17 **가변풍량(VAV) 방식에 관한 설명으로 틀린 것은?**

① 각 방의 온도를 개별적으로 제어할 수 있다.
② 연간 송풍 동력이 정풍량 방식보다 적다.
③ 부하의 증가에 대해서 유연성이 있다.
④ 동시 부하율을 고려하여 용량을 결정하기 때문에 설비 용량이 크다.

해 정풍량 방식 : 동시 부하율을 고려하여 용량을 결정하기 때문에 설비 용량이 크다.

18 **덕트의 치수 결정법에 대한 설명으로 옳은 것은?**

① 등속법은 각 구간마다 압력손실이 같다.
② 등마찰 손실법에서 풍량이 10000m^3/h 이상이 되면 정압재취득법으로 하기도 한다.
③ 정압재취득법은 취출구 직전의 정압이 대략 일정한 값으로 된다.
④ 등마찰 손실법에서 각 구간마다 압력손실을 같게 해서는 안 된다.

해 ① 등속법은 각 구간마다 압력손실이 다르다.
② 등마찰 손실법에서 풍량이 10000m^3/h 이상이 되면 등속법으로 하기도 한다.
④ 등마찰 손실법은 각 구간마다 압력손실을 같게 해야한다.

19 **다음 중 라인형 취출구의 종류가 아닌 것은?**

① 캄라인형 ② 다공판형
③ 펑커루버형 ④ 슬롯형

해 펑커루버형 : 축류형 취출구

| 정답 | 16 ③ 17 ④ 18 ③ 19 ③

• 수험번호 :
• 수험자명 :
• 제한 시간 :
• 남은 시간 :

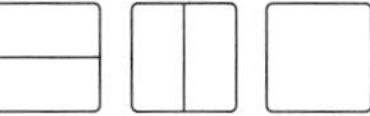

• 전체 문제 수 :
• 안 푼 문제 수 :

답안 표기란

20 ① ② ③ ④
21 ① ② ③ ④
22 ① ② ③ ④

20 실내의 현열부하가 7500kcal/h, 실내와 말단장치(diffuser)의 온도가 각각 27℃, 17℃일 때 송풍량은?

① 3125kg/h ② 2586kg/h

③ 2325kg/h ④ 2186kg/h

해 $Q = G \cdot C \cdot \Delta t$

$$G = \frac{7500}{0.24 \times (27 - 17)}$$

$= 3,125[kg/h]$

2과목 | 냉동공학

21 냉동장치 내의 불응축 가스가 혼입되었을 때 냉동장치의 운전에 미치는 영향으로 가장 거리가 먼 것은?

① 열교환 작용을 방해하므로 응축압력이 낮게 된다.

② 냉동능력이 감소한다.

③ 소비전력이 증가한다.

④ 실린더가 과열되고 윤활유가 열화 및 탄화된다.

해 ① 열교환 작용을 방해하므로 응축압력이 높아 진다.

22 플래시 가스(flash gas)는 무엇을 말하는가?

① 냉매 조절 오리피스를 통과할 때 즉시 증발하여 기화하는 냉매이다.

② 압축기로부터 응축기에 새로 들어오는 냉매이다.

③ 증발기에서 증발하여 기화하는 새로운 냉매이다.

④ 압축기에서 응축기에 들어오자 마자 응축하는 냉매이다.

해 플레시가스 : 증발기가 아닌 곳에서 증발한 가스

정답 | 20 ① 21 ① 22 ①

• 수험번호:
• 수험자명:

• 제한 시간:
• 남은 시간:

글자 크기 100% 150% 200% 화면 배치

• 전체 문제 수:
• 안 푼 문제 수:

답안 표기란

23 ① ② ③ ④
24 ① ② ③ ④
25 ① ② ③ ④
26 ① ② ③ ④
27 ① ② ③ ④

23 몰리에르 선도 상에서 건조도(x)에 관한 설명으로 옳은 것은?

① 몰리에르 선도의 포화액선상 건조도는 1이다.
② 액체 70%, 증기 30%인 냉매의 건조도는 0.7이다.
③ 건조도는 습포화증기 구역 내에서만 존재한다.
④ 건조도라 함은 과열증기 중 증기에 대한 포화액체의 양을 말한다.

24 액분리기(Accumulator)에서 분리된 냉매의 처리방법이 아닌 것은?

① 가열시켜 액을 증발 후 응축기로 순환시키는 방법
② 증발기로 재순환시키는 방법
③ 가열시켜 액을 증발 후 압축기로 순환시키는 방법
④ 고압측 수액기로 회수하는 방법

해 응축기에는 압축된 기체 냉매를 순환시켜야 한다.

25 팽창밸브 개도가 냉동 부하에 비하여 너무 작을 때 일어나는 현상으로 가장 거리가 먼 것은?

① 토출가스 온도상승
② 압축기 소비동력 감소
③ 냉매순환량 감소
④ 압축기 실린더 과열

해 팽창밸브 개도가 너무 작으면 압축기가 과열되어 소비동력이 증가한다.

26 압축기 기동 시 윤활유가 심한 기포현상을 보일 때 주된 원인은?

① 냉동능력이 부족하다.
② 수분이 다량 침투했다.
③ 응축기의 냉각수가 부족하다.
④ 냉매가 윤활유에 다량 녹아있다.

해 오일포밍 현상으로 윤활유에 다량의 냉매가 녹아 있을 경우 발생한다.

27 응축기의 냉각 방법에 따른 분류로서 가장 거리가 먼 것은?

① 공랭식 ② 노냉식
③ 증발식 ④ 수냉식

해 노냉식은 존재하지 않는 방법이다.

정답 | 23 ③ 24 ① 25 ② 26 ④ 27 ②

• 수험번호:
• 수험자명:
• 제한 시간:
• 남은 시간:

글자 크기  100%  150%  200% 화면 배치  

• 전체 문제 수:
• 안 푼 문제 수:

답안 표기란

28 ① ② ③ ④
29 ① ② ③ ④
30 ① ② ③ ④

28 어떤 냉동장치에서 응축기용의 냉각수 유량이 7000kg/h이고 응축기 입구 및 출구 온도가 각각 15℃와 28℃이었다. 압축기로 공급한 동력이 5.4×10^4kJ/h이라면 이 냉동기의 냉동능력은?
(단, 냉각수의 비열은 4.185kJ/kg·K이다.)

① 2.27×10^5kJ/h
② 3.27×10^5kJ/h
③ 4.67×10^5kJ/h
④ 5.67×10^5kJ/h

해 냉동능력 = 응축부하 - 압축기 동력부하
Q_e = (7000x4.185x(28 - 15)) - 5.4x10^4
= 326,835[kJ/h] = 3.27×10^5[kJ/h]

29 다음과 같은 성질을 갖는 냉매는 어느 것인가?

- 증기의 밀도가 크기 때문에 증발기관의 길이는 짧아야 한다.
- 물을 함유하면 Al 및 Mg합금을 침식하고, 전기저항이 크다.
- 천연고무는 침식되지만 합성고무는 침식되지 않는다.
- 응고점(약 -158℃)이 극히 낮다.

① NH_3　② R-12
③ R-21　④ H_2

해 R12의 응고점: -158.2[℃]

30 어떤 냉동기로 1시간당 얼음 1ton을 제조하는데 50PS의 동력을 필요로 한다. 이때 사용하는 물의 온도는 10℃이며 얼음은 -10℃이었다. 이 냉동기의 성적계수는?
(단, 융해열은 335kJ/kg이고, 물의 비열은 4.2kJ/kg·K, 얼음의 비열은 2.09kJ/kg·K이다.)

① 2.0　② 3.0
③ 4.0　④ 5.0

해 1[kcal] = 4.2[kJ]
1[PS] = 632[kcal]
AW = 50[PS] = 50 × 632 × 4.2
= 132,720[kJ/h]
1) 10[℃]의 물 1000[kg]을 0[℃]로 만드는데 필요한 현열
1000 × 4.2 × (10 - 0) = 42,000[kJ/h]
2) 0[℃]의 물 1000[kg]을 0[℃] 얼음으로 만드는데 필요한 잠열
1000 × 335 = 335,000[kJ/h]
3) 0[℃]의 얼음 1000[kg]을 -10[℃]로 만드는데 필요한 현열
1000 × 2.09 × (0 - (-10))
= 20,900[kJ/h]
Q_e = 42000 + 335000 + 20900
= 397,900[kJ/h]

$$COP = \frac{Q_e}{AW} = \frac{397900}{132720} = 3$$

| 정답 | 28 ② 29 ② 30 ②

• 수험번호:
• 수험자명:

• 제한 시간:
• 남은 시간:

글자 크기 100% 150% 200% 화면 배치

• 전체 문제 수:
• 안 푼 문제 수:

답안 표기란

31 ① ② ③ ④
32 ① ② ③ ④
33 ① ② ③ ④
34 ① ② ③ ④

31 왕복동식과 비교하여 스크롤 압축기의 특징으로 틀린 것은?

① 흡입밸브나 토출밸브가 있어 압축 효율이 낮다.
② 토크 변동이 적다.
③ 압축실 사이의 작동가스의 누설이 적다.
④ 부품수가 적고 고효율 저소음, 저진동, 고신뢰성을 기대할 수 있다.

해 스크롤 압축기는 구조상 밸브가 없다.

32 이상 기체를 정압하에서 가열하면 체적과 온도의 변화는 어떻게 되는가?

① 체적증가, 온도상승
② 체적일정, 온도일정
③ 체적증가, 온도일정
④ 체적일정, 온도상승

해 PV = GRT(가열하면 온도 T는 기본적으로 상승하며, 압력P가 일정하면 체적 V는 상승하게 된다).

33 다음의 몰리에르 선도는 어떤 냉동장치를 나타낸 것인가?

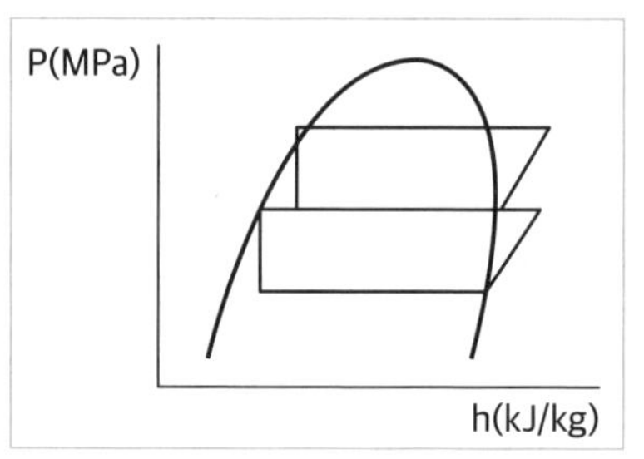

① 1단압축 1단팽창 냉동시스템
② 1단압축 2단팽창 냉동시스템
③ 2단압축 1단팽창 냉동시스템
④ 2단압축 2단팽창 냉동시스템

해 압축구간과 팽창구간이 2군데이므로 2단압축 2단 팽창 냉동장치이다.

34 냉동사이클에서 응축온도를 일정하게 하고 증발온도를 상승시키면 어떤 결과가 나타나는가?

① 냉동효과 증가
② 압축비 증가
③ 압축일량 증가
④ 토출가스 온도 증가

해 응축온도가 일정하고, 증발온도가 높을수록 압축비는 감소하고 냉동효과는 상승한다.

정답 | 31 ① 32 ① 33 ④ 34 ①

• 수험번호 :
• 수험자명 :

• 제한 시간 :
• 남은 시간 :

글자 크기  100%  150%  200% 화면 배치  

• 전체 문제 수 :
• 안 푼 문제 수 :

답안 표기란

35 ① ② ③ ④
36 ① ② ③ ④
37 ① ② ③ ④
38 ① ② ③ ④

35 30℃의 공기가 체적 $1m^3$의 용기에 게이지 압력 $5kg/cm^2$의 상태로 들어 있다. 용기 내에 있는 공기의 무게?

① 약 2.6kg ② 약 6.8kg
③ 약 69kg ④ 약 298kg

解 $PV = nRT = \frac{W}{M}RT$

분자량 : 1[kmol] = 29[kg]
기체상수 : 848[kgf·m/kmol·K]
P : 절대압력[atm]
V : 부피[L]
W : 질량[kg]
R : 기체상수[kgf·m/kmol·K]
T : 절대온도[K]
M : 분자량[g/mol]

$W = \frac{PVM}{RT}$

$= \frac{(5+1) \times 10^4 \times 1 \times 29}{848 \times (30+273)}$

= 6.77[kg]

36 몰리에르 선도 상에서 압력이 증대함에 따라 포화액선과 건조포화 증기선이 만나는 일치점을 무엇이라고 하는가?

① 한계점 ② 임계점
③ 상사점 ④ 비등점

解 몰리에르선도에서의 임계점 : 포화액선과 건포화증기선이 만나는 점

37 증발식 응축기에 관한 설명으로 틀린 것은?

① 수냉식응축기와 공랭식응축기의 작용을 혼합한 형이다.
② 외형과 설치면적이 작으며 값이 비싸다.
③ 겨울철에는 공랭식으로 사용할 수 있으며 연간운전에 특히 우수하다.
④ 냉매가 흐르는 관에 노즐로부터 물을 분무시키고 송풍기로 공기를 보낸다.

解 증발식 응축기는 구조가 복잡하고 설치비가 비싸다.

38 브라인의 구비조건으로 틀린 것은?

① 상 변화가 잘 일어나서는 안 된다.
② 응고점이 낮아야 한다.
③ 비열이 적어야 한다.
④ 열전도율이 커야 한다.

解 브라인은 현열로 냉각하므로 비열이 커야 한다.

정답 | 35 ② 36 ② 37 ② 38 ③

• 수험번호 :
• 수험자명 :

• 제한 시간 :
• 남은 시간 :

글자 크기  100%  150%  200%

화면 배치 

• 전체 문제 수 :
• 안 푼 문제 수 :

답안 표기란

39	①	②	③	④
40	①	②	③	④
41	①	②	③	④
42	①	②	③	④

39 다음의 압력-엔탈피 선도를 이용한 압축냉동 사이클의 성적계수는?

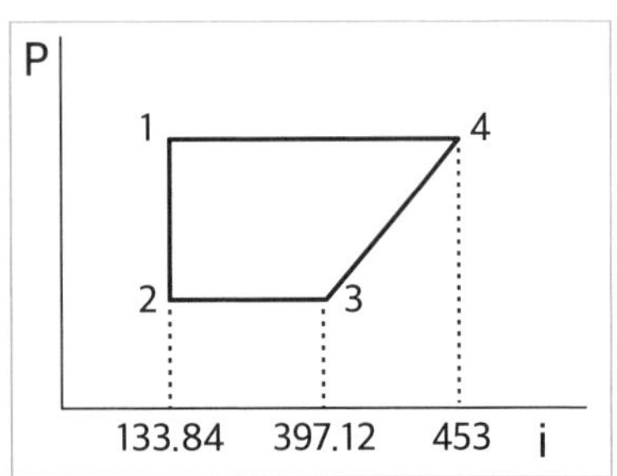

① 2.36　　② 4.71
③ 9.42　　④ 18.84

해 $COP = \frac{q_e}{Aw}$

$= \frac{397.12 - 133.84}{453 - 397.12} = 4.71$

40 증발기에서 나오는 냉매가스의 과열도를 일정하게 유지하기 위해 설치하는 밸브는?

① 모세관
② 플로트형 밸브
③ 정압식 팽창 밸브
④ 온도식 자동팽창 밸브

해 과열되는 온도를 일정하게 유지해야 되므로 온도식 자동팽창밸브를 설치한다.

3과목 | 배관일반

41 열팽창에 의한 배관의 신축이 방열기에 미치지 않도록 하기 위하여 방열기 주위의 배관은 다음 중 어느 방법으로 하는 것이 좋은가?

① 슬리브형 신축 이음
② 신축 곡관 이음
③ 스위블 이음
④ 벨로우즈형 신축 이음

42 급수 배관을 시공할 때 일반적인 사항을 설명한 것 중 틀린 것은?

① 급수관에서 상향 급수는 선단 상향구배로 한다.
② 급수관에서 하향 급수는 선단 하향구배로 하며, 부득이한 경우에는 수평으로 유지한다.
③ 급수관 최하부에 배수 밸브를 장치하면 공기빼기를 장치할 필요가 없다.
④ 수격작용 방지를 위해 수전 부근에 공기실을 설치한다.

해 ③ 급수관 최하부에 배수 밸브를 설치하여도 상부에 공기빼기 밸브를 설치하여야 한다.

| 정답 | 39 ② 40 ④ 41 ③ 42 ③

• 수험번호:
• 수험자명:
• 제한 시간:
• 남은 시간:

글자 크기  100%  150%  200% 화면 배치  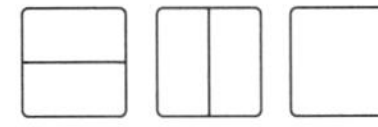

• 전체 문제 수:
• 안 푼 문제 수:

답안 표기란

43	①	②	③	④
44	①	②	③	④
45	①	②	③	④
46	①	②	③	④

43 100A 강관을 B호칭으로 표시하면 얼마인가?

① 4B ② 10B
③ 16B ④ 20B

해 1인치(1B)=25.4mm(25.4A) 이므로 $\frac{100}{25.4}$ =약 4B

44 주철관의 특징에 대한 설명으로 틀린 것은?

① 충격에 강하고 내구성이 크다.
② 내식성, 내열성이 있다.
③ 다른 배관재에 비하여 열팽창계수가 크다.
④ 소음을 흡수하는 성질이 있으므로 옥내배수용으로 적합하다.

해 주철관 : 내구력은 크나 충격에는 약하다.

45 유속 2.4m/s, 유량 15000L/h일 때 관경을 구하면 몇 mm인가?

① 42 ② 47
③ 51 ④ 53

해 15000[L]=15[m³]
1시간=3600초

관경(d) = $\sqrt{\frac{4Q}{\pi V}}$

$= \sqrt{\frac{4 \times \left(\frac{15}{3600}\right)}{3.14 \times 2.4}}$

=0.047[m]=47[mm]

46 진공환수식 증기난방법에 관한 설명으로 옳은 것은?

① 다른 방식에 비해 관 지름이 커진다.
② 주로 중·소규모 난방에 많이 사용된다.
③ 환수관 내 유속의 감소로 응축수 배출이 느리다.
④ 환수관의 진공도는 100~200mmHg 정도로 한다.

해 ① 다른 방식에 비해 관 지름이 작아도 된다.
② 주로 중·대규모 난방에 많이 사용된다.
③ 환수관 내 유속의 증가로 응축수 배출이 빠르다.

| 정답 | 43 ① 44 ① 45 ② 46 ④

• 수험번호:
• 수험자명:

• 제한 시간:
• 남은 시간:

글자 크기 100% 150% 200% 화면 배치

• 전체 문제 수:
• 안 푼 문제 수:

답안 표기란

47 ① ② ③ ④
48 ① ② ③ ④
49 ① ② ③ ④
50 ① ② ③ ④

47 송풍기의 토출측과 흡입측에 설치하여 송풍기의 진동이 덕트나 장치에 전달되는 것을 방지하기 위한 접속법은?

① 크로스 커넥션(cross connection)
② 캔버스 커넥션(canvas connection)
③ 서브 스테이션(sub station)
④ 하트포드(hartford) 접속법

48 다음 중 개방식 팽창탱크 주위의 관으로 해당되지 않는 것은?

① 압축공기 공급관
② 배기관
③ 오버플로우관
④ 안전관

해 압축공기 공급관: 100[℃] 이상의 고온수난방의 밀폐식 팽창탱크에 사용

49 수직관 가까이에 기구가 설치되어 있을 때 수직관 위로부터 일시에 다량의 물이 흐르게 되면 그 수직관과 수평관의 연결관에 순간적으로 진공이 생기면서 봉수가 파괴되는 현상은?

① 자기 사이펀작용
② 모세관작용
③ 분출작용
④ 흡출작용

50 배관재료 선정 시 고려해야 할 사항으로 가장 거리가 먼 것은?

① 관속을 흐르는 유체의 화학적 성질
② 관속을 흐르는 유체의 온도
③ 관의 이음방법
④ 관의 압축성

해 ④ 관의 신축성

정답 | 47 ② 48 ① 49 ④ 50 ④

• 수험번호 :
• 수험자명 :

• 제한 시간 :
• 남은 시간 :

글자 크기  100%  150%  200% 화면 배치  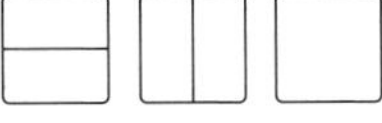

• 전체 문제 수 :
• 안 푼 문제 수 :

답안 표기란

51 ① ② ③ ④
52 ① ② ③ ④
53 ① ② ③ ④
54 ① ② ③ ④
55 ① ② ③ ④

51 일반적으로 관의 지름이 크고 가끔 분해할 경우 사용되는 파이프 이음은?

① 플랜지 이음 ② 신축 이음
③ 용접 이음 ④ 턱걸이 이음

해 플랜지 이음 : 플랜지 사이에 패킹을 넣어 볼드등으로 체결하는 방식
유지보수가 용이한 이음 : 플레어, 유니온 이음

52 다음 보기에서 설명하는 난방 방식은?

• 공기의 대류를 이용한 방식이다.
• 설비비가 비교적 작다.
• 예열시간이 짧고 연료비가 작다.
• 실내 상하의 온도차가 크다.
• 소음이 생기기 쉽다.

① 지역 난방 ② 온수 난방
③ 온풍 난방 ④ 복사 난방

해 지역 난방 : 설비비가 비싸다.
온수 난방 : 예열시간이 길다.
복사 난방 : 실내 상하 온도차가 적다.

53 배관은 길이가 길어지면 관 자체의 하중, 열에 의한 신축, 유체의 흐름에 발생하는 진동이 배관에 작용한다. 이것을 방지하기 위한 관지지 장치의 종류가 아닌 것은?

① 서포트(support)
② 레스트레인트(restraint)
③ 익스팬더(expander)
④ 브레이스(brace)

해 익스팬더 : 배관 확관용 기구

54 다음 중 배관의 부식방지 방법이 아닌 것은?

① 전기절연을 시킨다.
② 도금을 한다.
③ 습기와의 접촉을 피한다.
④ 열처리를 한다.

해 열처리는 배관의 경도를 증가시킨다.

55 가스배관에 있어서 가스가 누설될 경우 중독 및 폭발사고를 미연에 방지하기 위하여 조금만 누설되어도 냄새로 충분히 감지 할 수 있도록 설치하는 장치는?

① 부스터설비 ② 정압기
③ 부취설비 ④ 가스홀더

| 정답 | 51 ① 52 ③ 53 ③ 54 ④ 55 ③

• 수험번호:
• 수험자명:
• 제한 시간:
• 남은 시간:

글자 크기 100% 150% 200% 화면 배치

• 전체 문제 수:
• 안 푼 문제 수:

답안 표기란

56 ① ② ③ ④
57 ① ② ③ ④
58 ① ② ③ ④
59 ① ② ③ ④
60 ① ② ③ ④

56 배수관에서 발생한 해로운 하수가스의 실내 침입을 방지하기 위해 배수트랩을 설치한다. 배수트랩의 종류가 아닌 것은?

① 가솔린트랩 ② 디스크트랩
③ 하우스트랩 ④ 벨트랩

解 디스크트랩 : 스팀트랩(응축수 배출)

57 건식 진공 환수배관의 증기주관의 적절한 구배는?

① 1/100~1/150의 선하(先下)구배
② 1/200~1/300의 선하(先下)구배
③ 1/350~1/400의 선하(先下)구배
④ 1/450~1/500의 선하(先下)구배

58 증기 트랩장치에서 벨로즈 트랩을 안전하게 작동시키기 위해 트랩 입구쪽에 최저 약 몇 m이상을 냉각관으로 해야 하는가?

① 0.1 ② 0.4
③ 0.8 ④ 1.2

59 배관 부속 중 분기관을 낼 때 사용하는 것은?

① 밴드 ② 엘보
③ 티 ④ 유니온

解 티이 : 배관을 T형태로 분기할 때 사용

60 도시가스 배관의 손상을 방지하기 위하여 도시 가스배관 주위에서 다른 매설물을 설치할 때 적절한 이격거리는?

① 20cm 이상 ② 30cm 이상
③ 40cm 이상 ④ 50cm 이상

정답 | 56 ② 57 ② 58 ④ 59 ③ 60 ②

• 수험번호:
• 수험자명:

• 제한 시간:
• 남은 시간:

글자 크기   100%  150%  200% 화면 배치 

• 전체 문제 수:
• 안 푼 문제 수:

답안 표기란

61 ① ② ③ ④
62 ① ② ③ ④
63 ① ② ③ ④
64 ① ② ③ ④
65 ① ② ③ ④

4과목 | 전기제어공학

61 서보기구에서의 제어량은?

① 유량 ② 위치
③ 주파수 ④ 전압

해 서보제어 : 물체의 기계적 변위를 제어량으로 하여 목표값의 임의의 변화에 추종하는 제어(위치, 방위, 자세, 거리, 각도 등)

62 유도전동기에서 인가전압은 일정하고 주파수가 수 % 감소할 때 발생되는 현상으로 <u>틀린</u> 것은?

① 동기속도가 감소한다.
② 철손이 약간 증가한다.
③ 누설리액턴스가 증가한다.
④ 역률이 나빠진다.

해 누설리액턴스는 주파수 변화와 무관하다.

63 ~~부하 1상의 임피던스가 60+j80Ω인 Δ결선의 3상 회로에 100V의 전압을 가할 때 선전류는 몇 A인가?~~ (22년 출제 범위 제외)

① 1 ② $\sqrt{3}$
③ 3 ④ $1/\sqrt{3}$

해 $I_\Delta = \frac{\sqrt{3}\,V_p}{Z} = \frac{\sqrt{3} \times 100}{\sqrt{60^2 + 80^2}}$

$= 1.732 = \sqrt{3}$

64 다음 중 압력을 변위로 변환시키는 장치로 알맞은 것은?

① 노즐플래퍼 ② 다이어프램
③ 전자석 ④ 차동변압기

해 다이어프램 : 압력→변위
노즐플래퍼 : 변위→압력
전자석 : 전압→변위
차동변압기 : 변위→전압

65 다음 중 온도보상용으로 사용되는 것은?

① 다이오드 ② 다이액
③ 서미스터 ④ SCR

해 서미스터 : 열을 감지하는 감열 저항체 소자이다.

정답 | 61 ② 62 ③ 63 ② 64 ② 65 ③

• 수험번호 :
• 수험자명 :

• 제한 시간 :
• 남은 시간 :

글자 크기    100% 150% 200% 화면 배치 

• 전체 문제 수 :
• 안 푼 문제 수 :

답안 표기란

66 ① ② ③ ④
67 ① ② ③ ④
68 ① ② ③ ④
69 ① ② ③ ④

66 그림과 같은 회로의 출력단 X의 진리값으로 옳은 것은?
(단, L은 Low, H는 High이다.)

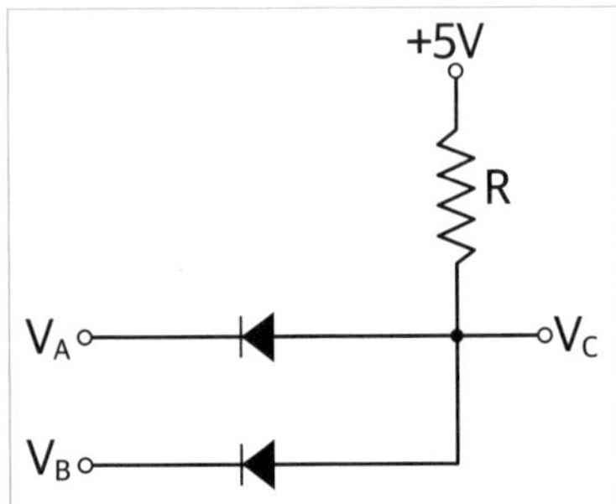

① L, L, L, H ② L, H, H, H
③ L, L, H. H ④ H, L, L, H

해 AND 회로 이므로 L, L, L, H
✓ 다이오드 방향이 입력방향
: AND 회로
✓ 다이오드 방향이 출력방향
: OR 회로

67 궤환제어계에서 제어요소란?

① 조작부와 검출부
② 조절부와 검출부
③ 목표값에 비례하는 신호 발생
④ 동작신호를 조작량으로 변화

68 ~~피드백 제어계의 특징으로 옳은 것은?~~ (22년 출제 범위 제외)

① 정확성이 떨어진다.
② 감대폭이 감소한다.
③ 계의 특성 변화에 대한 입력 대 출력비의 감도가 감소한다.
④ 발진이 전혀 없고 항상 안정한 상태로 되어 가는 경향이 있다.

해 ① 정확성이 증가한다.
② 감대폭이 증가한다.
④ 발진을 일으키고 항상 불안정한 상태로 되어 가는 경향이 있다.

69 ~~어떤 대상물의 현재 상태를 사람이 원하는 상태로 조절 하는 것을 무엇이라 하는가?~~

(22년 출제 범위 제외)

① 제어량 ② 제어대상
③ 제어 ④ 물질량

| 정답 | 66 ① 67 ④ 68 ③ 69 ③

글자 크기    화면 배치  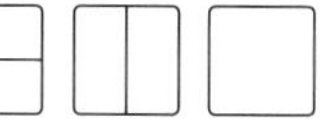

• 전체 문제 수:
• 안 푼 문제 수:

답안 표기란

70	①	②	③	④
71	①	②	③	④
72	①	②	③	④
73	①	②	③	④

70 ~~권수 50회이고 자기인덕턴스가 0.5mH인 코일이 있을 때 여기에 전류 50A를 흘리면 자속은 몇 Wb인가?~~ (22년 출제 범위 제외)

① 5×10^{-3} ② 5×10^{-4}

③ 2.5×10^{-2} ④ 2.5×10^{-3}

해 $L = \frac{N\phi}{I}$ [H]

L : 자기인덕턴스[H]

N : 권선수

ϕ : 자속[Wb]

I : 전류[A]

$$\phi = \frac{LI}{N} = \frac{0.5 \times 10^{-3} \times 50}{50}$$

$= 5 \times 10^{-4}$[Wb]

71 ~~그림과 같은 피드백 블록선도의 전달함수는?~~ (22년 출제 범위 제외)

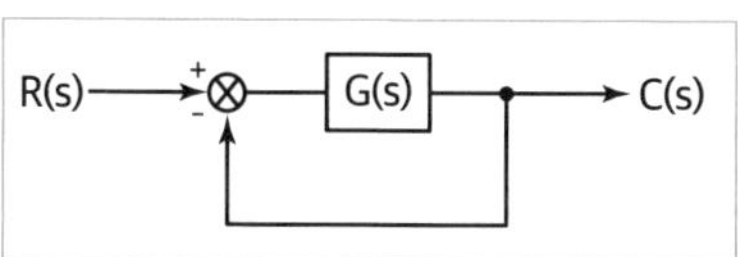

① $\frac{G(s)}{1+G(s)}$ ② $\frac{G(s)}{1+G(s)C(s)}$

③ $\frac{G(s)}{1+R(s)}$ ④ $\frac{C(s)}{1+R(s)}$

72 직류기에서 불꽃 없이 정류를 얻는데 가장 유효한 방법은?

① 탄소브러시와 보상권선

② 자기포화와 브러시 이동

③ 보극과 탄소브러시

④ 보극과 보상권선

73 분산기동형 단상유도전동기를 역회전시키는 방법은?

① 주권선과 보조권선 모두를 전원에 대하여 반대로 접속한다.

② 콘덴서를 주권선에 삽입하여 위상차를 갖게 한다.

③ 콘덴서를 보조권선에 삽입한다.

④ 주권선과 보조권선 중 하나를 전원에 대하여 반대로 접속한다.

| 정답 | 70 ② 71 ① 72 ③ 73 ④

• 수험번호 :
• 수험자명 :

• 제한 시간 :
• 남은 시간 :

글자 크기  100%  150%  200% 화면 배치   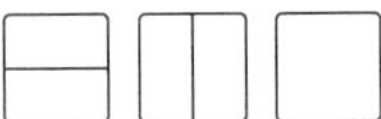

• 전체 문제 수 :
• 안 푼 문제 수 :

74 ~~**R-L-C 직렬회로에서 소비전력이 최대가 되는 조건은?**~~

(22년 출제 범위 제외)

① $\omega L - \frac{1}{\omega C} = 1$

② $\omega L + \frac{1}{\omega C} = 0$

③ $\omega L + \frac{1}{\omega C} = 1$

④ $\omega L - \frac{1}{\omega C} = 0$

해 R-L-C 직렬회로

소비전력 최대 조건 : $\omega L - \frac{1}{\omega C} = 0$

75 ~~**폐루프 제어계에서 전동기의 회전속도는 궤환요소로서 전동기 축에 커플링을 통해서 결합되는 타코제너레이터(T.G)와 같은 다음의 어떤 요소로서 측정이 되는가?**~~

(22년 출제 범위 제외)

① 포텐쇼 미터 ② 응력 게이지

③ 로드 셀 ④ 서보 센서

76 ~~**안정된 필요조건을 갖춘 특성 방정식은?**~~ (22년 출제 범위 제외)

① $s^4+2s^2+5s+5=0$

② $s^3-s^2-3s+10=0$

③ $s^3+3s^2+3s-3=0$

④ $s^3+6s^2+10s+9=0$

해 특정방정식의 안정조건

㉠ 계의 모든 부호가 동일 할 것

㉡ 계수 중 "0"이 없을 것

㉢ 1열의 부호 변화가 없을 것

㉣ 근이 라플라스 평면의 좌반면에 존재해야 한다.

✓ ①번은 S^3항이 0이므로 해당안됨

✓ ②, ③번은 + 부호와 - 부호가 존재하므로 해당안됨

77 ~~**15C의 전기가 3초간 흐르면 전류(A) 값은?**~~ (22년 출제 범위 제외)

① 2 ② 3

③ 4 ④ 5

해 $I = \frac{Q}{t} = \frac{15}{3} = 5[A]$

답안 표기란

74	①	②	③	④
75	①	②	③	④
76	①	②	③	④
77	①	②	③	④

| 정답 | 74 ④ 75 ④ 76 ④ 77 ④

• 수험번호:
• 수험자명:

• 제한 시간:
• 남은 시간:

글자 크기  100%  150%  200% 화면 배치  

• 전체 문제 수:
• 안 푼 문제 수:

답안 표기란

78 ① ② ③ ④
79 ① ② ③ ④
80 ① ② ③ ④

78 어떤 계기에 장시간 전류를 통전한 후 전원을 OFF 시켜도 지침이 0으로 되지 않았다. 그 원인에 해당되는 것은?

① 정전계 영향
② 스프링의 피로도
③ 외부자계 영향
④ 자기가열 영향

해 계기를 장시간 사용시 스프링 피로도에 의해 오차가 발생한다.

79 변압기의 특성 중 규약효율이란?

① 출력/(출력-손실)
② 출력/(출력+손실)
③ 입력/(입력-손실)
④ 입력/(입력+손실)

80 자동제어계에서 각 요소를 블록선도로 표시할 때 각 요소는 전달함수로 표시한다. 신호의 전달경로는 무엇으로 표현하는가?

① 접점 ② 점선
③ 화살표 ④ 스위치

정답 | 78 ② 79 ② 80 ③

PART 6

:기출문제 1회(2016.03.06)

• 수험번호:
• 수험자명:
• 제한 시간:
• 남은 시간:

글자 크기
 100%  150% 200%
화면 배치
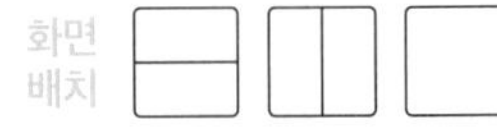

• 전체 문제 수:
• 안 푼 문제 수:

답안 표기란

01 ① ② ③ ④
02 ① ② ③ ④
03 ① ② ③ ④

1과목 I 공기조화

01 난방설비에 관한 설명으로 옳은 것은?

① 온수난방은 증기난방에 비해 예열시간이 길어서 충분한 난방감을 느끼는데 시간이 걸린다.
② 증기난방은 실내 상하 온도차가 적어 유리하다.
③ 복사난방은 급격한 외기 온도의 변화에 대해 방열량 조절이 우수하다.
④ 온수난방의 주 이용열은 온수의 증발잠열이다.

해 ② 증기난방은 실내 상하 온도차가 크다.
③ 복사난방은 급격한 외기 온도의 변화에 대응이 느리다.
④ 온수난방의 주 이용열은 온수의 현열이다.

02 일반적인 취출구의 종류로 가장 거리가 먼 것은?

① 라이트-트로퍼(light-troffer)형
② 아네모스탯(annemostat)형
③ 머시룸(mushroom)형
④ 웨이(way)형

해 머쉬룸형: 바닥에 설치하며 바닥의 먼지를 흡입한다.

03 취급이 간단하고 각 층을 독립적으로 운전할 수 있어 에너지 절감효과가 크며 공사시간 및 공사비용이 적게 드는 방식은?

① 패키지 유닛 방식
② 복사 냉난방 방식
③ 인덕션 유닛 방식
④ 2중 덕트 방식

해 패키지 유닛: 소형이므로 취급이 간단하고 각 층 독립 운전이 가능하며 공사기간이나 비용 또한 적게 든다.

| 정답 | 01 ① 02 ③ 03 ①

• 수험번호:
• 수험자명:

• 제한 시간:
• 남은 시간:

글자 크기  100%  150% 200%  화면 배치 

• 전체 문제 수:
• 안 푼 문제 수:

답안 표기란

04 ① ② ③ ④
05 ① ② ③ ④
06 ① ② ③ ④
07 ① ② ③ ④

04 공조방식 중 각층 유닛방식에 관한 설명으로 틀린 것은?

① 송풍 덕트의 길이가 짧게 되고 설치가 용이하다.
② 사무실과 병원 등의 각층에 대하여 시간차 운전에 유리하다.
③ 각층 슬래브의 관통덕트가 없게 되므로 방재상 유리하다.
④ 각 층에 수배관을 설치하지 않으므로 누수의 염려가 없다.

해 각 층 유닛방식: 각 층 유닛 내부에 냉난방코일이 있어 수배관을 설치하므로 누수의 우려가 있다.

05 전열량에 대한 현열량의 변화의 비율로 나타내는 것은?

① 현열비　② 열수분비
③ 상대습도　④ 비교습도

해 현열비(SHF): $\frac{현열}{현열 + 잠열}$

전열량 = 현열 + 잠열

06 현열 및 잠열에 관한 설명으로 옳은 것은?

① 여름철 인체로부터 발생하는 열은 현열뿐이다.
② 공기조화 덕트의 열손실은 현열과 잠열로 구성되어있다.
③ 여름철 유리창을 통해 실내로 들어오는 열은 현열뿐이다.
④ 조명이나 실내기구에서 발생하는 열은 현열뿐이다.

해 ③ 창문이나 문틈으로 들어오는 극간풍은 현열+잠열이지만 유리창을 통해 들어오는 열은 전도 및 복사에 의한 열이므로 현열 뿐이다.
④ 조명은 현열이 맞지만 실내기구는 잠열도 포함하므로 틀린 답.
✓ 극간풍, 인체, 실내기기, 외기 외엔 모두 현열

07 수분량 변화가 없는 경우의 열수분비는?

① 0　② 1
③ -1　④ ∞

해 열수분비: $\frac{h2 - h1}{x1 - x2}$

h: 엔탈피[kcal/kg]
x: 절대습도[%]
① 수분의 변화가 없을 때: ∞
② 엔탈피의 변화가 없을 때: 0

정답 | 04 ④　05 ①　06 ③　07 ④

• 수험번호 :
• 수험자명 :

• 제한 시간 :
• 남은 시간 :

글자 크기  100%  150%  200%  화면 배치 

• 전체 문제 수 :
• 안 푼 문제 수 :

08 다음 가습방법 중 가습효율이 가장 높은 것은?

① 증발 가습
② 온수 분무 가습
③ 증기 분무 가습
④ 고압수 분무 가습

해 가습효율(η)

$= \frac{\text{에어워셔입구건구온도} - \text{에어워셔출구건구온도}}{\text{에어워셔입구건구온도} - \text{에어워셔입구습구온도}}$

✓ 가습효율이 가장 좋은 방법은 증기 분무 가습이다(가습효율 100%).

09 원심식 송풍기의 종류로 가장 거리가 먼 것은?

① 리버스형 송풍기
② 프로펠러형 송풍기
③ 관류형 송풍기
④ 다익형 송풍기

해 원심식 : 다익형, 터보형, 리밋로드형, 익형, 크로스 플로우형, 리버스형 등
축류식 : 프로펠러형, 디스크형, 베인형 등

10 송풍기에 관한 설명 중 틀린 것은?

① 송풍기 특성곡선에서 팬 전압은 토출구와 흡입구에서의 전압 차를 말한다.
② 송풍기 특성곡선에서 송풍량을 증가시키면 전압과 정압은 산형(山形)을 이루면서 강하한다.
③ 다익형 송풍기는 풍량을 증가시키면 축 동력은 감소한다.
④ 팬 동압은 팬 출구를 통하여 나가는 평균속도에 해당되는 속도압이다.

해 ③ 다익형 송풍기는 풍량을 증가시키면 축 동력은 증가한다.

11 공기의 감습 방식으로 가장 거리가 먼 것은?

① 냉각방식 ② 흡수방식
③ 흡착방식 ④ 순환수분무방식

해 순환수를 분무하는 것은 가습에 속한다.
공기 감습 방식 : 냉각, 흡수, 흡착, 압축 방식이 있다.

답안 표기란

08	①	②	③	④
09	①	②	③	④
10	①	②	③	④
11	①	②	③	④

정답 | 08 ③ 09 ② 10 ③ 11 ④

답안 표기란

12 ① ② ③ ④
13 ① ② ③ ④
14 ① ② ③ ④

12 다음 공조방식 중에 전공기 방식에 속하는 것은?

① 패키지 유닛 방식
② 복사 냉난방 방식
③ 팬 코일 유닛 방식
④ 2중덕트 방식

해 전공기 방식 : 단일 덕트, 2중 덕트, 각층 유닛 방식

13 열원방식의 분류 중 특수 열원방식으로 분류되지 않는 것은?

① 열회수 방식(전열 교환 방식)
② 흡수식 냉온수기 방식
③ 지역 냉난방 방식
④ 태양열 이용 방식

해 특수 열원방식
- 열회수방식(전열교환방식)
- 지역냉난방방식
- 태양열 이용 방식
- 축열방식
- 열병합방식

14 다음 그림과 같은 덕트에서 점 ①의 정압 $P_1 = 15mmAq$, 속도 $V_1 = 10m/s$일 때, 점 ②에서의 전압은?
(단, ①-② 구간의 전압손실은 2mmAq, 공기의 밀도는 $1kg/m^3$로 한다.)

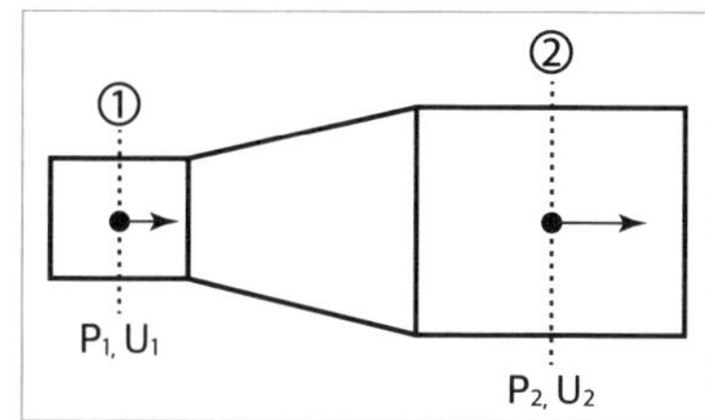

① 15.1mmAq ② 17.1mmAq
③ 18.1mmAq ④ 19.1mmAq

해 전압(P_t) = 정압(P_s) + 동압(P_v)
동압(P_v) = $\frac{V^2}{2g} \cdot r = \frac{10^2}{2 \times 9.8} \cdot 1$
= 5.10[mmAq]
5.10 + 정압 - 전압손실
= 5.10 + 15 - 2 = 18.1[mmAq]

• 수험번호 :
• 수험자명 :

• 제한 시간 :
• 남은 시간 :

글자 크기 100% 150% 200% 화면 배치

• 전체 문제 수 :
• 안 푼 문제 수 :

답안 표기란

15 ① ② ③ ④
16 ① ② ③ ④
17 ① ② ③ ④

15 31℃의 외기와 25℃의 환기를 1 : 2의 비율로 혼합하고 바이패스 팩터가 0.16인 코일로 냉각 제습할 때의 코일 출구온도는?
(단, 코일의 표면온도는 14℃이다.)

① 약 14℃ ② 약 16℃
③ 약 27℃ ④ 약 29℃

해 혼합공기온도(T1)

$= \dfrac{31 \times 1 + 25 \times 2}{1 + 2} = 27[℃]$

바이패스 팩터(BF)

$= \dfrac{T_2 - T_C}{T_1 - T_C}$,

$0.16 = \dfrac{T_2 - 14}{27 - 14}$ 이므로

코일 출구온도(T_2)
= 코일표면온도(T_c) + (혼합공기온도(T_1) - 코일표면온도(T_c)·BF
$= T_C + (T_1 - T_C)BF$
$= 14 + (27 - 14) \times 0.16 = 16.08$

16 난방기기에서 사용되는 방열기 중 강제대류형 방열기에 해당하는 것은?

① 유닛히터
② 길드 방열기
③ 주철제 방열기
④ 베이스보드 방열기

해 유닛히터 : 가열코일과 팬을 내장하여 강제 대류식으로 열을 방출하며 열손실이 많은 곳에 설치

17 다음의 송풍기에 관한 설명 중 ( ) 안에 알맞은 내용은?

동일 송풍기에서 정압은 회전수 비의 (㉠)하고, 소요동력은 회전수 비의 (㉡)한다.

	㉠	㉡
①	2승에 비례	3승에 비례
②	2승에 반비례	3승에 반비례
③	3승에 비례	2승에 비례
④	3승에 반비례	2승에 반비례

해 송풍기의 상사법칙(N : 회전수)

㉠ 풍량 $Q_2 = Q_1 \left(\dfrac{N_2}{N_1}\right)\left(\dfrac{D_2}{D_1}\right)^3$

㉡ 풍압 $P_2 = P_1 \left(\dfrac{N_2}{N_1}\right)^2\left(\dfrac{D_2}{D_1}\right)^2$

㉢ 동력 $KW_2 = KW_1 \left(\dfrac{N_2}{N_1}\right)^3\left(\dfrac{D_2}{D_1}\right)^5$

정답 | 15 ② 16 ① 17 ①

글자 크기  100%  150%  200% 화면 배치 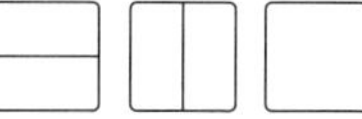

• 전체 문제 수 :
• 안 푼 문제 수 :

답안 표기란

18 ① ② ③ ④
19 ① ② ③ ④
20 ① ② ③ ④

18 건물의 11층에 위치한 북측 외벽을 통한 손실열량은?
(단, 벽체면적 $40m^2$, 열관류율 $0.43W/m^2·℃$, 실내온도 26℃, 외기온도 -5℃, 북측 방위계수 1.2, 복사에 의한 외기온도 보정 3℃이다.)

① 약 495.36W ② 약 525.38W
③ 약 577.92W ④ 약 639.84W

해 $Q = K \times A \times \Delta t \times k$
Q : 열량[W]
K : 열관류율[$W/m^2·℃$]
F : 면적[㎡]
Δt : 온도차[℃]
k : 방위계수
$Q = 0.43 \times 40 \times (26-(-5)-3) \times 1.2$
$= 577.92[W]$

19 증기난방 설비에서 일반적으로 사용 증기압이 어느 정도부터 고압식이라고 하는가?

① $0.01kgf/cm^2$ 이상
② $0.35kgf/cm^2$ 이상
③ $1kgf/cm^2$ 이상
④ $10kgf/cm^2$ 이상

해 고압식 : 1[kgf/cm^2] 이상
저압식 : 0.1 ~ 0.35[kgf/cm^2]

20 바이패스 팩터에 관한 설명으로 옳은 것은?

① 흡입공기 중 온난 공기의 비율이다.
② 송풍공기 중 습공기의 비율이다.
③ 신선한 공기와 순환공기의 밀도 비율이다.
④ 전 공기에 대해 냉·온수코일을 그대로 통과하는 공기의 비율이다.

해 바이패스 팩터 : 냉각 또는 가열코일을 접촉하지 않고 통과하는 공기의 비율로 작을수록 좋다.

정답 | 18 ③ 19 ③ 20 ④

• 수험번호:
• 수험자명:

• 제한 시간:
• 남은 시간:

글자 크기  100%  150%  200%

화면 배치 

• 전체 문제 수:
• 안 푼 문제 수:

답안 표기란

21	①	②	③	④
22	①	②	③	④
23	①	②	③	④
24	①	②	③	④
25	①	②	③	④

2과목 | 냉동공학

21 냉동장치의 압축기 피스톤 압출량이 120m³/h, 압축기 소요동력이 1.1kW, 압축기 흡입가스의 비체적이 0.65m³/kg, 체적효율이 0.81일 때, 냉매 순환량은?

① 100kg/h ② 150kg/h
③ 200kg/h ④ 250kg/h

해 냉매순환량(kg/h)

$$G = \frac{Q_e}{q_e} = \frac{V}{v} \times \eta v$$

Q : 냉동능력[kcal/h]
q_e : 냉동효과[kcal/kg]
V : 이론 피스톤 토출량[m³/h]
v : 흡입가스 비체적[m³/kg]
η_v : 체적효율

$= \frac{120}{0.65} \times 0.81$ = 약 150[kg/h]

22 응축기에서 고온 냉매가스의 열이 제거되는 과정으로 가장 적합한 것은?

① 복사와 전도 ② 승화와 증발
③ 복사와 기화 ④ 대류와 전도

해 고온냉매는 관 내부에서 외부로 열이 전도되고 팬에 의해 대류로 열이 제거된다.

23 냉동사이클 중 P-h 선도(압력-엔탈피 선도)로 계산 할 수 enf없는 것은?

① 냉동능력 ② 성적계수
③ 냉매순환량 ④ 마찰계수

해 냉매선도로 마찰계수는 계산 할 수 없다.

24 다음 중 증발식 응축기의 구성요소로서 가장 거리가 먼 것은?

① 송풍기
② 응축용 핀-코일
③ 물분무 펌프 및 분배장치
④ 일리미네이터, 수공급장치

해 응축용 핀:코일은 프레온 냉동장치에서 공냉식 응축기에 사용 된다.

25 증발온도(압력)하강의 경우 장치에 발생되는 현상으로 가장 거리가 먼 것은?

① 성적계수(COP) 감소
② 토출가스 온도상승
③ 냉매 순환량 증가
④ 냉동 효과 감소

해 증발온도가 하강 할 경우 냉매 순환량은 감소한다.

| 정답 | 21 ② 22 ④ 23 ④ 24 ② 25 ③

26 **냉동장치의 증발압력이 너무 낮은 원인으로 가장 거리가 먼 것은?**

① 수액기 및 응축기내에 냉매가 충만해 있다.
② 팽창밸브가 너무 조여 있다.
③ 증발기의 풍량이 부족하다.
④ 여과기가 막혀 있다.

해 냉매가 부족할 경우 압력이 낮은 원인이 된다.
✓ 수액기와 응축기에 냉매가 충만하게 있으면 고압(응축압력) 상승의 원인이 된다.

27 **냉동사이클이 다음과 같은 T-S 선도로 표시되었다. T-S 선도 4-5-1의 선에 관한 설명으로 옳은 것은?**

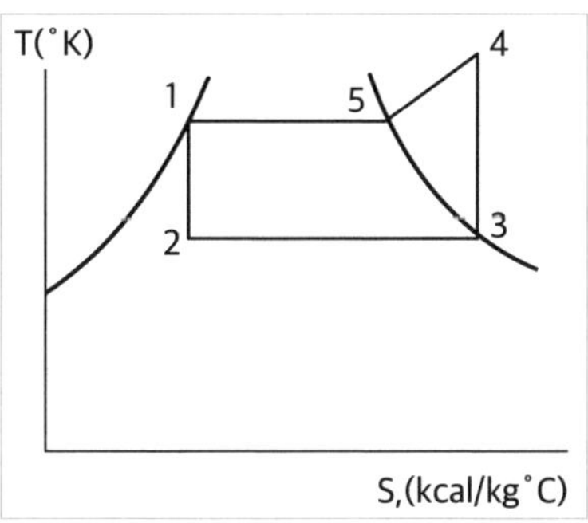

① 4-5-1은 등압선이고 응축과정이다.
② 4-5는 압축기 토출구에서 압력이 떨어지고 5-1은 교축과정이다.
③ 4-5는 불응축 가스가 존재할 때 나타나며, 5-1만이 응축과정이다.
④ 4에서 5로 온도가 떨어진 것은 압축기에서 흡입가스의 영향을 받아서 열을 방출했기 때문이다.

해 4→5→1 : 응축과정 (등압)
1→2 : 팽창과정
2→3 : 증발과정
3→4 : 압축과정

📖 정답 | 26 ① 27 ①

28 **표준냉동사이클에 대한 설명으로 옳은 것은?**

① 응축기에서 버리는 열량은 증발기에서 취하는 열량과 같다.
② 증기를 압축기에서 단열압축하면 압력과 온도가 높아진다.
③ 팽창밸브에서 팽창하는 냉매는 압력이 감소함과 동시에 열을 방출한다.
④ 증발기내에서의 냉매증발온도는 그 압력에 대한 포화온도보다 낮다.

해 ① 응축기에서 버리는 열량은 증발기에서 취하는 열량과 압축기 발생 열량의 합과 같다.
③ 팽창밸브에서 팽창하는 냉매는 압력이 감소하며, 단열팽창이므로 열의 출입은 없다.
④ 증발기내에서의 냉매증발온도는 그 압력에 대한 포화온도와 같다.

29 **압축기의 체적효율에 대한 설명으로 옳은 것은?**

① 이론적 피스톤 압출량을 압축기 흡입직전의 상태로 환산한 흡입가스량으로 나눈 값이다.
② 체적 효율은 압축비가 증가하면 감소한다.
③ 동일 냉매 이용 시 체적효율은 항상 동일하다.
④ 피스톤 격간이 클수록 체적효율은 증가한다.

해 ① 실제 피스톤 압출량을 이론적 피스톤 압출량으로 나눈 값이다.
③ 동일 냉매 이용 시 체적효율은 운전조건에 따라 달라진다.
④ 피스톤 격간(톱 클리어런스)이 작을수록 체적효율은 증가한다.

| 정답 | 28 ② 29 ②

• 수험번호:
• 수험자명:

• 제한 시간:
• 남은 시간:

글자 크기      100% 150% 200% 화면 배치 

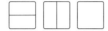

• 전체 문제 수:
• 안 푼 문제 수:

답안 표기란

30 ① ② ③ ④

31 ① ② ③ ④

32 ① ② ③ ④

30 냉동장치에서 윤활의 목적으로 가장 거리가 먼 것은?

① 마모 방지

② 기밀 작용

③ 열의 축적

④ 마찰동력 손실방지

해 ① 윤활작용 : 냉동장치의 기계적 마찰로 인한 소음 및 마모방지
② 기밀작용 : 유막을 형성하여 누설 및 공기침입을 방지
③ 냉각작용 : 기계열을 냉각시켜 기계효율을 증대시킨다.
④ 방청작용 : 부식을 방지한다.
⑤ 세척작용 : 기관을 순환하며 불순물을 흡수한다.
⑥ 가스킷 및 패킹재료 보호

31 10냉동톤의 능력을 갖는 역카르노 사이클이 적용된 냉동기관의 고온부 온도가 25℃, 저온부 온도가 -20℃일때, 이 냉동기를 운전하는데 필요한 동력은?

① 1.8kW ② 3.1kW

③ 6.9kW ④ 9.4kW

해 공식1) 냉동기 성적계수(COP)

$$= \frac{냉동능력(Q)}{압축일량(AW)} = \frac{T_2}{T_1 - T_2}$$

$$= \frac{273 + (-20)}{(273 + 25) - (273 + (-20))}$$

$= 5.62$

공식2) 압축일량

$$(AW) = \frac{냉동능력(Q)}{성적계수(COP)}$$

$$= \frac{10 \times 3320}{5.62} = 5907.47[kcal/h]$$

$$\frac{5907.47}{860} = 6.9[KW]$$

32 표준 냉동장치에서 단열팽창 과정의 온도와 엔탈피 변화로 옳은 것은?

① 온도 상승, 엔탈피 변화 없음

② 온도 상승, 엔탈피 높아짐

③ 온도 하강, 엔탈피 변화 없음

④ 온도 하강, 엔탈피 낮아짐

해 팽창하므로 압력은 하강하지만 단열과정이므로 열의 출입이 없어 엔탈피는 변화가 없다.

정답 | 30 ③ 31 ③ 32 ③

• 수험번호:
• 수험자명:

• 제한 시간:
• 남은 시간:

글자 크기 100% 150% 200% 화면 배치

• 전체 문제 수:
• 안 푼 문제 수:

답안 표기란

33 ① ② ③ ④
34 ① ② ③ ④
35 ① ② ③ ④
36 ① ② ③ ④

33 물 10kg을 0℃에서 70℃까지 가열하면 물의 엔트로피 증가는? (단, 물의 비열은 4.18kJ/kg·k이다).

① 4.14kJ/K ② 9.54kJ/K
③ 12.74kJ/K ④ 52.52kJ/K

해 엔트로피 증가(ΔS)=G·C·$\ell n\left(\frac{T_2}{T_1}\right)$

$=10\times4.18\times\ell n\left(\frac{273+70}{273+0}\right)$

=9.54[kJ/K]

34 터보 압축기의 특징으로 <u>틀린</u> 것은?

① 부하가 감소하면 서징 현상이 일어난다.
② 압축되는 냉매증기 속에 기름방울이 함유되지 않는다.
③ 회전운동을 하므로 동적균형을 잡기 좋다.
④ 모든 냉매에서 냉매회수장치가 필요 없다.

해 R-12를 제외한 나머지 냉매는 회수장치가 필요하다.

35 냉매에 대한 설명으로 <u>틀린</u> 것은?

① 응고점이 낮을 것
② 증발열과 열전도율이 클 것
③ R-500은 R-12와 R-152를 합한 공비 혼합냉매라 한다.
④ R-21은 화학식으로 $CHCl_2F$이고, $CClF_2$-$CClF_2$는 R-113이다.

해 R-21 : $CHCl_2F$
R-113 : $C_2Cl_3F_3$

36 왕복동 압축기의 유압이 운전 중 저하되었을 경우에 대한 원인을 분류한 것으로 옳은 것을 모두 고른 것은?

㉠ 오일 스트레이너가 막혀 있다.
㉡ 유온이 너무 낮다.
㉢ 냉동유가 과충전 되었다.
㉣ 크랭크실 내의 냉동유에 냉매가 너무 많이 섞여 있다.

① ㉠, ㉡ ② ㉢, ㉣
③ ㉠, ㉣ ④ ㉡, ㉢

해 유압은 오일 스트레이너가 막히거나 크랭크실 내에 냉매가 너무 많이 유입되면 저하되며 그 이외의 원인으로는 유압조정밸브 개도의 과대, 오일부족, 오일펌프 불량 등이 있다.

정답 | 33 ② 34 ④ 35 ④ 36 ③

• 수험번호:
• 수험자명:

• 제한 시간:
• 남은 시간:

글자 크기  100%  150%  200% 화면 배치 

• 전체 문제 수:
• 안 푼 문제 수:

답안 표기란

37 ① ② ③ ④
38 ① ② ③ ④
39 ① ② ③ ④
40 ① ② ③ ④

37 2단압축 냉동장치에서 게이지 압력계의 지시계가 고압 15kgf/cm²g, 저압 100mmHg을 가리킬 때, 저단압축기와 고단압축기의 압축비는?
(단, 저·고단의 압축비는 동일하다.)

① 3.6 ② 3.8
③ 4.0 ④ 4.2

解 표준대기압
760[mmHg] = 1.0332[kgf/cm²a]
P_H : 고압의 절대압력
P_L : 저압의 절대압력
P_M : 중압의 절대압력
P_H = 게이지압력 + 1.0332
= 15 + 1.0332 = 16.0332[kgf/cm²a]

$$P_L = 1.0332 \times \frac{760 - 100}{760}$$
= 0.897[kgf/cm²a]

$$P_M = \sqrt{P_H \times P_L} = 3.792[\text{kgf/cm}^2\text{a}]$$

$$\text{압축비} = \frac{P_H}{P_M} = \frac{16.0332}{3.792} = 4.2$$

38 냉동장치에서 흡입배관이 너무 작아서 발생되는 현상으로 가장 거리가 먼 것은?

① 냉동능력 감소
② 흡입가스의 비체적 증가
③ 소비동력 증가
④ 토출가스온도 강하

解 흡입배관이 너무 작으면 배관의 마찰저항으로 인해 압력강하가 발생되고 압축비가 상승하게 되므로 토출온도는 상승하게 된다.

39 1단 압축 1단 팽창 냉동장치에서 흡입증기가 어느 상태일 때 성적계수가 제일 큰가?

① 습증기 ② 과열증기
③ 과냉각액 ④ 건포화증기

解 과열도가 높으면 냉동효과가 상승하므로 성석계수가 제일 크다(과열도가 높으면 토출온도의 상승 원인이 되기도 한다).

40 흡수식 냉동기에 사용되는 냉매와 흡수제의 연결이 잘못된 것은?

① 물(냉매) - 황산(흡수제)
② 암모니아(냉매) - 물(흡수제)
③ 물(냉매) - 가성소다(흡수제)
④ 염화에틸(냉매) - 취화리튬(흡수제)

解

냉매	흡수제
암모니아	물
물	리튬브로마이드
염화에틸	사염화에탄
메탄올	취화리튬, 메탄올 용액

| 정답 | 37 ④ 38 ④ 39 ② 40 ④

• 수험번호:
• 수험자명:

• 제한 시간:
• 남은 시간:

글자 크기  100%  150% 200%

화면 배치 

• 전체 문제 수:
• 안 푼 문제 수:

답안 표기란

41	①	②	③	④
42	①	②	③	④
43	①	②	③	④
44	①	②	③	④

3과목 I 배관일반

41 펌프의 흡입 배관 설치에 관한 설명으로 틀린 것은?

① 흡입관은 가급적 길이를 짧게 한다.
② 흡입관의 하중이 펌프에 직접 걸리지 않도록 한다.
③ 흡입관에는 펌프의 진동이나 관의 열팽창이 전달되지 않도록 신축이음을 한다.
④ 흡입 수평관의 관경을 확대시키는 경우 동심 리듀서를 사용한다.

해 ④ 흡입 수평관의 관경을 확대시키는 경우 편심 리듀서를 사용한다.

42 배관 작업 시 동관용 공구와 스테인리스 강관용 공구로 병용해서 사용할 수 있는 공구는?

① 익스팬더
② 튜브커터
③ 사이징 툴
④ 플레어링 툴 세트

해 익스팬더 : 동관 확관 공구
튜브커터 : 동관 절단 공구(스테인리스 강관 사용 가능)
사이징 툴 : 동관 끝을 원형으로 정형하는 공구
플레어링 툴셋 : 관 끝을 나팔모양으로 벌리는 공구(플레어 이음용)

43 도시가스 내 부취제의 액체 주입식 부취설비 방식이 아닌 것은?

① 펌프 주입 방식
② 적하 주입 방식
③ 위크식 주입 방식
④ 미터연결 바이패스 방식

해 액체 주입식 : 펌프, 적하, 미터, 바이패스
증발식 주입식 : 위크, 바이패스

44 관 이음 중 고체나 유체를 수송하는 배관, 밸브류, 펌프, 열교환기 등 각종 기기의 접속 및 관을 자주 해체 또는 교환할 필요가 있는 곳에 사용되는 것은?

① 용접접합 ② 플랜지접합
③ 나사접합 ④ 플레어접합

해 플랜지 이음 : 플랜지 사이에 패킹을 넣어 볼트 등으로 체결하는 방식
유지보수가 용이한 이음 : 플레어, 유니온 이음

정답 | 41 ④ 42 ② 43 ③ 44 ②

• 수험번호 :
• 수험자명 :

• 제한 시간 :
• 남은 시간 :

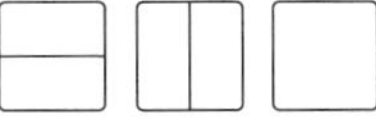

글자 크기 100% 150% 200% 화면 배치

• 전체 문제 수 :
• 안 푼 문제 수 :

답안 표기란

45 ① ② ③ ④
46 ① ② ③ ④
47 ① ② ③ ④
48 ① ② ③ ④

45 덕트 제작에 이용되는 심의 종류가 아닌 것은?

① 버튼펀치스냅 심
② 포켓펀치 심
③ 피츠버그 심
④ 그루브 심

해 덕트 제작에 사용 되는 심 : 버튼펀치스냅, 피츠버그, 그루브, 더블

46 펌프에서 물을 압송하고 있을 때 발생하는 수격작용을 방지하기 위한 방법으로 틀린 것은?

① 급격한 밸브 폐쇄는 피한다.
② 관 내 유속을 빠르게 한다.
③ 기구류 부근에 공기실을 설치한다.
④ 펌프에 플라이 휠(fly wheel)을 설치한다.

해 ② 관 내 유속을 느리게 한다.
수격작용 방지대책
㉠ 유속을 2m/s 이하로 한다.
㉡ 관경을 크게 한다.
㉢ 굴곡을 줄인다.
㉣ 밸브 개폐를 천천히 한다.
㉤ 공기실을 설치한다.
㉥ 펌프에 플라이 휠 설치
㉦ 조압수조 설치

47 다음 중 열역학적 트랩의 종류가 아닌 것은?

① 디스크형 트랩
② 오리피스형 트랩
③ 열동식 트랩
④ 바이패스형 트랩

해 열역학적 트랩 : 디스크형, 오리피스형, 바이패스형
온도조절식 트랩 : 바이메탈식, 벨로우즈식,
기계적 트랩 : 플로트식, 버킷식

48 가스식 순간 탕비기의 자동연소장치 원리에 관한 설명으로 옳은 것은?

① 온도차에 의해서 타이머가 작동하여 가스를 내보낸다.
② 온도차에 의해서 다이어프램이 작동하여 가스를 내보낸다.
③ 수압차에 의해서 다이어프램이 작동하여 가스를 내보낸다.
④ 수압차에 의해서 타이머가 작동하여 가스를 내보낸다.

| 정답 | 45 ② 46 ② 47 ③ 48 ③

• 수험번호 :
• 수험자명 :

• 제한 시간 :
• 남은 시간 :

글자 크기  100%  150%  200%  화면 배치 

• 전체 문제 수 :
• 안 푼 문제 수 :

답안 표기란

49 ① ② ③ ④
50 ① ② ③ ④
51 ① ② ③ ④

49 동일 송풍기에서 임펠러의 지름을 2배로 했을 경우 특성 변화에 법칙에 대해 옳은 것은?

① 풍량은 송풍기 크기비의 2제곱에 비례한다.

② 압력은 송풍기 크기비의 3제곱에 비례한다.

③ 동력은 송풍기 크기비의 5제곱에 비례한다.

④ 회전수 변화에만 특성변화가 있다.

해 송풍기의 상사법칙(N : 회전수)

㉠ 풍량 $Q_2 = Q_1\left(\frac{N_2}{N_1}\right)\left(\frac{D_2}{D_1}\right)^3$

㉡ 풍압 $P_2 = P_1\left(\frac{N_2}{N_1}\right)^2\left(\frac{D_2}{D_1}\right)^2$

㉢ 동력 $KW_2 = KW_1\left(\frac{N_2}{N_1}\right)^3\left(\frac{D_2}{D_1}\right)^5$

50 증기 난방 배관에서 고정 지지물의 고정방법에 관한 설명으로 <u>틀린</u> 것은?

① 신축 이음이 있을 때에는 배관의 양끝을 고정한다.

② 신축 이음이 없을 때에는 배관의 중앙부를 고정한다.

③ 주관의 분기관이 접속되었을 때에는 그 분기점을 고정한다.

④ 고정 지지물의 설치 위치는 시공상 큰 문제가 되지 않는다.

해 고정 지지물의 설치 위치는 시공상 배관의 무게나 신축 등을 고려하여 선정한다.

51 배수 펌프의 용량은 일정한 배수량이 유입하는 경우 시간 평균 유입량의 몇 배로 하는 것이 적당한가?

① 1.2 ~ 1.5배 ② 3.2 ~ 3.5배

③ 4.2 ~ 4.5배 ④ 5.2 ~ 5.5배

해 배수량이 일정할 경우 : 시간 평균 유입량의 1.2 ~ 1.5배

| 정답 | 49 ③ 50 ④ 51 ①

• 수험번호:
• 수험자명:

• 제한 시간:
• 남은 시간:

글자 크기  100%  150%  200% 화면 배치 

• 전체 문제 수:
• 안 푼 문제 수:

답안 표기란

52 ① ② ③ ④
53 ① ② ③ ④
54 ① ② ③ ④
55 ① ② ③ ④
56 ① ② ③ ④

52 배수관 트랩의 봉수 파괴 원인이 아닌 것은?

① 자기 사이펀 작용
② 모세관 작용
③ 봉수의 증발 작용
④ 통기관 작용

해 봉수 파괴의 원인
㉠ 증발작용
㉡ 모세관 현상
㉢ 자기사이펀 작용
㉣ 흡출작용
㉤ 분출작용
㉥ 관성력의 의한 배출

53 다음 신축이음 방법 중 고압증기의 옥외배관에 적당 한 것은?

① 슬리브 이음 ② 벨로스 이음
③ 루프형 이음 ④ 스위블 이음

해 루프형 이음 : 고압, 옥외 배관용으로 곡률반경은 배관 직경의 6배 이상으로 한다.

54 주 증기관의 관경 결정에 직접적인 관계가 없는 것은?

① 팽창탱크 체적 ② 증기의 속도
③ 압력손실 ④ 관의 길이

해 팽창탱크는 온수난방에 설치한다.

55 통기관 및 통기구에 관한 설명으로 틀린 것은?

① 외벽 면을 관통하여 개구하는 통기관은 빗물막이를 충분히 한다.
② 건물의 돌출부 아래에 통기관의 말단을 개구해서는 안된다.
③ 통기구는 원치적으로 하향이 되도록 한다.
④ 지붕이나 옥상을 관통하는 통기관은 지붕면보다 50mm 이상 올려서 대기 중에 개구 한다.

해 ④ 지붕이나 옥상을 관통하는 통기관은 지붕면보다 150mm 이상 올려서 대기 중에 개구 한다.

56 증기 보일러에서 환수방법을 진공환수방법으로 할 때 설명이 옳은 것은?

① 증기주관은 선하향 구배로 설치한다.
② 환수관은 습식 환수관을 사용한다.
③ 리프트 피팅의 1단 흡상고는 3m로 한다.
④ 리프팅 피팅은 펌프 부근에 2개 이상 설치한다.

해
• 증기주관은 1/200~1/300의 선하향 구배로 한다.
• 진공환수방법에서 환수관은 건식 환수관을 사용
• 리프트 피팅은 흡상고가 1.5m이내
• 리프팅 피팅은 펌프 부근에 1개만 설치한다.

정답 | 52 ④ 53 ③ 54 ① 55 ④ 56 ①

• 수험번호:
• 수험자명:

• 제한 시간:
• 남은 시간:

글자 크기 100% 150% 200% 화면 배치

• 전체 문제 수:
• 안 푼 문제 수:

답안 표기란

57 ① ② ③ ④
58 ① ② ③ ④
59 ① ② ③ ④
60 ① ② ③ ④

57 관의 보냉 시공의 주된 목적은?

① 물의 동결방지
② 방열방지
③ 결로방지
④ 인화방지

해 보냉 : 결로방지용
보온 : 열손실방지용 또는 고온배관의 신체접촉방지용

58 통기설비의 통기 방식에 해당하지 않는 것은?

① 루프 통기 방식
② 각개 통기 방식
③ 신정 통기 방식
④ 사이펀 통기 방식

해 통기방식의 종류
각개 통기관, 회로(루프, 환상) 통기관, 도피 통기관, 습식 통기관, 공용 통기관, 신정 통기관, 결합 통기관, 통기수평지관, 통기 수직주관, 통기헤더 등

59 10세대가 거주하는 아파트에서 필요한 하루의 급수량은?
(단, 1세대 거주인원은 4명, 1일 1인당 사용수량은 100L로 한다.)

① 3000L ② 4000L
③ 5000L ④ 6000L

해 급수인구 = 10세대 × 4인 = 40명
급수량 = 급수인구 × 1인당 사용수량
= 40 × 100 = 4,000[L]

60 가스 배관의 크기를 결정하는 요소로 가장 거리가 먼 것은?

① 관의 길이
② 가스의 비중
③ 가스의 압력
④ 가스 기구의 종류

해 $Q = K\sqrt{\frac{D^5 H}{SL}}$
D : 관의 내경
Q : 가스유량
K : 유량계수
H : 허용압력손실수두
S : 가스 비중
L : 관의 길이

정답 | 57 ③ 58 ④ 59 ② 60 ④

• 수험번호:
• 수험자명:
• 제한 시간:
• 남은 시간:

글자 크기  100%  150%  200% 화면 배치  

• 전체 문제 수:
• 안 푼 문제 수:

답안 표기란

61 ① ② ③ ④
62 ① ② ③ ④
63 ① ② ③ ④
64 ① ② ③ ④

4과목 | 전기제어공학

61 기준권선과 제어권선의 두 고정자권선이 있으며, 90도 위상차가 있는 2상 전압을 인가하여 회전자계를 만들어서 회전자를 회전시키는 전동기는?

① 동기전동기 ② 직류전동기
③ 스탭전동기 ④ AC 서보전동기

62 ~~그림과 같이 콘덴서 3F와 2F가 직렬로 접속된 회로에 전압 20V를 가하였을 때 3F콘덴서 단자의 전압 V1은 몇 V인가?~~

(22년 출제 범위 제외)

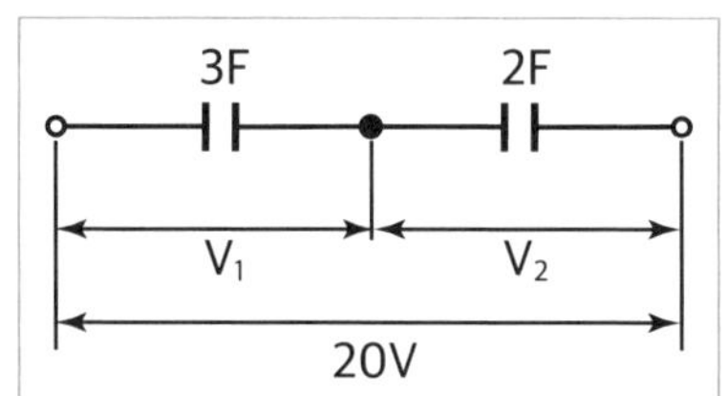

① 5 ② 6
③ 7 ④ 8

해 단자전압(V_1)

$= \frac{C_2}{C_1 + C_2} \times V$

$= \frac{2}{3+2} \times 20 = 8[V]$

63 그림과 같은 브리지정류기는 어느 점에 교류입력을 연결해야 하는가?

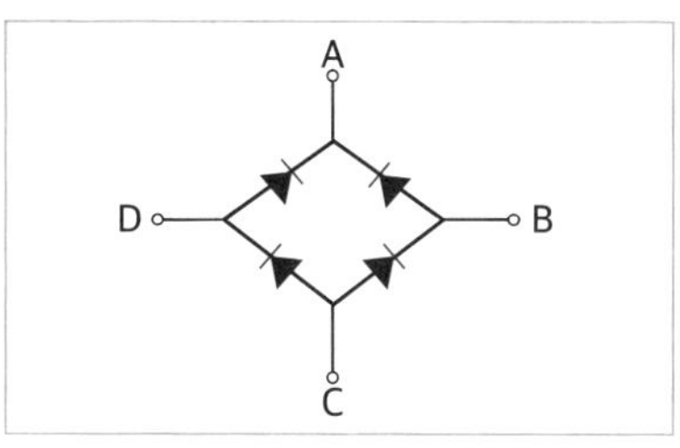

① B-D점 ② B-C점
③ A-C점 ④ A-B점

해 B-D: 교류입력
A-C: 직류출력

64 ~~R, L, C 직렬회로에서 인가전압을 입력으로, 흐르는 전류를 출력으로 할 때 전달함수를 구하면?~~

(22년 출제 범위 제외)

① $R + LS + CS$

② $\frac{1}{R + LS + CS}$

③ $R + LS + \frac{1}{CS}$

④ $\frac{1}{R + LS + \frac{1}{CS}}$

해 전달함수 = $\frac{출력}{입력}$

R, L, C가 입력 전류 I가 출력이므로

$\frac{I}{R + L(S) + \frac{1}{C(S)}}$

$\frac{1}{R + L(S) + \frac{1}{C(S)}}$

정답 | 61 ④ 62 ④ 63 ① 64 ④

• 수험번호:
• 수험자명:

• 제한 시간:
• 남은 시간:

글자 크기     100% 150% 200% 화면 배치 

• 전체 문제 수:
• 안 푼 문제 수:

답안 표기란

65	①	②	③	④
66	①	②	③	④
67	①	②	③	④

65 전기로의 온도를 1000℃로 일정하게 유지시키기 위하여 열전도계의 지시값을 보면서 전압조정기로 전기로에 대한 인가전압을 조절하는 장치가 있다. 이 경우 열전 온도계는 다음 중 어느 것에 해당 되는가?

① 조작부　② 검출부
③ 제어량　④ 조작량

해 열전 온도계는 온도를 검출해야 하므로 검출부에 속한다.

66 교류전류의 흐름을 방해하는 소자는 저항 이외에도 유도코일, 콘덴서 등이 있다. 유도코일과 콘덴서 등에 대한 교류 전류의 흐름을 방해하는 저항력을 갖는 것을 무엇이라고 하는가?

① 리액턴스　② 임피던스
③ 컨덕턴스　④ 어드미턴스

해 교류전류의 흐름을 방해하는 성분
저항(R), 유도리액턴스(X_L), 용량성 리액턴스(X_C)

67 ~~220V, 1kW의 전열기에서 전열선의 길이를 2배로 늘리면 소비전력은 늘리기 전의 전력에 비해 몇 배로 변화 하는가?~~

(22년 출제 범위 제외)

① 0.25　② 0.5
③ 1.25　④ 1.5

해 전력(W) = $VI = I^2R = \frac{V^2}{R}$, 전선의 길이가 2배로 늘어나면 저항이 2배로 늘어난다.

저항(R) = $\frac{220^2}{1000}$ = 48.4[Ω]

1000 = $\frac{220^2}{48.4}$ 에서 저항을 2배로 늘리면 $\frac{220^2}{48.4 \times 2}$ = 500[W] 이므로

1000 / 500 = 0.5배

정답 | 65 ② 66 ① 67 ②

68 ~~$T_1 > T_2 = 0$일 때, $G(S) = \frac{1+T_2S}{1+T_1S}$의 백터궤적은?~~ (22년 출제 범위 제외)

①
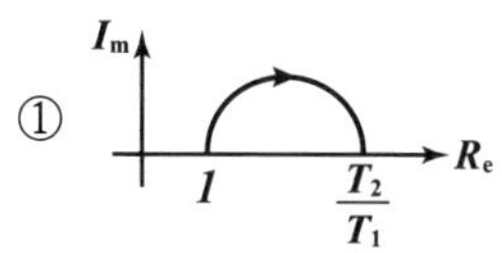

②
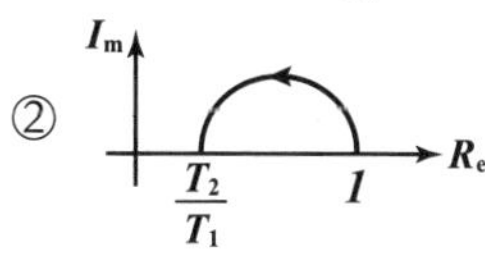

③
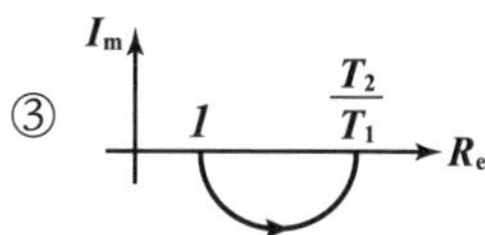

④
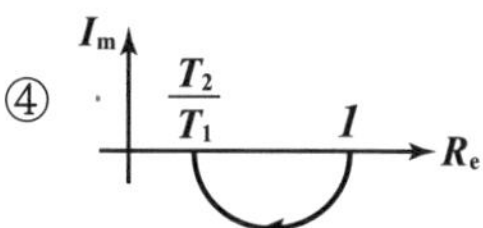

해 $T_1 > T_2$ 일때

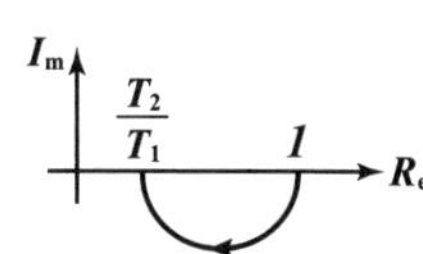

$T_1 < T_2$ 일때

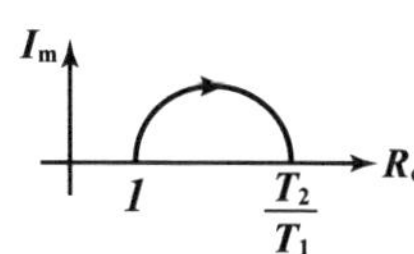

69 PLC 제어의 특징으로 틀린 것은?

① 소형화가 가능하다.

② 유지보수가 용이하다.

③ 제어시스템의 확장이 용이하다.

④ 부품간의 배선에 의해 로직이 결정된다.

해 PLC는 Programmable Logic Controller의 약자로 프로그램에 의해 로직이 결정된다.

70 ~~다음 특성 방정식 중 계가 안정될 필요조건을 갖춘 것은?~~

(22년 출제 범위 제외)

① $S^3+9S^2+17S+14=0$

② $S^3-8S^2+13S-12=0$

③ $S^4+3S^2+12S+8=0$

④ $S^3+2S^2+4S-1=0$

해 특정방정식의 안정조건

㉠ 계의 모든 부호가 동일 할 것

㉡ 계수 중 "0"이 없을 것

㉢ 1열의 부호 변화가 없을 것

㉣ 근이 라플라스 평면의 좌반면에 존재해야 한다.

②, ④번은 + 부호와 - 부호가 같이 있으므로 해당안됨

③ 항은 S^3계수가 0이므로 해당안됨

정답 | 68 ④ 69 ④ 70 ①

• 수험번호:
• 수험자명:

• 제한 시간:
• 남은 시간:

글자 크기  100%  150%  200% 화면 배치 

• 전체 문제 수:
• 안 푼 문제 수:

답안 표기란

71	①	②	③	④
72	①	②	③	④
73	①	②	③	④
74	①	②	③	④
75	①	②	③	④

71 3300/200V, 10kVA인 단상 변압기의 2차를 단락하여 1차측에 300V를 가하니 2차에 120A가 흘렀다. 1차 정격전류(A) 및 이 변압기의 임피던스 전압(V)은 약 얼마인가?

① 1.5A, 200V ② 2.0A, 150V
③ 2.5A, 330V ④ 3.0A, 125V

해 ㉠ 1차 정격전류$(I_1) = \frac{10 \times 10^3}{3300} = 3.03[A]$

㉡ 1차 단락전류

$(I_{1s}) = \frac{V_2}{V_1} \times I_2 = \frac{200}{3300} \times 120 = 7.27[A]$

임피던스$(Z) = \frac{300}{7.27} = 41.26[\Omega]$

임피던스 전압$(V) = 41.26 \times 3.03 = 125[V]$

72 지시 전기계기의 정확성에 의한 분류가 아닌 것은?

① 0.2급 ② 0.5급
③ 2.5급 ④ 5급

해 지시전기계기의 정확성에 의한 분류: 0.2급, 0.5급, 1급, 1.5급, 2.5급

73 ~~목표값이 시간적으로 임의로 변하는 경우의 제어로서 서보기구가 속하는 것은?~~ (22년 출제 범위 제외)

① 정치 제어 ② 추종 제어
③ 마이컴 제어 ④ 프로그램 제어

해 추종제어(서보제어): 물체의 기계적 변위를 제어량으로 하여 목표값의 임의의 변화에 추종하는 제어

74 자체 판단능력이 없는 제어계는?

① 서보기구 ② 추치 제어계
③ 개회로 제어계 ④ 폐회로 제어계

해 개회로제어(개루프제어): 시퀀스 제어와 같이 정해진 순서대로 동작하고 끝나는 제어

75 ~~$I_m\sin(\omega t+\theta)$의 전류와 $E_m\cos(\omega t-\phi)$인 전압 사이의 위상차는?~~ (22년 출제 범위 제외)

① $\theta-\phi$ ② $(\phi-\theta)$
③ $\frac{\pi}{2}-(\phi+\theta)$ ④ $\frac{\pi}{2}+(\phi-\theta)$

해 전압: $E_m\cos(\omega t-\phi) = E_m\sin(\omega t-\phi+\frac{\pi}{2})$

전류: $I_m\sin(\omega t+\theta)$

위상차 = 전압의 위상 - 전류의 위상

$= (\omega t-\phi+\frac{\pi}{2})-\theta = \frac{\pi}{2}-(\phi+\theta)$

| 정답 | 71 ④ 72 ④ 73 ② 74 ③ 75 ③

• 수험번호:
• 수험자명:
• 제한 시간:
• 남은 시간:

글자 크기  100%  150%  200% 화면 배치 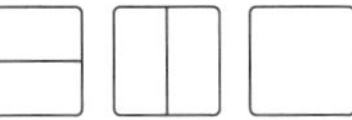

• 전체 문제 수:
• 안 푼 문제 수:

답안 표기란

76 ① ② ③ ④
77 ① ② ③ ④
78 ① ② ③ ④
79 ① ② ③ ④
80 ① ② ③ ④

76 그림과 같은 파형의 평균값은 얼마인가?

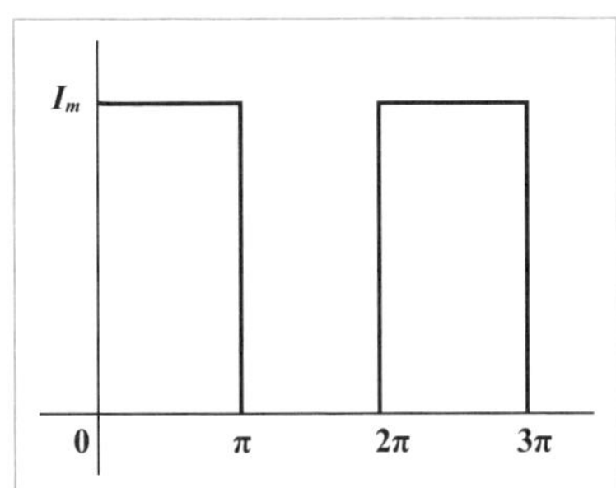

① $2I_m$ ② I_m
③ $\frac{I_m}{2}$ ④ $\frac{I_m}{4}$

해 구형반파의 평균값 = $\frac{I_m}{2}$

77 제어요소는 무엇으로 구성되어 있는가?

① 비교부
② 검출부
③ 조절부와 조작부
④ 비교부와 검출부

78 주상변압기의 고압측에 몇 개의 탭을 두는 이유는?

① 선로의 전압을 조정하기 위하여
② 선로의 역률을 조정하기 위하여
③ 선로의 잔류전하를 방전시키기 위하여
④ 단자가 고장이 발생하였을 때를 대비하기 위하여

해 주상 변압기: 고전압을 저전압으로 낮추기 위해 전주 위에 설치된다.

79 제어기기에서 서보전동기는 어디에 속하는가?

① 검출기기 ② 조작기기
③ 변환기기 ④ 증폭기기

해 제어기기: 검출기, 변환기, 증폭기 등
조작기기: 전자밸브, 서보모터 등

80 ~~피드백 제어계에서 반드시 있어야 할 장치는?~~ (22년 출제 범위 제외)

① 전동기 시한 제어장치
② 발진기로서의 동작 장치
③ 응답속도를 느리게 하는 장치
④ 목표값과 출력을 비교하는 장치

해 제어계의 출력값을 목표값과 비교하여 일치하지 않으면 입력으로 피드백시켜 오차를 수정하도록 하는 폐회로 제어

정답 | 76 ③ 77 ③ 78 ① 79 ② 80 ④

PART 6

:기출문제 2회(2016.05.08)

• 수험번호:
• 수험자명:

• 제한 시간:
• 남은 시간:

글자 크기 100% 150% 200% 화면 배치

• 전체 문제 수:
• 안 푼 문제 수:

답안 표기란

01 ① ② ③ ④
02 ① ② ③ ④
03 ① ② ③ ④
04 ① ② ③ ④

1과목 | 공기조화

01 물 또는 온수를 직접 공기 중에 분사하는 방식의 수분무식 가습장치의 종류에 해당되지 않는 것은?

① 원심식 ② 초음파식
③ 분무식 ④ 가습팬식

해 수분무식 가습: 원심식, 초음파식, 분무식
증발식 가습: 회전식, 모세관식, 적하식
증기식 가습: 전열식(가습팬형), 전극식, 적외선식, 과열증기식, 노즐분무식

02 공기 세정기에 관한 설명으로 틀린 것은?

① 공기 세정기의 통과풍속은 일반적으로 약 2~3m/s이다.
② 공기 세정기의 가습기는 노즐에서 물을 분무하여 공기에 충분히 접촉시켜 세정과 가습을 하는 것이다.
③ 공기 세정기의 구조는 루버, 분무노즐, 플러딩노즐, 일리미네이터 등이 케이싱 속에 내장되어 있다.
④ 공기 세정기의 분무 수압은 노즐 성능상 약 20~50kPa이다.

해 ④ 공기 세정기의 분무 수압은 노즐 성능상 약 150~200kPa이다.

03 난방부하를 줄일 수 있는 요인이 아닌 것은?

① 극간풍에 의한 잠열
② 태양열에 의한 복사열
③ 인체의 발생열
④ 기계의 발생열

해 극간풍은 틈새바람으로 겨울철 외기의 찬바람이 들어오는 것이므로 손실열량에 속한다.

04 공기조화의 단일덕트 정풍량 방식의 특징에 관한 설명으로 틀린 것은?

① 각 실이나 존의 부하변동에 즉시 대응할 수 있다.
② 보수관리가 용이하다.
③ 외기냉방이 가능하고 전열교환기 설치도 가능하다.
④ 고성능 필터 사용이 가능하다.

해 단일덕트 정풍량 방식은 하나의 주 덕트에서 분기하여 각 존으로 송풍을 하므로 각 실이나 존의 부하변동에는 대응이 어렵다.

| 정답 | 01 ④ 02 ④ 03 ① 04 ①

• 수험번호:
• 수험자명:

• 제한 시간:
• 남은 시간:

글자 크기   100%  150%  200% 화면 배치 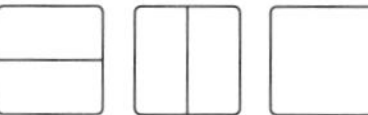

• 전체 문제 수:
• 안 푼 문제 수:

답안 표기란

05 ① ② ③ ④
06 ① ② ③ ④
07 ① ② ③ ④

05 공기조화의 분류에서 산업용 공기조화의 적용범위에 해당하지 않는 것은?

① 실험실의 실험조건을 위한 공조
② 양조장에서 술의 숙성온도를 위한 공조
③ 반도체 공장에서 제품의 품질 향상을 위한 공조
④ 호텔에서 근무하는 근로자의 근무 환경 개선을 위한 공조

해 호텔은 사람을 대상으로 하므로 보건용 공기조화를 사용한다.

06 노즐형 취출구로서 취출구 방향을 좌우상하로 바꿀 수 있는 취출구는?

① 유니버설형
② 펑커루버형
③ 팬(pan)형
④ T라인(T-line)형

해 펑커루버형: 기류 방향과 풍량 조절이 용이하다(국소냉방에 사용)

07 건구온도 10℃, 습구온도 3℃의 공기를 덕트 중 재열기로 건구온도 25℃까지 가열하고자 한다. 재열기를 통하는 공기량이 1500 m^3/min인 경우, 재열기에 필요한 열량은?
(단, 공기의 비체적은 0.849 m^3/kg이다.)

① 191025kcal/min
② 28017kcal/min
③ 8200kcal/min
④ 6360kcal/min

해 $Q = G \cdot C \cdot \Delta t$

$G = 1500$(송풍량)$\times \frac{1}{0.849}$(공기의 비체적)이므로

$Q = 1500 \times \frac{1}{0.849} \times 0.24 \times (25 - 10)$

$= 6,360$[kcal/min]

정답 | 05 ④ 06 ② 07 ④

08 공기조화설비에 사용되는 냉각탑에 관한 설명으로 옳은 것은?

① 냉각탑의 어프로치는 냉각탑의 입구 수온과 그때의 외기 건구온도와의 차이다.

② 강제통풍식 냉각탑의 어프로치는 일반적으로 약 5℃이다.

③ 냉각탑을 통과하는 공기량(kg/h)을 냉각탑의 냉각수량(kg/h)으로 나눈 값을 수공기비라 한다.

④ 냉각탑의 레인지는 냉각탑의 출구 공기온도와 입구 공기온도의 차이다.

해 ① 냉각탑의 어프로치는 냉각탑의 냉각수 출구 수온과 그때의 외기 습구 온도와의 차이다.
③ 냉각탑을 통과하는 냉각수량(kg/h)을 냉각탑의 공기량(kg/h)으로 나눈 값을 수공기비라 한다.
④ 냉각탑의 레인지는 냉각탑의 입구 수온과 출구 수온의 차이다.

09 600rpm으로 운전되는 송풍기의 풍량이 400m³/min, 전압 40mmAq, 소요동력 4 kW의 성능을 나타낸다. 이때 회전수를 700rpm으로 변화시키면 몇 kW의 소요동력이 필요한가?

① 5.44kW ② 6.35kW

③ 7.27kW ④ 8.47kW

해 $KW_2 = KW_1 \left(\frac{N_2}{N_1}\right)^3$

$= 4 \times \left(\frac{700}{600}\right)^3 = 6.35[KW]$

10 고속덕트의 특징에 관한 설명으로 틀린 것은?

① 소음이 작다.

② 운전비가 증대한다.

③ 마찰에 의한 압력손실이 크다.

④ 장방형 대신에 스파이럴관이나 원형덕트를 사용하는 경우가 많다.

해 고속덕트 : 주 덕트의 풍속이 15m/s 이상인 경우(고속이므로 소음과 진동이 심하다)

정답 | 08 ② 09 ② 10 ①

11 유효온도(ET, Effective Temperature)의 요소에 해당하지 않는 것은?

① 온도 ② 기류
③ 청정도 ④ 습도

해 유효온도(ET): 온도, 습도, 기류속도에 의한 체감온도(기류 0m/s, 상내습도 100%일 때를 기준으로 한 쾌감온도)

12 아래 그림은 공기조화기 내부에서의 공기의 변화를 나타낸 것이다. 이 중에서 냉각코일에서 나타나는 상태변화는 공기선도상 어느 점을 나타내는가?

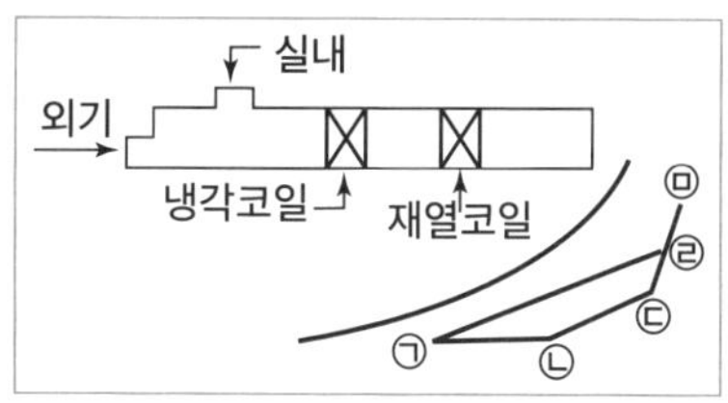

① ㉠-㉡ ② ㉡-㉢
③ ㉣-㉠ ④ ㉣-㉤

해 공기가 냉각되면 온도와 습도가 내려가므로 ㉣-㉠
㉠-㉡: 재열코일에서의 상태변화
㉡-㉢: 실내공기의 상태변화
㉣-㉤: 외기도입부 상태변화

13 상당외기온도차를 구하기 위한 요소로 가장 거리가 먼 것은?

① 흡수율
② 표면 열전달률(kcal/m²·h·℃)
③ 직달 일사량(kcal/m²·h)
④ 외기온도(℃)

해 상당외기 온도차(ETD)(t_e) = $\frac{a}{a_o} \times I + t_o$

a: 벽체 표면의 일사 흡수율[%]
a_o: 표면 열전달률[kcal/m²·h]
I: 벽체 표면의 전일사량[kcal/m²·h]
t_o: 외기온도[℃]
직달 일사량: 대기 중에 흡수되거나 산란되지 않고 태양으로부터 직접 지표면에 도달하는 일사량

14 냉방 시 유리를 통한 일사 취득열량을 줄이기 위한 방법으로 틀린 것은?

① 유리창의 입사각을 적게 한다.
② 투과율을 적게 한다.
③ 반사율을 크게 한다.
④ 차폐계수를 적게 한다.

해 입사각 60° 이상에서 크게 할수록 투과율이 급격히 줄고 반사율은 상승한다.

답안 표기란

11	①	②	③	④
12	①	②	③	④
13	①	②	③	④
14	①	②	③	④

정답 | 11 ③ 12 ③ 13 ③ 14 ①

• 수험번호:
• 수험자명:

• 제한 시간:
• 남은 시간:

글자 크기  100%  150%  200% 화면 배치  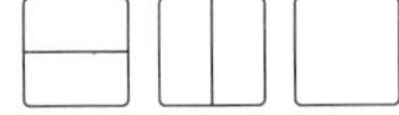

• 전체 문제 수:
• 안 푼 문제 수:

답안 표기란

15 ① ② ③ ④
16 ① ② ③ ④
17 ① ② ③ ④
18 ① ② ③ ④

15 냉방부하 계산 시 상당외기온도차를 이용하는 경우는?

① 유리창의 취득열량
② 내벽의 취득열량
③ 침입외기 취득열량
④ 외벽의 취득열량

해 상당외기온도차 : 외벽이나 지붕이 태양의 일사를 받을 때 복사에너지에 의한 실내 공기 온도의 상승값

16 대사량을 나타내는 단위로 쾌적상태에서의 안정 시 대사량을 기준으로 하는 단위는?

① RMR ② clo
③ met ④ ET

해 RMR : 에너지 대사율
clo : 의복의 열절연성
met : 대사량의 단위
ET : 유효온도

17 다음 중 중앙식 공조방식이 아닌 것은?

① 정풍량 단일 덕트방식
② 2관식 유인유닛방식
③ 각층 유닛방식
④ 패키지 유닛방식

해 개별식 : 패키지 유닛방식, 룸쿨러 방식, 멀티 유닛 방식 외에 모두 중앙방식

18 외기온도 13℃(포화 수증기압 12.83mmHg)이며 절대습도 0.008kg/kg일 때의 상대습도 RH는?
(단, 대기압은 760mmHg이다.)

① 약 37% ② 약 46%
③ 약 75% ④ 약 82%

해 상대습도(φ)

$= \frac{\text{수증기분압}(P_w)}{\text{포화증기의수증기분압}(P_s)}$

P : 대기압

절대습도(x)

$= 0.622 \times \frac{P_w}{P - P_w}$

$0.008 = 0.622 \times \frac{P_w}{760 - P_w}$

$0.008(760 - P_w) = 0.622 \times P_w$

$6.08 - 0.008P_w = 0.622 \times P_w$

$6.08 = 0.008 + 0.622P_w$

$6.08 = (0.008 + 0.622)P_w$

$P_w = \frac{6.08}{0.008 + 0.622} = 9.65$

$\text{상대습도}(\varphi) = \frac{9.68}{12.83} \times 100 = 75[\%]$

정답 | 15 ④ 16 ③ 17 ④ 18 ③

글자 크기   100%  150%  200%

화면 배치 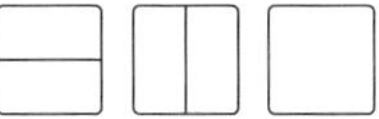

• 전체 문제 수 :
• 안 푼 문제 수 :

답안 표기란

19	①	②	③	④
20	①	②	③	④

19 다음 중 건축물의 출입문으로부터 극간풍 영향을 방지하는 방법으로 가장 거리가 먼 것은?

① 회전문을 설치한다.

② 이중문을 충분한 간격으로 설치한다.

③ 출입문에 블라인드를 설치한다.

④ 에어커튼을 설치한다.

해 극간풍을 줄이기 위한 방법
㉠ 회전문 설치
㉡ 2중문 설치
㉢ 에어커튼 설치
㉣ 실내를 양압으로 유지
㉤ 2중문 중간에 컨벡터 설치

20 다음 그림에 대한 설명으로 틀린 것은?

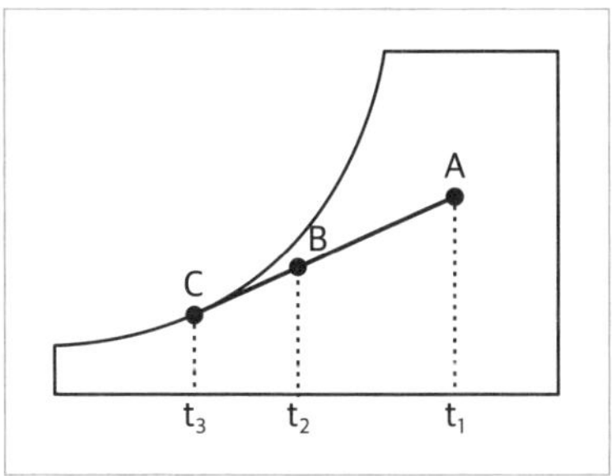

① A→B는 냉각감습 과정이다.

② 바이패스팩터(BF)는 $\frac{t_2 - t_3}{t_1 - t_3}$ 이다.

③ 코일의 열수가 증가하면 BF는 증가한다.

④ BF가 작으면 공기의 통과저항이 커져 송풍기 동력이 증대될 수 있다

해 바이패스 팩터가 작아지는 경우
㉠ 코일의 열수가 많을 때
㉡ 코일의 간격이 작을 때
㉢ 전열면적이 클 때
㉣ 장치 노점온도가 높을 때
㉤ 송풍량이 적을 때
㉥ 냉수량이 적을수록(간접 냉매방식)

정답 | 19 ③ 20 ③

• 수험번호:
• 수험자명:

• 제한 시간:
• 남은 시간:

글자 크기 100% 150% 200% 화면 배치

• 전체 문제 수:
• 안 푼 문제 수:

답안 표기란

21 ① ② ③ ④

22 ① ② ③ ④

2과목 I 냉동공학

21 냉동용 스크류 압축기에 대한 설명으로 틀린 것은?

① 왕복동식에 비해 체적효율과 단열효율이 높다.

② 스크류 압축기의 로터와 축은 일체식으로 되어 있고, 구동은 수 로터에 의해 이루어진다.

③ 스크류 압축기의 로터 구성은 다양하나 일반적으로 사용되고 있는 것은 수 로터 4개, 암 로터 4개인 것이다.

④ 흡입, 압축, 토출과정인 3행정으로 이루어진다.

해 스크류압축기는 수로터와 암로터 두개의 로터에 의해 압축된다.

22 다음 열 및 열펌프에 관한 설명으로 옳은 것은?

① 일의 열당량은 $\frac{1\text{kcal}}{427\text{kg}\cdot\text{m}}$이다. 이것은 427kg·m의 일이 열로 변할 때, 1kcal의 열량이 되는 것이다.

② 응축온도가 일정하고 증발온도가 내려가면 일반적으로 토출 가스온도가 높아지기 때문에 열펌프의 능력이 상승된다.

③ 비열 0.5kcal/kg·℃, 비중량 1.2kg/L의 액체 2L를 온도 1℃ 상승시키기 위해서는 2kcal의 열량을 필요로 한다.

④ 냉매에 대해서 열의 출입이 없는 과정을 등온압축이라 한다.

해 ② 응축온도가 일정하고 증발온도가 내려가면 일반적으로 토출 가스온도가 높아지기 때문에 열펌프의 능력이 감소하게 된다.
③ 비열 0.5kcal/kg·℃, 비중량 1.2kg/L의 액체 2L를 온도 1℃ 상승시키기 위해서는 1.2kcal의 열량을 필요로 한다.
④ 냉매에 대해서 열의 출입이 없는 과정을 단열과정이라 한다.

| 정답 | 21 ③ 22 ①

• 수험번호:
• 수험자명:
• 제한 시간:
• 남은 시간:

글자 크기 100% 150% 200% 화면 배치

• 전체 문제 수:
• 안 푼 문제 수:

답안 표기란

23 ① ② ③ ④
24 ① ② ③ ④
25 ① ② ③ ④
26 ① ② ③ ④

23 증발기의 분류 중 액체 냉각용 증발기로 가장 거리가 먼 것은?

① 탱크형 증발기
② 보데로형 증발기
③ 나관코일식 증발기
④ 만액식 셸 엔드 튜브식 증발기

해 액체 냉각 증발기
(만액식, 건식)쉘 앤 튜브식, 보델로, 쉘 앤 코일식, 헤링본식(탱크형)
공기 냉각 증발기
관 코일식, 멀티피드 멀티석션, 캐스케이드, 판형, 핀 코일식

24 기계적인 냉동방법 중 물을 냉매로 쓸 수 있는 냉동 방식이 아닌 것은?

① 증기분사식 ② 공기압축식
③ 흡수식 ④ 진공식

해 물을 냉매로 쓰는 냉동방식은 증기분사식, 흡수식, 진공냉동기다.

25 냉동장치에서 사용되는 각종 제어동작에 대한 설명으로 틀린 것은?

① 2위치 동작은 스위치의 온·오프 신호에 의한 동작이다.
② 3위치 동작은 상, 중, 하 신호에 따른 동작이다.
③ 비례동작은 입력신호의 양에 대응하여 제어량을 구하는 것이다.
④ 다위치 동작은 여러 대의 피제어 기기를 단계적으로 운전 또는 정지시키기 위한 것이다.

해 3위치 동작 : 자동 제어에서 조작량이 3가지 값으로 단계적 변화하는 제어로 다위치 동작에 속한다.

26 헬라이드 토치를 이용한 누설검사로 적절하지 않은 냉매는?

① R-717 ② R-123
③ R-22 ④ R-114

해 헬라이드 토치는 프레온계 냉매 누설 검사 방법으로 암모니아(R-717) 냉매에는 사용이 불가능하다.

정답 | 23 ③ 24 ② 25 ② 26 ①

• 수험번호 :
• 수험자명 :

• 제한 시간 :
• 남은 시간 :

글자 크기  100%  150%  200% 화면 배치 

• 전체 문제 수 :
• 안 푼 문제 수 :

27 냉동능력 20RT, 축동력 12.6kW인 냉동장치에 사용되는 수냉식 응축기의 열통과율 675kcal/m²·h·℃ 전열량의 외표면적 15m², 냉각수량 270L/min, 냉각수 입구온도 30℃일 때, 응축온도는?
(단, 냉매와 물의 온도차는 산술평균 온도차를 사용한다.)

① 35℃ ② 40℃
③ 45℃ ④ 50℃

해 1. 냉동능력(Q_e)
$= 20 \times 3320 = 66{,}400$[kcal/h]
(1[RT] = 3,320[kcal])
2. 압축일량(AW)
$= 12.6 \times 860 = 10{,}836$[kcal/h]
(1[KW] = 860[kcal])
3. 응축열량(Q_c)
$= Q_e + AW = 66400 + 10836$
$= 77{,}236$[kcal/h
4. 냉각수 출구온도(t_2)
공식1) $Q = G \cdot C \cdot \Delta t$
$77236 = (270 \times 60) \times 1 \times (t_2 - 30)$
$t_2 = \dfrac{77236}{207 \times 60 \times 1} + 30 = 34.77$[℃]
5. 응축온도(tc)
공식 2) $Q_c = K \cdot F \cdot \Delta t$
(Δt는 산술평균 온도차로 계산)
공식 3)산술평균온도차
$=$ 응축온도 $- \dfrac{T_{W1} + T_{W2}}{2}$
$77236 = 675 \times 15 \times (t_c - \dfrac{34.77 + 30}{2})$
$t_c = \dfrac{77236}{675 \times 15} + \dfrac{34.77 + 30}{2}$
$= 40$[℃]

28 1HP는 약 몇 Btu/h인가?

① 172Btu/h ② 252Btu/h
③ 1053Btu/h ④ 2547.6Btu/h

해 1[HP] = 641[kcal/h]
1[kcal] = 3.968[Btu]
$641 \times 3.968 = 2547.6$[Btu/h]

29 냉동기유에 대한 냉매의 용해성이 가장 큰 것은?
(단, 동일한 조건으로 가정한다.)

① R-113 ② R-22
③ R-115 ④ R-717

해 윤활유에 용해도가 큰 냉매
R-11, R-12, R-21, R-113, R-500
윤활유에 용해도가 작은 냉매
R-717, R-13, R-14, R-502

답안 표기란

27	①	②	③	④
28	①	②	③	④
29	①	②	③	④

| 정답 | 27 ② 28 ④ 29 ①

• 수험번호:
• 수험자명:

• 제한 시간:
• 남은 시간:

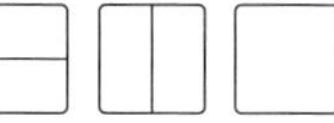

글자 크기 100% 150% 200% 화면 배치

• 전체 문제 수:
• 안 푼 문제 수:

답안 표기란

30	①	②	③	④
31	①	②	③	④
32	①	②	③	④
33	①	②	③	④

30 -20℃의 암모니아 포화액의 엔탈피가 75kcal/kg이며, 동일 온도에서 건조포화증기의 엔탈피가 403kcal/kg이다. 이 냉매액이 팽창밸브를 통과하여 증발기에 유입될 때의 냉매의 엔탈피가 160kcal/kg이었다면 중량비로 약 몇 %가 액체 상태인가?

① 16% ② 26%
③ 74% ④ 84%

해 액체의 중량비

$$= \frac{403 - 160}{403 - 75} \times 100 = 74[\%]$$

31 표준냉동사이클에서 팽창밸브를 냉매가 통과하는 동안 변화되지 않는 것은?

① 냉매의 온도
② 냉매의 압력
③ 냉매의 엔탈피
④ 냉매의 엔트로피

해 냉매가 팽창밸브를 통과하면 온도와 압력은 떨어지고 엔탈피는 일정하다.

32 LNG(액화천연가스) 냉열이용 방법 중 직접이용방식에 속하지 않는 것은?

① 공기액화분리
② 염소액화장치
③ 냉열발전
④ 액체탄산가스 제조

33 냉동장치에서 고압측에 설치하는 장치가 아닌 것은?

① 수액기 ② 팽창밸브
③ 드라이어 ④ 액분리기

해 액분리기 : 증발기와 압축기 사이에 설치
저압측 : 팽창밸브 출구→증발기→압축기 흡입라인

정답 | 30 ③ 31 ③ 32 ② 33 ④

• 수험번호:
• 수험자명:

• 제한 시간:
• 남은 시간:

글자 크기  100%  150%  200% 화면 배치 

• 전체 문제 수:
• 안 푼 문제 수:

답안 표기란

34 ① ② ③ ④
35 ① ② ③ ④
36 ① ② ③ ④
37 ① ② ③ ④

34 아래와 같이 운전되어 지고 있는 냉동사이클의 성적 계수는?

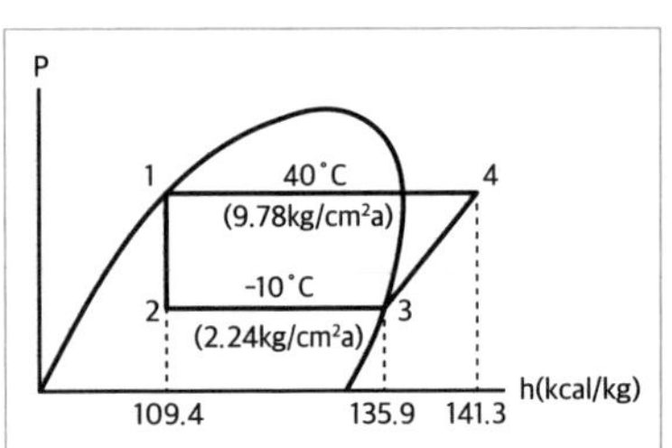

① 2.1 ② 3.3
③ 4.9 ④ 5.9

해 성적계수(COP) = $\frac{q_e}{Aw}$

$= \frac{135.9 - 109.4}{141.3 - 135.9} = 4.9$

35 암모니아를 냉매로 사용하는 냉동장치에서 응축압력의 상승원인으로 가장 거리가 먼 것은?

① 냉매가 과냉각 되었을 때
② 불응축가스가 혼입되었을 때
③ 냉매가 과충전되었을 때
④ 응축기 냉각관에 물 때 및 유막이 형성되었을 때

해 ①번은 응축압력 상승원인과는 거리가 멀다.

36 저온유체 중에서 1기압에서 가장 낮은 비등점을 갖는 유체는 어느 것인가?

① 아르곤 ② 질소
③ 헬륨 ④ 네온

해 비등점
아르곤: -186[℃]
질소: -196[℃]
헬륨: -269[℃]
네온: -246[℃]

37 팽창밸브를 통하여 증발기에 유입되는 냉매액의 엔탈피를 F, 증발기 출구 엔탈피를 A, 포화액의 엔탈피를 G라 할 때, 팽창밸브를 통과한 곳에서 증기로 된 냉매의 양의 계산식으로 옳은 것은?
(단, P: 압력, h: 엔탈비를 나타낸다.)

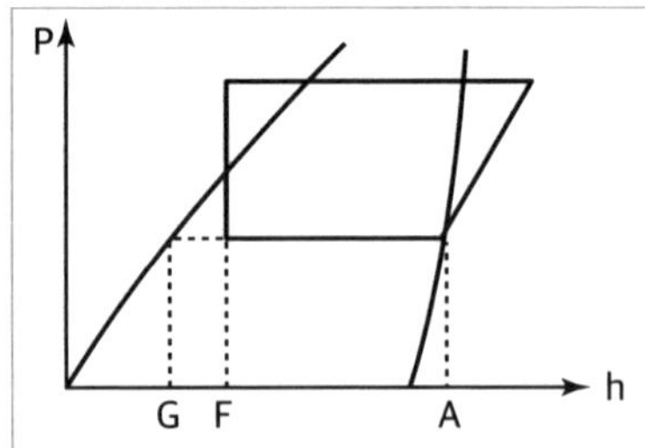

① $\frac{A-F}{A-G}$ ② $\frac{A-F}{F-G}$
③ $\frac{F-G}{A-G}$ ④ $\frac{F-G}{A-F}$

| 정답 | 34 ③ 35 ① 36 ③ 37 ③

• 수험번호:
• 수험자명:

• 제한 시간:
• 남은 시간:

글자 크기  100%  150% 200%

화면 배치 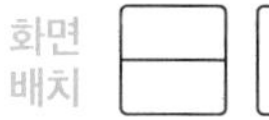 

• 전체 문제 수:
• 안 푼 문제 수:

답안 표기란

38 ① ② ③ ④
39 ① ② ③ ④
40 ① ② ③ ④

38 -10℃의 얼음 10kg을 100℃의 증기로 변화하는데 필요한 전열량은?

(단, 얼음의 비열은 0.5kcal/kg·℃이고 융해잠열은 80kcal/kg, 물의 증발잠열은 539kcal/kg이다.)

① 1850 kcal ② 3660 kcal
③ 7240 kcal ④ 9120 kcal

해 현열식 G·C·Δt
잠열식 G·r
1) -10℃ 얼음 10kg이 0℃ 얼음으로 변하는데 필요한 현열량
$10 \times 0.5 \times (0-(-10)) = 50$[kcal]
2) 0℃ 얼음 10kg이 0℃ 물로 변하는데 필요한 잠열
$10 \times 80 = 800$[kcal]
3) 0℃ 물 10kg이 100℃로 변하는데 필요한 현열
$10 \times 1 \times (100-0) = 1000$[kcal]
4) 100℃ 물 10kg이 100℃ 증기로 변하는 필요한 잠열
$10 \times 539 = 5390$[kcal]
전 열량 $= 50 + 800 + 1000 + 5390$
$= 7240$[kcal]

39 냉동효과에 대한 설명으로 옳은 것은?

① 증발기에서 단위 중량의 냉매가 흡수하는 열량
② 응축기에서 단위 중량의 냉매가 방출하는 열량
③ 압축 일을 열량의 단위로 환산한 것
④ 압축기 출·입구 냉매의 엔탈피 차

해 ② 응축기의 방열량
③ 압축기 열량
④ 알축일의 열당량

40 헬라이드 토치는 프레온계 냉매의 누설검지기이다. 누설 시 식별방법은?

① 불꽃의 크기 ② 연료의 소비량
③ 불꽃의 온도 ④ 불꽃의 색깔

해 헬라이드 토치 : 불꽃의 색으로 누설 식별
• 정상 : 청색
• 소량 : 녹색
• 다량 : 적색
• 과대량 : 불이 꺼짐

정답 | 38 ③ 39 ① 40 ④

• 수험번호:
• 수험자명:

• 제한 시간:
• 남은 시간:

글자 크기 100% 150% 200% 화면 배치

• 전체 문제 수:
• 안 푼 문제 수:

답안 표기란

41 ① ② ③ ④
42 ① ② ③ ④
43 ① ② ③ ④

3과목 I 배관일반

41 냉각탑 주위배관 시 유의사항으로 틀린 것은?

① 2대 이상의 개방형 냉각탑을 병렬로 연결할 때 냉각탑의 수위를 동일하게 한다.

② 배수 및 오버플로관은 직접배수로 한다.

③ 냉각탑을 동절기에 운전할 때는 동결방지를 고려한다.

④ 냉각수 출입구 측 배관은 방진이음을 설치하여 냉각탑의 진동이 배관에 전달되지 않도록 한다.

해 ② 배수 및 오버플로관은 간접배수로 한다.

42 급탕배관이 벽이나 바닥을 관통할 때 슬리브(sleeve)를 설치하는 이유로 가장 적절한 것은?

① 배관의 진동을 건물 구조물에 전달되지 않도록 하기 위하여

② 배관의 중량을 건물 구조물에 지지하기 위하여

③ 관의 신축이 자유롭고 배관의 교체나 수리를 편리하게 하기 위하여

④ 배관의 마찰저항을 감소시켜 온수의 순환을 균일하게 하기 위하여

해 신축이음: 열로 인한 관의 신축을 흡수하는 장치
신축이음의 종류: 슬리브형, 스위블형, 루프형, 벨로즈형

43 냉동 설비에서 고온·고압의 냉매 기체가 흐르는 배관은?

① 증발기와 압축기 사이 배관

② 응축기와 수액기 사이 배관

③ 압축기와 응축기 사이 배관

④ 팽창밸브와 증발기 사이 배관

해 냉동설비에서 고온 고압의 기체냉매가 흐르는 구간은 압축기와 응축기 사이 배관이다.

| 정답 | 41 ② 42 ③ 43 ③

• 수험번호:
• 수험자명:

• 제한 시간:
• 남은 시간:

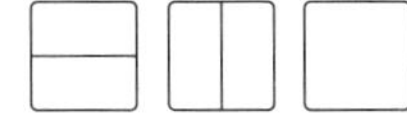

글자 크기 100% 150% 200% 화면 배치

• 전체 문제 수:
• 안 푼 문제 수:

답안 표기란

44 ① ② ③ ④
45 ① ② ③ ④
46 ① ② ③ ④
47 ① ② ③ ④

44 급탕 주관의 배관길이가 300m, 환탕 주관의 배관길이가 50m일 때 강제순환식 온수순환 펌프의 전 양정은?

① 5m ② 3m
③ 2m ④ 1m

해 $H = 0.01\left(\frac{L}{2} + 1\right)$

$= 0.01 \times \left(\frac{300}{2} + 50\right) = 2[m]$

45 급수방식 중 펌프 직송방식의 펌프 운전을 위한 검지방식이 아닌 것은?

① 압력검지식 ② 유량검지식
③ 수위검지식 ④ 저항검지식

46 액화 천연가스의 지상 저장탱크에 대한 설명으로 틀린 것은?

① 지상 저장 탱크는 금속 2중벽 탱크가 대표적이다.
② 내부탱크는 약 -162℃ 정도의 초저온에 견딜 수 있어야 한다.
③ 외부 탱크는 일반적으로 연강으로 만들어진다.
④ 증발 가스량이 지하 저장 탱크보다 많고 저렴하며 안전하다.

해 지하 저장탱크가 지상 저장탱크보다 저렴하고 안전하다.

47 펌프의 베이퍼 록 현상에 대한 발생 요인이 아닌 것은?

① 흡입관 지름이 큰 경우
② 액 자체 또는 흡입배관 외부의 온도가 상승할 경우
③ 펌프 냉각기가 작동하지 않거나 설치되지 않은 경우
④ 흡입 관로의 막힘, 스케일 부착 등에 의한 저항이 증가한 경우

해 베이퍼 록: 펌프가 액체 이송 중 배관내에서 액체가 증기로 변하여 액체의 흐름 등을 저해하는 현상
✓ 흡입관 지름이 클 경우 마찰저항이 감소되어 베이퍼 록 현상을 방지 할 수 있다.

| 정답 | 44 ③ 45 ④ 46 ④ 47 ①

• 수험번호:
• 수험자명:

• 제한 시간:
• 남은 시간:

글자 크기 100% 150% 200% 화면 배치

• 전체 문제 수:
• 안 푼 문제 수:

답안 표기란

48	①	②	③	④
49	①	②	③	④
50	①	②	③	④
51	①	②	③	④
52	①	②	③	④
53	①	②	③	④

48 관의 종류에 따른 접합방법으로 틀린 것은?

① 강관-나사접합
② 주철관-소켓접합
③ 연관-플라스턴접합
④ 콘크리트관-용접접합

해 콘크리트관 접합: 모르타르 접합, 칼라 이음

49 고온수 난방의 가압방법이 아닌 것은?

① 브리드 인 가압방식
② 정수두 가압방식
③ 증기 가압방식
④ 펌프 가압방식

해 고온수 난방의 가압 방식: 정수두, 증기, 펌프, 질소

50 스케줄 번호(schedule No.)를 바르게 나타낸 공식은?
(단, S: 허용응력(kg/mm^2), P: 사용압력(kg/cm^2))

① $10 \times \frac{P}{S}$ ② $10 \times \frac{S}{P}$
③ $10 \times \frac{S}{P^2}$ ④ $10 \times \frac{P}{S^2}$

51 디스크 증기 트랩이라고도 하며 고압, 중압, 저압 등의 어느 곳에나 사용 가능한 증기 트랩은?

① 실로폰 트랩 ② 그리스 트랩
③ 충격식 트랩 ④ 버킷 트랩

52 기수 혼합 급탕기에서 증기를 물에 직접 분사시켜 가열하면 압력차로 인해 발생하는 소음을 줄이기 위해 사용하는 설비는?

① 안전밸브 ② 스팀 사일렌서
③ 응축수 트랩 ④ 가열코일

53 수격작용을 방지 또는 경감하는 방법이 아닌 것은?

① 유속을 낮춘다.
② 격막식 에어 챔버를 설치한다.
③ 토출밸브의 개폐시간을 짧게 한다.
④ 플라이 휠을 달아 펌프속도 변화를 완만하게 한다.

해 ③ 토출밸브의 개폐시간을 길게 한다.
수격작용 방지대책
㉠ 유속을 2m/s 이하로 한다.
㉡ 관경을 크게 한다.
㉢ 굴곡을 줄인다.
㉣ 밸브 개폐를 천천히 한다.
㉤ 공기실을 설치한다.
㉥ 펌프에 플라이 휠 설치
㉦ 조압수조 설치

| 정답 | 48 ④ 49 ① 50 ① 51 ③ 52 ② 53 ③

• 수험번호:
• 수험자명:

• 제한 시간:
• 남은 시간:

• 전체 문제 수:
• 안 푼 문제 수:

답안 표기란

54 ① ② ③ ④
55 ① ② ③ ④
56 ① ② ③ ④
57 ① ② ③ ④
58 ① ② ③ ④

54 증기 관말 트랩 바이패스 설치 시 필요 없는 부속은?

① 엘보 ② 유니온
③ 글로브 밸브 ④ 안전 밸브

해 안전밸브는 바이패스가 불필요하다.

55 간접배수관의 관경이 25A일 때 배수구 공간으로 최소 몇 mm가 적당한가?

① 50 ② 100
③ 150 ④ 200

해 배수구 공간 = 간접 배수관 관경의 2배 이상의 규격을 사용
25 × 2 = 50A
25A 이하: 50mm 이상
30 ~ 50A 이하: 100mm 이상
65A 이상: 150mm 이상

56 패널난방(panel heating)은 열의 전달방법 중 주로 어느 것을 이용한 것인가?

① 전도 ② 대류
③ 복사 ④ 전파

해 복사난방 = 패널난방: 매립된 증기나 온수배관으로 인해 발생되는 복사열로 난방

57 배수 수평관의 관경이 65mm일 때 최소구배는?

① 1/10 ② 1/20
③ 1/50 ④ 1/100

해 배수관 최소구배
65mm 이하: 1/50
75 ~ 100mm 이하: 1/100
125mm 이하: 1/150
150mm 이상: 1/200

58 급탕설비에 대한 설명으로 틀린 것은?

① 순환방식은 중력식과 강제식이 있다.
② 배관의 구배는 중력순환식의 경우 1/150, 강제순환식의 경우 1/200 정도이다.
③ 신축이음쇠의 설치는 강관은 20m, 동관은 30m마다 1개씩 설치한다.
④ 급탕량은 사용 인원이나 사용 기구 수에 의해 구한다.

해 ③ 신축이음쇠의 설치는 강관은 30m, 동관은 20m마다 1개씩 설치한다.

정답 | 54 ④ 55 ① 56 ③ 57 ③ 58 ③

59 **배관의 신축 이음 중 허용길이가 커서 설치장소가 많이 필요하지만 고온, 고압배관의 신축 흡수용으로 적합한 형식은?**

① 루프(loop)형

② 슬리브(sleeve)형

③ 벨로스(bellows)형

④ 스위블(swivel)형

해 신축 이음쇠의 크기
루프형>슬리브형>밸로스형>스위블형
루프형 이음: 고압, 옥외 배관용으로 곡률반경은 배관 직경의 6배 이상으로 한다.

60 **냉매 배관 시공 시 주의사항으로 틀린 것은?**

① 온도 변화에 의한 신축을 충분히 고려해야 한다.

② 배관 재료는 냉매종류, 온도, 용도에 따라 선택한다.

③ 배관이 고온의 장소를 통과할 때에는 단열조치한다.

④ 수평 배관은 냉매가 흐르는 방향으로 상향구배 한다.

해 ④ 수평 배관은 냉매가 흐르는 방향으로 하향구배 한다.

4과목 I 전기제어공학

61 ~~**다음 블록선도의 전달 함수의 극점과 영점은?**~~ (22년 출제 범위 제외)

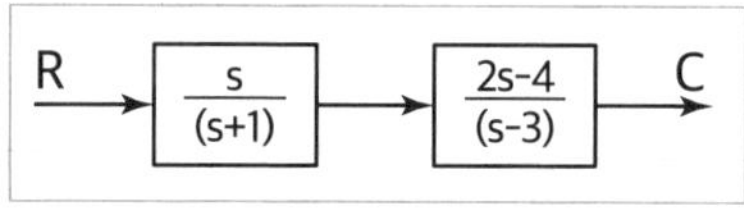

	영점	극점
①	0, 2	-1, 3
②	1, -3	0, -2
③	0, -1	2, 3
④	0, -3	-1, 2

해 극점: 분모의 값이 0이 되도록 하는 s값을 구하면 (s+1) : -1, (s-3) : 3
영점: 분자의 값이 0이 되도록 하는 s값을 구하면 (s) : 0, (2s-4) : 2

62 **평형 3상 Y결선의 상전압 V_p와 선간전압 V_L의 관계는?**

① $V_L = 3Vp$ ② $V_L = \sqrt{3}\,Vp$

③ $V_L = \frac{1}{3}\,Vp$ ④ $V_L = \frac{1}{\sqrt{3}}\,Vp$

해 Y결선의 전압관계
선간전압 = $\sqrt{3}$ ×상전압
Y결선의 전류관계: 선간전류 = 상전류
Δ결선의 전압관계: 선간전압 = 선간전압 = 상전압
Δ결선의 전류관계: $\sqrt{3}$ ×상전류

정답 | 59 ① 60 ④ 61 ① 62 ②

• 수험번호:
• 수험자명:

• 제한 시간:
• 남은 시간:

글자 크기   100%  150%  200% 화면 배치 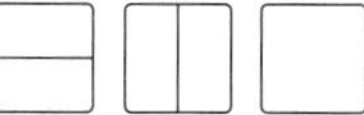

• 전체 문제 수:
• 안 푼 문제 수:

 답안 표기란 

63 ① ② ③ ④
64 ① ② ③ ④
65 ① ② ③ ④

63 **서보기구와 관계가 가장 깊은 것은?**

① 정전압 장치
② A/D 변환기
③ 추적용 레이더
④ 가정용 보일러

해 서보제어 : 물체의 기계적 변위를 제어량으로 하여 목표값의 임의의 변화에 추종하는 제어(위치, 방위, 자세, 거리, 각도 등)

64 **16μF의 콘덴서 4개를 접속하여 얻을 수 있는 가장 작은 정전용량은 몇 μF인가?** (22년 출제 범위 제외)

① 2 ② 4
③ 8 ④ 16

해 직렬 연결

$$\frac{1}{C_s} = \frac{1}{16} + \frac{1}{16} + \frac{1}{16} + \frac{1}{16} = \frac{4}{16} = \frac{1}{4}$$

$C_s = 4[\mu F]$

병렬 연결

$C_S = 16 + 16 + 16 + 16 = 64[\mu F]$

65 ~~**그림의 신호흐름선도에서 $\frac{C}{R}$의 값은?**~~ (22년 출제 범위 제외)

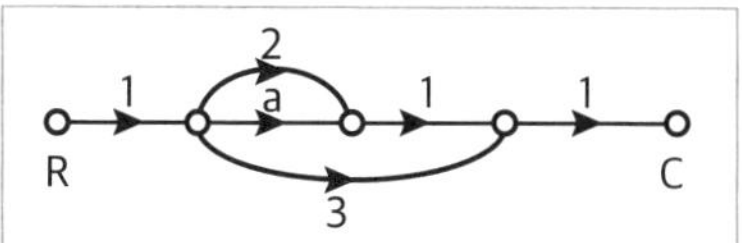

① a+2 ② a+3
③ a+5 ④ a+6

해 $\frac{C}{R} = \frac{1 \cdot a \cdot 1 \cdot 1 + 1 \cdot 2 \cdot 1 \cdot 1 + 1 \cdot 3 \cdot 1}{1 - 0}$

$= a + 2 + 3 = a + 5$

66 그림과 같은 시퀀스제어회로가 나타내는 것은?

(단, A와 B는 푸시버튼스위치, R은 전자접촉기, L은 램프이다.)

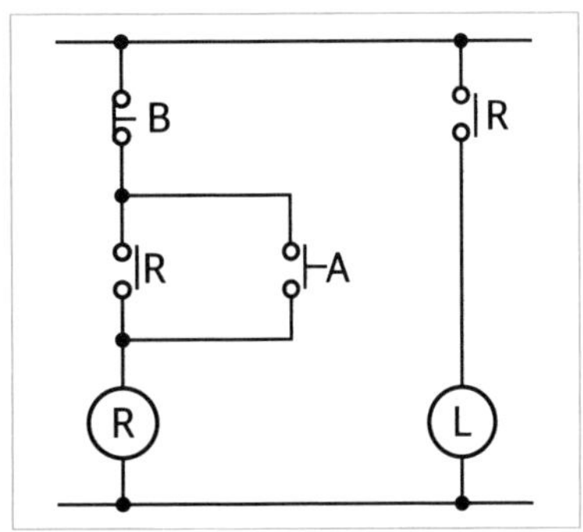

① 인터록 ② 자기유지

③ 지연논리 ④ NAND논리

해 자기유지 회로이며 스위치 A를 누르면 전자접촉기 R이 여자되고, R의 A접점은 모두 닫힌다. 여기서 스위치 A를 떼도 전자접촉기 R의 전원은 R의 접점에 의해 계속 여자되어 있다.

자기유지회로: 자기가 가진 접점으로 전원을 유지하는 회로

67 직류 분권전동기의 용도에 적합하지 않은 것은?

① 압연기 ② 제지기

③ 송풍기 ④ 기중기

해 분권 전동기

계자 권선과 전기자를 병렬로 접속한 것이며, 부하에 관계없이 속도가 일정하다(압연기, 제지기, 권선기, 컨베이어, 송풍기 등).

직권 전동기

계자 권선과 전기자를 직렬로 접속한 것이며, 부하가 증가하면 속도는 떨어지고 부하가 감소하면 속도는 증가한다(기중기, 전동차, 그라인더 등).

68 2진수 $0010111101011001_{(2)}$을 16진수로 변환하면?

① 3F59 ② 2G6A

③ 2F59 ④ 3G6A

해

2진수	16진수	2진수	16진수
0000	0	1000	8
0001	1	1001	9
0010	2	1010	A
0011	3	1011	B
0100	4	1100	C
0101	5	1101	D
0110	6	1110	E
0111	7	1111	F

4자리씩 나눠준다→

(0010)(1111)(0101)(1001) = 2F59

정답 | 66 ② 67 ④ 68 ③

• 수험번호 :
• 수험자명 :

• 제한 시간 :
• 남은 시간 :

글자 크기  100%  150%  200%

화면 배치 

• 전체 문제 수 :
• 안 푼 문제 수 :

답안 표기란

69 ① ② ③ ④
70 ① ② ③ ④
71 ① ② ③ ④

69 그림과 같은 회로망에서 전류를 계산하는데 옳은 식은?

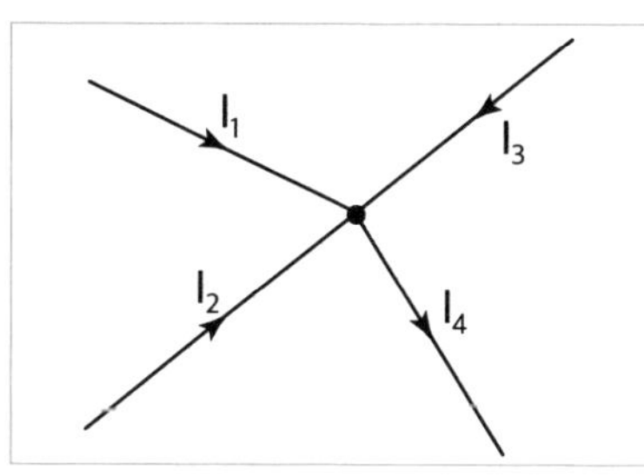

① $I_1+I_2=I_3+I_4$

② $I_1+I_3=I_2+I_4$

③ $I_1+I_2+I_3+I_4=0$

④ $I_1+I_2+I_3-I_4=0$

해 키르히호프의 제 1법칙으로 "회로내의 어느점에 흘러 들어온 전류와 흘러나간 전류의 합은 0이다" 즉, 가운데 점으로 들어오는 전류 $I_1+_{12}+I_3$에서 나가는 전류 I_4를 빼면 0

70 60Hz, 6극인 교류 발전기의 회전수는 몇 rpm인가?

① 1200 ② 1500

③ 1800 ④ 3600

해 $N=\frac{120f}{P}=\frac{120\times 60}{6}$
$=1200[\text{rpm}]$

71 최대 눈금 1000V, 내부저항 10kΩ인 전압계를 가지고 그림과 같이 전압을 측정하였다. 전압계의 지시가 200V일 때 전압 E는 몇 V인가?

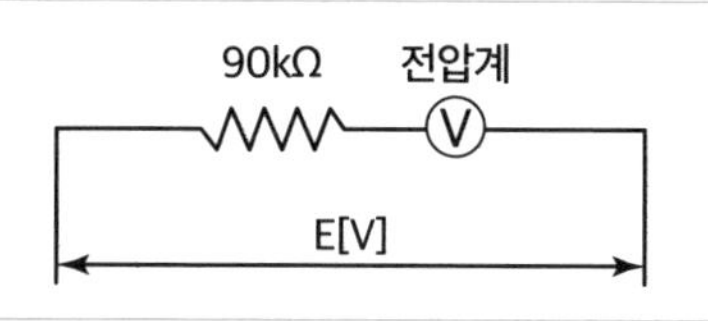

① 800 ② 1000

③ 1800 ④ 2000

해 직렬회로에서 전류의 값은 일정하다.
10kΩ에 흐르는 전류(I)
$=\frac{V}{R}=\frac{200}{10\times 10^3}=0.02[A]$
90kΩ에 흐르는 전압(V)
$=I\times R=0.02\times 90\times 10^3=1800[V]$
전전압(E) $=200+1800=2,000[V]$

정답 | 69 ④ 70 ① 71 ④

• 수험번호 :
• 수험자명 :

• 제한 시간 :
• 남은 시간 :

글자 크기  100%  150% 200%

화면 배치 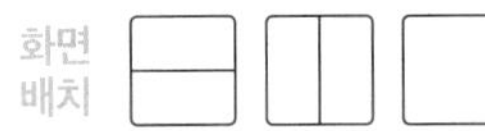

• 전체 문제 수 :
• 안 푼 문제 수 :

답안 표기란

72	①	②	③	④
73	①	②	③	④
74	①	②	③	④
75	①	②	③	④

72 제어요소가 제어대상에 주는 양은?

① 조작량 ② 제어량

③ 기준입력 ④ 동작신호

해 ① 조작량 : 제어요소에서 제어대상에 인가되는 양

② 제어량 : 제어대상에서 제어되어 나온 출력

③ 기준입력 : 제어계를 동작시키는 기준으로서 목표값에 비례하는 신호를 입력

④ 동작신호 : 기준입력과 주궤한 신호와의 편차인 신호

73 ~~프로세스 제어계의 제어량이 아닌 것은?~~ (22년 출제 범위 제외)

① 방위 ② 유량

③ 압력 ④ 밀도

해 프로세스제어

• 플랜트나 생산 공정 중의 상태량을 제어
• 프로세스에 가해지는 외란 억제 목적 (온도, 압력, 점도, 유량, 밀도 등)

✓ 방위는 서보제어에 속한다.

74 제어기기의 대표적인 것으로는 검출기, 변환기, 증폭기, 조작기기를 들 수 있는데 서보모터는 어디에 속하는가?

① 검출기 ② 변환기

③ 증폭기 ④ 조작기기

해 제어기기 : 검출기, 변환기, 증폭기 등
조작기기 : 전자밸브, 서보모터 등

75 ~~100Ω의 전열선에 2A의 전류를 흘렸다면 소모되는 전력은 몇 W인가?~~ (22년 출제 범위 제외)

① 100 ② 200

③ 300 ④ 400

해 전력(P)

$$I^2R = \frac{V^2}{R} = VI = 2^2 \times 100$$

$$= 400[\mathrm{W}]$$

| 정답 | 72 ① 73 ① 74 ④ 75 ④

76 시퀀스제어에 관한 사항으로 옳은 것은?

① 조절기용이다.

② 입력과 출력의 비교장치가 필요하다.

③ 한시동작에 의해서만 제어되는 것이다.

④ 제어결과에 따라 조작이 자동적으로 이행된다.

해 시퀀스 제어 : 미리 정해진 순서에 따라 제어의 각 단계를 순서대로 진행해 가는 제어(제어 결과에 따라 조작이 자동적으로 이행된다)

77 그림과 같은 회로는?

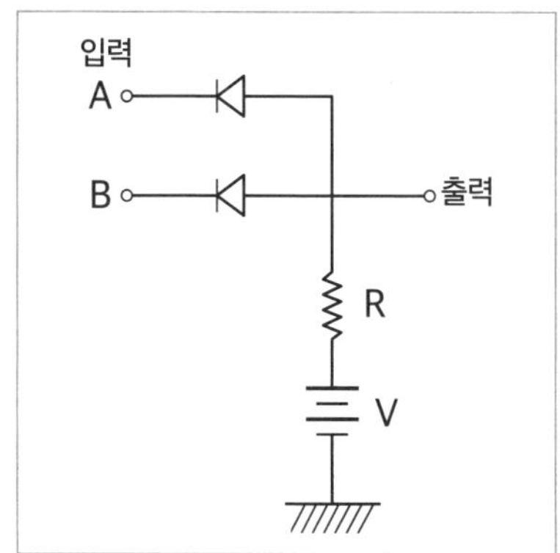

① OR회로 ② AND회로

③ NOR회로 ④ NAND회로

해 다이오드 방향이 입력방향 : AND 회로
다이오드 방향이 출력방향 : OR 회로

78 교류의 실효값에 관한 설명 중 틀린 것은?

① 교류의 최댓값은 실효값의 $\sqrt{2}$ 배이다.

② 전류나 전압의 한주기의 평균치가 실효값이다.

③ 상용전원이 220V라는 것은 실효값을 의미한다.

④ 실효값 100V인 교류와 직류 100V로 같은 전등을 점등하면 그 밝기는 같다.

해 실효값 : 교류의 크기를 동일한 일을 하는 직류의 크기로 환산한 값
평균값 : 순시값에 대한 반주기간의 평균값

79 ~~$\frac{dm(t)}{dt} = K_i e(t)$ 는 어떤 조절기의 출력(조작신호) m(t)과 동작신호 e(t) 사이의 관계를 나타낸 것이다. 이 조절기의 제어동작은? (단, K_i는 상수이다.)~~

(22년 출제 범위 제외)

① D 동작 ② I 동작

③ P-I 동작 ④ P-D 동작

해 미분요소(D)

전달함수 $G(s) = \frac{Y(s)}{X(s)} = Ks$

출력값이 입력값의 변화 속도에 비례하는 동작

• 수험번호 :
• 수험자명 :

• 제한 시간 :
• 남은 시간 :

글자 크기  100%  150% 200% 화면 배치 

• 전체 문제 수 :
• 안 푼 문제 수 :

답안 표기란

80 ① ② ③ ④

80 **변압기의 병렬운전에서 필요하지 않는 조건은?**

① 극성이 같을 것

② 출력이 같을 것

③ 권수비가 같을 것

④ 1차, 2차 정격전압이 같을 것

해 변압기 병렬운전에서 출력은 달라도 된다.

변압기 병력 운전 조건

1) 단상 병렬운전

㉠ 1차, 2차의 정격전압이 같을 것
㉡ 1차, 2차의 극성이 같을 것
㉢ 임피던스 강하가 같을 것
㉣ 권수비가 같을 것
㉤ 내부저항과 누설리액턴스비가 같을 것

2) 삼상 병렬운전

㉠ 단상 병렬운전 조건
㉡ 상회전 방향이 같을 것
㉢ 위상변위가 일치할 것

정답 | 80 ②

MEMO

PART 6

:기출문제 3회(2016.08.21)

• 수험번호:
• 수험자명:

• 제한 시간:
• 남은 시간:

글자 크기 100% 150% 200% 화면 배치

• 전체 문제 수:
• 안 푼 문제 수:

답안 표기란

01	①	②	③	④
02	①	②	③	④
03	①	②	③	④

01 습공기 선도에서 상태점 A의 노점온도를 읽는 방법으로 옳은 것은?

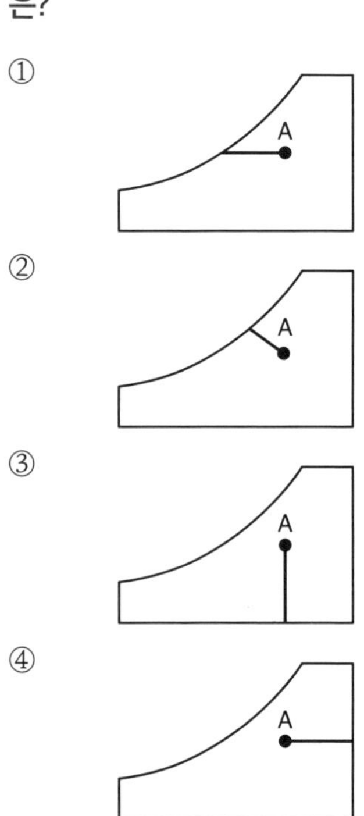

02 온수배관의 시공 시 주의사항으로 옳은 것은?

① 각 방열기에는 필요시에만 공기배출기를 부착한다.

② 배관 최저부에는 배수밸브를 설치하며, 하향구배로 설치한다.

③ 팽창관에는 밸브를 설치한다.

④ 배관 도중에 관 지름을 바꿀 때에는 편심이음쇠를 사용하지 않는다.

해 ① 각 방열기에는 반드시 공기배출기를 부착한다.
③ 팽창관에는 안전을 위해 반드시 밸브를 설치하지 않는다.
④ 배관 도중에 관 지름을 바꿀 때에는 편심이음쇠를 사용한다.

03 실내에 존재하는 습공기의 전열량에 대한 현열량의 비율을 나타낸 것은?

① 바이패스 팩터

② 열수분비

③ 현열비

④ 잠열비

해 현열비(SHF)

$$\frac{현열}{전열} = \frac{현열}{현열 + 잠열}$$

정답 | 01 ① 02 ② 03 ③

• 수험번호 :
• 수험자명 :

• 제한 시간 :
• 남은 시간 :

• 전체 문제 수 :
• 안 푼 문제 수 :

04 ① ② ③ ④
05 ① ② ③ ④
06 ① ② ③ ④
07 ① ② ③ ④

04 아래 조건과 같은 병행류형 냉각코일의 대수평균온도차는?

공기온도	입구	32˚C
	출구	18˚C
냉수코일 온도	입구	10˚C
	출구	15˚C

① 8.74℃ ② 9.54℃
③ 12.33℃ ④ 13.10℃

해 대수평균온도차

$$\frac{\Delta T_1 - \Delta T_2}{\ell n \frac{\Delta T_1}{\Delta T_2}} = \frac{\Delta T_1 - \Delta T_2}{2.3 \log \frac{\Delta T_1}{\Delta T_2}}$$

$\Delta T_1 = 32 - 10 = 22$℃

$\Delta T_2 = 18 - 15 = 3$

$$= \frac{22 - 3}{\ell n \frac{22}{3}} = 9.54[℃]$$

05 냉방 부하 중 현열만 발생하는 것은?

① 외기부하
② 조명부하
③ 인체발생부하
④ 틈새바람부하

해 현열+잠열
극간풍(틈새바람), 인체의 발생열량, 실내기기의 발생열량, 외기도입에 의한 열량

06 기계환기 중 송풍기와 배풍기를 이용하며 대규모 보일러실, 변전실 등에 적용하는 환기법은?

① 1종 환기 ② 2종 환기
③ 3종 환기 ④ 4종 환기

해

구분	급기	배기
제 1종 환기	팬	팬
제 2종 환기	팬	자연
제 3종 환기	자연	팬
제 4종 환기	자연	자연

07 난방부하 계산 시 측정 온도에 대한 설명으로 틀린 것은?

① 외기온도 : 기상대의 통계에 의한 그 지방의 매일 최저온도의 평균값보다 다소 높은 온도
② 실내온도 : 바닥 위 1m의 높이에서 외벽으로부터 1m이내 지점의 온도
③ 지중온도 : 지하실의 난방부하의 계산에서 지표면 10m 아래까지의 온도
④ 천장 높이에 따른 온도 : 천장의 높이가 3m 이상이 되면 직접난방법에 의해서 난방 할 때 방의 윗부분과 밑면과의 평균온도

해 실내온도 : 바닥 위 1.5m의 높이에서 외벽으로부터 1m 이내 지점의 온도

정답 | 04 ② 05 ② 06 ① 07 ②

• 수험번호 :
• 수험자명 :

• 제한 시간 :
• 남은 시간 :

글자 크기  100%  150%  200% 화면 배치 

• 전체 문제 수 :
• 안 푼 문제 수 :

답안 표기란

08	①	②	③	④
09	①	②	③	④
10	①	②	③	④

08 **매 시간마다 50ton의 석탄을 연소시켜 압력 80kgf/cm^2, 온도 500℃의 증기 320ton을 발생시키는 보일러의 효율은?**
(단, 급수 엔탈피는 120.25kcal/kg, 발생증기 엔탈피 812.6kcal/kg, 석탄의 저위발열량은 5500kcal/kg이다.)

① 78% ② 81%
③ 88% ④ 92%

해 $\eta = \frac{G_a(h_2 - h_1)}{G_f \times H_l} \times 100(\%)$

h_2 : 발생증기 엔탈피[kcal/kg]
h_1 : 급수 엔탈피[kcal/kg]
G_f : 사용연료량[kg/h]
H_l : 저위발열량[kcal/kg]
G_a : 실제증발량[kg/h]

$$\eta = \frac{G_a(h_2 - h_1)}{G_f \times H_l} \times 100(\%)$$
$$= \frac{320 \times 10^3(812.6 - 120.25)}{50 \times 10^3 \times 5500}$$
$$\times 100(\%) = \text{약 } 81[\%]$$

09 **온수 순환량이 560kg/h인 난방설비에서 방열기의 입구온도가 80℃, 출구온도가 72℃라고 하면 이 때 실내에 발산하는 현열량은?**

① 4520kcal/h ② 4250kcal/h
③ 4480kcal/h ④ 4840kcal/h

해 $qL = G \cdot C \cdot \Delta t$
$= 560 \times 1 \times (80 - 72) = 4480[\text{kcal/h}]$

10 **유인 유닛(IDU)방식에 대한 설명으로 틀린 것은?**

① 각 유닛마다 제어가 가능하므로 개별실 제어가 가능하다.
② 송풍량이 많아서 외기 냉방효과가 크다.
③ 냉각, 가열을 동시에 하는 경우 혼합손실이 발생한다.
④ 유인 유닛에는 동력배선이 필요 없다.

해 ② 송풍량이 적어서 외기 냉방효과가 적다.

정답 | 08 ② 09 ③ 10 ②

• 수험번호 :
• 수험자명 :

• 제한 시간 :
• 남은 시간 :

글자 크기    화면 배치  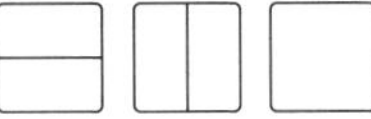

• 전체 문제 수 :
• 안 푼 문제 수 :

답안 표기란

11 ① ② ③ ④
12 ① ② ③ ④

11 **멀티 존 유닛 공조방식에 대한 설명으로 옳은 것은?**

① 이중덕트 방식의 덕트 공간을 천장속에 확보할 수 없는 경우 적합하다.
② 멀티 존 방식은 비교적 존 수가 대규모인 건물에 적합하다.
③ 각 실의 부하변동이 심해도 각 실에 대한 송풍량의 균형을 쉽게 맞춘다.
④ 냉풍과 온풍의 혼합시 댐퍼의 조정은 실내 압력에 의해 제어한다.

해 ② 멀티 존 방식은 비교적 존 수가 적은 건물에 적합하다.
③ 각 실의 부하변동이 심하면 각 실에 대한 송풍량의 균형을 맞추기 어렵다.
④ 냉풍과 온풍의 혼합시 댐퍼의 조정은 실내 온도에 의해 제어한다.

12 **콜드 드래프트(cold draft) 원인으로 <u>틀린</u> 것은?**

① 인체 주위의 공기온도가 너무 낮을 때
② 인체 주위의 기류속도가 작을 때
③ 주위 벽면의 온도가 낮을 때
④ 주위 공기의 습도가 낮을 때

해 콜드 드래프트의 원인
㉠ 인체 주위의 공기온도가 낮을 때
㉡ 기류 속도가 빠를 때
㉢ 습도가 낮을 때
㉣ 벽면의 온도가 낮을 때
㉤ 극간풍이 많을 때

| 정답 | 11 ① 12 ②

• 수험번호 :
• 수험자명 :

• 제한 시간 :
• 남은 시간 :

글자 크기  100%  150% 200% 화면 배치 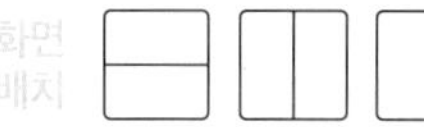

• 전체 문제 수 :
• 안 푼 문제 수 :

답안 표기란

13 ① ② ③ ④
14 ① ② ③ ④
15 ① ② ③ ④

13 다음은 공기조화에서 사용되는 용어에 대한 단위, 정의를 나타낸 것으로 틀린 것은?

용어	구분	내용
절대습도	단위	kg/kg(DA)
	정의	건조한 공기 1kg속에 포함되어 있는 습한 공기중의 수증기량
수증기분압	단위	Pa
	정의	습공기 중의 수증기 분압
상대습도	단위	%
	정의	절대습도(x)와 동일온도에서의 포화공기의 절대습도(x_s)와의 비
노점온도	단위	℃
	정의	습한 공기를 냉각시켜 포화상태로 될 때의 온도

① 절대습도 ② 수증기분압
③ 상대습도 ④ 노점온도

해 상대습도 : 일정 부피의 공기 속에 실제 포함된 수증기(수증기 분압(P_w)) 양과 포함할 수 있는 최대한의 수증기(포화증기의 수증기 분압(P_s)) 양과의 비

14 다음 중 실내로 침입하는 극간풍량을 구하는 방법이 아닌 것은?

① 환기횟수에 의한 방법
② 창문의 틈새길이법
③ 창 면적으로 구하는 법
④ 실내외 온도차에 의한 방법

해 극간풍량의 산출방법
㉠ 환기횟수법
㉡ 창문면적법
㉢ 극간길이법

15 온풍 난방의 특징으로 틀린 것은?

① 실내온도분포가 좋지 않아 쾌적성이 떨어진다.
② 보수, 취급이 간단하고, 취급에 자격자를 필요로 하지 않는다.
③ 설치 면적이 적어서 설치장소에 제한이 없다.
④ 열용량이 크므로 착화 즉시 난방이 어렵다.

해 ④ 열용량이 작아 예열 시간이 짧아 간헐적 운전이 가능하다.

• 수험번호:
• 수험자명:

• 제한 시간:
• 남은 시간:

• 전체 문제 수:
• 안 푼 문제 수:

답안 표기란

16	①	②	③	④
17	①	②	③	④
18	①	②	③	④

16 재열기를 통과한 공기의 상태량 중 변화되지 않는 것은?

① 절대습도 ② 건구온도
③ 상대습도 ④ 엔탈피

해 재열기를 통과한 공기의 변화
절대습도: 일정
건구온도: 상승
상대습도: 감소
엔탈피: 증가

17 난방 설비에 관한 설명으로 옳은 것은?

① 온수난방은 온수의 현열과 잠열을 이용한 것이다.
② 온풍난방은 온풍의 현열과 잠열을 이용한 것이다.
③ 증기난방은 증기의 현열을 이용한 대류 난방이다.
④ 복사난방은 열원에서 나오는 복사 에너지를 이용한 것 이다.

해 ① 온수난방은 온수의 현열을 이용한 것이다.
② 온풍난방은 온풍의 현열을 이용한 것이다.
③ 증기난방은 증기의 잠열을 이용한 것이다.

18 밀봉된 용기와 윅(wick) 구조체 및 증기공간에 의하여 구성되며, 길이 방향으로는 증발부, 응축부, 단열부로 구분되는데 한쪽을 가열하면 작동유체는 증발하면서 잠열을 흡수하고 증발된 증기는 저온으로 이동하여 응축되면서 열교환하는 기기의 명칭은?

① 전열 교환기
② 플레이트형 열교환기
③ 히트 파이프
④ 히트 펌프

해 히트파이프: 길이 방향으로 증발부, 응축부, 단열부로 구분되고 증발잠열을 흡수하여 열 교환한다.

| 정답 | 16 ① 17 ④ 18 ③

19 팬코일유닛 방식의 배관 방법에 따른 특징에 관한 설명으로 틀린 것은?

① 3관식에서는 손실열량이 타방식에 비하여 거의 없다.
② 2관식에서는 냉·난방의 동시운전이 불가능하다.
③ 4관식은 혼합손실은 없으나 배관의 양이 증가하여 공사비 등이 증가한다.
④ 4관식은 동시에 냉·난방운전이 가능하다.

해 ① 3관식에서는 손실열량이 타방식에 비하여 크다(공급관(온수, 냉수)이 2개, 환수관이 1개이므로 온수와 냉수의 혼합 열손실이 발생)

20 주철제 방열기의 표준 방열량에 대한 증기 응축수량은?
(단, 증기의 증발잠열은 538kcal/kg이다.)

① $0.8kg/m^2 \cdot h$ ② $1.0kg/m^2 \cdot h$
③ $1.2kg/m^2 \cdot h$ ④ $1.4kg/m^2 \cdot h$

해 증기 방열기의 표준 방열량
: 650[kcal/m²·h]
응축수량 = $\frac{650}{538}$ = 1.2[kg/m²·h]

2과목 | 냉동공학

21 다음 중 스크롤 압축기에 관한 설명으로 틀린 것은?

① 인벌류트 치형의 두 개의 맞물린 스크롤의 부품이 선회운동을 하면서 압축하는 용적형 압축기이다.
② 토크 변동이 적고 압축요소의 미끄럼 속도가 늦다.
③ 용량제어 방식으로 슬라이드 밸브 방식, 리프트밸브 방식 등이 있다.
④ 고정스크롤, 선회스크롤, 자전방지 커플링, 크랭크 축 등으로 구성되어 있다.

해 ③번은 스크류압축기 용량 제어 방식

22 왕복동 압축기에서 -30 ~ -70℃ 정도의 저온을 얻기위해서는 2단 압축 방식을 채용한다. 그 이유로 틀린 것은?

① 토출가스의 온도를 높이기 위하여
② 윤활유의 온도 상승을 피하기 위하여
③ 압축기의 효율 저하를 막기 위하여
④ 성적계수를 높이기 위하여

해 ① 토출가스의 온도를 낮추기 위하여

정답 | 19 ① 20 ③ 21 ③ 22 ①

• 수험번호:
• 수험자명:
• 제한 시간:
• 남은 시간:

글자 크기  100%  150%  200% 화면 배치  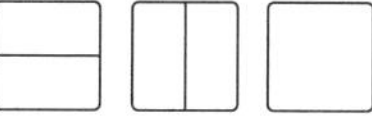

• 전체 문제 수:
• 안 푼 문제 수:

답안 표기란

23 ① ② ③ ④
24 ① ② ③ ④
25 ① ② ③ ④

23 냉동장치의 부속기기에 관한 설명으로 옳은 것은?

① 드라이어 필터는 프레온 냉동장치의 흡입배관에 설치해 흡입증기 중의 수분과 찌꺼기를 제거한다.
② 수액기의 크기는 장치내의 냉매순환량만으로 결정한다.
③ 운전 중 수액기의 액면계에 기포가 발생하는 경우는 다량의 불응축가스가 들어있기 때문이다.
④ 프레온 냉매의 수분 용해도는 작으므로 액 배관 중에 건조기를 부착하면 수분제거에 효과가 있다.

해 ① 드라이어 필터는 프레온 냉동장치의 고압 액관에 설치해 수분과 찌꺼기를 제거한다.
② 수액기의 크기는 암모니아의 경우 충전량의 1/2를, 프레온계는 충전량 전량을 회수할 수 있는 크기로 한다.
③ 운전 중 수액기의 액면계에 기포가 발생하는 경우는 냉매부족 또는 응축능력이 부족하기 때문이다.

24 냉매가 암모니아일 경우는 주로 소형, 프레온일 경우에는 대용량까지 광범위하게 사용되는 응축기로 전열에 양호하고, 설치면적이 적어도 되나 냉각관이 부식되기 쉬운 응축기는?

① 이중관식 응축기
② 입형 셸 엔드 튜브식 응축기
③ 횡형 셸 엔드 튜브식 응축기
④ 7통로식 횡형 셸 앤드식 응축기

해 횡형 쉘 앤 튜브식 응축기

장점	단점
전열이 양호하다.	과부하에 약하다.
냉각수 소비량이 적다.	냉각관이 부식되기 쉽다.
소형화가 가능하다.	청소가 어렵다.
수액기를 겸할 수 있다.	

25 일반적으로 냉동 운송설비 중 냉동자동차를 냉각장치 및 냉각방법에 따라 분류할 때 그 종류로 가장 거리가 먼 것은?

① 기계식 냉동차
② 액체질소식 냉동차
③ 헬륨냉동식 냉동차
④ 축냉식 냉동차

해 냉동차의 냉각방식 : 기계식, 액체 질소식, 축냉식, 드라이아이스 등

정답 | 23 ④ 24 ③ 25 ③

26 역카르노 사이클에서 고열원을 T_H, 저열원을 T_L 이라 할 때 성능계수를 나타내는 식으로 옳은 것은?

① $\frac{T_H}{T_H - T_L}$ ② $\frac{T_L}{T_H - T_L}$

③ $\frac{T_H - T_L}{T_H}$ ④ $\frac{T_H - T_L}{T_L}$

27 하루에 10ton의 얼음을 만드는 제빙장치의 냉동부하는?
(단, 물의 온도는 20℃, 생산되는 얼음의 온도는 -5℃이며, 이 때 제빙장치의 효율은 0.8이다.)

① 36280kcal/h ② 46200kcal/h

③ 53385kcal/h ④ 73200kcal/h

해 현열식 G·C·Δt
잠열식 G·r
1)20℃의 물 10톤이 0℃로 변하는데 필요한 현열
$10 \times 10^3 \times 1 \times (20-0)$
$= 200,000$[kcal/day]
2)0℃의 물 10톤이 0℃ 얼음으로 변하는데 필요한 잠열
$10 \times 10^3 \times 80 = 800,000$[kcal/day]
3)0℃의 얼음 10톤이 -5℃로 변하는데 필요한 현열
$10 \times 10^3 \times 0.5 \times (0-(-5))$
$= 25,000$[kcal/day]
4)$Q_T = \frac{200000 + 800000 + 25000}{24 \times 0.8}$
= 약 53,385[kcal/h]

28 압축기에서 축마력이 400kW이고, 도시마력은 350kW일 때 기계효율은?

① 75.5% ② 79.5%

③ 83.5% ④ 87.5%

해 $\eta_m = \frac{\text{실제가스압축일}}{\text{축동력}}$
$\frac{\text{도시마력}}{\text{축마력}} = \frac{350}{400} \times 100$
$= 87.5$[%]

29 다음 냉동기의 안전장치와 가장 거리가 먼 것은?

① 가용전

② 안전밸브

③ 핫 가스장치

④ 고 · 저압 차단스위치

해 핫 가스장치 : 냉동기 시스템에서 제상 시스템에 속한다.
제상 : 냉동장치 중 증발기에 적상을 녹이는 작업

| 정답 | 26 ② 27 ③ 28 ④ 29 ③

30 **다음 냉동기의 T-S선도 중 습압축 사이클에 해당되는 것은?**

①
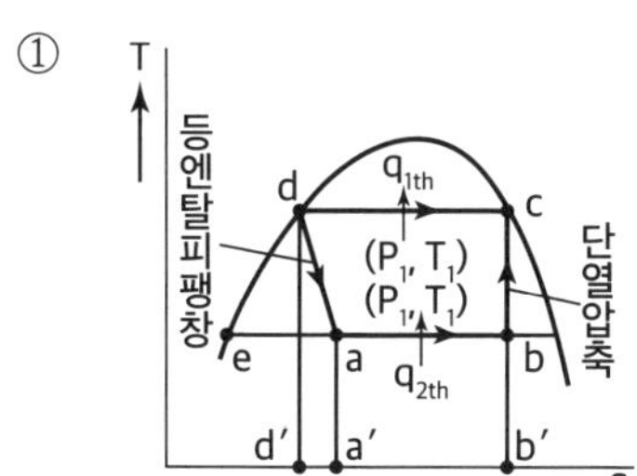

②
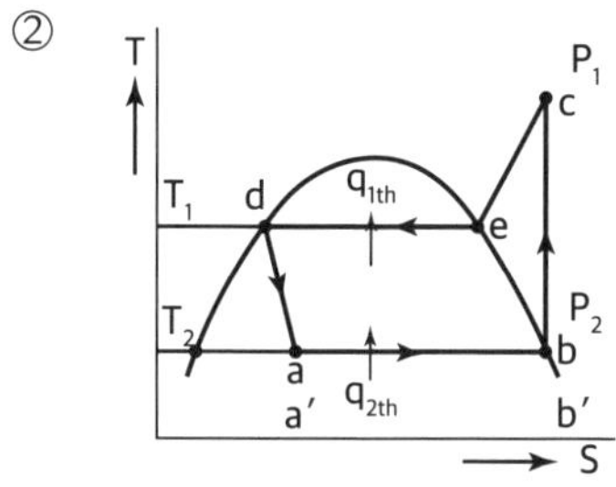

③
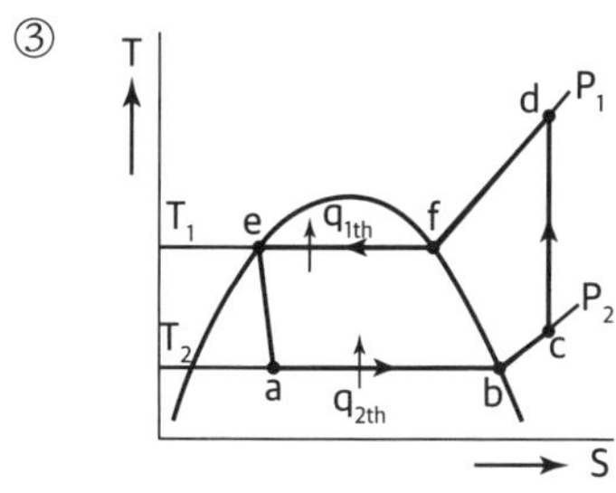

④
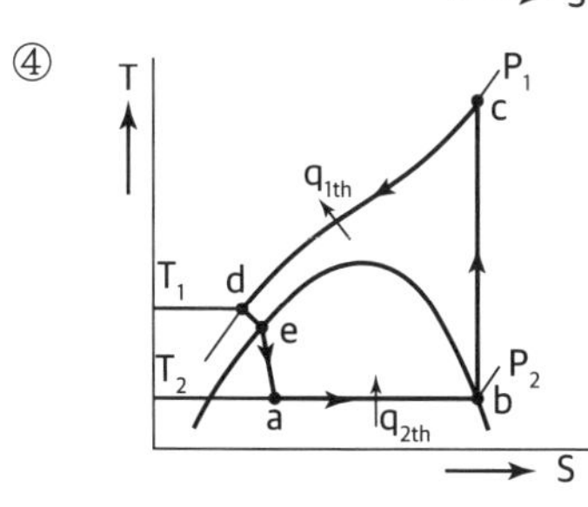

해 ① 습압축
②, ④ 건포화 압축
③ 과열압축

31 **자연계에 어떠한 변화도 남기지 않고 일정온도의 열을 계속해서 일로 변환시킬 수 있는 기관은 존재하지 않는다를 의미하는 열역학 법칙은?**

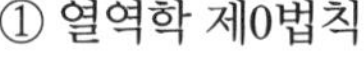

① 열역학 제0법칙
② 열역학 제1법칙
③ 열역학 제2법칙
④ 열역학 제3법칙

32 **냉동장치의 냉매 액관 일부에서 발생한 플래쉬 가스가 냉동장치에 미치는 영향으로 옳은 것은?**

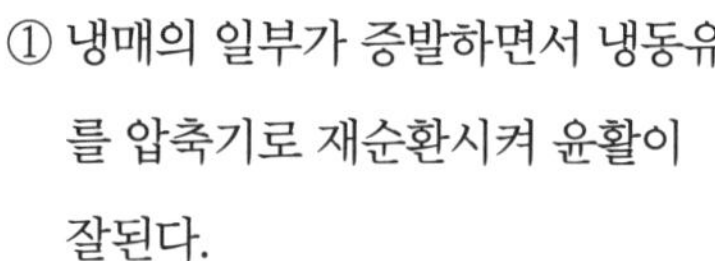

① 냉매의 일부가 증발하면서 냉동유를 압축기로 재순환시켜 윤활이 잘된다.
② 압축기에 흡입되는 가스에 액체가 혼입되어서 흡입체적효율을 상승시킨다.
③ 팽창밸브를 통과하는 냉매의 일부가 기체이므로 냉매의 순환량이 적어져 냉동능력을 감소시킨다.
④ 냉매의 증발이 왕성해짐으로서 냉동능력을 증가시킨다.

해 냉동장치에 플래쉬 가스가 발생해서 좋은 점은 없다.

글자 크기  100%  150%  200% 화면 배치  

• 전체 문제 수 :
• 안 푼 문제 수 :

답안 표기란

33	①	②	③	④
34	①	②	③	④
35	①	②	③	④
36	①	②	③	④

33 응축기에 대한 설명으로 <u>틀린</u> 것은?

① 응축기는 압축기에서 토출한 고온 가스를 냉각시킨다.
② 냉매는 응축기에서 냉각수에 의하여 냉각되어 압력이 상승한다.
③ 응축기에는 불응축가스가 잔류하는 경우가 있다.
④ 응축기 냉각관의 수측에 스케일이 부착되는 경우가 있다.

해 ② 냉매는 (수냉식)응축기에서 냉각수에 의하여 냉각되고 압력은 일정하다.

34 상태 A에서 B로 가역 단열변화를 할 때 상태변화로 옳은 것은? (단, S : 엔트로피, h : 엔탈피, T : 온도, P : 압력이다.)

① $\Delta S=0$　② $\Delta h=0$
③ $\Delta T=0$　④ $\Delta P=0$

해 $\Delta S=0$: 가역 단열변화(등엔트로피)
$\Delta h=0$: 비가역 단열변화(등엔탈피)
$\Delta T=0$: 등온변화
$\Delta P=0$: 등압변화

35 절대압력 20bar의 가스 10L가 일정한 온도 10℃에서 절대압력 1bar까지 팽창할 때의 출입한 열량은?
(단, 가스는 이상기체로 간주한다.)

① 55kJ　② 60kJ
③ 65kJ　④ 70kJ

해 $P_1=20[\text{bar}]=2000[\text{kPa}]$
$P_2=1[\text{bar}]=100[\text{kPa}]$
$V_1=10\text{L}=0.01[\text{m}^3]$
$Q=P_1V_1\ln\dfrac{P_1}{P_2}$
$=2000\times0.01\times\ln\left(\dfrac{2000}{100}\right)$
$=$약 $60[\text{kJ}]$

36 냉동장치의 운전 중에 저압이 낮아질 때 일어나는 현상이 <u>아닌</u> 것은?

① 흡입가스 과열 alc 압축비 증대
② 증발온도 저하 및 냉동능력 증대
③ 흡입가스의 비체적 증가
④ 성적계수 저하 및 냉매순환량 감소

해 ② 증발온도 저하 및 냉동능력 감소

| 정답 | 33 ② | 34 ① | 35 ② | 36 ② |

• 수험번호 :
• 수험자명 :

• 제한 시간 :
• 남은 시간 :

글자 크기   
100% 150% 200%

화면 배치  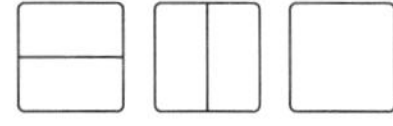

• 전체 문제 수 :
• 안 푼 문제 수 :

답안 표기란

37 ① ② ③ ④
38 ① ② ③ ④
39 ① ② ③ ④
40 ① ② ③ ④

37 고온가스에 의한 제상 시 고온가스의 흐름을 제어하기 위해 사용되는 것으로 가장 적절한 것은?

① 모세관 ② 전자밸브
③ 체크밸브 ④ 자동팽창밸브

해 전자밸브 : 냉동기 내에서 냉매의 흐름을 제어하기 위한 밸브

38 비열에 관한 설명으로 옳은 것은?

① 비열이 큰 물질일수록 빨리 식거나 빨리 더워진다.
② 비열의 단위는 kJ/kg 이다.
③ 비열이란 어떤 물질 1kg을 1℃ 높이는데 필요한 열량을 말한다.
④ 비열비는 정압비열/정적비열로 표시되며 그 값은 R-22가 암모니아 가스보다 크다.

해 ① 비열이 작은 물질 일수록 빨리 식거나 빨리 더워진다.
② 비열의 단위는 kcal/kg℃이다.
④ 비열비는 정압비열/정적비열로 표시되며 그 값은 R-22가 암모니아 가스보다 작다.

39 압축기의 클리어런스가 클 때 나타나는 현상으로 가장 거리가 먼 것은?

① 냉동능력이 감소한다.
② 체적효율이 저하한다.
③ 토출가스 온도가 낮아진다.
④ 윤활유가 열화 및 탄화된다.

해 ③ 토출가스 온도가 높아진다(실린더 내에 잔류가스가 남아 토출온도 상승).

40 냉매액이 팽창밸브를 지날 때 냉매의 온도, 압력, 엔탈피의 상태 변화를 순서대로 올바르게 나타낸 것은?

① 일정, 감소, 일정
② 일정, 감소, 감소
③ 감소, 일정, 일정
④ 감소, 감소, 일정

정답 | 37 ② 38 ③ 39 ③ 40 ④

• 수험번호 :
• 수험자명 :

• 제한 시간 :
• 남은 시간 :

• 전체 문제 수 :
• 안 푼 문제 수 :

답안 표기란

41 ① ② ③ ④
42 ① ② ③ ④
43 ① ② ③ ④
44 ① ② ③ ④

41 고가탱크 급수방식의 특징에 관한 설명으로 틀린 것은?

① 항상 일정한 수압으로 급수할 수 있다.
② 수압의 과대 등에 따른 밸브류 등 배관 부속품의 파손이 적다.
③ 취급이 비교적 간단하고 고장이 적다.
④ 탱크는 기밀 제작이므로 값이 싸진다.

해 ④ 탱크는 기밀 제작이므로 값이 비싸진다.

42 다음 중 네오프렌 패킹을 사용하기에 가장 부적절한 배관은?

① 15℃의 배수배관
② 60℃의 급수배관
③ 100℃의 급탕배관
④ 180℃의 증기배관

해 네오프렌 패킹 : 내열 범위는 46~121[℃]로 증기배관에는 사용이 어렵다.

43 다음 중 강관 접합법으로 틀린 것은?

① 나사접합　　② 플랜지접합
③ 압축접합　　④ 용접접합

해 압축접합 : 플레어접합이라고도 하며, 지름 20mm 동관 접합법에 속한다.

44 냉동장치의 안전장치 중 압축기로의 흡입압력이 소정의 압력 이상이 되었을 경우 과부하에 의한 압축기용 전동기의 위험을 방지하기 위하여 설치되는 밸브는?

① 흡입압력 조정밸브
② 증발압력 조정밸브
③ 정압식 자동팽창밸브
④ 저압측 플로트밸브

해 흡입압력 조정밸브 : 압축기 흡입압력이 일정압력 이상이 되는 것을 방지(과부하방지 목적)

정답 | 41 ④ 42 ④ 43 ③ 44 ①

• 수험번호:
• 수험자명:

• 제한 시간:
• 남은 시간:

글자 크기  100%  150%  200% 화면 배치  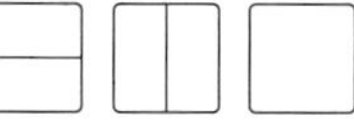

• 전체 문제 수:
• 안 푼 문제 수:

답안 표기란

45	①	②	③	④
46	①	②	③	④
47	①	②	③	④
48	①	②	③	④
49	①	②	③	④

45 유체를 일정방향으로만 흐르게 하고 역류하는 것을 방지하기 위해 설치하는 밸브는?

① 3방 밸브 ② 안전 밸브
③ 게이트 밸브 ④ 체크 밸브

해 체크밸브 : 유체의 역류 방지 목적으로 쓰인다.

46 암모니아 냉동설비의 배관으로 사용하기에 가장 부적절한 배관은?

① 이음매 없는 동관
② 저온 배관용 강관
③ 배관용 탄소강 강관
④ 배관용 스테인리스 강관

해 암모니아 냉매는 아연, 동, 동합금을 부식 시키므로 사용이 어렵다.

47 2가지 종류의 물질을 혼합하면 단독으로 사용할 때 보다 더 낮은 융해온도를 얻을 수 있는 혼합제를 무엇이라고 하는가?

① 부취제 ② 기한제
③ 브라인 ④ 에멀션

해 기한제 : 두 종류 이상의 물질을 혼합한 냉각제

48 도시가스 입상 관에 설치하는 밸브는 바닥으로부터 몇 m 범위에 설치해야 하는가?
(단, 보호 상자에 설치하는 경우는 제외한다.)

① 0.5m이상 1m이내
② 1m이상 1.5m이내
③ 1.6m이상 2m이내
④ 2m이상 2.5m이내

49 증기난방설비에 있어서 응축수 탱크에 모아진 응축수를 펌프로 보일러에 환수시키는 환수 방법은?

① 중력 환수식 ② 기계 환수식
③ 진공 환수식 ④ 지역 환수식

해 ㉠ 중력환수식 : 응축수를 중력에 의해 환수
㉡ 기계환수식 : 응축수를 펌프로 급수
㉢ 진공환수식 : 응축수를 진공펌프로 환수하고 펌프로 급수

정답 | 45 ④ 46 ① 47 ② 48 ③ 49 ②

• 수험번호 :
• 수험자명 :

• 제한 시간 :
• 남은 시간 :

글자 크기  100%  150%  200% 화면 배치 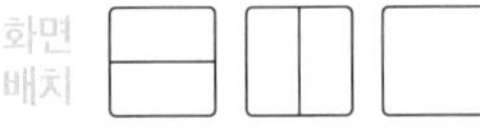

• 전체 문제 수 :
• 안 푼 문제 수 :

답안 표기란

50	①	②	③	④
51	①	②	③	④
52	①	②	③	④
53	①	②	③	④

50 급탕배관 시공 시 고려할 사항이 아닌 것은?

① 배관 구배

② 관의 신축

③ 배관재료의 선택

④ 청소구의 설치장소

해 청소구 설치장소는 오배수 배관 시공 시 고려사항에 속한다.

51 건물의 시간당 최대 예상 급탕량이 2000kg/h 일때, 도시가스를 사용하는 급탕용 보일러에서 필요한 가스 소모량은?
(단, 급탕온도 60℃, 급수온도 20℃, 도시가스 발열량 15000kcal/kg, 보일러 효율이 95%이며, 열손실 및 예열부하는 무시한다.)

① 5.6kg/h ② 6.6kg/h

③ 7.6kg/h ④ 8.6kg/h

해 $$\eta = \frac{\text{열출력}}{\text{사용연료량} \times \text{저위발열량}}$$

$$= \frac{G_a(h_2 - h_1)}{G_f \times H_l} \times 100(\%)$$

$$= \frac{G \cdot C \cdot \Delta t}{G_f \times H_l} \text{ x } 100(\%)$$

$$0.95 = \frac{2000 \times 1 \times (60 - 20)}{G_f \times 15000} \rightarrow$$

$$G_f = \frac{2000 \times 1 \times (60 - 20)}{0.95 \times 15000}$$

$$= 5.61[\text{kg/h}]$$

52 통기관의 종류가 아닌 것은?

① 각개 통기관 ② 루프 통기관

③ 신정 통기관 ④ 분해 통기관

해 통기관의 종류 : 각개, 루프, 습식, 신정, 도피, 공용, 결합, 통기 수평지관, 통기 수직주관, 통기헤더

53 캐비테이션 현상의 발생조건으로 옳은 것은?

① 흡입양정이 작을 경우 발생한다.

② 액체의 온도가 낮을 경우 발생한다.

③ 날개차의 원주속도가 작을 경우 발생한다.

④ 날개차의 모양이 적당하지 않을 경우 발생한다.

해 캐비테이션 발생 원인
㉠ 유속이 빠르고 흡입양정이 클 경우
㉡ 유체의 온도가 높을 경우
㉢ 펌프의 설치 위치가 수원보다 높을 경우
㉣ 흡입관경이 작고 길이가 길 때
㉤ 흡입관의 마찰저항이 클 경우
㉥ 흡입관에서 공기 누입시
㉦ 날개차의 원주속도가 클 경우
㉧ 날개차의 모양이 적당하지 않을 경우

정답 | 50 ④ 51 ① 52 ④ 53 ④

• 수험번호:
• 수험자명:

• 제한 시간:
• 남은 시간:

글자 크기  100%  150%  200% 화면 배치 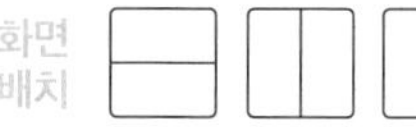

• 전체 문제 수:
• 안 푼 문제 수:

답안 표기란

54	①	②	③	④
55	①	②	③	④
56	①	②	③	④
57	①	②	③	④

54 배수설비에 대한 설명으로 옳은 것은?

① 소규모 건물에서의 빗물 수직관을 통기관으로 사용 가능하다.
② 회로 통기방식에서 통기되는 기구의 수는 9개 이상으로 한다.
③ 배수관에 트랩의 봉수를 보호하기 위해 통기관을 설치한다.
④ 배수트랩의 봉수깊이는 5~10mm 정도가 이상적이다.

해 ① 소규모 건물에서의 빗물 수직관을 통기관으로 사용이 불가능하다
② 회로 통기방식에서 통기되는 기구의 수는 8개 이내로 한다.
④ 배수트랩의 봉수깊이는 50~100mm 정도가 이상적이다

55 압력탱크식 급수방법에서 압력탱크 설계요소로 가장 거리가 먼 것은?

① 필요 압력
② 탱크의 용적
③ 펌프의 양수량
④ 펌프의 운전방법

해 압력탱크 설계요소: 필요압력, 탱크의 용적, 펌프의 양수량, 펌프의 전양정 등

56 다음 중 동일조건에서 열전도율이 가장 큰 관은?

① 알루미늄관 ② 강관
③ 동관 ④ 연관

해 열전도율
알루미늄: 196[kcal/mh℃]
강관: 46[kcal/mh℃]
동관: 332[kcal/mh℃]
연관: 30[kcal/mh℃]

57 압축공기 배관시공 시 일반적인 주의사항으로 틀린 것은?

① 공기 공급배관에는 필요한 개소에 드레인용 밸브를 장착한다.
② 주관에서 분기관을 취출할 때에는 관의 하단에 연결하여 이물질 등을 제거한다.
③ 용접개소를 가급적 적게 하고 라인의 중간 중간에 여과기를 장착하여 공기 중에 섞인 먼지 등을 제거한다.
④ 주관 및 분기관의 관 끝에는 과잉의 압력을 제거하기 위한 불어내기(blow)용 게이트 밸브를 설치한다.

해 ② 주관에서 분기관을 취출할 때에는 관의 상단에 연결하여 이물질 등을 제거한다.

정답 | 54 ③ 55 ④ 56 ③ 57 ②

• 수험번호:
• 수험자명:

• 제한 시간:
• 남은 시간:

글자 크기 100% 150% 200% 화면 배치

• 전체 문제 수:
• 안 푼 문제 수:

답안 표기란

58 ① ② ③ ④

59 ① ② ③ ④

58 증기난방의 단관 중력 환수식 배관에서 증기와 응축수가 동일한 방향으로 흐르는 증기관순류관의 구배로 적당한 것은?

① 1/50~1/100

② 1/100~1/200

③ 1/150~1/250

④ 1/200~1/300

해 단관 중력 환수관

㉠ 순류관 : 1/100~1/200 순구배

㉡ 역류관 : 1/50~1/100 역구배

59 다음 도면 표시기호는 어떤 방식인가?

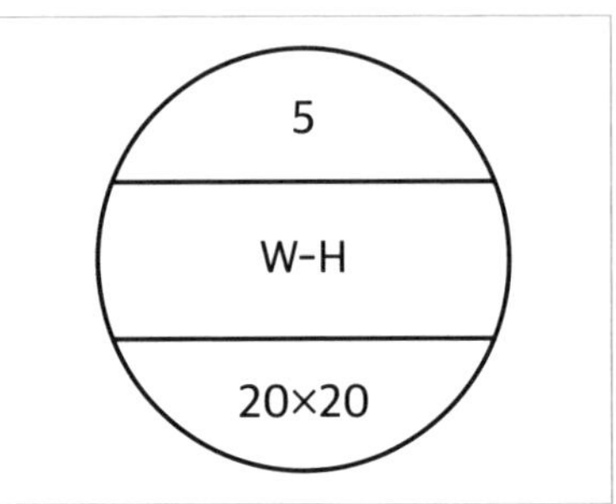

① 5쪽짜리의 횡형 벽걸이 방열기

② 5쪽짜리의 종형 벽걸이 방열기

③ 20쪽짜리의 길드 방열기

④ 20쪽짜리의 대류 방열기

해

종별	기호
2주형	II
3주형	III
3세주형	3,3c
5세주형	5, 5c
벽걸이형(횡형)	W-H
벽걸이형(종형)	W-V

정답 | 58 ② 59 ①

글자 크기  100%  150%  200% 화면 배치 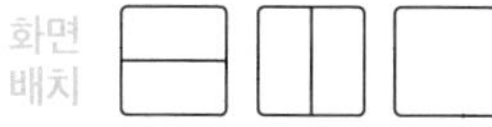

• 전체 문제 수:
• 안 푼 문제 수:

답안 표기란

60 ① ② ③ ④
61 ① ② ③ ④
62 ① ② ③ ④

60 다음 중 무기질 보온재가 아닌 것은?

① 암면 ② 펠트
③ 규조토 ④ 탄산마그네슘

해 유기질 보온재
㉠ 폼류(기포성 수지) : 80℃ 이하 온도에서 사용
㉡ 펠트 : 100℃ 이하 온도에서 사용
㉢ 텍스 : 120℃ 이하 온도에서 사용
㉣ 코르크 : 130℃ 이하 온도에서 사용

무기질 보온재
㉠ 탄산마그네슘 : 250℃ 이하 온도에서 사용
㉡ 유리섬유 : 300℃ 이하 온도에서 사용
㉢ 규조토 : 500℃ 이하 온도에서 사용
㉣ 석면 : 350℃~550℃ 온도에서 사용
㉤ 암면 : 400℃~600℃ 온도에서 사용
㉥ 필라이트 : 650℃ 이하 온도에서 사용
㉦ 세라믹파이버 : 1300℃ 이하 온도에서 사용

금속질 보온재
㉠ 알루미늄박

4과목 | 전기제어공학

61 논리함수 X=A+AB를 간단히 하면?

① X=A ② X=B
③ X=A·B ④ X=A+B

해 B값이 0 또는 1이어도
A가 0이면 X는 0
A가 1이면 X는 1이므로
X=A가 성립된다.

62 ~~연료의 유량과 공기의 유량과의 관계 비율을 연소에 적합하게 유지하고자 하는 제어는?~~

(22년 출제 범위 제외)

① 비율제어
② 시퀀스제어
③ 프로세서제어
④ 프로그램제어

해 비율제어 : 목표값이 다른 것과 일정한 비율 관계를 가지고 변화하는 경우 추종제어

63 **반지름 1.5mm, 길이 2km인 도체의 저항이 32Ω이다. 이 도체가 지름이 6mm, 길이가 500m로 변할 경우 저항은 몇 Ω이 되는가?**

① 1 ② 2

③ 3 ④ 4

해 공식1)전선의 원면적(A) = $\frac{\pi D^2}{4}$

공식2)저항(R) = $\rho\frac{l}{A}$

ρ : 고유저항[Ω·m]

l : 도체의 길이[m]

A : 도체의 단면적[㎡])

2[km] 전선의 고유저항(ρ)

$= R\frac{A}{l} = 32 \times \frac{\frac{\pi \times 0.003^2}{4}}{2000}$

$= 1.13 \times 10^{-7}$[[Ω·m]

500[m] 전선의 저항(R)

$= \rho\frac{l}{A} = 1.13 \times 10^{-7} \times \frac{500}{\frac{\pi \times 0.006^2}{4}}$

= 2[Ω]

64 **그림과 같은 Y결선 회로와 등가인 △결선 회로의 Zab, Zbc, Zca 값은?**

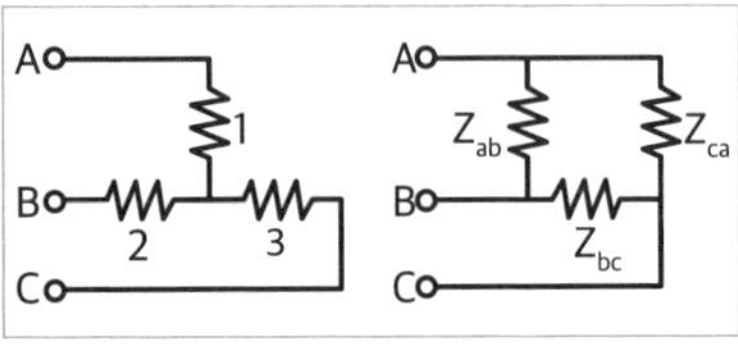

	Z_{ab}	Z_{bc}	Z_{ca}
①	$\frac{11}{3}$	11	$\frac{11}{2}$
②	$\frac{7}{3}$	7	$\frac{7}{2}$
③	11	$\frac{11}{2}$	$\frac{11}{3}$
④	7	$\frac{7}{2}$	$\frac{7}{3}$

해 Zab = $\frac{Z_aZ_a + Z_bZ_c + Z_cZ_a}{Z_c}$

$= \frac{1 \times 2 + 2 \times 3 + 3 \times 1}{3} = \frac{11}{3}$

Zbc = $\frac{Z_aZ_b + Z_bZ_c + Z_cZ_a}{Z_a}$

$= \frac{1 \times 2 + 2 \times 3 + 3 \times 1}{1} = 11$

Zca = $\frac{Z_aZ_b + Z_bZ_c + Z_cZ_a}{Z_b}$

$= \frac{1 \times 2 + 2 \times 3 + 3 \times 1}{2} = \frac{11}{2}$

65 **무효전력을 나타내는 단위는?**

① VA ② W

③ Var ④ Wh

해 ① VA : 피상전력

② W : 유효전력

③ Var : 무효전력

④ Wh : 전력량

| 정답 | 63 ② 64 ① 65 ③

66 ~~출력의 변동을 조정하는 동시에 목표값에 정확히 추종하도록 설계한 제어계는?~~ (22년 출제 범위 제외)

① 추치 제어 ② 안정 제어
③ 타력 제어 ④ 프로세서 제어

해 추치제어 : 임의 시간적 변화하는 목표값에 제어량을 추종시키는 것

67 ~~다음 ( ) 안의 ⓐ, ⓑ 에 대한 내용으로 옳은 것은?~~ (22년 출제 범위 제외)

근궤적은 G(s)H(s)의 (ⓐ)에서 출발하여 (ⓑ)에서 종착한다.

	ⓐ	ⓑ
①	영점	극점
②	극점	영점
③	분지점	극점
④	극점	분지점

68 ~~그림의 선도 중 가장 임계 안정한 것은?~~ (22년 출제 범위 제외)

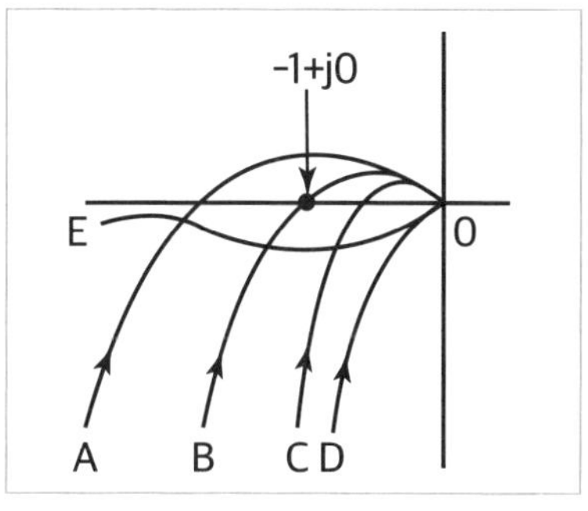

① A ② B
③ C ④ D

해 나이퀴스트 선도에서 안정한 궤적은 그림에서의 $-1+j0$ 점을 좌측으로 넘지 않아야 한다. 따라서 B, C, D 모두 안정 하지만 임계 안정한 것은 $-1+j0$ 점과 교차하는 B가 된다.

• 수험번호 :
• 수험자명 :

• 제한 시간 :
• 남은 시간 :

글자 크기  100%  150%  200% 화면 배치  

• 전체 문제 수 :
• 안 푼 문제 수 :

답안 표기란

69 ① ② ③ ④
70 ① ② ③ ④
71 ① ② ③ ④
72 ① ② ③ ④

69 회전중인 3상 유도전동기의 슬립이 1이 되면 전동기 속도는 어떻게 되는가?

① 불변이다.

② 정지한다.

③ 무구속 속도가 된다.

④ 동기속도와 같게 된다

해 회전속도(N) = $\frac{120f}{P}(1-s)$

f : 주파수
P : 극수
s : 슬립
슬립(s)이 1이 되면 회전속도는 0이 되므로 전동기는 정지한다.

70 ~~단위 피드백계에서 $\frac{E}{R}=1$ 즉, 입력과 출력이 같다면 전향전달함수 |G|의 값은?~~

(22년 출제 범위 제외)

① |G| = 1 ② |G| = 0

③ |G| = ∞ ④ |G| = $\sqrt{2}$

해 $\frac{C}{R}=1=\frac{G}{1+G}$

71 50Hz에서 회전하고 있는 2극 유도전동기의 출력이 20kW일 때 전동기의 토크는 약 몇 N·m 인가?

① 48 ② 53

③ 64 ④ 84

해 공식1) 유도 전동기의 토크
(T) = $\frac{60}{2\pi}\cdot\frac{P}{N}$
공식2) 동기속도(N_S) $\frac{120f}{P}$

$=\frac{120\times50}{2}=3000[rpm]$

$T=\frac{60}{2\pi}\cdot\frac{20\times10^3}{3000}=64[N\cdot m]$

72 ~~8Ω, 12Ω, 20Ω, 30Ω의 4개 저항을 병렬로 접속할 때 합성저항은 약 몇 Ω인가?~~ (22년 출제 범위 제외)

① 2.0 ② 2.35

③ 3.43 ④ 3.8

해 합성저항

(R) = $\frac{1}{\frac{1}{8}+\frac{1}{12}+\frac{1}{20}+\frac{1}{30}}$

= 3.43[Ω]

| 정답 | 69 ② 70 ③ 71 ③ 72 ③

• 수험번호:
• 수험자명:

• 제한 시간:
• 남은 시간:

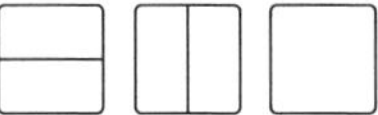

• 전체 문제 수:
• 안 푼 문제 수:

답안 표기란

73 ① ② ③ ④
74 ① ② ③ ④
75 ① ② ③ ④

73 60Hz, 6극 3상 유도전동기의 전부하에 있어서의 회전수가 1164rpm이다. 슬립은 약 몇 %인가?

① 2　② 3
③ 5　④ 7

해 공식1) 동기속도(N_s) = $\frac{120f}{P}$

공식2)

슬립(s) = $\frac{\text{동기속도 - 회전자속도}}{\text{동기속도}}$

동기속도(N_S) = $\frac{120 \times 60}{6}$

= 1200[rpm]

슬립(s) = $\frac{1200 - 1164}{1200} \times 100 = 3[\%]$

또는

공식1) 회전속도(N) = $\frac{120f}{P}(1 - s)$

이므로

$1164 = \frac{120 \times 60}{6}(1 - s)$

$s = (1 - \frac{1164 \times 6}{120 \times 60}) \times 100 = 3[\%]$

74 정현파 전파 정류 전압의 평균값이 119V이면 최댓값은 약 몇 V인가?

① 119　② 187
③ 238　④ 357

해 공식1) 정현파 평균값(V_a) = $\frac{2Vm}{\pi}$

Vm: 최대값

정현파 평균값 119[V] = $\frac{2Vm}{\pi}$

→ $Vm = \frac{119\pi}{2} = 187[V]$

75 전기력선의 기본 성질에 관한 설명으로 틀린 것은?

① 전기력선의 밀도는 전계의 세기와 같다.
② 전기력선의 방향은 그 점의 전계의 방향과 일치한다.
③ 전기력선은 전위가 높은 점에서 낮은 점으로 향한다.
④ 전기력선은 부전하에서 시작하여 정전하에서 그친다.

해 ④ 전기력선은 정전하(+)에서 시작하여 부전하(-)에서 그친다.

정답 | 73 ② 74 ② 75 ④

• 수험번호 :
• 수험자명 :

• 제한 시간 :
• 남은 시간 :

글자 크기 100% 150% 200% 화면 배치

• 전체 문제 수 :
• 안 푼 문제 수 :

답안 표기란

76	①	②	③	④
77	①	②	③	④
78	①	②	③	④

76 ~~입력으로 단위 계단함수 u(t)를 가했을 때, 출력이 그림과 같은 동작은?~~ (22년 출제 범위 제외)

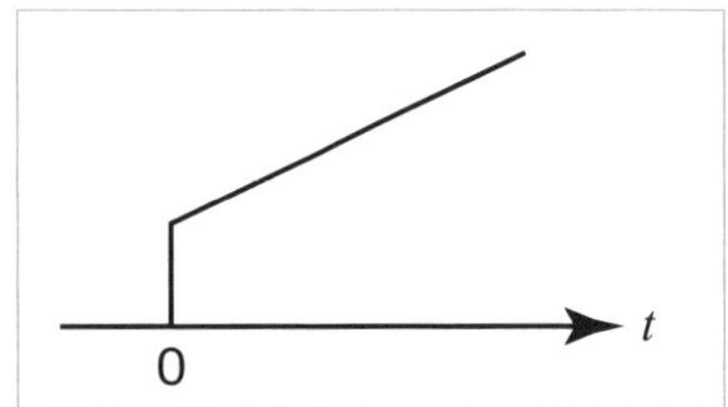

① P 동작 ② PD 동작
③ PI 동작 ④ 2위치 동작

해

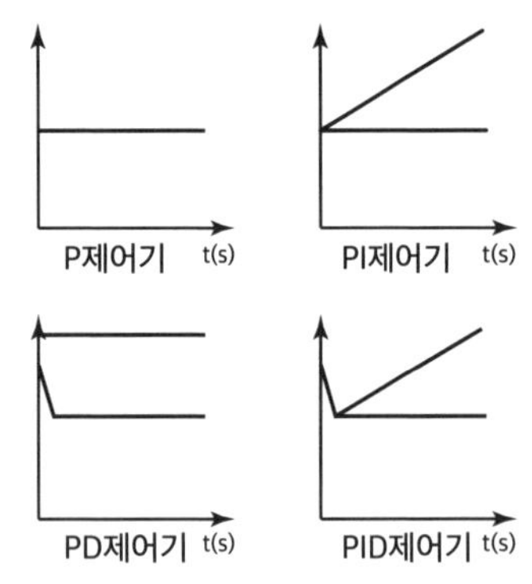

77 ~~운동계의 각속도 ω는 전기계의 무엇과 대응되는가?~~ (22년 출제 범위 제외)

① 저항 ② 전류
③ 인덕턴스 ④ 커패시턴스

해

전기계	운동계	
	직선운동	회전운동
전기량(Q)	변위(X)	각도(rad)
전압(V)	힘(F)	토크(T)
전류(I)	속도(V)	각속도(ω)
저항(R)	점성저항, 마찰(B)	회전점성저항(B)
정전용량(1/C)	스프링, 강도(K)	강도(비틀림)(K)
인덕턴스(L)	질량(M)	관성모멘트(I)

78 ~~그림과 같은 시스템의 등가 합성전달함수는?~~ (22년 출제 범위 제외)

① G_1+G_2 ② G_1 / G_2
③ G_1-G_2 ④ $G_1 \cdot G_2$

해 합성 전달함수는 직렬 결합시 각 전달함수의 곱으로 나타낸다.

• 수험번호:
• 수험자명:
• 제한 시간:
• 남은 시간:

글자 크기  100%  150%  200% 화면 배치 

• 전체 문제 수:
• 안 푼 문제 수:

답안 표기란

79 ① ② ③ ④
80 ① ② ③ ④

79 시퀀스 제어에 관한 설명 중 틀린 것은?

① 조합 논리회로도 사용된다.
② 시간 지연요소도 사용된다.
③ 유접점 계전기만 사용된다.
④ 제어결과에 따라 조작이 자동적으로 이행된다.

해 시퀀스 제어에는 반도체를 이용한 무접점 제어도 사용된다.

80 ~~공업 공정의 제어량을 제어하는 것은?~~ (22년 출제 범위 제외)

① 비율제어
② 정치제어
③ 프로세스제어
④ 프로그램제어

해 프로세스 제어
• 플랜트나 생산 공정 중의 상태량을 제어
• 프로세스에 가해지는 외란 억제 목적

| 정답 | 79 ③ 80 ③

PART 6

:기출문제 1회(2017.03.05)

• 수험번호:
• 수험자명:

• 제한 시간:
• 남은 시간:

글자 크기   100%  150%  200%

화면 배치 

• 전체 문제 수:
• 안 푼 문제 수:

답안 표기란

01 ① ② ③ ④

02 ① ② ③ ④

1과목 I 공기조화

01 전공기 방식에 의한 공기조화의 특징에 관한 설명으로 틀린 것은?

① 실내공기의 오염이 적다.

② 계절에 따라 외기냉방이 가능하다.

③ 수배관이 없기 때문에 물에 의한 장치부식 및 누수의 염려가 없다.

④ 덕트가 소형이라 설치공간이 줄어든다.

해 ④ 덕트 스페이스가 크므로 설치공간이 크다

02 실내 취득 현열량 및 잠열량이 각각 3000W, 1000W, 장치 내 취득열량이 550W이다. 실내 온도를 25℃로 냉방하고자 할 때, 필요한 송풍량은 약 얼마인가?

(단, 취출구 온도차는 10℃이다.)

① 105.6 L/s ② 150.8 L/s

③ 295.8 L/s ④ 346.6 L/s

해 공식1) 현열(qL) = G·C·Δt

1[KW] = 860[kcal]

1[m³] = 1000[L]

1[h] = 3,600[s]

실내 현열량

= 3000 + 550 = 3550[W] = 3.55[KW]

3.55 × 860 = 3,053[kcal/h]

3053 = G × 1.2 × 0.24 × 10 →

$$G = \frac{3053}{1.2 \times 0.24 \times 10}$$

= 1060.07[m³/h]

공기 비중량 : 1.2[kg/m³]

공기비열 : 0.24[kcal/kg℃]

$$송풍량[L/s] = \frac{1060.07 \times 1000}{3600}$$

= 294.46[L/s]

= 약 295[L/s]

정답 | 01 ④ 02 ③

03 **배관 계통에서 유량은 다르더라도 단위 길이당 마찰 손실이 일정하도록 관경을 정하는 방법은?**

① 균등법

② 정압재취득법

③ 등마찰손실법

④ 등속법

해 덕트설계 방법

㉠ 등속법(정속법) : 덕트의 각 부분에서의 풍속을 일정하게 하도록 하는 방법

㉡ 등마찰손실법(등압법) : 덕트의 단위 길이당 마찰 손실을 일정하게 하는 방법

㉢ 정압재취득법 : 정압을 일정하게 유지하기 위한 방법

㉣ 전압법 : 각 취출구의 전압이 같도록 설계하는 방법

04 **냉방시의 공기조화 과정을 나타낸 것이다. 그림과 같은 조건 일 경우 냉각코일의 바이패스 팩터는?**
(단, ① 실내공기의 상태점, ② 외기의 상태점, ③ 혼합공기의 상태점, ④ 취출공기의 상태점, ⑤ 코일의 장치노점온도이다.)

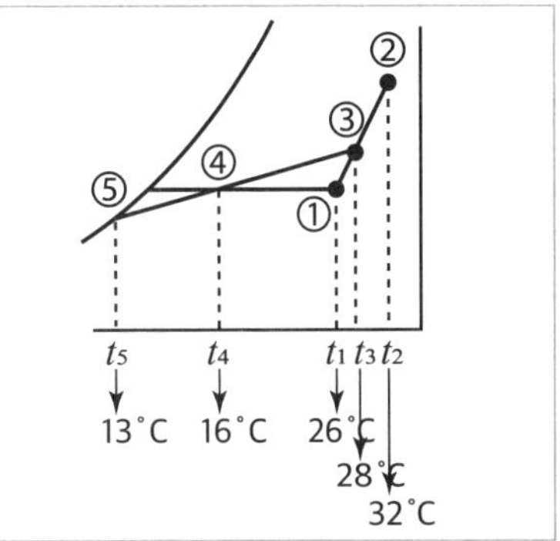

① 0.15　　② 0.20

③ 0.25　　④ 0.30

해 바이패스 팩터(BF) = $\frac{T_4 - T_5}{T_3 - T_5}$

$= \frac{16 - 13}{28 - 13} = 0.2$

• 수험번호:
• 수험자명:

• 제한 시간:
• 남은 시간:

글자 크기     화면 배치 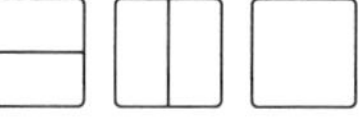

100% 150% 200%

• 전체 문제 수:
• 안 푼 문제 수:

답안 표기란

05 ① ② ③ ④

06 ① ② ③ ④

05 단일 덕트 방식에 대한 설명으로 틀린 것은?

① 단일 덕트 정풍량 방식은 개별제어에 적합하다.
② 중앙기계실에 설치한 공기조화기에서 조화한 공기를 주 덕트를 통해 각 실내로 분배한다.
③ 단일 덕트 정풍량 방식에서는 재열을 필요로 할 때도 있다.
④ 단일 덕트 방식에서는 큰 덕트 스페이스를 필요로 한다.

해 ① 단일 덕트 정풍량 방식은 각 실의 부하변동에 대응이 어려워 개별제어가 어렵다.

06 바이패스 팩터에 관한 설명으로 틀린 것은?

① 공기가 공기조화기를 통과할 경우, 공기의 일부가 변화를 받지 않고 원상태로 지나쳐갈 때 이 공기량과 전체 통과 공기량에 대한 비율을 나타낸 것이다.
② 공기조화기를 통과하는 풍속이 감소하면 바이패스 팩터는 감소한다.
③ 공기조화기의 코일열수 및 코일 표면적이 작을 때 바이패스 팩터는 증가한다.
④ 공기조화기의 이용 가능한 전열 표면적이 감소하면 바이패스 팩터는 감소한다.

해 ④ 공기조화기의 이용 가능한 전열 표면적이 감소하면 바이패스 팩터는 증가한다.

바이패스 팩터가 작아지는 경우
㉠ 코일의 열수가 많을 때
㉡ 코일의 간격이 작을 때
㉢ 전열면적이 클 때
㉣ 장치 노점온도가 높을 때
㉤ 송풍량이 적을 때
㉥ 냉수량이 적을수록(간접 냉매방식)

정답 | 05 ① 06 ④

• 수험번호 :
• 수험자명 :

• 제한 시간 :
• 남은 시간 :

글자 크기  100%  150%  200% 화면 배치  

• 전체 문제 수 :
• 안 푼 문제 수 :

답안 표기란 

07 ① ② ③ ④
08 ① ② ③ ④

07 **온수난방의 특징에 대한 설명으로 틀린 것은?**

① 증기난방보다 상하온도 차가 적고 쾌감도가 크다.
② 온도조절이 용이하고 취급이 증기보일러보다 간단하다.
③ 예열시간이 짧다.
④ 보일러 정지 후에도 실내난방은 여열에 의해 어느 정도 지속된다.

解 온수난방

장점
㉠ 쾌감도가 좋다.
㉡ 방열량 조절이 용이하다.
㉢ 동결 우려가 적다.
㉣ 취급이 용이하다.

단점
㉠ 예열시간이 길다.
㉡ 수두 높이에 제한을 받는다.
㉢ 방열면적 및 관경이 크다.
㉣ 설비비가 비싸다.

08 **실내 온도분포가 균일하여 쾌감도가 좋으며 화상의 염려가 없고 방을 개방하여도 난방효과가 있는 난방방식은?**

① 증기난방 ② 온풍난방
③ 복사난방 ④ 대류난방

解 복사난방

장점
㉠ 실내온도 분포가 균등하고 쾌감도가 높다.
㉡ 높은 천장에도 효과적이다.
㉢ 바닥이용도가 좋다.
㉣ 소음이 적다.
㉤ 낮은 실온에서도 균등한 쾌적감을 얻을 수 있다.

단점
㉠ 예열시간이 길다.
㉡ 매립배관이므로 보수점검이 어렵다.
㉢ 설비비가 비싸다.
㉣ 단열층이 필요하다.
㉤ 패널 표면온도가 실내 노점온도보다 높으면 결로하게 된다.

정답 | 07 ③ 08 ③

• 수험번호:
• 수험자명:

• 제한 시간:
• 남은 시간:

글자 크기  100%  150%  200% 화면 배치  

• 전체 문제 수:
• 안 푼 문제 수:

답안 표기란

09 ① ② ③ ④
10 ① ② ③ ④
11 ① ② ③ ④
12 ① ② ③ ④

09 유인 유닛 방식의 특징으로 틀린 것은?

① 개별 제어가 가능하다.
② 중앙공조기는 1차공기만 처리하므로 규모를 줄일 수 있다.
③ 유닛에는 동력배선이 필요하지 않다.
④ 송풍량이 적어서 외기냉방의 효과가 크다.

해 ④ 송풍량이 적어서 외기냉방의 효과가 적다.

10 흡수식 냉동기에서 흡수기의 설치 위치는?

① 발생기와 팽창밸브 사이
② 응축기와 증발기 사이
③ 팽창밸브와 증발기 사이
④ 증발기와 발생기 사이

해 재생기→응축기→증발기→흡수기

11 여름철을 제외한 계절에 냉각탑을 가동하면 냉각탑 출구에서 흰색 연기가 나오는 현상이 발생할 때가 있다. 이 현상을 무엇이라고 하는가?

① 스모그(smog) 현상
② 백연(白煙) 현상
③ 굴뚝(stack effect) 현상
④ 분무(噴霧) 현상

해 백연현상 : 고온 다습한 공기가 외부의 차가운 공기를 만나면 일부가 응축되어 흰색 연기처럼 보이는 현상
✓ 겨울철 입김과 같은 현상

12 풍량 450m³/min, 정압 50mmAq, 회전수 600rpm인 다익 송풍기의 소요동력은?
(단, 송풍기의 효율은 50%이다.)

① 3.5kW ② 7.4kW
③ 11kW ④ 15kW

해 송풍기의 소요동력
공식1) $L[kw] = \frac{Q \cdot P}{102 \cdot 60 \cdot \eta}$
(1[KW] = 102[kgf·m/s])
$L[PS] = \frac{Q \cdot P}{75 \cdot 60 \cdot \eta}$
(1[KW] = 75[kgf·m/s])
Q : 송풍량[㎥/min]
P : 정압[mmAq]
η : 효율[%]
$L[kw] = \frac{450 \times 50}{102 \times 60 \times 0.5} = 7.35[kW]$

📖 정답 | 09 ④ 10 ④ 11 ② 12 ②

• 수험번호:
• 수험자명:

• 제한 시간:
• 남은 시간:

글자 크기   100%  150%  200% 화면 배치 

• 전체 문제 수:
• 안 푼 문제 수:

답안 표기란

13 ① ② ③ ④
14 ① ② ③ ④
15 ① ② ③ ④
16 ① ② ③ ④

13 **공기의 상태를 표시하는 용어와 단위의 연결로 틀린것은?**

① 절대습도: [kg/kg]

② 상대습도: [%]

③ 엔탈피: [kcal/m^3·℃]

④ 수증기분압: [mmHg]

해 ③ 엔탈피: [kcal/kg], [kJ/kg]

14 **팬코일 유닛에 대한 설명으로 옳은 것은?**

① 고속덕트로 들어온 1차 공기를 노즐에 분출시킴으로써 주위의 공기를 유인하여 팬코일로 송풍하는 공기조화기이다.

② 송풍기, 냉온수 코일, 에어필터 등을 케이싱 내에 수납한 소형의 실내용 공기조화기이다.

③ 송풍기, 냉동기, 냉온수코일 등을 기내에 조립한 공기조화기이다.

④ 송풍기, 냉동기, 냉온수코일, 에어필터 등을 케이싱내에 수납한 소형의 실내용 공기조화기이다.

15 **온도 30℃, 절대습도 0.0271 kg/kg인 습공기의 엔탈피는?**

① 89.58kcal/kg

② 47.88kcal/kg

③ 23.73kcal/kg

④ 11.98kcal/kg

해 공식1)

$h = 0.24t + x(597.5 + 0.44t)$

$h = 0.24 \times 30 + 0.0271(597.5 + 0.44 \times 30) = 23.75$[kcal/kg]

16 **공기조화장치의 열운반장치가 아닌 것은?**

① 펌프 ② 송풍기

③ 덕트 ④ 보일러

해 ㉠ 열원장치: 냉동기, 보일러, 냉각탑 등
㉡ 공기조화장치: 공기여과기, 냉각코일, 가열코일 등
㉢ 열 운반장치: 송풍기, 덕트, 펌프, 배관 등
㉣ 자동제어장치: 온도, 습도제어기

정답 | 13 ③ 14 ② 15 ③ 16 ④

• 수험번호:
• 수험자명:

• 제한 시간:
• 남은 시간:

글자 크기 100% 150% 200% 화면 배치

• 전체 문제 수:
• 안 푼 문제 수:

답안 표기란

17 ① ② ③ ④
18 ① ② ③ ④
19 ① ② ③ ④

17 수관식 보일러에 관한 설명으로 틀린 것은?

① 보일러의 전열면적이 넓어 증발량이 많다.
② 고압에 적당하다.
③ 비교적 자유롭게 전열 면적을 넓힐 수 있다.
④ 구조가 간단하여 내부 청소가 용이하다.

해 ④ 구조가 복잡하여 내부 청소가 어렵다.

18 다수의 전열판을 겹쳐 놓고 볼트로 연결시킨 것으로 판과 판 사이를 유체가 지그재그로 흐르면서 열교환 능력이 매우 높아 필요 설치면적이 좁고 전열관의 증감으로 기기 용량의 변동이 용이한 열교환기는?

① 플레이트형 열교환기
② 스파이럴형 열교환기
③ 원통다관형 열교환기
④ 회전형 전열교환기

해 플레이트형 열교환기(판형 열교환기) 판과 판 사이를 유체가 지그재그로 흐르면서 열교환

19 축열시스템의 특징에 관한 설명으로 옳은 것은?

① 피크 컷(peak cut)에 의해 열원장치의 용량이 증가한다.
② 부분부하 운전에 쉽게 대응하기가 곤란하다.
③ 도시의 전력수급상태 개선에 공헌한다.
④ 야간운전에 따른 관리 인건비가 절약된다.

해 축열시스템 : 심야전기를 이용하여 축열조에 차가운 냉수나 온수 등을 저장하였다가 주간에 냉방이나 난방을 하는 시스템

정답 | 17 ④ 18 ① 19 ③

• 수험번호:
• 수험자명:

• 제한 시간:
• 남은 시간:

100% 150% 200%

• 전체 문제 수:
• 안 푼 문제 수:

답안 표기란

20 ① ② ③ ④
21 ① ② ③ ④
22 ① ② ③ ④

20 염화리튬, 트리에틸렌글리콜 등의 액체를 사용하여 감습하는 장치는?

① 냉각감습장치
② 압축감습장치
③ 흡수식감습장치
④ 세정식감습장치

해 감습장치
㉠ 냉각식 : 냉각 코일을 이용하여 습공기를 노점온도 이하로 냉각하여 제습하는 방식
㉡ 압축식 : 공기를 압축하여 제습하는 방식
㉢ 흡수식 : 염화리튬, 트리에틸렌글리콜등 액체 흡수제를 사용하는 방식
㉣ 흡착식 : 실리카겔, 활성알루미나 등 고체흡수제를 사용하는 방식

21 정압식 팽창 밸브는 무엇에 의하여 작동하는가?

① 응축 압력
② 증발기의 냉매 과냉도
③ 응축 온도
④ 증발 압력

해 정압식 팽창밸브 : 증발압력을 일정하게 유지하여 냉수나 브라인 등의 동결 방지용으로 쓰인다

22 브라인의 구비조건으로 틀린 것은?

① 비열이 크고 동결온도가 낮을 것
② 점성이 클 것
③ 열전도율이 클 것
④ 불연성이며 불활성일 것

해 브라인 구비조건
㉠ 비열이 클 것
㉡ 전열이 양호 할 것
㉢ 점도가 낮을 것
㉣ 비중이 낮을 것
㉤ 공정점이 낮을 것
㉥ 응고점이 낮을 것
㉦ 부식성이 없을 것
㉧ 가격이 저렴하고 구입이 용이 할 것
㉨ 누설 시 제품에 손상이 없을 것
㉩ pH값이 적당할 것(7.5 ~ 8.2)

정답 | 20 ③ 21 ④ 22 ②

• 수험번호 :
• 수험자명 :

• 제한 시간 :
• 남은 시간 :

글자 크기  100%  150%  200% 화면 배치 

• 전체 문제 수 :
• 안 푼 문제 수 :

답안 표기란

23 ① ② ③ ④

24 ① ② ③ ④

23 냉동부하가 30RT이고, 냉각장치의 열통과율이 6kcal/m²·h·℃, 브라인의 입·출구 평균온도 10℃, 냉매의 증발온도가 4℃일 때 전열면적은?

① 1825 m^2 ② 2767 m^2

③ 2932 m^2 ④ 3123 m^2

해 공식1) Q=K·F·Δt

$$F=\frac{Q}{K\cdot\Delta t}=\frac{30\times3320}{6\times(10-4)}$$

$=2767[m^2]$

24 두께 20cm인 콘크리트 벽 내면에, 두께 15cm인 스티로폼으로 방열을 하고, 그 내면에 두께 1cm의 내장 목재판으로 벽을 완성시킨 냉장실의 벽면에 대한 열관류율은?
(단, 열전도율 및 열전달률은 아래와 같다)

재료	열전도율	
콘크리트	0.9kcal/m·h·℃	
스티로폼	0.04kcal/m·h·℃	
내장목재	0.15kcal/m·h·℃	
공기막계수	외부	20kcal/m·h·℃
	내부	6kcal/m·h·℃

① 1.35 kcal/m·h·℃

② 0.23 kcal/m·h·℃

③ 0.13 kcal/m·h·℃

④ 0.02 kcal/m·h·℃

해 공식1) $K=\frac{1}{\frac{1}{a_1}+\frac{l}{\lambda}+\frac{1}{a_2}}$

a_1 : 외표면 열전달률[kcal/m²·h·℃]
λ : 열전도도[kcal/m·h·℃]
l : 두께[m],
a_2 : 내표면 열전달률[kcal/m²·h·℃]

$$K=\frac{1}{\frac{1}{20}+\frac{0.2}{0.9}+\frac{0.01}{0.04}+\frac{1}{6}}$$

=0.23 [kcal/m·h·℃]

• 수험번호:
• 수험자명:

• 제한 시간:
• 남은 시간:

글자 크기  100%  150%  200% 화면 배치  

• 전체 문제 수:
• 안 푼 문제 수:

   답안 표기란

25 ① ② ③ ④
26 ① ② ③ ④
27 ① ② ③ ④
28 ① ② ③ ④

25 암모니아 냉동장치에서 팽창밸브 직전의 엔탈피가 128kcal/kg, 압축기 입구의 냉매가스 엔탈피가 397kcal/kg이다. 이 냉동장치의 냉동능력이 12냉동톤일 때, 냉매순환량은?
(단, 1냉동톤은 3320 kcal/h이다.)

① 3320kg/h ② 3328kg/h
③ 269kg/h ④ 148kg/h

해 공식1) Q=G·q
Q: 냉동능력[kcla/h]
G: 냉매순환량[kg/h]
q: 냉동효과[kcal/kg]

$$G = \frac{Q}{q} = \frac{12 \times 3320}{397 - 128} = 148[kg/h]$$

26 할로겐 원소에 해당되지 않는 것은?

① 불소[F] ② 수소[H]
③ 염소[Cl] ④ 브롬[Br]

해 할로겐 원소
불소(플루오르)[F]
염소[Cl]
브롬[Br]
요오드[I]
아스타틴[At]

27 일의 열당량(A)을 옳게 표시한 것은?

① A=427kg·m/kcal
② A=1/427kcal/kg·m
③ A=102kcal/kg·m
④ A=860kg·m/kcal

해 일의 열당량: 1/427kcal/kg·m
✓ 열당량: 열에 대한 값을 표시
열의 일당량: 427kg·m/kcal
✓ 일당량: 일에 대한 값을 표시

28 냉동사이클에서 증발온도는 일정하고 응축온도가 올라가면 일어나는 현상이 아닌 것은?

① 압축기 토출가스 온도상승
② 압축기 체적효율 저하
③ COP(성적계수) 증가
④ 냉동능력(효과) 감소

해 응축온도가 낮을수록, 증발온도가 높을수록 COP는 증가한다.

정답 | 25 ④ 26 ② 27 ② 28 ③

29 온도식 팽창밸브에서 흐르는 냉매의 유량에 영향을 미치는 요인으로 가장 거리가 먼 것은?

① 오리피스 구경의 크기

② 고·저압측 간의 압력차

③ 고압측 액상 냉매의 냉매온도

④ 감온통의 크기

해 감온통에 의해 유량 조절은 되나 감온통의 크기와는 관련이 없다.

30 영화관을 냉방하는데 360000kcal/h의 열을 제거해야 한다. 소요동력을 냉동톤당 1PS로 가정하면 이 압축기를 구동하는데 약 몇 kW의 전동기가 필요한가?

① 79.8kW ② 69.8kW

③ 59.8kW ④ 49.8kW

해 공식1)

$[KW]=[PS]\times\frac{632}{860}$

1[kw]=860[kcal]

1[ps]=632[kcal]

360000 / 3320 = 108.43[RT]

$[KW]=108.43\times\frac{632}{860}=79.68[kW]$

31 플래시 가스(flash gas)의 발생 원인으로 가장 거리가 먼 것은?

① 관경이 큰 경우

② 수액기에 직사광선이 비쳤을 경우

③ 스트레이너가 막혔을 경우

④ 액관이 현저하게 입상했을 경우

해 플래쉬 가스 발생 원인

㉠ 액관의 입상관이 길 경우

㉡ 필터가 막혔을 경우

㉢ 수액기나 액관이 직사광선에 노출되었을 경우

㉣ 액관 라인의 배관 또는 밸브 등의 부품 지름이 가늘 경우

㉤ 응축온도가 심하게 낮을 경우

32 액봉발생의 우려가 있는 부분에 설치하는 안전장치가 아닌 것은?

① 가용전 ② 파열판

③ 안전밸브 ④ 압력도피장치

해 액봉현상은 압력이 상승하는 현상으로 파열판, 안전밸브, 압력도피장치는 해당되나 온도에 의해 작동되는 가용전은 해당되지 않는다.

가용전: 이상온도 발생시 녹으면서 장치 내 가스를 분출

정답 | 29 ④ 30 ① 31 ① 32 ①

• 수험번호 :
• 수험자명 :

• 제한 시간 :
• 남은 시간 :

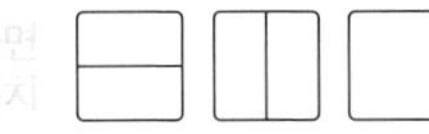

글자 크기 100% 150% 200% 화면 배치

• 전체 문제 수 :
• 안 푼 문제 수 :

답안 표기란

33 ① ② ③ ④
34 ① ② ③ ④
35 ① ② ③ ④
36 ① ② ③ ④

33 카르노 사이클과 관련 없는 상태 변화는?

① 등온팽창 ② 등온압축
③ 단열압축 ④ 등적팽창

해 카르노 사이클
단열압축→등온압축→단열팽창→등온팽창

34 증기압축식 이론 냉동사이클에서 엔트로피가 감소하고 있는 과정은?

① 팽창과정 ② 응축과정
③ 압축과정 ④ 증발과정

해 ① 팽창과정 : 엔트로피 증가
② 응축과정 : 엔트로피 감소
③ 압축과정 : 엔트로피 일정
④ 증발과정 : 엔트로피 증가

35 진공계의 지시가 45 cmHg일 때 절대압력은?

① 0.0421kgf/cm²abs
② 0.42kgf/cm²abs
③ 4.21kgf/cm²abs
④ 42.1kgf/cm²abs

해 절대압력 = 대기압(76cmHg) - 진공압
= 76 - 45 = 31[cmHg]
대기압 1[atm] = 1.0332[kgf/cm²]
$1.0332 \times \frac{31}{76} = 0.42$[kgf/cm²abs]

36 매시 30℃의 물 2000 kg을 -10℃의 얼음으로 만드는 냉동장치가 있다. 이 냉동장치의 냉각수 입구온도가 32℃, 냉각수 출구온도가 37℃이며, 냉각수량이 60m³/h일 때, 압축기의 소요동력은?

① 81.4 kW ② 88.7 kW
③ 90.5 kW ④ 117.4 kW

해 공식1) 현열식 G·C·Δt
공식2) 잠열식 G·r
공식3) 소요동력(AW)
= 응축능력(Q_c) - 냉동능력(Q_e)

㉠ 냉동능력(Qe)
1) 30℃ 물 2000kg이 0℃ 물로 변하는데 필요한 현열량
2000 × 1 × (30 - 0) = 60,000[kcal]
2) 0℃ 물 2000kg이 0℃ 얼음으로 변하는데 필요한 잠열
2000 × 80 = 160,000[kcal]
3) 0℃ 얼음 2000kg이 -10℃ 얼음으로 변하는데 필요한 현열량
2000 × 0.5 × (0 - (- 10))
= 10,000[kcal]
냉동능력(Q_e) = 60000 + 160000 + 10000 = 230,000[kcal/h]

㉡ 응축능력(QC)
$Q_C = 60 \times 10^3 \times 1 \times (37 - 32)$
= 300,000[kcal/h]

㉢ 소요동력(AW)
AW = 300000 - 230000
= 70,000[kcal/h]
1[KW] = 860[kcal] 이므로
70000/860 = 81.4[kW]

| 정답 | 33 ④ 34 ② 35 ② 36 ①

• 수험번호:
• 수험자명:

• 제한 시간:
• 남은 시간:

글자 크기 100% 150% 200% 화면 배치

• 전체 문제 수:
• 안 푼 문제 수:

답안 표기란

37 ① ② ③ ④

38 ① ② ③ ④

39 ① ② ③ ④

37 **균압관의 설치 위치는?**

① 응축기 상부-수액기 상부

② 응축기 하부-팽창변 입구

③ 증발기 상부-압축기 출구

④ 액분리기 하부-수액기 상부

해 균압관 : 응축기와 수액기의 압력을 균일하게 하여 응축기에서 수액기로 냉매 유입이 원활 하게한다.

38 **압축기의 흡입 밸브 및 송출 밸브에서 가스누출이 있을 경우 일어나는 현상은?**

① 압축일의 감소

② 체적 효율이 감소

③ 가스의 압력이 상승

④ 성적계수 증가

해 ① 압축일의 증가
③ 가스의 압력이 감소
④ 성적계수 감소

39 **어떤 냉동장치의 냉동부하는 14000kcal/h, 냉매증기 압축에 필요한 동력은 3kW, 응축기 입구에서 냉각수 온도 30℃, 냉각수량 69L/min일 때, 응축기 출구에서 냉각수 온도는?**

① 33℃ ② 38℃

③ 42℃ ④ 46℃

해 공식1)
응축능력(Q_c) = 소요동력(AW) + 냉동능력(Q_e)
공식2) $Q = G \cdot C \cdot \Delta t$
공식1)에 의하여 응축능력(Q_C)
$= 14000 + (3 \times 860) = 16,580$[kcal/h]
공식2)에 의해
$16580 = 69 \times 60 \times 1 \times (t_2 - 30) \rightarrow$
$t_2 = \dfrac{16580}{69 \times 60 \times 1} + 30$ = 약 34[℃]

정답 | 37 ① 38 ② 39 ①

• 수험번호:
• 수험자명:

• 제한 시간:
• 남은 시간:

글자 크기  100%  150%  200% 화면 배치 

• 전체 문제 수:
• 안 푼 문제 수:

답안 표기란

40	①	②	③	④
41	①	②	③	④
42	①	②	③	④

40 교축작용과 관계없는 것은?

① 등엔탈피 변화

② 팽창밸브에서의 변화

③ 엔트로피의 증가

④ 등적변화

解 교축작용은 팽창밸브에서 일어나는 작용이다.

구분	압력	온도	엔탈피	엔트로피	비체적
압축과정	상승	상승	증가	일정	감소
응축과정	일정	저하	감소	감소	감소
팽창과정	감소	저하	일정	증가	증가
증발과정	일정	일정	증가	증가	증가

3과목 | 배관일반

41 증기난방에 비해 온수난방의 특징을 설명한 것으로 틀린 것은?

① 예열하는데 많은 시간이 걸린다.

② 부하 변동에 대응한 온도 조절이 어렵다.

③ 방열면의 온도가 비교적 높지 않아 쾌감도가 좋다.

④ 설비비가 다소 고가이나 취급이 쉽고 비교적 안전하다.

解 ② 부하 변동에 대응한 온도 조절이 쉽다.

42 배수 배관에 관한 설명으로 틀린 것은?

① 배수 수평 주관과 배수 수평 분기관의 분기점에는 청소구를 설치해야 한다.

② 배수관경의 결정방법은 기구 배수부하 단위나 정상 유량을 사용하는 2가지 방법이 있다.

③ 배수관경이 100A 이하일 때는 청소구의 크기를 배수 관경과 같게 한다.

④ 배수 수직관의 관경은 수평 분기관의 최소 관경 이하가 되어야 한다.

解 ④ 배수 수직관의 관경은 수평 분기관의 최대 관경 이상이 되어야 한다.

정답 | 40 ④ 41 ② 42 ④

• 수험번호:
• 수험자명:
• 제한 시간:
• 남은 시간:

글자 크기  100%  150%  200% 화면 배치 

• 전체 문제 수:
• 안 푼 문제 수:

답안 표기란

43 ① ② ③ ④

44 ① ② ③ ④

45 ① ② ③ ④

43 다음과 같은 증기 난방배관에 관한 설명으로 옳은 것은?

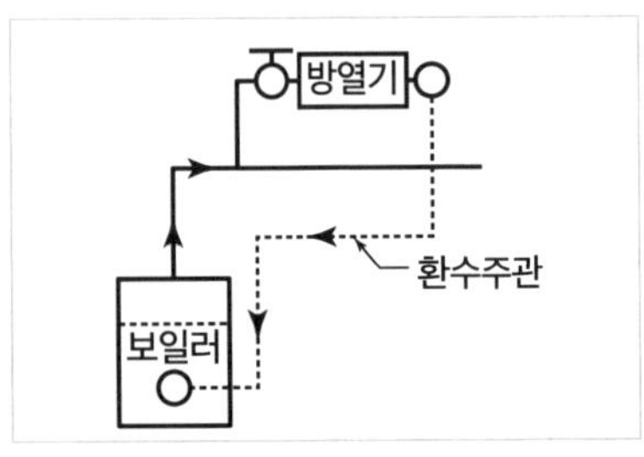

① 진공환수방식으로 습식 환수방식이다.

② 중력환수방식으로 건식 환수방식이다.

③ 중력환수방식으로 습식 환수방식이다.

④ 진공환수방식으로 건식 환수방식이다.

해 환수주관에 펌프가 없고 낙차에 의해 환수 되므로 중력환수방식이며 환수주관 높이가 수면보다 위에 있으므로 건식환수방식이다.

44 보온재의 구비조건으로 <u>틀린</u> 것은?

① 열전달률이 클 것

② 물리적, 화학적 강도가 클 것

③ 흡수성이 적고 가공이 용이할 것

④ 불연성일 것

해 보온재 구비조건
㉠ 열전도율이 작을 것
㉡ 비중이 작을 것
㉢ 불연성, 내흡습성, 내흡수성일 것
㉣ 기계적 강도가 클 것
㉤ 수명이 길 것

45 배관지지 장치에 수직 방향 변위가 <u>없는</u> 곳에 사용되는 행거는?

① 리지드 행거 ② 콘스턴트 행거

③ 가이드 행거 ④ 스프링 행거

해 행거: 배관을 위에서 잡아 지지하는 장치
㉠ 리지드 행거: 빔에 턴버클을 연결하고 파이프를 달아 올리는 구조로 수직방향 변위가 없는 곳에 사용
㉡ 스프링 행거: 배관에서 발생하는 소음, 진동을 없애기 위해 턴버클 대신 스프링을 설치
㉢ 콘스탄트 행거: 추를 이용한 턴버클식과 스프링을 이용한 스프링식이 있으며 배관의 상하 이동이 가능하면서 관의 지지력을 일정하게 한 것

정답 | 43 ② 44 ① 45 ①

• 수험번호:
• 수험자명:

• 제한 시간:
• 남은 시간:

글자 크기

100% 150% 200%

화면 배치

• 전체 문제 수:
• 안 푼 문제 수:

답안 표기란

46 ① ② ③ ④
47 ① ② ③ ④
48 ① ② ③ ④
49 ① ② ③ ④

46 LP가스의 주성분으로 옳은 것은?

① 프로판(C_3H_8)과 부틸렌(C_4H_8)
② 프로판(C_3H_8)과 부탄(C_4H_{10})
③ 프로필렌(C_3H_6)과 부틸렌(C_4H_8)
④ 프로필렌(C_3H_6)과 부탄(C_4H_{10})

47 가스배관 중 도시가스 공급배관의 명칭에 대한 설명으로 <u>틀린</u> 것은?

① 배관 : 본관, 공급관 및 내관 등을 나타낸다.
② 본관 : 옥외 내관과 가스계량기에서 중간 밸브 사이에 이르는 배관을 나타낸다.
③ 공급관 : 정압기에서 가스 사용자가 소유하거나 점유하고 있는 토지의 경계까지 이르는 배관을 나타낸다.
④ 내관 : 가스 사용자가 소유하거나 점유하고 있는 토지의 경계에서 연소기까지 이르는 배관을 나타낸다.

해 ② 본관 : 제조사업소와 정압기지 사이의 배관을 나타낸다

본관 공급관 내관
도시가스 제조 사업소 → 정압기지 → 옥내 → 계량기

48 자연순환식으로써 열탕의 탕비기 출구온도를 85℃(밀도 0.96876 kg/L), 환수관의 환탕온도를 65℃(밀도0.98001 kg/L)로 하면 이 순환계통의 순환수두는 얼마인가?
(단, 가장 높이 있는 급탕전의 높이는 10m 이나.)

① 11.25mmAq ② 112.5mmAq
③ 15.34mmAq ④ 153.4mmAq

해 공식1) 순환수두(H) = $(P_2 - P_1) \times h$[m]
10[m] = 10 × 1000[mm]
순환수두(H) = (0.98001 − 0.96876) × 10 × 1000 = 112.5[mmAq]

49 난방배관에서 리프트 이음(lift fitting)을 하는 응축수 환수방식은?

① 중력환수식 ② 기계환수식
③ 진공환수식 ④ 상향환수식

해 리프트 이음
진공환수식 난방 장치에서 환수관이 방열기보다 높은 곳에 설치될 때나 환수주관보다 높은 곳에 진공펌프를 설치할 때 환수관의 응축수를 끌어 올릴 수 있다.

| 정답 | 46 ② 47 ② 48 ② 49 ③

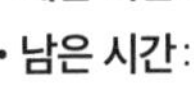

• 수험번호:
• 수험자명:
• 제한 시간:
• 남은 시간:

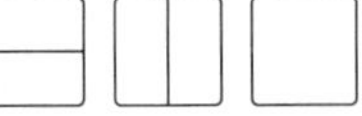

• 전체 문제 수:
• 안 푼 문제 수:

답안 표기란

50 ① ② ③ ④
51 ① ② ③ ④
52 ① ② ③ ④
53 ① ② ③ ④

50 개별식(국소식)급탕방식의 특징으로 틀린 것은?

① 배관설비 거리가 짧고 배관에서의 열손실이 적다.
② 급탕장소가 많은 경우 시설비가 싸다.
③ 수시로 급탕하여 사용할 수 있다.
④ 건물의 완성 후에도 급탕장소의 증설이 비교적 쉽다.

해 ② 급탕장소가 많아진 만큼 시설비가 비싸진다.

51 공기조화 배관 설비 중 냉수 코일을 통과하는 일반적인 설계 풍속으로 가장 적당한 것은?

① 2~3m/s ② 5~6m/s
③ 8~9m/s ④ 10~11m/s

52 냉각탑에서 냉각수는 수직 하향 방향이고 공기는 수평 하향 방향인 형식은?

① 평행류형 ② 직교류형
③ 혼합형 ④ 대향류형

해 직교류형: 냉각수는 수직, 공기는 수평 방향으로 직각으로 교차하는 방식
평형류형: 냉각수와 공기가 동일한 방향으로 흐르는 방식
대향류형: 냉각수와 공기가 서로 반대 방향으로 흐르는 방식
혼합형: 평형류와 대향류를 혼합한 방식

53 통기방식 중 각 기구의 트랩마다 통기관을 설치하여 안정도가 높고 자기 사이펀 작용에도 효과가 있으며 배수를 완전하게 할 수 있는 이상적인 통기 방식은?

① 각개 통기 ② 루프 통기
③ 신정 통기 ④ 회로 통기

해 각개 통기관: 각 위생기구마다 1개의 통기관을 설치하는 것으로 안정도가 높고 배수를 완전하게 할 수 있는 이상적인 통기방식

정답 | 50 ② 51 ① 52 ② 53 ①

• 수험번호:
• 수험자명:

• 제한 시간:
• 남은 시간:

글자 크기 100% 150% 200% 화면 배치

• 전체 문제 수:
• 안 푼 문제 수:

답안 표기란

54 ① ② ③ ④
55 ① ② ③ ④
56 ① ② ③ ④

54 증기난방 배관에서 증기트랩을 사용하는 주된 목적은?

① 관 내의 온도를 조절하기 위해서
② 관 내의 압력을 조절하기 위해서
③ 배관의 신축을 흡수하기 위해서
④ 관 내의 증기와 응축수를 분리하기 위해서

해 증기트랩: 증기 중 응축수를 분리하는 장치

55 관 내에 분리된 증기나 공기를 배출하고 물의 팽창에 따른 위험을 방지하기 위해 설치하는 것은?

① 순환탱크 ② 팽창탱크
③ 옥상탱크 ④ 압력탱크

해 팽창탱크: 온수의 팽창으로 배관이 파손되는 것을 방지

56 급수관의 직선관로에서 마찰손실에 관한 설명으로 옳은 것은?

① 마찰손실은 관 지름에 정비례한다.
② 마찰손실은 속도수두에 정비례한다.
③ 마찰손실은 배관 길이에 반비례한다.
④ 마찰손실은 관 내 유속에 반비례한다.

해 배관의 마찰손실 수두(H_L)
$= f \cdot \frac{l}{d} \cdot \frac{V^2}{2g}$
속도수두: $\frac{V^2}{2g}$
f: 관 마찰계수
l: 관의 길이(m)
d: 관의 내경(m)
V: 유속(m/s)
g: 중력가속도(m/s^2)

정답 54 ④ 55 ② 56 ②

• 수험번호 :
• 수험자명 :

• 제한 시간 :
• 남은 시간 :

글자 크기  100%  150%  200% 화면 배치  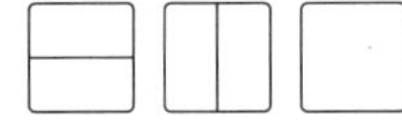

• 전체 문제 수 :
• 안 푼 문제 수 :

답안 표기란

57 ① ② ③ ④
58 ① ② ③ ④
59 ① ② ③ ④
60 ① ② ③ ④

57 배관의 행거(hanger)용 지지 철물을 달아매기 위해 천장에 매입하는 철물은?

① 턴버클(turnbuckle)
② 가이드(guide)
③ 스토퍼(stopper)
④ 인서트(insert)

해 턴버클 : 지지 막대나 지지 와이어 로프 등의 길이를 조절하기 위한 기구
가이드 : 배관의 회전을 구속하거나 축 방향으로의 방향을 잡아주는 역할
스토퍼 : 배관을 일정한 방향과 회전만 구속하고 다른 방향은 구속하지 않는 것
인서트 : 행거용 지지철물을 매달기 위해 천장에 매입하는 철물

58 수액기를 나온 냉매액은 팽창밸브를 통해 교축되어 저온 저압의 증발기로 공급된다. 팽창밸브의 종류가 아닌것은?

① 온도식 ② 플로트식
③ 인젝터식 ④ 압력자동식

해 팽창밸브의 종류 : 모세관, 수동, 정압식, 온도식, 자동, 전자식, 저압측 플로트 밸브, 고압측 플로트 밸브

59 주철관 이음방법이 아닌 것은?

① 플라스턴 이음
② 빅토릭 이음
③ 타이톤 이음
④ 플랜지 이음

해 주철관 이음
㉠ 소켓 이음
㉡ 플랜지 이음
㉢ 기계식 이음
㉣ 타이톤 이음
㉤ 빅토릭 이음
㉥ 노허브 이음

60 냉·온수 헤더에 설치하는 부속품이 아닌 것은?

① 압력계 ② 드레인관
③ 트랩장치 ④ 급수관

해 트랩장치 : 증기배관이나 배수계통에 설치

정답 | 57 ④ 58 ③ 59 ① 60 ③

• 수험번호:
• 수험자명:

• 제한 시간:
• 남은 시간:

글자 크기

100% 150% 200%

화면 배치

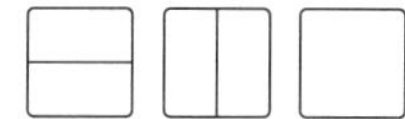

• 전체 문제 수:
• 안 푼 문제 수:

답안 표기란

61 ① ② ③ ④
62 ① ② ③ ④
63 ① ② ③ ④

61 임피던스 강하가 4%인 어느 변압기가 운전 중 단락 되었다면 그 단락전류는 정격전류의 몇 배가 되는가?

① 10 ② 20
③ 25 ④ 30

해 공식) $Z = \frac{I_N}{I_S} \times 100$

Z : 임피던스
I_N : 정격전류
I_S : 단락전류

$I_S = \frac{100}{4} I_N = 25 I_N$

62 ~~$G(s) = \frac{s^2 + 2s + 1}{s^2 + s - 6}$ 인 특성방정식의 근은?~~ (22년 출제 범위 제외)

① -1 ② -3, 2
③ -1, -3 ④ -1, -3, 2

해 특성방정식은 전달함수 분모의 값이 0이 되는 방정식이므로
$s^2 + s - 6 = 0$을 인수분해 하면
$(s+3)(s-2) = 0$이므로 $s = -3, 2$

63 ~~그림과 같은 블록선도에서 전달함수 C/R는?~~ (22년 출제 범위 제외)

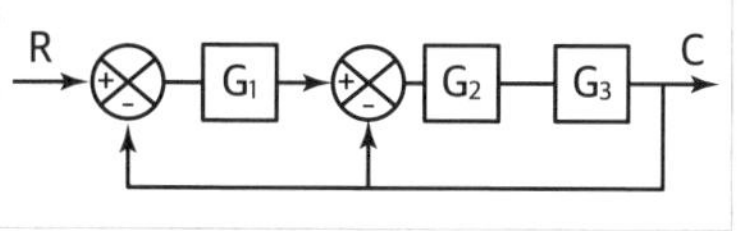

① $\frac{G_1 G_2 G_3}{1 + G_2 G_3 + G_1 G_3}$

② $\frac{G_1 G_2 G_3}{1 + G_1 G_2 + G_1 G_2 G_3}$

③ $\frac{G_1 G_2 G_3}{1 + G_2 G_3 + G_1 G_2 G_3}$

④ $\frac{G_1 G_2 G_3}{1 + G_1 G_3 + G_1 G_2 G_3}$

해 전달함수G(s)

$= \frac{C}{R} = \frac{\text{패스경로}}{1 - \text{피드백경로}}$

① G_2, G_3의 전달함수

$= \frac{G_2 G_3}{1 - (-G_2 G_3)} = \frac{G_2 G_3}{1 + G_2 G_3}$

② 전체 전달함수$(G_1), (G_2, G_3)$

$$= \frac{G_1 \cdot \frac{G_2 G_3}{1 + G_2 G_3}}{1 - \left(-G_1 \cdot \frac{G_2 G_3}{1 + G_2 G_3}\right)}$$

$$= \frac{G_1 \cdot \frac{G_2 G_3}{1 + G_2 G_3}}{1 + G_1 \cdot \frac{G_2 G_3}{1 + G_2 G_3}}$$

$$= \frac{G_1 \cdot \frac{G_2 G_3}{1 + G_2 G_3}}{\frac{1 + G_2 G_3 + G_1 G_2 G_3}{1 + G_2 G_3}}$$

$$= \frac{G_1 G_2 G_3}{1 + G_2 G_3 + G_1 G_2 G_3}$$

정답 | 61 ③ 62 ② 63 ③

• 수험번호:
• 수험자명:
• 제한 시간:
• 남은 시간:

글자 크기   100%  150%  200% 화면 배치 

• 전체 문제 수:
• 안 푼 문제 수:

답안 표기란

64	①	②	③	④
65	①	②	③	④
66	①	②	③	④
67	①	②	③	④

64 ~~되먹임 제어계에서 ⓐ부분에 해당하는 것은?~~ (22년 출제 범위 제외)

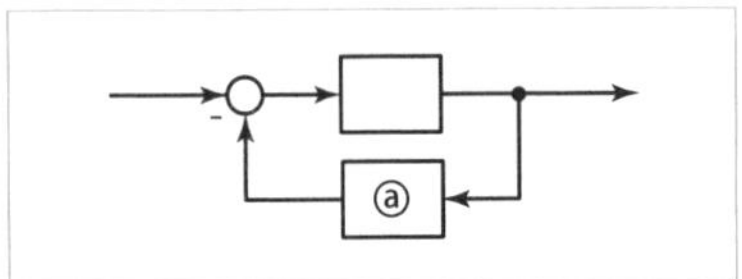

① 조절부 ② 조작부
③ 검출부 ④ 목표값

해

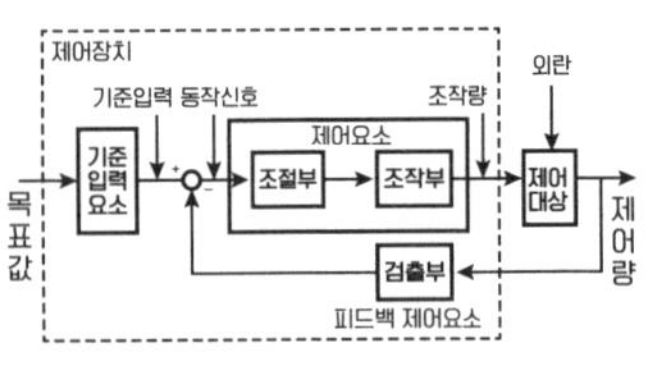

65 **배리스터(Varistor)란?**

① 비직선적인 전압-전류 특성을 갖는 2단자 반도체소자이다.
② 비직선적인 전압-전류 특성을 갖는 3단자 반도체소자이다.
③ 비직선적인 전압-전류 특성을 갖는 4단자 반도체소자이다.
④ 비직선적인 전압-전류 특성을 갖는 리액턴스소자이다

해 배리스터: 비직선적인 전압-전류 특성을 갖는 2단자 반도체소자이며, 트랜지스터 등의 회로를 서지전압으로부터 보호

66 **직류발전기 전기자 반작용의 영향이 아닌 것은?**

① 절연내력의 저하
② 자속의 크기 감소
③ 유기기전력의 감소
④ 자기 중성축의 이동

해 전기자 반작용: 발전기나 전동기에서 전기자 전류에 의해 생기는 자속이 주계자 자속에 주는 반작용

	발전기	전동기
자속의 감소	유기전력 감소	토크감소, 속도증가
중성축 이동	회전방향 동일	회전방향 반대
정류자와 브러시 사이에 불꽃발생	정류불량	정류불량

67 ~~잔류 편차(off-set)를 발생하는 제어는?~~ (22년 출제 범위 제외)

① 미분 제어
② 적분 제어
③ 비례 제어
④ 비례 적분 미분 제어

해 비례제어(P제어): 간단한 구조지만 잔류 편차가 생기는 결점

정답 | 64 ③ 65 ① 66 ① 67 ③

68 **피측정단자에 그림과 같이 결선하여 전압계로 e(V)라는 전압을 얻었을 때 피측정단자의 절연저항은 몇 M Ω인가?**
(단, Rm : 전압계 내부저항(Ω), V : 시험전압(V)이다.)

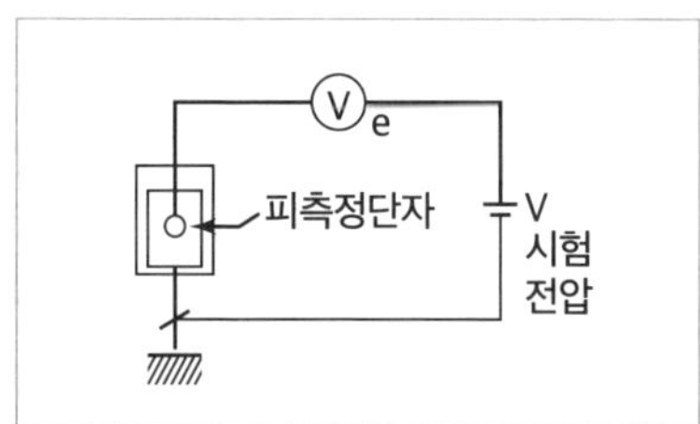

① $R_m(eV-1)\times 10^{-6}$

② $R_m\left(\frac{e}{V}-1\right)\times 10^{-6}$

③ $R_m\left(\frac{V}{e}-1\right)\times 10^{-6}$

④ $R_m(V-e)\times 10^{-6}$

해 공식1) $\frac{V}{e}=\frac{R_m+R}{R_m}$

e : 전압계 전압
V : 시험 전압
R : 배율기 저항(피측정단자 절연저항)
R_m : 전압계 내부저항

$\frac{V}{e}=1+\frac{R}{R_m}\rightarrow\frac{V}{e}-1=\frac{R}{R_m}\rightarrow$

$R_m\left(\frac{V}{e}-1\right)=R[\Omega]\rightarrow$

$R_m\left(\frac{V}{e}-1\right)\times 10^{-6}=R[M\Omega]$

69 **직류전동기의 속도제어법으로 틀린 것은?**

① 저항제어 ② 계자제어
③ 전압제어 ④ 주파수제어

해 직류전동기의 속도 제어법 : 전압, 계자, 직렬저항
농형 유도전동기의 속도 제어법 : 주파수, 극수, 종속법
권선형 유도전동기 속도 제어법 : 저항, 2차 여자법, 종속법

| 정답 | 68 ③ 69 ④

70 ~~**그림과 같은 블럭선도와 등가인 것은?**~~ (22년 출제 범위 제외)

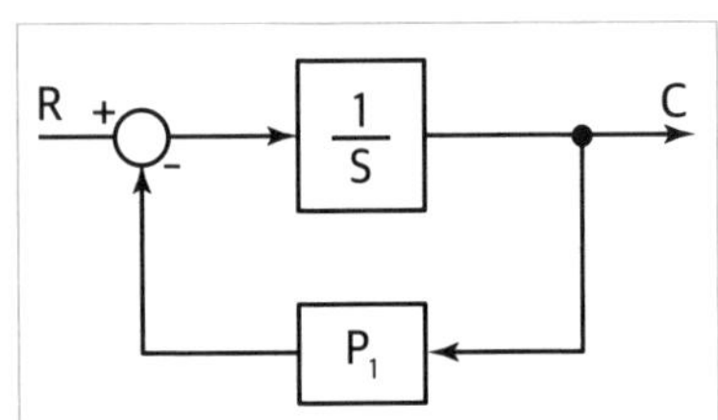

①
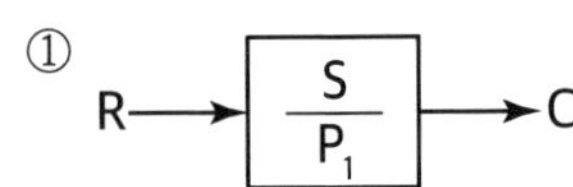

②

③
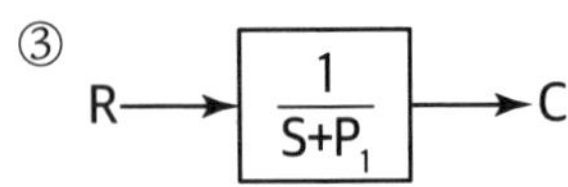

④
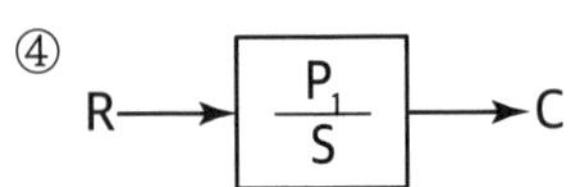

해 전달함수

$$G(s) = \frac{C}{R} = \frac{\text{패스경로}}{1 - \text{피드백경로}}$$

$$= \frac{\frac{1}{S}}{1-\left(-P_1 \cdot \frac{1}{S}\right)} = \frac{\frac{1}{S}}{1+P_1 \cdot \frac{1}{S}}$$

$$= \frac{\frac{1}{S}}{1+\frac{P_1}{S}} = \frac{\frac{1}{S}}{\frac{S+P_1}{S}} = \frac{1}{S+P_1}$$

71 ~~**그림과 같은 그래프에 해당하는 함수를 라플라스 변환하면?**~~ (22년 출제 범위 제외)

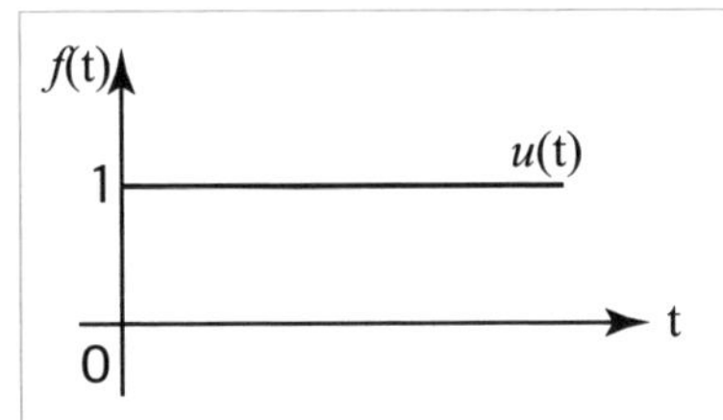

① 1　　② $\frac{1}{S}$

③ $\frac{1}{(s+1)}$　　④ $\frac{1}{S^2}$

해 시간함수 f(t) : u(t) = 1

라플라스 변환 : $\frac{1}{S}$

72 ~~**교류에서 실효값과 최대값의 관계는?**~~ (22년 출제 범위 제외)

① 실효값 = 최대값/($\sqrt{2}$)

② 실효값 = 최대값/($\sqrt{3}$)

③ 실효값 = 최대값/2

④ 실효값 = 최대값/3

해 실효값 = 최대값/($\sqrt{2}$)

평균값 = 2최대값/π

| 정답 | 70 ③　71 ②　72 ①

• 수험번호 :
• 수험자명 :

• 제한 시간 :
• 남은 시간 :

글자 크기   100%  150%  200% 화면 배치  

• 전체 문제 수 :
• 안 푼 문제 수 :

답안 표기란

73	①	②	③	④
74	①	②	③	④
75	①	②	③	④
76	①	②	③	④

73 다음 중 다른 값을 나타내는 논리식은?

① $XY + Y$

② $\overline{X}Y + XY$

③ $(Y + X + \overline{X})Y$

④ $X(\overline{Y} + X + Y)$

해 $\overline{X}Y + XY = (Y + X + \overline{X})Y$
$= XY + Y$

74 ~~프로세스 제어나 자동 조정 등 목표값이 시간에 대하여 변화하지 않는 제어를 무엇이라 하는가?~~ (22년 출제 범위 제외)

① 추종제어 ② 비율제어

③ 정치제어 ④ 프로그램제어

해 정치제어 : 목표값이 시간적으로 일정하도록 유지

75 ~~되먹임 제어를 옳게 설명한 것은?~~ (22년 출제 범위 제외)

① 입력과 출력을 비교하여 정정동작을 하는 방식

② 프로그램의 순서대로 순차적으로 제어하는 방식

③ 외부에서 명령을 입력하는데 따라 제어되는 방식

④ 미리 정해진 순서에 따라 순차적으로 제어되는 방식

해 되먹임 제어(피드백 제어) : 제어계의 출력값을 목표값과 비교하여 일치하지 않으면 입력으로 피드백시켜 오차를 수정하도록 하는 폐회로 제어

76 변압기 내부 고장 검출용 보호계전기는?

① 차동계전기 ② 과전류계전기

③ 역상계전기 ④ 부족전압계전기

해 차동계전기 : 입력과 출력의 크기의 차이가 일정치 이상이 되면 동작하는 계전기로 변압기나 발전기 내부 고장 검출용으로 사용된다.

정답 | 73 ④ 74 ③ 75 ① 76 ①

• 수험번호 :
• 수험자명 :

• 제한 시간 :
• 남은 시간 :

글자 크기  100%  150% 200%

화면 배치 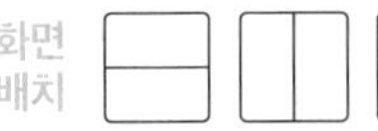

• 전체 문제 수 :
• 안 푼 문제 수 :

답안 표기란

77	①	②	③	④
78	①	②	③	④
79	①	②	③	④
80	①	②	③	④

77 ~~**콘덴서만의 회로에서 전압과 전류 사이의 위상관계는?**~~

(22년 출제 범위 제외)

① 전압이 전류보다 90도 앞선다.
② 전압이 전류보다 90도 뒤진다.
③ 전압이 전류보다 180도 앞선다.
④ 전압이 전류보다 180도 뒤진다.

해 C(커패시터 - Capacitor)만의 회로
$I = \frac{V}{X_c} = \omega CV$[A](전류가 전압보다 $\frac{\pi}{2}$ [rad] 만큼 앞선다)
$\frac{\pi}{2} = 90°$

78 ~~**보드선도의 위상여유가 45°인 제어계의 계통은?**~~

(22년 출제 범위 제외)

① 안정하다.
② 불안정하다.
③ 무조건 불안정하다.
④ 조건에 따른 안정을 유지한다.

해 보드선도에서 안정계의 조건
① 위상여유(Φm) > 0
② 이득여유(gm) > 0
③ 위상 교점 주파수 > 이득 교점 주파수
나이퀴스트 선도에서 안정계에 요구되는 여유
㉠ 위상여유(Φm) : 30 ~ 60(°)
㉡ 이득여유(gm) : 4 ~ 12(dB)

79 ~~**50Ω의 저항 4개를 이용하여 가장 큰 합성저항을 얻으면 몇 Ω인가?**~~

(22년 출제 범위 제외)

① 75　　② 150
③ 200　　④ 400

해 합성저항은 직렬 연결시 가장 크므로
합성저항(R_T) = 50 + 50 + 50 + 50
= 200[Ω]

80 **온도에 따라 저항값이 변화하는 것은?**

① 서미스터　　② 노즐플래퍼
③ 앰플리다인　　④ 트랜지스터

해 서미스터 : 열을 감지하는 감열 저항체 소자이다.

| 정답 | 77 ② 78 ① 79 ③ 80 ①

MEMO

PART 6

:기출문제 2회(2017.05.07)

• 수험번호 :
• 수험자명 :

• 제한 시간 :
• 남은 시간 :

글자 크기   100% 150%  200% 화면 배치 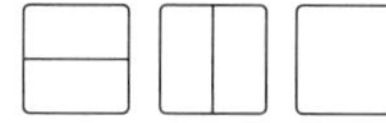

• 전체 문제 수 :
• 안 푼 문제 수 :

답안 표기란

01 ① ② ③ ④
02 ① ② ③ ④
03 ① ② ③ ④

1과목 | 공기조화

01 바닥 면적이 좁고 층고가 높은 경우에 적합한 공조기(AHU)의 형식은?

① 수직형 ② 수평형
③ 복합형 ④ 멀티존형

해 수직형 : 바닥 면적은 좁고 층고가 높을 경우 적합
수평형 : 바닥 면적은 충분하고 층고가 낮을 경우 적합

02 저속덕트에 비해 고속덕트의 장점이 아닌 것은?

① 동력비가 적다.
② 덕트 설치 공간이 적어도 된다.
③ 덕트 재료를 절약할 수 있다.
④ 원격지 송풍에 적당하다.

해 고속덕트 : 주 덕트의 풍속이 15m/s 이상인 경우
*풍속이 빠른만큼 동력소비가 크다.

03 결로현상에 관한 설명으로 틀린 것은?

① 건축 구조물 사이에 두고 양쪽에 수증기의 압력차가 생기면 수증기는 구조물을 통하여 흐르며, 포화온도, 포화압력 이하가 되면 응결하여 발생된다.
② 결로는 습공기의 온도가 노점온도까지 강하하면 공기 중의 수증기가 응결하여 발생된다.
③ 응결이 발생되면 수증기의 압력이 상승한다.
④ 결로방지를 위하여 방습막을 사용한다.

해 ③ 응결이 발생되면 수증기의 압력이 감소한다.

정답 | 01 ① 02 ① 03 ③

• 수험번호:
• 수험자명:

• 제한 시간:
• 남은 시간:

글자 크기  100%  150% 200% 화면 배치 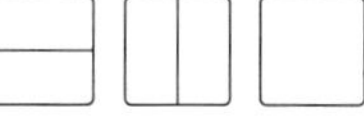

• 전체 문제 수:
• 안 푼 문제 수:

답안 표기란

04 ① ② ③ ④
05 ① ② ③ ④
06 ① ② ③ ④
07 ① ② ③ ④

04 패널복사 난방에 관한 설명으로 옳은 것은?

① 천정고가 낮은 외기 침입이 없을 때만 난방효과를 얻을 수 있다.
② 실내온도 분포가 균등하고 쾌감도가 높다.
③ 증발잠열(기화열)을 이용하므로 열의 운반능력이 크다.
④ 대류난방에 비해 방열면적이 적다.

解 ① 높은 천장에도 효과적이다
③ 복사열을 이용하므로 열의 운반 능력은 작다.
④ 천장, 바닥, 벽등에 패널을 매설하므로 방열면적이 크고 설비비가 비싸다.

05 실내의 거의 모든 부분에서 오염가스가 발생되는 경우 실 전체의 기류분포를 계획하여 실내에서 발생하는 오염 물질을 완전히 희석하고 확산시킨 다음에 배기를 행하는 환기방식은?

① 자연 환기 ② 제3종 환기
③ 국부 환기 ④ 전반 환기

解 전반환기: 실내의 거의 모든 곳에서 오염가스가 발생되어 실내 전체를 환기하는 방식
국부환기: 실내의 일부 구역에서 오염가스가 발생되어 오염가스 발생 구역을 집중적으로 환기하는 방식

06 공기설비의 열회수장치인 전열교환기는 주로 무엇을 경감시키기 위한 장치인가?

① 실내부하 ② 외기부하
③ 조명부하 ④ 송풍기부하

解 전열교환기: 실내의 배기하는 열에 의해 외기에서 들어오는 공기를 따뜻하게 또는 차갑게 하여 열을 회수하는 목적으로 사용

07 공기조화 방식에서 변풍량 유닛방식(VAV unit)을 풍량제어 방식에 따라 구분할 때, 공조기에서 오는 1차 공기의 분출에 의해 실내공기인 2차 공기를 취출하는 방식은 어느 것인가?

① 바이패스형 ② 유인형
③ 슬롯형 ④ 교축형

解 유인유닛방식: 1차 공조기에서 공조된 공기를 고속으로 유닛에 송풍하면 1차 공기가 유인유닛 속의 노즐을 통과할 때 그 압력에 의해 실내의 2차 공기를 유인하여 송풍하는 방식

정답 | 04 ② 05 ④ 06 ② 07 ②

답안 표기란

08	①	②	③	④
09	①	②	③	④
10	①	②	③	④
11	①	②	③	④

08 보일러 동체 내부의 중앙 하부에 파형노통이 길이방향으로 장착되며 이 노통의 하부 좌우에 연관들을 갖춘 보일러는?

① 노통보일러 ② 노통연관보일러
③ 연관보일러 ④ 수관보일러

해 노통연관 보일러: 동체 내에 노통과 연관으로 구성되어 열효율이 좋다.
노통 보일러: 노통 안에서 연료를 태워 물에 열을 전달하여 증기를 발생시킨다
연관 보일러: 동체 속에 다수의 연관을 설치한 보일러
수관 보일러: 상하부에 드럼이 있고 그 사이를 고압에 강한 다수의 수관으로 연결한 구조

09 물·공기 방식의 공조방식으로서 중앙기계실의 열원설비로부터 냉수 또는 온수를 각 실에 있는 유닛에 공급하여 냉난방하는 공조방식은?

① 바닥취출 공조방식
② 재열방식
③ 팬코일 방식
④ 패키지 유닛방식

해 팬 코일 유닛방식: 실내에 냉온수코일, 송풍기, 필터가 내장된 팬코일 유닛을 설치하고 기계실에 설치된 냉동기나 보일러로부터 냉온수를 만들어 팬코일 유닛에 흐르게하여 공조하는 방식

10 공조용으로 사용되는 냉동기의 종류로 가장 거리가 먼 것은?

① 원심식 냉동기
② 자흡식 냉동기
③ 왕복동식 냉동기
④ 흡수식 냉동기

해 자흡식 냉동기는 없는 방식

11 다익형 송풍기의 송풍기 크기(No)에 대한 설명으로 옳은 것은?

① 임펠러의 직경(mm)을 60(mm)으로 나눈 값이다.
② 임펠러의 직경(mm)을 100(mm)으로 나눈 값이다.
③ 임펠러의 직경(mm)을 120(mm)으로 나눈 값이다.
④ 임펠러의 직경(mm)을 150(mm)으로 나눈 값이다.

해 원심(다익)형 번호

$$= \frac{\text{임펠러지름}[mm]}{150}$$

축류형 번호

$$= \frac{\text{임펠러지름}[mm]}{100}$$

정답 | 08 ② 09 ③ 10 ② 11 ④

• 수험번호:
• 수험자명:

• 제한 시간:
• 남은 시간:

글자 크기    100% 150% 200%

화면 배치  

• 전체 문제 수:
• 안 푼 문제 수:

답안 표기란

12 ① ② ③ ④
13 ① ② ③ ④
14 ① ② ③ ④

12 두께 20cm의 콘크리트벽 내면에 두께 5cm의 스티로폼 단열 시공하고, 그 내면에 두께 2cm의 나무판자로 내장한 건물 벽면의 열관류율은?
(단, 재료별 열전도율(kcal/m·h·℃)은 콘크리트 0.7, 스티로폼 0.03, 나무판지 0.15이고, 벽면의 표면 열전달률(kcal/m²·h·℃)은 외벽 20, 내벽 8이다.)

① 0.31kcal/m²·h·℃
② 0.39kcal/m²·h·℃
③ 0.41kcal/m²·h·℃
④ 0.44kcal/m²·h·℃

해 공식1)

$$열관류율(K) = \frac{1}{\frac{1}{a_1} + \frac{l}{\lambda} + \frac{1}{a_2}}$$

a_1: 외표면 열전달률[kcal/m²·h·℃]
λ: 열전도도[kcal/m·h·℃]
l: 두께[m]
a_2: 내표면 열전달률[kcal/m²·h·℃]

$$= \frac{1}{\frac{1}{20} + \frac{0.2}{0.7} + \frac{0.02}{0.03} + \frac{1}{8}}$$

= 0.44 [kcal/m²·h·℃]

13 1925kg/h의 석탄을 연소하여 10550kg/h의 증기를 발생시키는 보일러의 효율은?
(단, 석탄의 저위발열량은 25271kJ/kg, 발생증기의 엔탈피는 3717kJ/kg, 급수엔탈피는 221kJ/kg으로 한다.)

① 45.8% ② 64.6%
③ 70.5% ④ 75.8%

해 공식1)

$$\eta = \frac{G_a(h_2 - h_1)}{G_f \times H_l} \times 100(\%)$$

G_a: 실제증발량[kg/h]
h_2: 증기의 엔탈피[kcal/kg]
h_1: 급수의 엔탈피[kcal/kg]
G_f: 사용연료량[kg/h]
H_l: 저위발열량[kcal/kg]

$$= \frac{10550 \times (3717 - 221)}{1925 \times 25271} \times 100(\%)$$

= 75.8[%]

14 다음 중 냉방부하에서 현열만이 취득되는 것은?

① 재열 부하 ② 인체 부하
③ 외기 부하 ④ 극간풍 부하

해 현열+잠열
극간풍(틈새바람), 인체의 발생열량, 실내기기의 발생열량, 외기도입에 의한 열량

정답 | 12 ④ 13 ④ 14 ①

• 수험번호 :
• 수험자명 :

• 제한 시간 :
• 남은 시간 :

글자 크기  100%  150%  200% 화면 배치 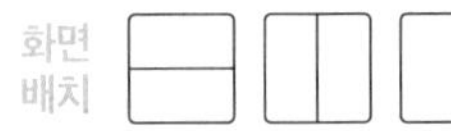

• 전체 문제 수 :
• 안 푼 문제 수 :

답안 표기란

15 ① ② ③ ④
16 ① ② ③ ④
17 ① ② ③ ④
18 ① ② ③ ④

15 냉수코일의 설계법으로 틀린 것은?

① 공기흐름과 냉수흐름의 방향을 평행류로 하고 대수평균온도차를 작게 한다.
② 코일의 열수는 일반 공기 냉각용에는 4-8열(列)이 많이 사용된다.
③ 냉수 속도는 일반적으로 1m/s 전후로 한다.
④ 코일의 설치는 관이 수평으로 놓이게 한다.

해 ① 공기흐름과 냉수흐름의 방향을 대향류로 하고 대수평균온도차를 크게 한다.

16 가습장치의 가습방식 중 수분무식이 아닌 것은?

① 원심식　② 초음파식
③ 분무식　④ 전열식

해 수분무식 가습 : 원심식, 초음파식, 분무식
증발식 가습 : 회전식, 모세관식, 적하식
증기식 가습 : 전열식(가습팬형), 전극식, 적외선식, 과열증기식, 노즐분무식

17 일반적으로 난방부하의 발생 요인으로 가장 거리가 먼 것은?

① 일사 부하
② 외기 부하
③ 기기 손실부하
④ 실내 손실부하

해 일사 부하는 열이 발생되므로 난방 부하를 경감시켜주는 요인이다.

18 보일러의 종류에 따른 특징을 설명한 것으로 틀린것은?

① 주철제 보일러는 분해, 조립이 용이하다.
② 노통연관 보일러는 수질관리가 용이하다.
③ 수관 보일러는 예열시간이 짧고 효율이 좋다.
④ 관류 보일러는 보유수량이 많고 설치면적이 크다.

해 관류 보일러 : 초임계 압력하에서 증기를 얻을 수 있는 보일러로 드럼이 없고 보유수량이 적어 증기 발생이 빠르다.

정답 | 15 ① 16 ④ 17 ① 18 ④

• 수험번호 :
• 수험자명 :

• 제한 시간 :
• 남은 시간 :

글자 크기  100%  150%  200% 화면 배치 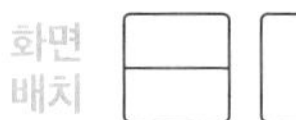

• 전체 문제 수 :
• 안 푼 문제 수 :

답안 표기란

19 ① ② ③ ④
20 ① ② ③ ④

19 겨울철 침입외기(틈새바람)에 의한 잠열부하(kcal/h)는?
(단, Q는 극간풍량(m^3/h)이며, t_o, t_r은 각각 실외, 실내온도(℃), x_o, x_r 각각 실외, 실내 절대습도(kg/kg′)이다.)

① $q_L = 0.24 \cdot Q \cdot (t_o - t_r)$
② $q_L = 0.29 \cdot Q \cdot (t_o - t_r)$
③ $q_L = 539 \cdot Q \cdot (x_o, x_r)$
④ $q_L = 717 \cdot Q \cdot (x_o, x_r)$

해 잠열부하
$= 597.5 \cdot G \cdot \Delta x = 717 \cdot Q \cdot \Delta x$[kcal/h]
현열부하
$= 0.24 \cdot G \cdot \Delta t = 0.29 \cdot Q \cdot \Delta t$[kcal/h]
G[kg/h] = Q[㎥/h] × 1.2[kg/㎥]

20 시로코 팬의 회전속도가 N_1에서 N_2로 변화하였을 때, 송풍기의 송풍량, 전압, 소요동력의 변화 값은?

	451rpm(N_1)	632rpm(N_2)
송풍량 (m^3/min)	199	㉠
전압(Pa)	320	㉡
소요동력 (kW)	1.5	㉢

	㉠	㉡	㉢
①	278.9	628.4	4.1
②	278.9	357.8	3.8
③	628.9	402.8	3.8
④	357.8	628.4	4.1

해 공식1)
풍량 $Q_2 = Q_1\left(\frac{N_2}{N_1}\right)\left(\frac{D_2}{D_1}\right)^3$
공식2)
풍압 $P_2 = P_1\left(\frac{N_2}{N_1}\right)^2\left(\frac{D_2}{D_1}\right)^2$
공식3)
동력 $KW_2 = KW_1\left(\frac{N_2}{N_1}\right)^3\left(\frac{D_2}{D_1}\right)^5$

풍량 $Q_2 = 199\left(\frac{632}{451}\right) = 278.9$[㎥/min]
풍압 $P_2 = 320\left(\frac{632}{451}\right)^2 = 628.4$[Pa]
$KW_2 = 1.5\left(\frac{632}{451}\right)^3 = 4.1$[KW]

| 정답 | 19 ④ 20 ①

• 수험번호:
• 수험자명:

• 제한 시간:
• 남은 시간:

글자 크기  100%  150%  200% 화면 배치  

• 전체 문제 수:
• 안 푼 문제 수:

답안 표기란

21	①	②	③	④
22	①	②	③	④
23	①	②	③	④

2과목 I 냉동공학

21 증발식 응축기의 특징에 관한 설명으로 틀린 것은?

① 물의 소비량이 비교적 적다.

② 냉각수의 사용량이 매우 크다.

③ 송풍기의 동력이 필요하다.

④ 순환펌프의 동력이 필요하다.

해 증발식 응축기 장·단점

장점

㉠ 냉각수 소비량이 가장 적다.
㉡ 옥외설치가 가능하다.
㉢ 냉각탑이 필요없고 공냉식으로 사용 가능하다.

단점

㉠ 전열이 불량하다.
㉡ 압력강하가 크다.
㉢ 펌프, 팬의 동력이 필요하다.
㉣ 청소 및 보수가 어렵다.

22 응축기의 냉매 응축온도가 30℃, 냉각수의 입구수온이 25℃, 출구수온이 28℃일 때, 대수평균온도차(LMTD)는?

① 2.27℃ ② 3.27℃

③ 4.27℃ ④ 5.27℃

해 공식1)

대수평균온도차 = $\dfrac{\Delta T_1 - \Delta T_2}{ln\dfrac{\Delta T_1}{\Delta T_2}}$

ΔT_1 = 응축온도 - T_{W1}

ΔT_2 = 응축온도 - T_{W2}

30 - 25 = 5℃, 30 - 28 = 2℃

$= \dfrac{5-2}{\ln\dfrac{5}{2}} = 3.27$[℃]

23 무기질 브라인 중에 동결점이 제일 낮은 것은?

① $CaCl_2$ ② $MgCl_2$

③ NaCl ④ H_2O

해 ① $CaCl_2$(염화칼슘) : -55[℃]
② $MgCl_2$(염화마그네슘) : -33.6[℃]
③ NaCl(염화나트륨) : -21.2[℃]

정답 | 21 ② 22 ② 23 ①

• 수험번호 :
• 수험자명 :

• 제한 시간 :
• 남은 시간 :

글자 크기 100% 150% 200% 화면 배치

• 전체 문제 수 :
• 안 푼 문제 수 :

답안 표기란

24 ① ② ③ ④
25 ① ② ③ ④
26 ① ② ③ ④
27 ① ② ③ ④

24 카르노 사이클을 행하는 열기관에서 1사이클당 80kg · m의 일량을 얻으려고 한다. 고열원의 온도(T_1)를 300℃, 1사이클당 공급되는 열량을 0.5kcal라고 할 때, 저열원의 온도(T_2)와 효율(η)은?

	T_2	η
①	85℃	0.315
②	97℃	0.315
③	85℃	0.374
④	97℃	0.374

해 공식1)

카르노 사이클 효율(η) = $\frac{AW}{Q_1}$

$$= \frac{80 \times \frac{1}{427}}{0.5} = 0.374$$

공식2)

카르노 사이클 효율(η) = $\frac{T_1 - T_2}{T_1}$

$T_2 = ((273+300) - 0.374 \times (273+300)) - 273 =$ 약 85[℃]

25 열의 일당량은?

① 860 kg · m/kcal
② 1/860 kg · m/kcal
③ 427 kg · m/kcal
④ 1/427 kg · m/kcal

해 일의 열당량 : 1/427kcal/kg·m
✓ 열당량 : 열에 대한 값을 표시
열의 일당량 : 427kg·m/kcal
✓ 일당량 : 일에 대한 값을 표시

26 팽창밸브 종류 중 모세관에 대한 설명으로 옳은 것은?

① 증발기 내 압력에 따라 밸브의 개도가 자동적으로 조정된다.
② 냉동부하에 따른 냉매의 유량조절이 쉽다.
③ 압축기를 가동할 때 기동동력이 적게 소요된다.
④ 냉동부하가 큰 경우 증발기 출구 과열도가 낮게 된다.

해 ① 모세관은 개도 조절이 불가능하다.
② 유량 조절이 불가능하다.
④ 냉동부하가 큰 경우 증발기 출구 과열도가 크게 된다.

27 냉동장치의 저압차단 스위치(LPS)에 관한 설명으로 옳은 것은?

① 유압이 저하되었을 때 압축기를 정지시킨다.
② 토출압력이 저하되었을 때 압축기를 정지시킨다.
③ 장치 내 압력이 일정압력 이상이 되면 압력을 저하시켜 장치를 보호한다.
④ 흡입압력이 저하되었을 때 압축기를 정지시킨다.

해 저압차단 스위치는 저압이 설정압력 이하로 내려가면 압축기를 정지시키는 장치로 흡입압력이 저압이므로 흡입압력이 저하되었을 때 압축기를 정지시킨다.

정답 | 24 ③ 25 ③ 26 ③ 27 ④

28 다음 그림은 역카르노 사이클을 절대온도(T)와 엔트로피(S) 선도로 나타내었다. 면적(1-2-2′-1′)이 나타내는 것은?

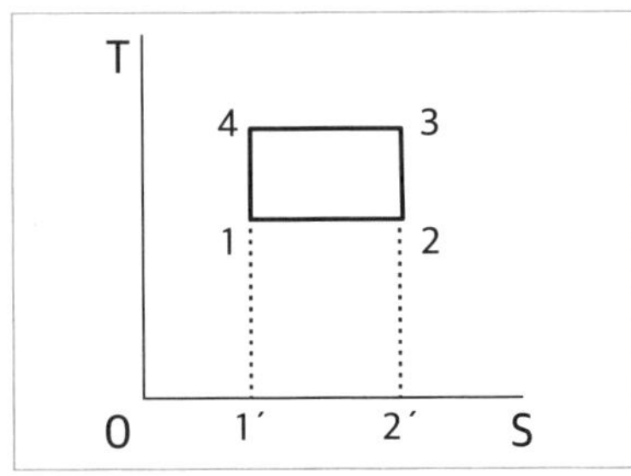

① 저열원으로부터 받는 열량
② 고열원에 방출하는 열량
③ 냉동기에 공급된 열량
④ 고·저열원으로부터 나가는 열량

해 ㉠ 저열원으로부터 받는 열량
1-2-2′-1′
㉡ 고열원에 방출하는 열량
1′-2′-3-4
㉢ 압축기 열량
1-2-3-4

29 압축냉동 사이클에서 엔트로피가 감소하고 있는 과정은?

① 증발과정 ② 압축과정
③ 응축과정 ④ 팽창과정

해 팽창과정 : 엔트로피 증가
응축과정 : 엔트로피 감소
압축과정 : 엔트로피 일정
증발과정 : 엔트로피 증가

30 스크류 압축기의 특징에 관한 설명으로 틀린 것은?

① 경부하 운전 시 비교적 동력 소모가 적다.
② 크랭크 샤프트, 피스톤링, 커넥팅 로드 등의 마모 부분이 없어 고장이 적다.
③ 소형으로써 비교적 큰 냉동능력을 발휘할 수 있다.
④ 왕복동식에서 필요한 흡입밸브와 토출밸브를 사용하지 않는다.

해 ① 경부하 운전 시 비교적 동력 소모가 크다.

31 흡수식 냉동기에 관한 설명으로 옳은 것은?

① 초저온용으로 사용된다.
② 비교적 소용량보다는 대용량에 적합하다.
③ 열교환기를 설치하여도 효율은 변함없다.
④ 물-LiBr식에서는 물이 흡수제가 된다.

해 ① 6℃ 이하의 냉수를 얻기가 곤란하다.
③ 열교환기를 설치하여 효율을 높일 수 있다.
④ 물-LiBr식에서는 LiBr가 흡수제가 된다.

| 정답 | 28 ① 29 ③ 30 ① 31 ②

• 수험번호:
• 수험자명:

• 제한 시간:
• 남은 시간:

글자 크기  100%  150%  200% 화면 배치  

• 전체 문제 수:
• 안 푼 문제 수:

답안 표기란

32	①	②	③	④
33	①	②	③	④
34	①	②	③	④
35	①	②	③	④

32 내부균압형 자동팽창밸브에 작용하는 힘이 아닌 것은?

① 스프링 압력
② 감온통 내부압력
③ 냉매의 응축압력
④ 증발기에 유입되는 냉매의 증발 압력

해 증발기 출구 온도에 따라 달라지는 감온통 내의 가스 압력과 팽창밸브 내부 스프링의 압력에 의해 개도가 조절되어 부하에 따라 증발압력이 형성된다.

33 압축기의 압축방식에 의한 분류 중 용적형 압축기가 아닌 것은?

① 왕복동식 압축기
② 스크류식 압축기
③ 회전식 압축기
④ 원심식 압축기

해

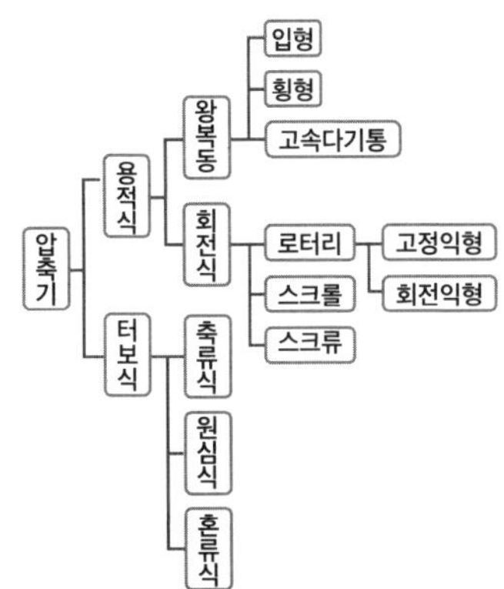

34 헬라이드 토치로 누설을 탐지할 때 누설이 있는 곳에서는 토치의 불꽃색깔이 어떻게 변화되는가?

① 흑색 ② 파란색
③ 노란색 ④ 녹색

해 정상 : 청색
소량 : 녹색
다량 : 적색
과대량 : 불이 꺼짐

35 입형 셸 앤드 튜브식 응축기에 관한 설명으로 옳은 것은?

① 설치 면적이 큰 데 비해 응축 용량이 적다.
② 냉각수 소비량이 비교적 적고 설치장소가 부족한 경우에 설치한다.
③ 냉각수의 배분이 불균등하고 유량을 많이 함유하므로 과부하를 처리할 수 없다.
④ 전열이 양호하며, 냉각관 청소가 용이하다.

해 ① 설치면적이 작다.
② 냉각수 소비량이 비교적 크다.
③ 과부하에 잘 견딘다.

정답 | 32 ③ 33 ④ 34 ④ 35 ④

• 수험번호:
• 수험자명:

• 제한 시간:
• 남은 시간:

글자 크기   100%  150%  200% 화면 배치 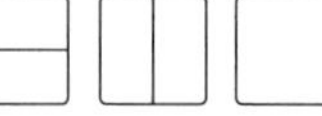

• 전체 문제 수:
• 안 푼 문제 수:

답안 표기란

36	①	②	③	④
37	①	②	③	④
38	①	②	③	④
39	①	②	③	④

36 냉각수 입구온도 33℃, 냉각수량 800L/min인 응축기의 냉각면적이 100m², 그 열통과율이 750kcal/m²·h·℃이며, 응축온도와 냉각수온도의 평균온도 차이가 6℃일때, 냉각수의 출구온도는?

① 36.5℃ ② 38.9℃
③ 42.4℃ ④ 45.5℃

해 공식1) Q=K·F·Δt
=750×100×6=450,000[kcal/h]
공식2) Q=G·C·Δt
$450000=800\times60\times1(T_{w2}-33)$
$\rightarrow T_{w2}=\dfrac{450000}{800\times60\times1}+33$
=42.4[℃]

37 열펌프 장치의 응축온도 35℃, 증발온도가 -5℃일때, 성적계수는?

① 3.5 ② 4.8
③ 5.5 ④ 7.7

해 공식1) $COP_H=\dfrac{q_C}{Aw}=\dfrac{Q_C}{AW}$
$=\dfrac{Q_C}{Q_C-Q_e}=\dfrac{T_C}{T_C-T_e}$
$=\dfrac{273+35}{(273+35)-(273+(-5))}$
=7.7

38 냉동장치에서 펌프다운의 목적으로 가장 거리가 먼 것은?

① 냉동장치의 저압 측을 수리하기 위하여
② 기동 시 액 해머 방지 및 경부하 기동을 위하여
③ 프레온 냉동장치에서 오일포밍(oil foaming)을 방지하기 위하여
④ 저장고 내 급격한 온도저하를 위하여

해 펌프다운: 저압측 수리 등을 위해 냉매를 수액기로 모으는 것
펌프다운의 이점: 압축기의 액햄머, 오일포밍 현상을 방지하며 경부하 기동이 가능하다.

39 냉매와 화학분자식이 바르게 짝지어진 것은?

① R-500 → $CC_2F_4+CH_2CHF_2$
② R-502 → $CHClF_2+CClF_2CF_3$
③ R-22 → CCl_2F_2
④ R-717 → NH_4

해 ① R-500 → $CCl_2F_2+CH_3CHF_2$
③ R-22 → $CHClF_2$
④ R-717 → NH_3

정답 | 36 ③ 37 ④ 38 ④ 39 ②

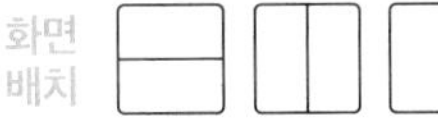

• 수험번호:
• 수험자명:
• 제한 시간:
• 남은 시간:

글자 크기 100% 150% 200% 화면 배치

• 전체 문제 수:
• 안 푼 문제 수:

답안 표기란

40 ① ② ③ ④
41 ① ② ③ ④
42 ① ② ③ ④
43 ① ② ③ ④

40 열역학 제2법칙을 바르게 설명한 것은?

① 열은 에너지의 하나로써 일을 열로 변화하거나 또는 열을 일로 변환시킬 수 있다.
② 온도계의 원리를 제공한다.
③ 절대 0도에서의 엔트로피 값을 제공한다.
④ 열은 스스로 고온물체로부터 저온물체로 이동되나 그 과정은 비가역이다.

해 ① 열역학 제 1법칙 설명(에너지 보존의 법칙)
② 열역학 제 0법칙 설명(열 평형의 법칙)
③ 열역학 제 3법칙 설명(절대 0도에 관한 법칙)

3과목 I 배관일반

41 방열기 주변의 신축이음으로 적당한 것은?

① 스위블 이음
② 미끄럼 신축이음
③ 루프형 이음
④ 벨로스식 이음

해 스위블형 : 2개 이상의 엘보를 사용하고 방열기 주위에 사용

42 다음 중 동관이음 방법의 종류가 아닌 것은?

① 빅토릭 이음 ② 플레어 이음
③ 용접 이음 ④ 납땜 이음

해 ① 납땜 이음
② 용접 이음
③ 플레어 이음(점검 및 보수가 용이)
④ 플랜지 이음

43 하나의 장치에서 4방밸브를 조작하여 냉·난방 어느 쪽도 사용할 수 있는 공기조화용 펌프를 무엇이라고 하는가?

① 열펌프 ② 냉각펌프
③ 원심펌프 ④ 왕복펌프

해 열펌프 : 냉동기에서 열을 방출하는 응축기를 이용하여 난방을 하는 장치이며 4방밸브(4-Way Valve)를 이용하여 냉방과 난방을 바꾼다.

정답 | 40 ④ 41 ① 42 ① 43 ①

• 수험번호:
• 수험자명:

• 제한 시간:
• 남은 시간:

글자 크기  100%  150%  200% 화면 배치 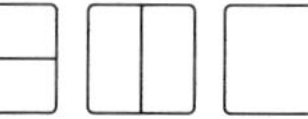

• 전체 문제 수:
• 안 푼 문제 수:

답안 표기란

44 ① ② ③ ④
45 ① ② ③ ④
46 ① ② ③ ④

44 급수펌프의 설치 시 주의사항으로 틀린 것은?

① 펌프는 기초볼트를 사용하여 기초 콘크리트 위에 설치 고정한다.

② 풋 밸브는 동수위면보다 흡입관경의 2배 이상 물속에 들어가게 한다.

③ 토출측 수평관은 상향구배로 배관한다.

④ 흡입양정은 되도록 길게 한다.

해 ④ 흡입양정은 되도록 짧게 한다.
✓ 흡입양정이 길면 캐비테이션 현상이 일어난다.

45 배수 및 통기설비에서 배수 배관의 청소구 설치를 필요로 하는 곳으로 가장 거리가 먼 것은?

① 배수 수직관의 제일 밑부분 또는 그 근처에 설치

② 배수 수평 주관과 배수 수평 분기관의 분기점에 설치

③ 100A 이상의 길이가 긴 배수관의 끝 지점에 설치

④ 배수관이 45° 이상의 각도로 방향을 전환하는 곳에 설치

해 ③ 100A 이상의 길이가 긴 배수관의 경우 직선거리 30m마다 1개소씩 설치
✓ 관경이 100A 이하일 경우 15m마다 1개소씩 설치

46 강관의 두께를 나타내는 스케줄번호(Sch No)에 대한 설명으로 틀린 것은?
(단, 사용압력은 P(kg/cm^2), 허용응력은 S(kg/mm^2)이다.)

① 노멀 스케줄번호는 10, 20, 30, 40, 60, 80, 100, 120, 140, 160(10종류)까지로 되어 있다.

② 허용응력은 인장강도를 안전율로 나눈 값이다.

③ 미터계열 스케줄번호 관계식은 10×허용응력(S)/사용 압력(P)이다.

④ 스케줄번호(Sch No)는 유체의 사용압력과 그 상태에 있어서 재료의 허용응력과 비(比)에 의해서 관 두께의 체계를 표시한 것이다.

해 ③ 미터계열 스케줄번호 관계식은 10×사용 압력(P)/허용응력(S)이다.

정답 | 44 ④ 45 ③ 46 ③

• 수험번호:
• 수험자명:

• 제한 시간:
• 남은 시간:

글자 크기    100% 150% 200% 화면 배치  

• 전체 문제 수:
• 안 푼 문제 수:

답안 표기란

47	①	②	③	④
48	①	②	③	④
49	①	②	③	④
50	①	②	③	④

47 다음과 같이 압축기와 응축기가 동일한 높이에 있을 때, 배관 방법으로 가장 적합한 것은?

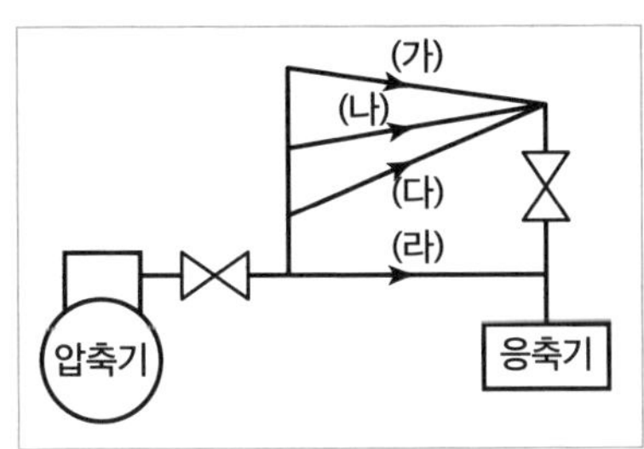

① (가) ② (나)
③ (다) ④ (라)

해 압축기와 응축기가 동일한 높이라면 입상 후 하향구배를 준다.

48 체크밸브에 대한 설명으로 옳은 것은?

① 스윙형, 리프트형, 풋형 등이 있다.
② 리프트형은 배관의 수직부에 한하여 사용한다.
③ 스윙형은 수평배관에만 사용한다.
④ 유량조절용으로 적합하다.

해 ② 리프트형은 배관의 수평부에 한하여 사용한다.
③ 스윙형은 수평, 수직 배관 모두 사용한다.
④ 역류 방지용으로 적합하다.

49 단열을 위한 보온재 종류의 선택 시 고려해야 할 조건으로 틀린 것은?

① 단위 체적에 대한 가격이 저렴해야 한다.
② 공사 현장 상황에 대한 적응성이 커야 한다.
③ 불연성으로 화재 시 유독가스를 발생하지 않아야 한다.
④ 물리적, 화학적 강도가 작아야 한다.

해 ④ 물리적, 화학적 강도가 커야 한다.

50 배수배관의 시공 상 주의사항으로 틀린 것은?

① 배수를 가능한 빨리 옥외 하수관으로 유출할 수 있을 것
② 옥외 하수관에서 유해가스가 건물 안으로 침입하는 것을 방지할 수 있을 것
③ 배수관 및 통기관은 내구성이 풍부하고 물이 새지 않도록 접합을 완벽히 할 것
④ 한랭지일 경우 동결 방지를 위해 배수관은 반드시 피복을 하며 통기관은 그대로 둘 것

해 ④ 한랭지일 경우 동결 방지를 위해 배수관과 통기관 모두 피복한다.

정답 | 47 ① 48 ① 49 ④ 50 ④

• 수험번호 :
• 수험자명 :

• 제한 시간 :
• 남은 시간 :

글자 크기  100%  150% 200% 화면 배치 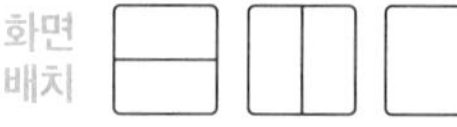

• 전체 문제 수 :
• 안 푼 문제 수 :

답안 표기란

51 ① ② ③ ④
52 ① ② ③ ④
53 ① ② ③ ④
54 ① ② ③ ④

51 배관제도에서 배관의 높이 표시 기호에 대한 설명으로 틀린 것은?

① TOP : 관 바깥지름 윗면을 기준으로 한 높이 표시
② FL : 1층의 바닥면을 기준으로 한 높이 표시
③ EL : 관 바깥지름의 아랫면을 기준으로 한 높이 표시
④ GL : 포장된 지표면을 기준으로 한 높이 표시

해 ③ EL : 배관 높이를 관의 중심을 기준으로 표시

52 10kg의 쇳덩어리를 20℃에서 80℃까지 가열하는데 필요한 열량은?
(단, 쇳덩어리의 비열은 0.61kJ/kg·℃이다.)

① 27 kcal ② 87 kcal
③ 366 kcal ④ 600 kcal

해 공식1) $Q = G \cdot C \cdot \Delta t$
$Q = 10 \times 0.61 \times (80 - 20) = 366[kJ]$
$\frac{366}{4.18} = 87[kcal]$

53 증기 수평관에서 파이프의 지름을 바꿀 때 방법으로 가장 적절한 것은?
(단, 상향구배로 가정한다.)

① 플랜지 접합을 한다.
② 티를 사용한다.
③ 편심 조인트를 사용해 아랫면을 일치시킨다.
④ 편심 조인트를 사용해 윗면을 일치시킨다.

54 다음 중 증기와 응축수의 밀도차에 의해 작동하는 기계식 트랩은?

① 벨로스 트랩 ② 바이메탈 트랩
③ 플로트 트랩 ④ 디스크 트랩

해 ㉠ 열역학적 트랩 : 디스크형, 오리피스형, 바이패스형
㉡ 온도조절식 트랩 : 바이메탈식, 벨로우즈식
㉢ 기계적 트랩 : 플로트식, 버킷식

정답 | 51 ③ 52 ② 53 ③ 54 ③

• 수험번호 :
• 수험자명 :
• 제한 시간 :
• 남은 시간 :

글자 크기    100% 150% 200% 화면 배치 

• 전체 문제 수 :
• 안 푼 문제 수 :

답안 표기란

55 ① ② ③ ④
56 ① ② ③ ④
57 ① ② ③ ④

55 냉매 배관 시공법에 관한 설명으로 틀린 것은?

① 압축기와 응축기가 동일 높이 또는 응축기가 아래에 있는 경우 배출관은 하향 기울기로 한다.

② 증발기가 응축기보다 아래에 있을 때 냉매액이 증발기에 흘러내리는 것을 방지하기 위해 2m 이상 역루프를 만들어 배관한다.

③ 증발기와 압축기가 같은 높이일 때는 흡입관을 수직으로 세운 다음 압축기를 향해 선단 상향구배로 배관한다.

④ 액관 배관 시 증발기 입구에 전자밸브가 있을 때는 루프이음을 할 필요가 없다.

해 ③ 증발기와 압축기가 같은 높이일 때는 흡입관을 수직으로 세운 다음 압축기를 향해 선단 하향구배로 배관한다.

56 증기난방에서 고압식인 경우 증기 압력은?

① 0.15 ~ 0.35 kgf/cm^2 미만

② 0.35 ~ 0.72 kgf/cm^2 미만

③ 0.72 ~ 1 kgf/cm^2 미만

④ 1 kgf/cm^2 이상

해 ㉠ 고압식 : 1kg/㎠ 이상
㉡ 저압식 : 1kg/㎠ 미만
㉢ 진공식 : 증기압 1kg/㎠에서 진공압 200mmHg 정도의 증기를 사용

57 증기난방에 비해 온수난방의 특징으로 틀린 것은?

① 예열시간이 길지만 가열 후에 냉각시간도 길다.

② 공기 중의 미진이 늘어 생기는 나쁜 냄새가 적어 실내의 쾌적도가 높다.

③ 보일러의 취급이 비교적 쉽고 비교적 안전하여 주택 등에 적합하다.

④ 난방부하 변동에 따른 온도조절이 어렵다.

해 ④ 난방부하 변동에 따른 온도조절이 쉽다.

| 정답 | 55 ③ 56 ④ 57 ④

58 배수관에 트랩을 설치하는 주된 이유는?

① 배수관에서 배수의 역류를 방지한다.
② 배수관의 이물질을 제거한다.
③ 배수의 속도를 조절한다.
④ 배수관에 발생하는 유취와 유해가스의 역류를 방지한다.

해 배수트랩 설치 목적 : 하수관등에서 악취, 유해가스, 벌레 등이 실내로 침투하는 것을 방지

59 배관의 이동 및 회전을 방지하기 위하여 지지점의 위치에 완전히 고정하는 장치는?

① 앵커 ② 행거
③ 가이드 ④ 브레이스

해 앵커 : 리지드 서포트의 일종이며 관의 이동 및 회전을 방지하기 위해 지지점에서 완전히 고정하는 것

60 다음 그림에서 나타낸 배관시스템 계통도는 냉방설비의 어떤 열원방식을 나타낸 것인가?

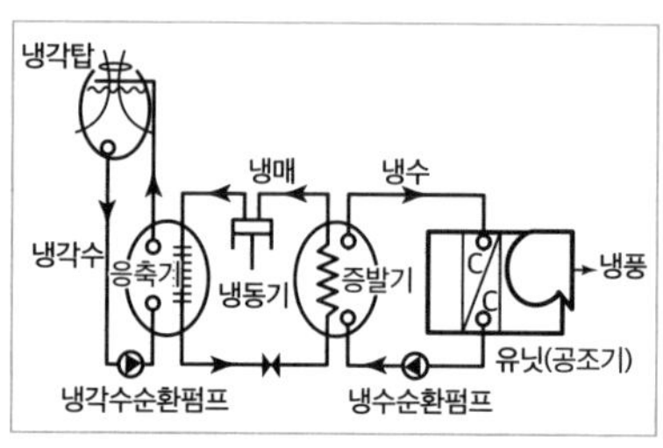

① 냉수를 냉열매로 하는 열원방식
② 가스를 냉열매로 하는 열원방식
③ 증기를 온열매로 하는 열원방식
④ 고온수를 온열매로 하는 열원방식

해 냉매를 이용하여 냉수온도를 낮추고 차가워진 냉수를 이용해 냉방 목적을 달성하는 방식으로 냉수를 냉열매로 하는 열원 방식이다.

정답 | 58 ④ 59 ① 60 ①

• 수험번호:
• 수험자명:

• 제한 시간:
• 남은 시간:

글자 크기  100%  150%  200% 화면 배치 

• 전체 문제 수:
• 안 푼 문제 수:

답안 표기란

61 ① ② ③ ④
62 ① ② ③ ④
63 ① ② ③ ④
64 ① ② ③ ④

4과목 I 전기제어공학

61 서보기구용 검출기가 아닌 것은?

① 유량계 ② 싱크로
③ 전위차계 ④ 차동변압기

해 서보기구: 물체의 기계적 변위를 제어량으로 하여 목표값의 임의의 변화에 추종하는 제어(싱크로, 전위차계, 차동변압기)
유량계: 유체가 흐르는 양을 측정하는 계기

62 ~~출력의 일부를 입력으로 되돌림으로써 출력과 기준 입력과의 오차를 줄여나가도록 제어하는 제어 방법은?~~ (22년 출제 범위 제외)

① 피드백 제어 ② 시퀀스 제어
③ 리세트 제어 ④ 프로그램 제어

해 피드백 제어: 제어계의 출력값을 목표값과 비교하여 일치하지 않으면 입력으로 피드백 시켜 오차를 수정하도록 하는 폐회로 제어

63 ~~제어요소의 출력인 동시에 제어대상의 입력으로 제어요소가 제어대상에게 인가하는 제어신호는?~~ (22년 출제 범위 제외)

① 외란 ② 제어량
③ 조작량 ④ 궤환신호

해

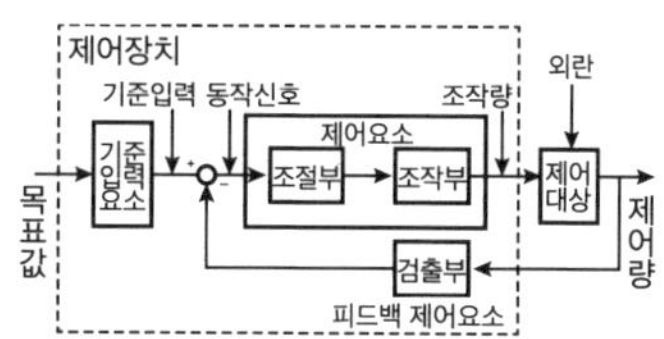

64 다음은 자기에 관한 법칙들을 나열하였다. 다른 3개와는 공통점이 없는 것은?

① 렌츠의 법칙
② 패러데이의 법칙
③ 자기의 쿨롱법칙
④ 플레밍의 오른손 법칙

해 자기의 쿨롱법칙: 전기력 즉, 2개의 자극간에 작용하는 힘의 크기를 나타내는 법칙
전자기 유도 법칙: 렌츠의 법칙, 패러데이의 법칙, 플레밍의 오른손 법칙

65 ~~위치, 각도 등의 기계적 변위를 제어량으로 해서 목표값의 임의의 변화에 추종하도록 구성된 제어계는?~~ (22년 출제 범위 제외)

① 자동조정 ② 서보기구
③ 정치제어 ④ 프로그램 제어

해 서보기구: 물체의 기계적 변위를 제어량으로 하여 목표값의 임의의 변화에 추종하는 제어

66 그림은 전동기 속도제어의 한 방법이다. 전동기가 최대출력을 낼 때 사이리스터의 점호각은 몇 rad이 되는가?

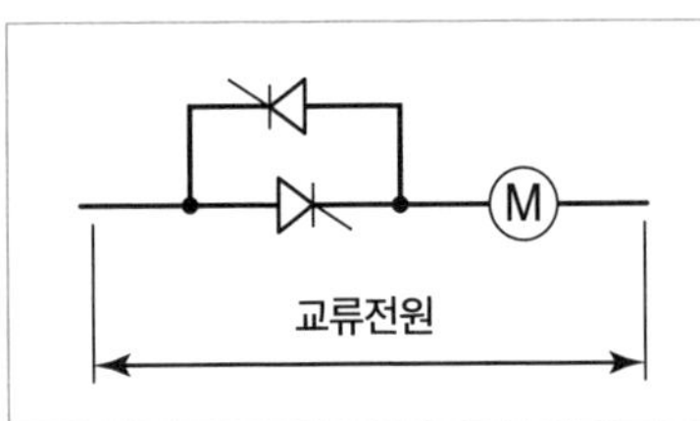

① 0 ② π/6
③ π/2 ④ π

해 사이리스터의 점호각이 0[rad]일 때 전동기의 출력은 최대가 된다.

67 ~~전달함수 $G(s)=\frac{10}{3+2s}$을 갖는 계에 ω=2rad/sec인 정현파를 줄 때 이득은 약 몇 dB인가?~~ (22년 출제 범위 제외)

① 2 ② 3
③ 4 ④ 6

해 $=20\log|G(j\omega)|$

$=20\log\left|\frac{10}{3+j2\omega}\right|$

$=20\log\left|\frac{10}{3+4j}\right|$

$=20\log\frac{10}{\sqrt{3^2+4^2}}$

$=20\log\frac{10}{5}$

$=20\log 2=6[\text{dB}]$

68 $L=\overline{x}\cdot y\cdot\overline{z}+\overline{x}\cdot y\cdot z+x\cdot\overline{y}\cdot z+x\cdot y\cdot z$을 간단히한 식으로 옳은 것은?

① $\overline{x}\cdot y+x\cdot z$
② $x\cdot y+\overline{x}\cdot z$
③ $x\cdot\overline{y}+\overline{x}\cdot\overline{z}$
④ $\overline{x}\cdot\overline{y}+\overline{x}\cdot\overline{z}$

해 $=\overline{x}y(\overline{z}+z)+xz(\overline{y}+y)$

$=\overline{x}y+xz$

정답 | 65 ② 66 ① 67 ④ 68 ①

• 수험번호:
• 수험자명:

• 제한 시간:
• 남은 시간:

글자 크기  100%  150%  200%

화면 배치  

• 전체 문제 수:
• 안 푼 문제 수:

답안 표기란

69	①	②	③	④
70	①	②	③	④
71	①	②	③	④
72	①	②	③	④

69 ~~전력(electric power)에 관한 설명으로 옳은 것은?~~

(22년 출제 범위 제외)

① 전력은 전류의 제곱에 저항을 곱한 값이다.
② 전력은 전압의 제곱에 저항을 곱한 값이다.
③ 전력은 전압의 제곱에 비례하고 전류에 반비례한다.
④ 전력은 전류의 제곱에 비례하고 전압의 제곱에 반비례 한다.

해 공식1) $P = VI = \frac{V^2}{R} = I^2R$

P : 전력[W]
V : 전압[V]
I : 전류[A]
R : 저항[Ω]

70 유도전동기의 속도제어에 사용할 수 <u>없는</u> 전력변환기는?

① 인버터
② 정류기
③ 위상제어기
④ 사이클로 컨버터

해 정류기 : 교류를 직류로 변환하는 장치

71 다음 중 압력을 감지하는 데 가장 널리 사용되는 것은?

① 전위차계
② 마이크로폰
③ 스트레인 게이지
④ 회전자기 부호기

해 스트레인 게이지 : 외부 힘이 가해졌을 때 저항변화를 이용하여 온도나 압력을 측정

72 다음의 정류회로 중 리플 전압이 가장 작은 회로는?
(단, 저항부하를 사용하였을 경우이다.)

① 3상 반파 정류회로
② 3상 전파 정류회로
③ 단상 반파 정류회로
④ 단상 전파 정류회로

해 리플전압(맥동률)

✓ 단상반파 : 121[%] : 1.21
✓ 단상전파 : 48[%] : 0.48
✓ 3상반파 : 17[%] : 0.17
✓ 3상전파 : 4[%] : 0.04

| 정답 | 69 ① 70 ② 71 ③ 72 ②

• 수험번호 :
• 수험자명 :

• 제한 시간 :
• 남은 시간 :

글자 크기   100%  150%  200% 화면 배치  

• 전체 문제 수 :
• 안 푼 문제 수 :

답안 표기란

73 ① ② ③ ④
74 ① ② ③ ④
75 ① ② ③ ④

73 ~~조절부와 조작부로 구성되어 있는 피드백 제어의 구성요소를 무엇이라 하는가?~~ (22년 출제 범위 제외)

① 입력부 ② 제어장치
③ 제어요소 ④ 제어대상

해

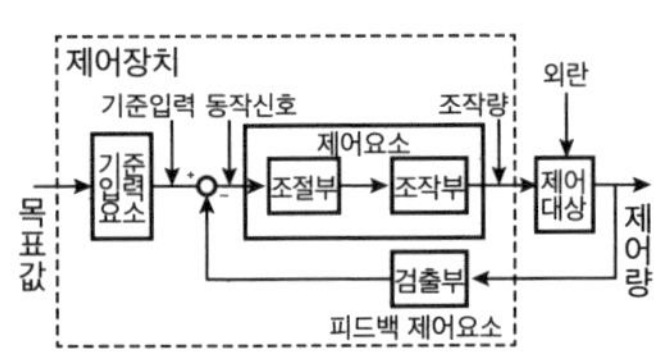

74 3상 유도전동기의 회전방향을 바꾸려고 할 때 옳은 방법은?

① 기동보상기를 사용한다.
② 전원 주파수를 변환한다.
③ 전동기의 극수를 변환한다.
④ 전원 3선 중 2선의 접속을 바꾼다.

75 ~~그림과 같이 접지저항을 측정하였을 때 R1의 접지저항(Ω)을 계산하는 식은?~~
~~(단, $R_{12}=R_1+R_2$, $R_{23}=R_2+R_3$, $R_{31}=R_3+R_1$이다.)~~

(22년 출제 범위 제외)

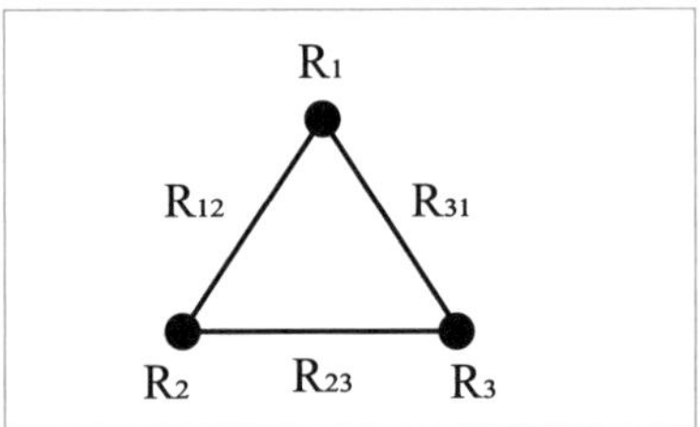

① $R_1 = \frac{1}{2}(R_{12} + R_{31} + R_{23})$

② $R_1 = \frac{1}{2}(R_{31} + R_{23} + R_{12})$

③ $R_1 = \frac{1}{2}(R_{12} - R_{31} + R_{23})$

④ $R_1 = \frac{1}{2}(R_{12} + R_{31} - R_{23})$

해 $R_{12}+R_{31}=R_1+R_2+R_3+R_1=2R_1+R_2+R_3=2R_1+R_{23}$
$2R=R_{12}+R_{31}-R_{23} \rightarrow R=(R_{12}+R_{31}-R_{23})$

| 정답 | 73 ③ 74 ④ 75 ④

• 수험번호 :
• 수험자명 :

• 제한 시간 :
• 남은 시간 :

글자 크기   100%  150%  200%

화면 배치 

• 전체 문제 수 :
• 안 푼 문제 수 :

답안 표기란

76	①	②	③	④
77	①	②	③	④
78	①	②	③	④

76 ~~그림(a)의 병렬로 연결된 저항 회로에서 전류 I와 I_1의 관계를 그림(b)의 블록선도로 나타낼 때 A에 들어갈 전달함수는?~~

(22년 출제 범위 제외)

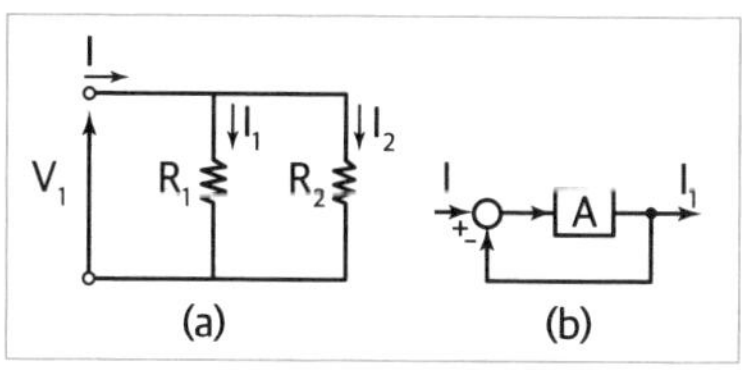

① $\frac{R_1}{R_2}$ ② $\frac{R_2}{R_1}$

③ $\frac{1}{R_1R_2}$ ④ $\frac{1}{R_1+R_2}$

해 전달함수 : 각기 다른 두 양이 서로 관계하고 있을 때 최초의 양에서 다음의 양으로 변환하기 위한 함수

$A = \frac{R_2}{R_1}$

77 ~~다음과 같이 저항이 연결된 회로의 전압 V_1과 V_2의 전압이 일치할 때, 회로의 합성저항은 약 몇 Ω인가?~~

(22년 출제 범위 제외)

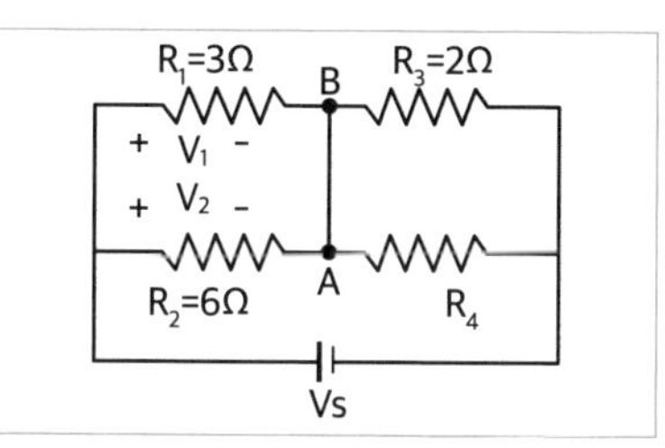

① 0.3 ② 2

③ 3.33 ④ 4

해 $R_1R_4 = R_2R_3$

$3 \times R_4 = 6 \times 2 \rightarrow R_4 = \frac{12}{3} = 4[\Omega]$

직렬저항 합성저항 $R_1 + R_3 = 5[\Omega]$

직렬저항 합성저항 $R_2 + R_4 = 10[\Omega]$

5, 10[Ω]의 합성저항 $= \frac{1}{\frac{1}{5}+\frac{1}{10}}$

$= 3.33[\Omega]$

78 $v = 141\sin\left(377t - \frac{\pi}{6}\right)V$ 인 전압의 주파수는 약 몇 Hz인가?

① 50 ② 60

③ 100 ④ 377

해 공식1) $v = V_m \sin\omega t$

$\omega = 377 = 2\pi f$

f = 주파수

$f = \frac{377}{2\pi} = \frac{377}{2 \times 3.14} = 60[Hz]$

정답 | 76 ② 77 ③ 78 ②

• 수험번호:
• 수험자명:

• 제한 시간:
• 남은 시간:

글자 크기  100%  150%  200%

화면 배치 

• 전체 문제 수:
• 안 푼 문제 수:

답안 표기란

79 ① ② ③ ④

80 ① ② ③ ④

79 ~~그림과 같은 블록선도가 의미하는 요소는?~~ (22년 출제 범위 제외)

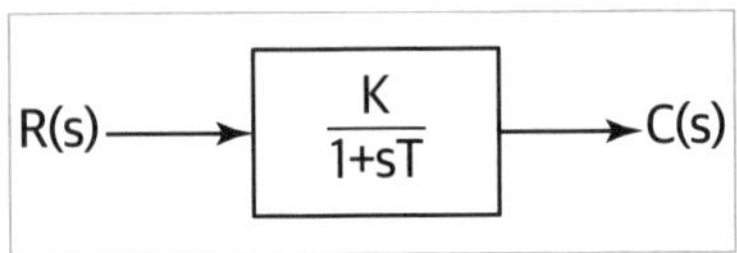

① 비례 요소

② 미분 요소

③ 1차 지연 요소

④ 2차 지연 요소

解 1차 지연 요소: $\frac{K}{Ts+1}$

비례 요소: K

미분 요소: Ks

2차 지연 요소: $\frac{K\omega_n^2}{s^2+2\delta\omega_n s+\omega_n^2}$

80 ~~자동제어계의 구성 중 기준입력과 궤환신호와의 차를 계산해서 제어 시스템에 필요한 신호를 만들어 내는 부분은?~~ (22년 출제 범위 제외)

① 조절부 ② 조작부

③ 검출부 ④ 목표설정부

解 조절부: 기준입력 신호와 검출부의 출력신호를 제어에 필요한 신호로 만들어 조작부에 보내는 부분

정답 | 79 ③ 80 ①

MEMO

PART 6

:기출문제 3회(2017.08.26)

• 수험번호:
• 수험자명:

• 제한 시간:
• 남은 시간:

글자 크기  100%  150%  200% 화면 배치 

• 전체 문제 수:
• 안 푼 문제 수:

답안 표기란

01 ① ② ③ ④
02 ① ② ③ ④
03 ① ② ③ ④
04 ① ② ③ ④

1과목 | 공기조화

01 다음 중 냉난방 과정을 설계할 때 주로 사용되는 습공기선도는?
(단, h는 엔탈피, x는 절대습도, t는 건구온도, s는 엔트로피, p는 압력이다.)

① h-x 선도 ② t-s 선도
③ t-h 선도 ④ p-h 선도

해 습공기 선도
h-x 선도(엔탈피-절대습도)
t-x 선도(건구온도-절대습도)

02 냉각수 출입구 온도차를 5℃, 냉각수의 처리 열량을 16380kJ/h로 하면 냉각수량(L/min)은?
(단, 냉각수의 비열은 4.2kJ/kg · ℃로 한다.)

① 10 ② 13
③ 18 ④ 20

해 공식1) $Q = G \cdot C \cdot \Delta t$
냉각수량(G)= $\frac{16380}{4.2 \times 5}$ =780[L/h]
$\frac{780}{60}$ =13[L/min]

03 난방부하 계산에서 손실부하에 해당되지 않는 것?

① 외벽, 유리창, 지붕에서의 부하
② 조명기구, 재실자의 부하
③ 틈새바람에 의한 부하
④ 내벽, 바닥에서의 부하

해 조명, 인체 부하는 열을 발생 시키므로 난방 부하가 경감된다.

04 냉난방부하에 관한 설명으로 옳은 것?

① 외기온도와 실내설정온도의 차가 클수록 냉난방도일은 작아진다.
② 실내의 잠열부하에 대한 현열부하의 비를 현열비라고 한다.
③ 난방부하 계산 시 실내에서 발생하는 열부하는 일반적으로 고려하지 않는다.
④ 냉방부하 계산 시 틈새 바람에 대한 부하는 무시하여도 된다.

해 ① 외기온도와 실내설정온도의 차가 클수록 냉난방도일은 커진다.
② 실내의 전열부하에 대한 현열부하의 비를 현열비라고 한다.
④ 냉방부하 계산 시 틈새 바람에 대한 부하도 고려해야 한다.

| 정답 | 01 ① 02 ② 03 ② 04 ③

• 수험번호:
• 수험자명:

• 제한 시간:
• 남은 시간:

글자 크기  100%  150%  200% 화면 배치 

• 전체 문제 수:
• 안 푼 문제 수:

답안 표기란

05 ① ② ③ ④
06 ① ② ③ ④
07 ① ② ③ ④

05 복사 냉·난방 방식에 관한 설명으로 틀린 것?

① 실내 수배관이 필요하며, 결로의 우려가 있다.
② 실내에 방열기를 설치하지 않으므로 바닥이나 벽면을 유용하게 이용할 수 있다.
③ 조명이나 일사가 많은 방에 효과적이며, 천장이 낮은 경우에만 적용된다.
④ 건물의 구조체가 파이프를 설치하여 여름에는 냉수, 겨울에는 온수로 냉·난방을 하는 방식이다.

해 ③ 조명이나 일사가 많은 방에 효과적이며, 천장이 높은 경우에도 효과적이다.

06 냉각수는 배관 내를 통하게 하고 배관 외부에 물을 살수하여 살수된 물의 증발에 의해 배관 내 냉각수를 냉각시키는 방식으로 대기오염이 심한 곳 등에서 많이 적용되는 냉각탑은?

① 밀폐식 냉각탑
② 대기식 냉각탑
③ 자연통풍식 냉각탑
④ 강제통풍식 냉각탑

해 대기의 오염이 심할 경우 대기의 영향을 받지 않는 밀폐식 냉각탑을 적용한다.

07 공기 냉각코일에 대한 설명으로 틀린 것?

① 소형 코일에는 일반적으로 외경 9~13mm 정도의 동관 또는 강관의 외측에 동, 또는 알루미늄제의 핀을 붙인다.
② 코일의 관 내에는 물 또는 증기, 냉매 등의 열매가 통하고 외측에는 공기를 통과시켜서 열매와 공기를 열교환 시킨다.
③ 핀의 형상은 관의 외부에 얇은 리본 모양의 금속판을 일정한 간격으로 감아 붙인 것을 에로핀형이라 한다.
④ 에로핀 중 감아 붙인 핀이 주름진 것을 평판핀, 주름이 없는 평면상의 것을 파형핀이라 한다.

해 ④ 에로핀 중 감아 붙인 핀이 주름진 것을 파형핀, 주름이 없는 평면상의 것을 평판핀이라 한다.

정답 | 05 ③ 06 ① 07 ④

08 다음 공기조화에 관한 설명으로 틀린 것?

① 공기조화란 온도, 습도조정, 청정도, 실내기류 등 항목을 만족시키는 처리과정이다.
② 반도체산업, 전산실 등은 산업용 공조에 해당된다.
③ 보건용 공조는 재실자에게 쾌적환경을 만드는 것을 목적으로 한다.
④ 공조장치에 여유를 두어 여름에 실·내외 온도차를 크게 할수록 좋다.

해 ④ 공조장치에 여유를 두어 여름에 실·내외 온도차를 5℃ 이내로 한다.
✓ 온도차가 크면 에너지 소비량이 커진다.

09 32W 형광등 20개를 조명용으로 사용하는 사무실이 있다. 이때 조명기구로부터의 취득 열량은 약 얼마인가?
(단, 안정기의 부하는 20%로 한다.)

① 550W ② 640W
③ 660W ④ 768W

해 $32 \times 20 \times 1.2 = 768[W]$

10 HEPA 필터에 적합한 효율 측정법은?

① 중량법 ② 비색법
③ 보간법 ④ 계수법

해 HEPA필터 효율 측정법
계수법(DOP법)

11 직교류형 및 대향류형 냉각탑에 관한 설명으로 틀린 것?

① 직교류형은 물과 공기 흐름이 직각으로 교차한다.
② 직교류형은 냉각탑의 충진재 표면적이 크다.
③ 대향류형 냉각탑의 효율이 직교류형보다 나쁘다.
④ 대향류형은 물과 공기 흐름이 서로 반대이다.

해 ③ 대향류형 냉각탑의 효율이 직교류형보다 좋다.

| 정답 | 08 ④ 09 ④ 10 ④ 11 ③

12 그림과 같은 단면을 가진 덕트에서 정압, 동압, 전압의 변화를 나타낸 것으로 옳은 것?

(단, 덕트의 길이는 일정한 것로 한다.)

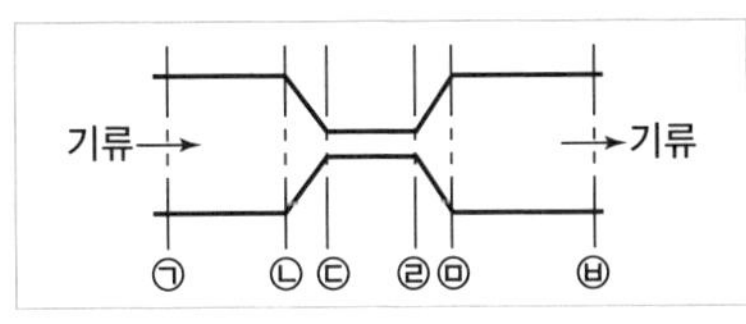

①

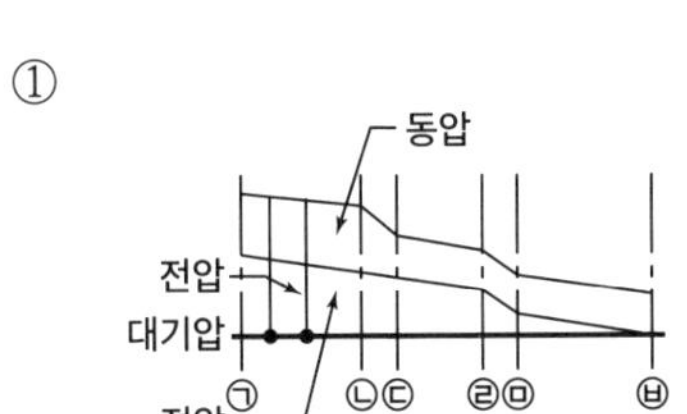

②

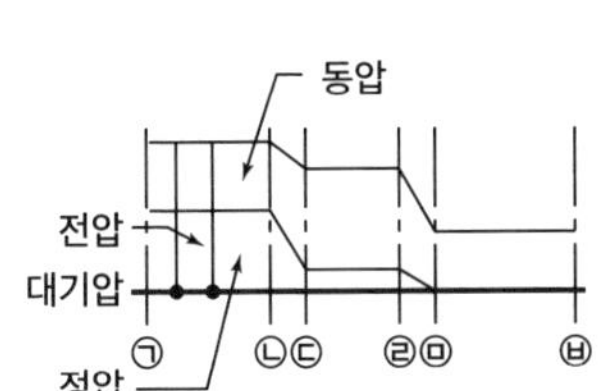

③

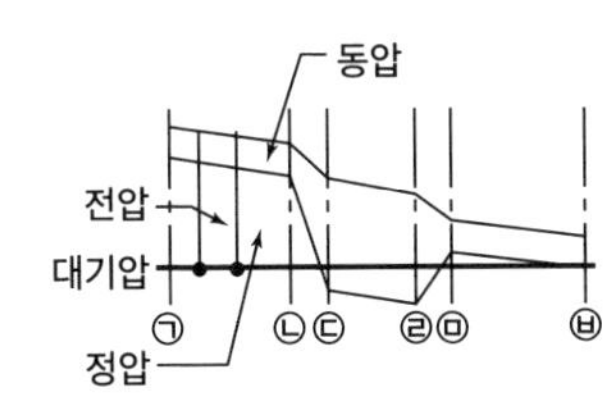

④

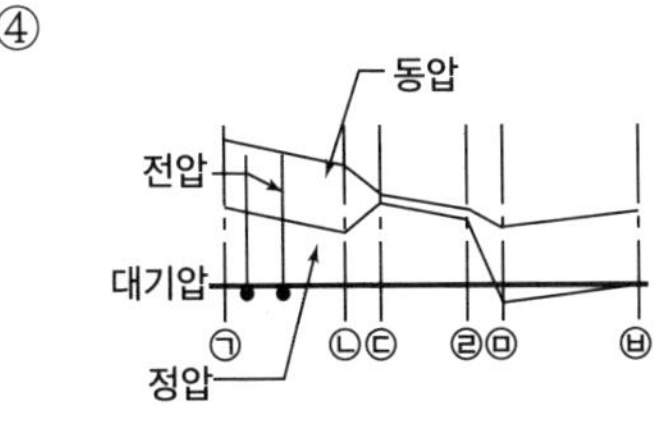

해 기류가 좁은 통로에 의해 저항이 걸리면 대기압보다 낮아지므로 ㉢구간에서 대기압 밑으로 떨어지는 변화가 나온다.

13 온수난방 방식의 분류에 해당되지 않는 것?

① 복관식 ② 건식

③ 상향식 ④ 중력식

해 온수난방의 배관방식 : 단관식, 복관식, 역환수관
온수난방의 공급방식 : 상향식, 하향식
온수난방의 순환방식 : 중력환수식, 강제순환식

14 수관식 보일러의 특징에 관한 설명으로 틀린 것?

① 드럼이 작아 구조상 고압 대용량에 적합하다.

② 구조가 복잡하여 보수·청소가 곤란하다.

③ 예열시간이 짧고 효율이 좋다.

④ 보유수량이 커서 파열 시 피해가 크다.

해 수관 보일러 : 상하부에 드럼이 있고 그 사이를 고압에 강한 다수의 수관으로 연결한 구조이며 예열시간이 짧고 효율이 좋고 보유수량이 적어 파열시 피해가 적다.

정답 | 12 ③ 13 ② 14 ④

• 수험번호 :
• 수험자명 :

• 제한 시간 :
• 남은 시간 :

글자 크기  100%  150%  200% 화면 배치  

• 전체 문제 수 :
• 안 푼 문제 수 :

답안 표기란

15	①	②	③	④
16	①	②	③	④
17	①	②	③	④
18	①	②	③	④

15 공기를 가열하는 데 사용하는 공기 가열코일이 아닌 것?

① 증기코일

② 온수코일

③ 전기히터코일

④ 증발코일

해 공기가열코일 : 증기코일, 온수코일, 전열코일, 냉매코일

16 공기조화방식 중 중앙식 전공기방식의 특징에 관한 설명으로 틀린 것?

① 실내공기의 오염이 적다.

② 외기냉방이 가능하다.

③ 개별제어가 용이하다.

④ 대형의 공조기계실을 필요로 한다.

해 중앙식이므로 개별 제어가 어렵다.

17 통과 풍량이 350m³/min일 때 표준 유닛형 에어필터의 수는?
(단, 통과 풍속은 1.5m/s, 통과 면적은 0.5㎡이며, 유효면적은 80%이다.)

① 5개 ② 6개

③ 8개 ④ 10개

해 에어필터 수량(n) = $\frac{Q}{A \cdot V}$

Q : 통과풍량[m³/s]

A : 면적[㎡]

V : 통과풍속[m/s])

$n = \frac{350}{0.5 \times 0.8 \times 1.5 \times 60} = 9.7$

이므로 10개

18 냉각코일로 공기를 냉각하는 경우에 코일표면 온도가 공기의 노점온도보다 높으면 공기 중의 수분량 변화는?

① 변화가 없다. ② 증가한다.

③ 감소한다. ④ 불규칙적이다.

해 응축이나 증발현상이 없으므로 수분량의 변화는 없다.

정답 | 15 ④ 16 ③ 17 ④ 18 ①

• 수험번호:
• 수험자명:

• 제한 시간:
• 남은 시간:

글자 크기     100% 150% 200% 화면 배치  

• 전체 문제 수:
• 안 푼 문제 수:

답안 표기란

19 ① ② ③ ④
20 ① ② ③ ④
21 ① ② ③ ④

19 습공기의 수증기 분압과 동일한 온도에서 포화공기의 수증기 분압과의 비율을 무엇이라 하는가?

① 절대습도 ② 상대습도
③ 열수분비 ④ 비교습도

해 상대습도(φ, %) : 일정 부피의 공기 속에 실제 포함된 수증기(수증기 분압(P_W)) 양과 포함할 수 있는 최대한의 수증기(포화증기의 수증기 분압(P_S))양과의 비

20 어느 실내에 설치된 온수 방열기의 방열면적이 10㎡ EDR일 때의 방열량(W)은?

① 4500 ② 6500
③ 7558 ④ 5233

해 공식1) Q=EDR×q

Q : 방열량[W]
EDR : 표준방열면적[㎡]
q : 표준방열량[kcal/㎡h]
√ 표준방열량
온수 : 450[kcal/㎡h], 523[W/㎡]
증기 : 650[kcal/㎡h], 756[W/㎡]
Q = 10 × 523 = 5230[W]

2과목 I 냉동공학

21 어느 재료의 열통과율이 0.35W/㎡ · K, 외기와 벽면과의 열전달률이 20W/㎡ · K, 내부공기와 벽면과의 열전달률이 5.4W/㎡ · K이고, 재료의 두께가 187.5mm일 때, 이 재료의 열전도도는?

① 0.032W/m · K
② 0.056W/m · K
③ 0.067W/m · K
④ 0.072W/m · K

해 공식1) $K = \dfrac{1}{\dfrac{1}{a_1} + \dfrac{l}{\lambda} + \dfrac{1}{a_2}}$

a_1 : 외표면 열전달률[kcal/㎡·h·℃]
λ : 열전도도[kcal/m·h·℃]
l : 두께[m]
a_2 : 내표면 열전달률[kcal/㎡·h·℃]

$0.35 = \dfrac{1}{\dfrac{1}{20} + \dfrac{0.1875}{\lambda} + \dfrac{1}{5.4}} \rightarrow$

$= \dfrac{1}{20} + \dfrac{0.1875}{\lambda} + \dfrac{1}{5.4} \rightarrow$

$2.86 = 0.05 + \dfrac{0.1875}{\lambda} + 0.19 \rightarrow$

$2.86 - 0.05 - 0.19 = \dfrac{0.1875}{\lambda} \rightarrow$

$\dfrac{0.1875}{2.86 - 0.05 - 0.19} = \lambda$

$= 0.072[W/m \cdot K]$

정답 | 19 ② 20 ④ 21 ④

• 수험번호:
• 수험자명:

• 제한 시간:
• 남은 시간:

• 전체 문제 수:
• 안 푼 문제 수:

답안 표기란

22 ① ② ③ ④

23 ① ② ③ ④

22 축열장치에서 축열재가 갖추어야 할 조건으로 가장 거리가 먼 것?

① 열의 저장은 쉬워야 하나 열의 방출은 어려워야 한다.

② 취급하기 쉽고 가격이 저렴해야 한다.

③ 화학적으로 안정해야 한다.

④ 단위체적당 축열량이 많아야 한다.

해 ① 열의 저장과 방출이 쉬워야 한다.

23 1kg의 공기가 온도 20℃의 상태에서 등온변화를 하여, 비체적의 증가는 0.5m³/kg, 엔트로피의 증가량은 0.05kcal/kg·℃였다. 초기의 비체적은 얼마인가?
(단, 공기의 기체상수는 29.27kg·℃이다.)

① 0.293 m³/kg ② 0.465 m³/kg

③ 0.508 m³/kg ④ 0.614 m³/kg

해 공식1) $\Delta S = AGR \cdot \ln\left(\frac{V_2}{V_1}\right)$

ΔS : 엔트로피 차[kcal/kg℃]

A : 일의 열당량($\frac{1}{427}$ [kcal/kgm])

G : 중량(kg)

R : 기체상수[kgm/kg℃]

V : 체적[m³]

$\Delta S = AGR \cdot \ln\left(\frac{V_1+0.5}{V_1}\right) \rightarrow$

$\ln\left(\frac{V_1+0.5}{V_1}\right) = \frac{\Delta S}{ARG} \rightarrow$

$\frac{V_1+0.5}{V_1} = e^{\frac{\Delta S}{ARG}} \rightarrow$

$= V_1 + 0.5 = V_1 \times e^{\frac{\Delta S}{ARG}} \rightarrow$

$0.5 = V_1 \times \left(e^{\frac{\Delta S}{ARG}} - V_1\right) \rightarrow$

$0.5 = V_1 \times \left(e^{\frac{\Delta S}{ARG}} - 1\right) \rightarrow$

$V_1 = \frac{0.5}{\left(e^{\frac{\Delta S}{ARG}} - 1\right)} \rightarrow$

$V_1 = \frac{0.5}{\left(e^{\frac{0.05}{\frac{1}{427}\times 1\times 29.27}}\right) - 1}$

$= 0.465[m^3/kg]$

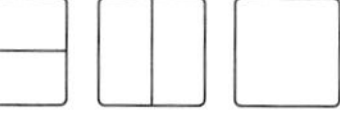

• 수험번호:
• 수험자명:
• 제한 시간:
• 남은 시간:

글자 크기 100% 150% 200% 화면 배치

• 전체 문제 수:
• 안 푼 문제 수:

답안 표기란

24 ① ② ③ ④
25 ① ② ③ ④
26 ① ② ③ ④
27 ① ② ③ ④

24 다음 중 냉각탑의 용량제어 방법이 아닌 것?

① 슬라이드 밸브 조작 방법
② 수량변화 방법
③ 공기 유량변화 방법
④ 분할 운전 방법

해 슬라이드밸브는 스크류 압축기의 용량 제어시 사용된다.

25 다음 중 무기질 브라인이 아닌 것?

① 염화나트륨 ② 염화마그네슘
③ 염화칼슘 ④ 에틸렌글리콜

해 무기질 브라인 : 염화나트륨(NaCl), 염화마그네슘($MgCl_2$), 염화칼슘($CaCl_2$)
유기질 브라인 : 에틸알콜(C_2H_5OH), 에틸렌글리콜($C_2H_6O_2$), 프로필렌글리콜($C_3H_6O_2$)

26 증발식 응축기에 관한 설명으로 옳은 것?

① 증발식 응축기는 많은 냉각수를 필요로 한다.
② 송풍기, 순환펌프가 설치되지 않아 구조가 간단하다.
③ 대기온도는 동일하지만 습도가 높을 때는 응축압력이 높아진다.
④ 증발식 응축기의 냉각수 보급량은 물의 증발량과는 큰 관계가 없다.

해 ① 증발식 응축기는 냉각수 소비량이 적다.
② 송풍기, 순환펌프 등이 설치되어 구조가 복잡하고 비싸다.
④ 증발식 응축기의 냉각수 보급량은 물의 증발량 외에 비산수량, 농도를 낮추기 위한 수량 등을 고려해야 한다.

27 저온장치 중 얇은 금속판에 브라인이나 냉매를 통하게 하여 금속판의 외면에 식품을 부착시켜 동결하는 장치는?

① 반 송풍 동결장치
② 접촉식 동결장치
③ 송풍 동결장치
④ 터널식 공기 동결장치

정답 24 ① 25 ④ 26 ③ 27 ②

28 **이상 냉동 사이클에서 응축기 온도가 40℃, 증발기 온도가 -10℃이면 성적계수는?**

① 3.26 ② 4.26

③ 5.26 ④ 6.26

해 공식1)

성적계수(COP) $= \frac{q_e}{Aw} = \frac{Q_e}{AW}$

$= \frac{Q_e}{Q_c - Q_e} = \frac{T_e}{T_c - T_e}$

$\frac{273 + (-10)}{(273 + 40) - (273 + (-10))}$

$= 5.26$

29 **다음 h-x (엔탈피-농도) 선도에서 흡수식 냉동기 사이클을 나타낸 것으로 옳은 것?**

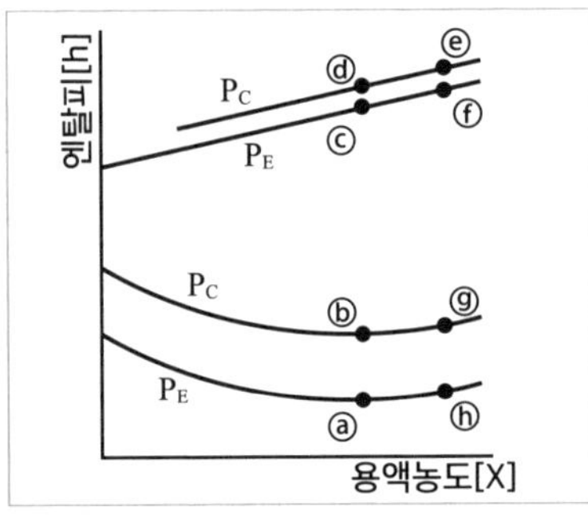

① ⓒ-ⓓ-ⓔ-ⓕ-ⓒ

② ⓑ-ⓒ-ⓕ-ⓖ-ⓑ

③ ⓐ-ⓑ-ⓖ-ⓗ-ⓐ

④ ⓐ-ⓓ-ⓔ-ⓗ-ⓐ

해 흡수식냉동사이클 : ⓐ-ⓑ-ⓖ-ⓗ-ⓐ

ⓗ-ⓐ : 흡수기에서의 흡수과정(냉매 흡수과정)

ⓐ-ⓑ : 흡수기→열교환기→재생기까지 가열과정

ⓑ-ⓖ : 재생기에서 용액농축(냉매 재생과정)

ⓖ-ⓗ : 재생기→흡수기까지(농용액 온도강하)

• 수험번호 :
• 수험자명 :
• 제한 시간 :
• 남은 시간 :

글자 크기  100%  150%  200% 화면 배치  

• 전체 문제 수 :
• 안 푼 문제 수 :

답안 표기란

30 ① ② ③ ④
31 ① ② ③ ④
32 ① ② ③ ④

30 진공압력 300mmHg를 절대 압력으로 환산하면 약 얼마인가? (단, 대기압은 101.3kPa이다.)

① 48.7kPa ② 55.4kPa
③ 61.3kPa ④ 70.6kPa

해 공식1)

$[kPa] \times \frac{[mmHg]}{760} = [mmHg] \rightarrow [kPa]$

$101.3 \times \frac{300}{760} = 40[kPa]$

공식2) 절대압력 = 대기압 - 진공압력

101.3 - 40 = 61.3[kPa]

31 브라인의 구비조건으로 <u>틀린</u> 것?

① 열 용량이 크고 전열이 좋을 것
② 점성이 클 것
③ 빙점이 낮을 것
④ 부식성이 없을 것

해 브라인 구비조건

㉠ 비열이 클 것(비열 = 열 용량)
㉡ 전열이 양호 할 것
㉢ 점도가 낮을 것(점도 = 점성)
㉣ 비중이 낮을 것
㉤ 공정점이 낮을 것(공정점 = 빙점)
㉥ 응고점이 낮을 것
㉦ 부식성이 없을 것
㉧ 가격이 저렴하고 구입이 용이 할 것
㉨ 누설 시 제품에 손상이 없을 것
㉩ pH값이 적당할 것(7.5 ~ 8.2)

32 15℃의 물로 0℃의 얼음을 100kg/h 만드는 냉동기의 냉동능력은 몇 냉동톤(RT)인가? (단, 1RT는 3320kcal/h이다.)

① 1.43 ② 1.78
③ 2.12 ④ 2.86

해 공식1) 현열식 = $G \cdot C \cdot \Delta t$

G : 중량[kg]
C : 비열[kcal/kg·℃]
Δt : 온도차[℃]

공식2) 잠열식 = $G \cdot r$

r : 잠열[kcal/kg]

1) 15℃의 물 100kg을 0℃로 만드는데 필요한 현열
$100 \times 1 \times (15 - 0) = 1500[kcal]$

2) 0℃의 물 100kg을 0℃ 얼음으로 변하는데 필요한 잠열
$100 \times 80 = 8,000[kcal]$

1500 + 8000 = 9,500[kcal/h]
9500 / 3320 = 2.86[RT]

정답 | 30 ③ 31 ② 32 ④

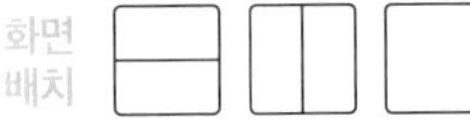

33 이론 냉동사이클을 기반으로 한 냉동장치의 작동에 관한 설명으로 옳은 것?

① 냉동능력을 크게 하려면 압축비를 높게 운전하여야 한다.

② 팽창밸브 통과 전후의 냉매 엔탈피는 변하지 않는다.

③ 냉동장치의 성적계수 향상을 위해 압축비를 높게 운전하여야 한다.

④ 대형 냉동장치의 암모니아 냉매는 수분이 있어도 아연을 침식시키지 않는다.

해 ① 냉동능력을 크게 하려면 압축비를 낮게 운전하여야 한다.
③ 냉동장치의 성적계수 향상을 위해 압축비를 낮게 운전하여야 한다.
④ 암모니아 냉매는 수분이 함유 될 경우 아연, 동 및 동합금을 부식시킨다.

34 냉동사이클에서 증발온도가 일정하고 압축기 흡입가스의 상태가 건포화 증기일 때, 응축온도를 상승시키는 경우 나타나는 현상이 아닌 것?

① 토출압력 상승

② 압축비 상승

③ 냉동효과 감소

④ 압축일량 감소

해 ④ 압축일량 증가

35 실제기체가 이상기체의 상태식을 근사적으로 만족하는 경우는?

① 압력이 높고 온도가 낮을수록

② 압력이 높고 온도가 높을수록

③ 압력이 낮고 온도가 높을수록

④ 압력이 낮고 온도가 낮을수록

36 p-h(압력-엔탈피) 선도에서 포화증기선상의 건조도는 얼마인가?

① 2 ② 1

③ 0.5 ④ 0

해 포화증기선상의 건조도 = 1(100%)
포화액선상의 건조도 = 0(0%)

정답 | 33 ② 34 ④ 35 ③ 36 ②

37 냉동장치의 p-i(압력-엔탈피) 선도에서 성적계수를 구하는 식으로 옳은 것?

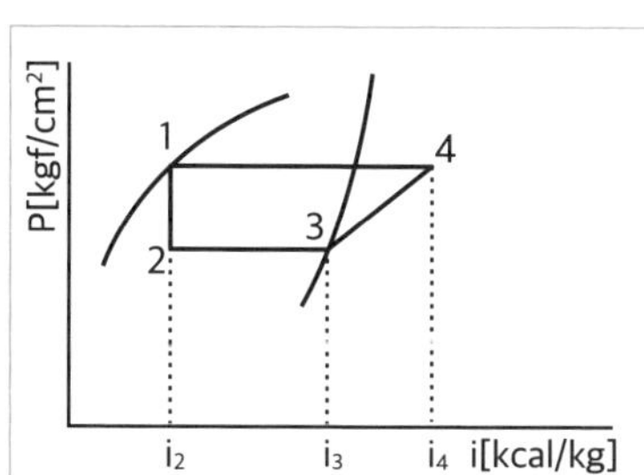

① $COP = \frac{i_4 - i_3}{i_3 - i_2}$

② $COP = \frac{i_3 - i_2}{i_4 - i_2}$

③ $COP = \frac{i_3 - i_2}{i_4 - i_3}$

④ $COP = \frac{i_4 - i_2}{i_3 - i_2}$

해 $COP = \frac{q_e}{Aw}$

38 암모니아 냉동장치에서 팽창밸브 직전의 냉매액 온도가 20℃이고 압축기 직전 냉매가스 온도가 -15℃의 건포화 증기이며, 냉매 1kg당 냉동량은 270kcal이다. 필요한 냉동능력이 14RT일 때, 냉매 순환량은?
(단, 1RT는 3320kcal/h이다.)

① 123kg/h ② 172kg/h
③ 185kg/h ④ 212kg/h

해 공식1) 냉매순환량(kg/h) : $G = \frac{Q_e}{q_e}$

Q : 냉동능력[kcal/h]
q_e : 냉동효과[kcal/kg]
✓ 1kg당 냉동량 = 냉동효과 = 270[kcal]
✓ 냉동능력(Q) = 14×3320 = 46480[kcal/h]

냉매순환량(kg/h)
$G = \frac{46480}{270} = 172$[kg/h]

| 정답 | 37 ③ 38 ②

39 2원 냉동사이클의 특징이 아닌 것?

① 일반적으로 저온측과 고온측에 서로 다른 냉매를 사용한다.

② 초저온의 온도를 얻고자 할 때 이용하는 냉동사이클이다.

③ 보통 저온측 냉매로는 임계점이 높은 냉매를 사용하며, 고온측에는 임계점이 낮은 냉매를 사용한다.

④ 중간열교환기는 저온측에서는 응축기 역할을 하며, 고온측에서는 증발기 역할을 수행한다.

해 ③ 보통 저온측 냉매로는 임계점이 낮은 냉매를 사용하며, 고온측에는 임계점이 높은 냉매를 사용한다.

40 수냉식 응축기를 사용하는 냉동장치에서 응축압력이 표준압력보다 높게 되는 원인으로 가장 거리가 먼 것?

① 공기 또는 불응축 가스의 혼입

② 응축수 입구온도의 저하

③ 냉각수량의 부족

④ 응축기의 냉각관에 스케일이 부착

해 ②번의 경우 고압이 낮은 원인에 속한다.

3과목 | 배관일반

41 가스미터 부착 시 유의사항으로 틀린 것은?

① 온도, 습도가 급변하는 장소는 피한다.

② 부식성의 약품이나 가스가 미터기에 닿지 않도록 한다.

③ 인접 전기설비와는 충분한 거리를 유지한다.

④ 가능하면 미관상 건물의 주요 구조부를 관통한다.

해 건물의 주요 구조부를 관통하여 가스미터를 부착하면 검사, 수리 등이 어려워지므로 관통하지 않고 부착해야한다.

42 급탕배관 시공 시 주요 고려사항으로 가장 거리가 먼 것은?

① 배관 구배

② 배관 재료의 선택

③ 관의 신축과 영향

④ 관내 유체의 물리적 성질

해 유체의 물리적 성질은 시공 시 고려사항에 해당 되지 않는다.

📖 정답 | 39 ③ 40 ② 41 ④ 42 ④

• 수험번호:
• 수험자명:

• 제한 시간:
• 남은 시간:

글자 크기  100% 150% 200% 화면 배치 

• 전체 문제 수:
• 안 푼 문제 수:

답안 표기란

43 ① ② ③ ④
44 ① ② ③ ④
45 ① ② ③ ④
46 ① ② ③ ④
47 ① ② ③ ④

43 냉매 배관 중 액관은 어느 부분인가?

① 압축기와 응축기까지의 배관
② 증발기와 압축기까지의 배관
③ 응축기와 수액기까지의 배관
④ 팽창밸브와 압축기까지의 배관

해 냉매 배관에서 액관은 응축기→수액기→팽창밸브 입구까지이다.

44 배수트랩의 종류에 해당하는 것은?

① 드럼 트랩 ② 버킷 트랩
③ 벨로스 트랩 ④ 디스크 트랩

해 배수 트랩의 종류
㉠ 관 트랩(사이펀 트랩): S트랩, P트랩, U트랩
㉡ 비사이펀 트랩: 벨 트랩, 드럼 트랩, 그리스 트랩, 가솔린 트랩, 샌드 트랩

45 증기 가열코일이 있는 저탕조의 하부에 부착하는 배관 또는 부속품이 아닌 것은?

① 배수관 ② 급수관
③ 증기환수관 ④ 버너

해 버너는 보일러의 연소실 내부에 설치된다.

46 냉온수 배관에 관한 설명으로 옳은 것은?

① 배관이 보·천장·바닥을 관통하는 개소에는 플렉시블 이음을 한다.
② 수평관의 공기체류부에는 슬리브를 설치한다.
③ 팽창관(도피관)에는 슬루스 밸브를 설치한다.
④ 주관이 굽힘부에는 엘보 대신 벤드(곡관)를 사용한다.

해 ① 배관이 보·천장·바닥을 관통하는 개소에는 슬리브 이음을 한다.
② 수평관의 공기체류부에는 공기빼기 밸브를 설치한다.
③ 팽창관(도피관)에는 밸브를 설치 하지않는다.

47 다음 중 대구경 강관의 보수 및 점검을 위해 분해, 결합을 쉽게 할 수 있도록 사용되는 연결방법은?

① 나사 접합 ② 플랜지 접합
③ 용접 접합 ④ 슬리브 접합

해 대구경: 플랜지 접합 (65A 이상)
소구경: 유니온 접합 (65A 미만)

정답 | 43 ③ 44 ① 45 ④ 46 ④ 47 ②

48 파이프 내 흐르는 유체가 "물"임을 표시하는 기호는?

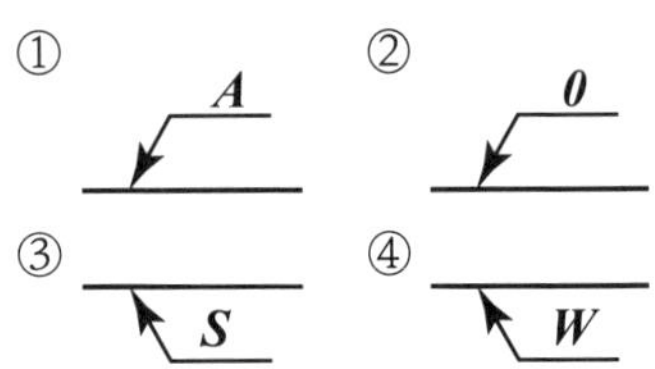

해 W : 물(Water)
A : 공기(Air)
O : 오일(Oil)
S : 증기(Steam)

49 냉동장치의 토출배관 시공 시 유의사항으로 틀린 것은?

① 관의 합류는 T이음보다 Y이음으로 한다.
② 압축기 정지 중에도 관내에 응축된 냉매가 압축기로 역류하지 않도록 한다.
③ 압축기에서 입상된 토출관의 수평부분은 응축기 쪽으로 상향 구배를 한다.
④ 여러 대의 압축기를 병렬 운전할 때는 가스의 충돌로 인한 진동이 없게 한다.

해 ③ 압축기에서 입상된 토출관의 수평부분은 응축기 쪽으로 하향 구배를 한다.

50 다음 중 가스 공급 설비와 관련이 없는 것은?

① 가스 홀더 ② 압송기
③ 정적기 ④ 정압기

51 관경 25A(내경 27.6mm)의 강관에 30L/min의 가스를 흐르게 할 때 유속(m/s)은?

① 0.14 ② 0.34
③ 0.64 ④ 0.84

해 공식1) $Q = AV = \frac{\pi D^2}{4} \cdot V$

Q : 유량[m³/s]
A : 면적[m²]
V : 유속[m/s]
D : 원의 지름[m]
✓ 1L = 1000[m³]

$$V = \frac{\frac{30}{1000 \times 60}}{\frac{\pi \times 0.0276^2}{4}} = 0.84[m/s]$$

• 수험번호:
• 수험자명:

• 제한 시간:
• 남은 시간:

글자 크기  100%  150%  200% 화면 배치  

• 전체 문제 수:
• 안 푼 문제 수:

답안 표기란

52 ① ② ③ ④
53 ① ② ③ ④
54 ① ② ③ ④
55 ① ② ③ ④
56 ① ② ③ ④

52 증기난방 배관 시공 시 복관 중력 환수식 증기 주관의 증기 흐름 방향으로의 구배로 적당한 것은?

① 1/100 정도의 선단 상향 구배로 한다.
② 1/100 정도의 선단 하향 구배로 한다.
③ 1/200 정도의 선단 상향 구배로 한다.
④ 1/200 정도의 선단 하향 구배로 한다.

53 냉온수 배관을 시공할 때 고려해야 할 사항으로 옳은 것은?

① 열에 의한 온수의 체적 팽창을 흡수하기 위해 신축이음을 한다.
② 기기와 관의 부식을 방지하기 위해 물을 자주 교체한다.
③ 열에 의한 배관의 신축을 흡수하기 위해 팽창관을 설치한다.
④ 공기체류장소에는 공기빼기밸브를 설치한다.

해 ① 열에 의한 온수의 체적 팽창을 흡수하기 위해 팽창탱크를 설치한다.
② 기기와 관의 부식을 방지하기 위해 청관제를 사용한다.
③ 열에 의한 배관의 신축을 흡수하기 위해 신축이음을 한다.

54 강관의 접합방법에 해당되지 않는 것은?

① 나사 접합 ② 플랜지 접합
③ 압축 접합 ④ 용접 접합

해 강관 이음
㉠ 나사 이음
㉡ 용접 이음
㉢ 플랜지 이음

55 배관용 탄소강관의 호칭경은 무엇으로 표시하는가?

① 파이프 외경
② 파이프 내경
③ 파이프 유효경
④ 파이프 두께

해 강관의 호칭경 : 파이프 내경
동관의 호칭경 : 파이프 외경

56 공기조화기에 설치된 공기 냉각코일 내에 흐르는 냉수의 적정 유속은?

① 약 1m/s ② 약 3m/s
③ 약 5m/s ④ 약 7m/s

해 냉수속도 : 약 1m/s
코일의 통과 풍속 : 2~3 m/s

정답 | 52 ④ 53 ④ 54 ③ 55 ② 56 ①

57 냉매배관 시공 시 유의사항으로 틀린 것은?

① 팽창밸브 부근에서 배관길이는 가능한 짧게 한다.

② 지나친 압력강하를 방지한다.

③ 암모니아 배관의 관이음에 쓰이는 패킹재료는 천연고무를 사용한다.

④ 두 개의 입상관 사용 시 트랩과정은 되도록 크게 한다.

해 ④ 두 개의 입상관 사용 시 트랩과정은 되도록 작게 한다.

58 각 난방 방식과 관련된 용어의 연결로 옳은 것은?

① 온수난방 - 잠열

② 증기난방 - 팽창탱크

③ 온풍난방 - 팽창관

④ 복사난방-평균복사온도

해 ① 온수난방 - 현열
② 온수난방 - 팽창탱크
③ 온수난방 - 팽창관

59 다음 중 관을 도중에 분기시키기 위해 사용되는 부속품이 아닌 것은?

① 티(T) ② 와이(Y)

③ 크로스(cross) ④ 엘보(elbow)

해 ㉠ 관의 방향을 바꿀 때: 엘보, 밴드
㉡ 관을 분기 할 때: 티, 와이, 크로스
㉢ 일 지름의 관을 직선 연결 할 때: 소켓, 니플, 유니온, 플랜지
㉣ 지름이 다른 관을 연결 할 때: 레듀샤, 이경엘보, 이경티
㉤ 지름이 다른 부속을 연결 할 때: 붓싱
㉥ 배관의 끝을 막을 때: 캡, 맹플랜지
㉦ 부속의 끝을 막을 때: 플러그
㉧ 관을 자주 분해, 수리, 교체 할 때: 유니온(소구경), 플랜지(대구경)

60 펌프주위 배관에 대한 설명으로 틀린 것은?

① 흡입관의 길이는 가능하면 짧게 배관한다.

② 흡입관은 펌프를 향해서 약 1/50 정도의 올림 구배가 되도록 한다.

③ 토출관에는 글로브 밸브를 설치하고, 흡입관에는 체크밸브를 설치한다.

④ 흡입측에는 진공계를 설치하고, 토출측에는 압력계를 설치한다.

해 ③ 토출관에는 체크밸브를 설치하고, 흡입관에는 게이트 밸브를 설치한다.

정답 | 57 ④ 58 ④ 59 ④ 60 ③

• 수험번호:
• 수험자명:

• 제한 시간:
• 남은 시간:

글자 크기    100% 150% 200% 화면 배치  

• 전체 문제 수:
• 안 푼 문제 수:

답안 표기란

61 ① ② ③ ④
62 ① ② ③ ④
63 ① ② ③ ④
64 ① ② ③ ④

4과목 I 전기제어공학

61 ~~어떤 회로의 전압이 V[V]이고 전류가 I[A]이며 저항이 R[Ω]일 때 저항이 10% 감소되면 그때의 전류는 처음 전류 I[A]의 약 몇 배가 되는가?~~ (22년 출제 범위 제외)

① 1.11배 ② 1.41배
③ 1.73배 ④ 2.82배

해 공식1) $I = \frac{V}{R}$

전압과 저항을 1로 보고 $I = \frac{1}{1}$ 일 때 저항을 10% 감소된 0.9로 보면 $\frac{1}{0.9}$ $= 1.11[A]$이므로 1.11배가 된다.

62 3상 유도전동기의 출력이 5마력, 전압 220V, 효율80%, 역률 90%일 때 전동기에 흐르는 전류는 약 몇 A인가?

① 11.6 ② 13.6
③ 15.6 ④ 17.6

해 공식1) $P = \sqrt{3}\ VI\cos\theta\eta$

V:전압, I:전류, $\cos\theta$:역률, η:효율
(1[HP] = 750[W] = 0.75[KW])

$$I = \frac{P}{\sqrt{3}\ V\cos\theta\eta}$$
$$= \frac{5 \times 750}{\sqrt{3} \times 220 \times 0.9 \times 0.8}$$
$$= 13.6[A]$$

63 ~~추종제어에 속하지 않는 제어량은?~~ (22년 출제 범위 제외)

① 유량 ② 방위
③ 위치 ④ 자세

해 서보 제어: 물체의 기계적 변위를 제어량으로 하여 목표값의 임의의 변화에 추종하는 제어(위치, 방위, 자세, 거리, 각도 등)
프로세스 제어: 플랜트나 생산 공정 중의 상태량을 제어(온도, 압력, 점도, 유량, 밀도 등)

64 시퀀스 제어에 관한 설명을 틀린 것은?

① 시간지연요소가 사용된다.
② 논리회로가 조합 사용된다.
③ 기계적 계전기 접점이 사용된다.
④ 전체시스템에 연결된 접점들이 동시에 동작한다.

해 시퀀스 제어
미리 정해진 순서에 따라 제어의 각 단계를 순서대로 진행해 가는 제어
① 시간지연요소가 사용된다(타이머 사용이 가능하므로 시간지연요소도 사용가능).
② 논리회로가 조합 사용된다(OR은 병렬, AND는 직렬, B접점은 NOT회로 등 논리회로 조합).
③ 기계적 계전기 접점이 사용된다(릴레이나 마그네트 등 기계적 접점 사용).

정답 | 61 ① 62 ② 63 ① 64 ④

• 수험번호:
• 수험자명:

• 제한 시간:
• 남은 시간:

글자 크기 100% 150% 200%

화면 배치

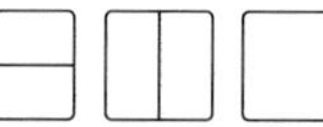

• 전체 문제 수:
• 안 푼 문제 수:

답안 표기란

65	①	②	③	④
66	①	②	③	④
67	①	②	③	④
68	①	②	③	④

65 ~~잔류편차가 존재하는 제어계는?~~ (22년 출제 범위 제외)

① 적분제어계

② 비례제어계

③ 비례적분제어계

④ 비례적분미분제어계

해 비례제어(P동작): 간단한 구조지만 잔류 편차가 생기는 결점
적분제어(I 동작): 잔류 오차가 없음

66 **전기력선의 성질로 틀린 것은?**

① 전기력선은 서로 교차한다.

② 양전하에서 나와 음전하로 끝나는 연속곡선이다.

③ 전기력선상의 접선은 그 점에 있어서의 전계의 방향이다.

④ 단위 전계강도 1V/m인 점에 있어서 전기력선 밀도를 1개/㎡라 한다.

해 ① 전기력선은 서로 교차하지 않는다.

67 ~~다음 그림에서 단위 피드백 제어계의 입력을 R(s), 출력을 C(s)라 할 때 전달함수는 어떻게 표현되는가?~~ (22년 출제 범위 제외)

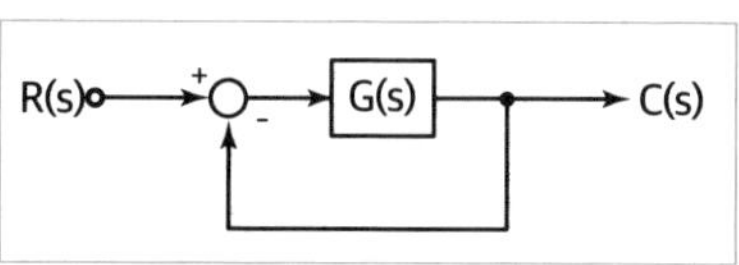

① $\frac{G(s)}{1+R(s)}$ ② $\frac{G(s)}{1+G(s)}$

③ $\frac{C(s)}{1+G(s)}$ ④ $\frac{R(s)\cdot C(s)}{1+R(s)}$

해 $G(s)=\frac{C}{R}=\frac{\text{패스경로}}{1-\text{피드백경로}}$

$=\frac{G(s)}{1-(-G(s))}=\frac{G(s)}{1+G(s)}$

68 ~~다음 블록선도의 입력과 출력이 성립하기 위한 A의 값은?~~ (22년 출제 범위 제외)

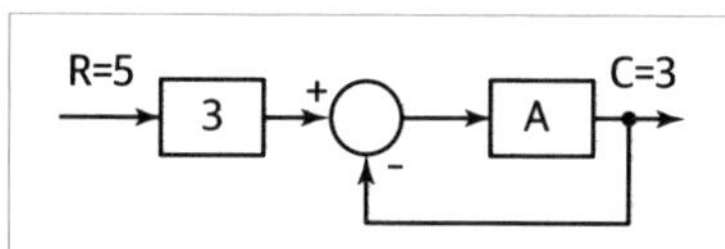

① 3 ② 4

③ 1/3 ④ 1/4

해 $G(s)=\frac{3}{5}=\frac{\text{패스경로}}{1-\text{피드백경로}}$

$=\frac{3\times A}{1+A}$

$0.6=\frac{3\times A}{1+A}$

$\rightarrow 0.6(1+A)=3A$

$\rightarrow 0.6+(0.6A)=3A$

$\rightarrow 0.6=3A-0.6A$

$\rightarrow 0.6=2.4A\rightarrow \frac{0.6}{2.4}=A\rightarrow \frac{1}{4}=A$

📖 정답 | 65 ② 66 ① 67 ② 68 ④

• 수험번호:
• 수험자명:
• 제한 시간:
• 남은 시간:

글자 크기  100%  150%  200% 화면 배치  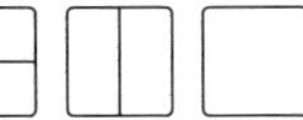

• 전체 문제 수:
• 안 푼 문제 수:

답안 표기란

69	①	②	③	④
70	①	②	③	④
71	①	②	③	④
72	①	②	③	④

69 ~~피드백 제어계에서 제어요소에 대한 설명인 것은?~~ (22년 출제 범위 제외)

① 목표값에 비례하는 기준, 입력신호를 발생하는 요소이다.

② 기준입력과 주궤환신호의 차로 제어동작을 일으키는 요소이다.

③ 제어를 하기 위해 제어 대상에 부착시켜 놓은 장치이다.

④ 조작부와 조절부로 구성되어 동작신호를 조작량으로 변환하는 요소이다.

해 제어요소: 조절부와 조작부로 구성되어 동작신호를 조작량으로 변환
기준입력요소: 목표값에 비례하는 기준, 입력신호를 발생하는 요소
동작신호: 기준입력과 주궤한 신호와의 편차인 신호로 제어동작을 일으키는 요소
제어장치: 제어를 하기 위해 제어 대상에 부착시켜 놓은 장치

70 계측기를 선택할 경우 고려하여야 할 사항과 가장 관계가 적은 것은?

① 정확성 ② 신속성

③ 신뢰성 ④ 배율성

해 계측기 선택 시 고려사항: 정확성, 신속성, 신뢰성, 내구성, 측정범위 등

71 ~~그림과 같은 단위계단함수를 옳게 나타낸 것은?~~ (22년 출제 범위 제외)

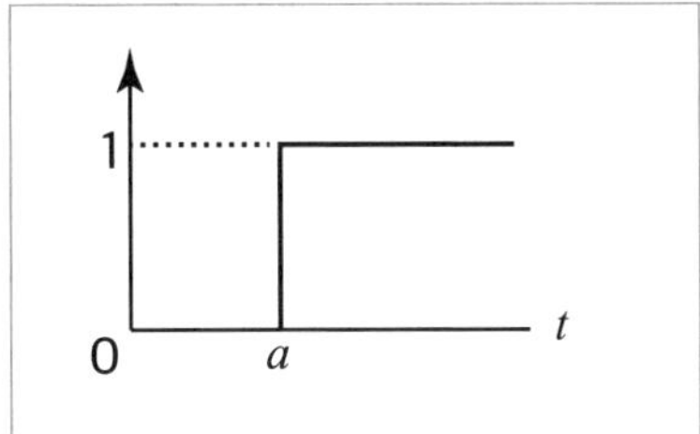

① U(t) ② U(t-a)

③ U(a-t) ④ U(-a-t)

해 U(t-a): $0 \le t \le a$ 에서 0
$a \le t \le \infty$ 에서 1

72 전력선, 전기기기 등 보호대상에 발생한 이상상태를 검출하여 기기의 피해를 경감시키거나 그 파급을 저지하기 위하여 사용되는 것은?

① 보호계전기 ② 보조계전기

③ 전자접촉기 ④ 한시계전기

| 정답 | 69 ④ 70 ④ 71 ② 72 ①

• 수험번호:
• 수험자명:
• 제한 시간:
• 남은 시간:

글자 크기 100% 150% 200% 화면 배치

• 전체 문제 수:
• 안 푼 문제 수:

답안 표기란

73 ① ② ③ ④
74 ① ② ③ ④
75 ① ② ③ ④
76 ① ② ③ ④
77 ① ② ③ ④

73 ~~목표값이 다른 양과 일정한 비율 관계를 가지고 변화하는 경우의 제어는?~~ (22년 출제 범위 제외)

① 추종제어 ② 정치제어
③ 비율제어 ④ 프로그램제어

해 비율제어:목표값이 다른 것과 일정한 비율 관계를 가지고 변화하는 경우의 추종제어

74 서보 전동기는 다음 중 어디에 속하는가?

① 검출기 ② 증폭기
③ 변환기 ④ 조작기기

해 전동기는 조작기기에 속한다. 서보 전동기는 신호에 따라 위치나 속도 등의 제어가 가능한 전동기이다.

75 전달함수를 정의할 때의 조건으로 옳은 것은?

① 입력신호만을 고려한다.
② 모든 초기값을 고려한다.
③ 주파수 특성만을 고려한다.
④ 모든 초기값을 0으로 한다.

해 전달함수:모든 포기값을 0으로 했을 때 출력신호의 라플라스 변환과 입력신호의 라플라스 변환의 비

76 ~~그림과 같은 R-L-C 직렬회로에서 단자전압과 전류가 동상이 되는 조건은?~~ (22년 출제 범위 제외)

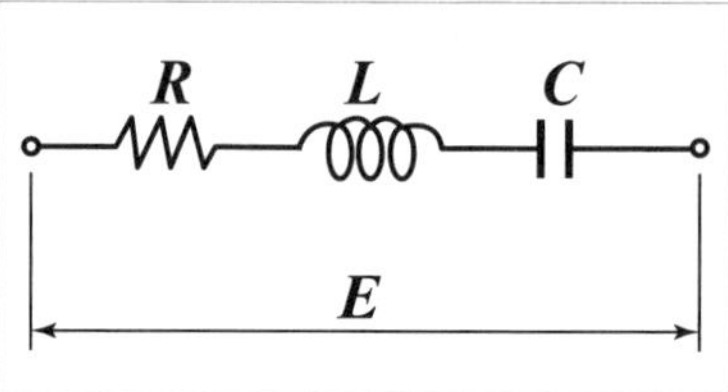

① $\omega = LC$ ② $\omega LC = 1$
③ $\omega^2 LC = 1$ ④ $\omega L^2C^2 = 1$

해 $\omega L = \frac{1}{\omega C}$ $\therefore \omega 2LC = 1$
R-L-C 직렬 공진 회로
㉠ 허수부가 0인 상태
㉡ XL = XC
㉢ 전류와 전압의 위상은 동상
㉣ 역률은 1
㉤ 전류는 최대가 된다.
㉥ 임피던스는 최소가 된다.

77 변위를 전압으로 변환시키는 장치가 아닌 것은?

① 전위차계 ② 측온저항
③ 포텐셔미터 ④ 차동변압기

해 측온저항:온도에 따라 저항이 변화하는 장치

정답 | 73 ③ 74 ④ 75 ④ 76 ③ 77 ②

• 수험번호:
• 수험자명:

• 제한 시간:
• 남은 시간:

글자 크기  100%  150%  200%

화면 배치 

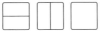

• 전체 문제 수:
• 안 푼 문제 수:

78 ~~다음 블록선도에서 전달함수 C(s)/R(s)는?~~ (22년 출제 범위 제외)

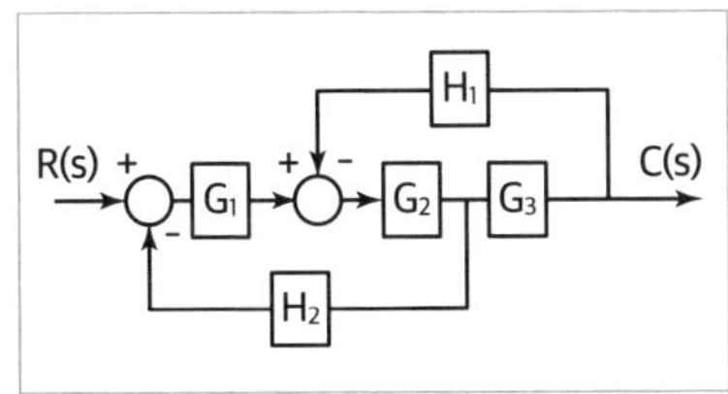

① $\dfrac{G_1G_2G_3}{1+G_1G_2H_2-G_2G_3H_1}$

② $\dfrac{G_1G_2G_3}{1+G_1G_2H_1+G_1G_2H}$

③ $\dfrac{G_1G_2G_3H_1}{1+G_2G_3H_1+G_1G_2H}$

④ $\dfrac{G_1G_2G_3}{1+G_2G_3H_2+G_1G_2H}$

해 $G(s)=\dfrac{G_1G_2G_3}{1+G_1G_2H_2+G_2G_3H_1}$

✓ 정답이 없어 전항 정답 처리된 문제

79 **권선형 유도전동기의 회전자 입력이 10kW일 때 슬립이 4%였다면 출력은 몇 kW인가?**

① 4　② 8

③ 9.6　④ 10.4

해 공식1) $P=P_2(1-s)$
$=10(1-0.04)=9.6$[KW]

80 **제동비 ζ는 그 범위가 0~1 사이의 값을 갖는 것이 보통이다 그 값이 0에 가까울수록 어떻게 되는가?**

① 증가 진동한다.

② 응답속도가 늦어진다.

③ 일정한 진폭으로 계속 진동한다.

④ 최대 오버슈트가 점점 작아진다.

답안 표기란

78 ① ② ③ ④
79 ① ② ③ ④
80 ① ② ③ ④

| 정답 | 78 전항정답 79 ③ 80 ②

PART 6

:기출문제 1회(2018.03.04)

• 수험번호:
• 수험자명:

• 제한 시간:
• 남은 시간:

글자 크기  100%  150%  200%  화면 배치 

• 전체 문제 수:
• 안 푼 문제 수:

답안 표기란

01	①	②	③	④
02	①	②	③	④
03	①	②	③	④
04	①	②	③	④
05	①	②	③	④

1과목 | 공기조화

01 덕트 내 공기가 흐를 때 정압과 동압에 관한 설명으로 틀린 것은?

① 정압은 항상 대기압 이상의 압력으로 된다.
② 정압은 공기가 정지상태일지라도 존재한다.
③ 동압은 공기가 움직이고 있을 때만 생기는 속도 압이다.
④ 덕트 내에서 공기가 흐를 때 그 동압을 측정하면 속도를 구할 수 있다.

해 정압은 유체가 관내를 흐를 때 직각방향으로 작용하는 압력으로 시스템에 따라 대기압보다 높을 수도, 낮을 수도 있다.

02 공기조화 방식의 특징 중 전공기식의 특징에 관한 설명으로 옳은 것은?

① 송풍 동력이 펌프 동력에 비해 크다.
② 외기냉방을 할 수 없다.
③ 겨울철에 가습하기가 어렵다.
④ 실내에 누수의 우려가 있다.

해 ② 외기냉방을 할 수 있다.
③ 겨울철에 가습이 가능하다.
④ 실내에 누수의 우려가 없다.

03 증기난방 방식의 종류에 따른 분류 기준으로 가장 거리가 먼 것은?

① 사용 증기압력
② 증기 배관방식
③ 증기 공급방향
④ 사용 열매종류

해 증기난방 방식의 종류: 압력, 배관방식, 공급방식(방향), 환수 배관방식, 응축수 환수방식
✓ 사용열매는 증기난방의 경우 항상 증기이므로 해당 되지 않는다.

04 공조용 저속덕트를 등마찰법으로 설계할 때 사용하는 단위 마찰저항으로 가장 적당한 것은?

① 0.007~0.015Pa/m
② 0.7~1.5Pa/m
③ 7~15Pa/m
④ 70~150Pa/m

해 저속덕트의 마찰저항: 0.7~1.5Pa/m
고속덕트의 마찰저항: 9.8Pa/m

05 다음 중 저속덕트와 고속덕트를 구분하는 주덕트 내의 풍속으로 적당한 것은?

① 8m/s ② 15m/s
③ 25m/s ④ 45m/s

해 저속덕트: 15m/s이하
고속덕트: 15m/s이상

| 정답 | 01 ① 02 ① 03 ④ 04 ② 05 ②

• 수험번호 :
• 수험자명 :

• 제한 시간 :
• 남은 시간 :

글자 크기  100%  150%  200% 화면 배치  

• 전체 문제 수 :
• 안 푼 문제 수 :

답안 표기란

06 ① ② ③ ④
07 ① ② ③ ④
08 ① ② ③ ④

06 다음 냉방부하 종류 중 현열부하만 이용하여 계산하는 것은?

① 극간풍에 의한 열량
② 인체의 발생열량
③ 기구의 발생열량
④ 송풍기에 의한 취득열량

해 극간풍, 인체, 실내기기, 외기 외엔 모두 현열

07 고온수 난방 배관에 관한 설명으로 옳은 것은?

① 장치의 열용량이 작아 예열시간이 짧다.
② 대량의 열량공급은 용이하지만 배관의 지름은 저온수 난방보다 크게 된다.
③ 관내 압력이 높기 때문에 관내면의 부식문제가 증기난방에 비해 심하다.
④ 공급과 환수의 온도차를 크게 할 수 있으므로 열수송량이 크다.

해 ① 장치의 열용량이 크므로 예열시간이 길다.
② 대량의 열량공급이 용이하여 배관의 지름은 저온수 난방보다 작게 가능하다.
③ 관내 압력이 증기난방 보다 낮기 때문에 관내면의 부식문제가 증기난방에 비해 적다.

08 공기조화방식의 열매체에 의한 분류 중 냉매방식의 특징에 대한 설명으로 틀린 것은?

① 유닛에 냉동기를 내장하므로 국소적인 운전이 자유롭게 된다.
② 온도조절기를 내장하고 있어 개별제이가 가능하다.
③ 대형의 공조실을 필요로 한다.
④ 취급이 간단하고 대형의 것도 쉽게 운전할 수 있다.

해 냉매방식은 개별식이므로 공조실이 필요 없다.

정답 | 06 ④ 07 ④ 08 ③

• 수헌번호:
• 수험자명:

• 제한 시간:
• 남은 시간:

글자 크기  100%  150%  200% 화면 배치  

• 전체 문제 수:
• 안 푼 문제 수:

답안 표기란

09 ① ② ③ ④

10 ① ② ③ ④

09 일반적인 덕트설비를 설계할 때 덕트 설계순서로 옳은 것은?

① 덕트 계획→덕트치수 및 저항 산출→흡입·취출구 위치결정→송풍량 산출→덕트 경로결정→송풍기 선정

② 덕트 계획→덕트 경로설정→덕트치수 및 저항 산출→송풍량 산출→흡입·취출구 위치결정→송풍기 선정

③ 덕트 계획→송풍량 산출→흡입·취출구 위치결정→덕트 경로설정→덕트치수 및 저항 산출→송풍기 선정

④ 덕트 계획→흡입·취출구 위치결정→덕트치수 및 저항 산출→덕트 경로설정→송풍량 산출→송풍기 선정

10 건구온도 10℃, 상대습도 60%인 습공기를 30℃로 가열하였다. 이때의 습공기 상대습도는?

(단, 10℃의 포화수증기압은 9.2mmHg이고, 30℃의 포화수증기압은 23.75mmHg이다.)

① 17% ② 20%

③ 23% ④ 27%

해 공식1) 상대습도(φ)

$= \frac{\text{공기속에실제포함된수증기분압}}{\text{포화증기의수증기분압}}$

$= \frac{P_w}{P_s}$

공식2) $P_w = \phi P_s$

$P_W = 0.6 \times 9.2 = 5.52[mmHg]$

상대습도(φ) $= \frac{5.52}{23.75} = 0.23$

$0.23 \times 100 = 23[\%]$

정답 | 09 ③ 10 ③

11 온도가 20℃, 절대압력이 1MPa인 공기의 밀도(kg/s)는? (단, 공기는 이상기체이며, 기체상수(R)는 0.287kJ/kg · K이다)

① 9.55 ② 11.89

③ 13.78 ④ 15.89

해 공식1) PV=GRT

P : 압력[atm]

V : 부피[L]

R : 기체상수[atm·L/mol·K]

T : 절대온도[K]

G : 질량[kg]

공식2) 밀도(ρ) = $\frac{G}{V}$

공식3) P=ρRT

$\rho = \frac{P}{RT} = \frac{1 \times 1000}{0.287 \times (273 + 20)}$

=11.89[kg/s]

$\left(\frac{[KN/m^2]}{[KN \cdot m/kg \cdot K] \times [K]}\right)$

✓ 1[MPa]=1000[kPa]

✓ kPa=KN/m²

✓ kJ=KN·m

12 겨울철에 난방을 하는 건물의 배기열을 효과적으로 회수하는 방법이 아닌 것은?

① 전열교환기 방법

② 현열교환기 방법

③ 열펌프 방법

④ 축열조 방법

해 축열조는 심야전기를 이용해 심야 시간에 냉난방용 열을 탱크에 저장해 놓는 방식으로 실제 난방시에는 열을 축적 하진 않는다.

13 보일러에서 물이 끓어 증발할 때 보일러수가 물방울 또는 거품으로 되어 증기에 섞여 보일러 밖으로 분출되어 나오는 장해의 종류는?

① 스케일 장해

② 부식 장해

③ 캐리오버 장해

④ 슬러지 장해

정답 | 11 ② 12 ④ 13 ③

14 송풍 공기량을 Q[m/s], 외기 및 실내온도를 각각 to, tr[℃]이라 할 때 침입외기에 의한 손실 열량 중 현열부하(kW)를 구하는 공식은?
(단, 공기의 정압비열은 1.0k/kg·K, 밀도는 1.2kg/m^{3}이다.)

① 1.0×Q×(to-tr)

② 1.2×Q×(to-tr)

③ 597.5×Q×(to-tr)

④ 717×Q×(to-tr)

해 침입 외기에 의한 손실 열량: 공기의 밀도×송풍량×온도차

15 증기난방의 장점이 아닌 것은?

① 방열기가 소형이 되므로 비용이 적게 든다.

② 열의 운반능력이 크다.

③ 예열시간이 온수난방에 비해 짧고 증기 순환이 빠르다.

④ 소음(steam hammering)을 일으키지 않는다.

해 증기난방은 스팀 해머링에 의해 소음이 발생한다.

16 전열교환기에 대한 설명으로 틀린 것은?

① 회전식과 고정식 등이 있다.

② 현열과 잠열을 동시에 교환한다.

③ 전열교환기는 공기 대 공기 열교환기라고도 한다.

④ 동계에 실내로부터 배기되는 고온·다습공기와 한냉·건조한 외기와의 열교환을 통해 엔탈피 감소 효과를 가져온다.

해 ④ 동계에 실내로부터 배기되는 고온·다습공기와 한냉·건조한 외기와의 열교환을 통해 엔탈피 증가 효과를 가져온다.

17 가변 풍량 방식에 대한 설명으로 옳은 것은?

① 실내온도제어는 부하변동에 따른 송풍온도를 변화시켜 제어한다.

② 부분부하시 송풍기 제어에 의하여 송풍기 동력을 절감할 수 있다.

③ 동시 사용률을 적용할 수 없으므로 설비용량을 줄일 수 없다.

④ 시운전시 취출구의 풍량조절이 복잡하다.

해 변풍량 방식: 부하에 따라 송풍제어가 가능하나 송풍량 감소에 따른 실내 오염도가 크다.

| 정답 | 14 ② 15 ④ 16 ④ 17 ②

• 수험번호:
• 수험자명:

• 제한 시간:
• 남은 시간:

글자 크기   100%  150%  200% 화면 배치 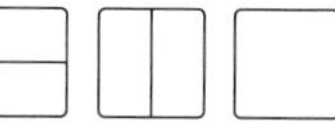

• 전체 문제 수:
• 안 푼 문제 수:

답안 표기란

18 ① ② ③ ④
19 ① ② ③ ④
20 ① ② ③ ④

18 **증기트랩(Steam trap)에 대한 설명으로 옳은 것은?**

① 고압의 증기를 만들기 위해 가열하는 장치
② 증기가 환수관으로 유입되는 것을 방지하기 위해 설치한 밸브
③ 증기가 역류하는 것을 방지하기 위해 만든 자동밸브
④ 간헐운전을 하기 위해 고압의 증기를 만드는 자동밸브

해 증기트랩: 응축수 및 공기를 증기와 분리하여 보일러에 환수시키는 장치

19 **에어 핸들링 유닛(Air Handling Unit)의 구성요소가 아닌 것은?**

① 공기 여과기 ② 송풍기
③ 공기 냉각기 ④ 압축기

해 압축기는 냉동기 구성요소이다.

20 **공기조화기(AHU)의 냉·온수 코일 선정에 대한 설명으로 틀린 것은?**

① 코일의 통과풍속은 약 2.5m/s를 기준으로 한다.
② 코일 내 유속은 1.0m/s 전후로 하는 것이 적당하다.
③ 공기의 흐름방향과 냉온수의 흐름방향은 평행류보다 대향류로 하는 것이 전열효과가 크다.
④ 코일의 통풍저항을 크게 할수록 좋다.

해 ④ 코일의 통풍저항을 적게 할수록 좋다.

정답 | 18 ② 19 ④ 20 ④

• 수험번호:
• 수험자명:

• 제한 시간:
• 남은 시간:

글자 크기  100%  150% 200% 화면 배치 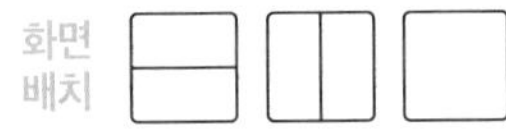

• 전체 문제 수:
• 안 푼 문제 수:

답안 표기란

21	①	②	③	④
22	①	②	③	④
23	①	②	③	④
24	①	②	③	④

2과목 I 냉동공학

21 증기분사식 냉동장치에서 사용되는 냉매는?

① 프레온 ② 물
③ 암모니아 ④ 염화칼슘

해 증기분사식: 압축기나 버너 대신 이젝터를 사용한다. 이젝터를 통해 증기를 분사하면 부압이 형성되고 이때 증발기 내의 물 또는 식염수가 증발하며 그 증발잠열로 인해 냉매가 냉각된다.

22 핫가스(hot gas) 제상을 하는 소형 냉동장치에서 핫가스의 흐름을 제어하는 것은?

① 캐필러리튜브(모세관)
② 자동팽창밸브(AEV)
③ 솔레노이드밸브(전자밸브)
④ 증발압력조정밸브

해 전자밸브(Solenoid Valve): 냉동기 내에서 냉매의 흐름을 제어하기 위한 밸브

23 냉동장치의 액관 중 발생하는 플래시 가스의 발생 원인으로 가장 거리가 먼 것은?

① 액관의 입상높이가 매우 작을 때
② 냉매 순환량에 비하여 액관의 관경이 너무 작을 때
③ 배관에 설치된 스트레이너, 필터 등이 막혀 있을 때
④ 액관이 직사광선에 노출될 때

해 ① 액관의 입상높이가 매우 높을 때

24 다음 상태변화에 대한 설명으로 옳은 것은?

① 단열변화에서 엔트로피는 증가한다.
② 등적변화에서 가해진 열량은 엔탈피 증가에 사용된다.
③ 등압변화에서 가해진 열량은 엔탈피 증가에 사용된다.
④ 등온변화에서 절대일은 0 이다.

해 ① 단열변화에서 엔트로피는 일정하다.
② 등적변화에서 가해진 열량은 내부에너지 증가에 사용된다.
④ 등온변화에서 절대일은 0보다 크다.

정답 | 21 ② 22 ③ 23 ① 24 ③

• 수험번호 :
• 수험자명 :

• 제한 시간 :
• 남은 시간 :

글자 크기 100% 150% 200% 화면 배치

• 전체 문제 수 :
• 안 푼 문제 수 :

답안 표기란

25 ① ② ③ ④
26 ① ② ③ ④
27 ① ② ③ ④
28 ① ② ③ ④

25 압축기의 체적효율에 대한 설명으로 틀린 것은?

① 압축기의 압축비가 클수록 커진다.
② 틈새가 작을수록 커진다.
③ 실제로 압축기에 흡입되는 냉매증기의 체적과 피스톤이 배출한 체적과의 비를 나타낸다.
④ 비열비 값이 적을수록 적게 된다.

해 ① 압축기의 압축비가 클수록 작아진다.

26 10kg의 산소가 체적5m³로부터 11m³로 변화하였다. 이 변화가 일정 압력 하에 이루어졌다면 엔트로피의 변화(kcal/kg · K)는?
(단, 산소는 완전가스로 보고, 정압비열은 0.221kcal/kg · K로 한다.)

① 1.55 ② 1.74
③ 1.95 ④ 2.05

해 공식1) $\Delta S = GC_P \cdot \ln\left(\frac{V_2}{V_1}\right)$

$\Delta S = 10 \times 0.221 \times \ln\left(\frac{11}{5}\right)$

$= 1.74[\text{kcal/K}]$

27 냉동사이클에서 응축온도를 일정하게 하고 압축기 흡입가스의 상태를 건포화 증기로 할때 증발온도를 상승시키면 어떤 결과가 나타나는가?

① 압축비 증가 ② 성적계수 감소
③ 냉동효과 증가 ④ 압축일량 증가

해 ① 압축비 감소
② 성적계수 증가
④ 압축일량 감소

28 냉동효과에 관한 설명으로 옳은 것은?

① 냉동효과란 응축기에서 방출하는 열량을 의미한다.
② 냉동효과는 압축기의 출구 엔탈피와 증발기의 입구 엔탈피 차를 이용하여 구할 수 있다.
③ 냉동효과는 팽창밸브 직전의 냉매액 온도가 높을수록 크며, 또 증발기에서 나오는 냉매증기의 온도가 낮을수록 크다.
④ 냉동효과를 크게 하려면 냉매의 과냉각도를 증가시키는 방법을 취하면 된다.

해 냉동효과 : 냉매 1kg이 증발기에서 흡수하는 열량으로 과냉각도가 증가되면 냉동효과는 상승한다.

| 정답 | 25 ① 26 ② 27 ③ 28 ④

29 조건을 참고하여 산출한 이론 냉동사이클의 성적계수는?

(ㄱ) 증발기 입구 냉매엔탈피: 250kJ/kg
(ㄴ) 증발기 출구 냉매엔탈피: 390kJ/kg
(ㄷ) 압축기 입구 냉매엔탈피: 390kJ/kg
(ㄹ) 압축기 출구 냉매엔탈피: 440kJ/kg

① 2.5　② 2.8
③ 3.2　④ 3.8

해 성적계수(COP) = $\frac{q_e}{Aw}$

$= \frac{390-250}{440-390}$

$= 2.8$

30 다음 중 몰리엘(P-h) 선도에 나타나 있지 <u>않은</u> 것은?

① 엔트로피　② 온도
③ 비체적　④ 비열

해 냉매선도의 구성: 압력, 엔탈피, 온도, 비체적, 건조도, 엔트로피

31 다음과 같은 냉동기의 냉동능력(RT)은?
(단, 응축기 냉각수 입구온도 18℃, 응축기 냉각수 출구온도 23℃, 응축기 냉각수수량 1500L/min, 압축기 주전동기 축마력은 80PS, 1RT는3320kcal/h이다.)

① 135　② 120
③ 150　④ 125

해 공식1) $Q = G \cdot C \cdot \Delta t$
공식2) $Qe = QC - Aw$

응축열량
$Q_C = 1500 \times 60 \times 1 \times (23-18)$
$= 450{,}000[kcal/h]$

압축열량
$Aw = 80 \times 632 = 50{,}560[kcal/h]$
✓ $1[PS] = 632[kcal/h]$

증발열량
$Q_e = 450000 - 50560$
$= 39{,}440[kcal/h]$

냉동능력
$RT = \frac{399440}{3320} = 120[RT]$

• 수험번호:
• 수험자명:

• 제한 시간:
• 남은 시간:

글자 크기  100%  150%  200% 화면 배치  

• 전체 문제 수:
• 안 푼 문제 수:

답안 표기란

32 ① ② ③ ④
33 ① ② ③ ④
34 ① ② ③ ④

32 다음 그림은 어떤 사이클인가?
(단, P = 압력, h = 엔탈피, T = 온도, S = 엔트로피이다.)

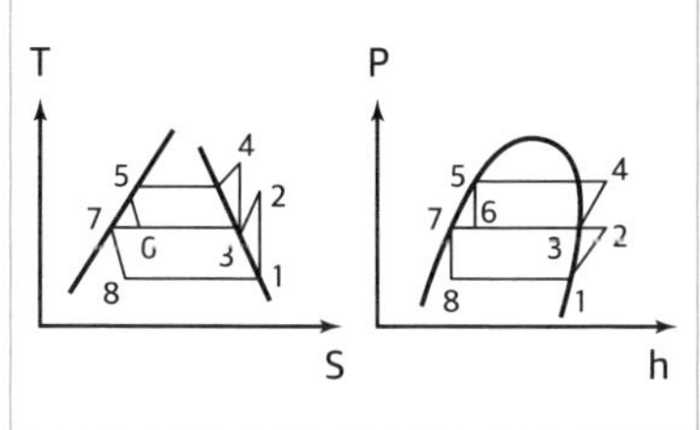

① 2단압축 1단팽창 사이클
② 2단압축 2단팽창 사이클
③ 1단압축 1단팽창 사이클
④ 1단압축 2단팽창 사이클

해 1단압축 : 1→2
2단압축 : 3→4
1단팽창 : 5→6
2단팽창 : 7→8

33 냉동장치 내 불응축가스가 존재하고 있는 것이 판단되었다. 그 혼입의 원인으로 가장 거리가 먼 것은?

① 냉매충전 전에 장치 내를 진공건조시키기 위하여 상온에서 진공 750mmHg까지 몇 시간 동안 진공 펌프를 운전하였기 때문이다.
② 냉매와 윤활유의 충전작업이 불량했기 때문이다.
③ 냉매와 윤활유가 분해하기 때문이다.
④ 팽창밸브에서 수분이 동결하고 흡입가스 압력이 대기압 이하가 되기 때문이다.

해 진공작업을 750mmHg까지 하면 불응축가스는 제거가 된다.

34 냉매의 구비조건으로 틀린 것은?

① 임계온도는 높고, 응고점은 낮아야 한다.
② 증발 잠열과 기체의 비열은 작아야 한다.
③ 장치를 침식하지 않으며 절연 내력이 커야한다.
④ 점도와 표면장력은 작아야 한다.

해 증발 잠열은 크고 비열은 작아야 한다.

| 정답 | 32 ② 33 ① 34 ②

35 조건을 참고하여 산출한 흡수식냉동기의 성적계수는?

(ㄱ) 응축기 냉각열량: 20000kJ/kg
(ㄴ) 흡수기 냉각열량: 25000kJ/kg
(ㄷ) 재생기 가열량: 21000kJ/kg
(ㄹ) 증발기 냉동열량: 24000kJ/kg

① 0.88　② 1.14
③ 1.34　④ 1.52

해 성적계수(COP) = $\frac{\text{증발기열량}}{\text{재생기열량}}$

$= \frac{24000}{21000} = 1.14$

36 중간냉각기에 대한 설명으로 틀린 것은?

① 다단압축냉동장치에서 저단측 압축기 압축압력(중간압력)의 포화온도까지 냉각하기 위하여 사용한다.
② 고단측 압축기로 유입되는 냉매증기의 온도를 낮추는 역할도 한다.
③ 중간냉각기의 종류에는 플래시형, 액냉각형, 직접팽창형이 있다.
④ 2단압축 1단팽창 냉동장치에는 플래시형 중간냉각방식이 이용되고 있다.

해 플래시형: 2단압축 2단팽창
액냉각, 직접팽창형: 2단압축 1단팽창

37 수냉식 냉동장치에서 단수되거나 순환수량이 적어질 때 경고장치보호를 위해 작동하는 스위치는?

① 고압 스위치
② 저압 스위치
③ 유압 스위치
④ 플로우(flow) 스위치

해 플로우 스위치: 관내 유체 흐름이 원활하지 못할 때 작동하는 스위치

38 어떤 냉매의 액이 30℃의 포화온도에서 팽창밸브로 공급되어 증발기로부터 5℃의 포화증기가 되어 나올 때 1냉동톤당 냉매의 양(kg/h)은?
(단, 5℃의 엔탈피는 140.83kcal/kg, 30℃의 엔탈피는 107.65kcal/kg이다.)

① 100.1　② 50.6
③ 10.8　④ 5.3

해 공식1) 냉동능력(Qe) = G Δh

냉매의 양(G) = $\frac{Q}{\Delta h}$

$= \frac{Q}{\Delta h} = \frac{1 \times 3320}{140.83 - 107.65} = 100.1$

| 정답 | 35 ② 36 ④ 37 ④ 38 ①

• 수험번호:
• 수험자명:

• 제한 시간:
• 남은 시간:

글자 크기  100%  150%  200%

화면 배치  

• 전체 문제 수:
• 안 푼 문제 수:

답안 표기란

39	①	②	③	④
40	①	②	③	④
41	①	②	③	④
42	①	②	③	④
43	①	②	③	④

39 냉동장치의 안전장치 중 압축기로의 흡입압력이 소정의 압력 이상이 되었을 경우 과부하에 의한 압축기용 전동기의 위험을 방지하기 위하여 설치되는 기기는?

① 증발압력 조정밸브(EPR)

② 흡입압력 조정밸브(SPR)

③ 고압 스위치

④ 저압 스위치

해 흡입압력 조정밸브 : 압축기 흡입압력이 일정압력 이상이 되는 것을 방지(과부하방지 목적)

40 공기냉동기의 온도가 압축기 입구에서 -10℃, 압축기 출구에서 110℃, 팽창밸브 입구에서 10℃, 팽창밸브 출구에서 -60℃일 때, 압축기의 소요일량(kcal/kg)은?
(단, 공기비열은 0.24kcal/kg · ℃)

① 12　　② 14

③ 16　　④ 18

해 공식1)
Q=G·C·ΔT에서 1kg당 소요열량이므로 G는 1이므로 제외
공식2) Aw=QC-Qe
{0.24×((273+110)-(273+10))}-{0.24×((273+(-10))-(273+(-60))}=12

3과목 I 배관일반

41 가스배관에서 가스공급을 중단시키지 않고 분해·점검할 수 있는 것은?

① 바이패스관　　② 가스미터

③ 부스터　　④ 수취기

해 바이패스 장치 : 기기의 고장이나 점검을 위해 유체를 다른 방향으로 이동시키는 장치

42 급탕설비에 사용되는 저탕조에서 필요한 부속품으로 가장 거리가 먼 것은?

① 안전밸브　　② 수위계

③ 압력계　　④ 온도계

해 저탕조는 거의 만수상태로 유지되며 수위계는 보일러에 설치된다.

43 열전도도가 비교적 크고, 내식성과 굴곡성이 풍부한 장점이 있어 열교환기용 관으로 널리 사용되는 관은?

① 강관　　② 플라스틱관

③ 주철관　　④ 동관

정답 | 39 ② 40 ① 41 ① 42 ② 43 ④

• 수험번호:
• 수험자명:

• 제한 시간:
• 남은 시간:

글자 크기  100%  150%  200% 화면 배치 

• 전체 문제 수:
• 안 푼 문제 수:

답안 표기란

44 ① ② ③ ④
45 ① ② ③ ④
46 ① ② ③ ④

44 급탕배관 계통에서 배관 중 총 손실열량이 15000kcal/h이고, 급탕온도가 70℃, 환수온도가 60℃일 때, 순환수량(kg/min)은?

① 1500 ② 100
③ 25 ④ 5

해 공식1) Q=G·C·Δt

$$G = \frac{Q}{C \times \Delta t} = \frac{15000/60}{1 \times (70-60)}$$

=25[kg/min]

45 다음 중 옥내 노출배관 보온재 외피 시공 시 미관과 내구성을 고려하였을 때 적합한 재료는?

① 면포 ② 아연도금강판
③ 비닐 테이프 ④ 방수 마포

해 아연도금강판: 강판에 아연도금을 하여 내식성이 좋아 각종 건축 재료에 사용된다.

46 다음 중 유기질 보온재의 종류가 아닌 것은?

① 석면 ② 펠트
③ 코르크 ④ 기포성 수지

해 유기질 보온재
㉠ 폼류(기포성 수지): 80℃ 이하 온도에서 사용
㉡ 펠트: 100℃ 이하 온도에서 사용
㉢ 텍스: 120℃ 이하 온도에서 사용
㉣ 코르크: 130℃ 이하 온도에서 사용

무기질 보온재
㉠ 탄산마그네슘: 250℃ 이하 온도에서 사용
㉡ 유리섬유: 300℃ 이하 온도에서 사용
㉢ 규조토: 500℃ 이하 온도에서 사용
㉣ 석면: 350℃~550℃ 온도에서 사용
㉤ 암면: 400℃~600℃ 온도에서 사용
㉥ 필라이트: 650℃ 이하 온도에서 사용
㉦ 세라믹파이버: 1300℃ 이하 온도에서 사용

금속질 보온재
㉠ 알루미늄박

정답 | 44 ③ 45 ② 46 ①

• 수험번호:
• 수험자명:

• 제한 시간:
• 남은 시간:

글자 크기

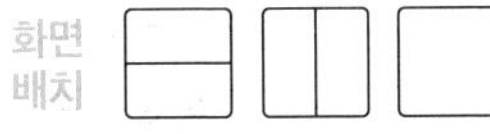

화면 배치

• 전체 문제 수:
• 안 푼 문제 수:

답안 표기란

47 ① ② ③ ④
48 ① ② ③ ④
49 ① ② ③ ④
50 ① ② ③ ④

47 배관설계 시 유의사항으로 틀린 것은?

① 가능한 동일 직경의 배관은 짧고, 곧게 배관한다.

② 관로의 색깔로 유체의 종류를 나타낸다.

③ 관로가 너무 길어서 압력손실이 생기지 않도록 한다.

④ 곡관을 사용할 때는 관 굽힘 곡률 반경을 작게 한다.

해 ④ 곡관을 사용할 때는 관 굽힘 곡률 반경을 크게 한다.

48 다음 중 이온화에 의한 금속 부식에서 이온화 경향이 가장 작은 금속은?

① Mg　② Sn

③ Pb　④ Al

해 K > Ca > Na > Mg > Al > Zn > Fe > Ni > Sn > Pb > H > Cu > Hg > Ag > Pt > Au

49 도시가스배관을 지하에 매설하는 중압 이상인 배관(a)과 지상에 설치하는 배관(b)의 표면 색상으로 옳은 것은?

	(a)	(b)
①	적색	회색
②	백색	적색
③	적색	황색
④	백색	황색

해 지상배관 : 황색
중압의 지하배관 : 적색
저압의 지하배관 : 황색

50 냉매배관 시공 시 주의사항으로 틀린 것은?

① 배관재료는 각각의 용도, 냉매종류, 온도를 고려하여 선택한다.

② 배관 곡관부의 곡률 반지름은 가능한 한 크게 한다.

③ 배관이 고온의 장소를 통과할 때는 단열조치 한다.

④ 기기 상호 간 배관길이는 되도록 길게 하고 관경은 크게 한다.

해 ④ 기기 상호 간 배관길이는 되도록 짧게 하고 관경은 크게 한다.

| 정답 | 47 ④　48 ③　49 ③　50 ④

• 수험번호:
• 수험자명:

• 제한 시간:
• 남은 시간:

글자 크기 100% 150% 200% 화면 배치

• 전체 문제 수:
• 안 푼 문제 수:

답안 표기란

51 ① ② ③ ④
52 ① ② ③ ④
53 ① ② ③ ④
54 ① ② ③ ④

51 온수난방 배관 시공 시 배관의 구배에 관한 설명으로 틀린 것은?

① 배관의 구배는 1/250 이상으로 한다.
② 단관 중력 환수식의 온수 주관은 하향구배를 준다.
③ 상향 복관 환수식에서는 온수 공급관, 복귀관 모두 하향 구배를 준다.
④ 강제 순환식은 배관의 구배를 자유롭게 한다.

해 온수난방의 구배
복관 중력 환수식
㉠ 상향공급식 : 공급관 - 상향구배
환수관 - 하향구배
㉡ 하향공급식 : 모두 하향구배

52 다음 냉동기호가 의미하는 밸브는 무엇인가?

① 체크 밸브 ② 글로브 밸브
③ 슬루스 밸브 ④ 앵글 밸브

53 다음 중 기밀성, 수밀성이 뛰어나고 견고한 배관 접속 방법은?

① 플랜지 접합 ② 나사접합
③ 소켓접합 ④ 용접접합

해 용접이음
㉠ 강도가 크다.
㉡ 누수의 우려가 적다.
㉢ 재료비가 적게 든다.
㉣ 가공이 쉽다.
㉤ 보온작업이 쉽다.

54 송풍기의 토출측과 흡입측에 설치하여 송풍기의 진동이 덕트나 장치에 전달되는 것을 방지하기 위한 접속법은?

① 크로스 커넥션(cross connection)
② 캔버스 커넥션(canvas connection)
③ 서브 스테이션(sub station)
④ 하트포드(hartford) 접속법

해 캔버스 이음 : 송풍기의 진동이 덕트 및 장치에 전달되는 것을 방지

정답 | 51 ③ 52 ① 53 ④ 54 ②

• 수험번호:
• 수험자명:

• 제한 시간:
• 남은 시간:

글자 크기   100%  150%  200% 화면 배치 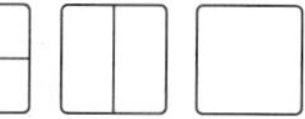

• 전체 문제 수:
• 안 푼 문제 수:

답안 표기란

55	①	②	③	④
56	①	②	③	④
57	①	②	③	④
58	①	②	③	④

55 관의 끝을 나팔모양으로 넓혀 이음쇠의 테이퍼면에 밀착시키고 너트로 체결하는 이음으로, 배관의 분해·결합이 필요한 경우에 이용하는 이음방법은?

① 빅토릭 이음(victoric joint)

② 그립식 이음(grip type joint)

③ 플레어 이음(flare joint)

④ 랩 조인트(lap joint)

解 플레어 이음 : 동관의 끝을 나팔 모양으로 만들어 플레어 작업이 가능

56 냉동장치에서 증발기가 응축기보다 아래에 있을 때 압축기 정지 시 증발기로의 냉매 흐름방지를 위해 설치하는 것은?

① 역구배 루프배관

② 트런처

③ 균압배관

④ 안전밸브

57 증기난방 배관 방법에서 리프트 피팅을 사용할 때, 1단의 흡상고 높이는 얼마 이내로 해야 하는가?

① 4m 이내 ② 3m 이내

③ 2.5m 이내 ④ 1.5m 이내

解 리프트 피팅 : 진공환수식 난방배관에서 환수를 유인하기 위한 배관방법으로 1단 흡상고 높이는 1.5m 이내로 한다.

58 각 종류별 통기관경의 기준으로 틀린 것은?

① 건물의 배수탱크에 설치하는 통기관의 관경은 50mm이상으로 한다.

② 각개통기관의 관경은 그것이 접속되는 배수관 관경의 1이상으로 한다.

③ 루프통기관의 관경은 배수수평지관과 통기수직관 중 작은 쪽 관경의 1/2이상으로 한다.

④ 신정통기관의 관경은 배수수직관의 관경보다 작게 해야 한다.

解 ④ 신정 통기관의 관경은 배수 수직관의 관경보다 크게 해야 한다.

정답 | 55 ③ 56 ① 57 ④ 58 ④

59 증기배관에서 증기와 응축수의 흐름방향이 동일할 때 증기관의 구배는?
(단, 특수한 경우를 제외한다.)

① 1/50이상의 순구배
② 1/50이상의 역구배
③ 1/250이상의 순구배
④ 1/250이상의 역구배

해 ㉠ 흐름 방향이 동일한 순구배의 경우
1/100 ~ 1/200 또는 1/150 ~ 1/250
㉡ 흐름 방향이 다른 역구배의 경우
1/50 ~ 1/100

60 중앙식 급탕법에 대한 설명으로 <u>틀린</u> 것은?

① 급탕 장소가 많은 대규모 건물에 적당하다.
② 직접 가열식은 저탕조와 보일러가 직결되어 있다.
③ 기수 혼합식은 저압증기로 온수를 얻은 방법으로 사용 장소에 제한을 받지 않는다.
④ 간접가열식은 특수한 내압용 보일러를 사용할 필요가 없다.

해 기수혼합식은 중압(0.1 ~ 0.4MPa)증기로 사용장소에 제한이 따른다.

4과목 I 전기제어공학

61 ~~15cm의 거리에 두 개의 도체구가 놓여 있고 이 도체구의 전하가 각각 +0.2μ, -0.4μC이라 할 때 -0.4μC의 전하를 접지하면 어떤 힘이 나타나겠는가?~~

(22년 출제 범위 제외)

① 반발력이 나타난다.
② 흡인력이 나타난다.
③ 접지되어 힘은 0이 된다.
④ 흡인력과 반발력이 반복된다.

해 접지를 하면 전하는 0이 되지만 $+0.2\mu$에 의해 흡인력이 나타난다.

62 컴퓨터 제어의 아날로그 신호를 디지털 신호로 변화하는 과정에서, 아날로그 신호의 최대값을 변환하는 과정에서, 아날로그 신호의 최대값을 M, 변환기의 bit수를 3이라 하면 양자화 오차의 최대값은 얼마인가?

① M ② $\frac{M}{2}$
③ $\frac{M}{7}$ ④ $\frac{M}{8}$

해 공식1) 양자화 오차의 최대값 = $\frac{M}{2^n}$

M : 최대값
n : 비트 수

정답 | 59 ③ 60 ③ 61 ② 62 ④

• 수험번호:
• 수험자명:

• 제한 시간:
• 남은 시간:

글자 크기 100% 150% 200% 화면 배치

• 전체 문제 수:
• 안 푼 문제 수:

답안 표기란

63 ① ② ③ ④
64 ① ② ③ ④
65 ① ② ③ ④
66 ① ② ③ ④

63 ~~피드백제어에서 반드시 필요한 장치는?~~ (22년 출제 범위 제외)

① 구동장치
② 안정도를 좋게 하는 장치
③ 입력과 출력을 비교하는 장치
④ 응답속도를 빠르게 하는 장치

해 피드백 제어: 제어계의 출력값을 목표값과 비교하여 일치하지 않으면 입력으로 피드백 시켜 오차를 수정하도록 하는 폐회로 제어

64 $v=200\sin(120\pi t+\frac{\pi}{3})$V인 전압의 순시값에서 주파수는 몇 Hz인가?

① 50 ② 55
③ 60 ④ 65

해 공식1) 정현파 순시값 $= V_m\sin(\omega t+\theta)$
ω: 각속도
$\omega=2\pi f \rightarrow 120\pi=2\pi f \rightarrow f=\frac{120\pi}{2\pi}$
$=60[Hz]$

65 ~~제어량의 온도, 유량 및 액면 등과 같은 일반 공업량일 때의 제어는?~~ (22년 출제 범위 제외)

① 자동 조정
② 자력 제어
③ 프로세스 제어
④ 프로그램 제어

해 프로세스 제어: 플랜트나 생산 공정 중의 상태량을 제어(온도, 압력, 점도, 유량, 밀도 등)

66 다음 그림에 대한 키르히호프 법칙의 전류 관계식으로 옳은 것은?

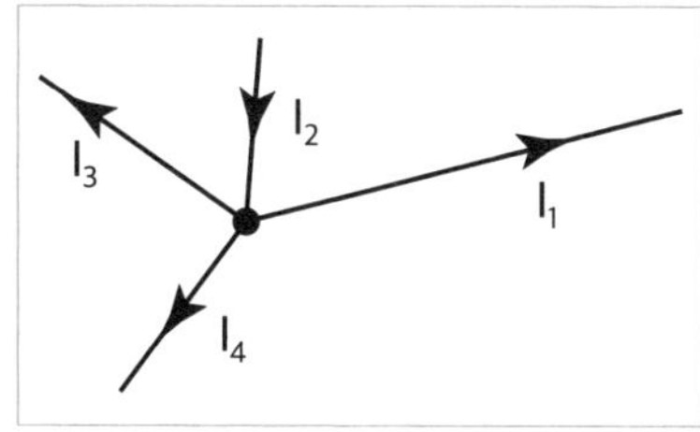

① $I_1=I_2-I_3+I_4$
② $I_1=I_2+I_3+I_4$
③ $I_1=I_2-I_3-I_4$
④ $I_1=-I_2-I_3+I_4$

해 키르히호프의 제1법칙(전류법칙): 회로망 중의 임의의 접속점에 유입되는 전류의 합과 유출되는 전류의 합은 같다.

정답 | 63 ③ 64 ③ 65 ③ 66 ③

• 수험번호 :
• 수험자명 :

• 제한 시간 :
• 남은 시간 :

글자 크기    100% 150% 200% 화면 배치   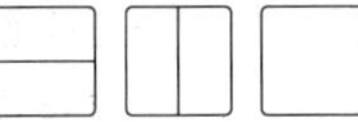

• 전체 문제 수 :
• 안 푼 문제 수 :

답안 표기란

67	①	②	③	④
68	①	②	③	④
69	①	②	③	④
70	①	②	③	④

67 ~~그림과 같은 전체 주파수 전달함수는?~~
~~(단, A가 무한히 크다.)~~

(22년 출제 범위 제외)

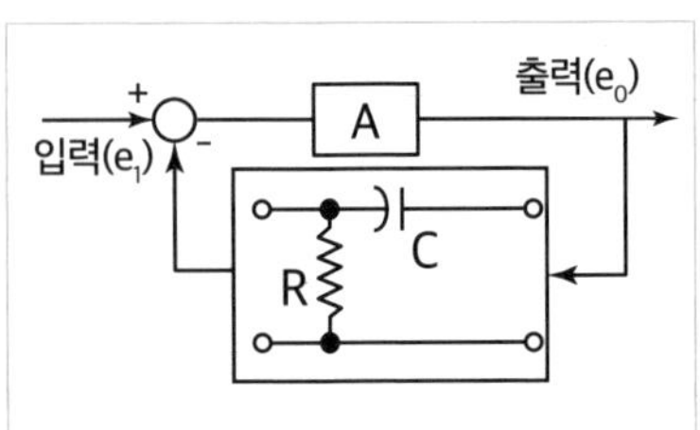

① $1 + j\omega R$ ② $1 + \dfrac{1}{j\omega CR}$

③ $\dfrac{1}{1 + j\omega CR}$ ④ $\dfrac{1}{1 - j\omega CR}$

68 ~~그림의 전달함수를 계산하면?~~

(22년 출제 범위 제외)

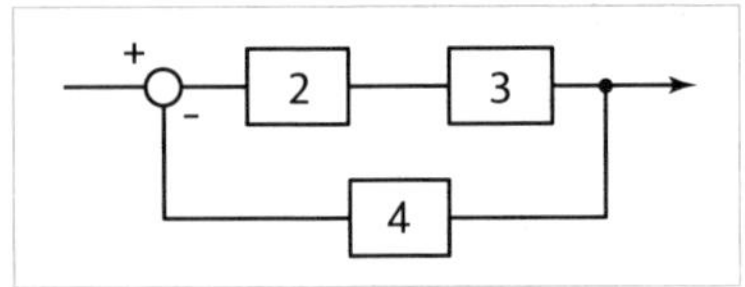

① 0.15 ② 0.22

③ 0.24 ④ 0.44

해 공식1) 전달함수 $G(s) = \dfrac{C}{R}$

$= \dfrac{\text{패스경로}}{1 - \text{피드백경로}}$

$= \dfrac{2 \times 3}{1 - (-2 \times 3 \times 4)}$

$= \dfrac{2 \times 3}{1 + 2 \times 3 \times 4} = 0.24$

69 ~~미분요소에 해당하는 것은?~~
~~(단, K는 비례상수이다.)~~

(22년 출제 범위 제외)

① G(s) = K ② G(s) = Ks

③ G(s) = K/s ④ G(s) = K/(Ts + 1)

해 미분요소 : 전달함수 $G(s) = \dfrac{Y(s)}{X(s)} = Ks$

70 ~~그림과 같은 신호흐름선도에서 X2/X1를 구하면?~~

(22년 출제 범위 제외)

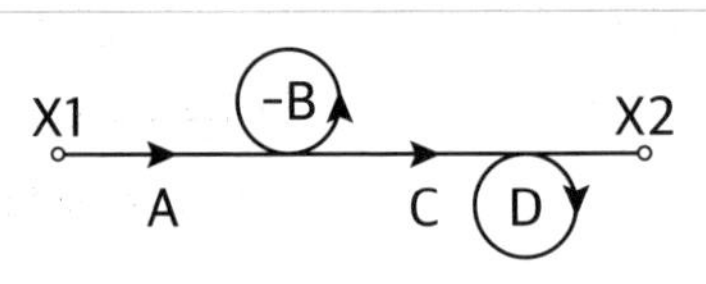

① $\dfrac{AC}{(1+B)(1+D)}$

② $\dfrac{AC}{(1-B)(1+D)}$

③ $\dfrac{AC}{(1-B)(1-D)}$

④ $\dfrac{AC}{(1+B)(1-D)}$

해 공식1) 전달함수 $G(s) = \dfrac{C}{R}$

$= \dfrac{\text{패스경로}}{1 - \text{피드백경로}}$

X1(R) = (1 - (-B))(1 - D) = (1 + B)(1 - D)

| 정답 | 67 ② 68 ③ 69 ② 70 ④

• 수험번호 :
• 수험자명 :

• 제한 시간 :
• 남은 시간 :

글자 크기 100% 150% 200% 화면 배치

• 전체 문제 수 :
• 안 푼 문제 수 :

답안 표기란

71 ① ② ③ ④
72 ① ② ③ ④
73 ① ② ③ ④
74 ① ② ③ ④
75 ① ② ③ ④

71 그림에서 전류계의 측정범위를 10배로 하기 위한 전류계의 내부저항 r(Ω)과 분류기 저항 R(Ω)과의 관계는?

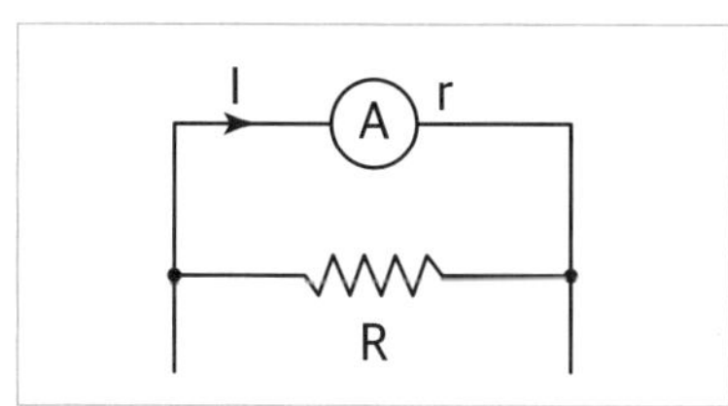

① r = 9R ② r = R/9
③ r = 10R ④ r = R/10

해 r = (m - 1) R = (10 - 1) R = 9R
r : 전류계 내부저항
R : 분류기 저항
m : 전류계 배율

72 온도보상용으로 사용되는 것은?

① SCR ② 다이액
③ 다이오드 ④ 서미스터

해 서미스터 : 열을 감시하는 감열 저항체 소자이다.

73 $G(s) = \frac{1}{1 + 5s}$ 일 때 절점주파수 ω(rad/sec)를 구하면?

① 0.1 ② 0.2
③ 0.25 ④ 0.4

해 $G(s) = \frac{1}{1 + 5s} \rightarrow G(\omega) = \frac{1}{1 + j5\omega}$
질점주파수는 실수부와 허수부가 같을 때의 ω값이다. 따라서 $1 = 5\omega$
$\omega = \frac{1}{5} = 0.2$[rad/sec]

74 ~~목표값이 시간적으로 변하지 않는 일정한 제어는?~~

(22년 출제 범위 제외)

① 정치제어 ② 추종제어
③ 비율제어 ④ 프로그램제어

해 정치제어 : 목표값이 시간적으로 일정하도록 유지

75 제벡효과(Seebeck effect)를 이용한 센서에 해당하는 것은?

① 저항 변화용
② 용량 변화용
③ 전압 변화용
④ 인덕턴스 변화용

해 제어백 효과 : 서로 다른 종류의 금속을 접합하여 두 접점 간의 온도차를 주면 전압이 발생되는 현상

| 정답 | 71 ① 72 ④ 73 ② 74 ① 75 ③

• 수험번호 :
• 수험자명 :

• 제한 시간 :
• 남은 시간 :

글자 크기   100%  150%  200% 화면 배치 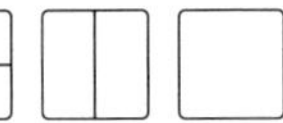

• 전체 문제 수 :
• 안 푼 문제 수 :

답안 표기란

76	①	②	③	④
77	①	②	③	④
78	①	②	③	④

76 ~~폐루프 제어계에서 제어요소가 제어대상에 주는 양은?~~

(22년 출제 범위 제외)

① 조작량　② 제어량
③ 검출량　④ 측정량

해

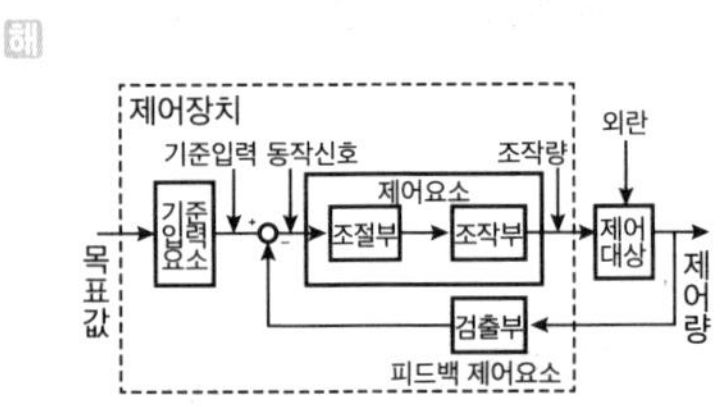

77 그림과 같은 유접점 회로를 간단히 한 회로는?

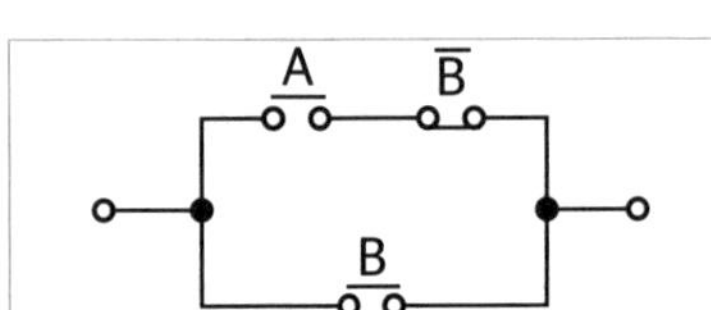

①
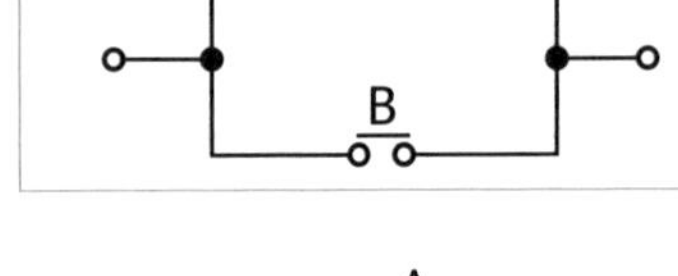
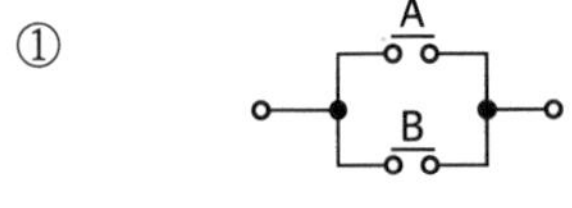

②
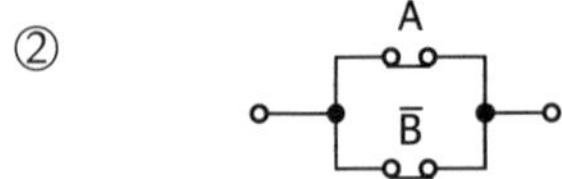

③
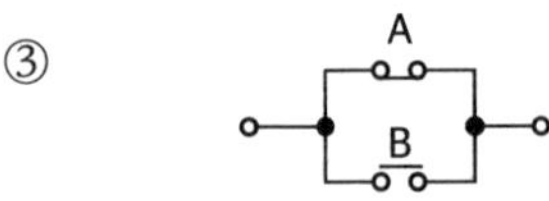

④
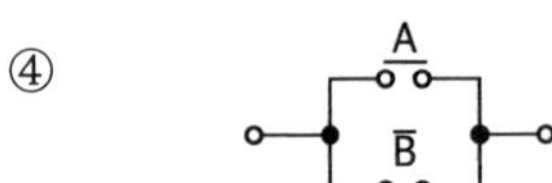

해 $(A \times \overline{B}) + B = (A + B)(B + \overline{B})$
$= (A + B) \times 1 = (A + B)$

78 3상 유도전동기의 출력이 15kW, 선간전압이 220V, 효율이 80%, 역률이 85%일 때, 이 전동기에 유입되는 선전류는 약 몇 A인가?

① 33.4　② 45.6
③ 57.9　④ 69.4

해 공식1) $P = \sqrt{3}\, VI\cos\theta\eta$

$$I = \frac{P}{\sqrt{3}\, V\cos\theta\eta}$$
$$= \frac{15 \times 10^3}{\sqrt{3} \times 220 \times 0.85 \times 0.8}$$
$= 57.9[A]$

| 정답 | 76 ①　77 ①　78 ③

• 수험번호:
• 수험자명:

• 제한 시간:
• 남은 시간:

글자 크기  100%  150%  200% 화면 배치 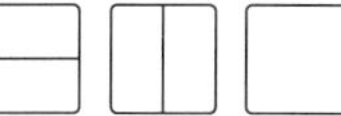

• 전체 문제 수:
• 안 푼 문제 수:

답안 표기란

79 ① ② ③ ④

80 ① ② ③ ④

79 **단위계단 함수 u(t)의 그래프는?** (22년 출제 범위 제외)

①
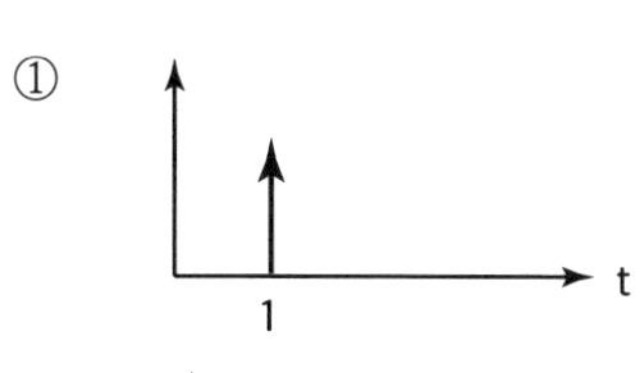

②
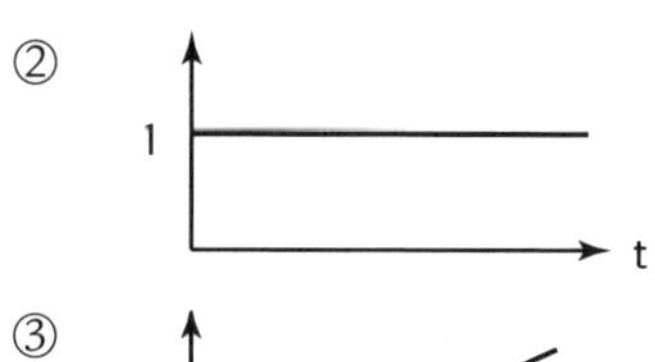

③
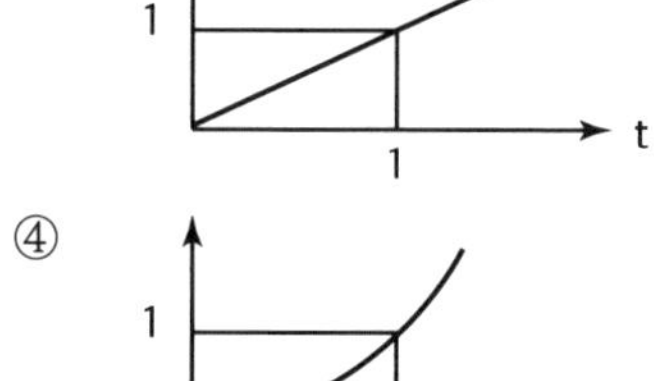

④

해 U(t) : 0 > t 에서 0
0 ≤ t 에서 1

80 **직류기에서 전기자 반작용에 관한 설명으로 틀린 것은?**

① 주자속이 감소한다.

② 전기자 기자력이 증대된다.

③ 정기적 중성축이 이동한다.

④ 자속의 분포가 한쪽으로 기울어진다.

해 ② 전기자 기자력이 감소된다.
✓ 전기자 반작용 : 전기자 전류에 의한 자속이 계자 자속에 영향을 미치는 현상

| 📖 정답 | 79 ② 80 ②

PART 6

:기출문제 2회(2018.04.28)

• 수험번호 :
• 수험자명 :

• 제한 시간 :
• 남은 시간 :

글자 크기  100%  150%  200% 화면 배치  

• 전체 문제 수 :
• 안 푼 문제 수 :

답안 표기란

01 ① ② ③ ④
02 ① ② ③ ④
03 ① ② ③ ④
04 ① ② ③ ④

1과목 | 공기조화

01 난방부하의 변동에 따른 온도 조절이 쉽고, 열용량이 커서 실내의 쾌감도가 좋으며, 공급온도를 변화시킬 수 있고, 방열기 밸브로 방열량을 조절할 수 있는 난방방식은?

① 온수난방방식
② 증기난방방식
③ 온풍난방방식
④ 냉매난방방식

해 온수난방

장점
㉠ 쾌감도가 좋다.
㉡ 방열량 조절이 용이하다.
㉢ 동결 우려가 적다.
㉣ 취급이 용이하다.
㉤ 연료 소비량이 적다.

단점
㉠ 예열시간이 길다.
㉡ 수두 높이에 제한을 받는다.
㉢ 방열면적 및 관경이 크다.
㉣ 설비비가 비싸다.

02 다음 중 개방식 팽창탱크에 반드시 필요한 요소가 아닌 것은?

① 압력계 ② 수면계
③ 안전관 ④ 팽창관

해 압력계는 밀폐형 팽창탱크에 사용된다.

03 단효용 흡수식 냉동기의 능력이 감소하는 원인이 아닌 것은?

① 냉수 출구온도가 낮아질수록 심하게 감소한다.
② 압축비가 작을수록 감소한다.
③ 사용 증기압이 낮아질수록 감소한다.
④ 냉각수 입구온도가 높아질수록 감소한다.

해 흡수식 냉동기에는 압축기가 없으므로 압축비와는 무관하다.

04 다음 중 습공기선도 상에 표시되지 않는 것은?

① 비체적 ② 비열
③ 노점온도 ④ 엔탈피

해 습공기선도 : 건구온도, 습구온도, 노점온도, 상대습도, 절대습도, 수증기 분압, 엔탈피, 비체적, 열수분비, 현열비를 나타낸다.

정답 | 01 ① 02 ① 03 ② 04 ②

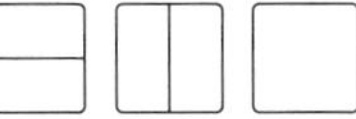

05 공기의 가습방법으로 틀린 것은?

① 에어워셔에 의한 방법
② 얼음을 분무하는 방법
③ 증기를 분무하는 방법
④ 가습팬에 의한 방법

해 수분무식 가습 : 원심식, 초음파식, 분무식
증발식 가습 : 회전식, 모세관식, 적하식
증기식 가습 : 전열식(가습팬형), 전극식, 적외선식, 과열증기식, 노즐분무식
✓ 에어워셔는 노즐 분무방식

06 냉동기를 구동시키기 위하여 여름에도 보일러를 가동하는 열원방식은?

① 터보냉동기 방식
② 흡수식냉동기 방식
③ 빙축열 방식
④ 열병합 발전 방식

해 흡수식 냉동기는 재생기가 들어가므로 보일러를 가동하여 냉동기를 작동시킨다.

07 일정한 건구온도에서 습공기의 성질 변화에 대한 설명으로 틀린 것은?

① 비체적은 절대습도가 높아질수록 증가한다.
② 절대습도가 높아질수록 노점온도는 높아진다.
③ 상대습도가 높아지면 절대습도는 높아진다.
④ 상대습도가 높아지면 엔탈피는 감소한다.

해 ④ 상대습도가 높아지면 엔탈피는 증가한다.

정답 | 05 ② 06 ② 07 ④

• 수험번호:
• 수험자명:

• 제한 시간:
• 남은 시간:

글자 크기  100%  150%  200% 화면 배치 

• 전체 문제 수:
• 안 푼 문제 수:

답안 표기란

08 ① ② ③ ④
09 ① ② ③ ④
10 ① ② ③ ④

08 **복사난방에 관한 설명으로 옳은 것은?**

① 고온식 복사난방은 강판제 패널 표면의 온도를 100℃ 이상으로 유지하는 방법이다.

② 파이프 코일의 매설 깊이는 균등한 온도분포를 위해 코일 외경과 동일하게 한다.

③ 온수의 공급 및 환수 온도차는 가열면의 균일한 온도분포를 위해 10℃ 이상으로 한다.

④ 방이 개방상태에서도 난방효과가 있으나 동일 방열량에 대해 손실량이 비교적 크다.

해 ② 파이프 코일의 매설 깊이는 균등한 온도분포를 위해 코일 외경의 1.5~2배로 한다
③ 온수의 공급 및 환수 온도차는 가열면의 균일한 온도분포를 위해 5~6℃로 한다.
④ 방이 개방상태에서도 난방효과가 있으나 동일 방열량에 대해 손실량이 비교적 작다.

09 **A상태에서 B상태로 가는 냉방과정에서 현열비는?**

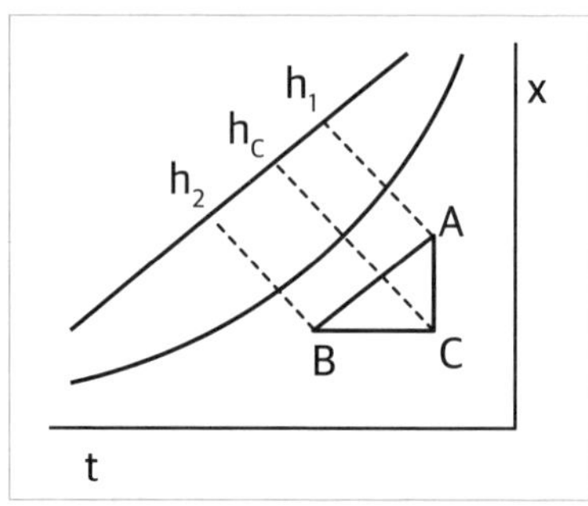

① $\dfrac{h_1 - h_2}{h_1 - h_C}$ ② $\dfrac{h_1 - h_C}{h_1 - h_2}$

③ $\dfrac{h_1 - h_C}{h_C - h_2}$ ④ $\dfrac{h_C - h_2}{h_1 - h_2}$

해 현열비 = $\dfrac{\text{현열}}{\text{현열} + \text{잠열}}$

10 **다음 중 방열기의 종류로 가장 거리가 먼 것은?**

① 주철제 방열기

② 강판제 방열기

③ 컨벡터

④ 응축기

해 방열기: 재질로는 주철제, 강판제, 알루미늄, 스테인레스, 동 등이 있다.
㉠ 주형 열기(Column Radiator)
㉡ 벽걸 방열기(Wall Radiator)
㉢ 대류 방열기(Convector)
㉣ 길드 방열기(Gilled Radiator)
㉤ 팬코일 유닛(FCU)

정답 | 08 ① 09 ④ 10 ④

• 수험번호 :
• 수험자명 :

• 제한 시간 :
• 남은 시간 :

글자 크기    100% 150% 200%
화면 배치  

• 전체 문제 수 :
• 안 푼 문제 수 :

답안 표기란

11	①	②	③	④
12	①	②	③	④

11 **지하 주차장 환기설비에서 천정부에 설치되어 있는 고속노즐로부터 취출되는 공기의 유인효과를 이용하여 오염공기를 국부적으로 희석시키는 방식은?**

① 제트팬 방식
② 고속덕트 방식
③ 무덕트환기 방식
④ 고속노즐 방식

해 고속노즐 방식 : 천장부의 고속 노즐에서 취출되는 공기의 유인효과를 이용하여 오염공기를 국부적으로 희석시키는 방식
제트팬 방식 : 중형 축류팬으로부터 취출된 공기의 유인효과를 이용하여 급기팬으로부터 공급된 외기를 주차장 전역으로 이송시켜 오염가스를 희석시킨 후 배기팬으로 배출하는 방식

12 **다음은 난방부하에 대한 설명이다. ( )에 적당한 용어로서 옳은 것은?**

겨울철에는 실내의 일정한 온도 및 습도를 유지하기 위하여 실내에서 손실된 (㉮)이나 부족한 (㉯)을 보충하어야 한다.

	㉮	㉯
①	수분량	공기량
②	열량	공기량
③	공기량	열량
④	열량	수분량

해 온도(열량), 습도(수분)

| 정답 | 11 ④ 12 ④

• 수험번호:
• 수험자명:

• 제한 시간:
• 남은 시간:

글자 크기

100%

150%

200%

화면 배치

• 전체 문제 수:
• 안 푼 문제 수:

답안 표기란

13 ① ② ③ ④
14 ① ② ③ ④
15 ① ② ③ ④

13 인접실, 복도, 상층, 하층이 공조되지 않는 일반 사무실의 남측 내벽(A)의 손실 열량(kcal/h)은? (단, 설계조건은 실내온도 20℃, 실외온도 0℃, 내벽 열통과율(k)은 1.6kcal/m²·h·℃로 한다.)

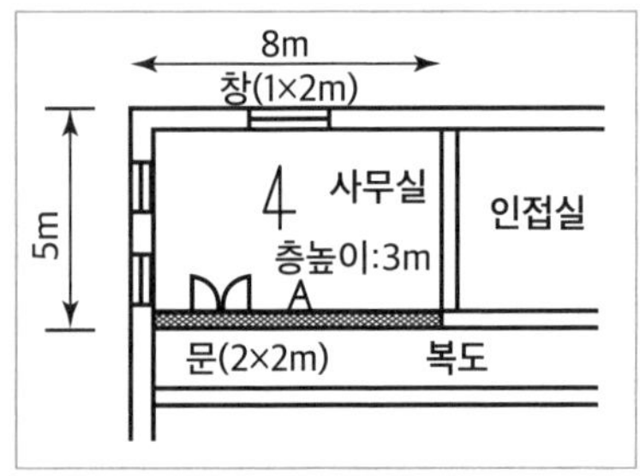

① 320 ② 872
③ 1193 ④ 2937

해 공식1) Q=K·F·Δt
Q: 열량
K: 열통과율
F: 면적
Δt: 온도차
내벽 총면적(F)=(벽의 길이×층 높이) -(문의 길이×문의 높이)
=(8×3)-(2×2)=20[m²]
✓ 사무실측 복도의 온도는 사무실과 실외온도의 평균 온도로 한다.
✓ 복도 평균 온도 = $\frac{20+0}{2}$ =10[℃]
손실열량(Q)=1.6×20×(20-10)
=320[kcal/h]

14 고성능의 필터를 측정하는 방법으로 일정한 크기(0.3μm)의 시험입자를 사용하여 먼지의 수를 계측하는 시험법은?

① 중량법 ② TETD/TA법
③ 비색법 ④ 계수(DOP)법

해 HEPA필터: 0.3μm의 입자를 99.97% 이상 제거가 가능해 병원, 클린룸 등에 쓰인다.
효율 측정법으로는 계수법(DOP법)이 적합하다.

15 다음 중 천장이나 벽면에 설치하고 기류방향을 자유롭게 조정할 수 있는 취출구는?

① 펑커루버형 취출구
② 베인형 취출구
③ 팬형 취출구
④ 아네모스탯형 취출구

해 펑커루버형: 기류 방향과 풍량 조절이 용이하다(국소냉방에 사용).

| 정답 | 13 ① 14 ④ 15 ①

• 수험번호:
• 수험자명:

• 제한 시간:
• 남은 시간:

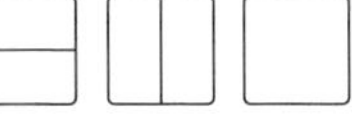

• 전체 문제 수:
• 안 푼 문제 수:

답안 표기란

16 ① ② ③ ④
17 ① ② ③ ④
18 ① ② ③ ④

16 **개방식 냉각탑의 설계 시 유의사항으로 옳은 것은?**

① 압축식 냉동기 1 RT 당 냉각열량은 3.26 kW로 한다.

② 쿨링 어프로치는 일반적으로 10℃로 한다.

③ 압축식 냉동기 1 RT 당 수량은 외기습구온도가 27℃일 때 8L/min 정도로 한다.

④ 흡수식냉동기를 사용할 때 열량은 일반적으로 압축식 냉동기의 약 1.7배~2.0배 정도로 한다.

해 ① 압축식 냉동기 1[RT]=3,320[kcal/h]=3.86[KW]
② 쿨링 어프로치는 일반적으로 5℃로 한다.
③ 압축식 냉동기 1 RT 당 수량은 외기 습구온도가 27℃일 때 13L/min 정도로 한다.

17 **어떤 실내의 취득열량을 구했더니 감열이 40kW, 잠열이 10 kW였다. 실내를 건구온도 25℃, 상대습도 50%로 유지하기 위해 취출온도차 10℃로 송풍하고자 한다. 이 때 현열비(SHF)는?**

① 0.6 ② 0.7
③ 0.8 ④ 0.9

해 공식1) 현열비(SHF)

$$= \frac{현열}{현열+잠열} = \frac{40}{40+10} = 0.8$$

18 **수관보일러의 종류가 아닌 것은?**

① 노통연관식 보일러

② 관류보일러

③ 자연순환식 보일러

④ 강제순환식 보일러

해

구분	형식	비고
원통형	입형	노통, 연관, 노통연관
	횡형	
수관식	자연순환식	
	강제순환식	
	관류식	
주철제	주철제 섹셔널 보일러	
특수 보일러	특수 액체 보일러	
	특수 연료 보일러	
	폐열 보일러	
	간접 가열 보일러	

정답 | 16 ④ 17 ③ 18 ①

• 수험번호:
• 수험자명:

• 제한 시간:
• 남은 시간:

글자 크기  100%  150%  200%

화면 배치  

• 전체 문제 수:
• 안 푼 문제 수:

답안 표기란

19	①	②	③	④
20	①	②	③	④
21	①	②	③	④
22	①	②	③	④

19 온수난방 배관 시 유의사항으로 틀린 것은?

① 배관의 최저점에는 필요에 따라 배관 중의 물을 완전히 배수할 수 있도록 배수 밸브를 설치한다.

② 배관 내 발생하는 기포를 배출시킬 수 있는 장치를 한다.

③ 팽창관 도중에는 밸브를 설치하지 않는다.

④ 증기배관과는 달리 신축 이음을 설치하지 않는다.

해 신축이음은 증기, 온수 난방 모두 사용한다.

20 실내취득열량 중 현열이 35kW일 때, 실내온도를 26℃로 유지하기 위해 12.5℃의 공기를 송풍하고자 한다. 송풍량(m^3/min)은? (단, 공기의 비열은 1.0kJ/kg·℃, 공기의 밀도는 1.2kg/m^3로 한다.)

① 129.6　② 154.3

③ 308.6　④ 617.2

해 공식1) $Q = G \cdot C \cdot \Delta t = q \cdot 1.2 \cdot C \cdot \Delta t$

✓ 1[KW] = 1[kJ/s]

$$q = \frac{35 \times 60}{1.2 \times 1 \times (26 - 12.5)}$$

= 129.6[m^3/min]

2과목 | 냉동공학

21 다음 중 공비혼합냉매는 무엇인가?

① R401A　② R501

③ R717　④ R600

해 공비혼합냉매: 100자리 숫자가 항상 5가 된다.

22 냉동장치의 냉동능력이 3RT이고, 이 때 압축기의 소요동력이 3.7kW이였다면 응축기에서 제거하여야 할 열량(kcal/h)은?

① 9860　② 13142

③ 18250　④ 25500

해 공식1) QC = Qe + Aw

✓ 1[RT] = 3320[kcal/h]

✓ 1[KW] = 860[kcal/h]

응축기 열량(Q_c)

= (3320 × 3) + (3.7 × 60)

= 13,142[kcal/h]

정답 | 19 ④　20 ①　21 ②　22 ②

• 수험번호 :
• 수험자명 :

• 제한 시간 :
• 남은 시간 :

글자 크기   100%  150%  200% 화면 배치 

• 전체 문제 수 :
• 안 푼 문제 수 :

답안 표기란

23 ① ② ③ ④
24 ① ② ③ ④
25 ① ② ③ ④
26 ① ② ③ ④

23 다음 중 압축기의 보호를 위한 안전장치로 바르게 나열된 것은?

① 가용전, 고압스위치, 유압보호스위치
② 고압스위치, 안전밸브, 가용전
③ 안전밸브, 안전두, 유압보호스위치
④ 안전밸브, 가용전, 유압보호스위치

해 가용전은 응축기나 수액기에 설치되며, 냉동기의 안전장치이다.
✓ 압축기도 냉동기의 구성요소이나 가용전은 압축기를 위한 안전장치로 보긴 어렵다.

24 다음 그림에서 냉동효과(kcal/kg)는 얼마인가?

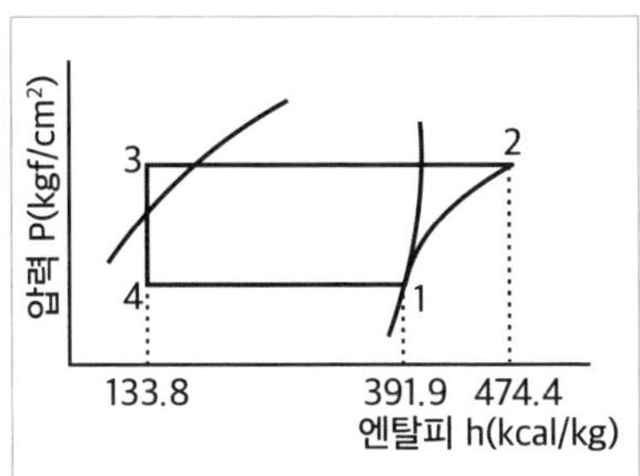

① 340.6　　② 258.1
③ 82.5　　④ 3.13

해 냉동효과(q)
=391.9 - 133.8
=258.1[kcal/kg]

25 암모니아 냉동장치에서 압축기의 토출압력이 높아지는 이유로 틀린 것은?

① 장치 내 냉매 충전량이 부족하다.
② 공기가 장치에 혼입되었다.
③ 순환 냉각수 양이 부족하다.
④ 토출 배관 중의 폐쇄밸브가 지나치게 조여져 있다.

해 냉매가 부족하면 전체적으로 압력은 낮아진다.

26 냉동장치의 액분리기에 대한 설명으로 바르게 짝지어진 것은?

ⓐ 증발기와 압축기 흡입측 배관사이에 설치한다.
ⓑ 기동 시 증발기내의 액이 교란되는 것을 방지 한다.
ⓒ 냉동부하의 변동이 심한 장치에는 사용하지 않는다.
ⓓ 냉매액이 증발기로 유입되는 것을 방지하기 위해 사용한다.

① ⓐ, ⓑ　　② ⓒ, ⓓ
③ ⓐ, ⓒ　　④ ⓑ, ⓒ

해 액분리기는 ⓐ, ⓑ에 해당되며, 냉동부하의 변동이 심한 시스템에 설치하여 냉매액이 압축기로 유입되는 것을 방지한다.

정답 | 23 ③　24 ②　25 ①　26 ①

27 **냉동장치의 운전에 관한 유의사항으로 틀린 것은?**

① 운전 휴지 기간에는 냉매를 회수하고, 저압측의 압력은 대기압보다 낮은 상태로 유지한다.

② 운전 정지 중에는 오일 리턴 밸브를 차단시킨다.

③ 장시간 정지 후 시동 시에는 누설 여부를 점검 후 기동시킨다.

④ 압축기를 기동시키기 전에 냉각수 펌프를 기동시킨다.

해 ① 운전 휴지 기간에는 냉매를 수액기에 회수하고, 저압측의 압력은 대기압보다 높은 상태로 유지한다.

28 **브라인 냉각장치에서 브라인의 부식방지 처리법이 아닌 것은?**

① 공기와 접촉시키는 순환방식 채택

② 브라인의 pH를 7.5~8.2 정도로 유지

③ $CaCl_2$ 방청제 첨가

④ NaCl 방청제 첨가

해 브라인의 금속 부식방지법
㉠ 공기와 접촉하지 않도록 한다.
㉡ pH를 7.5~8.2정도로 유지
㉢ 방식아연을 부착한 철판사용
㉣ 방청약품 사용

29 **표준냉동사이클에 대한 설명으로 옳은 것은?**

① 응축기에서 버리는 열량은 증발기에서 취하는 열량과 같다.

② 증기를 압축기에서 단열압축하면 압력과 온도가 높아진다.

③ 팽창밸브에서 팽창하는 냉매는 압력이 감소함과 동시에 열을 방출한다.

④ 증발기 내에서의 냉매증발온도는 그 압력에 대한 포화온도보다 낮다.

해 ① 응축기에서 버리는 열량은 증발기에서 흡수한 열량과 압축기 발생 열량과 같다.
③ 팽창밸브에서 팽창하는 냉매는 압력은 감소하며 단열팽창하므로 열은 방출되지 않는다.
④ 증발기 내에서의 냉매 증발온도는 그 압력에 대한 포화온도와 같다.

정답 | 27 ① 28 ① 29 ②

30 밀폐계에서 10kg의 공기가 팽창 중 400kJ의 열을 받아서 150kJ의 내부에너지가 증가하였다. 이 과정에서 계가 한 일(kJ)은?

① 550 ② 250
③ 40 ④ 15

해 공식1)
엔탈피 = 내부에너지 + 외부에너지
전체열량 400[kJ] 중 내부에너지가 150[kJ]이므로
일(외부에너지) = 400 - 150 = 250[kJ]

31 증기압축식 냉동장치에서 응축기의 역할로 옳은 것은?

① 대기 중으로 열을 방출하여 고압의 기체를 액화시킨다.
② 저온, 저압의 냉매기체를 고온, 고압의 기체로 만든다.
③ 대기로부터 열을 흡수하여 열 에너지를 저장한다.
④ 고온, 고압의 냉매기체를 저온, 저압의 기체로 만든다.

해 ②번은 압축기의 역할
③번은 축열 열펌프 시스템
④번은 없는 장치

32 액분리기(Accumulator)에서 분리된 냉매의 처리방법이 아닌 것은?

① 가열시켜 액을 증발시킨 후 응축기로 순환시킨다.
② 증발기로 재순환시킨다.
③ 가열시켜 액을 증발시킨 후 압축기로 순환시킨다.
④ 고압측 수액기로 회수한다.

해 응축기에는 압축된 기체 냉매를 순환시켜야 한다.

33 4마력(PS)기관이 1분간에 하는 일의 열당량(kcal)은?

① 0.042 ② 0.42
③ 4.2 ④ 42.1

해 1[PS] = 632[kcal] = 42.1[kcal]

$$\frac{4 \times 632}{60} = 42.1[\text{kcal}]$$

• 수험번호:
• 수험자명:

• 제한 시간:
• 남은 시간:

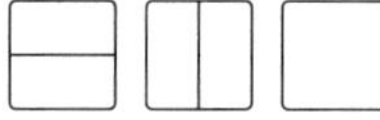

글자 크기 100% 150% 200% 화면 배치

• 전체 문제 수:
• 안 푼 문제 수:

답안 표기란

34 ① ② ③ ④
35 ① ② ③ ④
36 ① ② ③ ④
37 ① ② ③ ④

34 2단 압축식 냉동장치에서 증발압력부터 중간압력까지 압력을 높이는 압축기를 무엇이라고 하는가?

① 부스터 ② 에코노마이저
③ 터보 ④ 루트

해 부스터 압축기 : 저압가스를 중간 압력까지 압축하는 저압 압축기

35 엔트로피에 관한 설명으로 틀린 것은?

① 엔트로피는 자연현상의 비가역성을 나타내는 척도가 된다.
② 엔트로피를 구할 때 적분경로는 반드시 가역변화여야 한다.
③ 열기관이 가역사이클이면 엔트로피는 일정하다.
④ 열기관이 비가역사이클이면 엔트로피는 감소한다.

해 ④ 열기관이 비가역사이클이면 엔트로피는 증가한다.

36 R-22 냉매의 압력과 온도를 측정하였더니 압력이 15.8kg/cm² abs, 온도가 30℃였다. 이 냉매의 상태는 어떤 상태인가?
(단, R-22 냉매의 온도가 30℃일 때 포화압력은 12.25kg/cm² abs이다.)

① 포화상태
② 과열 상태인 증기
③ 과냉 상태인 액체
④ 응고상태인 고체

해 동일 압력하에서 포화온도 이하로 과냉각된 액냉매

37 프레온 냉매를 사용하는 수냉식 응축기의 순환수량이 20L/min이며, 냉각수 입·출구 온도차가 5.5℃였다면, 이 응축기의 방출열량(kcal/h)은?

① 110 ② 6000
③ 6600 ④ 700

해 공식) $Q = G \cdot C \cdot \Delta t$
$= 20 \times 60 \times 1 \times 5.5 = 6{,}600$[kcal/h]

정답 | 34 ① 35 ④ 36 ③ 37 ③

• 수험번호:
• 수험자명:

• 제한 시간:
• 남은 시간:

글자 크기   100%  150%  200% 화면 배치 

• 전체 문제 수:
• 안 푼 문제 수:

답안 표기란

38 ① ② ③ ④
39 ① ② ③ ④
40 ① ② ③ ④

38 스크롤압축기의 특징에 대한 설명으로 틀린 것은?

① 부품수가 적고 고속회전이 가능하다.
② 소요토크의 영향으로 토출가스의 압력변동이 심하다.
③ 진동 소음이 적다.
④ 스크롤의 설계에 의해 압축비가 결정되는 특징이 있다.

해 스크롤 압축기는 토크의 변동이 적어 토출 압력의 변동이 적다.

39 암모니아 냉동장치에서 팽창밸브 직전의 냉매액의 온도가 25℃이고, 압축기 흡입가스가 -15℃인 건조포화 증기이다. 냉동능력 15RT가 요구될 때 필요 냉매순환량(kg/h)은?
(단, 냉매순환량 1kg당 냉동효과는 269kcal 이다.)

① 168 ② 172
③ 185 ④ 212

해 1[RT] = 3320[kcal/h]

$$\frac{15 \times 3320}{269} = 185[kg/h]$$

40 냉동장치의 압력스위치에 대한 설명으로 틀린 것은?

① 고압스위치는 이상고압이 될 때 냉동장치를 정지시키는 안전장치이다.
② 저압스위치는 냉동장치의 저압측 압력이 지나치게 저하하였을 때 전기회로를 차단하는 안전장치이다.
③ 고저압스위치는 고압스위치와 저압스위치를 조합하여 고압측이 일정압력 이상이 되거나 저압측이 일정압력보다 낮으면 압축기를 정지시키는 스위치이다.
④ 유압스위치는 윤활유 압력이 어떤 원인으로 일정압력 이상으로 된 경우 압축기의 훼손을 방지하기 위하여 설치하는 보조장치이다.

해 ④ 유압스위치는 윤활유 압력이 어떤 원인으로 일정압력 이하가 된 경우 압축기의 훼손을 방지하기 위하여 설치하는 보조장치이다.

정답 | 38 ② 39 ③ 40 ④

• 수험번호 :
• 수험자명 :

• 제한 시간 :
• 남은 시간 :

글자 크기    
100% 150% 200%

화면 배치  

• 전체 문제 수 :
• 안 푼 문제 수 :

답안 표기란

41 ① ② ③ ④
42 ① ② ③ ④
43 ① ② ③ ④
44 ① ② ③ ④

3과목 | 배관일반

41 온수난방 배관 시공 시 유의 사항에 관한 설명으로 <u>틀린</u> 것은?

① 배관은 1/250 이상의 일정기울기로 하고 최고부에 공기빼기 밸브를 부착한다.

② 고장 수리용으로 배관의 최저부에 배수밸브를 부착한다.

③ 횡주배관 중에 사용하는 레듀서는 되도록 편심레듀서를 사용한다.

④ 횡주관의 관말에는 관말 트랩을 부착한다.

해 온수 난방에서는 트랩을 사용하지 않는다.

42 관의 보냉 시공의 주된 목적은?

① 물의 동결방지

② 방열방지

③ 결로방지

④ 인화방지

해 보냉 : 결로방지
보온 : 방열방지

43 다음은 횡형 셸 튜브 타입 응축기의 구조도이다. 열전달 효율을 고려하여 냉매 가스의 입구 측 배관은 어느 곳에 연결하여야 하는가?

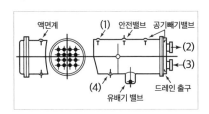

① (1) ② (2)

③ (3) ④ (4)

해 (1) : 기체냉매 입구
(2) : 냉각수 출구
(3) : 냉각수 입구
(4) : 액냉매 출구

44 플로트 트랩의 장점이 <u>아닌</u> 것은?

① 다량 · 소량의 응축수 모두 처리 가능하다.

② 넓은 범위의 압력에서 작동한다.

③ 견고하고 증기해머에 강하다.

④ 자동 에어벤트가 있어 공기배출 능력이 우수하다.

해 플로트 트랩은 수격작용에 약하다.

정답 | 41 ④ 42 ③ 43 ① 44 ③

• 수험번호:
• 수험자명:

• 제한 시간:
• 남은 시간:

글자 크기  100%  150% 200% 화면 배치 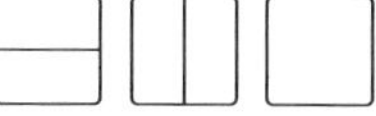

• 전체 문제 수:
• 안 푼 문제 수:

답안 표기란

45 ① ② ③ ④
46 ① ② ③ ④
47 ① ② ③ ④

45 증기난방과 비교하여 온수난방의 특징에 대한 설명으로 틀린 것은?

① 온수난방은 부하 변동에 대응한 온도 조절이 쉽다.

② 온수난방은 예열하는데 많은 시간이 걸리지만 잘 식지 않는다.

③ 연료소비량이 적다.

④ 온수난방의 설비비가 저가인 점이 있으나 취급이 어렵다.

해 온수난방의 특징

장점
㉠ 쾌감도가 좋다.
㉡ 방열량 조절이 용이하다.
㉢ 동결 우려가 적다.
㉣ 취급이 용이하다.

단점
㉠ 예열시간이 길다.
㉡ 수두 높이에 제한을 받는다.
㉢ 방열면적 및 관경이 크다.
㉣ 설비비가 비싸다.

46 펌프 주변 배관 설치 시 유의사항으로 틀린 것은?

① 흡입관은 되도록 길게 하고 굴곡 부분은 적게 한다.

② 펌프에 접속하는 배관의 하중이 직접펌프로 전달되지 않도록 한다.

③ 배관의 하단부에는 드레인 밸브를 설치한다.

④ 흡입측에는 스트레이너를 설치한다.

해 ① 흡입관은 되도록 짧게 하고 굴곡부분은 적게 한다.

47 저온배관용 탄소강관의 기호는?

① STBH ② STHA
③ SPLT ④ STLT

해 저온 배관용 탄소강관(SPLT)
SP : Steel Pipe
LT : Low Temperature

정답 | 45 ④ 46 ① 47 ③

• 수험번호:
• 수험자명:

• 제한 시간:
• 남은 시간:

글자 크기 100% 150% 200% 화면 배치

• 전체 문제 수:
• 안 푼 문제 수:

답안 표기란

48 ① ② ③ ④
49 ① ② ③ ④
50 ① ② ③ ④
51 ① ② ③ ④

48 **증기난방 방식에서 응축수 환수방법에 따른 분류가 아닌 것은?**

① 중력 환수식 ② 진공 환수식
③ 정압 환수식 ④ 기계 환수식

해 증기난방 응축수 환수방식
중력환수식: 응축수를 중력에 의해 환수
기계환수식: 응축수를 펌프로 급수
진공환수식: 응축수를 진공펌프로 환수하고 펌프로 급수

49 **급수관의 관 지름 결정 시 유의사항으로 틀린 것은?**

① 관 길이가 길면 마찰손실도 커진다.
② 마찰손실은 유량, 유속과 관계가 있다.
③ 가는 관을 여러 개 쓰는 것이 굵은 관을 쓰는 것보다 마찰손실이 적다.
④ 마찰손실은 고저차가 크면 클수록 손실도 커진다.

해 ③ 가는 관을 여러 개 쓰는 것이 굵은 관을 쓰는 것보다 마찰손실이 크다.

50 **증기난방 설비 시공 시 수평주관으로부터 분기 입상시키는 경우 관의 신축을 고려하여 2개 이상의 엘보를 이용하여 설치하는 신축 이음은?**

① 스위블 이음 ② 슬리브 이음
③ 벨로즈 이음 ④ 플렉시블 이음

해 스위블형: 2개 이상의 엘보를 사용하고 방열기 주위에 사용

51 **음용수 배관과 음용수 이외의 배관이 접속되어 서로 혼합을 일으켜 음용수가 오염될 가능성이 큰 배관접속 방법은?**

① 하트포드 이음
② 리버스리턴 이음
③ 크로스 이음
④ 역류방지 이음

해 크로스 이음: 배관의 분기 및 합류시 사용되는 이음으로 음용수와 이외의 배관이 접속할 경우 오염의 우려가 있다.

정답 | 48 ③ 49 ③ 50 ① 51 ③

• 수험번호:
• 수험자명:

• 제한 시간:
• 남은 시간:

글자 크기   100%  150%  200% 화면 배치  

• 전체 문제 수:
• 안 푼 문제 수:

답안 표기란

52 ① ② ③ ④
53 ① ② ③ ④
54 ① ② ③ ④
55 ① ② ③ ④

52 급수관의 지름을 결정할 때 급수 본관인 경우 관내의 유속은 일반적으로 어느 정도로 하는 것이 가장 적절한가?

① 1 ~ 2m/s ② 3 ~ 6m/s
③ 10 ~ 15m/s ④ 20 ~ 30m/s

해 급수관 관내 유속: 1 ~ 2[m/s]

53 암모니아 냉매 배관에 사용하기 가장 적합한 것은?

① 알루미늄 합금관
② 동관
③ 아연관
④ 강관

해 암모니아는 동 및 동합금을 부식시키므로 강관을 사용한다.

54 다음 그림 기호가 나타내는 밸브는?

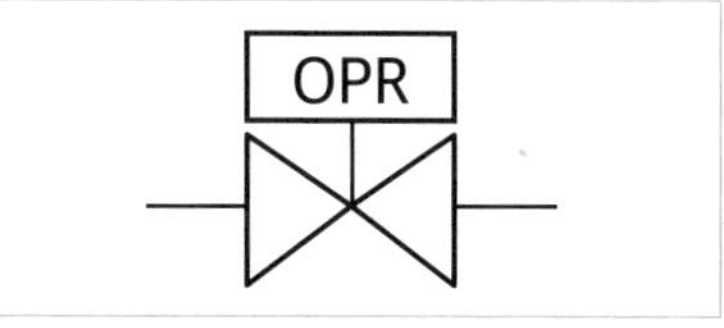

① 증발압력 조정밸브
② 유압 조정밸브
③ 용량 조정밸브
④ 흡입압력 조정밸브

해 OPR은 Oil Pressure Regulator(Valve)의 약자로 오일 압력 조정을 뜻한다.
✓ 증발 압력 조정밸브(Evaporator Pressure Regulator Valve)
✓ 용량 조정밸브(Capacity Regulator Valve)
✓ 흡입 압력 조정밸브(Suction Pressure Regulator Valve)

55 다음 중 중압 가스용 지중 매설관 배관재료로 가장 적합한 것은?

① 경질염화비닐관
② PE 피복강관
③ 동합금관
④ 이음매 없는 피복 황동관

해 중압 가스용 지중 매설관: 폴리에틸렌 피복강관(PE 피복강관)

| 정답 | 52 ① 53 ④ 54 ② 55 ②

• 수험번호:
• 수험자명:

• 제한 시간:
• 남은 시간:

글자 크기  100%  150%  200%

화면 배치 

• 전체 문제 수:
• 안 푼 문제 수:

56 보온재의 구비 조건으로 틀린 것은?

① 열전도율이 클 것

② 불연성일 것

③ 내식성 및 내열성이 있을 것

④ 비중이 적고 흡습성이 적을 것

해 보온재 구비조건
① 열전도율이 작을 것
② 비중이 작을 것
③ 불연성, 내흡습성, 내흡수성 일 것
④ 기계적 강도가 클 것
⑤ 수명이 길 것
⑥ 방습성이 클 것

57 동합금 납땜 관이음쇠와 강관의 이종관 접합시 1개의 동합금 납땜 관이음쇠로 90° 방향전환을 위한 부속의 접합부 기호 및 종류로 옳은 것은?

① C×F 90° 엘보

② C×M 90° 엘보

③ F×F 90° 엘보

④ C×M 어댑터

해 납땜이음새 : C
암나사 : F
수나사 : M
90° 방향전환 부품 : 엘보
✓ 강관은 접합 시 강관 끝에 수나사를 내므로 연결 부속은 암나사인 F를 사용

58 냉동배관 재료로서 갖추어야 할 조건으로 틀린 것은?

① 저온에서 강도가 커야 한다.

② 내식성이 커야 한다.

③ 관내 마찰저항이 커야 한다.

④ 가공 및 시공성이 좋아야 한다.

해 ③ 관내 마찰저항이 작아야 한다.

59 공장에서 제조 정제된 가스를 저장하여 가스 품질을 균일하게 유지하면서 제조량과 수요량을 조절하는 장치는?

① 정압기 ② 가스홀더

③ 가스미터 ④ 압송기

답안 표기란

56 ① ② ③ ④

57 ① ② ③ ④

58 ① ② ③ ④

59 ① ② ③ ④

정답 | 56 ① 57 ① 58 ③ 59 ②

• 수험번호 :
• 수험자명 :

• 제한 시간 :
• 남은 시간 :

글자 크기     100% 150% 200% 화면 배치 

• 전체 문제 수 :
• 안 푼 문제 수 :

답안 표기란

60 ① ② ③ ④
61 ① ② ③ ④
62 ① ② ③ ④
63 ① ② ③ ④

60 흡수식 냉동기 주변배관에 관한 설명으로 틀린 것은?

① 증기조절밸브와 감압밸브장치는 가능한 냉동기 가까이에 설치한다.
② 공급 주관의 응축수가 냉동기 내에 유입되도록 한다.
③ 증기관에는 신축이음 등을 설치하여 배관의 신축으로 발생하는 응력이 냉동기에 전달되지 않도록 한다.
④ 증기 드레인 제어방식은 진공펌프로 냉동기내의 드레인을 직접 압출하도록 한다.

해 공급 주관에는 증기만 유입되도록 한다.

4과목 | 전기제어공학

61 ~~되먹임 제어의 종류에 속하지 않는 것은?~~ (22년 출제 범위 제외)

① 순서제어 ② 정치제어
③ 추치제어 ④ 프로그램제어

해 순서제어 : 시퀀스 제어
정치, 추치, 프로그램 : 피드백 제어

62 직류전동기의 속도제어 방법 중 속도제어의 범위가 가장 광범위하며, 운전 효율이 양호한 것으로 워드 레너드 방식과 정지 레너드 방식이 있는 제어법은?

① 저항 제어법 ② 전압 제어법
③ 계자 제어법 ④ 2차여자 제어법

63 ~~제어량은 회전수, 전압, 주파수 등이 있으며 이 목표치를 장기간 일정하게 유지시키는 것은?~~ (22년 출제 범위 제외)

① 서보기구 ② 자동조정
③ 추치제어 ④ 프로세스제어

해 자동조정 제어 : 전기적, 기계적 양을 제어하며, 제어대상으로는 전압, 전류, 주파수 등이 있다.

| 정답 | 60 ② 61 ① 62 ② 63 ②

• 수험번호:
• 수험자명:
• 제한 시간:
• 남은 시간:

글자 크기  100%  150%  200% 화면 배치

• 전체 문제 수:
• 안 푼 문제 수:

답안 표기란

64	①	②	③	④
65	①	②	③	④
66	①	②	③	④
67	①	②	③	④

64 ~~어떤 제어계의 임펄스 응답이 sinωt 일 때 계의 전달함수는?~~

(22년 출제 범위 제외)

① $\frac{\omega}{s+\omega}$ ② $\frac{\omega^2}{s+\omega}$

③ $\frac{s}{s+\omega^2}$ ④ $\frac{\omega}{s^2+\omega^2}$

해 정현파 함수: sinωt→ $\frac{\omega}{s^2+\omega^2}$

65 **그림과 같은 논리회로의 출력 Y는?**

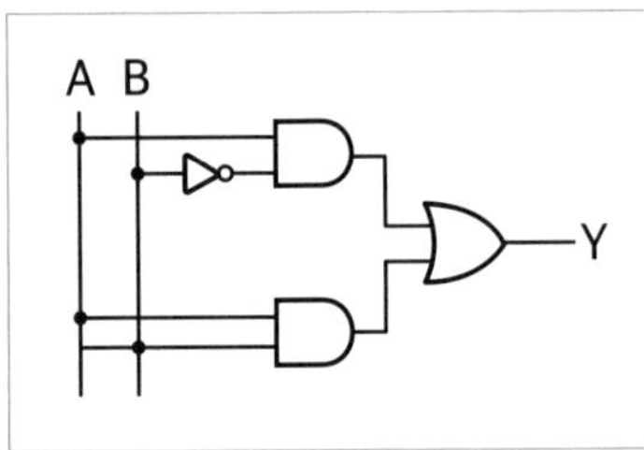

① $Y = AB + A\overline{B}$

② $Y = \overline{A}B + AB$

③ $Y = \overline{A}B + A\overline{B}$

④ $Y = \overline{A}\,\overline{B} + A\overline{B}$

해 AND회로1: $A\overline{B}$
AND회로2: AB
OR회로: AND2회로+AND1회로
$= AB + A\overline{B}$

66 ~~제어계의 응답 속응성을 개선하기 위한 제어동작은?~~

(22년 출제 범위 제외)

① D 동작 ② I 동작

③ PD 동작 ④ PI 동작

해 PD동작: 응답 속응성의 개선

67 **$s^2+2\delta\omega_n s+\omega_n^2=0$인 계가 무제동 진동을 할 경우 δ의 값은?**

① $\delta=0$ ② $\delta<1$

③ $\delta=1$ ④ $\delta>1$

해 제동비
무제동: $\delta=0$
부족제동: $\delta<1$
과제동: $\delta>1$
임계제동: $\delta=1$

정답 | 64 ④ 65 ① 66 ③ 67 ①

• 수험번호:
• 수험자명:
• 제한 시간:
• 남은 시간:

글자 크기 100% 150% 200% 화면 배치

• 전체 문제 수:
• 안 푼 문제 수:

답안 표기란

68	①	②	③	④
69	①	②	③	④
70	①	②	③	④
71	①	②	③	④
72	①	②	③	④

68 ~~그림과 같은 RL 직렬회로에 구형파 전압을 인가했을 때 전류 i를 나타내는 식은?~~ (22년 출제 범위 제외)

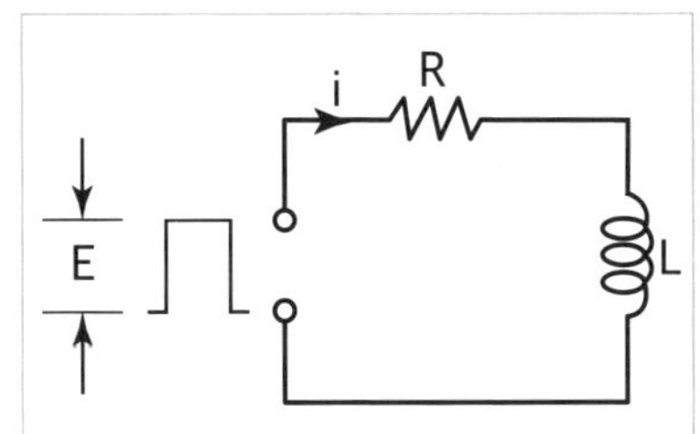

① $i = \frac{E}{R}e^{-\frac{R}{L}t}$

② $i = ERe^{-\frac{R}{L}t}$

③ $i = \frac{E}{R}(1 - e^{-\frac{L}{R}t})$

④ $i = \frac{E}{R}(1 - e^{-\frac{R}{L}t})$

69 배리스터의 주된 용도는?

① 온도 측정용

② 전압 증폭용

③ 출력전류 조절용

④ 서지전압에 대한 회로 보호용

해 배리스터 : 소자에 가해지는 전압이 증가하면 저항이 감소하는 반도체

70 ~~어떤 제어계의 단위계단 입력에 대한 출력응답 $c(t) = 1 - e^{-t}$로 되었을 때 지연시간 $T_d(s)$는?~~ (22년 출제 범위 제외)

① 0.693 ② 0.346

③ 0.278 ④ 1.386

해 지연시간 : 출력이 50%에 도달하는데 걸리는 시간

즉, $c(t) = 0.5$

$0.5 = 1 - e^{-t} \to 0.5 = 1 - e^{-Td} \to$

$e^{-Td} = 1 - 0.5 \to e^{-Td} = 0.5 \to$

$-T_d = \ln 0.5 \to -T_d = -0.693$

71 전자회로에서 온도 보상용으로 많이 사용되고 있는 소자는?

① 저항 ② 코일

③ 콘덴서 ④ 서미스터

해 서미스터 : 열을 감지하는 감열 저항체 소자이다.

72 ~~열처리 노의 온도제어는 어떤 제어에 속하는가?~~ (22년 출제 범위 제외)

① 자동조정

② 비율제어

③ 프로그램제어

④ 프로세스제어

정답 | 68 ④ 69 ④ 70 ① 71 ④ 72 ③

73 일정전압의 직류전원에 저항을 접속하고 전류를 흘릴 때, 이 전류값을 50% 증가시키기 위한 저항값은?

① 0.6R ② 0.67R

③ 0.82R ④ 1.2R

해 공식1) V = IR

$V_1 = V_2$ 일 때 $I_1R_1 = 1.5I_1R_2$ 이므로

$R_2 = \frac{I_1R_1}{1.5I} = \frac{R_1}{1.5} = \frac{1}{1.5}R_1 = 0.67R$

74 ~~피드백 제어계의 구성요소 중 동작신호에 해당되는 것은?~~

(22년 출제 범위 제외)

① 목표값과 제어량의 차

② 기준입력과 궤환 신호의 차

③ 제어량에 영향을 주는 외적 신호

④ 제어요소가 제어대상에 주는 신호

해 동작신호: 기준입력과 주궤한 신호와의 편차인 신호

75 동기속도가 3600rpm인 동기발전기의 극수는 얼마인가? (단, 주파수는 60Hz이다.)

① 2극 ② 4극

③ 6극 ④ 8극

해 공식1) $N_s = \frac{120f}{p}$

$3600 = \frac{120 \times 60}{p} \rightarrow$

$p = \frac{120 \times 60}{3600} = 2$

76 ~~다음 블록선도 중 비례적분제어기를 나타낸 블록선도는?~~

(22년 출제 범위 제외)

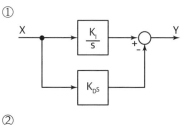

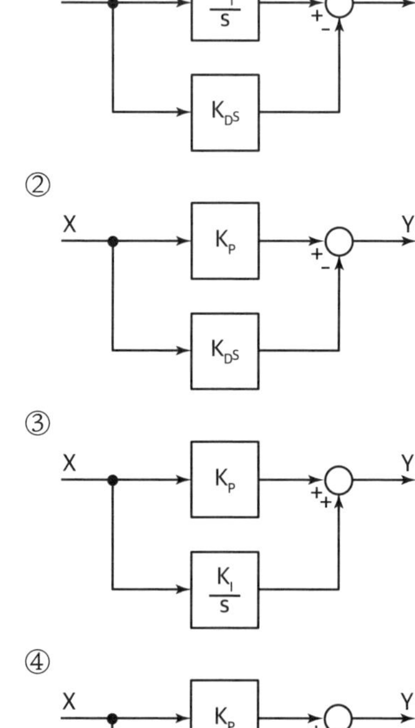

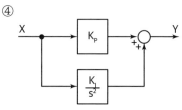

해 비례요소: 전달함수 $G(s) = \frac{Y(s)}{X(s)} = K$

적분요소: 전달함수 $G(s) = \frac{Y(s)}{X(s)} = \frac{K}{s}$

정답	73 ②	74 ②	75 ①	76 ③

• 수험번호:
• 수험자명:

• 제한 시간:
• 남은 시간:

글자 크기   100%  150%  200% 화면 배치 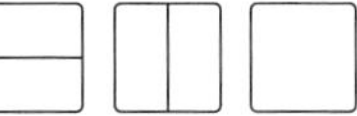

• 전체 문제 수:
• 안 푼 문제 수:

답안 표기란

77	①	②	③	④
78	①	②	③	④
79	①	②	③	④
80	①	②	③	④

77 ~~전류 $I=3t^2+6t$를 어떤 전선에 5초 동안 통과시켰을 때 전기량은 몇 C인가?~~ (22년 출제 범위 제외)

① 140 ② 160
③ 180 ④ 200

解 공식1) $q=\int_0^t Idt[C]$

$$\int_0^t (3t^2+6t)dt=[t^3+3t^2]_0^5$$

$=(5^3+3\times5^2)-(0^3+3\times0^2)$

$=200[C]$

78 ~~그림과 같은 신호흐름선도에서 C/R를 구하면?~~ (22년 출제 범위 제외)

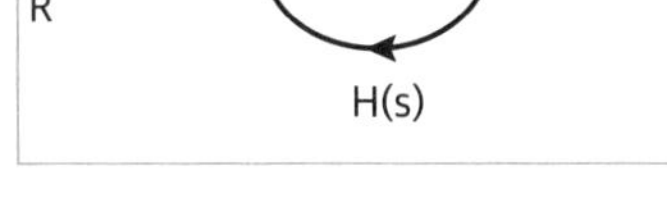

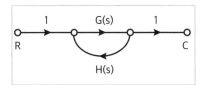

① $\dfrac{G(s)H(s)}{1-G(s)H(s)}$

② $\dfrac{G(s)}{1+G(s)H(s)}$

③ $\dfrac{G(s)H(s)}{1+G(s)H(s)}$

④ $\dfrac{G(s)}{1-G(s)H(s)}$

解 공식1) 전달함수

$G(s)=\dfrac{C}{R}=\dfrac{\text{패스경로}}{1-\text{피드백경로}}$

$=\dfrac{C}{R}=\dfrac{G(s)}{1-G(s)H(s)}$

79 ~~다음 블록선도의 입력과 출력이 일치하기 위해서 A에 들어갈 전달함수는?~~ (22년 출제 범위 제외)

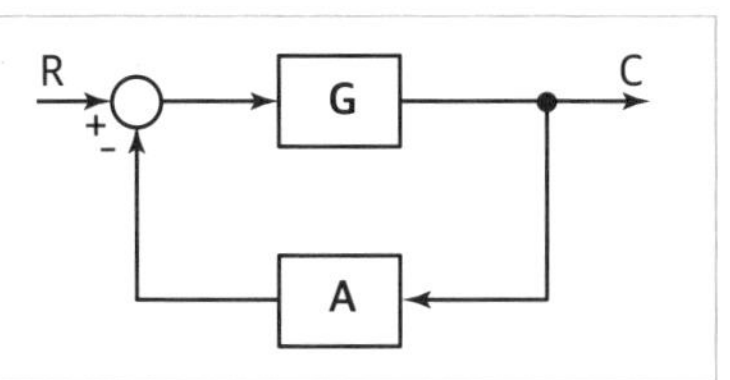

① $\dfrac{1+G}{G}$ ② $\dfrac{G}{1+G}$

③ $\dfrac{G-1}{G}$ ④ $\dfrac{1+G}{G-1}$

解 공식1) 전달함수

$G(s)=\dfrac{C}{R}=\dfrac{\text{패스경로}}{1-\text{피드백경로}}$

C = R이므로 $\dfrac{C}{R}=1$

$1=\dfrac{G}{1+GA}\rightarrow 1+GA=G\rightarrow$

$GA=G-1\rightarrow A=\dfrac{G-1}{G}$

80 ~~어떤 제어계의 입력이 단위 임펄스이고 출력 $c(t)=te^{-3t}$이었다. 이 계의 전달함수 G(s)는?~~

(22년 출제 범위 제외)

① $\dfrac{1}{(s+3)^2}$

② $\dfrac{t}{(s+3)^2}$

③ $\dfrac{s}{(s+3)^2}$

④ $\dfrac{1}{(s+2)(s+1)}$

解 $f(t)=te^{-at}\rightarrow F(s)=\dfrac{1}{(s+a)^2}$

$te^{-3t}=\dfrac{1}{(s+3)^2}$

| 정답 | 77 ④ 78 ④ 79 ③ 80 ①

:기출문제 3회(2018.08.19)

• 수험번호:
• 수험자명:

• 제한 시간:
• 남은 시간:

글자 크기  100%  150%  200% 화면 배치 

• 전체 문제 수:
• 안 푼 문제 수:

답안 표기란

01 ① ② ③ ④

02 ① ② ③ ④

1과목 | 공기조화

01 다음 중 공기조화기 부하를 바르게 나타낸 것은?

① 실내부하+외기부하+덕트통과열부하+송풍기부하

② 실내부하+외기부하+덕트통과열부하+배관통과열부하

③ 실내부하+외기부하+송풍기부하+펌프부하

④ 실내부하+외기부하+재열부하+냉동기부하

해 공기조화 부하

㉠ 실내 취득부하+기기 취득부하 =송풍량

㉡ 재열부하+외기부하+송풍량 =냉각코일 부하

㉢ 펌프 및 배관부하+냉각코일 부하 =냉동기 용량

✓ 공기조화기 부하=냉각코일 부하

✓ 기기취득부하: 송풍기 부하, 덕트로부터의 부하

02 압력 760mmHg, 기온 15℃의 대기가 수증기 분압 9.5mmHg를 나타낼 때 건조공기 1kg 중에 포함되어 있는 수증기의 중량은 얼마인가?

① 0.00623kg/kg

② 0.00787kg/kg

③ 0.00821kg/kg

④ 0.00931kg/kg

해 공식1) $x = 0.622\dfrac{P_w}{P - P_w}$

P: 대기압

P_W: 수증기 분압

$x = 0.622\dfrac{9.5}{760 - 9.5}$

$= 0.00787$[kg/kg]

| 📖 정답 | 01 ① 02 ②

• 수험번호 :
• 수험자명 :

• 제한 시간 :
• 남은 시간 :

글자 크기  100%  150%  200% 화면 배치 

• 전체 문제 수 :
• 안 푼 문제 수 :

답안 표기란

03 ① ② ③ ④
04 ① ② ③ ④
05 ① ② ③ ④

03 8000W의 열을 발산하는 기계실의 온도를 외기 냉방하여 26℃로 유지하기 위해 필요한 외기도입량(m^3/h)은?
(단, 밀도는 $1.2kg/m^3$, 공기 정압비열은 1.01kJ/kg·℃, 외기온도는 11℃이다.)

① 600.06　② 1584.16
③ 1851.85　④ 2160.22

해 공식1) $Q = G \cdot C \cdot \Delta t = q \cdot 1.2 \cdot C \cdot \Delta t$

$$q = \frac{Q}{1.2 \times C \times \Delta t} = \frac{(8000/1000) \times 3600}{1.2 \times 1.01 \times (26 - 11)} = 1584.16[m^3/h]$$

✓ 1[W] = 1[J/s]
✓ 8000[J/s] / 1000 = 8[kJ/s]
✓ 8[kJ/s]×3600[s] = 28800[kJ/h]

04 증기난방에 대한 설명으로 옳은 것은?

① 부하의 변동에 따라 방열량을 조절하기가 쉽다.
② 소규모 난방에 적당하며 연료비가 적게 든다.
③ 방열면적이 적으며 단시간 내에 실내온도를 올릴 수 있다.
④ 장거리 열수송이 용이하며 배관의 소음 발생이 작다.

해 증기난방 : 방열량이 크므로 방열면적이 작아도 되며 예열시간이 짧아 단시간 내에 실내온도를 올릴 수 있다.
① 부하의 변동에 따라 방열량을 조절하기가 어렵다.
② 소규모 난방에 적당하며 연료비가 많이 든다.
④ 장거리 열수송이 용이하며 배관의 소음이 크다.

05 공기조화방식의 분류 중 전공기 방식에 해당되지 않는 것은?

① 팬코일 유닛 방식
② 정풍량 단일덕트 방식
③ 2중덕트 방식
④ 변풍량 단일덕트 방식

해 팬코일 유닛 방식
수-공기방식 또는 수방식

정답 | 03 ② 04 ③ 05 ①

• 수험번호:
• 수험자명:

• 제한 시간:
• 남은 시간:

글자 크기 100% 150% 200% 화면 배치

• 전체 문제 수:
• 안 푼 문제 수:

답안 표기란

06 ① ② ③ ④
07 ① ② ③ ④
08 ① ② ③ ④
09 ① ② ③ ④

06 일반적인 취출구의 종류가 아닌 것은?

① 라이트-트로퍼(light-troffer)형
② 아네모스탯(annemostat)형
③ 머쉬룸(mushroom)형
④ 웨이(way)형

해 머쉬룸형: 바닥에 설치되어 바닥의 먼지를 흡입하는 흡입구

07 극간풍을 방지하는 방법으로 적합하지 않는 것은?

① 실내를 가압하여 외부보다 압력을 높게 유지한다.
② 건축의 건물 기밀성을 유지한다.
③ 이중문 또는 회전문을 설치한다.
④ 실내외 온도차를 크게 한다.

해 ④ 실내외 온도차를 작게 한다.

08 다음 중 실내 환경기준 항목이 아닌 것은?

① 부유분진의 양
② 상대습도
③ 탄산가스 함유량
④ 메탄가스 함유량

해 실내 환경기준

구분	기준
부유 분진량	1m³당 0.15mg 이하
일산화탄소(CO)함유량	10ppm 이하 (0.001% 이하)
이산화탄소 (CO_2)함유량	1,000ppm 이하 (0.1% 이하)
온도	17~28℃ 이하
상대습도(RH)	40~70% 이하
기류속도	0.5m/s 이하

09 덕트를 설계할 때 주의사항으로 틀린 것은?

① 덕트를 축소할 때 각도는 30° 이하로 되게 한다.
② 저속 덕트 내의 풍속은 15m/s 이하로 한다.
③ 장방형 덕트의 종횡비는 4:1이상 되게 한다.
④ 덕트를 확대할 때 확대각도는 15° 이하로 되게 한다.

해 ③ 장방형 덕트의 종횡비는 4:1 이하로 되게 한다.
✓ 표준: 2:1
✓ 최대: 8:1

정답 | 06 ③ 07 ④ 08 ④ 09 ③

• 수험번호 :
• 수험자명 :
• 제한 시간 :
• 남은 시간 :

글자 크기 100% 150% 200% 화면 배치

• 전체 문제 수 :
• 안 푼 문제 수 :

답안 표기란
10 ① ② ③ ④
11 ① ② ③ ④
12 ① ② ③ ④
13 ① ② ③ ④

10 **상당방열면적을 계산하는 식에서 qo는 무엇을 뜻하는가?**

$$EDR = \frac{H_r}{q_o}$$

① 상당 증발량
② 보일러 효율
③ 방열기의 표준 방열량
④ 방열기의 전방열량

해 EDR
$= \frac{\text{방열기의총방열량[kcal/h]}}{\text{표준방열량[kcal/m}^2\text{h]}}[m^2]$

11 **중앙 공조기의 전열교환기에서는 어떤 공기가 서로 열교환을 하는가?**

① 환기와급기 ② 외기와배기
③ 배기와급기 ④ 환기와배기

12 **실내 발생열에 대한 설명으로 틀린 것은?**

① 벽이나 유리창을 통해 들어오는 전도열은 현열뿐이다
② 여름철 실내에서 인체로부터 발생하는 열은 잠열뿐 이다.
③ 실내의 기구로부디 발생열은 잠열과 현열이다.
④ 건축물의 틈새로부터 침입하는 공기가 갖고 들어오는 열은 잠열과 현열이다.

해 극간풍, 인체, 실내기기, 외기 외엔 모두 현열
✓ 실내발생열 중 잠열 뿐인 부하는 없다.

13 **공기여과기의 성능을 표시하는 용어 중 가장 거리가 먼 것은?**

① 제거효율 ② 압력손실
③ 집진용량 ④ 소재의 종류

해 공기여과기 성능과 소재는 관련이 없다.

| 정답 | 10 ③ 11 ② 12 ② 13 ④

• 수험번호:
• 수험자명:

• 제한 시간:
• 남은 시간:

글자 크기    100% 150% 200% 화면 배치  

• 전체 문제 수:
• 안 푼 문제 수:

답안 표기란

14	①	②	③	④
15	①	②	③	④
16	①	②	③	④
17	①	②	③	④

14 환기의 목적이 아닌 것은?

① 실내공기 정화
② 열의 제거
③ 소음 제거
④ 수증기 제거

해 환기와 소음은 무관하다.

15 공조기 내에 흐르는 냉·온수 코일의 유량이 많아서 코일 내에 유속이 너무 빠를 때 사용하기 가장 적절한 코일은?

① 풀서킷 코일(full circuit coil)
② 더블서킷 코일(double circuit coil)
③ 하프서킷 코일(half circuit coil)
④ 슬로서킷 코일(slow circuit coil)

해 ① 풀서킷 : 코일의 입구부터 출구까지 1개의 통로로 되어 있다.
② 더블서킷 코일 : 코일 내 유량이 많아 유속이 클 때 사용
③ 하프서킷 코일 : 코일 내 유량이 적어 유속이 느릴 때 사용

16 날개 격자형 취출구에 대한 설명으로 틀린 것은?

① 유니버설형은 날개를 움직일 수 있는 것이다.
② 레지스터란 풍량조절 셔터가 있는 것이다.
③ 수직 날개형은 실의 폭이 넓은 방에 적합하다.
④ 수평 날개형 그릴이라고도 한다.

해 그릴 : 날개가 고정되어있고 셔터가 없는 것

17 송풍기의 회전수 변환에 의한 풍량 제어 방법에 대한 설명으로 틀린 것은?

① 극수를 변환한다.
② 유도전동기의 2차측 저항을 조정한다.
③ 전동기에 의한 회전수에 변화를 준다.
④ 송풍기 흡입측에 있는 댐퍼를 조인다.

해 댐퍼조절은 송풍기 회전수에 의한 풍량 조절과는 관련이 없다.

정답 | 14 ③ 15 ② 16 ④ 17 ④

• 수험번호 :
• 수험자명 :
• 제한 시간 :
• 남은 시간 :

글자 크기  100%  150%  200% 화면 배치  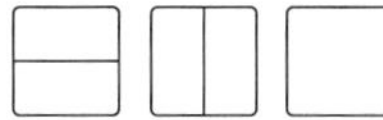

• 전체 문제 수 :
• 안 푼 문제 수 :

답안 표기란

18 ① ② ③ ④
19 ① ② ③ ④
20 ① ② ③ ④

18 현열비를 바르게 표시한 것은?

① 현열량/전열량
② 잠열량/전열량
③ 잠열량/현열량
④ 현열량/잠열량

해 현열비(SHF) = $\frac{현열량}{전열량}$

19 어떤 실내의 전체 취득열량이 9kW, 잠열량이 2.5kW 이다. 이때 실내를 26℃, 50%(RH)로 유지시키기 위해 취출 온도차를 10℃로 일정하게 하여 송풍한다면 실내 현열비는 얼마인가?

① 0.28 ② 0.68
③ 0.72 ④ 0.88

해 공식1) 현열비(SHF) = $\frac{현열량}{전열량}$

$= \frac{9-2.5}{9} = 0.72$

20 다음 중 온수난방 설비와 관계가 없는 것은?

① 리버스 리턴 배관
② 하트포드 배관 접속
③ 순환펌프
④ 팽창탱크

해 하트포드 배관 : 증기난방에서 저수위 사고를 방지하기 위해 증기관과 환수주관 사이에 표준수위에서 50mm 아래에 균형관을 설치하고 안전 저수면 보다 높은 위치에 환수관을 접속

정답 18 ① 19 ③ 20 ②

• 수험번호 :
• 수험자명 :

• 제한 시간 :
• 남은 시간 :

글자 크기  100%  150%  200% 화면 배치   

• 전체 문제 수 :
• 안 푼 문제 수 :

답안 표기란

21	①	②	③	④
22	①	②	③	④
23	①	②	③	④

2과목 | 냉동공학

21 2차 냉매인 브라인이 갖추어야 할 성질에 대한 설명으로 틀린 것은?

① 열용량이 적어야 한다.

② 열전도율이 커야 한다.

③ 동결점이 낮아야 한다.

④ 부식성이 없어야 한다.

해 브라인 구비조건
㉠ 비열이 클 것
㉡ 전열이 양호 할 것
㉢ 점도가 낮을 것
㉣ 비중이 낮을 것
㉤ 공정점이 낮을 것
㉥ 응고점이 낮을 것
㉦ 부식성이 없을 것
㉧ 가격이 저렴하고 구입이 용이 할 것
㉨ 누설 시 제품에 손상이 없을 것
㉩ pH값이 적당할 것(7.5 ~ 8.2)

22 냉동장치의 운전 중에 냉매가 부족할 때 일어나는 현상에 대한 설명으로 틀린 것은?

① 고압이 낮아진다.

② 냉동능력이 저하한다.

③ 흡입관에 서리가 부착되지 않는다.

④ 저압이 높아진다.

해 냉매가 부족하면 저압이 낮아지면서 냉매온도가 공기의 노점온도 이하로 낮아지면 흡입관에 서리가 생기기 시작한다.

23 히트 파이프의 특징에 관한 설명으로 틀린 것은?

① 등온성이 풍부하고 온도상승이 빠르다.

② 사용온도 영역에 제한이 없으며 압력손실이 크다.

③ 구조가 간단하고 소형 경량이다.

④ 증발부, 응축부, 단열부로 구성되어 있다.

해 히트파이프 : 열전도율과 상전이 원리를 병합한 열교환기
✓ 재질이나 유체 등에 따라 사용온도 범위에 제한이 있고, 압력손실 또한 적은 편이다.

| 정답 | 21 ① 22 ④ 23 ②

• 수험번호:
• 수험자명:

• 제한 시간:
• 남은 시간:

글자 크기  100%  150%  200% 화면 배치  

• 전체 문제 수:
• 안 푼 문제 수:

답안 표기란

24 ① ② ③ ④
25 ① ② ③ ④
26 ① ② ③ ④

24 다음 조건으로 운전되고 있는 수냉 응축기가 있다. 냉매와 냉각수와의 평균 온도차는?

- 냉각수 입구온도: 16℃
- 냉각수량: 200L/min
- 냉각수 출구온도: 24℃
- 응축기 냉각면적: 20m²
- 응축기 열 통과율: 3349.6kJ/m²·h·℃

① 4℃ ② 5℃
③ 6℃ ④ 7℃

해 공식1) $Q=K\cdot F\cdot \Delta Tm=G\cdot C\cdot \Delta t$

$$\Delta Tm=\frac{G\cdot C\cdot \Delta t}{K\cdot F}$$

$$=\frac{(200\times 60)\cdot 4.186\cdot (24-16)}{3349.6\cdot 20}$$

$=6$[℃]

25 냉동장치 내 불응축 가스에 관한 설명으로 옳은 것은?

① 불응축 가스가 많아지면 응축압력이 높아지고 냉동능력은 감소한다.
② 불응축 가스는 응축기에 잔류하므로 압축기의 토출가스 온도에는 영향이 없다.
③ 장치에 윤활유를 보충할 때에 공기가 흡입되어도 윤활유에 용해되므로 불응축 가스는 생기지 않는다.
④ 불응축 가스가 장치 내에 침입해도 냉매와 혼합되므로 응축압력은 불변한다.

해 불응축가스: 응축되지 않는 가스로 응축기 내에 잔류하여 응축압력을 상승시키고 그로 인해 압축비, 압축기 소요동력 등이 상승해 냉동능력이 감소된다.

26 얼음 제조 설비에서 깨끗한 얼음을 만들기 위해 빙관 내로 공기를 송입, 물을 교반시키는 교반장치의 송풍 압력(kPa)은 어느 정도인가?

① 2.5~8.5 ② 19.6~34.3
③ 62.8~86.8 ④ 101.3~132.7

정답 | 24 ③ 25 ① 26 ②

• 수험번호:
• 수험자명:

• 제한 시간:
• 남은 시간:

글자 크기  100%  150%  200% 화면 배치  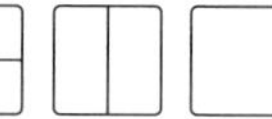

• 전체 문제 수:
• 안 푼 문제 수:

답안 표기란

27 ① ② ③ ④
28 ① ② ③ ④
29 ① ② ③ ④
30 ① ② ③ ④

27 냉동 사이클이 -10℃와 60℃ 사이에서 역카르노 사이클로 작동될 때, 성적계수는?

① 2.21 ② 2.84
③ 3.76 ④ 4.75

해 공식1)

$$\eta = \frac{Q_2}{AW} = \frac{Q_2}{Q_1 - Q_2} = \frac{T_2}{T_1 - T_2}$$

$$= \frac{273 + (-10)}{(273 + 60) - (273 + (-10))}$$

$= 3.76$

28 증기 압축식 사이클과 흡수식 냉동 사이클에 관한 비교 설명으로 옳은 것은?

① 증기 압축식 사이클은 흡수식에 비해 축동력이 적게 소요된다.
② 흡수식 냉동 사이클은 열구동 사이클이다.
③ 흡수식은 증기 압축식의 압축기를 흡수기와 펌프가 대신한다.
④ 흡수식의 성능은 원리상 증기 압축식에 비해 우수 하다.

해 ① 증기 압축식 사이클은 흡수식에 비해 축동력이 크게 소요된다.
③ 흡수식은 증기 압축식의 압축기를 흡수기와 재생기가 대신한다.
④ 흡수식의 성능은 원리상 증기 압축식에 비해 우수하지 못하다.

29 밀폐된 용기의 부압작용에 의하여 진공을 만들어 냉동작용을 하는 것은?

① 증기분사 냉동기
② 왕복동 냉동기
③ 스크류 냉동기
④ 공기압축 냉동기

해 증기분사식 냉동기: 압축기나 버너 대신 이젝터를 사용한다. 이젝터를 통해 증기를 분사하면 부압이 형성되고 이때 증발기 내의 물 또는 식염수가 증발하며 그 증발잠열로 인해 냉매가 냉각된다.

30 저온용 냉동기에 사용되는 보조적인 압축기로서 저온을 얻을 목적으로 사용되는 것은?

① 회전 압축기(rotary compressor)
② 부스터(booster)
③ 밀폐식 압축기(hermetic compressor)
④ 터보 압축기(turbo compressor)

해 부스터 압축기: 저압가스를 중간 압력까지 압축하는 저압 압축기

정답 | 27 ③ 28 ② 29 ① 30 ②

• 수험번호:
• 수험자명:

• 제한 시간:
• 남은 시간:

글자 크기  100%  150%  200% 화면 배치  

• 전체 문제 수:
• 안 푼 문제 수:

답안 표기란

31	①	②	③	④
32	①	②	③	④
33	①	②	③	④
34	①	②	③	④

31 다음 중 무기질 브라인이 아닌 것은?

① 염화칼슘
② 염화마그네슘
③ 염화나트륨
④ 트리클로로에틸렌

해 유기질 브라인 : 에틸렌글리콜, 프로필렌글리콜, 에틸알콜
무기질 브라인 : 염화나트륨(식염수), 염화마그네슘, 염화칼슘

32 P-V(압력-체적)선도에서 1에서 2까지 단열 압축하였을 때 압축일량(절대일)은 어느 면적으로 표현되는가?

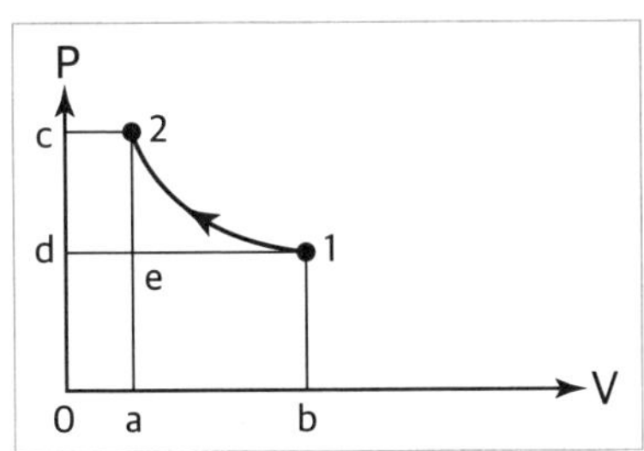

① 면적 12cd1 ② 면적 1d0b1
③ 면적 12ab1 ④ 면적 aed0a

33 응축 부하계산법이 아닌 것은?

① 냉매순환량×응축기 입·출구엔탈피차
② 냉각수량×냉각수 비열×응축기 냉각수입·출구온도차
③ 냉매순환량×냉동효과
④ 증발부하+압축일량

해 ① $G \cdot \Delta h$
② $G \cdot C \cdot \Delta t$
④ $Q_e + Aw$
✓ ③은 냉동능력 계산법에 속한다.

34 할라이드 토치로 누설을 탐지할 때 소량의 누설이 있는 곳에서 토치의 불꽃 색깔은 어떻게 변화되는가?

① 보라색 ② 파란색
③ 노란색 ④ 녹색

해 정상 : 청색
소량 : 녹색
다량 : 적색
과대량 : 불이 꺼짐

| 정답 | 31 ④ 32 ③ 33 ③ 34 ④

• 수험번호 :
• 수험자명 :

• 제한 시간 :
• 남은 시간 :

글자 크기  100%  150%  200% 화면 배치 

• 전체 문제 수 :
• 안 푼 문제 수 :

답안 표기란

35 ① ② ③ ④
36 ① ② ③ ④
37 ① ② ③ ④
38 ① ② ③ ④

35 28℃의 원수 9ton을 4시간에 5℃까지 냉각하는 수냉각치의 냉동능력은?
(단, 1RT는 13900kJ/h로 한다.)

① 12.5RT ② 15.6RT
③ 17.1RT ④ 20.7RT

해 공식1) $Q=G \cdot C \cdot \Delta t$
$(9000/4) \times 1 \times (28-5) = 51750[kcal/h]$
$51750 \times 4.186 = 216625.5[kJ/h]$
$216625.5 / 13900 = 15.6[RT]$
✓ $1[kcal] = 4.186[kJ]$

36 냉동장치에서 교축작용(throttling)을 하는 부속기기는 어느 것인가?

① 다이아프램 밸브
② 솔레노이드 밸브
③ 아이솔레이트 밸브
④ 팽창 밸브

해 고온고압의 액냉매가 팽창밸브를 통과할 때 교축작용을 함으로써 저온저압의 액냉매로 변하게 된다.

37 탱크식 증발기에 관한 설명으로 틀린 것은?

① 제빙용 대형 브라인이나 물의 냉각장치로 사용된다.
② 냉각관의 모양에 따라 헤링본식, 수직관식, 패러럴식이 있다.
③ 물건을 진열하는 선반대용으로 쓰기도 한다.
④ 증발기는 피냉각액 탱크 내의 칸막이 속에 설치되며 피냉각액은 이 속을 교반기에 의해 통과한다.

해 동결선반대용으로는 캐스케이드 증발기와 멀티피드 섹션 증발기가 있다.

38 기준 냉동사이클로 운전할 때 단위질량당 냉동효과가 큰 냉매 순으로 나열한 것은?

① R11 > R12 > R22
② R12 > R11 > R22
③ R22 > R12 > R11
④ R22 > R11 > R12

정답 | 35 ② 36 ④ 37 ③ 38 ④

• 수험번호 :
• 수험자명 :

• 제한 시간 :
• 남은 시간 :

글자 크기   100%  150%  200% 화면 배치 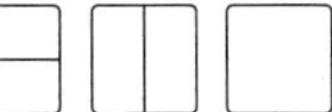

• 전체 문제 수 :
• 안 푼 문제 수 :

답안 표기란

39 ① ② ③ ④
40 ① ② ③ ④

39 증발잠열을 이용하므로 물의 소비량이 적고, 실외설치가 가능하며, 송풍기 및 순환 펌프의 동력을 필요로 하는 응축기는?

① 입형 쉘앤 튜브식 응축기
② 횡형 쉘앤 튜브식 응축기
③ 증발식 응축기
④ 공냉식 응축기

해 증발식 응축기

장점
㉠ 냉각수 소비량이 가장 적다.
㉡ 옥외설치가 가능하다.
㉢ 냉각탑이 필요없고 공냉식으로 사용 가능하다.

단점
㉠ 전열이 불량하다.
㉡ 압력강하가 크다.
㉢ 펌프, 팬의 동력이 필요하다.
㉣ 청소 및 보수가 어렵다.

40 유량 100L/min의 물을 15℃에서 9℃로 냉각하는 수냉각기가 있다. 이 냉동 장치의 냉동효과가 168kJ/kg일경우 냉매순환량(kg/h)은?
(단, 물의 비열은 4.2kJ/kg·K로 한다.)

① 700 ② 800
③ 900 ④ 1000

해 공식1) $Q = G \cdot C \cdot \Delta t$
G : 중량
C : 비열
Δt : 온도차
공식2) $Q = qe \cdot G$
q_e : 냉동효과
G : 냉매순환량

$Q = 100 \times 60 \times 4.2 \times (15 - 9)$
$= 151200[kJ/h]$

$G = \dfrac{151200}{168} = 900[kg/h]$

정답 | 39 ③ 40 ③

• 수험번호:
• 수험자명:

• 제한 시간:
• 남은 시간:

글자 크기  100%  150% 200% 화면 배치 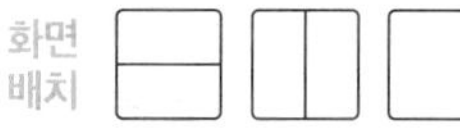

• 전체 문제 수:
• 안 푼 문제 수:

답안 표기란

41 ① ② ③ ④
42 ① ② ③ ④
43 ① ② ③ ④
44 ① ② ③ ④

3과목 | 배관일반

41 냉매배관 중 토출측 배관 시공에 관한 설명으로 틀린 것은?

① 응축기가 압축기보다 2.5m 이상 높은 곳에 있을때에는 트랩을 설치한다.
② 수직관이 너무 높으면 2m마다 트랩을 1개씩 설치한다.
③ 토출관의 합류는 Y이음으로 한다.
④ 수평관은 모두 끝 내림 구배로 배관한다.

해 ② 수직관이 너무 높으면 10m마다 트랩을 1개씩 설치한다.

42 일정 흐름 방향에 대한 역류 방지 밸브는?

① 글로브밸브 ② 게이트밸브
③ 체크밸브 ④ 앵글밸브

해 체크밸브는 유량이 한 방향으로만 흐를 수 있도록 제어해준다.(역류방지)
종류
스윙형(수직, 수평형), 리프트형(수평형), 풋형(수직형), 해머리스형

43 스트레이너의 종류에 속하지 않는 것은?

① Y형 ② X형
③ U형 ④ V형

해 스트레이너: 배관내에 혼입된 이물질을 제거하는 장치(U, V, Y형이 있다)

44 한쪽은 커플링으로 이음쇠 내에 동관이 들어갈 수 있도록 되어 있고 다른 한쪽은 수나사가 있어 강 부속과 연결할 수 있도록 되어 있는 동관용 이음쇠는?

① 커플링 C×C
② 어댑터 C×M
③ 어댑터 Ftg×M
④ 어댑터 C×F

해 납땜이음새: C
암나사: F
수나사: M

| 정답 | 41 ② 42 ③ 43 ② 44 ②

• 수험번호 :
• 수험자명 :

• 제한 시간 :
• 남은 시간 :

글자 크기  100%  150%  200% 화면 배치 

• 전체 문제 수 :
• 안 푼 문제 수 :

답안 표기란

45 ① ② ③ ④
46 ① ② ③ ④
47 ① ② ③ ④
48 ① ② ③ ④

45 다음 프레온 냉매 배관에 관한 설명으로 틀린 것은?

① 주로 동관을 사용하나 강관도 사용된다.
② 증발기와 압축기가 같은 위치인 경우 흡입관을 수직으로 세운 다음 압축기를 향해 선단 하향 구배로 배관한다.
③ 동관의 접속은 플레어 이음 또는 용접 이음 등이 있다.
④ 관의 굽힘 반경을 작게 한다.

해 냉매 배관은 관의 굽힘 반경을 크게 하여 저항을 작게 한다.

46 일반적으로 관의 지름이 크고 관의 수리를 위해 분해할 필요가 있는 경우 사용되는 파이프 이음에 속하는 것은?

① 신축이음 ② 엘보이음
③ 턱걸이이음 ④ 플랜지이음

해 관을 자주 분해, 수리, 교체 할 때 : 유니온(소구경), 플랜지(대구경)

47 다음 중 배관 내의 침식에 영향을 미치는 요소로 가장 거리가 먼 것은?

① 물의속도
② 사용시간
③ 배관계의 소음
④ 물속의 부유물질

해 소음과 침식은 관련이 없다.

48 맞대기 용접의 홈 형상이 아닌 것은?

① V형 ② U형
③ X형 ④ Z형

해 맞대기 용접의 종류
V형, U형, X형, H형, I형, K형, J형

| 정답 | 45 ④ 46 ④ 47 ③ 48 ④

• 수험번호 :
• 수험자명 :

• 제한 시간 :
• 남은 시간 :

글자 크기  100%  150%  200% 화면 배치 

• 전체 문제 수 :
• 안 푼 문제 수 :

답안 표기란

49 ① ② ③ ④
50 ① ② ③ ④
51 ① ② ③ ④
52 ① ② ③ ④

49 배수 배관의 시공상 주의점으로 틀린 것은?

① 배수를 가능한 한 빨리 옥외 하수관으로 유출할 수 있을 것
② 옥외 하수관에서 하수가스나 벌레 등이 건물 안으로 침입하는 것을 방지할 것
③ 배수관 및 통기관은 내구성이 풍부할 것
④ 한랭지에서는 배수 통기관 모두 피복을 하지 않을것

해 한랭지에서는 동결방지를 위해 배수관, 통기관 모두 피복을 한다.

50 프레온 냉동장치 흡입관이 횡주관일 때 적정 구배는 얼마인가?

① 1/100 ② 1/200
③ 1/300 ④ 1/400

해 프레온 냉동장치 흡입관이 횡주관일 때 구배 : 1/200 하향구배

51 급탕배관 내의 압력이 0.7kgf/cm²이면 수주로 몇 m와 같은가?

① 0.7 ② 1.7
③ 7 ④ 70

해 $1[kgf/cm^2] = 10[mH_2O]$
$0.7 \times 10 = 7[mH_2O]$

52 배수설비에 대한 설명으로 틀린 것은?

① 오수란 대소변기, 비데 등에서 나오는 배수이다.
② 잡배수란 세면기, 싱크대, 욕조 등에서 나오는 배수이다.
③ 특수배수는 그대로 방류하거나 오수와 함께 정화하여 방류시키는 배수이다.
④ 우수는 옥상이나 부지 내에 내리는 빗물의 배수이다.

해 특수배수 : 별도의 배수처리시설로 정화 후 방류해야 한다(공장, 실험실, 병원 등).

정답 | 49 ④ 50 ② 51 ③ 52 ③

• 수험번호:
• 수험자명:
• 제한 시간:
• 남은 시간:

글자 크기 100% 150% 200% 화면 배치

• 전체 문제 수:
• 안 푼 문제 수:

답안 표기란

53 ① ② ③ ④
54 ① ② ③ ④
55 ① ② ③ ④
56 ① ② ③ ④

53 다음 중 열역학식 트랩에 해당되는 것은?

① 디스크형 트랩
② 벨로즈식 트랩
③ 버킷 트랩
④ 바이메탈식 트랩

해 열역학적 트랩: 디스크형, 오리피스형, 바이패스형
온도조절식 트랩: 바이메탈식, 벨로우즈식
기계적 트랩: 플로트식, 버킷식

54 다음 중 소켓식 이음을 나타내는 기호는?

① 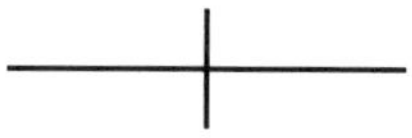
② 
③ 
④

해 ① 나사이음
② 플랜지이음
③ 소켓이음
④ 유니언이음

55 가스배관 설비에서 정압기의 종류가 아닌 것은?

① 피셔(Fisher)식 정압기
② 오리피스(Orifice)식 정압기
③ 레이놀드(Reynolds)식 정압기
④ AFV(Axial Flow Valve)식 정압기

해 오리피스: 차압식 유량계

56 일반적으로 프레온 냉매 배관용으로 사용하기 가장 적절한 배관 재료는?

① 아연도금 탄소강 강관
② 배관용 탄소강 강관
③ 동관
④ 스테인리스 강관

해 프레온 냉매: 동관
암모니아 냉매: 강관

정답 | 53 ① 54 ③ 55 ② 56 ③

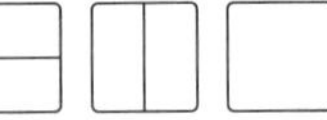

57 가스배관의 관 지름을 결정하는 요소와 가장 거리가 먼 것은?

① 가스 발열량
② 가스관의 길이
③ 허용 압력손실
④ 가스 비중

해 $Q=K\sqrt{\frac{D^5H}{LS}}$

Q : 가스유량(㎥/h)
D : 관의 내경(cm)
H : 허용마찰손실수두(mmH_2O)
L : 관의 길이(m)
S : 가스비중

58 급수배관의 마찰손실수두와 가장 거리가 먼 것은?

① 관의 길이　② 관의 직경
③ 관의 두께　④ 유속

해 배관의 마찰손실수두

$HL=f\cdot\frac{l}{d}\cdot\frac{v^2}{2g}$ [mAq]

f : 관마찰계수
d : 배관의 내경(m)
l : 관의길이(m)
V : 유속(m/s)
g : 중력가속도(m/s^2)

59 가스배관을 실내에 노출 설치할 때의 기준으로 틀린 것은?

① 배관은 환기가 잘 되는 곳으로 노출하여 시공할것
② 배관은 환기가 잘되지 않는 천정 · 벽 · 공동구 등에는 설치하지 아니할 것
③ 배관의 이음매(용접이음매 제외)와 전기 계량기와는 60cm 이상 거리를 유지할 것
④ 배관 이음부와 단열조치를 하지 않은 굴뚝과의 거리는 5cm 이상의 거리를 유지할 것

해 배관 이음부와 단열조치를 하지 않은 굴뚝과의 거리는 30cm 이상의 거리를 유지할 것

60 다음 중 중앙 급탕방식에서 경제성, 안정성을 고려한 적정 급탕온도(℃)는 얼마인가?

① 40　② 60
③ 80　④ 100

정답 | 57 ①　58 ③　59 ④　60 ②

• 수험번호:
• 수험자명:

• 제한 시간:
• 남은 시간:

• 전체 문제 수:
• 안 푼 문제 수:

답안 표기란

61	①	②	③	④
62	①	②	③	④
63	①	②	③	④
64	①	②	③	④

4과목 | 전기제어공학

61 유도전동기의 회전력에 관한 설명으로 옳은 것은?

① 단자전압에 비례한다.

② 단자전압과는 무관하다.

③ 단자전압의 2승에 비례한다.

④ 단자전압의 3승에 비례한다.

62 정현파전압 $u = 50\sin(628 - \pi/6)$[V]인 파형의 주파수는 얼마인가?

① 30　　② 50

③ 60　　④ 100

해 공식1) $V_m \sin(\omega t + \theta)$

$\omega = 2\pi f t = 628$

$f = \dfrac{628}{2\pi} = 100[Hz]$

63 ~~피드백 제어계의 특징으로 옳은 것은?~~ (22년 출제 범위 제외)

① 정확성이 떨어진다.

② 감대폭이 감소한다.

③ 계의 특성 변화에 대한 입력 대 출력비의 감도가 감소한다.

④ 발진이 전혀 없고 항상 안정한 상태로 되어 가는 경향이 있다.

해 ① 정확성이 증가한다.
② 감대폭이 증가한다.
④ 발진을 일으키고 불안정한 상태로 되어 가는 경향이 있다.

64 스캔타임(scan time)에 대한 설명으로 맞는 것은?

① PLC 입력 모듈에서 1개 선호가 입력되는 시간

② PLC 출력 모듈에서 1개 출력이 실행되는 시간

③ PLC에 의해 제어되는 시스템의 1회 실행시간

④ PLC에 입력된 프로그램을 1회 연산하는 시간

| 정답 | 61 ③　62 ④　63 ③　64 ④

• 수험번호 :
• 수험자명 :

• 제한 시간 :
• 남은 시간 :

글자 크기  100%  150%  200% 화면 배치  

• 전체 문제 수 :
• 안 푼 문제 수 :

답안 표기란

65 ① ② ③ ④
66 ① ② ③ ④
67 ① ② ③ ④
68 ① ② ③ ④

65 2진수 $0010111101011001_{(2)}$을 16진수로 변환하면?

① 3F59　② 2G6A
③ 2F59　④ 3G6A

해

2진수	16진수	2진수	16진수
0000	0	1000	8
0001	1	1001	9
0010	2	1010	A
0011	3	1011	B
0100	4	1100	C
0101	5	1101	D
0110	6	1110	E
0111	7	1111	F

4자리씩 나눠준다→
(0010)(1111)(0101)(1001) = 2F59

66 교류 전기에서 실효치는?

① 최대치/2　② 최대치/ $\sqrt{3}$
③ 최대치/ $\sqrt{2}$　④ 최대치/3

67 ~~자기 평형성이 없는 보일러 드럼의 액위제어에 적합한 제어동작은?~~ (22년 출제 범위 제외)

① P동작　② I동작
③ PI동작　④ PD동작

해 액위제어(수위제어) : 비례동작(P동작)

68 농형 유도전동기의 기동법이 아닌 것은?

① 전전압기동법
② 기동보상기법
③ Y-△기동법
④ 2차저항법

해 농형 유도전동기 기동법
㉠ 전전압 기동 : 3.7Kw 이하
㉡ Y-D기동 : 토크 1/3배, 전류 1/3배, 전압 1/ $\sqrt{3}$ 배 (5~15Kw)
㉢ 기동보상기법 : 단권변압기사용 (15Kw이상)
㉣ 변연장
㉤ 콘도르 파법
㉥ 리액터 기동법

| 정답 | 65 ③　66 ③　67 ①　68 ④

글자 크기  100%  150%  200%

화면 배치 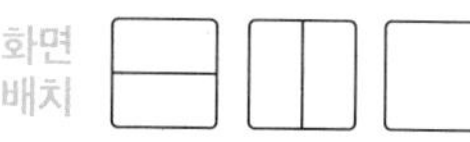

• 전체 문제 수 :
• 안 푼 문제 수 :

답안 표기란

69	①	②	③	④
70	①	②	③	④
71	①	②	③	④
72	①	②	③	④
73	①	②	③	④

69 ~~블록선도에서 등가 합성 전달 함수는?~~  (22년 출제 범위 제외)

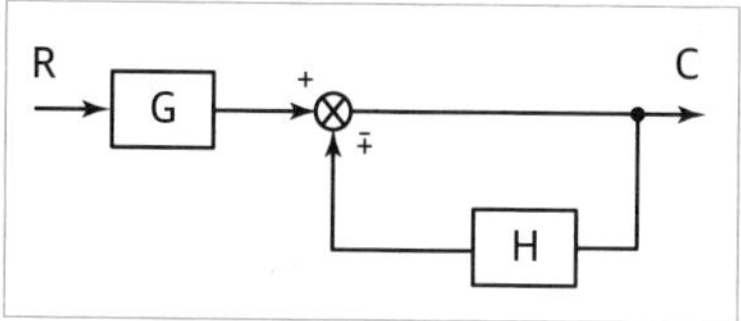

① $\dfrac{1}{1 \pm GH}$　② $\dfrac{G}{1 \pm H}$

③ $\dfrac{G}{1 \pm GH}$　④ $\dfrac{1}{1 \pm H}$

해 공식1) 전달함수G(s) =

$$\frac{C}{R} = \frac{\text{패스경로}}{1 - \text{피드백경로}}$$

$$\frac{C}{R} = \frac{G}{1 \pm H}$$

70 검출용 스위치에 해당하지 않는 것은?

① 리밋 스위치　② 광전 스위치

③ 온도 스위치　④ 복귀형 스위치

해 검출용 스위치 : 리밋, 광전, 온도, 압력, 마이크로 등
복귀형 스위치 : 수동 조작 스위치

71 논리식 A(A+B)를 간단히 하면?

① A　② B

③ AB　④ A+B

해 A(A+B)=AA+AB=A

72 그림과 같은 논리회로는?

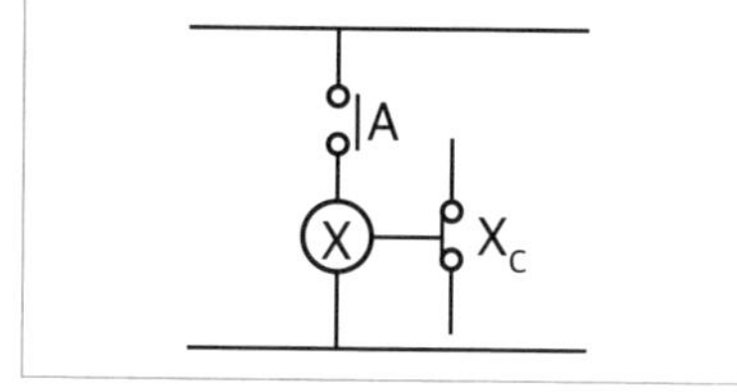

① OR 회로　② AND 회로

③ NOT 회로　④ NAND 회로

해 A접점에 의해 계전기 X가 작동할 때 접점 X_c는 반대로 작동 하므로 NOT회로

73 어떤 계기에 장시간 전류를 통전한 후 전원을 OFF 시켜도 지침이 0으로 되지 않았다. 그 원인에 해당되는 것은?

① 정전계 영향

② 스프링의 피로도

③ 외부자계 영향

④ 자기가열 영향

해 계기를 장시간 사용시 스프링 피로도에 의해 오차가 발생한다.

정답 | 69 ② 70 ④ 71 ① 72 ③ 73 ②

• 수험번호 :
• 수험자명 :

• 제한 시간 :
• 남은 시간 :

글자 크기  100%  150%  200%

화면 배치 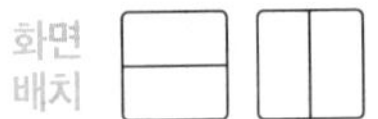

• 전체 문제 수 :
• 안 푼 문제 수 :

답안 표기란

74 ① ② ③ ④
75 ① ② ③ ④
76 ① ② ③ ④

74 ~~그림과 같은 회로에 전압 200[V]를 가할 때 30[Ω]의 저항에 흐르는 전류는 몇 [A]인가?~~

(22년 출제 범위 제외)

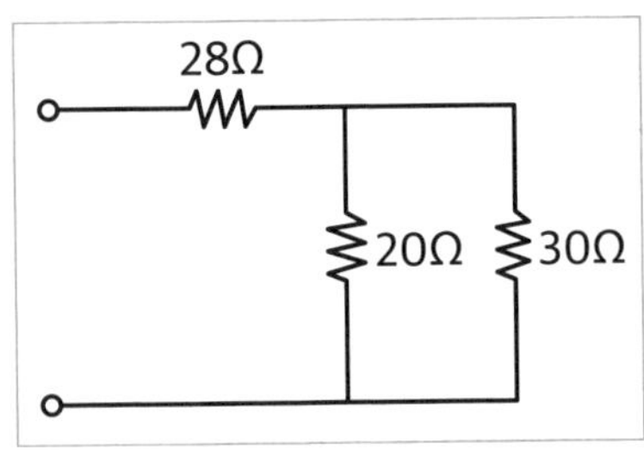

① 2　　② 5
③ 3　　④ 10

해 공식1) 합성저항(R) = $R_{28} + \dfrac{1}{\dfrac{1}{R_{20}} + \dfrac{1}{R_{30}}}$

$28 + \dfrac{1}{\dfrac{1}{20} + \dfrac{1}{30}} = 40[\Omega]$

공식2) $I = \dfrac{V}{R}$

$I = \dfrac{200}{40} = 5[A]$

공식3) $I_{30} = \dfrac{R_{20}}{R_{30} + R_{20}} \cdot I\,[A]$

$\dfrac{20}{30 + 20} \cdot 5 = 2[A]$

75 ~~PI 제어동작은 프로세스 제어계의 정상특성 개선에 흔히 사용된다. 이것에 대응하는 보상요소는?~~

(22년 출제 범위 제외)

① 동상 보상요소
② 지상 보상요소
③ 진상 보상요소
④ 지상 및 진상 보상요소

해 PI : 지상요소
PD : 진상요소

76 내부 장치 또는 공간을 물질로 포위시켜 외부 자계의 영향을 차폐시키는 방식을 자기차폐라 한다. 다음중 자기차폐에 가장 좋은 물질은?

① 강자성체 중에서 비투자율이 큰 물질
② 강자성체 중에서 비투자율이 작은 물질
③ 비투자율이 1보다 작은 역자성체
④ 비투자율과 관계없이 두께에만 관계되므로 되도록두꺼운 물질

해 자기차폐 : 강자성체 중 비투자율이 큰 물질

정답 | 74 ① 75 ② 76 ①

• 수험번호 :
• 수험자명 :

• 제한 시간 :
• 남은 시간 :

글자 크기    화면 배치  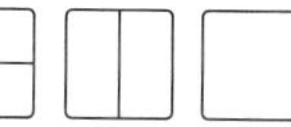

• 전체 문제 수 :
• 안 푼 문제 수 :

답안 표기란

77 ① ② ③ ④
78 ① ② ③ ④
79 ① ② ③ ④
80 ① ② ③ ④

77 ~~그림과 같은 시스템의 등가 합성전달함수는?~~ (22년 출제 범위 제외)

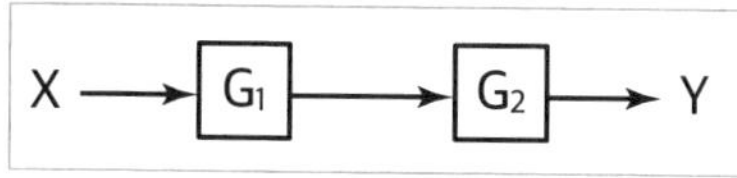

① G_1+G_2 ② $G_1 \cdot G_2$

③ G_1-G_2 ④ $\dfrac{1}{G_1 \cdot G_2}$

해 블록의 직렬은 곱하고, 병렬은 더한다.

78 자동제어의 조절기기 중 불연속 동작인 것은?

① 2위치 동작 ② 비례제어 동작

③ 적분제어 동작 ④ 미분제어 동작

해 2위치동작(ON-OFF제어) : 불연속 제어

79 ~~그림과 같은 회로에서 저항 R_2에 흐르는 전류 I_2[A]는?~~

(22년 출제 범위 제외)

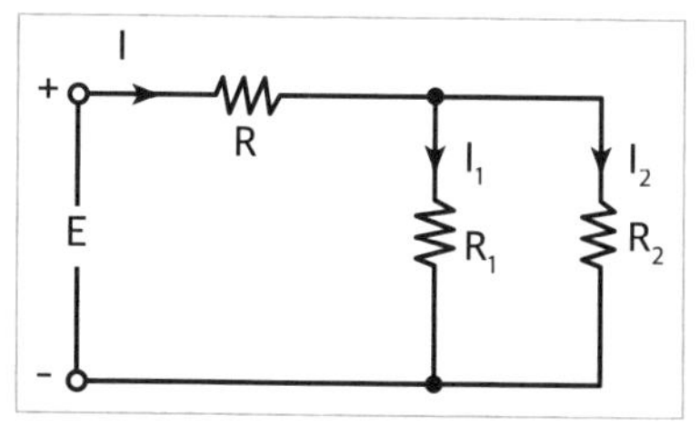

① $\dfrac{I(R_1+R_2)}{R_1}$ ② $\dfrac{I(R_1+R_2)}{R_2}$

③ $\dfrac{IR_2}{R_1+R_2}$ ④ $\dfrac{IR_1}{R_1+R_2}$

해 공식1) $I_2 = \dfrac{R_1}{R_1+R_2} \cdot I$

80 ~~다음의 블록선도와 등가인 블록선도는?~~ (22년 출제 범위 제외)

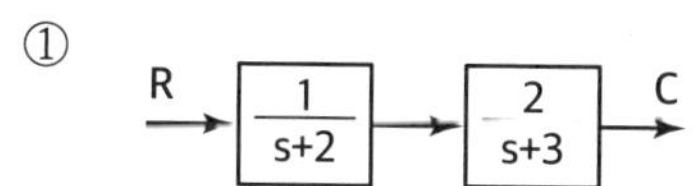

①

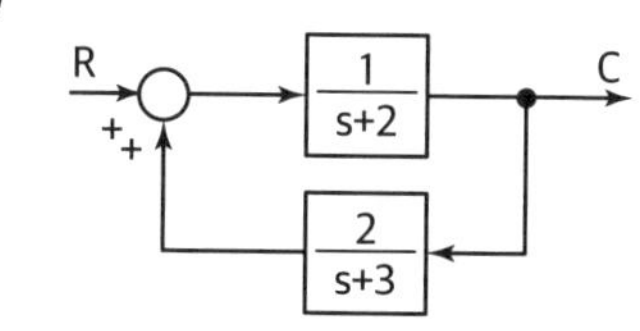

②

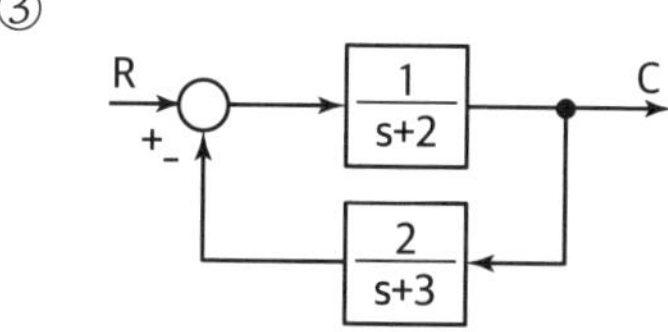

③

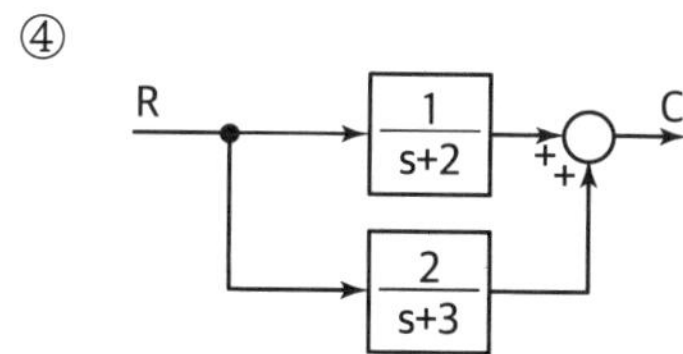

④

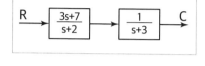

R, $\frac{1}{s+2}$, $\frac{2}{s+3}$, +, +, C

해 공식1) 전달함수

$$G(s) = \frac{C}{R} = \frac{\text{패스경로}}{1-\text{피드백경로}}$$

④ $$\frac{C}{R} = \left(\frac{1}{S+2}\right) + \left(\frac{2}{S+3}\right)$$

$$= \frac{S+3}{(S+2)(S+3)} + \frac{2\times(S+2)}{(S+2)(S+3)}$$

$$= \frac{s+3+2s+4}{(S+2)(S+3)} = \frac{3s+7}{(S+2)(S+3)}$$

정답 | 77 ② 78 ① 79 ④ 80 ④

:기출문제 1회(2019.03.03)

• 수험번호:
• 수험자명:

• 제한 시간:
• 남은 시간:

글자 크기  100%  150% 200% 화면 배치 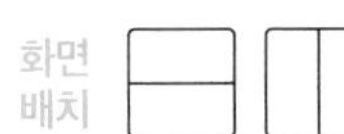

• 전체 문제 수:
• 안 푼 문제 수:

답안 표기란

01 ① ② ③ ④
02 ① ② ③ ④
03 ① ② ③ ④
04 ① ② ③ ④

1과목 | 공기조화

01 원심송풍기에서 사용되는 풍량제어 방법 중 풍량과 소요동력과의 관계에서 가장 효과적인 제어 방법은?

① 회전수제어
② 베인제어
③ 댐퍼제어
④ 스크롤 댐퍼 제어

해 원심 송풍기 풍량제어
㉠ 회전수 제어(소요동력이 가장 적음)
㉡ 흡입, 토출 댐퍼 개도조절
㉢ 흡입 베인조절
㉣ 가변피치 제어

02 다음 중 제올라이트(zeolite)를 이용한 제습방법은 어느것인가?

① 냉각식 ② 흡착식
③ 흡수식 ④ 압축식

해 흡착식: 제올라이트, 실리카겔, 활성알루미나, 애드솔 등 고체흡수제를 사용하는 방식

03 습공기선도상에 나타나 있지 않은 것은?

① 상대습도 ② 건구온도
③ 절대습도 ④ 포화도

해 습공기선도: 건구온도, 습구온도, 노점온도, 상대습도, 절대습도, 수증기 분압, 엔탈피, 비체적, 열수분비, 현열비를 나타낸다.

04 난방부하는 어떤 기기의 용량을 결정하는데 기초가 되는가?

① 공조장치의 공기냉각기
② 공조장치의 공기가열기
③ 공조장치의 수액기
④ 열원설비의 냉각탑

해 공기 가열기(가열코일): 난방부하 기기
공기 냉각기(냉각코일): 냉방부하 기기

| 정답 | 01 ① 02 ② 03 ④ 04 ②

05 난방방식과 열매체의 연결이 틀린것은?

① 개별 스토브-공기
② 온풍 난방-공기
③ 가열 코일 난방-공기
④ 저온 복사 난방-공기

해 복사 냉난방 : 실내 바닥이나 벽 패널에 코일을 매설하여 냉수나 온수를 통과시키고 천장을 통해 공기를 동시에 송풍시켜 공조하는 방식

06 기류 및 주위벽면에서의 복사열은 무시하고 온도와 습도만으로 쾌적도를 나타내는 지표를 무엇이라 하는가?

① 쾌적 건강지표
② 불쾌지수
③ 유효온도지수
④ 청정지표

해 불쾌지수(DI) : 온도와 습도만으로 쾌적도를 나타내는 지표.

07 실내 냉방 부하 중에서 현열부하 2500 kcal/h, 잠열부하 500 kcal/h 일 때 현열비는?

① 0.2 ② 0.83
③ 1 ④ 1.2

해 공식1)

$$현열비(SHF) = \frac{현열}{전열} = \frac{현열}{현열 + 잠열}$$

$$\frac{2500}{2500 + 500} = 0.83$$

08 극간풍의 풍량을 계산하는 방법으로 틀린것은?

① 환기 횟수에 읜한 방법
② 극간 길이에 의한 방법
③ 창 면적에 의한 방법
④ 재실인원수에 의한 방법

해 극간풍량의 산출방법
㉠ 환기 횟수법
㉡ 창문 면적법
㉢ 극간 길이법

정답 | 05 ④ 06 ② 07 ② 08 ④

• 수험번호:
• 수험자명:

• 제한 시간:
• 남은 시간:

글자 크기  100%  150% 200%

화면 배치 

• 전체 문제 수:
• 안 푼 문제 수:

답안 표기란

09 ① ② ③ ④

10 ① ② ③ ④

09 그림에서 공기조화기를 통과하는 유입공기가 냉각코일을 지날 때의 상태를 나타낸 것은?

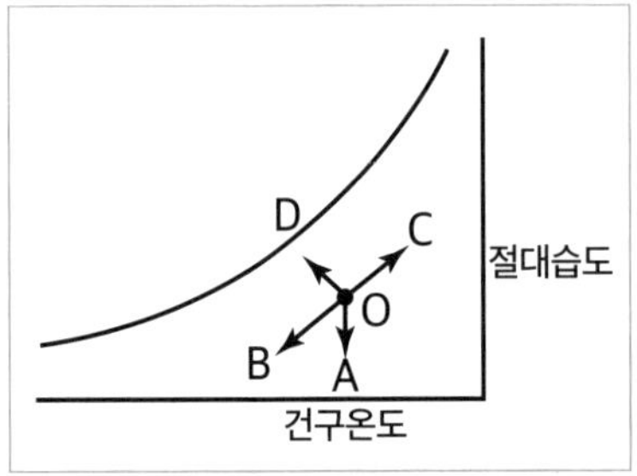

① OA ② OB

③ OC ④ OD

해 공기가 냉각되면 절대습도와 건구온도가 감소하므로 OB

10 복사난방의 특징에 대한 설명으로 틀린 것은?

① 외기온도 변화에 따라 실내의 온도 및 습도조절이 쉽다.

② 방열기가 불필요하므로 가구배치가 용이하다.

③ 실내의 온도분포가 균등하다.

④ 복사열에 의한 난방이므로 쾌감도가 크다.

해 장점

㉠ 실내온도 분포가 균등하고 쾌감도가 높다.
㉡ 높은 천장에도 효과적이다.
㉢ 바닥이용도가 좋다.
㉣ 소음이 적다.
㉤ 낮은 실온에서도 균등한 쾌적감을 얻을 수 있다.

단점

㉠ 예열시간이 길다.
㉡ 매립배관이므로 보수점검이 어렵다.
㉢ 설비비가 비싸다.
㉣ 단열층이 필요하다.
㉤ 패널 표면온도가 실내 노점온도보다 높으면 결로하게 된다.
㉥ 외기온도 변화에 따라 실내의 온습도 조절이 어렵다.

| 정답 | 09 ② 10 ①

• 수험번호:
• 수험자명:
• 제한 시간:
• 남은 시간:

글자 크기  100%  150%  200% 화면 배치  

• 전체 문제 수:
• 안 푼 문제 수:

답안 표기란

11 ① ② ③ ④
12 ① ② ③ ④
13 ① ② ③ ④

11 공기조화방식에서 수-공기방식의 특징에 대한 설명으로 틀린것은?

① 전공기방식에 비해 반송동력이 많다.
② 유닛에 고성능 필터를 사용할 수가 없다.
③ 부하가 큰 방에 대해 덕트의 치수가 적어질 수 있다.
④ 사무실, 병원, 호텔 등 다실 건물에서 외부 존은 수방식, 내부 존은 공기방식으로 하는 경우가 많다.

해 수-공기 방식
장점 : ㉠ 전공기에 비해 덕트의 설치공간이 줄어든다. ㉡ 전공기에 비해 송풍기 동력이 적다. ㉢ 개별제어가 가능하다. ㉣ 존의 구성이 용이하다.
단점 : ㉠고성능 필터사용이 어려워 오염의 우려가 있다. ㉡보수 및 유지관리가 어렵다. ㉢소음이 발생한다. ㉣바닥 이용도가 떨어진다. ㉤수배관에서 누수 우려가 있다.

12 다음 중 히트펌프 방식의 열원에 해당되지 않는 것은?

① 수 열원 ② 마찰 열원
③ 공기 열원 ④ 태양 열원

해 열 펌프의 열원 : 수 열원, 공기 열원, 태양 열원, 지열원, 폐수 열원 등

13 송풍기의 법칙 중 틀린 것은? (단, 각각의 값은 아래 표와 같다.)

$Q_1(m^3/h)$	초기풍량
$Q_2(m^3/h)$	변화풍량
$P_1(mmAq)$	초기정압
$P_2(mmAq)$	변화정압
$N_1(rpm)$	초기회전수
$N_2(rpm)$	변화회전수
$d_1(mm)$	초기날개직경
$d_2(mm)$	변화날개직경

① $Q_2 = (N_2/N_1) \times Q_1$
② $Q_2 = (d_2/d_1)^3 \times Q_1$
③ $P_2 = (N_2/N_1)^3 \times P_1$
④ $P_2 = (d_2/d_1)^2 \times P_1$

해 송풍기의 상사법칙
㉠ 풍량 $Q_2 = Q_1 \left(\frac{N_2}{N_1}\right)\left(\frac{D_2}{D_1}\right)^3$
풍량은 회전수에 비례, 임펠러 지름의 3승에 비례한다.
㉡ 풍압 $P_2 = P_1 \left(\frac{N_2}{N_1}\right)^2\left(\frac{D_2}{D_1}\right)^2$
풍압은 회전수의 2승에 비례, 임펠러 지름의 2승에 비례한다.
㉢ 동력 $KW_2 = KW_1 \left(\frac{N_2}{N_1}\right)^3\left(\frac{D_2}{D_1}\right)^5$
동력은 회전수의 3승에 비례, 임펠러 지름의 5승에 비례한다.

| 정답 | 11 ① 12 ② 13 ③

• 수험번호 :
• 수험자명 :

• 제한 시간 :
• 남은 시간 :

글자 크기 100% 150% 200% 화면 배치

• 전체 문제 수 :
• 안 푼 문제 수 :

답안 표기란
14 ① ② ③ ④
15 ① ② ③ ④
16 ① ② ③ ④

14 냉수 코일 설계 시 유의사항으로 옳은 것은?

① 대수 평균 온도차(MTD)를 크게 하면 코일의 열수가 많아진다.

② 냉수의 속도는 2m/s 이상으로 하는 것이 바람직하다.

③ 코일을 통과하는 풍속은 2~3m/s가 경제적이다.

④ 물의 온도 상승은 일반적으로 15℃ 전후로 한다.

① 대수 평균 온도차(MTD)를 크게 하면 코일의 열수가 적어진다.

냉수 코일의 설계
㉠ 물과 공기의 흐름은 대향류로 할 것
㉡ 코일 내 물의 유속 : 약 1[m/s]
㉢ 코일 통과풍속 : 2~3[m/s]
㉣ 코일 온도차 : 약 5~10[℃]
㉤ 물과 공기의 대수평균온도차(MTD)를 크게한다.
㉥ 코일의 설치는 수평으로 한다.

15 다음 그림의 난방 설계도에서 콘벡터(Convector)의 표시 중 F가 가진 의미는?

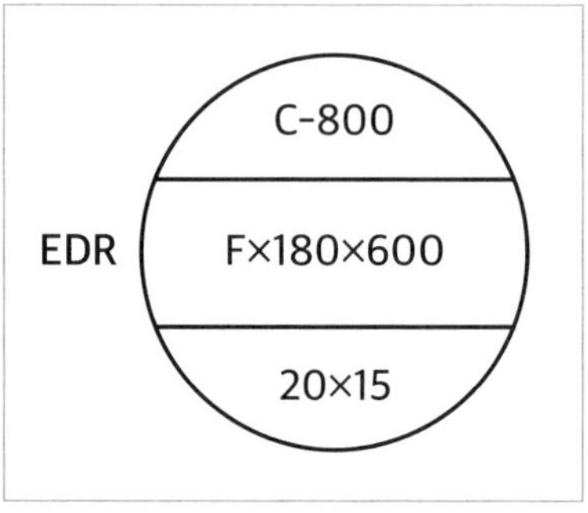

① 케이싱 길이 ② 높이

③ 형식 ④ 방열면적

해

16 공기조화 냉방 부하 계산 시 잠열을 고려하지 않아도 되는 경우는?

① 인체에서의 발생열

② 문틈에서의 틈새바람

③ 외기의 도입으로 인한 열량

④ 유리를 통과하는 복사열

해 극간풍(틈새바람), 인체, 실내기기, 외기 외엔 모두 현열

• 수험번호:
• 수험자명:

• 제한 시간:
• 남은 시간:

글자 크기  100%  150%  200% 화면 배치 

• 전체 문제 수:
• 안 푼 문제 수:

답안 표기란

17 ① ② ③ ④

18 ① ② ③ ④

17 공기 중에 분진의 미립자 제거뿐만 아니라 세균, 곰팡이, 바이러스 등 까지 극소로 제한시킨 시설로서 병원의 수술실, 식품가공, 제약 공장 등의 특정한 공정이나 유전자 관련 산업 등에 응용되는 설비는?

① 세정실

② 산업용 클린룸(ICR)

③ 바이오 클린룸(BCR)

④ 칼로리미터

해 바이오 클린룸 : 클린룸의 목적 외에 세균이나 미생물 등 까지 극소로 제한 시킨 시설

18 실내온도 25℃이고, 실내 절대습도가 0.0165kg/kg의 조건에서 틈새바람에 의한 침입 외기량이 200L/s일 때 현열부하와 잠열부하는?

(단, 실외온도 35℃, 실외 절대습도 0.0321kg/kg, 공기의 비열 1.01kJ/kg·K, 물의 증발잠열 2501 kJ/kg 이다.)

	현열부하	잠열부하
①	2.424kW	7.803kW
②	2.424kW	9.364kW
③	2.828kW	7.803kW
④	2.828kW	9.364kW

해 공식1) 현열식 $G \cdot C \cdot \Delta t$

✓ 1[m³] = 1000[L]

✓ 공기의 비중량 : 1.2[kg/m³]

$0.2 \times 1.2 \times 1.01 \times (35 - 25)$

$= 2.424$[KW]

공식2) 잠열식 $G \cdot r \cdot \Delta x$

$0.2 \times 1.2 \times 2501 \times (0.0321 - 0.0165)$

$= 9.364$[KW]

19 **건구온도30℃, 상대습도60%인 습공기에서 건공기의 분압(mmHg)은?**
(단, 대기압은 760mmHg, 포화 수증기압은 27.65mmHg 이다)

① 27.65 ② 376.21
③ 743.41 ④ 700.97

해 공식1) 상대습도(φ, %)
$= \frac{\text{습공기중의수증기분압}(P_w)}{\text{포화증기의분압}(P_s)}$
$0.6 = \rightarrow \frac{\text{습공기중의수증기분압}(P_w)}{27.65}$
→습공기중의 수증기분압(P_W)
=0.6×27.65=16.59
공식2) 건공기 분압(PA)
=대기압(P)-수증기분압(P_w)
760-16.59=743.41[mmHg]

20 **다음 중 보일러의 열효율을 향상시키기 위한 장치가 아닌 것은?**

① 저수위 차단기
② 재열기
③ 절탄기
④ 과열기

해 저수위 차단기는 안전장치에 속한다.

2과목 | 냉동공학

21 **단위에 대한 설명으로 틀린 것은?**

① 열의 일당량은 427kg·m/kcal 이다.
② 1 kcal는 약 4.2kJ이다.
③ 1 kWh는 760 kcal 이다.
④ $°C = \frac{5}{9}(F-32)$ 이다.

해 1[KWh]=860[kcal]

답안 표기란
19 ① ② ③ ④
20 ① ② ③ ④
21 ① ② ③ ④

• 수험번호:
• 수험자명:

• 제한 시간:
• 남은 시간:

글자 크기  100%  150%  200%
화면 배치 

• 전체 문제 수:
• 안 푼 문제 수:

답안 표기란

22 ① ② ③ ④
23 ① ② ③ ④

22 냉동기 윤활유의 구비조건으로 틀린 것은?

① 저온에서 응고하지 않고 왁스를 석출하지 않을 것
② 인화점이 낮고 고온에서 열화하지 않을 것
③ 냉매에 의하여 윤활유가 용해되지 않을 것
④ 전기 절연도가 클 것

해 윤활유 구비조건
㉠ 응고점이 낮을 것
㉡ 유동점이 낮을 것
㉢ 인화점이 높을 것
㉣ 왁스성분이 적고 저온에서도 왁스 성분이 분리되지 않을 것
㉤ 금속이나 패킹 등을 부식시키지 말 것
㉥ 항유화성이 있을 것
㉦ 절연내력이 클 것
㉧ 불순물이 적을 것
㉨ 점도가 적당할 것
㉩ 냉매로 인한 화학적 변화가 없을 것
㉪ 오일 포밍시 소포성이 클 것

23 냉동사이클에서 응축기의 냉매 액 압력이 감소하면 증발온도는 어떻게 되는가?

① 감소한다.
② 증가한다.
③ 변화하지 않는다.
④ 증가하다 감소한다.

해 냉매 액 압력(응축압력)이 감소하면 증발압력도 감소하므로 증발온도도 감소한다.

정답 | 22 ② 23 ①

24 아래 선도와 같은 암모니아 냉동기의 이론 성적계수(ⓐ)와 실제 성적계수(ⓑ)는 얼마인가?

(단, 팽창밸브 직전의 액온도는 32℃이고, 흡입가스는 건포화증기이며, 압축효율은 0.85, 기계효율은 0.91로 한다)

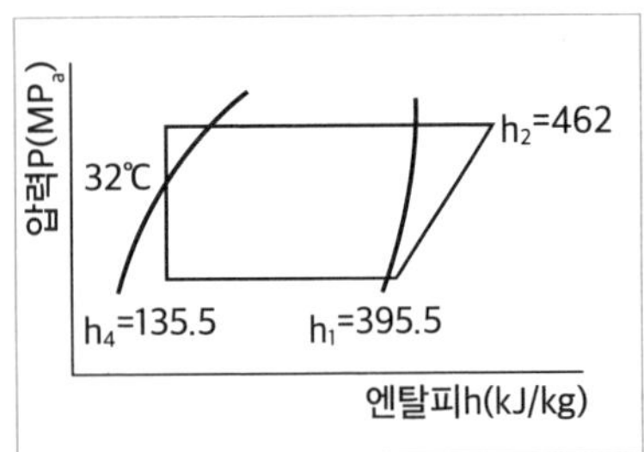

	ⓐ	ⓑ
①	3.9	3.0
②	3.9	2.1
③	4.9	3.8
④	4.9	2.6

해 공식1) 이론 성적계수(ε)

$= \frac{q_e}{Aw} = \frac{Q_e}{AW}$

$= \frac{Q_e}{Q_c - Q_e} = \frac{T_e}{T_c - T_e}$

$\frac{395.5 - 135.5}{462 - 395.5} = 3.9$

공식2)

실제 성적계수(ε0) = ε × ηc × ηm

3.9 × 0.85 × 0.91 = 3

25 축열 시스템의 종류가 <u>아닌</u> 것은?

① 가스축열 방식

② 수축열 방식

③ 빙축열 방식

④ 잠열축열 방식

해 축열 시스템의 종류

현열축열: 수축열, 고체축열

잠열축열: 빙축열, 화학축열

26 항공기 재료의 내한(耐寒)성능을 시험하기 위한 냉동 장치를 설치 할려고 한다. 가장 적합한 냉동기는?

① 왕복동식 냉동기

② 원심식 냉동기

③ 전자식 냉동기

④ 흡수식 냉동기

해 왕복동식 냉동기는 초저온 냉동기에 적합하므로 항공기 재료의 내한 시험은 왕복동식 냉동기로 한다.

정답 | 24 ① 25 ① 26 ①

• 수험번호:
• 수험자명:

• 제한 시간:
• 남은 시간:

글자 크기  100%  150% 200% 화면 배치 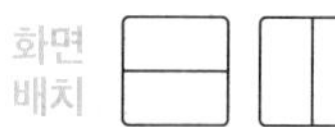

• 전체 문제 수:
• 안 푼 문제 수:

답안 표기란

27	①	②	③	④
28	①	②	③	④
29	①	②	③	④
30	①	②	③	④

27 물리에르 선도상에서 압력이 증대함에 따라 포화액선과 건조포화 증기선이 만나는 일치점을 무엇이라 하는가?

① 한계점 ② 임계점
③ 상사점 ④ 비등점

해 몰리에르선도에서의 임계점: 포화액선과 건포화증기선이 만나는 점

28 다음 중 냉동방법의 종류로 틀린 것은?

① 얼음의 융해잠열 이용 방법
② 드라이아이스 승화열 이용방법
③ 액체질소의 증발열 이용 방법
④ 기계식 냉동기의 압축열 이용방법

해 기계식 냉동기는 방식에 따라 현열이나 잠열을 이용한다.
✓ 압축열 방식은 없다.

29 저온의 냉장실에서 운전 중 냉각기에 적상(성애)이 생길 경우 이것을 살수로 제상하고자 할 때 주의사항으로 틀린 것은?

① 냉각기용 송풍기는 정지 후 살수 제상을 행한다
② 제상 수의 온도는 50~60℃정도의 물을 사용한다
③ 살수하기 전에 냉각(증발)기로 유입되는 냉매액을 차단한다.
④ 분사 노즐은 항상 깨끗이 청소한다.

해 ② 제상 수의 온도는 10~25℃정도의 물을 사용한다.

30 압축기의 구조에 관한 설명으로 틀린것은?

① 반밀폐형은 고정식이므로 분해가 곤란하다.
② 개방형에는 벨트 구독식과 직결 구동식이 있다.
③ 밀폐형은 전동기와 압축기가 한 하우징속에 있다.
④ 기통 배열에 따라 입형, 횡형, 다기통형으로 구분된다.

해 반밀폐형은 볼트와 너트로 조립된 형식으로 분해조립 및 수리가 용이하다.

정답 | 27 ② 28 ④ 29 ② 30 ①

• 수험번호 :
• 수험자명 :

• 제한 시간 :
• 남은 시간 :

글자 크기  100%  150%  200% 화면 배치  

• 전체 문제 수 :
• 안 푼 문제 수 :

답안 표기란

31 ① ② ③ ④
32 ① ② ③ ④
33 ① ② ③ ④
34 ① ② ③ ④

31 증기압축 이론냉동사이클에 대한 설명으로 틀린 것은?

① 압축기에서의 압축과정은 단열 과정이다

② 응축기에서의 응축과정은 등압, 등엔탈피 과정이다.

③ 증발기에서의 증발과정은 등압, 등온 과정이다.

④ 팽창 밸브에서의 팽창과정은 교축과정이다.

해 응축과정에서 엔탈피는 감소한다.

32 냉매가 구비해야 할 조건으로 틀린 것은?

① 임계온도가 높고 응고온도가 낮을 것

② 같은 냉동능력에 대하여 소요동력이 적을것

③ 전기절연성이 낮을 것

④ 저온에서도 대기압 이상의 압력으로 증발하고 상온에서 비교적 저압으로 액화할것

해 ③ 전기절연성이 높을 것

33 열에 대한 설명으로 틀린 것은?

① 열전도는 물질 내에서 열이 전달되는 것이기 때문에 공기 중에서는 열전도가 일어나지 않는다.

② 열이 온도차에 의하여 이동되는 현상을 열전달이라 한다.

③ 고온 물체와 저온 물체 사이에서는 복사에 의해서도 열이 전달된다.

④ 온도가 다른 유체가 고체벽을 사이에 두고 있을 때 온도가 높은 유체에서 온도가 낮은 유체로 열이 이동되는 현상을 열통과라고 한다.

해 열전도는 고체, 액체, 기체 상태에서도 발생된다.
✓ 공기의 열전도율 : 0.019[kcal/m·h·℃]

34 수산물의 단기 저장을 위한 냉각 방법으로 적합하지 않은 것은?

① 빙온 냉각 ② 염수 냉각
③ 송풍 냉각 ④ 침지 냉각

해 침지냉각 : 제품을 냉각수에 담구는 방식으로 단기 저장 방법에는 적합하지 않다.
단기 저장 냉각법 : 빙온, 염수, 송풍, 진공 등

| 정답 | 31 ② 32 ③ 33 ① 34 ④

• 수험번호 :
• 수험자명 :

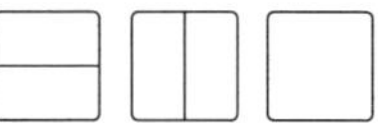

• 제한 시간 :
• 남은 시간 :

글자 크기 100% 150% 200% 화면 배치

• 전체 문제 수 :
• 안 푼 문제 수 :

답안 표기란

35 ① ② ③ ④
36 ① ② ③ ④
37 ① ② ③ ④

35 2원냉동 사이클에서 중간열 교환기인 캐스케이드 열교환기의 구성은 무엇으로 이루어져 있는가?

① 저온측 냉동기의 응축기와 고온측 냉동기의 증발기
② 저온측 냉동기의 증발기와 고온측 냉동기의 응축기
③ 저온측 냉동기의 응축기와 고온측 냉동기의 응축기
④ 저온측 냉동기의 증발기와 고온측 냉동기의 증발기

해 2원냉동은 저온측 냉동기의 응축압력을 효과적으로 낮추기 위해 또 하나의 냉동기 사이클의 증발기로 응축압력을 낮춘다.

36 흡수식냉동기의 구성품 중 왕복동 냉동기의 압축기와 같은 역할을 하는 것은?

① 발생기 ② 증발기
③ 응축기 ④ 순환펌프

37 아래 조건을 갖는 수냉식 응축기의 전열면적(m^2)는 얼마인가?
(단, 응축기 입구의 냉매가스의 엔탈피는 430kcal/kg, 응축기 출구의 냉매액의 엔탈피는 145kcal/kg, 냉매 순환량은 150kg/h, 응축온도는 38℃, 냉각수 평균온도는 32℃, 응축기의 열관류율은 850 kcal/m^2 · h · ℃ 이다.)

① 7.96 ② 8.38
③ 8.90 ④ 10.05

해 공식1) 응축부하(Qc) = G·Δh = K·F·Δt
G : 냉매순환량[kg/h]
Δh : 엔탈피차[kcal/kg]
K : 열관류율[kcal/m·h·℃]
F : 면적[㎡]
Δt : 온도차[℃])
응축부하(Q_c) = 150 × (430 − 145)
= 42,750[kcal/h]

$$F = \frac{42750}{850 \times (38 - 32)} = 8.38[m^2]$$

• 수험번호:
• 수험자명:
• 제한 시간:
• 남은 시간:

글자 크기  100%  150%  200% 화면 배치  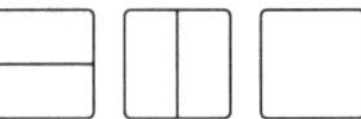

• 전체 문제 수:
• 안 푼 문제 수:

답안 표기란

38 ① ② ③ ④

39 ① ② ③ ④

38 어떤 냉동장치의 계기압력이 저압은 60 mmHg, 고압은 673kPa 이였다면, 이 때의 압축비는 얼마인가?

① 5.8 ② 6.0
③ 7.4 ④ 8.3

해 공식1)
절대압력 = 게이지 압력 + 대기압
$P_H = 673 + 101 = 774[kPa](a)$
공식2)
mmHg(g)→kPa(a) : P
$= 101[kPa] \times (1 - \frac{mmHg}{760[mmHg]})$
$P_L = 101 \times (1 - \frac{60}{760}) = 93[kPa](a)$
공식3) 압축비$(P_r) = \frac{P_H}{P_L}$
압축비$(P_r) = \frac{774}{93} = 8.3$

39 압축기 실린더 직경 110mm, 행정 80mm, 회전수 900rpm, 기통수가 8기통인 암모니아 냉동장치의 냉동능력(RT)는 얼마인가?

(단, 냉동능력은 $R = \frac{V}{C}$로 산출하며 여기서 R은 냉동능력(RT), V는 피스톤 토출량(m³/h), C는 정수로서 8.4이다.)

① 39.1 ② 47.7
③ 85.3 ④ 234.0

해 공식1)
토출량$(V_a) = \frac{\pi D^2}{4} \cdot L \cdot N \cdot Z \cdot 60$
D : 피스톤 지름(m)
L : 피스톤 행정길이(m)
Z : 피스톤 기통수
N : 분당 회전수(rpm)
$V_a = \frac{\pi 0.11^2}{4} \cdot 0.08 \cdot 900 \cdot 8 \cdot 60$
$= 328.4[m^3/h]$
$R = \frac{V_a}{C} = \frac{328.4}{8.4} = 39.1[RT]$

| 정답 | 38 ④ 39 ①

40 30냉동톤의 브라인 쿨러에서 입구온도가 -15℃일 때 브라인 유량이 매 분 $0.6m^3$ 이면 출구온도(℃)는 얼마인가?

(단, 브라인의 비중은 1.27, 비열은 0.669 kcal/kg·℃이고, 1냉동톤은 3320kcal/h 이다.)

①-11.7℃ ②-15.4℃

③-20.4℃ ④-18.3℃

해 공식1) Q=G·C·Δt

30×3320=(0.6×1000×60)×1.27×0.669×(-15-t2)

✓ $1[m^3]=1000[kg]$

$$=-15-\frac{30\times3320}{0.6\times1000\times60\times1.27\times0.669}$$

=-18.3[℃]

✓ 브라인 쿨러는 냉매로 브라인의 온도를 낮추는 장치로 입구보다 출구온도가 낮아진다.

3과목 | 배관일반

41 주철관의 소켓이음 시 코킹작업을 하는 주된 목적으로 가장 적합한 것은?

① 누수 방지

② 경도 방지

③ 인장강도 증가

④ 내진성 증가

42 보온재에 관한 설명으로 틀린 것은?

① 무기질 보온재료는 함면, 유리면 등이 사용된다

② 탄산마그네슘은 250℃ 이하의 파이프 보온용으로 사용된다.

③ 광명단은 밀착력이 강한 유기질 보온재다.

④ 우모펠트는 곡면시공에 매우 편리하다.

해 광명단 도료 : 밀착력과 풍화에 강해 페인트 밑칠용으로 사용

정답 | 40 ④ 41 ① 42 ③

• 수험번호:
• 수험자명:

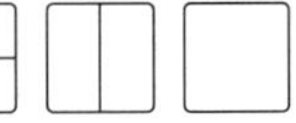

• 제한 시간:
• 남은 시간:

글자 크기 100% 150% 200% 화면 배치

• 전체 문제 수:
• 안 푼 문제 수:

답안 표기란

43 ① ② ③ ④
44 ① ② ③ ④
45 ① ② ③ ④
46 ① ② ③ ④

43 염화비닐관 이음법의 종류가 아닌 것은?

① 플랜지 이음
② 인서트 이음
③ 테이퍼 코어 이음
④ 열간 이음

解 인서트 이음: 에틸렌관 접합법

44 배관의 지지 목적이 아닌 것은?

① 배관의 중량지지 및 고정
② 신축의 제한 지지
③ 진동 및 충격 방지
④ 부식 방지

解 배관의 지지와 부식은 관련이 없다.

45 옥상탱크식 급수방식의 배관계통의 순서로 옳은 것은?

① 저수탱크→양수펌프→옥상탱크→양수관→급수관→수도꼭지
② 저수탱크→양수관→양수펌프→급수관→옥상탱크→수도꼭지
③ 저수탱크→양수관→급수관→양수펌프→옥상탱크→수도꼭지
④ 저수탱크→양수펌프→양수관→옥상탱크→급수관→수도꼭지

解 옥상탱크식 급수방식
수도본관→저수조→양수펌프→양수관→옥상탱크→급수관→급수전

46 트랩의 봉수 파괴 원인이 아닌 것은?

① 증발작용 ② 모세관작용
③ 사이펀작용 ④ 배수작용

解 트랩의 봉수 파괴의 원인
㉠ 증발작용
㉡ 모세관 현상
㉢ 자기사이펀 작용
㉣ 흡출작용
㉤ 분출작용
㉥ 관성력의 의한 배출

정답 | 43 ② 44 ④ 45 ④ 46 ④

글자 크기    화면 배치 

• 전체 문제 수 :
• 안 푼 문제 수 :

답안 표기란

47 ① ② ③ ④
48 ① ② ③ ④
49 ① ② ③ ④
50 ① ② ③ ④
51 ① ② ③ ④

47 가스용접에서 아세틸렌과 산소의 비가 1 : 0.85 ~ 0.95인 불꽃은 무슨 불꽃인가?

① 탄화불꽃 ② 기화불꽃
③ 산화불꽃 ④ 표준불꽃

해 탄화불꽃 1 : 0.85 ~ 0.95
표준불꽃 1 : 1.04 ~ 1.14
산화불꽃 1 : 1.15 ~ 1.7

48 배관의 도중에 설치하여 유체 속에 혼입된 토사나 이물질 등을 제거하기 위해 설치하는 배관 부품은?

① 트랩 ② 유니언
③ 스트레이너 ④ 플랜지

해 스트레이너 : 배관내에 혼입된 이물질을 제거하는 장치(U, V, Y형이 있다)

49 냉매배관 중 토출관을 의미하는 것은?

① 압축기에서 응축기까지의 배관
② 응축기에서 팽창밸브까지의 배관
③ 증발기에서 압축기까지의 배관
④ 응축기에서 증발기까지의 배관

50 급수설비에서 수격작용 방지를 위하여 설치하는 것은?

① 에어챔버(air chamber)
② 앵글밸브(angle valve)
③ 서포트(support)
④ 볼 탭(ball tap)

해 수격작용 방지대책
㉠ 유속을 2m/s 이하로 한다.
㉡ 관경을 크게 한다.
㉢ 굴곡을 줄인다.
㉣ 밸브 개폐를 천천히 한다.
㉤ 공기실(aie chamver)을 설치한다.
㉥ 펌프에 플라이 휠 설치
㉦ 조압수조 설치

51 급탕배관에 대한 설명으로 틀린 것은?

① 배관이 길 경우에는 필요한 곳에 공기빼기 밸브를 설치한다.
② 벽 관통부분 배관에는 슬리브를 끼운다.
③ 상향식 배관에서는 공급관을 앞내림 구배로 한다.
④ 배관 중간에 신축이음을 설치한다.

해 상향식 : 급탕관 - 선상향(앞올림)
복귀관 - 선하향(앞내림) 구배
하향식 : 급탕관 - 선하향(앞내림)
복귀관 - 선하향(앞내림) 구배

정답 | 47 ① 48 ③ 49 ① 50 ① 51 ③

글자 크기    100% 150% 200%
화면 배치 

• 전체 문제 수 :
• 안 푼 문제 수 :

답안 표기란
52 ① ② ③ ④
53 ① ② ③ ④

52 호칭지름 20A의 관을 그림과 같이 나사 이음할 때 중심 간의 길이가 200mm라 하면 강관의 실제 소요되는 절단길이(mm)는?
(단, 이음쇠에 중심에서 단면까지의 길이는 32mm, 나사가 물리는 최소의 길이는 13mm이다.)

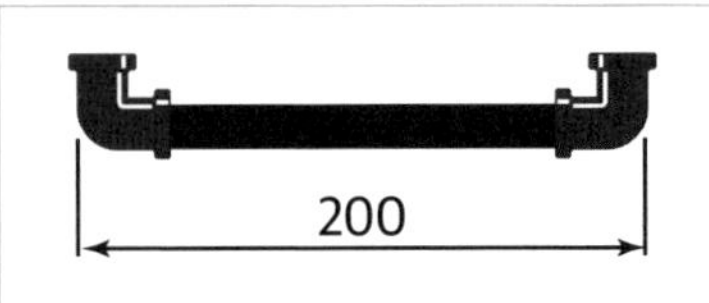

① 136 ② 148
③ 162 ④ 200

해 공식1) $l = L - 2(A - a)$
L : 파이프 전체길이
l : 파이프의 실제길이
A : 부속의 중심길이
a : 나사 삽입길이
$l = 200 - 2 \times (32 - 13) = 162[mm]$

53 펌프 주위의 배관도이다. 각 부품의 명칭으로 틀린 것은?

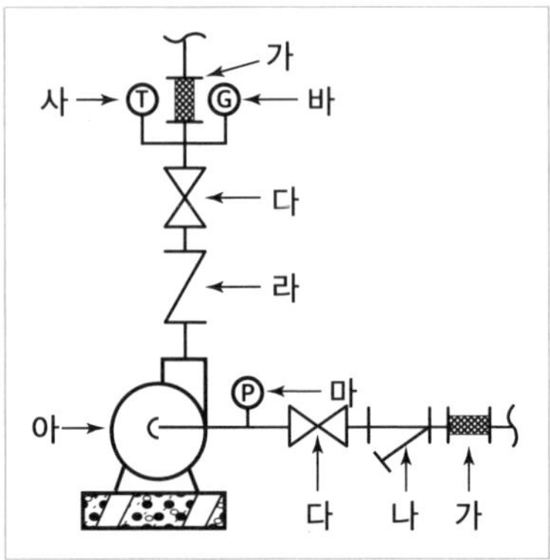

① 나 : 스트레이너
② 가 : 플랙시블조인트
③ 라 : 글로브 밸브
④ 사 : 온도계

해 가 : 플렉시블조인트
나 : 스트레이너
다 : 게이트 밸브
라 : 체크밸브
마 : 압력계
사 : 온도계
아 : 펌프

정답 52 ③ 53 ③

• 수험번호:
• 수험자명:

• 제한 시간:
• 남은 시간:

글자 크기  100%  150%  200% 화면 배치  

• 전체 문제 수:
• 안 푼 문제 수:

답안 표기란

54 ① ② ③ ④
55 ① ② ③ ④
56 ① ② ③ ④
57 ① ② ③ ④
58 ① ② ③ ④

54 급배수 배관 시험 방법중 물 대신 압축공기를 관 속에 압입하여 이음매에서 공기가 새는 것을 조사하는 방식은?

① 수압시험 ② 기압시험
③ 진공시험 ④ 통기시험

해 기압시험: 압축공기를 주입하여 누설 여부를 검사하는 방법

55 동관접합 방법의 종류가 아닌 것은?

① 빅토리접합 ② 플레어 접합
③ 플랜지접합 ④ 납땜 접합

해 동관이음
① 납땜 이음
② 용접 이음
③ 플레어 이음(점검 및 보수가 용이)
④ 플랜지 이음

56 저압증기 난방 장치에서 증기관과 환수관 사이에 설치하는 균형관은 표순 수면에서 몇 mm 아래에 설치하는가?

① 20 mm ② 50 mm
③ 80 mm ④ 100 mm

해 하트포드 이음: 보일러 내 저수위 방지를 위해 증기관과 환수주관 사이에 표준수위에서 50[mm] 아래에 균형관을 설치하고 안전저수면보다 높은 위치에 환수관을 접속

57 급탕배관에의 구배에 대한 관한 설명으로 옳은 것은?

① 중력순환식은 1/250 이상의 구배를 준다
② 강제순환식은 구배를 주지 않는다.
③ 하향식 공급 방식에서는 급탕관 및 복귀관은 모두 선하향 구배로 한다.
④ 상향공급식 배관의 반탕관은 상향 구배로 한다.

해 상향식: 급탕관 - 선상향(앞올림)
복귀관 - 선하향(앞내림) 구배
하향식: 급탕관 - 선하향(앞내림)
복귀관 - 선하향(앞내림) 구배

58 다음 중 온도에 따른 팽창 및 수축이 가장 큰 배관재료는?

① 강관 ② 동관
③ 염화비닐관 ④ 콘크리트관

정답 | 54 ② 55 ① 56 ② 57 ③ 58 ③

59 중앙식 급탕설비에서 직접 가열식 방법에 대한 설명으로 옳은 것은?

① 열 효율상으로는 경제적이지만 보일러 내부에 스케일이 생길 우려가 크다.
② 탱크 속에 직접 증기를 분사하여 물을 가열하는 방식이다.
③ 탱크는 저장과 가열을 동시에 하므로 탱크히터 또는 스토리지 탱크로 부른다.
④ 가열 코일이 필요하다.

해

구분	직접 가열식	간접 가열식
가열 장소	온수보일러	난방용 보일러
보일러	고압보일러	저압보일러
스케일 유무	많음	적음
가열 코일	무	유
열효율	높음	낮음
적용	소규모	대규모

60 고층 건물이나 기구수가 많은 건물에서 입상관까지의 거리가 긴 경우, 루프통기의 효과를 높이기 위해 설치된 통기관은?

① 도피 통기관 ② 반송 통기관
③ 공용 통기관 ④ 신청 통기관

해 도피 통기관: 많은 기구가 접속된 경우나 배수 횡지관이 긴 경우의 회로 통기관에서 통기 능률을 높이기 위한 통기관(최하류 기구배수관과 배수 수직관 사이에 설치)

• 수험번호 :
• 수험자명 :

• 제한 시간 :
• 남은 시간 :

글자 크기  100%  150%  200% 화면 배치  

• 전체 문제 수 :
• 안 푼 문제 수 :

답안 표기란

61	①	②	③	④
62	①	②	③	④
63	①	②	③	④
64	①	②	③	④

4과목 | 전기제어공학

61 ~~그림과 같은 피드백회로 전달함수 $\frac{C(s)}{R(s)}$ 는?~~ (22년 출제 범위 제외)

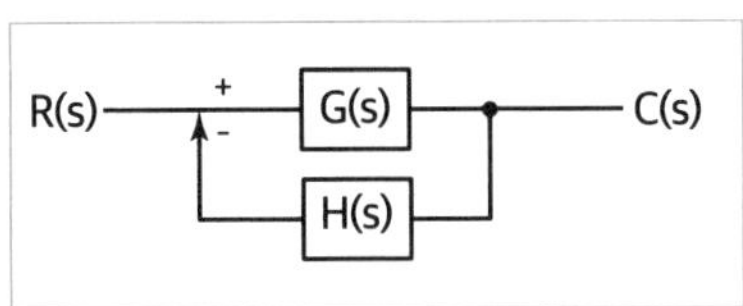

① $\frac{1}{1+G(s)H(s)}$

② $1-\frac{1}{G(s)H(s)}$

③ $\frac{G(s)}{1-G(s)H(s)}$

④ $\frac{G(s)}{1+G(s)H(s)}$

해 $G(s)=\frac{C}{R}=\frac{\text{패스경로}}{1-\text{피드백경로}}$

$=\frac{G(s)}{1-(-G(s)H(s))}$

$=\frac{G(s)}{1+G(s)H(s)}$

62 위치 감지용으로 적합한 장치는?

① 전위차계

② 회전자기부호기

③ 스트레인게이지

④ 마이크로폰

해 전위차계 : 변위 → 전압

63 ~~제어계에서 동작신호를 조작량으로 변화시키는 것은?~~ (22년 출제 범위 제외)

① 제어량 ② 제어요소

③ 궤한요소 ④ 기준압력요소

해

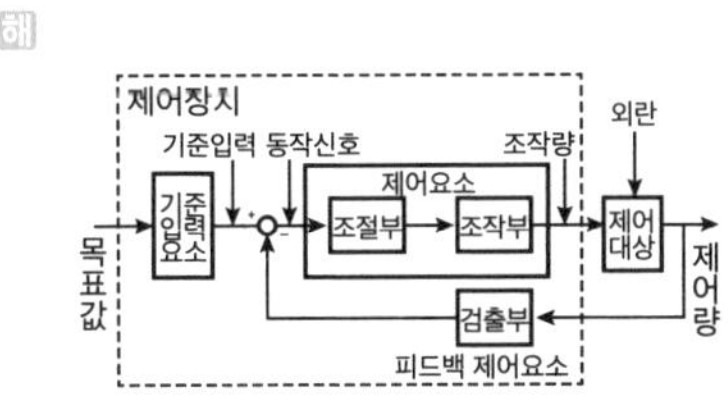

64 ~~다음 블록선도를 수식으로 표현한 것 중 옳은 것은?~~ (22년 출제 범위 제외)

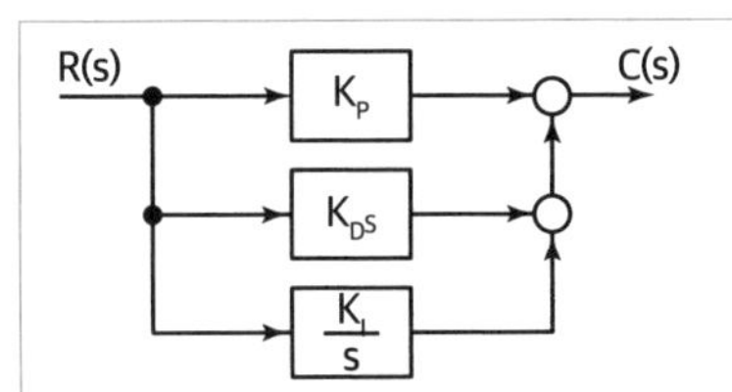

① $K_PR+K_D\frac{dR}{dt}+K_I\int_0^T Rdt$

② $K_IR+K_D\int_0^T Rdt+K_I\frac{dR}{dt}$

③ $K_IR+K_D\int_0^T Rdt+K_P\frac{dR}{dt}$

④ $K_PR++\frac{1}{K_D}\int_0^T Rdt+K_I\frac{dR}{dt}$

해 비례요소 : 전달함수 $G(s)=\frac{Y(s)}{X(s)}=K$

미분요소 : 전달함수 $G(s)=\frac{Y(s)}{X(s)}=Ks$

적분요소 : 전달함수 $G(s)=\frac{Y(s)}{X(s)}=\frac{K}{s}$

✓ 비례요소 + 미분요소 + 적분요소

| 정답 | 61 ④ 62 ① 63 ② 64 ①

• 수험번호 :
• 수험자명 :

• 제한 시간 :
• 남은 시간 :

글자 크기  100%  150%  200% 화면 배치  

• 전체 문제 수 :
• 안 푼 문제 수 :

답안 표기란

65 ① ② ③ ④
66 ① ② ③ ④
67 ① ② ③ ④
68 ① ② ③ ④

65 ~~**그림과 같은 Y결선 회로와 등가인 △결선 회로의 Z_{ab}, Z_{bc}, Z_{ca} 값은?**~~ (22년 출제 범위 제외)

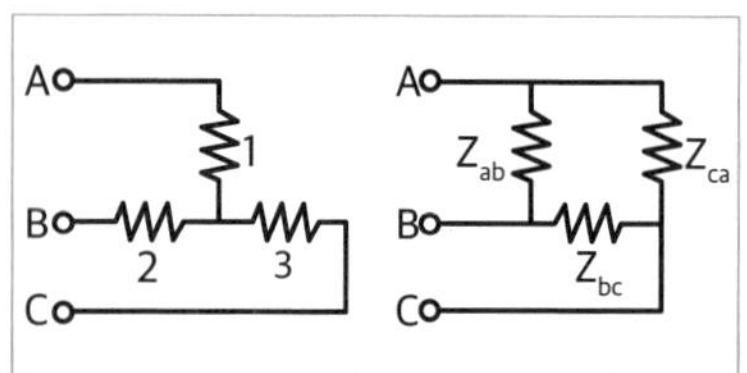

	Z_{ab}	Z_{bc}	Z_{ca}
①	$\frac{11}{3}$	11	$\frac{11}{2}$
②	$\frac{7}{3}$	7	$\frac{11}{2}$
③	11	$\frac{11}{2}$	$\frac{11}{3}$
④	7	$\frac{7}{2}$	$\frac{7}{3}$

해 $Z_{ab} = \frac{Z_aZ_b + Z_bZ_c + Z_cZ_a}{Z_c}$

$= \frac{1 \times 2 + 2 \times 3 + 3 \times 1}{3} = \frac{11}{3}$

$Z_{bc} = \frac{Z_aZ_b + Z_bZ_c + Z_cZ_a}{Z_a}$

$= \frac{1 \times 2 + 2 \times 3 + 3 \times 1}{1} = 11$

$Z_{ca} = \frac{Z_aZ_b + Z_bZ_c + Z_cZ_a}{Z_b}$

$= \frac{1 \times 2 + 2 \times 3 + 3 \times 1}{2} = \frac{11}{2}$

66 자동제어의 기본 요소로서 전기식 조작기기에 속하는 것은?

① 다이어프램 ② 벨로즈
③ 펄스 전동기 ④ 파일럿 밸브

해 조작기기의 종류
전기식 : 펄스 전동기, 전자밸브, 전동기 등
기계식 : 다이어프램, 벨로즈, 파일럿 밸브 등

67 직류전동기의 속도제어 방법이 <u>아닌</u> 것은?

① 전압제어 ② 계자제어
③ 저항제어 ④ 슬립제어

해 직류전동기 속도 제어법
전압제어, 계자제어, 직렬저항제어

68 ~~**부궤한(negative feedback) 증폭기의 장점은?**~~ (22년 출제 범위 제외)

① 안정도의 증가
② 증폭도의 증가
③ 전력의 절약
④ 능률의 증대

해 부궤한 : 전압부궤환, 전류부궤환이 있으며 이득은 감소하지만 일그러짐을 경감할 수 있고 이득 변동을 억제하여 안정한 동작을 시킬 수 있다.

| 정답 | 65 ① 66 ③ 67 ④ 68 ①

69 ~~그림과 같은 신호흐름선도에서 C/R의 값은?~~ (22년 출제 범위 제외)

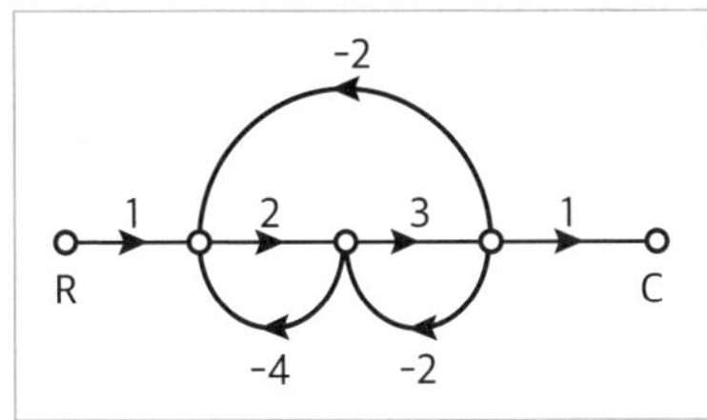

① 6/21 ② -6/21
③ 6/27 ④ -6/27

해 $G(s) = \frac{C}{R} = \frac{\text{패스경로}}{1 - \text{피드백경로}}$

$= \frac{1 \times 2 \times 3 \times 1}{1-((2 \times 3 \times (-2)) + (2 \times (-4)) + (3 \times (-2)))}$

$= \frac{6}{27}$

70 ~~피드백 제어계의 안정도와 직접적인 관련이 없는 것은?~~ (22년 출제 범위 제외)

① 이득 여유 ② 위상 여유
③ 주파수 특성 ④ 제동비

해 주파수와 피드백제어계의 안정도는 직접적인 관련이 없다.

71 ~~저항 R_1과 R_2가 병렬로 접속되어 있을 때, R_1에 흐르는 전류가 3A이면 R_2에 흐르는 전류는 몇 A인가?~~ (22년 출제 범위 제외)

① 1.0 ② 1.5
③ 2.0 ④ 2.5

해 공식1)

$= I_1 = \frac{R_2}{R_1 + R_2} \cdot I\,[A]$

$= I_2 = \frac{R_1}{R_1 + R_2} \cdot I\,[A]$

✓ 저항값이 없으므로 전항 정답 처리된 문제

72 **다음 분류기의 배율은?**
(단, R_s : 분류기의 저항, R_a : 전류계의 저항)

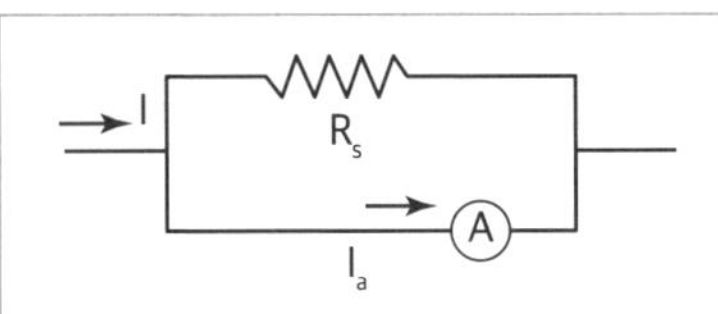

① $\frac{R_s}{R_a}$ ② $1 + \frac{R_s}{R_a}$
③ $1 + \frac{R_a}{R_s}$ ④ $\frac{R_a}{R_s}$

| 정답 | 69 ③ 70 ③ 71 전항정답 72 ③

• 수험번호 :
• 수험자명 :

• 제한 시간 :
• 남은 시간 :

글자 크기  100%  150% 200% 화면 배치 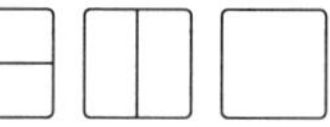

• 전체 문제 수 :
• 안 푼 문제 수 :

답안 표기란

73	①	②	③	④
74	①	②	③	④
75	①	②	③	④
76	①	②	③	④

73 ~~**그림과 같은 제어에 해당하는 것은?**~~ (22년 출제 범위 제외)

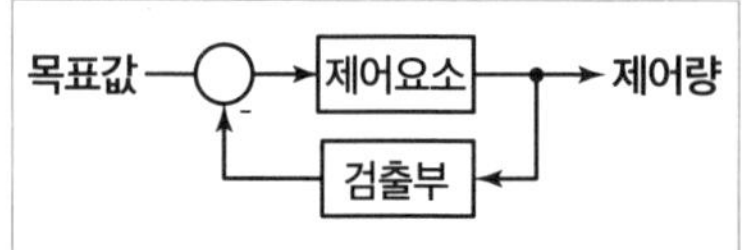

① 개방 제어　② 개루푸제어
③ 시퀀스 제어　④ 폐루푸 제어

해 피드백 제어 = 폐루프 제어, 되먹임 제어

74 **그림과 같이 교류의 전압을 직류용 가동코일형 계기를 사용하여 측정하였다. 전압계의 눈금은 몇 V인가?**
(단, 교류전압 R의 값은 충분히 크다고 한다.)

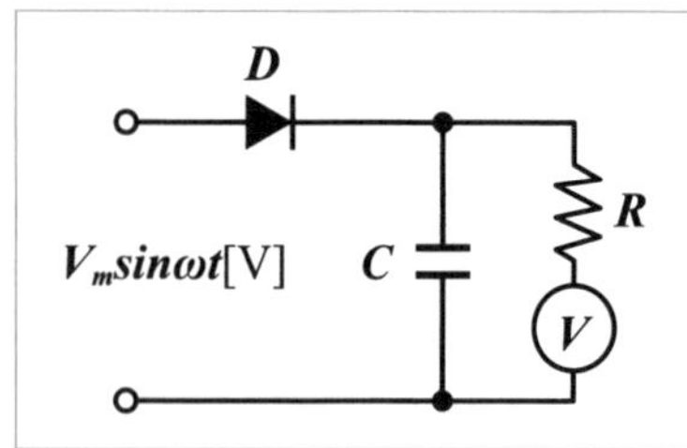

① Vm　② $\frac{V_m}{\sqrt{2}}$
③ $\frac{\sqrt{2}}{V_m}$　④ $\frac{V_m}{2\sqrt{2}}$

해 커패시터(C)에 전류가 충전되다가 일정시간 후 전압은 $V = V_m$이 되므로 전압계 눈금은 V_m이 된다.

75 ~~**평행위치에서 목표 값과 현재 수위와의 차이를 잔류 편차(offset)라 한다. 다음 중 잔류 편차가 있는 제어계는?**~~ (22년 출제 범위 제외)

① 비례 동작(P동작)
② 비례 미분 동작(PD동작)
③ 비례 적분 동작(PI동작)
④ 비례 적분 미분 동작(PID동작)

해 비례제어(P동작) : 간단한 구조지만 잔류 편차가 생기는 결점이 있다.

76 ~~**자동제어계에서 과도응답 중 지연시간을 옳게 정의한 것은?**~~ (22년 출제 범위 제외)

① 목표 값의 50%에 도달하는 시간
② 목표 값이 허용오차 범위에 들어갈 때까지의 시간
③ 최대 오버슈트가 일어나는 시간
④ 목표값의 10~90%까지 도달하는 시간

해 지연시간 : 응답이 목표값의 50%에 도달하는데 필요한 시간

| 정답 | 73 ④　74 ①　75 ①　76 ①

• 수험번호:
• 수험자명:

• 제한 시간:
• 남은 시간:

글자 크기 100% 150% 200% 화면 배치

• 전체 문제 수:
• 안 푼 문제 수:

답안 표기란

77 ① ② ③ ④
78 ① ② ③ ④
79 ① ② ③ ④
80 ① ② ③ ④

77 ~~제어량이 온도, 압력, 유량, 액위, 농도 등과 같은 일반 공업량일 때의 제어는?~~ (22년 출제 범위 제외)

① 추종제어
② 시퀀스제어
③ 프로그래밍 제어
④ 프로세스제어

해 프로세스제어
• 플랜트나 생산 공정 중의 상태량을 제어
• 프로세스에 가해지는 외란 억제 목적 (온도, 압력, 점도, 유량, 밀도 등)

78 ~~어떤 도체의 단면을 1시간에 7200C의 전기량이 이동했다고 하면 전류는 몇 A인가?~~ (22년 출제 범위 제외)

① 1 ② 2
③ 3 ④ 4

해 공식1) $I = \frac{Q}{t}$ [C/sec], [A]

$\frac{7200}{1 \times 3600} = 2[A]$

79 ~~어떤 계의 임펄스 응답이 e^{-2t}이다. 이 제어계의 전달함수 G(s)는?~~ (22년 출제 범위 제외)

① 1/s ② $\frac{1}{S+1}$
③ $\frac{1}{S+2}$ ④ s+2

해 지수 감쇠 함수 $f(t) = e^{-at}$

$F(s) = \frac{1}{S+a}$

$G(s) = \frac{1}{S+2}$

80 시퀀스 제어에 관한 설명 중 틀린 것은?

① 시간지연요소가 사용된다.
② 조합 논리회로로도 사용된다.
③ 기계적 계전기 접점이 사용된다.
④ 전체 시스템의 접점들이 일시에 동작한다.

해 시퀀스 제어: 미리 정해진 순서에 따라 제어의 각 단계를 순서대로 진행해 가는 제어

정답 | 77 ④ 78 ② 79 ③ 80 ④

PART 6

:기출문제 2회(2019.04.27)

• 수험번호 :
• 수험자명 :

• 제한 시간 :
• 남은 시간 :

글자 크기  100%  150%  200%

화면 배치 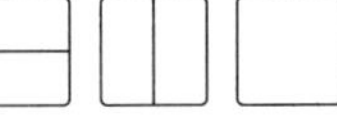

• 전체 문제 수 :
• 안 푼 문제 수 :

답안 표기란

01	①	②	③	④
02	①	②	③	④
03	①	②	③	④
04	①	②	③	④

1과목 | 공기조화

01 다음 중 직접 난방방식이 아닌 것은?

① 증기난방 ② 온수난방
③ 복사난방 ④ 온풍난방

해 직접난방 : 방열기를 이용하여 직접 난방하는 방식
간접난방 : 방열기 없이 열원장치에서 가열된 공기를 실내로 보내 난방하는 방식

02 건축물의 출입문으로부터 극간풍의 영향을 방지하는 방법으로 틀린 것은?

① 회전문을 설치한다.
② 이중문을 충분한 간격으로 설치한다.
③ 출입문에 블라인드를 설치한다.
④ 에어커튼을 설치한다.

해 극간풍을 줄이기 위한 방법
㉠ 회전문 설치
㉡ 2중문 설치
㉢ 에어커튼 설치
㉣ 실내를 양압으로 유지
㉤ 2중문 중간에 컨벡터 설치
㉥ 실내외 온도차를 작게 한다.

03 유리를 투과한 일사에 의한 취득열량과 가장 거리가 먼 것은?

① 유리창 면적 ② 일사량
③ 환기횟수 ④ 차폐계수

해 유리창의 일사부하
$q_{GR}[kcal/h] = I_{GR} \times F_g \times k_s$
q_{GR} : 태양복사에 의한 열량
I_{GR} : 표준일사열량[kcal/m²h]
F_g : 면적[m²]
k_s : 차폐계수

04 공조방식 중 송풍온도를 일정하게 유지하고 부하변동에 따라서 송풍량을 변화시킴으로써 실온을 제어하는 방식은?

① 멀티 존 유닛방식
② 이중덕트방식
③ 가변풍량방식
④ 패키지 유닛방식

해 변풍량 방식 : 부하에 따라 송풍제어가 가능하나 송풍량 감소에 따른 실내 오염도가 크다.

| 정답 | 01 ④ 02 ③ 03 ③ 04 ③

• 수험번호 :
• 수험자명 :

• 제한 시간 :
• 남은 시간 :

글자 크기 100% 150% 200% 화면 배치

• 전체 문제 수 :
• 안 푼 문제 수 :

답안 표기란

05	①	②	③	④
06	①	②	③	④
07	①	②	③	④
08	①	②	③	④

05 다음 중 냉방부하 계산 시 상당외기온도차를 이용하는 경우는?

① 유리창의 취득열량

② 내벽의 취득열량

③ 침입외기 취득열량

④ 외벽의 취득열량

해 상당외기온도차 : 외부 일사에 의한 실내 공기 온도의 상승 값으로 지붕 또는 외벽의 냉방부하 계산시 사용

06 송풍기 회전수를 높일 때 일어나는 현상으로 틀린 것은?

① 정압 감소

② 동압 증가

③ 소음 증가

④ 송풍기 동력 증가

해 송풍기의 상사법칙

㉠ 풍량 $Q_2 = Q_1\left(\frac{N_2}{N_1}\right)\left(\frac{D_2}{D_1}\right)^3$

풍량은 회전수에 비례, 임펠러 지름의 3승에 비례한다.

㉡ 풍압 $P_2 = P_1\left(\frac{N_2}{N_1}\right)^2\left(\frac{D_2}{D_1}\right)^2$

풍압은 회전수의 2승에 비례, 임펠러 지름의 2승에 비례한다.

㉢ 동력 $KW_2 = KW_1\left(\frac{N_2}{N_1}\right)^3\left(\frac{D_2}{D_1}\right)^5$

동력은 회전수의 3승에 비례, 임펠러 지름의 5승에 비례한다.

✓ 풍압은 회전수 2승에 비례하여 상승된다.

07 냉방부하의 종류 중 현열만 존재하는 것은?

① 외기의 도입으로 인한 취득열

② 유리를 통과하는 전도열

③ 문틈에서의 틈새바람

④ 인체에서의 발생열

해 극간풍, 인체, 실내기기, 외기 외엔 모두 현열

08 주로 소형 공조기에 사용되며, 증기 또는 전기 가열기로 가열한 온수 수면에서 발생하는 증기로 가습하는 방식은?

① 초음파형 ② 원심형

③ 노즐형 ④ 가습팬형

해 증기식 가습 : 전열식(가습팬형), 전극식, 적외선식, 과열증기식, 노즐분무식

정답 | 05 ④ 06 ① 07 ② 08 ④

• 수험번호:
• 수험자명:

• 제한 시간:
• 남은 시간:

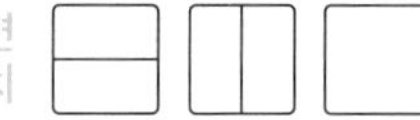

• 전체 문제 수:
• 안 푼 문제 수:

답안 표기란

09 ① ② ③ ④

10 ① ② ③ ④

09 **31℃의 외기와 25℃의 환기를 1:2의 비율로 혼합하고 바이패스 팩터가 0.16인 코일로 냉각 제습할 때 코일 출구온도(℃)는?**
(단, 코일의 표면온도는 14℃ 이다.)

① 14　② 16
③ 27　④ 29

해 공식1) 혼합공기(t3) = $\frac{Q_1t_1 + Q_2t_2}{Q_1 + Q_2}$

$= \frac{(1 \times 31) + (2 \times 25)}{1 + 2} = 27[℃]$

공식2) 바이패스 팩터(BF) = $\frac{t_2 - t_3}{t_1 - t_3}$

$0.16 = \frac{t_2 - 14}{27 - 14} \rightarrow t_2$

$= (0.16 \times (27 - 14)) + 14 = 16[℃]$

10 **습공기 5000m³/h를 바이패스 팩터 0.2인 냉각코일에 의해 냉각시킬 때 냉각코일의 냉각열량(kW)은?**
(단, 코일 입구공기의 엔탈피는 64.5 kJ/kg, 밀도는 1.2 kg/m³, 냉각코일 표면온도는 10℃이며, 10℃의 포화습공기 엔탈피는 30 kJ/kg 이다.)

① 38　② 46
③ 138　④ 165

해 공식1) 바이패스 팩터(BF) = $\frac{h_2 - h_3}{h_1 - h_3}$

$0.2 = \frac{h_2 - 30}{64.5 - 30} \rightarrow h_2$

$= (0.2 \times (64.5 - 30)) + 30$

$= 36.9[kJ/kg]$

공식2) $Q = G \cdot \Delta h$

✓ 1[KW] = 1[kJ/s]

✓ $= \frac{5000 \times 1.2 \times (64.5 - 36.9)}{3600}$

$= 46[KW]$

정답 | 09 ② 10 ②

• 수험번호:
• 수험자명:

• 제한 시간:
• 남은 시간:

글자 크기   100%  150%  200% 화면 배치 

• 전체 문제 수:
• 안 푼 문제 수:

답안 표기란

11	①	②	③	④
12	①	②	③	④
13	①	②	③	④
14	①	②	③	④

11 냉방부하에 관한 설명으로 옳은 것은?

① 조명에서 발생하는 열량은 잠열로서 외기부하에 해당된다.
② 상당외기온도차는 방위, 시작 및 벽체 재료 등에 따라 값이 정해진다.
③ 유리창을 통해 들어오는 부하는 태양복사열만 계산한다.
④ 극간풍에 의한 부하는 실내외 온도차에 의한 현열만을 계산한다.

해 ① 조명에서 발생하는 열량은 현열로서 실내부하에 해당된다.
③ 유리창을 통해 들어오는 부하는 태양복사열과 전도열량을 계산한다.
④ 극간풍에 의한 부하는 실내외 온도차에 의한 현열과 습도차에 의한 잠열을 계산한다.

12 저속덕트와 고속덕트의 분류 기준이 되는 풍속은?

① 10m/s ② 15m/s
③ 20m/s ④ 30m/s

해 ① 저속덕트 : 주 덕트의 풍속이 15m/s 이하인 경우
② 고속덕트 : 주 덕트의 풍속이 15m/s 이상인 경우

13 20℃ 습공기의 대기압이 100 kPa 이고, 수증기의 분압이 1.5 kPa 이라면 주어진 습공기의 절대습도(kg/kg′)는?

① 0.0095 ② 0.0112
③ 0.0129 ④ 0.0133

해 공식1)

$$x = 0.622\frac{P_w}{P-P_w}$$

$$= 0.622 \times \frac{1.5}{100-1.5}$$

$$= 0.0095[kg/kg']$$

14 다음 송풍기 풍량제어법 중 축동력이 가장 많이 소요되는 것은?
(단, 모든 조건은 동일하다.)

① 회전수제어
② 흡입베인제어
③ 흡입댐퍼제어
④ 토출댐퍼제어

해 송풍기 풍량제어법 중 소요동력이 큰 순서
토출댐퍼 > 흡입댐퍼 > 흡입베인 > 회전수

정답 | 11 ② 12 ② 13 ① 14 ④

• 수험번호:
• 수험자명:
• 제한 시간:
• 남은 시간:

글자 크기 100% 150% 200% 화면 배치

• 전체 문제 수:
• 안 푼 문제 수:

답안 표기란

15 ① ② ③ ④
16 ① ② ③ ④
17 ① ② ③ ④
18 ① ② ③ ④

15 **에어와셔(공기세정기) 속의 플러딩 노즐(flooding nozzle)의 역할은?**

① 균일한 공기흐름 유지
② 분무수의 분무
③ 엘리미네이터 청소
④ 물방울의 기류에 혼입 방지

해 플러딩 노즐: 엘리미네이터를 청소하기 위해 상부에 설치

16 **덕트 계통의 열손실(취득)과 직접적인 관계로 가장 거리가 먼 것은?**

① 덕트 주위온도
② 덕트 가공정도
③ 덕트 주위 소음
④ 덕트 속 공기압력

해 덕트 계통의 열량은 소음과 관련이 없다.

17 **지역난방의 특징에 관한 설명으로 틀린 것은?**

① 연료비는 절감되나 열효율이 낮고 인건비가 증가한다.
② 개별건물의 보일러실 및 굴뚝이 불필요하므로 건물이용의 효용이 높다.
③ 설비의 합리화로 대기오염이 적다.
④ 대규모 열원기기를 이용하므로 에너지를 효율적으로 이용할 수 있다.

해 ① 연료비가 절감되고 열효율이 높으며 인건비가 감소한다.

18 **대향류의 냉수코일 설계 시 일반적인 조건으로 틀린 것은?**

① 냉수 입출구 온도차는 일반적으로 5~10℃로 한다.
② 관내 물의 속도는 5~15 m/s로 한다.
③ 냉수 온도는 5~15℃로 한다.
④ 코일 통과 풍속은 2~3 m/s로 한다.

해 ② 관내 물의 속도는 1 m/s로 한다.

| 정답 | 15 ③ 16 ③ 17 ① 18 ②

• 수험번호 :
• 수험자명 :

• 제한 시간 :
• 남은 시간 :

글자 크기  100% 150% 200%  화면 배치 

• 전체 문제 수 :
• 안 푼 문제 수 :

답안 표기란

19 ① ② ③ ④
20 ① ② ③ ④
21 ① ② ③ ④
22 ① ② ③ ④

19 공기조화 시스템에서 난방을 할 때 보일러에 있는 온수를 목적지인 사용처로 보냈다가 다시 사용하기 위해 되돌아오는 관을 무엇이라고 하는가?

① 온수공급관 ② 온수환수관
③ 냉수공급관 ④ 냉수환수간

해 온수 환수관 : 온수 사용 후 재사용을 위해 다시 환수하는 배관

20 흡착식 감습장치의 흡착제로 적당하지 않은 것은?

① 실리카겔
② 염화리튬
③ 활성 알루미나
④ 합성 제올라이트

해 흡수식 : 염화리튬, 트리에틸렌글리콜 등 액체 흡수제를 사용하는 방식
흡착식 : 제올라이트, 실리카겔, 활성알루미나, 애드솔 등 고체흡수제를 사용하는 방식

2과목 I 냉동공학

21 흡입 관 내를 흐르는 냉매증기의 압력강하가 커지는 경우는?

① 관이 굵고 흡입관 길이가 짧은 경우
② 냉매증기의 비체적이 큰 경우
③ 냉매의 유량이 적은 경우
④ 냉매의 유속이 빠른 경우

해 ① 관이 얇고 흡입관 길이가 길 경우
② 냉매증기의 비체적이 작은 경우
③ 냉매의 유량이 많은 경우

22 다음 중 냉동장치의 압축기와 관계가 없는 효율은?

① 소음효율 ② 압축효율
③ 기계효율 ④ 체적효율

해 압축기 효율
압축효율, 기계효율, 체적효율

정답 | 19 ② 20 ② 21 ④ 22 ①

• 수험번호 :
• 수험자명 :

• 제한 시간 :
• 남은 시간 :

글자 크기 100% 150% 200% 화면 배치

• 전체 문제 수 :
• 안 푼 문제 수 :

답안 표기란

23 ① ② ③ ④
24 ① ② ③ ④
25 ① ② ③ ④
26 ① ② ③ ④

23 **냉동사이클 중 P-h 선도(압력-엔탈피 선도)로 구할 수 <u>없는</u> 것은?**

① 냉동능력　② 성적계수
③ 냉매순환량　④ 마찰계수

해 냉매선도로 마찰계수는 계산 할 수 없다

24 **이상기체의 압력이 0.5 MPa, 온도가 150℃, 비체적이 0.4 m^3/kg 일 때, 가스상수(J/kg·K)는 얼마인가?**

① 11.3　② 47.28
③ 113　④ 472.8

해 공식1) PV=GRT
P : 압력(atm)
V : 부피(m^3/kg)
R : 기체상수(J/kg·K)
T : 절대온도(K)
G : 질량(kg)
$0.5\times10^6\times0.4=1\times R\times(150+273)\rightarrow$
$R=\dfrac{0.5\times10^6\times0.4}{1\times(150+273)}$
=472.8[J/kg·K]

25 **가용전에 대한 설명으로 옳은 것은?**

① 저압차단 스위치를 의미한다.
② 압축기 토출 측에 설치한다.
③ 수냉응축기 냉각수 출구측에 설치한다.
④ 응축기 또는 고압수액기의 액배관에 설치한다.

해 가용전 : 이상온도 발생시 녹으면서 장치 내 가스를 분출
설치위치 : 응축기, 수액기

26 **냉매가 구비해야 할 조건으로 <u>틀린</u> 것은?**

① 증발 잠열이 클 것
② 응고점이 낮을 것
③ 전기 저항이 클 것
④ 증기의 비열비가 클 것

해 ④ 증기의 비열비가 작을 것

정답 | 23 ④　24 ④　25 ④　26 ④

• 수험번호:
• 수험자명:

• 제한 시간:
• 남은 시간:

글자 크기  100%  150%  200% 화면 배치 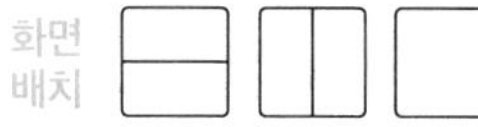

• 전체 문제 수:
• 안 푼 문제 수:

답안 표기란

27 ① ② ③ ④
28 ① ② ③ ④
29 ① ② ③ ④

27 몰리에르 선도에서 건도(x)에 관한 설명으로 옳은 것은?

① 몰리에르 선도의 포화액선상 건도는 1 이다.
② 액체 70%, 증기 30%인 냉매의 건도는 0.7 이다.
③ 건도는 습포화증기 구역 내에서만 존재한다.
④ 건도는 과열증기 중 증기에 대한 포화액체의 양을 말한다.

해 ① 몰리에르 선도의 포화액선상 건도는 0 이다.
② 액체 70%, 증기 30%인 냉매의 건도는 0.3 이다.
④ 건도는 습포화증기 중 증기에 대한 포화기체의 양을 말한다.

28 몰리에르 선도에 대한 설명으로 틀린 것은?

① 과열구역에서 등엔탈피선으로 등온선과 거의 직교한다.
② 습증기 구역에서 등온선과 등압선은 평행하다.
③ 포화 액체와 포화 증기의 상태가 동일한 점을 임계점이라고 한다.
④ 등비체적선은 과열 증기구역에서도 존재한다.

해 과열구역에서 등온선은 곡선 형태 이므로 수직형태인 등엔탈피선과 직교하지 않는다.

29 팽창밸브 직후 냉매의 건도가 0.2이다. 이 냉매의 증발열이 1884 kJ/kg 이라 할 때, 냉동효과(kJ/kg)는 얼마인가?

① 376.8 ② 1324.6
③ 1507.2 ④ 1804.3

해 공식1) 건조도(x) = $\frac{\text{플래쉬가스}}{\text{증발잠열}}$

$0.2 = \frac{\text{플래쉬가스}}{1884}$ →

플래쉬 가스 = 1884 × 0.2
= 376.8[kJ/kg]

공식2)
냉동효과(q) = 증발잠열 - 플레쉬 가스
= 1884 - 376.8 = 1507.2[kJ/kg]

정답 | 27 ③ 28 ① 29 ③

• 수험번호 :
• 수험자명 :

• 제한 시간 :
• 남은 시간 :

글자 크기  100%  150% 200% 화면 배치 

• 전체 문제 수 :
• 안 푼 문제 수 :

답안 표기란

30	①	②	③	④
31	①	②	③	④
32	①	②	③	④

30 평판을 통해서 표면으로 확산에 의해서 전달되는 열유속(heat flux)이 0.4 kW/m²이다. 이 표면과 20℃ 공기흐름과의 대류전열계수가 0.01 kW/m²·℃ 인 경우 평판의 표면온도(℃)는?

① 45 ② 50

③ 55 ④ 60

해 공식1) $Q = K F (t_1 - t_2)$

$$\rightarrow t_1 = \frac{Q}{K \cdot F} + t_2$$

$$= \frac{0.4}{0.01 \cdot 1} + 20 = 60[℃]$$

31 이상적인 냉동사이클과 비교한 실제 냉동사이클에 대한 설명으로 틀린 것은?

① 냉매가 관내를 흐를 때 마찰에 의한 압력손실이 발생한다.

② 외부와 다소의 열 출입이 있다.

③ 냉매가 압축기의 밸브를 지날 때 약간의 교축작용이 이루어진다.

④ 압축기 입구에서의 냉매상태 값은 증발기 출구와 동일하다.

해 실제 냉동사이클에서 압축기 입구 엔탈피는 증발기 출구 엔탈피 보다 약간 높다.

32 흡수식 냉동기의 특징에 대한 설명으로 틀린 것은?

① 용량제어의 범위가 넓어 폭 넓은 용량제어가 가능하다.

② 터보 냉동기에 비하여 소음과 진동이 크다.

③ 부분 부하에 대하 대응성이 좋다.

④ 회전부가 적어 기계적인 마모가 적고 보수관리가 용이하다.

해 흡수식 냉동기는 압축기가 없으므로 소음과 진동이 적다.

정답 | 30 ④ 31 ④ 32 ②

• 수험번호 :
• 수험자명 :

• 제한 시간 :
• 남은 시간 :

글자 크기   100%  150%  200% 화면 배치 

• 전체 문제 수 :
• 안 푼 문제 수 :

답안 표기란

33 ① ② ③ ④
34 ① ② ③ ④
35 ① ② ③ ④

33 액분리기에 대한 설명으로 옳은 것은?

① 장치를 순환하고 남는 여분의 냉매를 저장하기 위해 설치하는 용기를 말한다.
② 액분리기는 흡입관 중의 가스와 액의 혼합물로부터 액을 분리하는 역할을 한다.
③ 액분리기는 암모니아 냉동장치에는 사용하지 않는다.
④ 팽창밸브와 증발기 사이에 설치하여 냉각효율을 상승시킨다.

해 액분리기 : 압축기에 액냉매가 흡입되는 것을 방지하여 액압축으로부터 압축기를 보호하며 증발기와 압축기 사이에 설치한다.
암모니아 냉동기나 부하변동이 심한 경우 사용

34 암모니아의 증발잠열은 -15℃에서 1310.4 kJ/kg이지만, 실제로 냉동능력은 1126.2 kJ/kg 으로 작아진다. 차이가 생기는 이유로 가장 적절한 것은?

① 체적효율 때문이다.
② 전열면의 효율 때문이다.
③ 실제 값과 이론 값의 차이 때문이다.
④ 교축팽창시 발생하는 플래시 가스 때문이다.

해 플래쉬 가스의 영향
㉠ 저압 저하
㉡ 냉동능력 감소
㉢ 압축비 상승

35 냉동장치의 운전 중 저압이 낮아질 때 일어나는 현상이 아닌 것은?

① 흡입가스 과열 및 압축비 증대
② 증발온도 저하 및 냉동능력 증대
③ 흡입가스의 비체적 증가
④ 성적계수 저하 및 냉매순환량 감소

해 ② 증발온도 저하 및 냉동능력 감소

정답 | 33 ② 34 ④ 35 ②

36 냉동장치 내에 불응축 가스가 혼입되었을 때 냉동장치의 운전에 미치는 영향으로 가장 거리가 먼 것은?

① 열교환 작용을 방해하므로 응축압력이 낮게 된다.
② 냉동능력이 감소한다.
③ 소비전력이 증가한다.
④ 실린더가 과열되고 윤활유가 열화 및 탄화된다.

해 ① 열교환 작용을 방해하므로 응축압력이 높게 된다.

37 냉동장치에서 플래시 가스가 발생하지 않도록 하기 위한 방지대책으로 틀린 것은?

① 액관의 직경이 충분한 크기를 갖고 있도록 한다.
② 증발기의 위치를 응축기와 비교해서 너무 높게 설치하지 않는다.
③ 여과기나 필터의 점검 청소를 실시한다.
④ 액관 냉매액의 과냉도를 줄인다.

해 플래쉬가스 방지대책
㉠ 열교환기 등으로 냉매를 과냉각 시킨다.
㉡ 주위온도가 높을 경우 단열 처리를 한다.
㉢ 액관의 크기를 충분한 크기로 한다.
√ 여과기나 필터가 막히면 액냉매가 팽창하므로 플래쉬 가스가 발생한다.

38 다음 중 고압가스 안전관리법에 적용되지 않는 것은?

① 스크류 냉동기
② 고속다기통 냉동기
③ 회전용적형 냉동기
④ 열전모듈 냉각기

해 열전 방식은 가스를 사용하지 않는다.

정답 | 36 ① 37 ④ 38 ④

• 수험번호 :
• 수험자명 :

• 제한 시간 :
• 남은 시간 :

글자 크기  100% 150% 200% 화면 배치 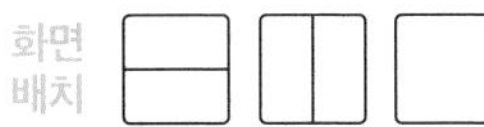

• 전체 문제 수 :
• 안 푼 문제 수 :

답안 표기란

39 ① ② ③ ④

40 ① ② ③ ④

39 -20℃의 암모니아 포화액의 엔탈피가 314 kJ/kg 이며, 동일 온도에서 건조포화증기의 엔탈피가 1687 kJ/kg 이다. 이 냉매액이 팽창밸브를 통과하여 증발기에 유입될 때의 냉매의 엔탈피가 670 kJ/kg 이었다면 중량비로 약 몇 %가 액체 상태인가?

① 16　② 26

③ 74　④ 84

해 -20℃의 증발열

1687 - 314 = 1373[kJ/kg]

실제 증발열

1687 - 670 = 1017[kJ/kg]

냉매 액 = $\frac{1017}{1373} \times 100 = 74[\%]$

40 증발식 응축기에 관한 설명으로 옳은 것은?

① 증발식 응축기의 냉각수는 보충할 필요가 없다.

② 증발식 응축기는 물의 현열을 이용하여 냉각하는 것이다.

③ 내부에 냉매기 통히는 나관이 있고, 그 위에 노즐을 이용하여 물을 산포하는 형식이다.

④ 압력강하가 작으므로 고압측 배관에 적당하다.

해 ① 증발식 응축기의 냉각수는 소모되므로 보충을 해주어야 한다.
② 증발식 응축기는 물의 잠열을 이용하여 냉각하는 것이다.
④ 배관이 길어져 압력강하가 크다.

정답 | 39 ③　40 ③

• 수험번호 :
• 수험자명 :

• 제한 시간 :
• 남은 시간 :

글자 크기 100% 150% 200% 화면 배치

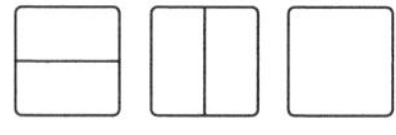

• 전체 문제 수 :
• 안 푼 문제 수 :

답안 표기란

41	①	②	③	④
42	①	②	③	④
43	①	②	③	④
44	①	②	③	④

3과목 | 배관일반

41 물은 가열하면 팽창하여 급탕탱크 등 밀폐가열장치 내의 압력이 상승한다. 이 압력을 도피시킬 목적으로 설치하는 관은?

① 배기관　② 팽창관
③ 오버플로관　④ 압축 공기관

해 팽창관 : 온수의 팽창으로 배관이 파손되는 것을 방지하는 팽창탱크에 연결되는 배관

42 도시가스를 공급하는 배관의 종류가 아닌 것은?

① 공급관　② 본관
③ 내관　④ 주관

해

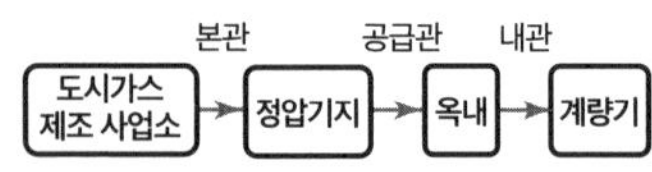

43 가스배관에서 가스가 누설될 경우 중독 및 폭발사고를 미연에 방지하기 위하여 조금만 누설되어도 냄새로 충분히 감지할 수 있도록 설치하는 장치는?

① 부스터설비　② 정압기
③ 부취설비　④ 가스홀더

해 부취설비 : 무색, 무취 가스의 누설 발견이 용이하도록 부취제를 넣어 누설 시 냄새로 알 수 있도록 한 설비

44 배관용 패킹 재료를 선택할 때 고려해야 할 사항으로 가장 거리가 먼 것은?

① 재료의 탄력성
② 진동의 유무
③ 유체의 압력
④ 재료의 부식성

해 패킹은 누설방지 재료로 탄력성보다는 밀도가 높아 내구성이 좋아야 한다.

정답 | 41 ② 42 ④ 43 ③ 44 ①

• 수험번호:
• 수험자명:

• 제한 시간:
• 남은 시간:

글자 크기  100%  150% 200% 화면 배치 

• 전체 문제 수:
• 안 푼 문제 수:

답안 표기란

45 ① ② ③ ④
46 ① ② ③ ④
47 ① ② ③ ④
48 ① ② ③ ④

45 급수방식 중 고가탱크방식의 특징에 대한 설명으로 틀린 것은?

① 다른 방식에 비해 오염가능성이 적다.
② 저수량을 확보하여 일정 시간동안 급수가 가능하다.
③ 사용지의 수도꼭지에서 항상 일정한 수압을 유지한다.
④ 대규모 급수 설비에 적합하다.

해 ① 다른 방식에 비해 오염가능성이 크다.

46 동관의 분류 중 가장 두꺼운 것은?

① K 형　② L 형
③ M 형　④ N 형

해 두께 순서: K > L > M

47 루프형 신축이음쇠의 특징에 대한 설명으로 틀린 것은?

① 설치공간을 많이 차지한다.
② 신축에 따른 자체 응력이 생긴다.
③ 고온, 고압의 옥외 배관에 많이 사용된다.
④ 장시간 사용 시 패킹의 마모로 누수의 원인이 된다.

해 루프형: 설치면적이 크고 고온고압의 옥외용으로 쓰이며 곡률반경은 관지름의 6배 이상
슬리브형: 설치면적이 작고 장시간 사용시 패킹이 마모되어 누설의 우려가 있다.

48 고압배관과 저압배관의 사이에 설치하여 고압측 압력을 필요한 압력으로 낮추어 저압측 압력을 일정하게 유지시키는 밸브는?

① 체크밸브　② 게이트밸브
③ 안전밸브　④ 감압밸브

해 감압밸브: 입구의 고압을 원하는 압력으로 감압하여 출구의 압력을 일정하게 유지시키는 밸브

정답 | 45 ①　46 ①　47 ④　48 ④

• 수험번호 :
• 수험자명 :

• 제한 시간 :
• 남은 시간 :

글자 크기 100% 150% 200% 화면 배치

• 전체 문제 수 :
• 안 푼 문제 수 :

답안 표기란

49 ① ② ③ ④
50 ① ② ③ ④
51 ① ② ③ ④
52 ① ② ③ ④

49 건물 1층의 바닥면을 기준으로 배관의 높이를 표시할때 사용하는 기호는?

① EL ② GL
③ FL ④ UL

해 EL : 배관 높이를 관의 중심을 기준으로 표시
TOP : 관 바깥지름 윗면을 기준으로 한 높이 표시
FL : 1층의 바닥면을 기준으로 한 높이 표시
GL : 포장된 지표면을 기준으로 한 높이 표시

50 냉매액관 시공 시 유의사항으로 틀린 것은?

① 긴 입상 액관의 경우 압력의 감소가 크므로 충분한 과냉각이 필요하다.
② 배관 도중에 다른 열원으로부터 열을 받지 않도록 한다.
③ 액관 배관은 가능한 한 길게 한다.
④ 액 냉매가 관 내에서 증발하는 것을 방지하도록 한다.

해 ③ 액관 배관은 가능한 한 짧게 한다.

51 다음 중 증기난방설비 시공 시 보온을 필요로 하는 배관은 어느 것인가?

① 관말 증기 트랩장치의 냉각관
② 방열기 주위배관
③ 증기공급관
④ 환수관

해 증기 공급관은 열손실 방지를 위해 보온을 한다.

52 가스배관의 설치 방법에 관한 설명으로 틀린 것은?

① 최단거리로 할 것
② 구부러지거나 오르내림을 적게할 것
③ 가능한 한 은폐하거나 매설할 것
④ 가능한 한 옥외에 할 것

해 ③ 가능한 한 옥외, 노출배관으로 할 것

정답 | 49 ③ 50 ③ 51 ③ 52 ③

• 수험번호:
• 수험자명:

• 제한 시간:
• 남은 시간:

글자 크기  100%  150%  200% 화면 배치  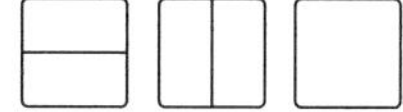

• 전체 문제 수:
• 안 푼 문제 수:

답안 표기란

53 ① ② ③ ④
54 ① ② ③ ④
55 ① ② ③ ④
56 ① ② ③ ④
57 ① ② ③ ④

53 다음 중 엘보를 용접이음으로 나타낸 기호는?

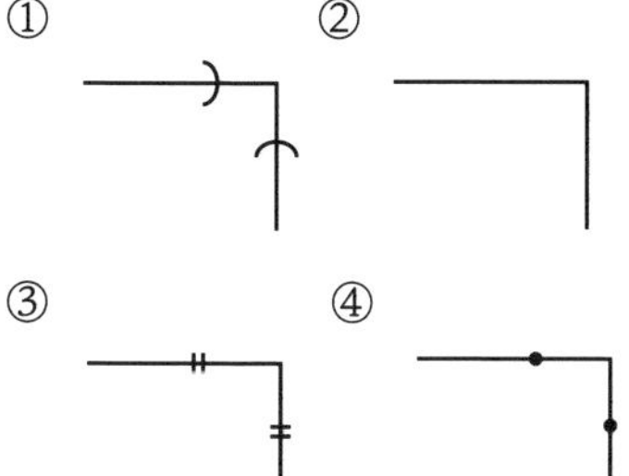

해 ① 소켓 이음
③ 플랜지 이음
④ 용접 이음

54 2가지 종류의 물질을 혼합하면 단독으로 사용할 때보다 더 낮은 융해온도를 얻을 수 있는 혼합제를 무엇이라고 하는가?

① 부취제 ② 기한제
③ 브라인 ④ 에멀션

55 배관의 호칭 중 스케쥴 번호는 무엇을 기준으로 하여 부여하는가?

① 관의 안지름 ② 관의 바깥지름
③ 관의 두께 ④ 관의 길이

해 스케쥴 번호 공식: $\text{SchNO} = \frac{P}{S} \times 10$
✓ 스케쥴 번호는 관의 두께를 나타낸다.

56 온수난방에서 역귀환방식을 채택하는 주된 이유는?

① 순환펌프를 설치하기 위해
② 배관의 길이를 축소하기 위해
③ 열손실과 발생소음을 줄이기 위해
④ 건물 내 각 실의 온도를 균일하게 하기 위해

57 냉·온수 헤더에 설치하는 부속품이 아닌 것은?

① 압력계 ② 드레인관
③ 트랩장치 ④ 급수관

해 트랩장치: 증기중 응축수를 분리하는 장치로 헤더에는 부착되지 않는다.

정답 53 ④ 54 ② 55 ③ 56 ④ 57 ③

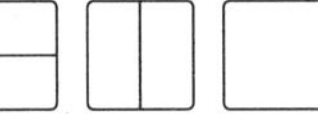

58 냉각탑에서 냉각수는 수직 하향 방향이고 공기는 수평 방향인 형식은?

① 평행류형 ② 직교류형
③ 혼합형 ④ 대향류형

해 직교류형 : 냉각수는 수직, 공기는 수평 방향으로 직각으로 교차하는 방식
평형류형 : 냉각수와 공기가 동일한 방향으로 흐르는 방식
대향류형 : 냉각수와 공기가 서로 반대 방향으로 흐르는 방식
혼합형 : 평형류와 대향류를 혼합한 방식

59 급수배관에서 수격작용 발생 개소로 가장 거리가 먼 것은?

① 관내 유속이 빠른 곳
② 구배가 완만한 곳
③ 급격히 개폐되는 밸브
④ 굴곡개소가 있는 곳

해 수격작용의 원인
㉠ 밸브의 급속한 개폐
㉡ 배관경이 작을 경우
㉢ 수압이 과대할 경우
㉣ 유속이 빠를 경우
㉤ 굴곡부가 많거나 유수의 급정지시

60 다음 중 급수설비에 설치되어 물이 오염되기 쉬운 형태의 배관은?

① 상향식 배관
② 하향식 배관
③ 조닝 배관
④ 크로스커넥션 배관

해 크로스 이음 : 배관의 분기 및 합류시 사용되는 이음으로 음용수와 이외의 배관이 접속할 경우 오염의 우려가 있다.

| 정답 | 58 ② 59 ② 60 ④

• 수험번호:
• 수험자명:

• 제한 시간:
• 남은 시간:

글자 크기  100%  150%  200%

화면 배치  

• 전체 문제 수:
• 안 푼 문제 수:

답안 표기란

61 ① ② ③ ④
62 ① ② ③ ④
63 ① ② ③ ④
64 ① ② ③ ④

4과목 | 전기제어공학

61 ~~제어된 제어대상의 양 즉, 제어계의 출력을 무엇이라고 하는가?~~ (22년 출제 범위 제외)

① 목표값 ② 조작량
③ 동작신호 ④ 제어량

해

제어장치
기준입력 동작신호
조작량
외란
제어요소
기준입력요소
조절부
조작부
제어대상
목표값
제어량
검출부
피드백 제어요소

62 **플로차트를 작성할 때 다음 기호의 의미는?**

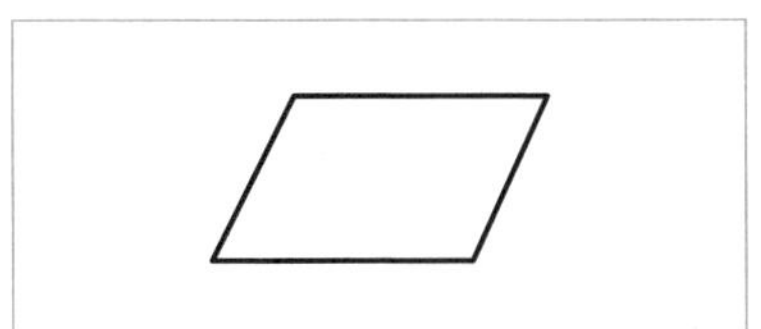

① 단자 ② 처리
③ 입출력 ④ 결합자

63 ~~피드백제어계 중 물체의 위치, 방위, 자세 등의 기계적 변위를 제어량으로 하는 것은?~~ (22년 출제 범위 제외)

① 서보기구 ② 프로세스제어
③ 자동조정 ④ 프로그램제어

해 서보기구: 물체의 기계적 변위를 제어량으로 하여 목표값의 임의의 변화에 추종하는 제어

64 **발전기의 유기기전력의 방향과 관계가 있는 법칙은?**

① 플레밍의 왼손법칙
② 플레밍의 오른손법칙
③ 패러데이의 법칙
④ 암페어의 법칙

해 플레밍의 왼손법칙: 전동기(회전 방향)
플레밍의 오른손법칙: 발전기(기전력 방향)

정답 | 61 ④ 62 ③ 63 ① 64 ②

• 수험번호:
• 수험자명:
• 제한 시간:
• 남은 시간:

글자 크기   100%  150%  200% 화면 배치 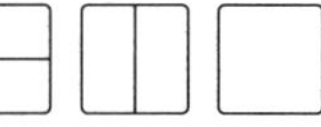

• 전체 문제 수:
• 안 푼 문제 수:

답안 표기란

65 ① ② ③ ④
66 ① ② ③ ④
67 ① ② ③ ④
68 ① ② ③ ④
69 ① ② ③ ④

65 시퀀스제어에 관한 설명 중 틀린 것은?

① 조합논리회로로 사용된다.
② 미리 정해진 순서에 의해 제어된다.
③ 입력과 출력을 비교하는 장치가 필수적이다.
④ 일정한 논리에 의해 제어된다.

해 ③번은 피드백 제어의 설명이다.

66 ~~100mH의 자기 인덕턴스를 가진 코일에 10A의 전류가 통과할 때 축적되는 에너지는 몇 J인가?~~

(22년 출제 범위 제외)

① 1 ② 5
③ 50 ④ 1000

해 공식1) $W = \frac{1}{2} LI2$ [J]
L : 인덕턴스[H]
I : 전류[A]
$= \frac{1}{2} \times 100 \times 10^{-3} \times 10^{2} = 5$[J]

67 평형 3상 Y결선에서 상전압 V_p와 선간전압 Vl과의 관계는?

① $V_l = Vp$ ② $V_l = \sqrt{3}\,Vp$
③ $V_l = \frac{1}{\sqrt{3}}Vp$ ④ $V_l = 3Vp$

해 Y결선에서 상전압 = 선간전압 / $\sqrt{3}$
선간전압 = 상전압 × $\sqrt{3}$

68 전원 전압을 일정 전압 이내로 유지하기 위해서 사용되는 소자는?

① 정전류 다이오드
② 브리지 다이오드
③ 제너 다이오드
④ 터널 다이오드

69 목표값이 미리 정해진 변화를 할 때의 제어로서, 열처리 노의 온도제어, 무인 운전 열차 등이 속하는 제어는?

① 추종제어 ② 프로그램제어
③ 비율제어 ④ 정치제어

해 프로그램제어 : 미리 정해진 프로그램에 따라 제어량을 유지 시키는 것

정답 | 65 ③ 66 ② 67 ② 68 ③ 69 ②

• 수험번호 :
• 수험자명 :

• 제한 시간 :
• 남은 시간 :

글자 크기

100% 150% 200%

화면 배치

• 전체 문제 수 :
• 안 푼 문제 수 :

답안 표기란

70 ① ② ③ ④
71 ① ② ③ ④
72 ① ② ③ ④
73 ① ② ③ ④

70 ~~그림과 같이 블록선도를 접속하였을 때, ⓐ에 해당하는 것은?~~

(22년 출제 범위 제외)

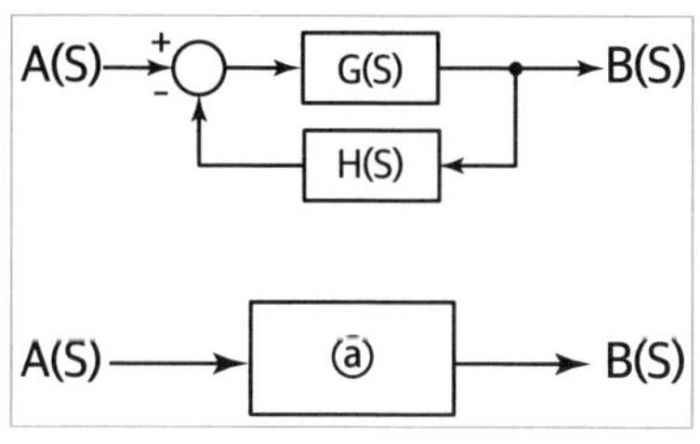

① G(s)+H(s)

② G(s)-H(s)

③ $\dfrac{G(s)}{1+G(s)\cdot H(s)}$

④ $\dfrac{H(s)}{1+G(s)\cdot H(s)}$

해 $G(s)=\dfrac{C}{R}=\dfrac{\text{패스경로}}{1-\text{피드백경로}}$

$=\dfrac{G(s)}{1-(-G(s)\cdot H(s))}$

$=\dfrac{G(s)}{1+G(s)\cdot H(s)}$

71 3상 유도전동기의 회전방향을 바꾸기 위한 방법으로 옳은 것은?

① △-Y 결선으로 변경한다.

② 회전자를 수동으로 역회전시켜 기동한다.

③ 3선을 차례대로 바꾸어 연결한다.

④ 3상 전원 중 2선의 접속을 바꾼다.

72 60Hz, 100V 의 교류전압이 200Ω의 전구에 인가될 때 소비되는 전력은 몇 W 인가?

① 50 ② 100

③ 150 ④ 200

해 공식1)

$\text{전력(W)}=\dfrac{\text{전압}(V)^2}{\text{저항}(R)}$

$=\dfrac{100^2}{200}=50[W]$

73 그림과 같은 계전기 접점회로의 논리식은?

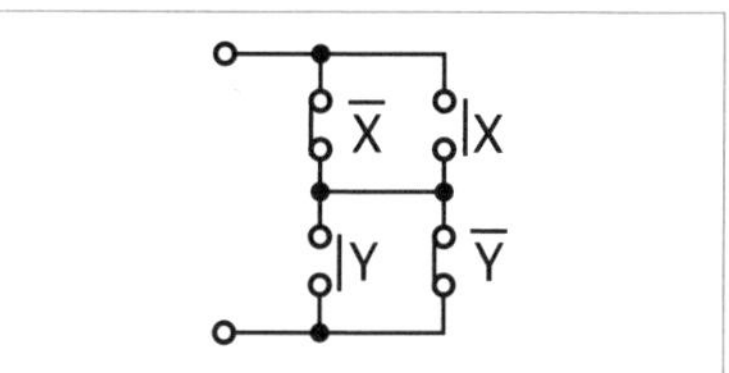

① XY

② $\overline{X}Y+X\overline{Y}$

③ $\overline{X}(X+Y)$

④ $(\overline{X}+Y)(X+\overline{Y})$

해 직렬은 AND회로로 서로 곱하고 병렬은 OR회로로 서로 더한다.

| 정답 | 70 ③ 71 ④ 72 ① 73 ②

• 수험번호:
• 수험자명:

• 제한 시간:
• 남은 시간:

글자 크기   100%  150%  200%  화면 배치 

• 전체 문제 수:
• 안 푼 문제 수:

답안 표기란

74 ① ② ③ ④
75 ① ② ③ ④
76 ① ② ③ ④
77 ① ② ③ ④

74 ~~특성방정식 $s^2+2s+2=0$을 갖는 2차계에서의 감쇠율 ξ(damping ratio)은?~~ (22년 출제 범위 제외)

① $\sqrt{2}$　② $\frac{1}{\sqrt{2}}$

③ $\frac{1}{2}$　④ 2

해 2차 특성 방정식

$s^2 + 2\zeta\omega_n s + \omega_n^2 = 0$

$s^2 + 2s + 2 = s^2 + 2\zeta\omega_n s + \omega_n^2$

이므로

$\omega_n^2 = 2 \to \omega n = \sqrt{2}$

$2s = 2\zeta\omega_n s \to 2 = 2\zeta\omega_n \to 2$

$2\zeta\sqrt{2} \to \zeta = \frac{2}{2\sqrt{2}} = \frac{1}{\sqrt{2}}$

75 ~~$F(s) = \frac{3s+10}{s^3+2s^2+5s}$ 일 때 f(t)의 최종치는?~~ (22년 출제 범위 제외)

① 0　② 1

③ 2　④ 8

해 $\lim_{s \to 0} s \frac{3S+10}{S^3+2S^2+5S}$

$= \lim_{s \to 0} \frac{3S+10}{S^2+2S+5}$

$= \frac{(3\times 0)+10}{0^2+(2\times 0)+5} = \frac{10}{5}$

$=2$

76 ~~8Ω, 12Ω, 20Ω, 30Ω의 4개 저항을 병렬로 접속할 때 합성저항은 약 몇 Ω 인가?~~ (22년 출제 범위 제외)

① 2.0　② 2.35

③ 3.43　④ 3.8

해 공식1) 합성저항(R) $= \frac{1}{\frac{1}{R_1}+\frac{1}{R_2}}$

$= \frac{1}{\frac{1}{8_1}+\frac{1}{12}+\frac{1}{20}+\frac{1}{30}} = 3.43[\Omega]$

77 ~~그림과 같은 병렬공진회로에서 전류 I가 전압 E보다 앞서는 관계로 옳은 것은?~~ (22년 출제 범위 제외)

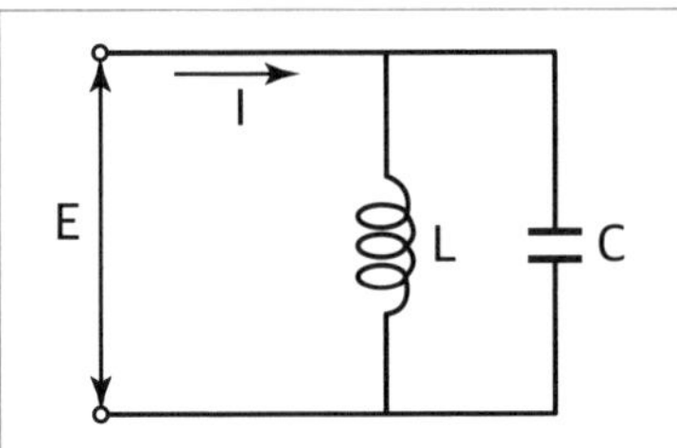

① $F < \frac{1}{2\pi\sqrt{LC}}$

② $F > \frac{1}{2\pi\sqrt{LC}}$

③ $F = \frac{1}{2\pi\sqrt{LC}}$

④ $F = \frac{1}{\sqrt{2\pi LC}}$

해 공진주파수: $F_o = \frac{1}{2\pi\sqrt{LC}}$

$F > \frac{1}{2\pi\sqrt{LC}}$

정답 | 74 ② 75 ③ 76 ③ 77 ②

• 수험번호:
• 수험자명:

• 제한 시간:
• 남은 시간:

글자 크기   100%  150%  200% 화면 배치 

• 전체 문제 수:
• 안 푼 문제 수:

답안 표기란

78	①	②	③	④
79	①	②	③	④
80	①	②	③	④

78 유도전동기의 역률을 개선하기 위하여 일반적으로 많이 사용되는 방법은?

① 조상기 병렬접속

② 콘덴서 병렬접속

③ 조상기 직렬접속

④ 콘덴서 직렬접속

해 역률개선:콘덴서 병렬접속

79 ~~$T_1 > T_2 > 0$ 일 때, $G(s) = \frac{1+T_2 s}{1+T_1 s}$ 의 벡터궤적은?~~ (22년 출제 범위 제외)

①

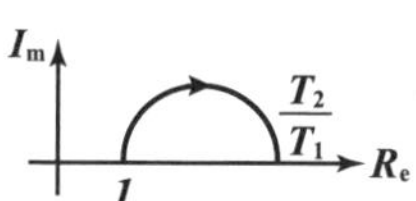

②

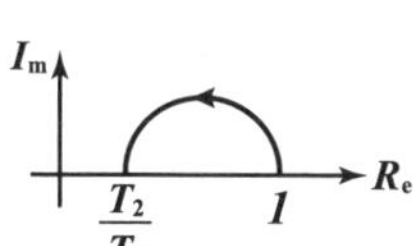

③

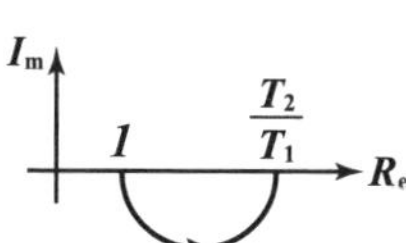

④

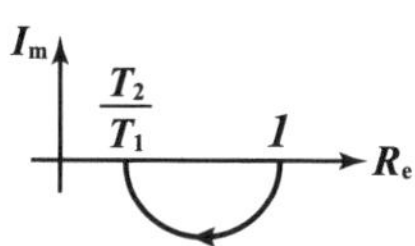

해 -T_1이 T_2보다 크므로 G(s)값은 1보다 작아 화살표는 1에서 뒤로 가야한다.
-T_1이 T_2보다 크므로 G(s)값의 궤적은 음이 되어 Re선 아래 쪽에 그려진다.

80 ~~다음 블록선도 중에서 비례미분제어기는?~~ (22년 출제 범위 제외)

①

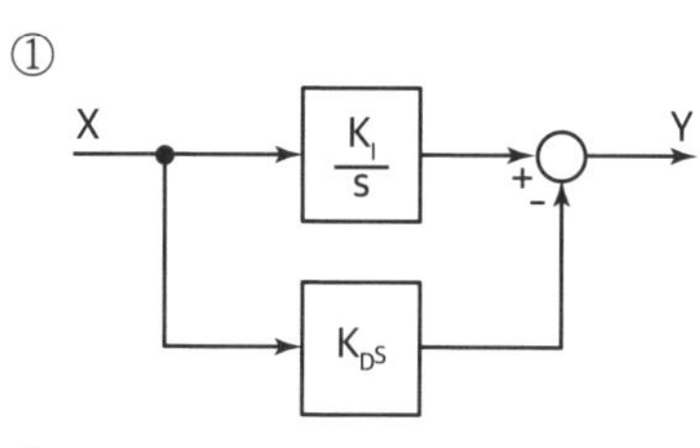

②

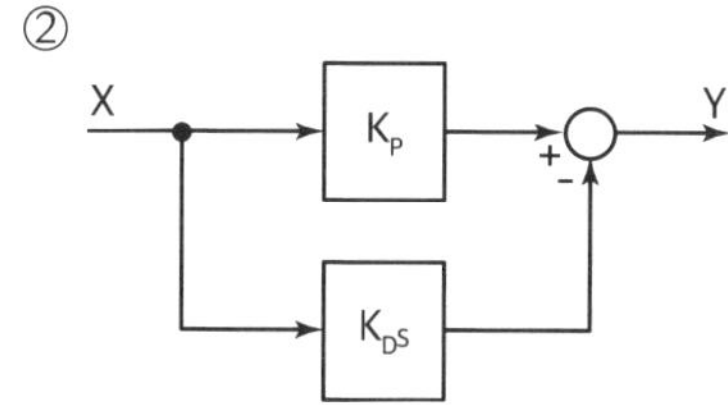

③

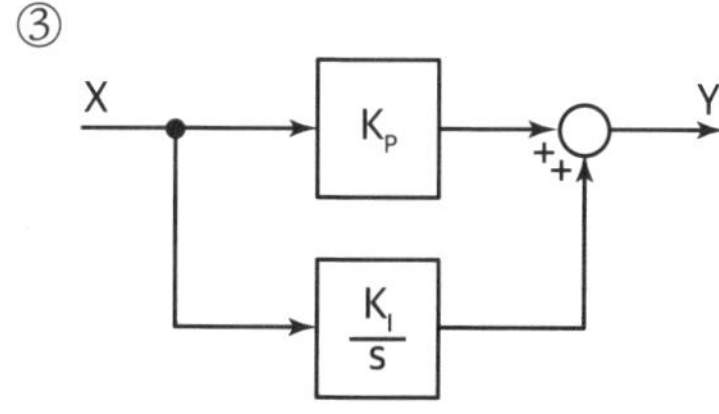

④

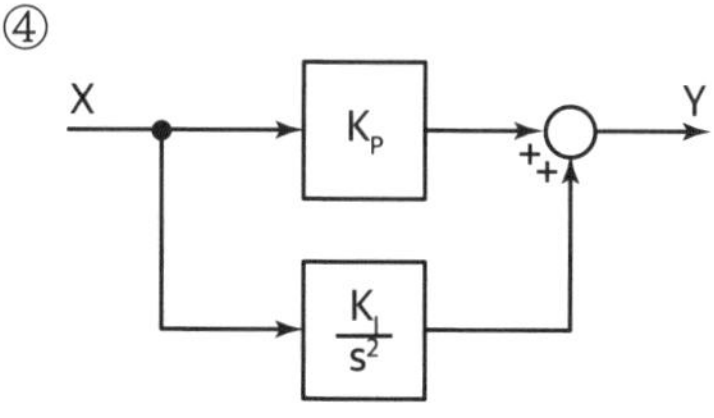

해 비례요소

전달함수 $G(s) = \frac{Y(s)}{X(s)} = K$

K:이득정수

미분요소

전달함수 $G(s) = \frac{Y(s)}{X(s)} = Ks$

정답 | 78 ② 79 ④ 80 ②

PART 6

:기출문제 3회(2019.08.04)

1과목 | 공기조화

01 콘크리트로 된 외벽의 실내측에 내장재를 부착했을 때 내장재의 실내측 표면에 결로가 일어나지 않도록 하기 위한 내장두께 L_2(mm)는 최소 얼마이어야 하는가?

(단, 외기온도 -5℃, 실내온도 20℃, 실내공기의 노점온도 12℃, 콘크리트의 벽두께 100mm, 콘크리트의 열전도율은 0.0016 kW/m·K, 내장재의 열전도율은 0.00017 kW/m·K, 실외측 열전달율은 0.023 kW/m²·K, 실내측 열전달율은 0.009 kW/m²·K 이다.)

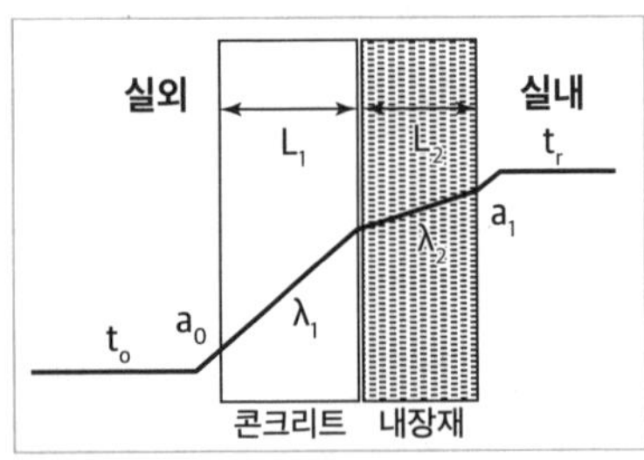

① 19.7 ② 22.1
③ 25.3 ④ 37.2

해 공식1) K×F×(tr-to)=ai×F×(tr-tw)

K : 열통과율[kW /m²·h·℃]
F : 면적[m²]
t_r : 실내온도[℃]
t_o : 외기온도[℃]
t_w : 노점온도[℃]
a_i : 실내 열전달률[kW/m²·K]

결로는 노점온도 이하에서 발생하므로 12[℃] 에서의 열관류율을 구하면 아래와 같다.
면적(F)는 주어지지 않았으므로 1[m²]로 보고 계산에서 제외한다.

$$K = \frac{a_i \times (t_r - t_w)}{t_r - t_o}$$

$$= \frac{0.09 \times (20 - 12)}{20 - (-5)}$$

$$= 0.00288[kW/m^2 \cdot h \cdot ℃]$$

공식2) $K = \dfrac{1}{\dfrac{1}{a_o} + \dfrac{L_1}{\lambda_1} + \dfrac{L_2}{\lambda_2} + \dfrac{1}{a_i}}$

a_o : 외표면 열전달률[KW/m²·h·℃]
λ : 열전도도[KW/m·h·℃]
l : 두께[m],
a_i : 내표면 열전달률[KW/m²·h·℃]

$$\frac{1}{K} = \frac{1}{0.00288}$$

$$= \frac{1}{0.023} + \frac{0.1}{0.0016} + \frac{L_2}{0.00017} + \frac{1}{0.009}$$

$\rightarrow L_2$

$$= \left(\frac{1}{0.00288} - \left(\frac{1}{0.023} + \frac{0.1}{0.0016} + \frac{1}{0.009}\right)\right)$$

$\times 0.00017 = 0.0221[m] = 22.1[mm]$

• 수험번호:
• 수험자명:

• 제한 시간:
• 남은 시간:

글자 크기  100%  150%  200% 화면 배치  

• 전체 문제 수:
• 안 푼 문제 수:

답안 표기란

02 ① ② ③ ④
03 ① ② ③ ④
04 ① ② ③ ④
05 ① ② ③ ④

02 지하철에 적용할 기계 환기 방식의 기능으로 틀린 것은?

① 피스톤효과로 유발된 열차풍으로 환기효과를 높인다.
② 화재 시 배연기능을 달성한다.
③ 터널 내의 고온의 공기를 외부로 배출한다.
④ 터널 내의 잔류 열을 배출하고 신선외기를 도입하여 토양의 발열효과를 상승시킨다.

해 ④ 터널 내의 잔류 열을 배출하고 신선외기를 도입하여 토양의 발열효과를 감소시킨다.

03 90℃ 고온수 25kg을 100℃의 건조포화액으로 가열하는데 필요한 열량(kJ)은?(단, 물의 비열은 4.2 kJ/kg·K 이다.)

① 42 ② 250
③ 525 ④ 1050

해 공식1) $Q = G \cdot C \cdot \Delta t$
$= 25 \times 4.2 \times (100 - 90) = 1050[kJ]$

04 쉘 앤 튜브 열교환기에서 유체의 흐름에 의해 생기는 진동의 원인으로 가장 거리가 먼 것은?

① 층류 흐름
② 음향 진동
③ 소용돌이 흐름
④ 병류의 와류 형성

해 층류 : 유체가 섞이지 않고 층을 이루어 흐르는 형태로, 유체가 흐트러지지 않아 진동이 적다.

05 열원방식의 분류는 일반 열원방식과 특수 열원방식으로 구분할 수 있다. 다음 중 일반 열원방식으로 가장 거리가 먼 것은?

① 빙축열 방식
② 흡수식 냉동기+보일러
③ 전동 냉동기+보일러
④ 흡수식 냉온수 발생기

해 특수 열원방식
• 열회수방식(전열교환방식)
• 지역냉난방방식
• 태양열 이용 방식
• 축열방식
• 열병합방식

정답 | 02 ④ 03 ④ 04 ① 05 ①

• 수험번호:
• 수험자명:

• 제한 시간:
• 남은 시간:

글자 크기 100% 150% 200% 화면 배치

• 전체 문제 수:
• 안 푼 문제 수:

답안 표기란

06 ① ② ③ ④
07 ① ② ③ ④
08 ① ② ③ ④

06 공기조화 계획을 진행하기 위한 순서로 옳은 것은?

① 기본계획→기본구상→실시계획→실시설계
② 기본구상→기본계획→실시설계→실시계획
③ 기본구상→기본계획→실시계획→실시설계
④ 기본계획→실시계획→기본구상→실시설계

07 다음 중 흡습성 물질이 도포된 엘리먼트를 적층시켜 원판형태로 만든 로터와 로터를 구동하는 장치 및 케이싱으로 구성되어 있는 전열교환기의 형태는?

① 고정형 ② 정지형
③ 회전형 ④ 원판형

08 지역난방의 특징에 대한 설명으로 틀린 것은?

① 광범위한 지역의 대규모 난방에 적합하며, 열매는 고온수 또는 고압증기를 사용한다.
② 소비처에서 24시간 연속난방과 연속급탕이 가능하다.
③ 대규모화에 따라 고효율 운전 및 폐열을 이용하는 등 에너지 취득이 경제적이다.
④ 순환펌프 용량이 크며 열 수송배관에서의 열손실이 작다.

해 ④ 순환펌프 용량이 크며 열 수송배관에서의 열손실이 크다.

정답 | 06 ③ 07 ③ 08 ④

• 수험번호:
• 수험자명:

• 제한 시간:
• 남은 시간:

100%

150%

200%

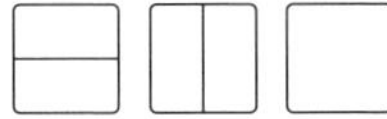

• 전체 문제 수:
• 안 푼 문제 수:

답안 표기란

09 ① ② ③ ④

10 ① ② ③ ④

09 증기트랩에 대한 설명으로 틀린 것은?

① 바이메탈 트랩은 내부에 열팽창계수가 다른 두 개의 금속이 접합된 바이메탈로 구성되며, 워터해머에 안전하고, 과열증기에도 사용 가능하다.

② 벨로즈 트랩은 금속제의 벨로즈 속에 휘발성 액체가 봉입되어 있어 주위에 증기가 있으면 팽창되고, 증기가 응축되면 온도에 의해 수축하는 원리를 이용한 트랩이다.

③ 플로트 트랩은 응축수의 온도차를 이용하여 플로트가 상하로 움직이며 밸브를 개폐한다.

④ 버킷 트랩은 응축수의 부력을 이용하여 밸브를 개폐하며 상향식과 하향식이 있다.

해 ③ 플로트 트랩은 응축수의 부력을 이용하여 플로트가 상하로 움직이며 밸브를 개폐한다.
✓ 온도조절식: 바이메탈 트랩, 벨로우즈 트랩

10 복사난방에 대한 설명으로 틀린 것은?

① 다른 방식에 비해 쾌감도가 높다.

② 시설비가 적게 든다.

③ 실내에 유닛이 노출되지 않는다.

④ 열용량이 크기 때문에 방열량 조절에 시간이 다소 걸린다.

해 복사난방

장점

㉠ 실내온도 분포가 균등하고 쾌감도가 높다.
㉡ 높은 천장에도 효과적이다.
㉢ 바닥이용도가 좋다.
㉣ 소음이 적다.
㉤ 낮은 실온에서도 균등한 쾌적감을 얻을 수 있다.

단점

㉠ 예열시간이 길다.
㉡ 매립배관이므로 보수점검이 어렵다.
㉢ 설비비가 비싸다.
㉣ 단열층이 필요하다.
㉤ 패널 표면온도가 실내 노점온도보다 높으면 결로하게 된다.
㉥ 외기온도 변화에 따라 실내의 온습도 조절이 어렵다.

정답 | 09 ③ 10 ②

11 주로 대형 덕트에서 덕트의 찌그러짐을 방지하기 위하여 덕트의 옆면 철판에 주름을 잡아주는 것을 무엇이라고 하는가?

① 다이아몬드 브레이크

② 가이드 베인

③ 보강앵글

④ 시임

해 다이아몬드 브레이크: 덕트의 찌그러짐 방지를 위해 철판 표면에 대각선 형태로 홈을 만든 것.

12 냉방부하 계산시 유리창을 통한 취득열 부하를 줄이는 방법으로 가장 적절한 것은?

① 얇은 유리를 사용한다.

② 투명 유리를 사용한다.

③ 흡수율이 큰 재질의 유리를 사용한다.

④ 반사율이 큰 재질의 유리를 사용한다.

해 ① 두꺼운 유리를 사용한다.
② 불투명 유리를 사용한다.
③ 흡수율이 작은 재질의 유리를 사용한다.

13 다음 중 수-공기 공기조화 방식에 해당하는 것은?

① 2중 덕트 방식

② 패키지 유닛 방식

③ 복사 냉난방 방식

④ 정풍량 단일 덕트 방식

해 ① 2중 덕트 방식: 중앙식-전공기 방식
② 패키지 유닛 방식: 개별식-냉매 방식
③ 복사 냉난방 방식: 중앙식-수-공기 방식
④ 정풍량 단일 덕트 방식: 중앙식-전공기 방식

정답 | 11 ① 12 ④ 13 ③

14 **두께 150mm, 면적 10㎡ 인 콘크리트 내벽의 외부온도가 30℃, 내부온도가 20℃ 일 때 8시간 동안 전달되는 열량(kJ)은?**
(단, 콘크리트 내벽의 열전도율은 1.5 W/m·K 이다.)

① 1350 ② 8350
③ 13200 ④ 28800

解 공식1) $K = \dfrac{1}{\dfrac{l}{\lambda}}$

λ : 열전도도[W/m·h·℃]
l : 두께[m]
$= \dfrac{1}{\dfrac{0.15}{1.5}} = 10[W/m^2 \cdot h \cdot ℃]$
공식2) q = K × F × Δt
q : 열량[kJ/h]
K : 열관류율[W/m²·h·℃]
F : 면적[m²]
Δt : 온도차[℃]
= 10 × 10 × (30 − 20) = 1000[w]
✓ 1000[w] = 1[kJ/s]
= 1[kJ/s] × 3600[s/h] × 8[h]
= 28,800[kJ]

15 **습공기의 상태변화에 관한 설명으로 옳은 것은?**

① 습공기를 가습하면 상대습도가 내려간다.
② 습공기를 냉각감습하면 엔탈피는 증가한다.
③ 습공기를 가열하면 절대습도는 변하지 않는다.
④ 습공기를 노점온도 이하로 냉각하면 절대습도는 내려가고, 상대습도는 일정하다.

解

상태	건구온도	상대습도	절대습도	엔탈피
가열	상승	감소	일정	증가
냉각	감소	증가	일정	감소
가습	일정	증가	증가	증가
감습	일정	감소	감소	감소

정답 | 14 ④ 15 ③

• 수험번호:
• 수험자명:

• 제한 시간:
• 남은 시간:

글자 크기    100% 150% 200%

화면 배치 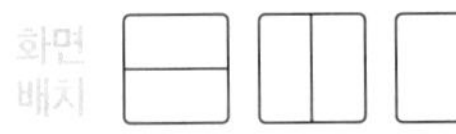

• 전체 문제 수:
• 안 푼 문제 수:

답안 표기란

16 ① ② ③ ④
17 ① ② ③ ④
18 ① ② ③ ④

16 **공기조화의 조닝계획 시 부하패턴이 일정하고, 사용시간대가 동일하며, 중간기 외기냉방, 소음방지, CO_2 등의 실내환경을 고려해야 하는 곳은?**

① 로비 ② 체육관
③ 사무실 ④ 식당 및 주방

해 사무실: 부하패턴이 일정하고 사용시간대가 동일, 소음방지, 취기, CO_2 제거 고려
회의실: 사용 시간대가 다르며 개별제어. 재실인원의 증감이 심하다
식당 및 주방: 재실 인원 증감에 따른 부하변동이 심하다. 냄새 유출방지(부압 유지)
잠열 발생이 크고, 배기량 확보 고려
로비: 굴뚝 효과에 따른 외기 침입량이 크다. 천장고가 높고 유리가 많다(대책 필요)
복리후생실: 실별제어, 잠열부하가 크다. 환기에 유의, 오염공기 제거 대책 고려

17 **냉·난방 설계 시 열부하에 관한 설명으로 옳은 것은?**

① 인체에 대한 냉방부하는 현열만이다.
② 인체에 대한 난방부하는 현열과 잠열이다.
③ 조명에 대한 냉방부하는 현열만이다.
④ 조명에 대한 난방부하는 현열과 잠열이다.

해 극간풍, 인체, 실내기기, 외기 외엔 모두 현열
난방부하 중 인체에서 나오는 열은 손실 보정효과가 있으므로 고려하지 않는다.

18 **덕트에 설치하는 가이드 베인에 대한 설명으로 <u>틀린</u> 것은?**

① 보통 곡률반지름이 덕트 장변의 1.5배 이내 일 때 설치한다.
② 덕트를 작은 곡률로 구부릴 때 통풍저항을 줄이기 위해 설치한다.
③ 곡관부의 내측보다 외측에 설치하는 것이 좋다.
④ 곡관부의 기류를 세분하여 생기는 와류의 크기를 적게 한다.

해 가이드베인: 곡률반경비가 1.5 이내시 곡관부 내측에 설치

정답 | 16 ③ 17 ③ 18 ③

• 수험번호:
• 수험자명:
• 제한 시간:
• 남은 시간:

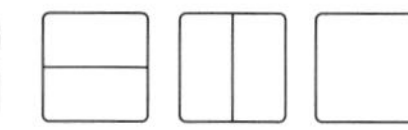

• 전체 문제 수:
• 안 푼 문제 수:

답안 표기란

19 ① ② ③ ④
20 ① ② ③ ④
21 ① ② ③ ④
22 ① ② ③ ④

19 다음 난방방식 중 자연환기가 많이 일어나도 비교적 난방효율이 좋은 것은?

① 온수난방 ② 증기난방
③ 온풍난방 ④ 복사난방

해 복사난방은 개방상태에서도 난방효율이 비교직 좋다.

20 보일러의 급수장치에 대한 설명으로 옳은 것은?

① 보일러 급수의 경도가 낮으면 관내 스케일이 부착되기 쉬우므로 가급적 경도가 높은 물을 급수로 사용한다.
② 보일러 내 물의 광물질이 농축되는 것을 방지하기 위하여 때때로 관수를 배출하여 소량씩 물을 바꾸어 넣는다.
③ 수질에 의한 영향을 받기 쉬운 보일러에서는 경수장치를 사용한다.
④ 증기보일러에서는 보일러내 수위를 일정하게 유지할 필요는 없다.

해 ① 보일러 급수의 경도가 높으면 관내 스케일이 부착되기 쉬우므로 가급적 경도가 낮은 물을 급수로 사용한다.
③ 수질에 의한 영향을 받기 쉬운 보일러에서는 경수연화장치를 사용한다.
④ 증기보일러에서는 보일러내 수위를 일정하게 유지해야 한다.

21 냉동효과가 1088 kJ/kg인 냉동사이클에서 1냉동톤당 압축기 흡입증기의 체적(m^3/h)은? (단, 압축기 입구의 비체적은 0.5087 m^3/kg 이고, 1냉동톤은 3.9 kW 이다.)

① 15.5 ② 6.5
③ 0.258 ④ 0.002

해 공식1) 냉매순환량(kg/h)

$$G = \frac{Q_e}{q_e} = \frac{V}{v} \times \eta_v$$

Q : 냉동능력[KW/h]
q_e : 냉동효과[kJkg]
V : 이론 피스톤 압출량[㎥/h]
v : 흡입가스 비체적[㎥/kg]
η_v : 체적효율

$$\frac{Q_e}{q_e} = \frac{V}{v} = \rightarrow V$$

$$= \frac{Q_e}{q_e} \times v = \frac{3.9 \times 3600}{1088} \times 0.5087$$

$= 6.5[m^3/h]$

✓ 1[KW] = 1[kJ/s], 1[h] = 3600[s]

22 다음 냉매 중 오존파괴지수(ODP)가 가장 낮은 것은?

① R11 ② R12
③ R22 ④ R134a

해 R134a : 0
R22 : 0.05
R11, R12 : 1

| 정답 | 19 ④ 20 ② 21 ② 22 ④

• 수험번호:
• 수험자명:

• 제한 시간:
• 남은 시간:

글자 크기  100%  150%  200% 화면 배치  

• 전체 문제 수:
• 안 푼 문제 수:

답안 표기란

23 ① ② ③ ④
24 ① ② ③ ④
25 ① ② ③ ④

23 프레온 냉동기의 흡입배관에 이중 입상관을 설치하는 주된 목적은?

① 흡입가스의 과열을 방지하기 위하여
② 냉매액의 흡입을 방지하기 위하여
③ 오일의 회수를 용이하게 하기 위하여
④ 흡입관에서의 압력강하를 보상하기 위하여

24 냉동장치를 장기간 운전하지 않을 경우 조치방법으로 <u>틀린</u> 것은?

① 냉매의 누설이 없도록 밸브의 패킹을 잘 잠근다.
② 저압측의 냉매는 가능한 한 수액기로 회수한다.
③ 저압측의 냉매를 다른 용기로 회수하고 그 대신 공기를 넣어둔다.
④ 압축기의 워터재킷을 위한 물은 완전히 뺀다.

해 냉동기 내에 공기가 들어가면 기관이 녹슬거나 추후 운전시 이상고압이나 공기 중 수분에 의해 냉동기에 결함이 생기므로 냉동기 내 압력은 대기압 이상을 유지한다.

25 열 및 열펌프에 관한 설명으로 옳은 것은?

① 일의 열당량은 $\frac{1\text{kcal}}{427\text{kgf}\cdot\text{m}}$ 이다. 이것은 427kgf·m의 일이 열로 변할 때, 1kcal의 열량이 되는 것이다.
② 응축온도가 일정하고 증발온도가 내려가면 일반적으로 토출 가스온도가 높아지기 때문에 열펌프의 능력이 상승된다.
③ 비열 2.1kJ/kg·℃, 비중량 1.2kg/L의 액체 2L를 온도 1℃ 상승시키기 위해서는 2.27kJ의 열량을 필요로 한다.
④ 냉매에 대해서 열의 출입이 없는 과정을 등온 압축이라 한다.

해 ② 응축온도가 일정하고 증발온도가 내려가면 일반적으로 토출온도가 높아지기 때문에 열펌프의 능력이 감소된다. (비열비 증가로 능력감소)
③ 비열 2.1kJ/kg·℃, 비중량 1.2kg/L의 액체 2L를 온도 1℃ 상승시키기 위해서는 5.04kJ의 열량을 필요로 한다.
④ 냉매에 대해서 열의 출입이 없는 과정을 단열 압축이라 한다.

| 정답 | 23 ③ 24 ③ 25 ①

• 수험번호 :
• 수험자명 :

• 제한 시간 :
• 남은 시간 :

글자 크기  100%  150%  200% 화면 배치  

• 전체 문제 수 :
• 안 푼 문제 수 :

답안 표기란

26	①	②	③	④
27	①	②	③	④
28	①	②	③	④

26 냉매에 대한 설명으로 틀린 것은?

① R-21은 화학식으로 $CHCl_2F$ 이고, $CClF_2$-ClF_2는 R-113이다.
② 냉매의 구비조건으로 응고점이 낮아야 한다.
③ 냉매의 구비조건으로 증발열과 열전도율이 커야 한다.
④ R-500은 R-12와 R-152를 합한 공비 혼합냉매라 한다.

해 R-21 : $CHCl_2F$
R-113 : $CCl_2FCClF_2(C_2Cl_3F_3)$

27 압축기의 설치 목적에 대한 설명으로 옳은 것은?

① 엔탈피 감소로 비체적을 증가시키기 위해
② 상온에서 응축 액화를 용이하게 하기 위한 목적으로 압력을 상승시키기 위해
③ 수냉식 및 공냉색 응축기의 사용을 위해
④ 압축 시 임계온도 상승으로 상온에서 응축액화를 용이하게 하기 위해

해 압축기는 응축기에서 기체 냉매가 쉽게 응축액화 될 수 있도록 압력을 높여주는 역할을 한다.

28 냉동장치에서 액봉이 쉽게 발생되는 부분으로 가장 거리가 먼 것은?

① 액펌프 방식의 펌프출구와 증발기 사이의 배관
② 2단압축 냉동장치의 중간냉각기에서 과냉가된 액관
③ 압축기에서 응축기로의 배관
④ 수액기에서 증발기로의 배관

해 압축기에서 응축기로의 배관은 기체 냉매이므로 액봉 현상은 없다.

정답 | 26 ① 27 ② 28 ③

• 수험번호:
• 수험자명:
• 제한 시간:
• 남은 시간:

글자 크기  100%  150%  200% 화면 배치  

• 전체 문제 수:
• 안 푼 문제 수:

답안 표기란

29 ① ② ③ ④
30 ① ② ③ ④
31 ① ② ③ ④

29 어떤 냉동기로 1시간당 얼음 1ton을 제조하는데 37kW의 동력을 필요로 한다. 이 때 사용하는 물의 온도는 10℃ 이며 얼음은 -10℃ 이었다. 이 냉동기의 성적계수는?
(단, 융해열은 335 kJ/kg 이고, 물의 비열은 4.19 kJ/kg·K, 얼음의 비열은 2.09 kJ/kg·K 이다.)

① 2.0 ② 3.0
③ 4.0 ④ 5.0

해 현열식 G·C·Δt
잠열식 G·r

1. 10℃ 물 1000kg이 0℃ 얼음으로 변하는데 필요한 현열량
$1000 \times 4.19 \times (10-0) = 41,900[kJ]$
2. 0℃ 물 1000kg이 0℃ 얼음으로 변하는데 필요한 잠열
$1000 \times 335 = 335,000[kJ]$
3. 0℃ 얼음 1000kg이 -10℃ 얼음으로 변하는데 필요한 현열
$1000 \times 2.09 \times (0-(-10)) = 20900[kJ]$

냉동능력(Q_e) = 41900 + 335000 + 20900 = 397,800[kJ]

$$COP = \frac{Q_e}{Aw} = \frac{397800}{37 \times 3600}$$
= 2.98 약 3

✓ 1[KW] = 1[kJ/s]

30 증발온도(압력)가 감소할 때, 장치에 발생되는 현상으로 가장 거리가 먼 것은?
(단, 응축온도는 일정하다.)

① 성적계수(COP) 감소
② 토출가스 온도 상승
③ 냉매 순환량 증가
④ 냉동 효과 감소

해 증발압력이 낮아지면 냉매 순환량은 감소한다.

31 다음 중 냉동장치의 운전상태 점검 시 확인해야 할 사항으로 가장 거리가 먼 것은?

① 윤활유의 상태
② 운전 소음 상태
③ 냉동장치 각부의 온도 상태
④ 냉동장치 전원의 주파수 변동 상태

해 냉동장치 운전상태 점검 시 주파수 변동 상태는 해당되지 않는다.

정답 | 29 ② 30 ③ 31 ④

• 수험번호:
• 수험자명:

• 제한 시간:
• 남은 시간:

글자 크기  100%  150%  200%  화면 배치

• 전체 문제 수:
• 안 푼 문제 수:

답안 표기란

32 ① ② ③ ④
33 ① ② ③ ④
34 ① ② ③ ④
35 ① ② ③ ④

32 다음 중 줄-톰슨 효과와 관련이 가장 깊은 냉동방법은?

① 압축기체의 팽창에 의한 냉동법
② 감열에 의한 냉동법
③ 흡수식 냉동법
④ 2원 냉동법

해 줄-톰슨 효과: 압축한 기체를 단열된 좁은 구멍으로 분출시키면 온도가 변하는 현상

33 표준냉동사이클에서 냉매 액이 팽창밸브를 지날 때 냉매의 온도, 압력, 엔탈피의 상태변화를 올바르게 나타낸 것은?

	온도	압력	엔탈피
①	일정	감소	일정
②	일정	감소	감소
③	감소	일정	일정
④	감소	감소	일정

해

구분	압력	온도	엔탈피	엔트로피	비체적
압축과정(a-b)	상승	상승	증가	일정	감소
응축과정(b-e)	일정	저하	감소	감소	감소
팽창과정(e-f)	감소	저하	일정	증가	증가
증발과정(f-a)	일정	일정	증가	증가	증가

34 흡수식 냉동기의 특징에 대한 설명으로 틀린 것은?

① 부분 부하에 대한 대응성이 좋다.
② 용량제어의 범위가 넓어 폭넓은 용량제어가 가능하다.
③ 초기 운전 시 정격 성능을 발휘할 때까지의 노날 속도가 느리다.
④ 압축시 냉동기에 비해 소음과 진동이 크다.

해 ④ 흡수식 냉동기에는 압축기가 없어 소음과 진동이 적다.

35 압축기의 클리어런스가 클 경우 상태 변화에 대한 설명으로 틀린 것은?

① 냉동능력이 감소한다.
② 체적효율이 저하한다.
③ 압축기가 과열한다.
④ 토출가스의 온도가 감소한다.

해 ④ 토출가스의 온도가 증가한다.

정답 | 32 ① 33 ④ 34 ④ 35 ④

• 수험번호:
• 수험자명:
• 제한 시간:
• 남은 시간:

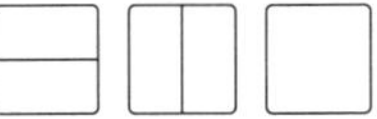

글자 크기 100% 150% 200% 화면 배치

• 전체 문제 수:
• 안 푼 문제 수:

답안 표기란

36 ① ② ③ ④
37 ① ② ③ ④
38 ① ② ③ ④
39 ① ② ③ ④

36 브라인의 구비조건으로 틀린 것은?

① 비열이 크고 동결온도가 낮을 것
② 불연성이며 불활성일 것
③ 열전도율이 클 것
④ 점성이 클 것

해 브라인 구비조건
㉠ 비열이 클 것
㉡ 전열이 양호 할 것
㉢ 점도가 낮을 것
㉣ 비중이 낮을 것
㉤ 공정점이 낮을 것
㉥ 응고점이 낮을 것
㉦ 부식성이 없을 것
㉧ 가격이 저렴하고 구입이 용이 할 것
㉨ 누설 시 제품에 손상이 없을 것
㉩ pH값이 적당할 것(7.5 ~ 8.2)

37 증발온도 -15℃, 응축온도 30℃인 이상적인 냉동기의 성적계수(COP)는?

① 5.73 ② 6.41
③ 6.73 ④ 7.34

해 공식1) 성적계수(ε) = $\frac{q_e}{Aw} = \frac{Q_e}{AW}$

$= \frac{Q_e}{Q_c - Q_e} = \frac{T_e}{T_c - T_e}$

$= \frac{T_e}{T_c - T_e}$

$= \frac{273 + (-15)}{(273 + 30) - (273 - (-15))}$

= 5.73

38 열전달에 대한 설명으로 틀린 것은?

① 열전도는 물체 내에서 온도가 높은 쪽에서 낮은 쪽으로 열이 이동하는 현상이다.
② 대류는 유체의 열이 유체와 함께 이동하는 현상이다.
③ 복사는 떨어져 있는 두 물체사이의 전열현상이다.
④ 전열에서는 전도, 대류, 복사가 각각 단독으로 일어나는 경우가 많다.

해 ④ 전열에서는 전도, 대류, 복사가 각각 동시에 일어나는 경우가 많다.

39 암모니아 냉동기에서 유분리기의 설치위치로 가장 적당한 곳은?

① 압축기와 응축기 사이
② 응축기와 팽창밸브 사이
③ 증발기와 압축기 사이
④ 팽창밸브와 증발기 사이

해 유분리기 설치 위치: 압축기와 응축기 사이에 설치하며 암모니아는 응축기에 가깝게, 프레온은 압축기에 가깝게 설치한다.

| 정답 | 36 ④ 37 ① 38 ④ 39 ①

• 수험번호:
• 수험자명:

• 제한 시간:
• 남은 시간:

글자 크기  100%  150%  200% 화면 배치  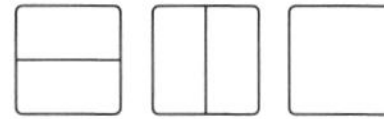

• 전체 문제 수:
• 안 푼 문제 수:

답안 표기란

40 ① ② ③ ④

41 ① ② ③ ④

40 다음과 같은 조건에서 작동하는 냉동장치의 냉매순환량(kg/h)은?
(단, 1RT는 3.9 kW 이다.)

(1) 냉동능력 : 5RT
(2) 증발기입구 냉매 엔탈피 : 240kJ/kg
(3) 증발기출구 냉매 엔탈피 : 400kJ/kg

① 325.2　　② 438.8
③ 512.8　　④ 617.3

해 공식1) 냉매순환량(kg/h) $G = \frac{Q_e}{q_e}$

$Q_e = 3.9 \times 5 \times 3600 = 70,200[kJ/h]$

√ $3.9[KW] = 3.9[kJ/s]$

$q_e = 400 - 240 = 160[kJ/kg]$

$\frac{Q_e}{q_e} = \frac{70200}{160} = 438.8[kg/h]$

3과목 I 배관일반

41 냉매배관 설계 시 유의사항으로 틀린 것은?

① 2중 입상관 사용 시 트랩을 크게 한다.
② 과도한 압력강하를 방지한다.
③ 압축기로 액체 냉매의 유입을 방지한다.
④ 압축기를 떠난 윤활유가 일정비율로 다시 압축기로 되돌아오게 한다.

해 2중 입상관 : 굵은 배관과 가는 배관으로 구성되어 입상하며, 부하 변동에 의해 유속이 떨어질 경우 오일이 굵은 배관의 오일트랩을 막고 가는 배관으로 빠르게 통과하여 오일회수를 원활 하게 한다. 트랩이 클 경우 오일이 트랩을 막지 못하므로 작게 만든다.

• 수험번호 :
• 수험자명 :

• 제한 시간 :
• 남은 시간 :

글자 크기   100%  150%  200% 화면 배치 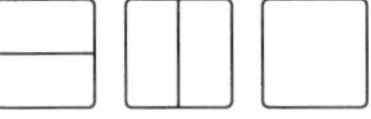

• 전체 문제 수 :
• 안 푼 문제 수 :

42 고가 탱크식 급수설비에서 급수경로를 바르게 나타낸 것은?

① 수도본관→저수조→옥상탱크→양수관→급수관
② 수도본관→저수조→양수관→옥상탱크→급수관
③ 저수조→옥상탱크→수도본관→양수관→급수관
④ 저수조→옥상탱크→양수관→수도본관→급수관

해 고가탱크 방식
수도본관→저수조→양수펌프→양수관→옥상탱크→급수관→급수전
압력탱크 방식
수도본관→저수조→펌프→압력탱크→급수관→급수전
부스터 방식
수도본관→저수조→부스터 펌프→급수관→급수전
수도직결 방식
수도본관→지수전→양수기→급수전

43 다음 중 건물의 급수량 산정의 기준과 가장 거리가 먼 것은?

① 건물의 높이 및 층수
② 건물의 사용 인원수
③ 설치될 기구의 수량
④ 건물의 유효면적

해 건물의 급수량 산정 기준
• 사용 인원 수
• 설치 될 기구 수
• 건물 유효면적

44 다음 중 통기관의 종류가 아닌 것은?

① 각개 통기관 ② 루프 통기관
③ 신정 통기관 ④ 분해 통기관

해 통기관의 종류
㉠ 각개 통기관
㉡ 루프(회로) 통기관
㉢ 습식 통기관
㉣ 신정 통기관
㉤ 도피 통기관
㉥ 공용 통기관
㉦ 결합 통기관
㉧ 통기 수평지관
㉨ 통기 수직주관
㉩ 통기헤더

답안 표기란
42 ① ② ③ ④
43 ① ② ③ ④
44 ① ② ③ ④

정답 | 42 ② 43 ① 44 ④

• 수험번호:
• 수험자명:

• 제한 시간:
• 남은 시간:

글자 크기 100% 150% 200% 화면 배치

• 전체 문제 수:
• 안 푼 문제 수:

답안 표기란

45 ① ② ③ ④
46 ① ② ③ ④
47 ① ② ③ ④

45 제조소 및 공급소 밖의 도시가스 배관 설비 기준으로 옳은 것은?

① 철도부지에 매설하는 경우에는 배관의 외면으로부터 궤도 중심까지 3m 이상 거리를 유지해야 한다.

② 철도부지에 매설하는 경우 지표면으로부터 배관의 외면까지의 깊이를 1.2m 이상 유지해야 한다.

③ 하천구역을 횡단하는 배관의 매설은 배관의 외면과 계획하상높이와의 거리 2m 이상 거리를 유지해야 한다.

④ 수로 밑을 횡단하는 배관의 매설은 1.5m 이상, 기타 좁은 수로인 경우 0.8m 이상 깊게 매설해야 한다.

해 ① 철도부지에 매설하는 경우에는 배관의 외면으로부터 궤도 중심까지 4m 이상 거리를 유지해야 한다.
③ 하천구역을 횡단하는 배관의 매설은 배관의 외면과 계획하상높이와의 거리 4m 이상 거리를 유지해야 한다.
④ 수로 밑을 횡단하는 배관의 매설은 2.5m 이상, 기타 좁은 수로인 경우 1.2m 이상 깊게 매설해야 한다.

46 펌프에서 캐비테이션 방지대책으로 틀린 것은?

① 흡입 양정을 짧게 한다.

② 양흡입 펌프를 단흡입 펌프로 바꾼다.

③ 펌프의 회전수를 낮춘다.

④ 배관의 굽힘을 적게 한다.

해 캐비테이션 방지대책
• 흡입측 손실수두를 작게한다.
• 펌프의 설치 위치를 낮춘다.
• 펌프의 회전수를 낮춘다.
• 양흡입 펌프를 사용한다.
• 흡입관경을 크게 하거나 배관을 짧게 한다.

47 간접배수관의 관경이 25A일 때 배수구 공간으로 최소 몇 mm가 가장 적절한가?

① 50　② 100
③ 150　④ 200

해 배수구 공간 = 간접 배수관 관경의 2배 이상의 규격을 사용.
25 × 2 = 50A
25A 이하 : 50mm 이상
30 ~ 50A 이하 : 100mm 이상
65A 이상 : 150mm 이상

정답 | 45 ② 46 ② 47 ①

• 수험번호:
• 수험자명:

• 제한 시간:
• 남은 시간:

글자 크기   

화면 배치

• 전체 문제 수:
• 안 푼 문제 수:

답안 표기란

48	①	②	③	④
49	①	②	③	④
50	①	②	③	④

48 증기난방 배관 시공법에 관한 설명으로 틀린 것은?

① 증기 주관에서 가지관을 분기할 때는 증기 주관에서 생성된 응축수가 가지관으로 들어가지 않도록 상향 분기한다.
② 증기 주관에서 가지관을 분기하는 경우에는 배관의 신축을 고려하여 3개 이상의 엘보를 사용한 스위블 이음으로 한다.
③ 증기 주관 말단에는 관말트랩을 설치한다.
④ 증기관이나 환수관이 보 또는 출입문 등 장애물과 교차할 때는 장애물을 관통하여 배관한다.

해 ④ 증기관이나 환수관이 보 또는 출입문 등 장애물과 교차할 때는 장애물을 우회하여 배관한다.

49 공기조화 설비의 구성과 가장 거리가 먼 것은?

① 냉동기 설비
② 보일러 실내기기 설비
③ 위생기구 설비
④ 송풍기, 공조기 설비

해 공기조화 설비와 위생기구는 관련성이 없다.

50 암모니아 냉동설비의 배관으로 사용하기에 가장 부적절한 배관은?

① 이음매 없는 동관
② 저온 배관용 강관
③ 배관용 탄소강 강관
④ 배관용 스테인리스 강관

해 암모니아 냉매는 아연, 동, 동합금을 부식 시키므로 동관 사용이 어렵다.

정답 | 48 ④ 49 ③ 50 ①

• 수험번호:
• 수험자명:

• 제한 시간:
• 남은 시간:

글자 크기  100% 150% 200% 화면 배치 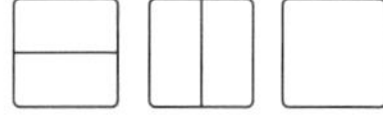

• 전체 문제 수:
• 안 푼 문제 수:

답안 표기란

51 ① ② ③ ④

52 ① ② ③ ④

51 건물의 시간당 최대 예상 급탕량이 2000 kg/h 일 때, 도시가스를 사용하는 급탕용 보일러에서 필요한 가스 소모량(kg/h)은?
(단, 급탕온도 60℃, 급수온도 20℃, 도시가스 발열량 15000 kcal/kg, 보일러 효율이 95% 이며, 열손실 및 예열부하는 무시한다.)

① 5.6　② 6.6

③ 7.6　④ 8.6

해 공식1) Q=G·C·Δt

Q : 열량[kcal/h]

G : 중량[kg/h]

C : 비열[kcal/kg℃]

Δt : 온도차[℃]

Q = 2000 × 1 × (60 - 20)

= 80,000[kcal/h]

공식2)

$$\eta = \frac{\text{열출력}}{\text{사용연료량} \times \text{저위발열량}} = \frac{Q}{G_f \times H_l}$$

$$\text{사용연료}(G_f) = \frac{Q}{\eta \times H_l}$$

$$= \frac{80000}{0.95 \times 15000} = 5.61[\text{kg/h}]$$

52 다음 특징은 어떤 포집기에 대한 설명인가?

영업용(호텔, 레스토랑) 주방 등의 배수 중 함유되어 있는 지방분을 포집하여 제거한다.

① 드럼 포집기

② 오일 포집기

③ 그리스 포집기

④ 플라스터 포집기

해 포집기 : 물질 속에 미량 성분을 분리하여 잡아 모으는 장치

㉠ 그리스 포집기 : 호텔, 영업용 음식점 등의 주방에서 배수 중 포함된 지방분을 냉각·응고시켜 제거하여 배수관이 막히는 것을 방지

㉡ 오일 포집기(가솔린 포집기) : 자동차 수리공장, 주유소, 세차장 등 휘발유나 유류가 혼입될 우려가 있는 배수 계통에 설치하여 유류로 인한 폭발, 인화등을 방지

㉢ 플라스터 포집기 : 치과 병원, 외과 병원 등의 배수계통에 설치하여 석고, 귀금속 등의 불용성 물질을 포집

정답 | 51 ①　52 ③

• 수험번호:
• 수험자명:

• 제한 시간:
• 남은 시간:

글자 크기 100% 150% 200% 화면 배치

• 전체 문제 수:
• 안 푼 문제 수:

답안 표기란

53 ① ② ③ ④
54 ① ② ③ ④
55 ① ② ③ ④
56 ① ② ③ ④

53 다음 배관 부속 중 사용 목적이 서로 다른 것과 연결한 것은?

① 플러그-캡 ② 티-리듀서
③ 니플-소켓 ④ 유니언-플랜지

해 관 이음의 종류
㉠ 관의 방향을 바꿀 때: 엘보, 밴드
㉡ 관을 분기 할 때: 티, 와이, 크로스
㉢ 동일 지름의 관을 직선 연결 할 때: 소켓, 니플, 유니온, 플랜지
㉣ 지름이 다른 관을 연결 할 때: 레듀샤, 이경엘보, 이경티
㉤ 지름이 다른 부속을 연결 할 때: 붓싱
㉥ 배관의 끝을 막을 때: 캡, 맹플랜지
㉦ 부속의 끝을 막을 때: 플러그, 캡
㉧ 관을 자주 분해, 수리, 교체 할 때: 유니온(소구경), 플랜지(대구경)

54 자동 2방향 밸브를 사용하는 냉온수 코일 배관법에서 바이패스관에 설치하기에 가장 적절한 밸브는?

① 게이트밸브 ② 체크밸브
③ 글로브밸브 ④ 감압밸브

해 글로브밸브(스톱밸브)
㉠ 유량 조절용으로 쓰인다
㉡ 마찰저항이 크다
㉢ 가격이 저렴하다
✓ 2방향 밸브는 유량 제어용이므로 유량 조절이 가능한 글로브 밸브로 한다.

55 도시가스 배관에서 중압은 얼마의 압력을 의미하는가?

① 0.1MPa 이상 1MPa 미만
② 1MPa 이상 3MPa 미만
③ 3MPa 이상 10MPa 미만
④ 10MPa 이상 100MPa 미만

해 ㉠ 저압 공급방식: 1kg/㎠ 이하
㉡ 중압 공급방식: 1~10kg/㎠ 미만, 0.1~1 MPa 미만
㉢ 고압 공급방식: 10kg/㎠ 이상

56 냉동배관 중 액관 시공 시 유의사항으로 틀린 것은?

① 매우 긴 입상 배관의 경우 압력이 증가하게 되므로 충분한 과냉각이 필요하다.
② 배관은 가능한 짧게 하여 냉매가 증발하는 것을 방지한다.
③ 가능한 직선적인 배관으로 하고, 곡관의 곡률반경은 가능한 크게 한다.
④ 증발기가 응축기 또는 수액기보다 높은 위치에 설치되는 경우는 액을 충분히 과냉각시켜 액 냉매가 관내에서 증발하는 것을 방지하도록 한다.

해 ① 매우 긴 입상 배관의 경우 압력이 감소하게 되므로 충분한 과냉각이 필요하다.

정답 | 53 ② 54 ③ 55 ① 56 ①

• 수험번호 :
• 수험자명 :

• 제한 시간 :
• 남은 시간 :

글자 크기 100% 150% 200% 화면 배치

• 전체 문제 수 :
• 안 푼 문제 수 :

답안 표기란

57 ① ② ③ ④
58 ① ② ③ ④
59 ① ② ③ ④
60 ① ② ③ ④

57 강관을 재질 상으로 분류한 것이 아닌 것은?

① 탄소 강관
② 합금 강관
③ 전기 용접강관
④ 스테인리스 강관

해 강관의 재질상 분류
탄소강, 합금강, 스테인레스
강관의 제조방법에 의한 분류
이음매 없는 강관, 단접관, 전기저항용접관, 아크용접관

58 단열시공 시 곡면부 시공에 적합하고, 표면에 아스팔트 피복을 하면 -60℃ 정도 까지 보냉이 되고 양모, 우모 등의 모(毛)를 이용한 피복재는?

① 실리카울 ② 아스베스토
③ 섬유유리 ④ 펠트

해 펠트 : 양모와 우모 펠트가 있으며 아스팔트로 방습한 것은 -60℃ 정도까지 유지할 수 있어 보냉용에 사용하며, 곡면 부분의 시공이 가능하다. 최고사용 온도는 100℃이다.

59 기수 혼합 급탕기에서 증기를 물에 직접 분사시켜 가열하면 압력차로 인해 소음이 발생한다. 이러한 소음을 줄이기 위해 사용하는 설비는?

① 스팀 사일렌서
② 응축수 트랩
③ 안전밸브
④ 가열코일

60 유체의 흐름을 한 방향으로만 흐르게 하고 반대 방향으로는 흐르지 못하게 하는 밸브의 도시기호는?

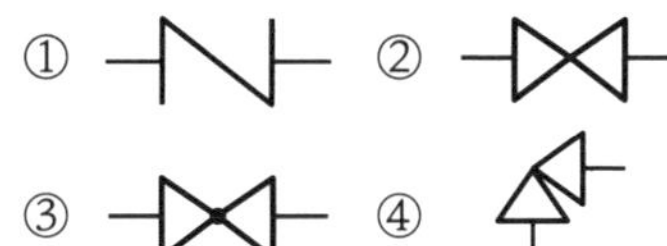

해 ① 체크 밸브
② 게이트 밸브
③ 글로브 밸브
④ 앵글 밸브

정답 57 ③ 58 ④ 59 ① 60 ①

• 수험번호:
• 수험자명:

• 제한 시간:
• 남은 시간:

글자 크기  100%  150%  200%

화면 배치  

• 전체 문제 수:
• 안 푼 문제 수:

답안 표기란

61 ① ② ③ ④
62 ① ② ③ ④
63 ① ② ③ ④
64 ① ② ③ ④

4과목 I 전기제어공학

61 서보전동기에 대한 설명으로 틀린 것은?

① 정·역운전이 가능하다.

② 직류용은 없고 교류용만 있다.

③ 급가속 및 급감속이 용이하다.

④ 속응성이 대단히 높다.

해 서보전동기는 직류용과 교류용이 있다.

62 ~~자동연소 제어에서 연료의 유량과 공기의 유량 관계가 일정한 비율로 유지되도록 제어하는 방식은?~~

(22년 출제 범위 제외)

① 비율제어 ② 시퀀스제어

③ 프로세스제어 ④ 프로그램제어

해 비율제어 : 목표값이 다른 것과 일정한 비율 관계를 가지고 변화하는 경우 추종제어

63 ~~저항 R에 100V의 전압을 인가하여 10A의 전류를 1분간 흘렸다면, 이때의 열량은 약 몇 kcal 인가?~~

(22년 출제 범위 제외)

① 14.4 ② 28.8

③ 60 ④ 120

해 공식1) 열량(H) = 0.24VIt
= 0.24 × 100 × 10 × 60
= 14400[cal] = 14.4[kcal]

64 ~~다음 블록선도의 특성방정식으로 옳은 것은?~~ (22년 출제 범위 제외)

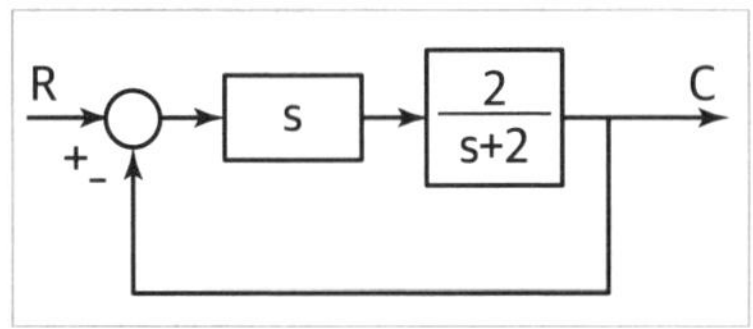

① 3s + 2 = 0

② $\frac{s}{s+2} = 0$

③ $\frac{2s}{3s+2} = 0$

④ 2s = 0

해 전달함수 G(s)

$$= \frac{C}{R} = \frac{\text{패스경로}}{1 - \text{피드백경로}}$$

$$= \frac{s \cdot \frac{2}{s+2}}{1 - (-s \cdot \frac{2}{s+2})}$$

$$= \frac{s \cdot \frac{2}{s+2}}{1 + s \cdot \frac{2}{s+2}}$$

$$= \frac{\frac{2s}{s+2}}{\frac{s+2}{s+2} + \frac{2s}{s+2}}$$

$$= \frac{\frac{2s}{s+2}}{\frac{s+2+2s}{s+2}} = \frac{2s}{s+2+2s}$$

$$= \frac{2s}{3s+2}$$

즉, 특성방정식은 전달함수의 분모를 0으로 놓을 식 이므로
3s + 2 = 0

정답 | 61 ② 62 ① 63 ① 64 ①

• 수험번호 :
• 수험자명 :

• 제한 시간 :
• 남은 시간 :

글자 크기   100%  150%  200% 화면 배치  

• 전체 문제 수 :
• 안 푼 문제 수 :

답안 표기란

65	①	②	③	④
66	①	②	③	④
67	①	②	③	④
68	①	②	③	④

65 직류기의 브러시에 탄소를 사용하는 이유는?

① 접촉 저항이 크다.

② 접촉 저항이 작다.

③ 고유 저항이 동보다 작다.

④ 고유 저항이 동보다 크다.

해 직류전동기는 브러시와 정류자간에 불꽃이 발생할 수 있는데 탄소를 사용하면 접촉저항이 커 불꽃 발생을 방지할 수 있다

66 ~~제어계에서 제어량이 원하는 값을 갖도록 외부에서 주어지는 값은?~~ (22년 출제 범위 제외)

① 동작신호 ② 조작량

③ 목표값 ④ 궤환량

해 목표값 : 입력하는 요소로써 피드백 제어계에 속하지 않는 신호

67 그림과 같은 평형 3상 회로에서 전력계의 지시가 100W 일 때 3상 전력은 몇 W 인가?
(단, 부하의 역률은 100%로 한다.)

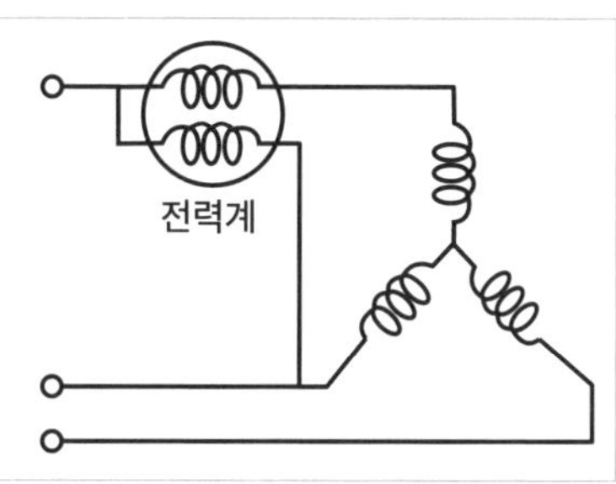

① $100\sqrt{2}$ ② $100\sqrt{3}$

③ 200 ④ 300

해 1전력계법 : 3P
2전력계법 : $P_1 + P_2$
3전력계법 : $P_1 + P_2 + P_3$
✓ 2전력계법 : $P_1 + P_2 = 100 + 100$
$= 200[W]$

68 ~~그림과 같은 신호흐름선도의 선형방정식은?~~ (22년 출제 범위 제외)

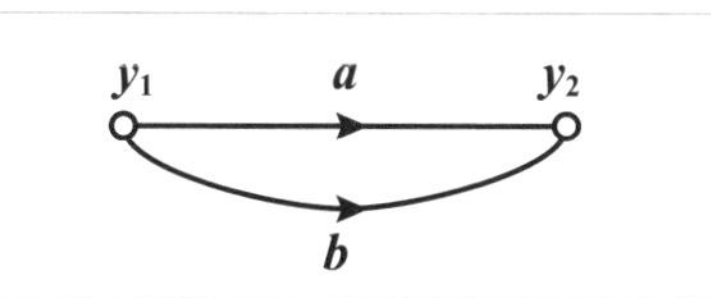

① $y_2 = (a + 2b)y_1$ ② $y_2 = (a + b)y_1$

③ $y_2 = (2a + b)y_1$ ④ $y_2 = 2(a + b)y_1$

해 $\frac{C}{R} = \frac{y_2}{y_1} = a + b$

CBT 체험형 기출문제

2019년 I 3회

• 수험번호 :
• 수험자명 :

• 제한 시간 :
• 남은 시간 :

글자 크기   100%  150%  200%

화면 배치  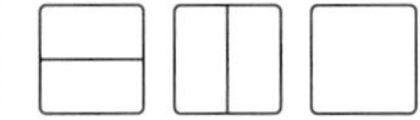

• 전체 문제 수 :
• 안 푼 문제 수 :

답안 표기란

69	①	②	③	④
70	①	②	③	④
71	①	②	③	④
72	①	②	③	④
73	①	②	③	④

69 ~~**R-L 직렬회로에 100V 의 교류 전압을 가했을 때 저항에 걸리는 전압이 80V 이었다면 인덕턴스에 걸리는 전압(V)은?**~~

(22년 출제 범위 제외)

① 20 ② 40
③ 60 ④ 80

해 공식1) $V_L = \sqrt{V^2 - V_R^2}$
$= \sqrt{100^2 - 80^2} = 60[V]$

70 **교류회로에서 역률은?**

① 무효전력 / 피상전력
② 유효전력 / 피상전력
③ 무효전력 / 유효전력
④ 유효전력 / 무효전력

해 역률($\cos\theta$) = $\frac{P}{VI} = \frac{\text{유효전력}}{\text{피상전력}}$

71 **변압기 내부 고장 검출용 보호계전기는?**

① 차동계전기 ② 과전류계전기
③ 역상계전기 ④ 부족전압계전기

해 차동계전기 : 입력과 출력의 크기의 차이가 일정치 이상이 되면 동작하는 계전기로 변압기나 발전기 내부 고장 검출용으로 사용된다.

72 ~~**제어시스템의 구성에서 서보 전동기는 어디에 속하는가?**~~

(22년 출제 범위 제외)

① 조절부 ② 제어대상
③ 조작부 ④ 검출부

해 서보 전동기는 기계적 변위를 제어량으로 하여 목표값의 임의의 변화에 추종하는 전동기로 제어 대상이자 조작부 모두 해당 되므로 ②, ③번 모두 정답

73 ~~**$i = 2t^2 + 8t$(A)로 표시되는 전류가 도선에 3초 동안 흘렀을 때 통과한 전체 전하량(C)은?**~~

(22년 출제 범위 제외)

① 18 ② 48
③ 54 ④ 61

해 공식1) $I = \frac{dQ}{dt}$

$= \int_0^3 (2t^2 + 8t)\,dt = \left[\frac{2}{3}t^3 + 4t^2\right]_0^3$

$= 18 + 36 = 54$

정답 | 69 ③ 70 ② 71 ① 72 ②, ③ 73 ③

• 수험번호 :
• 수험자명 :

• 제한 시간 :
• 남은 시간 :

글자 크기    100% 150% 200% 화면 배치   

• 전체 문제 수 :
• 안 푼 문제 수 :

답안 표기란

74	①	②	③	④
75	①	②	③	④
76	①	②	③	④
77	①	②	③	④

74 ~~적분시간이 3초이고, 비례감도가 5인 PI제어계의 전달함수는?~~

(22년 출제 범위 제외)

① $G(s) = \frac{10s + 5}{3s}$

② $G(s) = \frac{15s - 5}{3s}$

③ $G(s) = \frac{10s - 3}{3s}$

④ $G(s) = \frac{15s + 5}{3s}$

해 공식 I) PI동작 수식 : $K_p(1 + \frac{1}{T_i s})$

$5(1 + \frac{1}{3s}) = 5(\frac{3s}{3s} + \frac{1}{3s})$

$= \frac{15s}{3s} + \frac{5}{3s} = \frac{15s + 5}{3s}$

75 ~~서보기구의 제어량에 속하는 것은?~~ (22년 출제 범위 제외)

① 유량 ② 압력

③ 밀도 ④ 위치

해 서보기구 : 물체의 기계적 변위를 제어량으로 하여 목표값의 임의의 변화에 추종하는 제어

76 운동계의 각속도 ω는 전기계의 무엇과 대응되는가?

① 저항 ② 전류

③ 인덕턴스 ④ 커패시턴스

해

전기계	운동계	
	직선운동	회전운동
전기량(Q)	변위(X)	각도(rad)
전압(V)	힘(F)	토크(T)
전류(I)	속도(V)	각속도(ω)
저항(R)	점성저항, 마찰(B)	회전점성 저항(B)
정전용량 (1/C)	스프링, 강도(K)	강도 (비틀림)(K)
인덕턴스 (L)	질량(M)	관성모멘트 (I)

77 ~~정상편차를 제거하고 응답속도를 빠르게 하여, 속응성과 정상상태 응답 특성을 개선하는 제어동작은?~~ (22년 출제 범위 제외)

① 비례동작

② 비례적분동작

③ 비례미분동작

④ 비례미분적분동작

해 비례 적분 미분 제어(PID동작)
잔류편차, 속응성 등의 개선으로 가장 안전한 제어(진·지상요소)

정답 | 74 ④ 75 ④ 76 ② 77 ④

• 수험번호:
• 수험자명:

• 제한 시간:
• 남은 시간:

글자 크기  100%  150%  200% 화면 배치 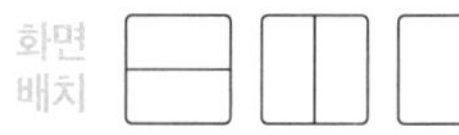

• 전체 문제 수:
• 안 푼 문제 수:

답안 표기란

78 ① ② ③ ④
79 ① ② ③ ④
80 ① ② ③ ④

78 직류전동기의 속도제어방법이 아닌 것은?

① 계자제어법 ② 직렬저항법
③ 병렬저항법 ④ 전압제어법

해 직류전동기의 속도 제어법: 전압, 계자, 직렬저항
농형 유도전동기의 속도 제어법: 주파수, 극수, 종속법
권선형 유도전동기 속도 제어법: 저항, 2차 여자법, 종속법

79 그림과 같은 유접점 회로의 논리식은?

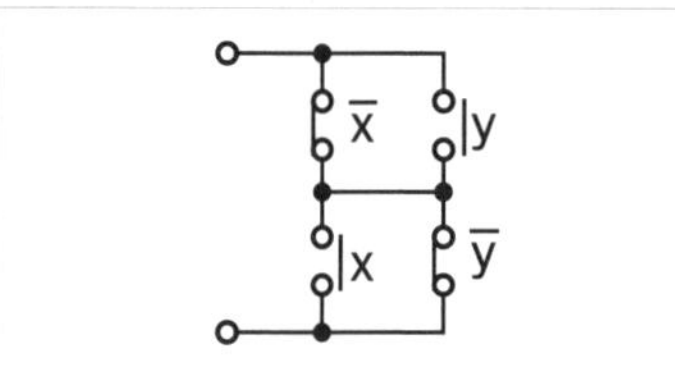

① $X\overline{Y}+X\overline{Y}$
② $(\overline{X}+\overline{Y})(X+Y)$
③ $\overline{X}Y+\overline{XY}$
④ $XY+\overline{XY}$

해 (B접점-X, B접점-Y) = 직렬이므로 AND1
(A접점-X, A접점-Y) = 직렬이므로 AND2
AND1과 AND2는 병렬이므로 OR
따라서 $XY+\overline{XY}$

80 ~~피드백 제어계에서 제어요소에 대한 설명 중 옳은 것은?~~

(22년 출제 범위 제외)

① 목표값에 비례하는 신호를 발생하는 요소이다.
② 조절부와 검출부로 구성되어 있다.
③ 동작신호를 조작량으로 변화시키는 요소이다.
④ 조절부와 비교부로 구성되어 있다.

해 제어요소: 조절부와 조작부로 구성되어 동작신호를 조작량으로 변환

정답 | 78 ③ 79 ④ 80 ③

PART 6

:기출문제 1, 2회(2020.06.06)

• 수험번호:
• 수험자명:

• 제한 시간:
• 남은 시간:

글자 크기  100%  150% 200%

화면 배치 

• 전체 문제 수:
• 안 푼 문제 수:

답안 표기란

01	①	②	③	④
02	①	②	③	④
03	①	②	③	④

1과목 | 공기조화

01 증기난방에 관한 설명으로 틀린 것은?

① 열매온도가 높아 방열기의 방열면적이 작아진다.
② 예열 시간이 짧다.
③ 부하변동에 따른 방열량의 제어가 곤란하다.
④ 증기의 증발 현열을 이용한다.

해 증기난방은 증기의 응축잠열을 이용한다.

02 온풍난방의 특징에 대한 설명으로 틀린 것은?

① 예열부하가 거의 없으므로 가동시간이 아주 짧다.
② 취급이 간단하고 취급자격자를 필요로 하지 않는다.
③ 방열기기나 배관 등의 시설이 필요 없으므로 설비비가 싸다.
④ 토출 공기온도가 높으므로 쾌적성이 좋다.

해 온풍난방은 실내 온도 분포가 좋지 않아 쾌적성이 떨어진다.

03 공조방식 중 변풍량 단일덕트 방식에 대한 설명으로 틀린 것은?

① 운전비의 절약이 가능하다.
② 동시 부하율이 고려하여 기기 용량을 결정하므로 설비용량을 적게 할 수 있다.
③ 시운전시 각 토출구의 풍량조정이 복잡하다.
④ 부하변동에 대하여 제어응답이 빠르기 때문에 거주성이 향상된다.

해 변풍량: 부하변동에 따라 송풍량을 조절하는 방식으로 풍량 조정이 용이하다.

| 정답 | 01 ④ 02 ④ 03 ③

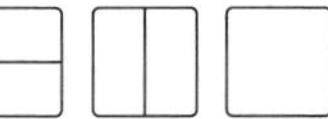

• 수험번호 :
• 수험자명 :
• 제한 시간 :
• 남은 시간 :

글자 크기 100% 150% 200% 화면 배치

• 전체 문제 수 :
• 안 푼 문제 수 :

답안 표기란
04 ① ② ③ ④
05 ① ② ③ ④

04 **풍량이** $800m^3/h$**인 공기를 건구온도** 33℃**, 습구온도** 27℃(엔탈피(h1)는 85.26kJ/kg)**의 상태에서 건구온도** 16℃**, 상대습도** 90%(엔탈피(h_2)는 42kJ/kg)**상태까지 냉각할 경우 필요한 냉각열량**(kW)**은?**
(단, 건공기의 비체적은 $0.83m^3/kg$ 이다.)

① 3.1　② 5.4
③ 11.6　④ 22.8

解 $Q = G \cdot \Delta h$
G : 송풍량[kg/h]
Δh : 엔탈피 차[kJ/kg]
$G = \frac{800}{0.83} = 963.86[kg/h]$
$G \cdot \Delta h = 963.86 \times (85.26 - 42)$
$= 41696.58[kJ/h]$
$Q = \frac{41696.58}{3600} = 11.6[kJ/s], [KW]$
✓ 1[KW] = 1[kJ/s]

05 **겨울철 침입외기**(틈새바람)**에 의한 잠열 부하**(q_1, kJ/h)**를 구하는 공식으로 옳은 것은?**
(단, Q는 극간풍량(m^3/h), △t는 실내·외 온도차(℃), △x는 실내·외 절대 습도차(kg/kg')이다.)

① 1.212×Q×△t
② 539×Q×△x
③ 2501×Q×△x
④ 3001.2×Q×△x

解 틈새바람 잠열부하 공식
잠열부하 = $597.5 \cdot G \cdot \Delta x$
$= 597.5 \cdot 1.2 \cdot Q \cdot \Delta x[kcal/h]$
$= 717 \cdot Q \cdot \Delta x[kcal/h]$
1[kcal/h] = 4.186[kJ/h]
$717 \cdot Q \cdot \Delta x[kcal/h]$
$= 3001.36 \cdot Q \cdot \Delta x[kJ/h]$

| 정답 | 04 ③　05 ④

• 수험번호:
• 수험자명:
• 제한 시간:
• 남은 시간:

글자 크기 100% 150% 200% 화면 배치

• 전체 문제 수:
• 안 푼 문제 수:

답안 표기란

06	①	②	③	④
07	①	②	③	④
08	①	②	③	④
09	①	②	③	④
10	①	②	③	④

06 **공기조화 부하의 종류 중 실내부하와 장치부하에 해당되지 않는 것은?**

① 사무기기나 인체를 통해 실내에서 발생하는 열
② 유리 및 벽체를 통한 전도열
③ 급기덕트에서 실내로 유입되는 열
④ 외기로 실내 온·습도를 냉각시키는 열

해 외기냉방은 공기조화 부하를 경감 시킨다.
①: 실내 발생열량
②: 외부 침입열량
③: 기기 취득열량

07 **에어필터의 포집방법 중 무기질 섬유 공간을 공기가 통과할 때 충돌, 차단, 확산에 의해 큰 분진입자를 포집하는 필터는 무엇인가?**

① 정전식 필터
② 여과식 필터
③ 점착식 필터
④ 흡착식 필터

해 여과식 필터: 무기질 섬유 공간을 공기가 통과할 때 충돌, 차단, 확산에 의해 큰 분진입자를 포집하는 필터

08 **다음 중 자연 환기가 많이 일어나도 비교적 난방 효율이 제일 좋은 것은?**

① 대류난방 ② 증기난방
③ 온풍난방 ④ 복사난방

해 복사난방은 개방상태에서도 난방효율이 비교적 좋다.

09 **열교환기 중 공조기 내부에 주로 설치되는 공기 가열기 또는 공기냉각기를 흐르는 냉·온수의 통로수는 코일의 배열방식에 따라 나뉜다. 이 중 코일의 배열방식에 따른 종류가 아닌 것은?**

① 풀 서킷 ② 하프 서킷
③ 더블 서킷 ④ 플로우 서킷

해 코일 배열방식: 풀 서킷, 하프 서킷, 더블 서킷

10 **다음 가습기 방식 분류 중 기화식이 아닌 것은?**

① 모세관식 가습기
② 회전식 가습기
③ 적하식 가습기
④ 원심식 가습기

해 원심식 가습기: 수분무식 가습장치

정답 | 06 ④ 07 ② 08 ④ 09 ④ 10 ④

• 수험번호 :
• 수험자명 :

• 제한 시간 :
• 남은 시간 :

글자 크기  100%  150%  200% 화면 배치  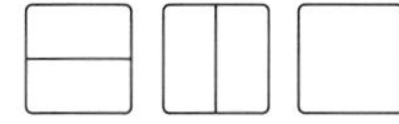

• 전체 문제 수 :
• 안 푼 문제 수 :

답안 표기란

11 ① ② ③ ④
12 ① ② ③ ④
13 ① ② ③ ④

11 각 실마다 전기스토브나 기름 난로 등을 설치하여 난방하는 방식을 무엇이라고 하는가?

① 온돌난방 ② 중앙난방
③ 지역난방 ④ 개별난방

해 개별난방 : 각 실마다 개별로 난방장치를 설치하여 난방하는 방식

12 송풍기 특성곡선에서 송풍기의 운전점은 어떤 곡선의 교차점을 의미하는가?

① 압력곡선과 저항곡선의 교차점
② 효율곡선과 압력곡선의 교차점
③ 축동력곡선과 효율곡선의 교차점
④ 저항곡선과 축동력곡선의 교차점

해 운전점 : 관로저항 곡선과 압력 곡선의 교점

13 방열량이 5.25kW인 방열기에 공급해야 할 온수량(m^3/h)은?
(단, 방열기 입구온도는 80℃, 출구온도는 70℃이며, 물의 비열은 4.2kJ/kg·℃, 물의 밀도는 977.5kg/m^3이다.)

① 0.34 ② 0.46
③ 0.66 ④ 0.75

해 $Q = G \cdot C \cdot \Delta t$
G : 송풍량[kg/h]
C : 비열[kJ/ kg · ℃]
Δt : 온도차[℃]
$G = w \cdot \rho$
w : 수량[m^3/h]
ρ : 밀도[kg/m^3]
$$w = \frac{5.25 \times 3600}{4.2 \times 10 \times 977.5} = 0.46[m^3/h]$$
✓ 1[kw] = 1[kJ/s]

정답 | 11 ④ 12 ① 13 ②

• 수험번호:
• 수험자명:

• 제한 시간:
• 남은 시간:

글자 크기  100%  150%  200% 화면 배치 

• 전체 문제 수:
• 안 푼 문제 수:

답안 표기란

14 ① ② ③ ④
15 ① ② ③ ④
16 ① ② ③ ④

14 송풍기 번호에 의한 송풍기 크기를 나타내는 식으로 옳은 것은?

① 원심송풍기 : No(#) $= \frac{회전날개지름mm}{100mm}$
축류송풍기 : No(#) $= \frac{회전날개지름mm}{150mm}$

② 원심송풍기 : No(#) $= \frac{회전날개지름mm}{150mm}$
축류송풍기 : No(#) $= \frac{회전날개지름mm}{100mm}$

③ 원심송풍기 : No(#) $= \frac{회전날개지름mm}{150mm}$
축류송풍기 : No(#) $= \frac{회전날개지름mm}{150mm}$

④ 원심송풍기 : No(#) $= \frac{회전날개지름mm}{100mm}$
축류송풍기 : No(#) $= \frac{회전날개지름mm}{100mm}$

해 원심(다익)형 번호 $= \frac{임펠러지름[mm]}{150}$
축류형 번호 $= \frac{임펠러지름[mm]}{100}$

15 외기와 배기 사이에서 현열과 잠열을 동시에 회수하는 방식으로 외기 도입량이 많고 운전시간이 긴 시설에서 효과가 큰 방식은?

① 전열교환기 방식
② 히트 파이프 방식
③ 콘덴서 리히트 방식
④ 런 어라운드 코일 방식

해 전열교환기 : 현열과 잠열까지 교환하는 열교환기로 회전식과 고정식이 있다.
✓ 현열 + 잠열 = 전열

16 보일러를 안전하고 경제적으로 운전하기 위한 여러 가지 부속기기 중 급수관계 장치와 가장 거리가 먼 것은?

① 증기관 ② 급수 펌프
③ 급수 밸브 ④ 자동급수장치

해 증기관은 증기를 보내는 관으로 급수와 관련이 없다.

| 📖 정답 | 14 ② 15 ① 16 ①

답안 표기란

17	①	②	③	④
18	①	②	③	④
19	①	②	③	④
20	①	②	③	④

17 압력 10000kPa, 온도 227℃인 공기의 밀도(kg/m³)는 얼마인가?
(단, 공기의 기체상수는 287.04J/kg·K이다.)

① 57.3 ② 69.6
③ 73.2 ④ 82.9

해 공식1) PV = GRT
P : 압력(kPa)
V : 부피(m^3)
R : 기체상수(kJ/kg·K)
T : 절대온도(K)
G : 질량(kg)
공식2) 밀도(ρ) = $\frac{G}{V}$
공식3) P = ρRT

$$\rho = \frac{P}{RT} = \frac{1000}{0.287 \times (273 + 227)}$$
$$= 69.6[kg/m^3]$$

18 다음 공조방식 중 중앙방식이 아닌 것은?

① 단일덕트 방식
② 2중덕트 방식
③ 팬코일유닛 방식
④ 룸 쿨러 방식

해 룸 쿨러 방식 : 개별방식

19 다음 중 엔탈피가 0kJ/kg인 공기는 어느 것인가?

① 0℃ 습공기 ② 0℃ 건공기
③ 0℃ 포화공기 ④ 32℃ 습공기

해 엔탈피는 0[℃] 건공기의 값을 0[kcal/kg]으로 기준하여 사용한다.

20 아래 습공기선도에서 습공기의 상태가 1지점에서 2지점을 거쳐 3지점으로 이동하였다. 이 습공기가 거친 과정은?
(단, 1, 2회 엔탈피는 같다.)

1 2 3
절대온도
건구온도(℃)

① 냉각 감습-가열
② 냉각-제습제를 이용한 제습
③ 순환수 가습-가열
④ 온수 감습-냉각

해 노즐을 통해 순환수를 분무할 경우 냉각, 가습이 되며 1과 2의 엔탈피는 동일하다. 2에서 3 과정은 습도 변화 없이 건구온도만 상승하였으므로 가열과정이다.

✓ 1보다 2의 엔탈피가 높을 경우
 = 온수 가습
✓ 1에서 2로 변화시 건구온도와 절대습도가 상승 할 경우
 = 증기 가습

| 📖 정답 | 17 ② 18 ④ 19 ② 20 ③

2과목 | 냉동공학

21 다음의 냉매가스를 단열압축하였을 때 온도상승률이 가장 큰 것부터 순서대로 나열된 것은? (단, 냉매가스는 이상기체로 가정한다.)

① 공기 > 암모니아 > 메틸클로라이드 > R-502
② 공기 > 메틸클로라이드 > 암모니아 > R-502
③ 공기 > R-502 > 메틸클로라이드 > 암모니아
④ R-502 > 공기 > 암모니아 > 메틸클로라이드

해 온도상승률이 큰 순서
공기 > 암모니아 > 메틸클로라이드 > R-502
암모니아 : NH_3
메틸클로라이드 : CH_3Cl(R40)

22 몰리에르선도 상에서 압력이 증대함에 따라 포화액선과 건포화증기선이 만나는 일치점을 무엇이라 하는가?

① 한계점 ② 임계점
③ 상사점 ④ 비등점

해 몰리에르선도에서의 임계점
포화액선과 건포화증기선이 만나는 점

23 다음 중 냉동기의 압축기에서 일어나는 이상적인 압축과정은 어느 것인가?

① 등온변화
② 등압변화
③ 등엔탈피변화
④ 등엔트로피변화

해 등엔트로피는 열의 출입이 없다는 뜻이므로 압축과정이 등엔트로피일 경우 압축기가 한 일이 열로 손실이 일어나지 않아 효율이 높아진다는 의미이다.

24 다음 열에 대한 설명으로 틀린 것은?

① 냉동실이나 냉장실 벽체를 통해 실내로 들어오는 열은 감열과 잠열이다.
② 냉동실 출입문의 틈새로 공기가 갖고 들어오는 열은 감열과 잠열이다.
③ 하절기 냉장실에서 작업하는 인체의 발생열은 감열과 잠열이다.
④ 냉장실내 백열등에서 발생하는 열은 감열이다.

해 극간풍, 인체, 실내기기, 외기 외엔 모두 현열

정답 | 21 ① 22 ② 23 ④ 24 ①

• 수험번호:
• 수험자명:

• 제한 시간:
• 남은 시간:

글자 크기  100%  150%  200% 화면 배치 

• 전체 문제 수:
• 안 푼 문제 수:

답안 표기란

25 ① ② ③ ④
26 ① ② ③ ④
27 ① ② ③ ④
28 ① ② ③ ④

25 다음 중 펠티어(Peltier) 효과를 이용한 냉동법은?

① 기체팽창 냉동법
② 열전 냉동법
③ 자기 냉동법
④ 2원 냉동법

해 전자 냉동법 (열전 냉동법)
두 종류의 금속을 접합시켜 직류 전류를 흘리면 한쪽 접합면은 열을 흡수하고 다른 접합면은 열을 방출하는데 이를 펠티어(Peltier Effect) 효과라고 한다.
반대로 두 금속에 온도를 다르게 하면 직류전류가 생성되는데 이를 열전효과 또는 제백효과(Seebeck Effect)라고 한다.

26 온도식 팽창밸브(Thermostatic expansion valve)에 있어서 과열도란 무엇인가?

① 팽창밸브 입구와 증발기 출구 사이의 냉매 온도차
② 팽창밸브 입구와 팽창밸브 출구 사이의 냉매 온도차
③ 흡인관내의 냉매가스 온도와 증발기내의 포화온도와의 온도차
④ 압축기 토출가스와 증발기 내 증발가스의 온도차

해 과열도:압축기흡입가스 온도-증발기 내 포화온도

27 수냉식 응축기를 사용하는 냉동장치에서 응축압력이 표준압력보다 높게 되는 원인으로 가장 거리가 먼 것은?

① 공기 또는 불응축가스의 혼입
② 응축수 입구온도의 저하
③ 냉각수량의 부족
④ 응축기의 냉각관에 스케일이 부착

해 응축수의 입구 온도가 낮으면 냉매의 응축이 더 잘되므로 응축압력이 낮아지게 된다.

28 흡수식 냉동기에 관한 설명으로 옳은 것은?

① 초저온용으로 사용된다.
② 비교적 소용량 보다는 대용량에 적합하다.
③ 열교환기를 설치하여도 효율은 변함없다.
④ 물-LiBr 식인 경우 물이 흡수제가 된다.

해 ① 흡수식 냉동기는 6[℃] 이하의 냉수를 얻기가 곤란하다.
③ 열 교환기를 설치하여 효율을 증대시킨다.
④ 물-LiBr식에서는 물이 냉매가 된다.

정답 | 25 ② 26 ③ 27 ② 28 ②

29 **증기 압축식 냉동법(A)과 전자 냉동법(B)의 역할을 비교한 것으로 틀린 것은?**

	(A)	(B)
①	압축기	소대자(P-N)
②	압축기 모터	전원
③	냉매	전자
④	응축기	저온측 접합부

해 증기 압축식의 응축기는 전자 냉동법에서 고온측 접합부의 역할과 같다.

30 **다음 중 가스엔진구동형 열펌프(GHP) 시스템의 설명으로 틀린 것은?**

① 압축기를 구동하는데 전기에너지 대신 가스를 이용하는 내연기관을 이용한다.

② 하나의 실외기에 하나 또는 여러 개의 실내기가 장착된 형태로 이루어진다.

③ 구성요소로서 압축기를 제외한 엔진, 그리고 내·외부열교환기 등으로 구성된다.

④ 연료로는 천연가스, 프로판 등이 이용될 수 있다.

해 가스엔진구동형 열펌프는 가스엔진의 동력으로 압축기를 운전 시킨다.
✓ 그 외에는 일반 히트펌프와 구성 및 원리는 같다.

31 **다음 그림은 단효용 흡수식 냉동기에서 일어나는 과정을 나타낸 것이다. 각 과정에 대한 설명으로 틀린 것은?**

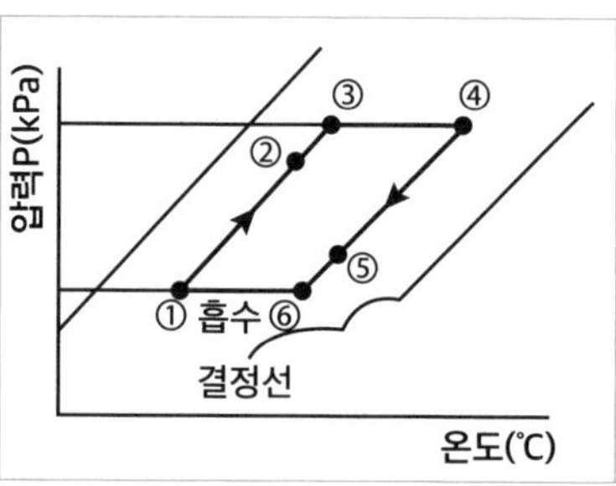

① ①→②과정 : 재생기에서 돌아오는 고온 농용액과 열교환에 의한 희용액의 온도상승

② ②→③과정 : 재생기내에서의 가열에 의한 냉매 응축

③ ④→⑤과정 : 흡수기에서의 저온 회용액과 열교환기에 의한 농용액의 온도강하

④ ⑤→⑥ : 흡수기에서 외부로부터의 냉각에 의한 농용액의 온도강하

해 ⑥→① : 흡수기에서의 흡수작용
①→② : 재생기에서 돌아오는 고온 농용액과 열교환에 의한 희용액의 온도상승
②→③ : 재생기에서 냉매가 비등점에 이를 때까지의 가열
③→④ : 재생기에서 용액 농축
④→⑤ : 흡수기에서의 저온 회용액과 열교환기에 의한 농용액의 온도강하
⑤→⑥ : 흡수기에서 외부로부터의 냉각에 의한 농용액의 온도강하

정답 | 29 ④ 30 ③ 31 ②

• 수험번호:
• 수험자명:

• 제한 시간:
• 남은 시간:

글자 크기  100%  150%  200% 화면 배치  

• 전체 문제 수:
• 안 푼 문제 수:

답안 표기란

32 ① ② ③ ④
33 ① ② ③ ④
34 ① ② ③ ④

32 다음 냉동기의 종류와 원리의 연결로 틀린 것은?

① 증기압축식 - 냉매의 증발잠열
② 증기분사식 - 진공에 의한 물 냉각
③ 전자냉동법 - 전류흐름에 의한 흡열작용
④ 흡수식 - 프레온 냉매의 증발잠열

해 흡수식 냉동기의 냉매
암모니아, 물, 염화에틸, 메탄올 등이 있다.
✓ 프레온 냉매는 증기압축식에 사용된다.

33 다음 중 헬라이드 토치를 이용하여 누설검사를 하는 냉매는?

① R-134a ② R-717
③ R-744 ④ R-729

해 헬라이드 토치는 프레온 냉매 누설검사에 사용된다.
R-717 : 암모니아
R-744 : CO_2
R-729 : 공기

34 냉동기 속 두 냉매가 아래 표의 조건으로 작동될 때, A 냉매를 이용한 압축기의 냉동능력을 QA, B 냉매를 이용한 압축기의 냉동능력을 QB인 경우 QA/QB의 비는? (단, 두 압축기의 피스톤 압출량은 동일하며, 체적효율도 75%로 동일하다.)

	A	B
냉동효과(kJ/kg)	1130	170
비체적(m^3/kg)	0.509	0.077

① 1.5 ② 1.0
③ 0.8 ④ 0.5

해 공식 = $\frac{Q_e}{q_e} = \frac{V}{v} \times \eta_v$

Q : 냉동능력[kJ/h]
q_e : 냉동효과[kJ /kg]
V : 이론 피스톤 압출량[m³/h]
v : 흡입가스 비체적[m³/kg]
η_v : 체적효율

$Q_A = \frac{V}{v} \times q_e \times \eta_v$
$= \frac{1}{0.509} \times 1130 \times 0.75$
$= 1665$[kJ/h]

$Q_B = \frac{V}{v} \times q_e \times \eta_v$
$= \frac{1}{0.077} \times 170 \times 0.75$
$= 1655$[kJ/h]

정답 | 32 ④ 33 ① 34 ②

• 수험번호:
• 수험자명:

• 제한 시간:
• 남은 시간:

글자 크기  100%  150%  200%
화면 배치  

• 전체 문제 수:
• 안 푼 문제 수:

답안 표기란
35 ① ② ③ ④
36 ① ② ③ ④

35 **두께 3cm인 석면판의 한 쪽면의 온도는 400℃, 다른 쪽 면의 온도는 100℃일 때, 이 판을 통해 일어나는 열전달량(W/m²)은?**
(단, 석면의 열전도율은 0.095W/m·℃이다.)

① 0.95 ② 95
③ 950 ④ 9500

해 공식 열전달량 [W/m2] = $\frac{\lambda \times \Delta t}{l}$

λ : 열전도율[W/m·℃]
l : 벽 두께[m]
Δt : 벽의 외기와 실내 온도차[℃]

$= \frac{\lambda \times \Delta t}{l} = \frac{0.095 \times (400 - 100)}{0.03}$

=950[W/m²]

36 **R-502를 사용하는 냉동장치의 몰리엘 선도가 다음과 같다. 이 장치의 실제 냉매순환량은 167kg/h이고, 전동기 출력이 3.5kW일 때, 실제 성적계수는?**

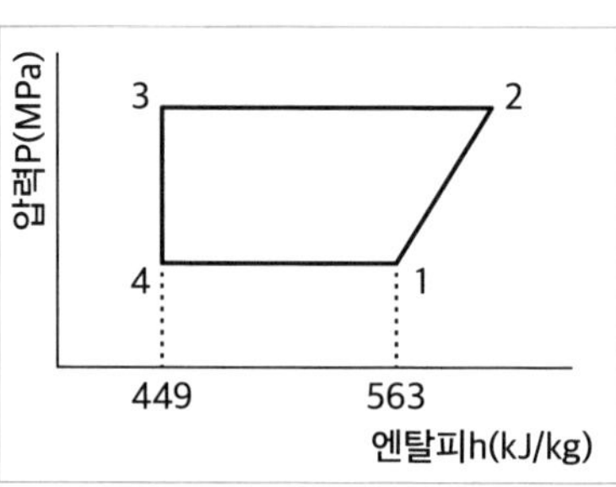

① 1.3 ② 1.4
③ 1.5 ④ 1.6

해 공식1) 냉동능력 Q_e[kJ/h] = g × q_e
g : 냉매순환량[kg/h]
q_e : 냉동효과[kJ/kg]
= g × q_e = 167 × (563 - 449)
= 19,038[kJ/h]
단위환산 : 1[kw] = 1[kJ/s] = 3600[kJ]
전동기 출력 AW[kJ] = 3.5[kw] × 3600
= 12,600[kJ]

공식2) 성적계수(ε) = $\frac{Q_e}{AW}$

$= \frac{19038}{12600} = 1.5$

• 수험번호:
• 수험자명:

• 제한 시간:
• 남은 시간:

글자 크기 100% 150% 200% 화면 배치

• 전체 문제 수:
• 안 푼 문제 수:

답안 표기란

37 ① ② ③ ④
38 ① ② ③ ④
39 ① ② ③ ④

37 냉매 충전용 매니폴드로 구성하는 주요밸브와 가장 거리가 먼 것은?

① 흡입밸브
② 자동용량제어밸브
③ 펌프연결밸브
④ 바이패스밸브

해 매니폴드게이지의 구성은 저압게이지, 고압게이지, 저압부 밸브, 고압부 밸브, 저압용 호스, 중간 호스, 고압용 호스로 구성되어 있어 중간 호스를 냉매통에 연결하고 저압용 호스는 압축기 흡입밸브측에(저압측), 고압용 호스는 냉동기의 고압측에 연결하여 냉매를 충전한다. 또한 냉동기에 진공 작업을 할 때 중간호스를 진공 펌프에 연결하여 진공 작업을 한다.

✓ 매니폴드게이지의 밸브는 수동개폐밸브로 자동으로 용량을 제어하는 기능은 없다

38 냉매와 배관재료의 선택을 바르게 나타낸 것은?

① NH_3 : Cu 합금
② 크롤메탈 : Al 합금
③ R-21 : Mg을 함유한 Al합금
④ 이산화탄소 : Fe 합금

해 암모니아(NH_3) : 동 및 동합금을 부식시키므로 강관을 사용한다.
프레온 : 마그네슘 및 마그네슘을 2%이상 함유하고 있는 Al합금을 부식시킨다.
이산화탄소(CO_2) : Fe합금, 압력배관용 탄소강관, 동관의 경우 고압식은 1㎠당 165㎏ 이상, 저압식은 1㎠당 37.5㎏ 이상의 압력에 견딜 수 있는 것을 사용

✓ 크롤메탈은 냉매가 아님

39 2단압축 사이클에서 증발압력이 계기압력으로 235kPa이고, 응축압력은 절대압력으로 1225kPa일 때 최적의 중간 절대압력(kPa)은?
(단, 대기압은 101kPa이다.)

① 514.5
② 536.06
③ 641.56
④ 668.36

해 공식1) 절대압력 = 게이지 압력 + 대기압
증발압력의 절대압력
$= 235 + 101 = 336[kPa]$
공식2) 중간압력(P_M) = $\sqrt{P_H \times P_L}$
P_H : 응축압력(고압)
P_L : 증발압력(저압))
$= \sqrt{1225 \times 336} = 641.56[kPa]$

| 정답 | 37 ② 38 ④ 39 ③

• 수험번호 :
• 수험자명 :

• 제한 시간 :
• 남은 시간 :

글자 크기 100% 150% 200% 화면 배치

• 전체 문제 수 :
• 안 푼 문제 수 :

답안 표기란

40 ① ② ③ ④
41 ① ② ③ ④
42 ① ② ③ ④

40 30℃ 공기가 체적 $1m^3$의 용기 내에 압력 600kPa인 상태로 들어 있을 때 용기 내의 공기 질량(kg)은?
(단, 기체상수는 287J/kg · K이다.)

① 5.9　② 6.9
③ 7.9　④ 4.9

해 공식 PV = GRT
P : 압력(kPa)
V : 부피(m^3)
R : 기체상수(kJ/kg · K)
T : 절대온도(K)
G : 질량(kg)
$600 \times 1 = G \times 0.287 \times (30 + 273)$
$G = \frac{PV}{RT} = \frac{600 \times 1}{0.287 \times (30 + 273)}$
$= 6.9[kg]$

3과목 | 배관일반

41 증기난방 배관에서 증기트랩을 사용하는 주된 목적은?

① 관 내의 온도를 조절하기 위해서
② 관 내의 압력을 조절하기 위해서
③ 배관의 신축을 흡수하기 위해서
④ 관 내의 증기와 응축수를 분리하기 위해서

해 증기트랩 : 증기 중 응축수를 분리하는 장치

42 배수관 설치기준에 대한 내용으로 틀린 것은?

① 배수관의 최소 관경은 20mm이상으로 한다.
② 지중에 매설하는 배수관의 관경은 50mm 이상이 좋다.
③ 배수관은 배수가 흐르는 방향으로 관경을 축소해서는 안 된다.
④ 기구배수관의 관경은 이것에 접속하는 위생기구의 트랩구경 이상으로 한다.

해 배수관의 최소관경은 30mm 이상으로 한다.

| 정답 | 40 ② 41 ④ 42 ①

43 배관 지름이 100cm이고, 유량이 0.785m³/sec일 때, 이 파이프 내의 평균 유속(m/s)은 얼마인가?

① 1　　② 10
③ 100　　④ 1000

해 공식 $d = \sqrt{\frac{4Q}{\pi V}}$

Q : 유량[m³/s]
A : 단면적[m²]
V : 유속[m/s]
d : 내경[m]

$1 = \sqrt{\frac{4 \times 0.785}{\pi \times V}}$ →

$1^2 = \sqrt{\frac{4 \times 0.785}{\pi \times V}}$ →

$V = \sqrt{\frac{4 \times 0.785}{\pi \times 1^2}} = 1$

44 냉매 배관 시공법에 관한 설명으로 틀린 것은?

① 압축기와 응축기가 동일 높이 또는 응축기가 아래에 있는 경우 배출관은 하향구배로 한다.
② 증발기가 응축기보다 아래에 있을 때 냉매액이 증발기에 흘러내리는 것을 방지하기 위해 역 루프를 만들어 배관한다.
③ 증발기와 압축기가 같은 높이일 때는 흡입관을 수직으로 세운 다음 압축기를 향해 선단 상향구배로 배관한다.
④ 액관 배관 시 증발기 입구에 전자 밸브가 있을 때는 루프이음을 할 필요가 없다.

해 ③ 증발기와 압축기가 같은 높이일 때는 흡입관을 수직으로 세운 다음 압축기를 향해 선단 하향구배로 배관한다.

정답 | 43 ①　44 ③

45 증기배관내의 수격작용을 방지하기 위한 내용으로 가장 적당한 것은?

① 감압밸브를 설치한다.
② 가능한 배관에 굴곡부를 많이 둔다.
③ 가능한 배관의 관경을 크게 한다.
④ 배관내 증기의 유속을 빠르게 한다.

해 ①번은 수격작용의 원인
② 가능한 배관에 굴곡부를 적게 둔다.
④ 배관내 증기의 유속을 느리게 한다.

46 냉동장치 배관도에서 다음과 같은 부속기기의 기호는 무엇을 나타내는가?

① 송풍기　② 응축기
③ 펌프　④ 체크밸브

해 문제의 그림은 펌프의 기호이며 펌프의 방향을 알 수 있다.
√ 왼쪽 : 입구
√ 오른쪽 : 출구

47 캐비테이션 현상의 발생원인으로 옳은 것은?

① 흡입양정이 작을 경우 발생한다.
② 액체의 온도가 낮을 경우 발생한다.
③ 날개차의 원주속도가 작을 경우 발생한다.
④ 날개차의 모양이 적당하지 않을 경우 발생한다.

해 캐비테이션의 원인
㉠ 유속이 빠르고 흡입양정이 클 경우
㉡ 유체의 온도가 높을 경우
㉢ 펌프의 설치 위치가 수원보다 높을 경우
㉣ 흡입관경이 작고 길이가 길 때
㉤ 흡입관의 마찰저항이 클 경우
㉥ 흡입관에서 공기 누입시
㉦ 날개차의 원주속도가 클 경우
㉧ 날개차의 모양이 적당하지 않을 경우

48 다음 중 옥상 급수탱크의 부속장치에 해당하는 것은?

① 압력 스위치　② 압력계
③ 안전밸브　④ 오버플로우관

해 ①, ②, ③번은 압력탱크의 부속장치

정답 | 45 ③　46 ③　47 ④　48 ④

• 수험번호 :
• 수험자명 :

• 제한 시간 :
• 남은 시간 :

글자 크기 100% 150% 200% 화면 배치

• 전체 문제 수 :
• 안 푼 문제 수 :

답안 표기란

49	①	②	③	④
50	①	②	③	④
51	①	②	③	④
52	①	②	③	④

49 다음 중 온수온돌 난방의 바닥 매설배관으로 가장 적합한 것은?

① 주철관 ② 강관
③ 동관 ④ PVC관

해 동관 : 열전도율이 높고 내식성이 좋아 온수온돌 난방의 바닥 매설배관으로 적합하다.

50 다음 배관 도시기호 중 레듀서 표시는 무엇인가?

①

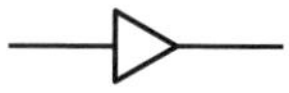

②

③

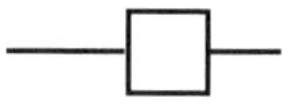

④

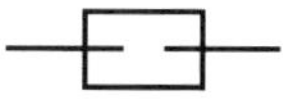

해 ① 레듀서 : 배관의 크기를 바꿀 때 사용하는 부속
② 유니온
③ 플렉시블
④ 슬리브

51 천연고무보다 더 우수한 성질을 가지고 있으며 내유성, 내후성, 내산성, 내마모성 등이 뛰어난 고무류 패킹재는 무엇인가?

① 테프론 ② 석면
③ 네오프렌 ④ 합성수지

해 ①, ②, ④번은 합성수지 패킹이다
③ 네오프렌 : 내열범위가 −46~121℃로 증기배관에도 사용이 가능한 고무패킹

52 배관지지 철물이 갖추어야 할 조건으로 가장 거리가 먼 것은?

① 충격과 진동에 견딜 수 있는 재료일 것
② 배관시공에 있어서 구배조정이 용이할 것
③ 보온 및 방로를 위한 재료일 것
④ 온도변화에 따른 관의 팽창과 신축을 흡수할 수 있을 것

해 배관지지와 보온 및 방로는 무관하다.

정답 | 49 ③ 50 ① 51 ③ 52 ③

• 수험번호:
• 수험자명:

• 제한 시간:
• 남은 시간:

글자 크기 100% 150% 200% 화면 배치

• 전체 문제 수:
• 안 푼 문제 수:

답안 표기란

53 ① ② ③ ④
54 ① ② ③ ④
55 ① ② ③ ④
56 ① ② ③ ④
57 ① ② ③ ④

53 냉매 배관 시 주의사항으로 틀린 것은?

① 배관은 가능한 간단하게 한다.
② 굽힘 반지름은 작게 한다.
③ 관통 개소 외에는 바닥에 매설하지 않아야 한다.
④ 배관에 응력이 생길 우려가 있을 경우에는 신축이음으로 배관한다.

해 ② 굽힘 반지름은 크게하여 배관 저항을 줄인다.

54 열전도율이 극히 낮고 경량이며 흡수성은 좋지 않으나 굽힘성이 풍부한 유기질 보온재는?

① 펠트 ② 코르크
③ 기포성 수지 ④ 규조토

해 기포성수지(폼류): 합성수지 또는 고무질 재료를 사용하여 다공질 제품으로 만든 것으로 열전도율이 극히 낮고 가벼우며 흡수성은 좋지 않으나 굽힘성은 풍부하다.
불에 잘 타지 않으며 보온성, 보냉성이 좋다.

55 배관의 온도변화에 의한 수축과 팽창을 흡수하기 위한 이음쇠로 적절하지 못한 것은?

① 벨로즈 ② 플랙시볼
③ U밴드 ④ 플랜지

해 플랜지는 관의 이음 방법에 속한다.

56 개방식 팽창탱크 주변의 배관에서 팽창탱크의 수면 아래에 접속되는 관은?

① 팽창관 ② 통기관
③ 안전관 ④ 오버플로우관

해 개방식 팽창탱크에서 통기관과 안전관은 탱크상부에 설치되며 오버플로우관은 수면보다 높게 설치된다.

57 이음쇠 중 방진, 방음의 역할을 하는 것은?

① 플랙시블형 이음쇠
② 슬리브형 이음쇠
③ 스위블형 이음쇠
④ 루프형 이음쇠

해 플렉시블 조인트: 기기의 진동이 배관에 전달되지 않도록 방진, 방음 역할을 하는 부품

정답 | 53 ② 54 ③ 55 ④ 56 ① 57 ①

58 관 이음쇠의 종류에 따른 용도의 연결로 틀린 것은?

① 와이(Y)-분기할 때
② 벤드-방향을 바꿀 때
③ 플러그-직선으로 이을 때
④ 유니온-분해, 수리, 교체가 필요할 때

해 플러그:부속의 끝을 막을 때 사용

59 배관지지 금속 중 레스트레인트(restraint)에 해당하지 않는 것은?

① 행거 ② 앵커
③ 스토퍼 ④ 가이드

해 레스트레인트의 종류
앵커, 스토퍼, 가이드

60 정압기의 부속 설비에서 가스 수요량이 급격히 증가하여 압력이 필요한 경우 쓰이는 장치는?

① 정압기 ② 가스미터
③ 부스터 ④ 가스필터

해 부스터:가스 수요량이 급격히 증가하여 압력이 필요한 경우 쓰이는 장치
정압기:가스의 압력을 일정하게 유지시키는 장치
가스미터:가스량을 적산 표시하는 계량기
가스필터:배관내 먼지, 용접슬러그 등을 제거하는 장치

4과목 Ⅰ 전기제어공학

61 대칭 3상 Y부하에서 부하전류가 20A이고 각 상의 임피던스가 Z=3+j4(Ω)일 때, 이 부하의 선간전압(V)은 약 얼마인가?

① 141 ② 173
③ 220 ④ 282

해 $V = Z \times I \times \sqrt{3}$
$= \sqrt{3^2+4^2} \times 20 \times \sqrt{3} = 173[V]$

62 ~~인디셜 응답이 지수 함수적으로 증가하다가 결국 일정 값으로 되는 계는 무슨 요소인가?~~

(22년 출제 범위 제외)

① 미분요소 ② 적분요소
③ 1차 지연요소 ④ 2차 지연요소

해 1차 지연요소 인디셜 응답이 지수함수적으로 변화하는 요소

63 회전중인 3상 유도전동기의 슬립이 1이 되면 전동기 속도는 어떻게 되는가?

① 불변이다.
② 정지한다.
③ 무부하 상태가 된다.
④ 동기속도와 같게 된다.

해 동기속도
$N_S = \frac{120f}{P}(1-s)$ 이므로 슬립(s)이 1이 되면 속도는 0이되어 정지한다.

| 정답 | 58 ③ 59 ① 60 ③ 61 ② 62 ③ 63 ②

• 수험번호:
• 수험자명:
• 제한 시간:
• 남은 시간:

글자 크기 100% 150% 200% 화면 배치

• 전체 문제 수:
• 안 푼 문제 수:

답안 표기란

64	①	②	③	④
65	①	②	③	④
66	①	②	③	④
67	①	②	③	④

64 전동기 정역회로를 구성할 때 기기의 보호와 조작자의 안전을 위하여 필수적으로 구성되어야 하는 회로는?

① 인터록회로

② 플립플롭회로

③ 정지우선 자기유지회로

④ 기동우선 자기유지회로

해 인터록 회로 : 두개 이상의 서로 다른 동작이 동시에 일어나는 것을 방지하는 회로

65 ~~R-L-C 직렬회로에 t=0에서 교류전압 $u=E_m\sin(\omega t+\theta)$[V]를 가할 때 이 회로의 응답유형은?(단, $R^2-4\frac{L}{C}>0$ 이다.)~~

(22년 출제 범위 제외)

① 완전진동 ② 비진동

③ 임계진동 ④ 감쇠진동

해 R-L-C 과도현상

$R^2<4$: 진동

$R^2>4$: 비진동

$R^2=4$: 임계진동

66 ~~단일 궤환 제어계의 개루프 전달함수가 $G(s)=\frac{2}{s+1}$ 일 때, 입력 r(t)=5u(t)에 대한 정상상태 오차 e_{ss}는?~~

(22년 출제 범위 제외)

① 1/3 ② 2/3

③ 4/3 ④ 5/3

해 라플라스변환에서 $u(t)=\frac{1}{s}$ 이므로

$5u(t)=\frac{5}{s}$

$G(s)=\frac{2}{s+1}$

$e_{ss}=\frac{u(t)}{1+\lim_{s\to o}G(s)}$

$=\frac{5}{1+\lim_{s\to o}\frac{2}{s+1}}\to$

$\frac{5}{1+\frac{2}{0+1}}=\frac{5}{3}{1}=\frac{5}{3}$

67 계전기를 이용한 시퀀스제어에 관한 사항으로 옳지 <u>않은</u> 것은?

① 인터록 회로 구성이 가능하다.

② 자기 유지 회로 구성이 가능하다.

③ 순차적으로 연산하는 직렬처리 방식이다.

④ 제어결과에 따라 조작이 자동적으로 이행된다.

해 시퀀스 제어 : 미리 정해진 조건에 따라 제어의 각 단계를 순서대로 진행해 가는 제어

✓ 미리 정해진 조건에 따라 동작하므로 순차적으로 연산하는 직렬처리와는 거리가 멀다.

| 정답 | 64 ① 65 ② 66 ④ 67 ③

68 ~~제어량을 어떤 일정한 목표값으로 유지하는 것을 목적으로 하는 제어는?~~ (22년 출제 범위 제외)

① 추종제어 ② 비율제어
③ 정치제어 ④ 프로그램제어

해 정치제어 : 목표값이 시간적으로 일정하도록 유지

69 도체의 전기저항에 대한 설명으로 틀린 것은?

① 같은 길이, 단면적에서도 온도가 상승하면 저항이 증가한다.
② 단면적에 반비례하고 길이에 비례한다.
③ 고유 저항은 백금보다 구리가 크다.
④ 도체 반지름의 제곱에 반비례한다.

해 고유저항 ($m/\Omega\cdot mm^2$)
백금 : 0.095
구리 : 0.0178
은 : 0.0167
금 : 0.022
철 : 0.13

70 회로시험기(Multi Meter)로 직접 측정할 수 없는 것은?

① 저항 ② 교류전압
③ 직류전압 ④ 교류전력

해 멀티미터기는 전압, 전류, 저항 등을 측정하는 장치
✓ 전력은 측정이 불가능하다.

71 ~~그림과 같은 단위계단함수를 옳게 나타낸 것은?~~ (22년 출제 범위 제외)

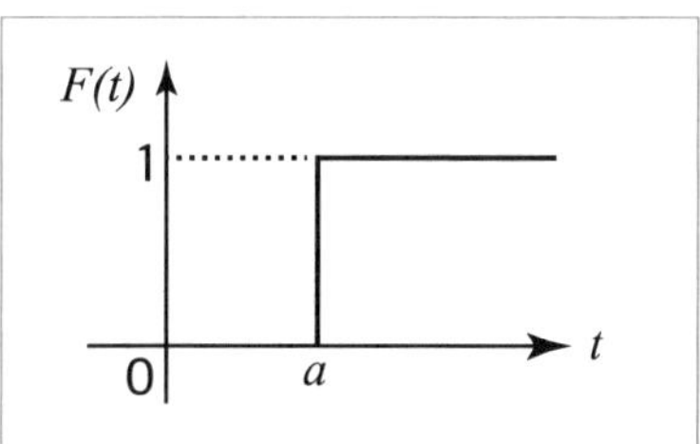

① u(t) ② u(t-a)
③ u(a-t) ④ u(-a-t)

해 U(t-a) : $0 \le t \le a$ 에서 0
$a \le t \le \infty$ 에서 1

72 어떤 회로에 220V의 교류전압을 인가했더니 4.4A의 전류가 흐르고, 전압과 전류와의 위상차는 60°가 되었다. 이 회로의 저항성분(Ω)은?

① 10 ② 25
③ 50 ④ 75

해 $R = \frac{V}{I} \times \cos\theta = \frac{220}{4.4} \times \cos(60)$
$= 25[\Omega]$

정답 | 68 ③ 69 ③ 70 ④ 71 ② 72 ②

• 수험번호:
• 수험자명:

• 제한 시간:
• 남은 시간:

글자 크기 100% 150% 200% 화면 배치

• 전체 문제 수:
• 안 푼 문제 수:

답안 표기란

73 ① ② ③ ④
74 ① ② ③ ④
75 ① ② ③ ④
76 ① ② ③ ④
77 ① ② ③ ④

73 ~~거계적 변위를 제어량으로 해서 목표값의 임의의 변화에 추종하도록 구성되어 있는 것은?~~

(22년 출제 범위 제외)

① 자동조정 ② 서보기구
③ 정치제어 ④ 프로세스제어

해 서보제어: 물체의 기계적 변위를 제어량으로 하여 목표값의 임의의 변화에 추종하는 제어

74 ~~다음 회로에서 합성 정전용량(μF)은?~~ (22년 출제 범위 제외)

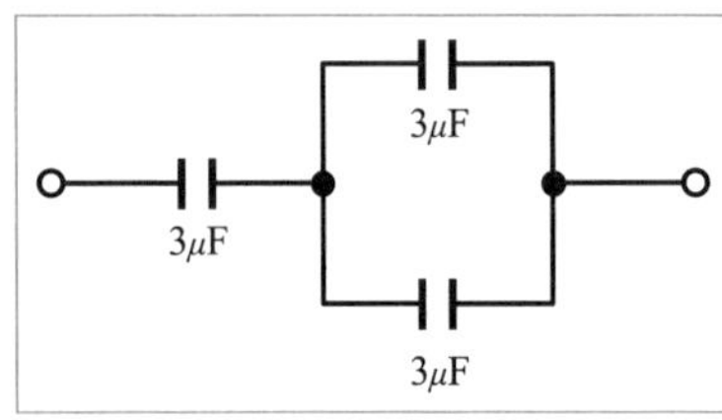

① 1.1 ② 2.0
③ 2.4 ④ 3.0

해 콘덴서의 병렬 합성정전용량

$C_0 = C_1 + C_2 = 3 + 3 = 6[\mu F]$

콘덴서의 직렬 합성정전용량

$$C_0 = \frac{1}{\frac{1}{C_1} + \frac{1}{C_2}}$$

$$C_0 = \frac{1}{\frac{1}{3} + \frac{1}{6}} = 2$$

75 직류전동기의 속도제어방법 중 광범위한 속도제어가 가능하며 정토크 가변속도의 용도에 적합한 방법은?

① 계자제어 ② 직렬저항제어
③ 병렬저항제어 ④ 전압제어

해 직류전동기 전압제어
㉠ 효율이 좋다
㉡ 광범위 속도제어
㉢ 일그너 방식
㉣ 워드 레오나드 방식
㉤ 정토크 제어

76 ~~서보 전동기는 다음 중 어디에 속하는가?~~ (22년 출제 범위 제외)

① 검출기 ② 증폭기
③ 변환기 ④ 조작기기

해 제어기기: 검출기, 변환기, 증폭기 등
조작기기: 전자밸브, 서보모터 등

77 다음 중 기동 토크가 가장 큰 단상 유도전동기는?

① 분상기동형 ② 반발기동형
③ 셰이딩코일형 ④ 콘덴서기동형

해 기동토크가 큰 순서
반발 기동형 > 반발 유도형 > 콘덴서 기동형 > 콘덴서 운전형 > 분상 기동형 > 셰이딩 코일형 > 모노사이클릭형

정답 | 73 ② 74 ② 75 ④ 76 ④ 77 ②

78 **그림과 같은 회로에서 해당되는 램프의 식으로 옳은 것은?**

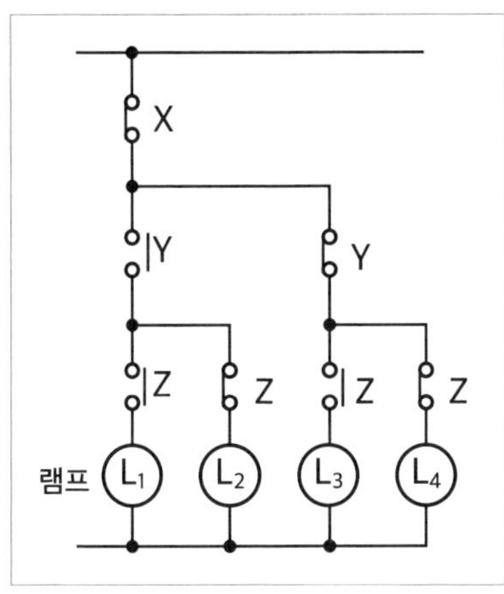

① $L_1 = \overline{X} \cdot Y \cdot Z$

② $L_2 = \overline{X} \cdot Y \cdot Z$

③ $L_3 = \overline{X} \cdot Y \cdot Z$

④ $L_4 = \overline{X} \cdot Y \cdot Z$

해 L_1 의 경우 X는 B접점, Y는 A접점, Z는 A접점 이므로 $L_1 = \overline{X} \cdot Y \cdot Z$

79 ~~**목표값이 미리 정해진 변화량에 따라 제어량을 변화시키는 제어는?**~~ (22년 출제 범위 제외)

① 정치 제어 ② 추종 제어

③ 비율 제어 ④ 프로그램 제어

해 프로그램 제어 : 미리 정해진 프로그램에 따라 제어량을 유지 시키는 것.

80 ~~**그림과 같은 블록선도와 등가인 것은?**~~ (22년 출제 범위 제외)

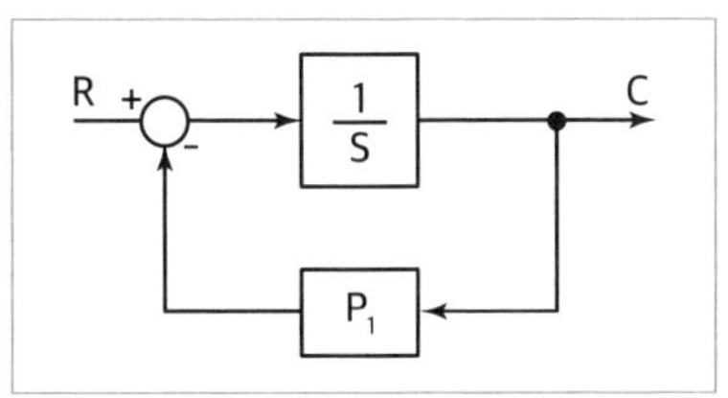

① R → $\frac{S}{P_1}$ → C

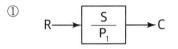

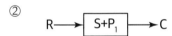

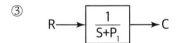

② R → $S+P_1$ → C

③ R → $\frac{1}{S+P_1}$ → C

④ R → $\frac{P_1}{S}$ → C

해 $G(s) = \frac{C}{R} = \frac{\text{패스경로}}{1 - \text{피드백경로}}$

$$= \frac{\frac{1}{s}}{1-(-\frac{1}{s} \cdot P_1)} = \frac{\frac{1}{s}}{1+\frac{1}{s} \cdot P_1}$$

$$= \frac{\frac{1}{s}}{1+\frac{P_1}{s}} = \frac{\frac{1}{s}}{\frac{s}{s}+\frac{P_1}{s}}$$

$$= \frac{\frac{1}{s}}{\frac{s+P_1}{s}} = \frac{1}{s+P_1}$$

답안 표기란

78 ① ② ③ ④

79 ① ② ③ ④

80 ① ② ③ ④

정답 | 78 ① 79 ④ 80 ③

PART 6

:기출문제 3회(2020.08.22)

• 수험번호:
• 수험자명:

• 제한 시간:
• 남은 시간:

글자 크기  100%  150%  200% 화면 배치 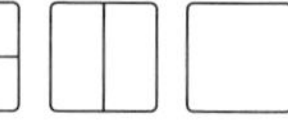

• 전체 문제 수:
• 안 푼 문제 수:

답안 표기란

01	①	②	③	④
02	①	②	③	④

1과목 | 공기조화

01 덕트의 설계순서로 옳은 것은?

① 송풍량 결정→취출구 및 흡입구의 위치 결정→덕트경로 결정→덕트치수 결정

② 취출구 및 흡입구의 위치 결정→덕트경로 결정→덕트치수 결정→송풍량 결정

③ 송풍량 결정→취출구 및 흡입구의 위치 결정→덕트치수 결정→덕트경로 결정

④ 취출구 및 흡입구의 위치 결정→덕트치수 결정→덕트경로 결정→송풍량 결정

해 덕트 설계순서: 덕트 계획→송풍량 산출→흡입·취출구 위치결정→덕트 경로 설정→덕트치수 및 저항 산출→송풍기 선정

02 공조공간을 작업 공간과 비작업 공간으로 나누어 전체적으로는 기본적인 공조만 하고, 작업공간에서는 개인의 취향에 맞도록 개별공조하는 방식은?

① 바닥취출 공조방식

② 테스크 앰비언트 공조방식

③ 저온공조방식

④ 축열공조방식

해 테스크 엠비언트 공조방식(Tesk Ambient Air Conditioning System)
기본공조 방식을 사용하는 공간에 파티션 등으로 개인 공간을 만들어 개인 취향에 맞도록 개별공조 하는 방식

📖 정답 | 01 ① 02 ②

• 수험번호 :
• 수험자명 :
• 제한 시간 :
• 남은 시간 :

글자 크기  100%  150% 200% 화면 배치 

• 전체 문제 수 :
• 안 푼 문제 수 :

답안 표기란

03 ① ② ③ ④
04 ① ② ③ ④
05 ① ② ③ ④

03 다음의 공기선도상에 수분의 증가 없이 가열 또는 냉각되는 경우를 나타낸 것은?

①

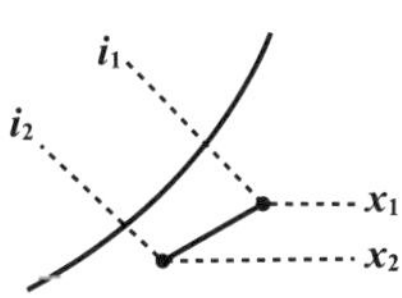

②

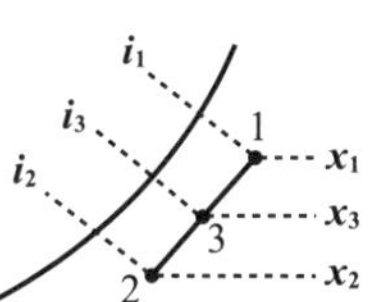

③

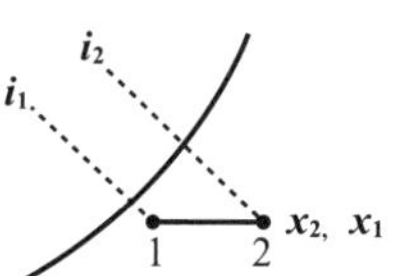

④

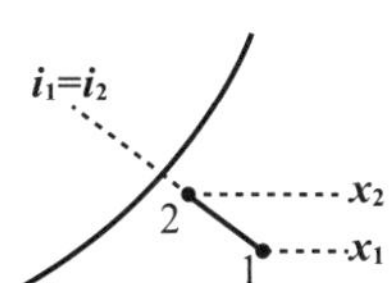

해

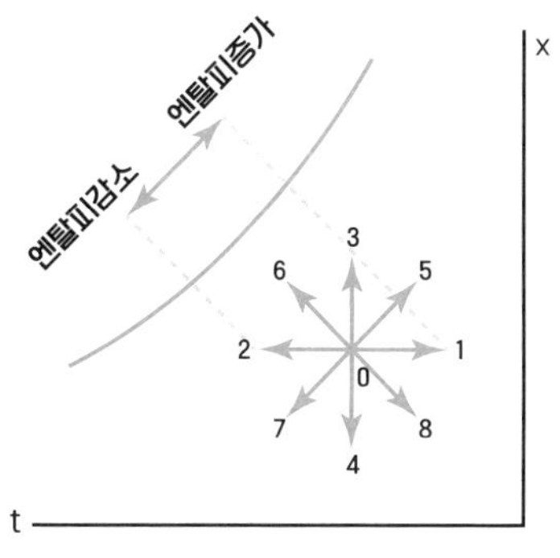

0-1 : 가열, 0-2 : 냉각

04 냉각코일의 용량결정 방법으로 옳은 것은?

① 실내취득열량+기기로부터의 취득열량+재열부하+외기부하
② 실내취득열량+기기로부터의 취득열량+재열부하+냉수펌프부하
③ 실내취득열량+기기로부터의 취득열량+재열부하+배관부하
④ 실내취득열량+기기로부터의 취득열량+재열부하+냉수펌프 및 배관부하

해 실내 취득부하+기기 취득부하=송풍량
송풍량+재열부하+외기부하=냉각코일 부하

05 외기의 온도가 -10℃이고 실내 온도가 20℃이며 벽 면적이 25㎡일 때, 실내의 열 손실량(kW)은?
(단, 벽체의 열관류율 10W/㎡·K, 방위계수는 북향으로 1.2이다.)

① 7　② 8
③ 9　④ 10

해 공식 q[kw]=K×A×Δt×k
q : 열량[kw]
K : 열통과율(열관류율)[W/㎡ K]
F : 면적[㎡]
Δt : 실내외온도차[℃]
k : 방위계수
q=10×25×(20-(-10))×1.2
=9,000[W]=9[KW]

정답 | 03 ③　04 ①　05 ③

• 수험번호:
• 수험자명:

• 제한 시간:
• 남은 시간:

글자 크기   100%  150%  200%

화면 배치 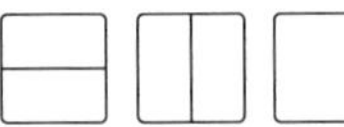

• 전체 문제 수:
• 안 푼 문제 수:

답안 표기란

06 ① ② ③ ④
07 ① ② ③ ④
08 ① ② ③ ④
09 ① ② ③ ④

06 다음과 같은 공기선도상의 상태에서 CF(Contact Factor)를 나타내고 있는 것은?

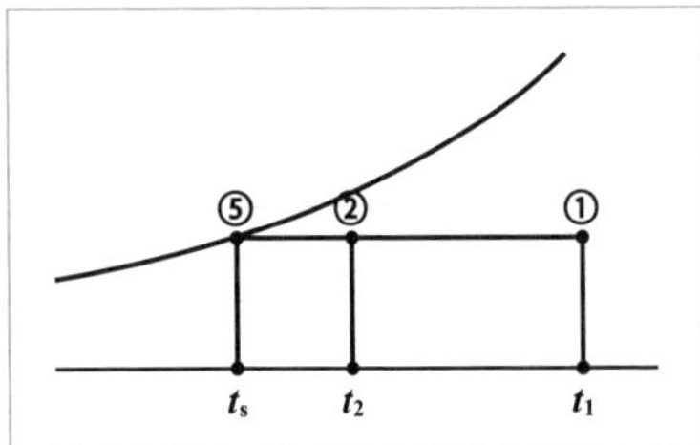

① $\dfrac{t_1 - t_2}{t_1 - t_s}$ ② $\dfrac{t_1 - t_2}{t_2 - t_s}$

③ $\dfrac{t_2 - t_s}{t_1 - t_s}$ ④ $\dfrac{t_2 - t_s}{t_1 - t_1}$

해 $BF = \dfrac{t_2 - t_s}{t_1 - t_s}$

$$CF = 1 - BF = \frac{t_1 - t_s}{t_1 - t_s} - \frac{t_2 - t_s}{t_1 - t_s}$$

$$= \frac{(t_1 - t_s) - (t_2 - t_s)}{t_1 - t_s} = \frac{t_1 - t_2}{t_1 - t_s}$$

07 공기조화 부하계산을 위한 고려사항으로 가장 거리가 먼 것은?

① 열원방식
② 실내 온·습도의 설정조건
③ 지붕재료 및 치수
④ 실내 발열기구의 사용시간 및 발열량

해 열원방식은 공기조화의 방식으로 부하계산과는 무관하다.

08 다음 중 흡수식 감습장치에 일반적으로 사용되는 액상흡수제로 가장 적절한 것은?

① 트리에틸렌글리콜
② 실리카겔
③ 활성알루미나
④ 탄산소다수용액

해 흡수식: 염화리튬, 트리에틸렌글리콜 등 액체 흡수제를 사용하는 방식

09 공기 중의 수증기 분압을 포화압력으로 하는 온도를 무엇이라 하는가?

① 건구온도
② 습구온도
③ 노점온도
④ 글로브(globe)온도

해 노점온도
- 공기 중의 수증기 분압을 포화압력으로 하는 온도
- 공기가 냉각 될 때 공기 중의 수증기가 결로되어 이슬이 맺히기 시작하는 온도

정답 | 06 ① 07 ① 08 ① 09 ③

10 다음 중 공기조화 설비와 가장 거리가 먼 것은?

① 냉각탑 ② 보일러
③ 냉동기 ④ 압력탱크

해 압력탱크는 급수설비에 속한다.

11 대류 난방과 비교하여 복사난방의 특징으로 틀린 것은?

① 환기 시에는 열손실이 크다.
② 실의 높이에 따른 온도편차가 크지 않다.
③ 하자가 발생하였을 때 위치확인이 곤란하다.
④ 열용량이 크므로 부하에 즉각적인 대응이 어렵다.

해 ① 환기 시에는 열손실이 적다.

12 실내 압력은 정압상태로 주로 작은 용적의 연소실 등과 같이 급기량을 확실하게 확보하기 어려운 장소에 적용하기에 가장 적합한 환기방식은?

① 압입 흡출 병용 환기
② 압입식 환기
③ 흡출식 환기
④ 풍력 환기

해

구분	급기	배기
제 1 종 환기(병용식)	팬	팬
제 2 종 환기(압입식)	팬	자연
제 3 종 환기(흡출식)	자연	팬
제 4 종 환기	자연	자연

급기량 확보가 어려운 장소에서는 팬으로 급기량을 확보해야 하므로 제2종 환기인 압입식 환기를 사용한다.

정답 | 10 ④ 11 ① 12 ②

• 수험번호:
• 수험자명:

• 제한 시간:
• 남은 시간:

글자 크기
 100%
 150%
 200%

화면 배치 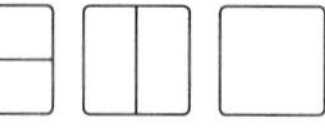

• 전체 문제 수:
• 안 푼 문제 수:

답안 표기란

13	①	②	③	④
14	①	②	③	④
15	①	②	③	④
16	①	②	③	④

13 온풍난방에 관한 설명으로 틀린 것은?

① 예열부하가 거의 없으므로 기동시간이 아주 짧다.
② 온풍을 이용하므로 쾌감도가 좋다.
③ 보수·취급이 간단하여 취급에 자격이 필요하지 않다.
④ 설치면적이 적으며 설치 장소도 제약을 받지 않는다.

해 ② 온풍을 이용하므로 쾌감도가 나쁘다.
✓ 온풍난방은 취출풍량이 적어 실내 상하의 온도차가 크므로 쾌감도가 좋지 않다.

14 온수난방 방식의 분류에 해당되지 않는 것은?

① 복관식 ② 건식
③ 상향식 ④ 중력식

해 건식은 증기난방의 분류에 속한다.

15 다음 취득 열량 중 잠열이 포함되지 않는 것은?

① 인체의 발열
② 조명기구의 발열
③ 외기의 취득열
④ 증기 소독기의 발생열

해 극간풍, 인체, 실내기기, 외기 외엔 모두 현열
✓ 증기 소독기는 잠열이 포함된 실내기기에 속한다.

16 다음 중 표면 결로발생 방지 조건으로 틀린 것은?

① 실내측에 방습막을 부착한다.
② 다습한 외기를 도입하지 않는다.
③ 실내에서 발생되는 수증기량을 억제한다.
④ 공기와의 접촉면 온도를 노점온도 이하로 유지한다.

해 ④ 공기와의 접촉면 온도를 노점온도 이상으로 유지한다.

정답 | 13 ② 14 ② 15 ② 16 ④

답안 표기란

17 ① ② ③ ④
18 ① ② ③ ④
19 ① ② ③ ④

17 **제습장치에 대한 설명으로 틀린 것은?**

① 냉각식 제습장치는 처리공기를 노점온도 이하로 냉각시켜 수증기를 응축시킨다.

② 일반 공조에서는 공조기에 냉각코일을 채용하므로 별도의 제습장치가 없다.

③ 제습방법은 냉각식, 흡수식, 흡착식으로 구분된다.

④ 에어와셔 방식은 냉각식으로 소형이고 수처리가 편리하여 많이 채용된다.

해 에어와셔는 가습장치이며 분무식이다.

18 **난방설비에 관한 설명으로 옳은 것은?**

① 온수난방은 온수의 현열과 잠열을 이용한 것이다.

② 온풍난방은 온풍의 현열과 잠열을 이용한 직접난방 방식이다.

③ 증기난방은 증기의 현열을 이용한 대류난방이다.

④ 복사난방은 열원에서 나오는 복사에너지를 이용한 것이다.

해 ① 온수난방은 온수의 현열을 이용한 것이다.
② 온풍난방은 온풍의 현열을 이용한 직접난방 방식이다.
③ 증기난방은 증기의 잠열을 이용한 대류난방이다.

19 **다음 중 축류 취출구의 종류가 아닌 것은?**

① 노즐형 ② 펑커루버형
③ 베인격자형 ④ 팬형

해 축류형 : 노즐형, 펑커루버형, 베인격자형, 라인형, 다공판형 등
복류형 : 팬형, 아네모스탯형

정답 | 17 ④ 18 ④ 19 ④

• 수험번호:
• 수험자명:

• 제한 시간:
• 남은 시간:

글자 크기    100% 150% 200% 화면 배치  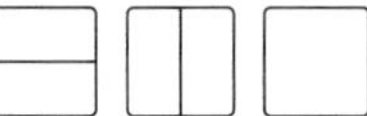

• 전체 문제 수:
• 안 푼 문제 수:

답안 표기란

20 ① ② ③ ④

21 ① ② ③ ④

20 겨울철 외기조건이 2℃(DB), 50%(RH), 실내조건이 19℃(DB), 50%(RH)이다. 외기와 실내공기를 1:3으로 혼합 할 경우 혼합공기의 최종온도(℃)는?

① 5.3　　② 10.3
③ 14.8　　④ 17.3

해 공식 혼합공기(t3) = $\frac{Q_1t_1 + Q_2t_2}{Q_1 + Q_2}$

$$t3 = \frac{(1 \times 2) + (3 \times 19)}{1 + 3} = 14.8[℃]$$

2과목 I 냉동공학

21 표준 냉동사이클에 대한 설명으로 옳은 것은?

① 응축기에서 버리는 열량은 증발기에서 취하는 열량과 같다.
② 증기를 압축기에서 단열압축하면 압력과 온도가 높아진다.
③ 팽창밸브에서 팽창하는 냉매는 압력이 감소함과 동시에 열을 방출한다.
④ 증발기 내에서의 냉매증발온도는 그 압력에 대한 포화온도보다 낮다.

해 ① 응축기에서 버리는 열량은 [증발기에서 취하는 열량+압축기 발생열량]과 같다.
③ 팽창밸브에서 팽창하는 냉매는 압력이 감소하며 등엔트로피 과정이다.
④ 증발기 내에서의 냉매증발온도는 그 압력에 대한 포화온도와 같다.

• 수험번호 :
• 수험자명 :

• 제한 시간 :
• 남은 시간 :

글자 크기  100%  150%  200% 화면 배치 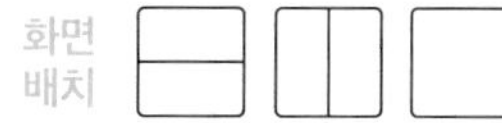

• 전체 문제 수 :
• 안 푼 문제 수 :

답안 표기란

22 ① ② ③ ④
23 ① ② ③ ④

22 컴파운드(compound)형 압축기를 사용한 냉동방식에 대한 설명으로 옳은 것은?

① 증발기가 2개 이상 있어서 각 증발기에 압축기를 연결하여 필요에 따라 다른 온도에서 냉매를 증발시킬 수 있는 방식

② 냉매를 한 가지만 쓰지 않고 두 가지 이상을 써서 각 냉매에 압축기를 설치하여 낮은 온도를 얻을 수 있게 하는 방식

③ 한쪽 냉동기의 증발기가 다른 쪽 냉동기의 응축기를 냉각시키도록 각각의 사이클에 독립된 압축기를 배열하는 방식

④ 동일한 냉매에 대해 1대의 압축기로 2단 압축을 하도록 하여 고압의 냉매를 사용하여 냉동을 수행하는 방식

해 2단 압축의 경우 압축기 2대를 사용하지만 컴파운드 압축기의 경우 1대의 압축기에 흡입구 및 토출구가 2개씩 있고 저단측과 고단측으로 나누어져 있어 1대로도 2단압축 기능을 하는 압축기를 말한다.

23 방열벽을 통해 실외에서 실내로 열이 전달될 때, 실외측 열전달계수가 0.02093kW/㎡·K, 실내측 열전달 계수가 0.00814kW/㎡·K, 방열벽 두께가 0.2m, 열 전도도가 5.8×10^{-5}kW/mK일 때, 총괄열전달계수(kW/㎡K)는?

① 1.54×10^{-3}
② 2.77×10^{-4}
③ 4.82×10^{-4}
④ 5.04×10^{-3}

해 공식 열통과율(K) = $\dfrac{1}{\dfrac{1}{a_1}+\dfrac{l}{\lambda}+\dfrac{1}{a_2}}$

a_1 : 외표면 열전달률[kw/㎡·K]
λ : 열전도도[kw/m·K]
l : 두께[m]
a_2 : 내표면 열전달률[kw/㎡·K]
열통과율(K) =

$$= \frac{1}{\frac{1}{0.02093}+\frac{0.2}{5.8\times10^{-5}}+\frac{1}{0.00814}}$$

$=2.77\times10^{-4}$[kW/㎡K]

• 수험번호:
• 수험자명:
• 제한 시간:
• 남은 시간:

글자 크기  100%  150%  200%

화면 배치 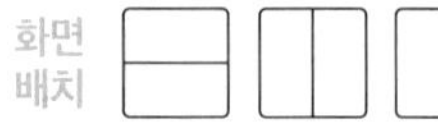

• 전체 문제 수:
• 안 푼 문제 수:

답안 표기란

24 ① ② ③ ④
25 ① ② ③ ④
26 ① ② ③ ④
27 ① ② ③ ④

24 냉동효과에 관한 설명으로 옳은 것은?

① 냉동효과란 응축기에서 방출하는 열량을 의미한다.

② 냉동효과는 압축기의 출구 엔탈피와 증발기의 입구 엔탈피 차를 이용하여 구할 수 있다.

③ 냉동효과는 팽창밸브 직전의 냉매액온도가 높을수록 크며, 또 증발기에서 나오는 냉매증기의 온도가 낮을수록 크다.

④ 냉매의 과냉각도를 증가시키면 냉동효과는 커진다.

해 냉매의 과냉각도를 증가시키면 냉동효과는 커지지만 플래시가스 발생 위험이 있다.

25 조건을 참고하여 흡수식 냉동기의 성적계수는 얼마인가?

• 응축기 냉각열량 : 5.6kW
• 흡수기 냉각열량 : 4.0kW
• 재생기 가열량 : 5.8kW
• 증발기 냉동열량 : 6.7kW

① 0.88 ② 1.16
③ 1.34 ④ 1.52

해 흡수식 냉동기 성적계수

$$= \frac{\text{증발기열량}}{\text{재생기열량}} = \frac{6.7}{5.8} = 1.16$$

26 다음 압축기의 종류 중 압축방식이 다른 것은?

① 원심식 압축기
② 스크류 압축기
③ 스크롤 압축기
④ 왕복동식 압축기

해

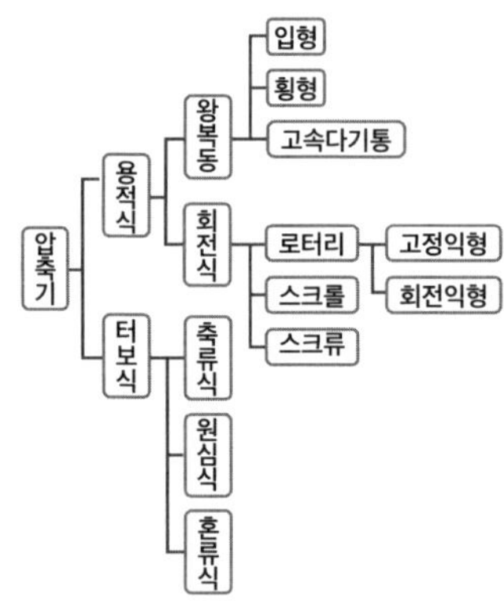

27 터보 압축기에서 속도 에너지를 압력으로 변화시키는 역할을 하는 것은?

① 임펠러 ② 베인
③ 증속기어 ④ 스크류

해 원심식 압축기 : 터보 압축기라고 불리며 고속회전하는 임펠러의 원심력을 이용하여 압축하는 방식

| 정답 | 24 ④ 25 ② 26 ① 27 ①

28 **노즐에서 압력** 1764kPa, **온도 300℃인 증기를 마찰이 없는 이상적인 단열 유동으로 압력** 196kPa **까지 팽창시킬 때 증기의 최종속도**(m/s)**는?**
(단, 최초 속도는 매우 작아 무시하고, 입출구의 높이는 같으며 단열 열낙차는 442.3kJ/kg로 한다.)

① 912.1 ② 940.5
③ 946.5 ④ 963.3

解 공식 $H_1 + \frac{v_1^2}{2} = H_2 + \frac{v_2^2}{2}$

v_1: 노즐의 입구
v_2: 노즐의 출구
H_1: 입구 엔탈피
H_2: 출구 엔탈피

$H_1 + \frac{v_1^2}{2} - H_2 = \frac{v_2^2}{2} \rightarrow \frac{v_1^2}{2} + (H_1 - H_2) = \frac{v_2^2}{2} \rightarrow 2(\frac{v_1^2}{2} + (H_1 - H_2)) = v_2^2 \rightarrow \frac{2 \times v_1^2}{2} + 2(H_1 - H_2) = v_2^2 \rightarrow v_1^2 + 2(H_1 - H_2) = v_2^2 \rightarrow$

$v_2 = \sqrt{2(H_1 - H_2)}$

✓ 문제에 제시된 대로 v_1은 무시

$v_2 = \sqrt{2 \times 442.3 \left[\frac{kJ}{kg}\right]}$

$v_2 = \sqrt{2 \times 442.3 \times 1000 \left[\frac{J}{kg}\right]}$

✓ $[J/kg] = [m^2/s^2]$, $[\sqrt{m^2/s^2}] = [m/s]$

$v_2 = \sqrt{2 \times 442.3 \times 1000}$
$= 940.5[m/s]$

29 **압축기 직경이** 100mm, **행정이** 850mm, **회전수** 2000rpm, **기통수 4일 때 피스톤 배출량**(m^3/h)**은?**

① 3204.4 ② 3316.2
③ 3458.8 ④ 3567.1

解 공식 압축기 토출량

$= V_a = \frac{\pi D^2}{4} \cdot L \cdot N \cdot Z \cdot 60$

D: 피스톤 지름(m)
L: 피스톤 행정길이(m)
Z: 피스톤 기통수
N: 분당 회전수(rpm)
압축기 토출량 =

$\frac{\pi 0.1^2}{4} \times 0.85 \times 2000 \times 4 \times 60$
$= 3204.4[m^3/h]$

30 1RT(냉동톤)**에 대한 설명으로 옳은 것은?**

① 0℃ 물 1kg을 0℃ 얼음으로 만드는데 24시간 동안 제거해야 할 열량
② 0℃ 물 1ton을 0℃ 얼음으로 만드는데 24시간 동안 제거해야 할 열량
③ 0℃ 물 1kg을 0℃ 얼음으로 만드는데 1시간 동안 제거해야 할 열량
④ 0℃ 물 1ton을 0℃ 얼음으로 만드는데 1시간 동안 제거해야 할 열량

解 1냉동톤(1RT): 0℃의 물 1ton을 24시간 동안 0℃ 얼음으로 만드는데 제거해야 할 열량

정답 | 28 ② 29 ① 30 ②

• 수험번호 :
• 수험자명 :

• 제한 시간 :
• 남은 시간 :

글자 크기  100%  150%  200%

화면 배치  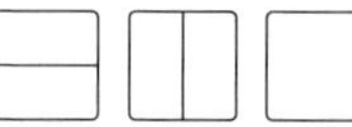

• 전체 문제 수 :
• 안 푼 문제 수 :

답안 표기란

31 ① ② ③ ④

32 ① ② ③ ④

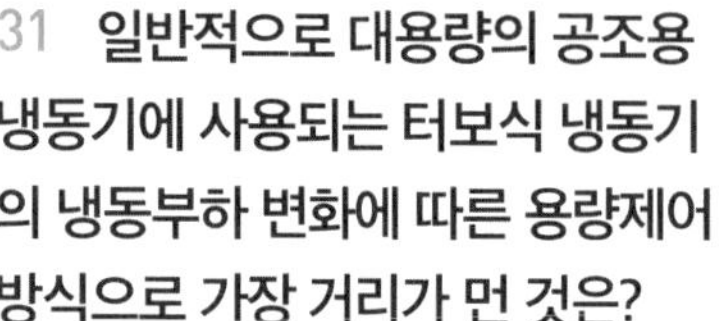

31 일반적으로 대용량의 공조용 냉동기에 사용되는 터보식 냉동기의 냉동부하 변화에 따른 용량제어 방식으로 가장 거리가 먼 것은?

① 압축기 회전식 가감법

② 흡입 가이드 베인 조절법

③ 클리어런스 증대법

④ 흡입 댐퍼 조절법

해 원심식(터보) 압축기

㉠ 회전수 조절법
㉡ 흡입 베인의 각도 조절
㉢ 바이패스법
㉣ 흡입, 토출 댐퍼조절
㉤ 냉각수량 조절

✓ 클리어런스 증대법은 왕복동 압축기 용량제어 방식이다.

32 피스톤 압출량이 $500m^3/h$인 암모니아 압축기가 그림과 같은 조건으로 운전되고 있을 때 냉동능력(kW)은 얼마인가?

(단, 체적효율은 0.68이다)

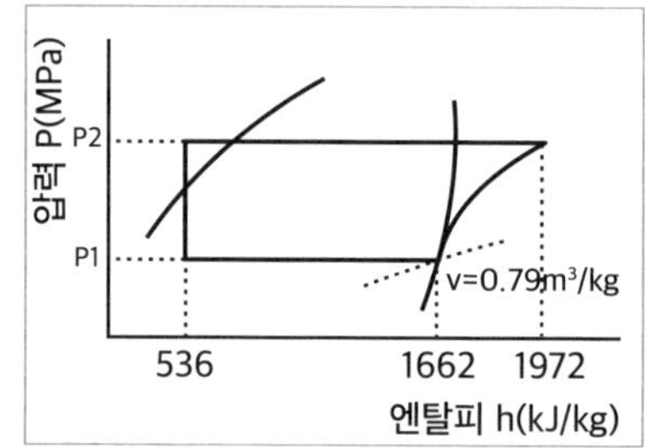

① 101.8 ② 134.6

③ 158.4 ④ 182.1

해 공식: $\frac{Q_e}{q_e} = \frac{V}{v} \times \eta_v$

Q : 냉동능력[kJ/h]
q_e : 냉동효과[kJ/kg]
V : 이론 피스톤 압출량[m³/h]
v : 흡입가스 비체적[m³/kg]
η_v : 체적효율

냉동효과(q_e) = 1662 - 536 = 1126[kJ/kg]

냉동능력(Q_e) = $\frac{500}{0.79}$ ×0.68×1126 / 3600 = 134.6[kw]

✓ 1[kw] = 1[kJ/s] 이므로 3600을 나누어 [kJ/h]를 [kJ/s] 단위로 변환한다.

정답 | 31 ③ 32 ②

• 수험번호:
• 수험자명:

• 제한 시간:
• 남은 시간:

글자 크기  100%  150% 200% 화면 배치  

• 전체 문제 수:
• 안 푼 문제 수:

답안 표기란

33	①	②	③	④
34	①	②	③	④
35	①	②	③	④
36	①	②	③	④
37	①	②	③	④

33 다음 중 증발온도가 저하 되었을 때 감소되지 않는 것은?
(단, 응축온도는 일정하다.)

① 압축비 ② 냉동능력
③ 성적계수 ④ 냉동효과

해 압축비는 성적계수와 같이 응축온도가 낮을수록, 증발온도는 높을수록 높아신다.

34 표준 냉동사이클에서 냉매액이 팽창밸브를 지날 때 상태량의 값이 일정한 것은?

① 엔트로피 ② 엔탈피
③ 내부에너지 ④ 온도

해

구분	압력	온도	엔탈피	엔트로피	비체적
압축 과정	상승	상승	증가	일정	감소
응축 과정	일정	저하	감소	감소	감소
팽창 과정	감소	저하	일정	증가	증가
증발 과정	일정	일정	증가	증가	증가

35 실제기체가 이상기체의 상태식을 근사적으로 만족하는 경우는?

① 압력이 높고 온도가 낮을수록
② 압력이 높고 온도가 높을수록
③ 압력이 낮고 온도가 높을수록
④ 압력이 낮고 온도가 낮을수록

해 실제 기체의 이상기체 근사 조건 : 압력이 낮고 온도가 높을 수록

36 암모니아 냉동기에서 암모니아가 누설되는 곳에 페놀프탈레인 시험지를 대면 어떤 색으로 변하는가?

① 적색 ② 청색
③ 갈색 ④ 백색

해 암모니아 누설부위에 페놀프탈레인을 대면 적색으로 변한다.

37 냉장고의 증발기에 서리가 생기면 나타나는 현상으로 옳은 것은?

① 압축비 감소
② 소요동력 감소
③ 증발압력 감소
④ 냉장고 내부온도 감소

해 증발기에 서리(적상)가 생기면 냉매가 증발하지 못해 증발 압력은 감소한다. 증발 압력이 떨어지므로 압축비는 상승하고 압축기에는 액냉매가 흡입되어 소요동력은 증가하며 공기 순환이 안되므로 냉장고 내부 온도도 상승하게 된다.

| 정답 | 33 ① 34 ② 35 ③ 36 ① 37 ③

• 수험번호:
• 수험자명:

• 제한 시간:
• 남은 시간:

글자 크기  100%  150%  200% 화면 배치 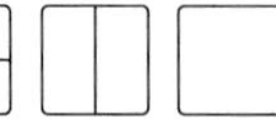

• 전체 문제 수:
• 안 푼 문제 수:

답안 표기란

38 ① ② ③ ④
39 ① ② ③ ④
40 ① ② ③ ④

38 냉매의 구비조건으로 틀린 것은?

① 동일한 냉동능력을 내는 경우에 소요동력이 적을 것
② 증발잠열이 크고 액체의 비열이 작을 것
③ 액상 및 기상의 점도는 낮고 열전도도는 높을 것
④ 임계온도가 낮고 응고온도는 높을 것

해 ④ 임계온도가 높고 응고온도는 낮을 것

39 열 이동에 대한 설명으로 틀린 것은?

① 서로 접하고 있는 물질의 구성분자 사이에 정지상태에서 에너지가 이동하는 현상을 열전도라 한다.
② 고온의 유체분자가 고체의 전열면까지 이동하여 열에너지를 전달하는 현상을 열대류라 한다.
③ 물체로부터 나오는 전자파 형태로 열이 전달되는 전열작용을 열복사라 한다.
④ 열관류율이 클수록 단열재로 적당하다.

해 ④ 열관류율이 작을수록 단열재로 적당하다.

40 다음 중 프레온계 냉동장치의 배관재료로 가장 적당한 것은?

① 철 ② 강
③ 동 ④ 마그네슘

해 프레온: 동관
암모니아: 강관

정답 | 38 ④ 39 ④ 40 ③

• 수험번호:
• 수험자명:

• 제한 시간:
• 남은 시간:

글자 크기  100%  150%  200% 화면 배치 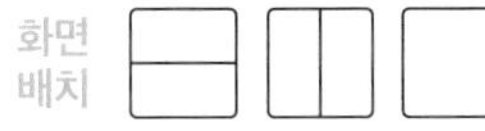

• 전체 문제 수:
• 안 푼 문제 수:

답안 표기란

41 ① ② ③ ④
42 ① ② ③ ④
43 ① ② ③ ④

3과목 | 배관일반

41 주철관에 관한 설명으로 틀린 것은?

① 압축강도,인장강도가 크다.
② 내식성 · 내마모성이 우수하다.
③ 충격치, 휨강도가 작다.
④ 보통 급수관, 배수관, 통기관에 사용된다.

해 주철관의 특징
㉠ 내식성 및 내구성이 좋다.
㉡ 압축강도는 크고 인장 강도는 약하다.
㉢ 충격에 약하다.
㉣ 급수, 배수, 통기, 지하매설에 사용

42 평면상의 변위 뿐만 아니라 입체적인 변위까지도 안전하게 흡수하므로 어떤 형상의 신축에도 배관이 안전하며 증기, 물, 기름 등의 2.9MPa 압력과 220℃ 정도까지 사용할 수 있는 신축이음쇠는?

① 스위블형 신축 이음쇠
② 슬리브형 신축 이음쇠
③ 볼조인트형 신축 이음쇠
④ 루프형 신축 이음쇠

해 볼조인트 : 평면상의 변위 뿐만 아니라 입체적인 변위까지 흡수하므로 어떠한 신축에도 배관이 안전하다

43 냉매배관 시공 시 유의사항으로 틀린 것은?

① 팽창밸브 부근에서의 배관길이는 가능한 짧게 한다.
② 지나친 압력강하를 방지한다.
③ 암모니아 배관의 관이음에 쓰이는 패킹재료는 천연고무를 사용한다.
④ 두 개의 입상관 사용 시 트랩은 가능한 크게 한다.

해 2중 입상관 : 굵은 배관과 가는 배관으로 구성되어 입상하며, 부하 변동에 의해 유속이 떨어질 경우 오일이 굵은 배관의 오일트랩을 막고 가는 배관으로 빠르게 통과하여 오일회수를 원활 하게 한다. 트랩이 클 경우 오일이 트랩을 막지 못하므로 작게 만든다.

정답 | 41 ① 42 ③ 43 ④

44 냉온수 배관을 시공할 때 고려해야 할 사항으로 옳은 것은?

① 열에 의한 온수의 체적팽창을 흡수하기 위해 신축이음을 한다.

② 기기와 관의 부식을 방지하기 위해 물을 자주 교체한다.

③ 열에 의한 배관의 신축을 흡수하기 위해 팽창관을 설치한다.

④ 공기체류장소에는 공기빼기밸브를 설치한다.

해 ① 열에 의한 온수의 체적 팽창을 흡수하기 위해 팽창탱크를 설치한다.
② 기기와 관의 부식을 방지하기 위해 청관제를 사용한다.
③ 열에 의한 배관의 신축을 흡수하기 위해 신축이음을 한다.

45 수액기를 나온 냉매액은 팽창밸브를 통해 교축되어 저온 저압의 증발기로 공급된다. 팽창밸브의 종류가 아닌 것은?

① 온도식 ② 플로트식
③ 인젝터식 ④ 압력자동식

해 인젝터: 보일러에서 발생한 증기를 이용하여 급수하는 보조 급수장치

46 펌프에서 물을 압송하고 있을 때 발생하는 수격작용을 방지하기 위한 방법으로 틀린 것은?

① 급격한 밸브 개폐는 피한다.

② 관내의 유속을 빠르게 한다.

③ 기구류 부근에 공기실을 설치한다.

④ 펌프에 플라이 휠을 설치한다.

해 수격작용 방지대책
㉠ 유속을 2m/s 이하로 한다.
㉡ 관경을 크게 한다.
㉢ 굴곡을 줄인다.
㉣ 밸브 개폐를 천천히 한다.
㉤ 공기실을 설치한다.
㉥ 펌프에 플라이 휠 설치
㉦ 조압수조 설치

47 냉매 배관 중 액관은 어느 부분인가?

① 압축기와 응축기까지의 배관

② 증발기와 압축기까지의 배관

③ 응축기와 수액기까지의 배관

④ 팽창밸브와 압축기까지의 배관

해 냉매 배관에서 액관은 응축기→수액기→팽창밸브 입구까지이다.

정답 | 44 ④ 45 ③ 46 ② 47 ③

48 다음 중 가스배관의 크기를 결정하는 요소로 가장 거리가 먼 것은?

① 관의 길이
② 가스의 비중
③ 가스의 압력
④ 가스 기구의 종류

해 $Q=K\sqrt{\frac{D^5H}{LS}}$

Q : 가스유량(m³/h)
D : 관의 내경(cm)
H : 허용마찰손실수두(mmH2O)
L : 관의 길이(m)
S : 가스비중
✓ 마찰은 압력에 영향을 미친다.

49 다음의 배관도시 기호 중 유체의 종류와 기호의 연결로 틀린 것은?

① 공기-A ② 수증기-W
③ 가스-G ④ 유류-O

해 W : 물(Water)
A : 공기(Air)
O : 오일(Oil)
S : 증기(Steam)
G : 가스(Gas)

50 일반도시가스사업 가스공급 시설 중 배관설비를 건축물에 고정 부착할 때, 배관의 호칭지름이 13mm이상 33mm미만인 경우 몇 m 마다 고정장치를 설치해야 하는가?

① 1 ② 2
③ 3 ④ 5

해 가스배관의 고정
① 13mm 미만 : 1m 마다
② 13~33mm 미만 : 2m 마다
③ 33mm 이상 : 3m 마다

51 다음 그림에서 ㉠과 ㉡의 명칭으로 바르게 설명된 것은?

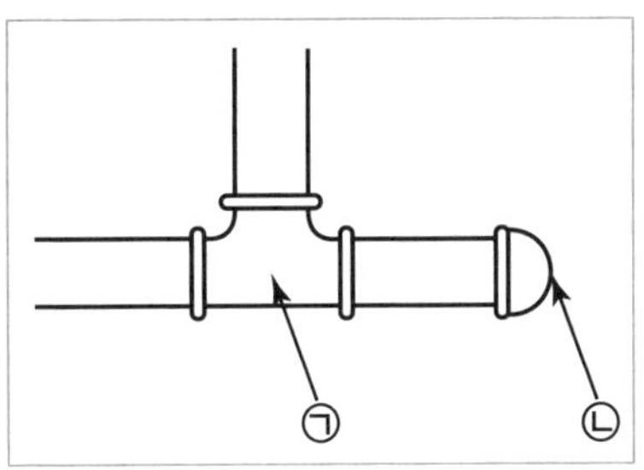

	㉠	㉡
①	크로스	트랩
②	소켓	캡
③	90° Y티	트랩
④	티	캡

해 강관부속
㉠ 관을 분기 할 때 : 티, 와이, 크로스
㉡ 배관의 끝을 막을 때 : 캡, 맹플랜지

• 수험번호:
• 수험자명:

• 제한 시간:
• 남은 시간:

글자 크기 100% 150% 200% 화면 배치

• 전체 문제 수:
• 안 푼 문제 수:

답안 표기란

52 ① ② ③ ④
53 ① ② ③ ④
54 ① ② ③ ④
55 ① ② ③ ④

52 급탕배관에 관한 설명으로 틀린 것은?

① 건물의 벽 관통부분 배관에는 슬리브(sleeve)를 끼운다.
② 공기빼기 밸브를 설치한다.
③ 배관의 기울기는 중력순환식인 경우 보통 1/150으로 한다.
④ 직선 배관 시에는 강관인 경우 보통 60m마다 1개의 신축이음쇠를 설치한다.

해 • 직선 배관 시에는 강관인 경우 보통 30m마다 1개의 신측이음쇠를 설치한다.
• 직선 배관 시에는 동관인 경우 보통 20m마다 1개의 신측이음쇠를 설치한다.

53 각개통기방식에서 트랩 위어(weir)로부터 통기관 까지의 구배로 가장 적절한 것은?

① 1/25 ~ 1/50
② 1/50 ~ 1/100
③ 1/100 ~ 1/150
④ 1/150 ~ 1/200

해 각개 통기방식에서 배수관의 구배는 1/50 ~ 1/100로 하여 트랩웨어로부터 관경 2배이상 떨어진 위치에서 취출한다.

54 배수 트랩의 봉수깊이로 가장 적당한 것은?

① 30 ~ 50mm
② 50 ~ 100mm
③ 100 ~ 150mm
④ 150 ~ 200mm

해 봉수의 깊이 : 50 ~ 100[mm]

55 배관길이 200m, 관경 100mm의 배관 내 20℃의 물을 80℃로 상승시킬 경우 배관의 신축량(mm)은?
(단, 강관의 선팽창계수는 11.5×10^{-6}m/m℃이다.)

① 138 ② 13.8
③ 104 ④ 10.4

해 공식 : $\Delta = a \cdot l \cdot \Delta t$
l : 배관길이(mm)
a : 선팽창계수(mm/mm℃)
Δt : 온도차(℃)
$\Delta l = (11.5 \times 10^{-6}) \times (200 \times 1000) \times (80 - 20) = 138$[mm]

정답 | 52 ④ 53 ② 54 ② 55 ①

• 수험번호 :
• 수험자명 :

• 제한 시간 :
• 남은 시간 :

글자 크기  100%  150%  200% 화면 배치 

• 전체 문제 수 :
• 안 푼 문제 수 :

답안 표기란

56	①	②	③	④
57	①	②	③	④
58	①	②	③	④
59	①	②	③	④

56 다음 중 공기 가열기나 열교환기 등에서 다량의 응축수를 처리하는 경우에 가장 적합한 트랩은?

① 버킷 트랩
② 플로트 트랩
③ 온도조절식 트랩
④ 열역학직 드랩

解 플로트트랩(다량트랩) : 다량의 응축수를 처리하는데 적합하다.

57 증기난방에서 환수주관을 보일러 수면보다 높은 위치에서 설치하는 배관방식은?

① 습식 환수관식
② 진공 환수식
③ 강제 순환식
④ 건식 환수관식

解 증기난방의 환수 배관방식
㉠ 건식 : 응축수 환수관이 보일러 수면보다 위에 설치
㉡ 습식 : 응축수 환수관이 보일러 수면보다 아래에 설치

58 배관이 바닥이나 벽을 관통할 때 설치하는 슬리브(sleeve)에 관한 설명으로 틀린 것은?

① 슬리브의 구경은 관통배관의 지름보다 충분히 크게 한다.
② 방수층을 관통할 때는 누수방지를 위해 슬리브를 설치하지 않는다.
③ 슬리브를 설치하여 관을 교체하거나 수리할 때 용이하게 한다.
④ 슬리브를 설치하여 관의 신축에 대응할 수 있다.

解 방수층을 관통할 때 슬리형은 패킹으로 누수를 방지할 수 있으므로 방수층 관통 시 슬리브 사용이 가능하다.
단, 장시간 사용시 패킹의 마모로 인해 누설의 우려가 있다.

59 다음 중 신축이음쇠의 종류에 해당하지 않는 것은?

① 슬리브형 ② 벨로즈형
③ 루프형 ④ 턱걸이형

解 신축이음의 종류 : 스위블, 루프, 슬리브, 벨로즈, 볼조인트

정답 | 56 ② 57 ④ 58 ② 59 ④

• 수험번호 :
• 수험자명 :

• 제한 시간 :
• 남은 시간 :

글자 크기

100% 150% 200%

화면 배치

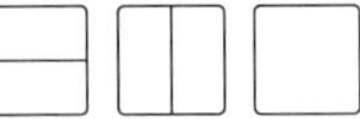

• 전체 문제 수 :
• 안 푼 문제 수 :

60 배관의 KS 도시기호 중 틀린 것은?

① 고압 배관용 탄소강관-SPPH

② 보일러 및 열교환기용 탄소 강관-STBH

③ 기계구조용 탄소 강관-SPTW

④ 압력 배관용 탄소 강관 -SPPS

해 기계구조용 탄소 강관 : STM

4과목 | 전기제어공학

61 ~~어떤 회로에 10A의 전류를 흘리기 위해서 300W의 전력이 필요하다면,이 회로의 저항(Ω)은 얼마인가?~~ (22년 출제 범위 제외)

① 3 ② 10
③ 15 ④ 30

해 공식

$$P = VI = \frac{V^2}{R} = I^2R = \frac{W}{t} = \frac{VQ}{t}[W]$$

P : 전력[W]
V : 전압[V]
I : 전류[A]
R : 저항[Ω]
W : 전력량[Wh]
t : 시간[s]

$P = I^2R \rightarrow 300 = 10^2 \times R$

$R = \frac{300}{10^2} = 3[\Omega]$

62 ~~목표치가 정해져 있으며, 입·출력을 비교하여 신호전달 경로가 반드시 폐루프를 이루고 있는 제어는?~~ (22년 출제 범위 제외)

① 조건제어 ② 시퀀스제어
③ 피드백제어 ④ 프로그램제어

해 피드백 제어 : 제어계의 출력값을 목표값과 비교하여 일치하지 않으면 입력으로 피드백 시켜 오차를 수정하도록 하는 폐회로 제어

답안 표기란

60	①	②	③	④
61	①	②	③	④
62	①	②	③	④

정답 | 60 ③ 61 ① 62 ③

63 ~~그림의 신호흐름 선도에서 C(s)/R(s)의 값은?~~ (22년 출제 범위 제외)

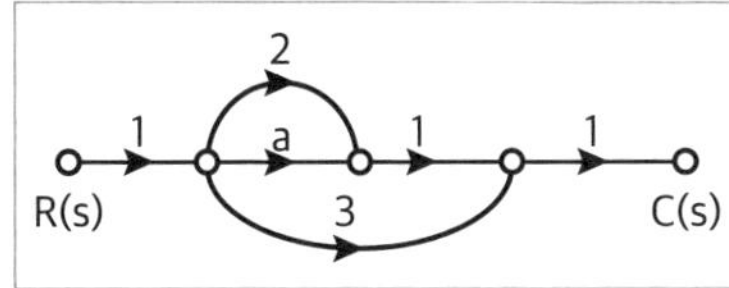

① a+2　② a+3
③ a+5　④ a+6

해 $\frac{C}{R}=\frac{1\cdot a\cdot 1\cdot 1+1\cdot 2\cdot 1\cdot 1+1\cdot 3\cdot 1}{1-0}$
=a+2+3=a+5

64 ~~피드백제어의 특성에 관한 설명으로 틀린 것은?~~ (22년 출제 범위 제외)

① 정확성이 증가한다.
② 대역폭이 증가한다.
③ 계의 특성변화에 대한 입력 대 출력비의 감도가 증가한다.
④ 구조가 비교적 복잡하고 오픈루프에 비해 설치비가 많이 든다.

해 ③ 계의 특성변화에 대한 입력 대 출력비의 감도가 감소한다.

65 ~~동작 틈새가 가장 많은 조절계는?~~ (22년 출제 범위 제외)

① 비례동작
② 2위치 동작
③ 비례 미분 동작
④ 비례 적분 동작

해 2위치 동작(ON-OFF동작)은 불연속 제어이므로 동작 틈새가 가장 많다.

66 ~~R-L-C 직렬회로에서 소비전력이 최대가 되는 조건은?~~ (22년 출제 범위 제외)

① $\omega L-\frac{1}{\omega C}=1$
② $\omega L+\frac{1}{\omega C}=0$
③ $\omega L+\frac{1}{\omega C}=1$
④ $\omega L-\frac{1}{\omega C}=0$

해 R-L-C 직렬회로
소비전력 최대 조건 : $\omega L-\frac{1}{\omega C}=0$

| 정답 | 63 ③　64 ③　65 ②　66 ④

• 수험번호 :
• 수험자명 :

• 제한 시간 :
• 남은 시간 :

글자 크기  100%  150%  200% 화면 배치  

• 전체 문제 수 :
• 안 푼 문제 수 :

답안 표기란

67	①	②	③	④
68	①	②	③	④
69	①	②	③	④

67 그림과 같은 유접점 회로의 논리식과 논리회로명칭으로 옳은 것은?

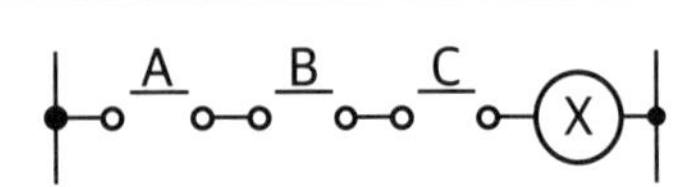

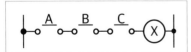

① X=A+B+C, OR 회로

② X=A · B · C, AND 회로

③ $X = \overline{A \cdot B \cdot C}$, NOT 회로

④ $X = \overline{A + B + C}$, NOR 회로

해 ABC모두 A접점이며 직렬연결이므로 AND회로가 된다.

68 ~~접지 도체 P_1, P_2, P_3의 각 접지 저항이 R_1, R_2, R_3이다. R_1의 접지 저항(Ω)을 계산하는 식은?~~

~~(단, $R_{12}=R_1+R_2$, $R_{23}=R_2+R_3$, $R_{31}=R_3+R_1$이다.)~~ (22년 출제 범위 제외)

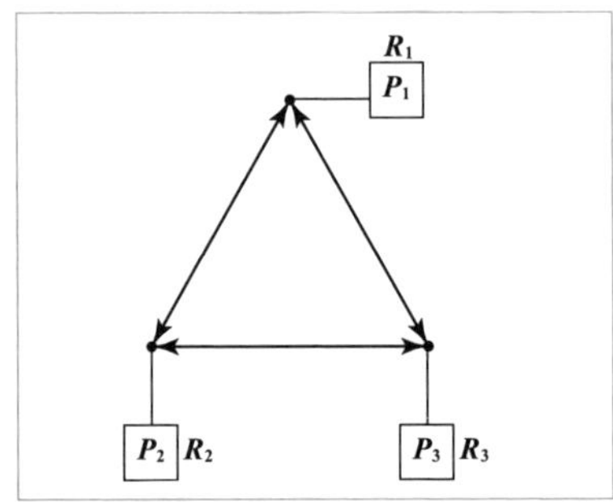

① $R_1=1/2(R_{12}+R_{31}+R_{23})$

② $R_1=1/2(R_{31}+R_{23}-R_{12})$

③ $R_1=1/2(R_{12}-R_{31}+R_{23})$

④ $R_1=1/2(R_{12}+R_{31}-R_{23})$

해 $R_1=1/2(R_{12}+R_{31}-R_{23})$
$R_2=1/2(R_{12}+R_{23}-R_{31})$
$R_3=1/2(R_{23}+R_{31}-R_{12})$

69 유도전동기의 고정손에 해당하지 않는 것은?

① 1차권선의 저항손

② 철손

③ 베어링 마찰손

④ 풍손

해 고정손 : 부하에 관계없이 고정된 전력 손실 요소로써 1차권선의 저항과는 무관하다.

| 정답 | 67 ② 68 ④ 69 ①

• 수험번호:
• 수험자명:
• 제한 시간:
• 남은 시간:

글자 크기 100% 150% 200% 화면 배치

• 전체 문제 수:
• 안 푼 문제 수:

답안 표기란

70 ① ② ③ ④
71 ① ② ③ ④
72 ① ② ③ ④

70 목표값이 미리 정해진 시간적 변화를 하는 경우 제어량을 그것에 추종시키기 위한 제어는?

① 프로그램제어 ② 정치제어
③ 추종제어 ④ 비율제어

해 프로그램제어: 미리 정해진 프로그램에 따라 제어량을 유지 시키는 것

71 맥동 주파수가 가장 많고 맥동률이 가장 적은 정류방식은?

① 단상 반파정류
② 단상 브리지 정류회로
③ 3상 반파정류
④ 3상 전파정류

해 맥동률
✓ 단상반파: 121[%]
✓ 단상전파: 48[%]
✓ 3상반파: 17[%]
✓ 3상전파: 4[%]

72 ~~다음 블록선도에서 전달함수 C(s)/R(s)는?~~ (22년 출제 범위 제외)

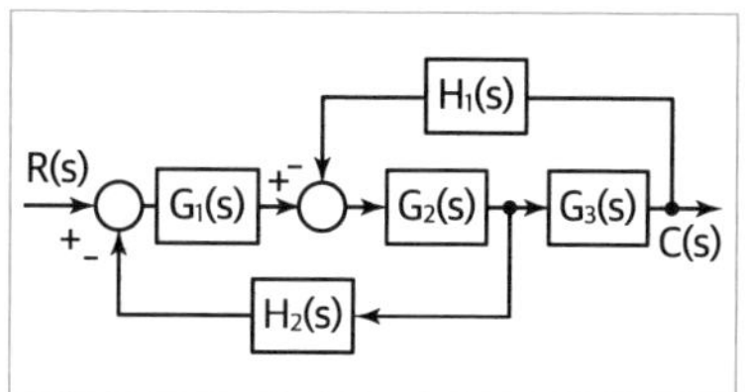

① $\dfrac{G_1(s)G_2(s)G_3(s)}{1+G_2(s)G_3(s)H_1(s)-G_1(s)G_2(s)H_2(s)}$

② $\dfrac{G_1(s)G_2(s)G_3(s)}{1+G_2(s)G_3(s)H_1(s)+G_1(s)G_2(s)H_2(s)}$

③ $\dfrac{G_1(s)G_2(s)G_3(s)H_1(s)}{1+G_2(s)G_3(s)H_1(s)+G_1(s)G_2(s)H_2(s)}$

④ $\dfrac{G_1(s)G_2(s)G_3(s)}{1+G_2(s)G_3(s)H_2(s)+G_1(s)G_2(s)H_1(s)}$

해 $G(s)=\dfrac{C}{R}=\dfrac{\text{패스경로}}{1-\text{피드백경로}}$

패스경로 = $G_1(s)G_2(s)G_3(s)$
$H_1(s)$피드백경로 = $-G_2(s)G_3(s)H_1(s)$
$H_2(s)$피드백경로 = $-G_1(s)G_2(s)H_2(s)$

정답 | 70 ① 71 ④ 72 ②

• 수험번호 :
• 수험자명 :

• 제한 시간 :
• 남은 시간 :

글자 크기 100% 150% 200% 화면 배치

• 전체 문제 수 :
• 안 푼 문제 수 :

답안 표기란

73	①	②	③	④
74	①	②	③	④
75	①	②	③	④
76	①	②	③	④

73 ~~다음 회로에서 합성 정전용량 (F)의 값은?~~ (22년 출제 범위 제외)

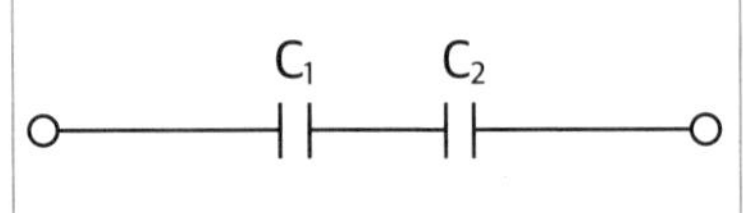

① $C_0 = C_1 + C_2$

② $C_0 = C_1 - C_2$

③ $C_0 = \dfrac{C_1 + C_2}{C_1 C_2}$

④ $C_0 = \dfrac{C_1 C_2}{C_1 + C_2}$

해 콘덴서 직렬 합성 정전용량

$$C_0 = \frac{1}{\frac{1}{C_1} + \frac{1}{C_2}} = \frac{C_1 + C_2}{C_1 C_2}$$

74 주파수 60Hz의 정현파 교류에서 위상차 π/6(rad)은 약 몇 초의 시간 차인가?

① 1×10^{-3}　　② 1.4×10^{-3}

③ 2×10^{-3}　　④ 2.4×10^{-3}

해 $T = \frac{1}{f}$[sec]

T : 주기(시간)[sec]

f : 주파수[Hz]

1[Hz] = 2π 이므로 60[Hz] = 120π

$$T = \frac{1}{\left(\frac{120\pi}{\frac{\pi}{6}}\right)} = \frac{\frac{\pi}{6}}{120\pi} = \frac{1}{720}$$

$= 1.38 \times 10^{-3}$

75 ~~블럭선도에서 요소의 신호전달 특성을 무엇이라 하는가?~~

(22년 출제 범위 제외)

① 가합요소　　② 전달요소

③ 동작요소　　④ 인출요소

해 블록선도에서 신호전달의 특성은 전달요소이다.

76 ~~오픈 루프 전달함수가 $G(s) = \frac{1}{s(s^2+5s+6)}$ 인 단위 궤환계에서 단위계단입력을 가하였을때의 잔류편차는?~~

(22년 출제 범위 제외)

① 5/6　　② 6/5

③ ∞　　④ 0

해 공식

$$\lim_{s \to 0} s \cdot \left(1 - \frac{G}{1+G}\right)$$

단위계단함수 : $\frac{1}{s}$

$$= \frac{1}{s(s^2+5s+6)} = \frac{1}{s^3+5s^2+6s}$$

$$= \lim_{s \to 0} s \cdot \frac{s^3+5s^2+6s}{s^3+5s^2+6s+1} \cdot \frac{1}{s}$$

$= 0$

| 정답 | 73 ④　74 ②　75 ②　76 ④

• 수험번호:
• 수험자명:

• 제한 시간:
• 남은 시간:

글자 크기 100% 150% 200%

화면 배치 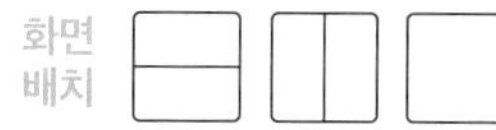

• 전체 문제 수:
• 안 푼 문제 수:

답안 표기란

77	①	②	③	④
78	①	②	③	④
79	①	②	③	④
80	①	②	③	④

77 다음 그림은 무엇을 나타낸 논리연산회로인가?

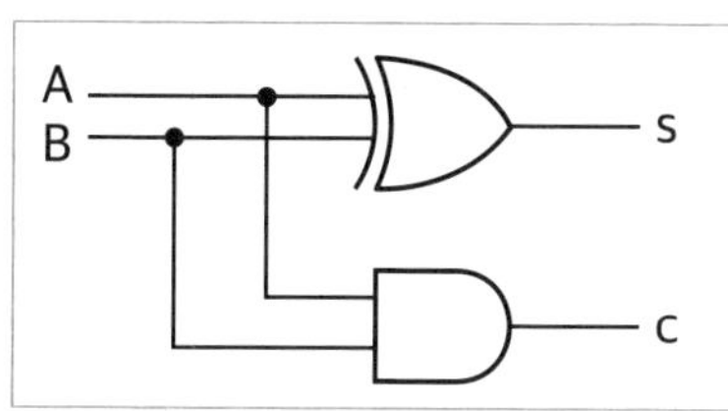

① HALF-ADDER회로

② FULL-ADDER회로

③ NAND회로

④ EXCLUSIVE OR회로

해 HALF-ADDER(반가산기)회로-2개의 2진 입력과 2개의 2진 출력
FULL-ADDER(전가산기)회로-3개의 2진 입력과 2개의 2진 출력(2개의 반가산기 회로+OR회로로 구성)

78 권선형 3상 유도전동기에서 2차저항을 변화시켜 속도를 제어하는 경우, 최대토크는 어떻게 되는가?

① 최대 토크가 생기는 점의 슬립에 비례한다.

② 최대 토크가 생기는 점의 슬립에 반비례한다.

③ 2차저항에만 비례한다.

④ 항상 일정하다.

해 2차 저항을 증가시키면 저항은 상승하지만 슬립도 상승되어 토크는 항상 일정해진다.
✓ 토크와 슬립은 반비례 관계

79 ~~시스템의 전달함수가 $T(s) = \frac{1250}{s^2 + 50s + 1250}$ 으로 표현되는 2차 제어시스템의 고유주파수는 몇 rad/sec인가?~~

(22년 출제 범위 제외)

① 35.26 ② 28.87

③ 25.62 ④ 20.83

해 2차 지연요소: $\frac{K\omega_n^2}{s^2 + 2\zeta\omega_n s + \omega_n^2}$

ζ: 감쇠계수 또는 제동비

ω_n: 고유주파수

$1250 = \omega_n^2 \rightarrow \sqrt{1250} = \omega = 35.35$

약 35.26[rad/sec]

80 계전기 접점의 아크를 소거할 목적으로 사용되는 소자는?

① 바리스터(Varistor)

② 바렉터다이오드

③ 터널다이오드

④ 서미스터

해 배리스터(Varistor): 비직선적인 전압-전류 특성을 갖는 반도체 소자로 전압이 증가하면 저항이 감소하는 성질이 있어 서지전압에 대한 회로 보호용으로 사용된다.(2단자)

| 정답 | 77 ① 78 ④ 79 ① 80 ①